奋斗的足迹

——献给北京科技大学天津学院建院十五周年论文集

北京科技大学天津学院　编

北京理工大学出版社
BEIJING INSTITUTE OF TECHNOLOGY PRESS

内容简介

2020年是北京科技大学天津学院建院十五周年，为彰显学校师生的科研水平和学术氛围，出版《奋斗的足迹——献给北京科技大学天津学院建院十五周年论文集》为校庆献礼。

本论文集共收录学校师生撰写的原创性论文82篇，涉及经济学、理学、工学、管理学和艺术学等学科，是天津学院全院师生在多学科教学和科研方面取得的成果和进展；是天津学院多年奋斗历程的体现。在本论文集附录中收录"北京科技大学天津学院科研成果简介"以及"北京科技大学天津学院教职工 2005—2019 年发表核心论文统计表"，以供全校师生和校友共勉。

版权专有　侵权必究

图书在版编目（CIP）数据

奋斗的足迹：献给北京科技大学天津学院建院十五周年论文集 / 北京科技大学天津学院编. —北京：北京理工大学出版社，2020.8

ISBN 978-7-5682-8903-0

Ⅰ. ①奋… Ⅱ. ①北… Ⅲ. ①教育-文集 Ⅳ. ①G4-53

中国版本图书馆 CIP 数据核字（2020）第 150323 号

出版发行 / 北京理工大学出版社有限责任公司

社　　址 / 北京市海淀区中关村南大街5号

邮　　编 / 100081

电　　话 /（010）68914775（总编室）

　　　　　（010）82562903（教材售后服务热线）

　　　　　（010）68948351（其他图书服务热线）

网　　址 / http：//www.bitpress.com.cn

经　　销 / 全国各地新华书店

印　　刷 / 唐山富达印务有限公司

开　　本 / 787 毫米×1092 毫米　1/16

印　　张 / 30.25　　　　　　　　　　　　　　　　责任编辑 / 高　芳

字　　数 / 710 千字　　　　　　　　　　　　　　　文案编辑 / 赵　轩

版　　次 / 2020 年 8 月第 1 版　2020 年 8 月第 1 次印刷　责任校对 / 刘亚男

定　　价 / 149.00 元　　　　　　　　　　　　　　　责任印制 / 李志强

图书出现印装质量问题，请拨打售后服务热线，本社负责调换

《奋斗的足迹》编委会

主　任：王　斌　丁煦生
副主任：宋存义　王鹏文　刘淑娥
主　编：王瑞存　彭　鹏
副主编：郭雅娟　罗富臣　王鹏文
编　委：（排名不分先后）
　　　　　丁煦生　王　斌　王宾容
　　　　　冯爱兰　田　勇　许学东
　　　　　叶振楠　刘　立　刘胜富
　　　　　刘淑娥　陈　弘　宋存义
　　　　　汪群慧　吴俊升　张国敬
　　　　　张建华　张　群　范玉妹
　　　　　段文斌　胡宝嘉　殷　实

序　言

  正值北京科技大学天津学院创建十五周年之际，谨向天津学院全体师生致以热烈祝贺和美好祝福！

  十五年来天津学院坚持特色办学宗旨，秉承"明德励学、效实致新"的校训，发扬团结拼搏、甘于奉献的精神，将学院建设成学科门类众多、办学特色鲜明、教学秩序井然、校园文化丰富、校园环境优美、教研成果斐然的万人高校。

  汗水浇灌收获，实干笃定前行。天津学院拥有一支高素质的教学科研师资队伍和创优管理团队，为国家和社会培养输送了一大批品学兼优、知识能力兼备、勇于实践创新、乐于奉献的专业高级技术人才，为国家实现现代化和经济建设发展做出了卓越贡献。在高质量完成教学工作的同时，天津学院教师的教学和科研水平稳步提升，取得丰硕科研成果。

  跬步至千里，耕耘香满园。这本论文集汇聚了天津学院在多学科教学、科研方面取得的成果和进展，体现了广大教师勇于探索、刻苦钻研的科学精神，映射了天津学院教师严谨治学、精益求精的风貌，和勤思善辩、勇于创新的思想内涵，记载了天津学院教职工发扬新时代科学精神、教书育人和科学管理的奋斗历程。

  让思想的火花绽放精彩，让实践的成果积淀希望。这本论文集凝聚了全院教职工潜心教学和科研的心血，展现了十五年的学术探索和研究成果，反映了求真务实、不懈追求、奋进创新的时代风采，将激励全院教职工在提高教学和科研能力的氛围里不断成长、成才。

  不忘初心，牢记使命。十五载耕耘，硕果累累；憧憬未来，更加美好！祝愿在学院领导和全体教职工的共同努力下，北京科技大学天津学院越办越好。

北京科技大学天津学院学术委员会名誉主席

中国工程院院士　蔡美峰

2020 年 1 月 16 日

目 录

独立学院土木工程专业学生 CDIO 综合实践能力培养研究 ……………………… 王邵臻（1）
The Development and Dilemma of BIM Technology in China ……………… XU Zhaohe（7）
浅谈高校民用水输水相关问题 ……………………………………………………… 李敏（21）
新工科背景下一般高校结构力学教学改革探索 ……………………… 杨建功　路维（26）
应用型本科土力学"金课堂"建设研究方法讨论 ……………………… 路维　杨建功（33）
基于 GIS 的教育地理信息系统研究 …………………………………… 李瑾杨　石晓娟（41）
含氯挥发性有机物的脱除研究 ………………………………………………………………
　　　………………… 梁宝瑞　徐水洋　张丽荣　刘俊杰　王万清　宋娜　柳明慧（46）
基于 BIM 的土木工程专业创新培养体系构建 ………………………… 石晓娟　李瑾杨（53）
提高独立院校工科专业课程教学效率的研究 ………………… 柳明慧　梁宝瑞　王堃（58）
本科生环境化学教学内容和模式的探索 … 宋娜　张丽荣　王万清　梁宝瑞　汪群慧（63）
基于 OBE 理念的应用型本科计算机专业人才培养模式改革探索 ……………………
　　………………………………………………………………… 于静　陈儒敏　杨灿（68）
船舶侧推电动机软起动器系统研究与设计 ………………… 张洪峰　陈儒敏　杨灿（73）
电磁学中媒质的介电性的讨论 ……………………………………………………… 冯天树（78）
信息化背景下高校计算机教育教学的改革与探究 ……………… 冯瑶　顾玲芳　于静（85）
一种实验室考勤登记系统的设计与实现 …… 陈儒敏　于静　张鸿博　王芳　张洪峰（90）
基于微信公众平台的应用型本科院校混合式教学模式的研究 … 张虹　顾鸿虹　杨娜（97）
针对程序设计基础课程的研究与改革 …………………………… 杨娜　张虹　顾鸿虹（101）
高校专业教育中融入思想政治教育的措施 ………………………………… 杨宇　刘俊培（105）
项目式教学在 PLC 教学中的应用分析 ……………………………… 杨宇　杨灿　乔泽鹏（108）
C++面向对象程序设计课程教学探索 …………………………… 顾玲芳　刘俊培　杨灿（111）
C++构造函数的教学初探 ……………………………………………… 顾玲芳　冯瑶　杨灿（115）
电力电子技术课程教学改革探究 …………………………………… 刘俊培　杨宇　张燕（122）
基于 IEC 61850 的 IED 模型构建 …………………………………… 刘俊培　顾玲芳　张燕（125）

浅谈电工电子虚拟实验室的建设 …………………… 乔泽鹏　王芳　杨宇　杨灿（130）
基于MATLAB的指纹识别系统设计 ………………… 乔泽鹏　杨灿　杨宇　王芳（134）
新时期电子电路实验教学改革探索 ………………… 王芳　张燕　乔泽鹏　陈儒敏（139）
高校安全用电——电路故障危害演示仪设计 ……………………… 王芳　彭建明（143）
应用型本科院校信息类专业教学项目化、项目教学化实施方法的探究 ……………
　…………………………………………………………… 杨灿　于静　杨宇（148）
数字电子技术在通信网络中的应用 ………………………… 张燕　王芳　刘俊培（152）
浅析数字电子技术的应用与发展 …………………………… 张燕　王芳　刘俊培（156）
激光SLAM在机器人导航中的应用研究 …………………… 李豫新　于静　杨宇（159）
基于微处理器应用类实践课程的项目分析能力的培养研究 ……………………………
　………………………………………………………… 张鸿博　陈儒敏　于静（163）
矿用汽车行星齿轮液力变速箱的研究 ………………… 焦万铭　李金英　徐妍　张超（167）
基于MATLAB的数控机床工作台位置控制系统的优化与研究 …………………………
　…………………………………… 徐江燕　马立坤　迟欢　张超　徐妍　陶恒熠（173）
一种定向传感器骨架设计 …… 徐江燕　刘军　焦万铭　班岚　迟欢　张超　马立坤（178）
食品检测仪及部件三维打印设计与解谱算法研究 …… 张超　焦万铭　迟欢　徐江燕（183）
基于实践能力培养的应用型本科课程建设与科研训练 …………………………………
　……………………………………… 王洪涛　王斌　宋存义　张建华　王鹏文　吴俊升（192）
基于应用能力的材料工程专业创新训练 …………………………………………………
　……………………………………… 王洪涛　吴俊升　许志龙　张飞鹏　黄云汉　刘振红（197）
高等数学教学中的美学应用浅议 ………………………………………… 杨淑荣（201）
独立学院线性代数课程的教学探讨 ………………………… 鲍勇　徐美林　李强（206）
独立学院大学物理分专业教学的探索 …………………………………… 穆春燕（211）
两个混沌系统的自适应有限时间容错同步控制 …………… 张悦娇　鲍勇　李强（215）
Motzkin路上峰的计数 ……………………………………… 梁登星　王娟　孔敏（224）
谈数学的思想方法在概率教学中的应用 ………………………………… 李丹（228）
浅谈高校教学管理中的情感管理 ………………………………………… 徐婕（232）
条件极值的几种常见解法和应用 …………………………… 路云　徐美林　张艳君（236）
关于无机化学课堂互换教学法的探索 …………………………………… 贺亚飞（245）
氯化钠胁迫对向日葵幼苗叶片的膜透性及几种渗透调节物质的影响 …… 张汪结（249）
试谈营销在企业人力资源管理中的应用 ……………………… 谭冬旭　米岩（255）
新形势下金融服务"三农"的研究 ……………………………………… 佟巧一（260）
独立学院转型背景下金融专业校企合作研究
　——以北京科技大学天津学院为例 …… 万波琴　张娜　佟巧一　张名素（264）
基于自由现金流折现法的华润三九价值评估 ………………… 严骏　张小云　贾伟（269）
恒大集团投资性房地产采用公允价值计量的影响研究 …… 周小靖　张小云　张华兰（277）

标题	作者	页码
第三方支付对商业银行盈利的影响研究	张小云　陈芊芊	(285)
"互联网+"时代下财务管理专业人才培养策略	任洁　张媛	(294)
合生创展集团有限公司偿债能力分析	许春意　卢靳盼　戴璐璐	(298)
管理学原理的课程思政切入点研究	邵帅	(303)
独立学院学生管理工作探析	戴璐璐　许春意	(308)
我国人工智能企业运营能力研究 ——以科大讯飞股份有限公司为例	刘新月　闫祉璇　任洁	(312)
天津老字号名称翻译现状研究	马波	(316)
基于赖斯文本类型理论的公示语翻译原则	张晓宇	(323)
应用型高校大学英语课程思政学生主体模式实践探索	安传达　秦丽波	(328)
应用型高校如何打造大学英语"金课"研究	姜艳丽	(337)
浅谈寻路设计在人与环境中的沟通作用	郭沛青	(342)
被人遗忘的艺术家 ——杜赛克在钢琴领域中的历史地位及贡献	曹旸	(347)
树立正确的声乐学习观念	刘心纯	(354)
论李斯特三首《彼特拉克十四行诗》动机的表现意义	郑梦雨	(357)
普罗科菲耶夫第四首钢琴练习曲（Op. 2 No. 4）的演奏与教学实践	雷晴	(369)
UI 图标设计的分析与运用	艾锦超　李文红　冯紫薇	(375)
浅析袖子在《踏歌》中的运用价值	姜楠	(380)
浅谈"丑角"在昌黎地秧歌中的独特性和作用	白宇	(385)
高校实验室标准化管理的必要性分析 ——以北京科技大学天津学院为例	毕会英　张欣　孙大志　陈宝江	(390)
实验室安全工作的实践与思考	张欣　毕会英	(396)
高校实验系统危险源管理体系的开发与研究	裴阳	(400)
天津成年女性阅读现状调研主报告	王妙丽	(405)
纸质阅读指标影响因素回归模型的构建	王妙丽	(416)
大学生阅读状况研究综述	吴素舫　常桢	(423)
全民阅读背景下京津冀地区独立学院学生阅读现状与应对策略	郭小光	(429)
基于 VMware 技术的独立学院图书馆服务器架构研究	刘景军	(436)
深化服务理念，创新服务模式 ——开创高校图书馆读者服务新局面	王瑞存	(444)
浅议如何切实发挥"青马学员"在当代大学生中的模范带头作用	张汪结	(449)
新媒介文化环境下母语高等教育之转型思考	张颖　梁素芹	(453)
附录1：北京科技大学天津学院科研成果简介		(462)
附录2：北京科技大学天津学院教职工 2005—2019 年发表核心论文统计表		(465)

独立学院土木工程专业学生 CDIO 综合实践能力培养研究

王邵臻

(北京科技大学天津学院城市建设学院，中国　天津　301830)

摘　要：独立学院工程教育引入 CDIO 模式，结合土木工程专业培养目标，以 CDIO 综合实践能力培养为理念，提高学生综合素质和创新能力，加强学生专业基础知识和优化基本理论知识结构，培养学生从事土木工程设计、施工与管理等应用方向的能力。本研究立足于应用型土木工程专业人才培养，从优化课程结构体系、建设双师型师资队伍和深化校企合作办学模式三大方面展开了一系列的研究，顺利地完成了土木工程专业学生 CDIO 综合实践能力培养研究项目。

关键词：土木工程；CDIO；实践能力

Research on CDIO Comprehensive Practical Ability Training of Civil Engineering Major Students in Independent College

WANG Shaozhen

(School of Civil Engineering, Tianjin College,
University of Science and Technology Beijing, Tianjin 301830, China)

Abstract: The introduction of CDIO engineering education mode of independent colleges, with civil engineering professional training objectives, training of the concept of the comprehensive practice ability training to CDIO ability, improve the students' comprehensive quality and innovation ability, strengthen students' basic knowledge and professional knowledge structure optimization theory, cultivating students engaged in the direction of civil engineering design, construction and management etc. application. Based on the training objectives of applied civil engineering professionals, this study has carried out

---

基金项目：天津市普通高等学校本科教学质量与教学改革研究计划项目（171389801E）资助

a series of studies from three aspects: optimizing the curriculum structure system, building double-qualified teachers and deepening the school-enterprise cooperation mode. The CDIO comprehensive practical ability training research project for civil engineering students has been successfully completed.

Key words: Civil Engineering; CDIO; Practical ability

1　项目研究的基本观点

当前，教育界越来越重视大学生实践能力的培养，企业的效率、效益、成本和竞争力与大学生解决实际问题的能力和创新思维意识有直接影响。因此，高校必须对学生实践能力的培养给予高度重视，积极建设培养学生实践能力的体系。

独立学院体现了我国高等教育办学体制的成功改革。现在我们国家有三百多所独立学院，这些独立学院承担了我们国家20%以上的本科生培养教育工作。独立学院设置的专业需要满足市场的需求，在现今高速城市化发展的背景下，土木工程专业在70%的独立学院都已开设，学生数量已达到全国土木工程专业的20%。因此独立学院土木工程专业的人才培养质量会极大程度影响整个土木工程专业的人才水平。多年以来，独立学院的人才培养模式基本上根据一本、二本的学校培养，重理论而轻实践，人才培养目标定位不准确，各项实验和实训设施不到位，导致学生欠缺实践动手能力，缺乏创新意识，这是影响土建行业快速发展的瓶颈所在[1]。

自2000年起，美国麻省理工学院与瑞典皇家工学院等四所大学组成跨国研究团队，并获得Knut and Alice Wallenberg基金会近2000万美元的巨额资助，通过四年的探索，提出并创立CDIO工程教育理念，同时成立了以CDIO命名的国际合作组织。CDIO工程教育理念是近年来国际工程教育改革的重大成果。CDIO的英文字母分别代表构思、设计、实现和运作。CDIO工程教育理念以项目研发到运营的生命周期作为载体，让学生能够通过积极实践以及课程之间的有机联系的方式来学习工程[1]。CDIO工程教育理念最主要的就是让学生亲身参与真实项目的研发过程，从而让学生在学校的学习中更好地掌握专业基础知识和相应的技术，锻炼学生的实际应用能力，培养学生的创造力和想象力，使学生内在的能动性和创造力得到调动和激发，从而能够更好地培养社会真正需要的人才。

2010年6月，中华人民共和国教育部联合中华人民共和国住房和城乡建设部，以及中国土木工程协会，在天津召开了"卓越工程师教育培养计划"会议，共同对土木工程卓越工程师计划开始实施，目的是培养学生的动手能力以及创新意识，使其成为更好适应社会经济发展的高级应用型人才[1]。北京科技大学天津学院紧跟时代的步伐，加快人才培养模式改革，通过开展土木工程专业学生CDIO综合实践能力培养研究项目，在教育教学理念、课程体系、培养方案、师资队伍、教材体系、实验实训基地建设、校企合作培养等各个方面不断尝试进行改革并取得了成果。

2 构建独立学院土木工程专业学生基于 CDIO 综合实践能力培养的体系

2.1 课程结构体系重构

2.1.1 基于 CDIO 综合实践能力培养的教学培养方案制定

独立学院的人才培养目标是培养适应社会发展需要的高级工程专业技术人才，以学习动手能力为主，并且学生要具有一定创新意识。如何实现这一目标，其根本就在于教学培养方案的制定。对于教学培养方案的制定，目前已经反复调整了多次，其中对于土木工程专业来说，专业基础课与专业课的衔接顺序是调整的关键。为了构建 CDIO 综合实践能力培养的完整知识结构体系，还要设置通识课，达到培养学生的人文情怀，提升沟通交流，以及外语表述能力的目的。专业基础课的设置以数学类、物理类相关课程为主，且针对不同专业设置了不同的学时，为专业课的顺利讲授打下坚实的基础。专业课的设置应体现其与专业基础课的接续，还要注重专业课之间的接续性，让学生学习专业课程具备一定的连贯性，根据不同的专业课程培养能力的要求集中设置课程设计或实习，让学生及时地查缺补漏。

2.1.2 强化工程案例教学法，着力提升学生的动手能力

为了让学生学以致用，能更好地了解行业的发展需求，学院应引入工程实际案例进行教学，工程实际案例可以在很大程度上吸引学生的关注，且容易被学生所接受，可以将原有的被动教学转化为主动学习。一个大的工程实际案例，一般需要多个学生共同完成，这样可以锻炼学生的沟通能力，所以强化工程案例教学法的应用，可以大大提升学生的学习兴趣，同时锻炼学生的动手能力。

2.1.3 工程实训是检验学生学习成果的关键

工程实训一般都是被安排在课程体系的最后，或者被安排在一些实践类课程后面，可以起到检验学生学习成果的作用，因此，在培养方案设置上面应体现工程实训。工程实训可以安排学生到工程现场，也可以请现场一线的工程师来学校给学生进行培训讲座，提升学生的实践能力。

2.2 师资队伍建设

CDIO 综合实践能力培养要求教师具备丰富的工程实践经验和较高的创新意识。师资队伍建设一直都是困扰独立学院发展的关键问题，其主要原因是新引进的教师多半是博士或者硕士刚毕业，缺乏工程实践经验，因此必须加强师资队伍的建设，主要的方法如下。

2.2.1 多举措帮助新进教师转型，加大培训和培养

新进教师刚步入教师行列，首先面临的问题就是角色的转型，博士或硕士期间都是以参与导师的科研项目为主，在专业上有较深的理解，但是对于如何教学，如何把所学的知识讲授给学生还需要一定的时间。因此，独立学院通过开展岗前培训和专业教师针对性培训等举措，很好地帮助了新进教师转型，邀请多名教学名师从自身经历出发，定期针对性地指导新进教师教学工作，培养新进教师上好课。

2.2.2 着力打造双师型师资队伍

双师型师资队伍建设是目前社会对于高等学校教学的要求，双师型即要求教师要在工程

实践上进行挂职锻炼一年以上，这种做法更有助于学生在课堂教学过程中把理论与实践结合起来，同时也有利于教师根据社会和工程实际来制定课堂教学任务，使得平平淡淡的书本知识变得生动形象，大大提升教学效果，让学生由被动学习转化为主动学习[2]。

2.2.3 丰富外聘教师队伍

外聘教师队伍也是教学过程中不可缺少的，主要是因为外聘教师多为生产一线的工程师，他们对于工程上面的专业技术更加熟悉，且对于社会需要更加清晰，但是他们因为没有参加系统的教师培训，所以在授课上不能很好地显示他们的优势，因此，独立学院对于外聘教师应该进行简单的培训，主要就是针对课堂教学上如何让学生听懂，同时，要让新进教师多与外聘教师交流沟通，跟外聘教师学习工程实践的知识，充分发挥外聘教师的作用。

经过北京科技大学天津学院和土木工程系的不断努力，目前天津学院土木工程专业已基本形成了一支专业扎实、人员固定、工程能力强、学历层次高、创新意识强的以专任教师为主，外聘高工为辅的教师队伍。

2.3 实验室建设

北京科技大学天津学院在建校之初就确定了以培养"技术应用型人才"为主的办学方向，重视学生实践能力的培养，此办学方向和CDIO综合实践能力培养的要求一致。目前我院土木工程专业有1个实验中心，下设8个实验室：建筑材料实验室、结构测试实验室、结构力学实验室、工程测量实验室、道路和桥梁检测实验室、结构模型实验室、建设工程软件实训中心、建筑仿真模拟实验室。

通过开展土木工程专业学生CDIO综合实践能力培养的研究，土木工程专业实验室率先采用了实验室开放教学，即允许学生根据自己对于专业知识的学习，对自己尚未理解或者想要尝试的实验项目到实验室进行实验，这一举措的实施培养了学生的创新性，提高了学生对于专业课程的学习兴趣[3]。土木工程专业实验室还设定了一些无固定条件的实验项目，由学生自主完成，充分发挥学生的创造性和主观能动性。此外，天津学院安排了一些与课程相关的比赛项目，例如建筑模型大赛、BIM设计大赛、工程测量大赛、创新创业大赛等，这些比赛项目的实施可以大大提升学生的动手能力，锻炼学生的团队合作能力，提高学生的相互沟通意识，培养学生的独立创新精神。

2.4 校企合作办学模式

校企合作办学模式是近年来大多数应用型高校培养学生的模式，主要强调学校与企业合作，以企业的需要为目标，商讨制定教学大纲和教学方案，这种办学模式更有助于学生今后就业，让企业的工程师到高校进行讲座，让学生到企业去进行工程训练，使得学校与企业更紧密地联系在一起，教与学更有针对性。

天津学院一直非常重视与企业之间的合作，并且将产学研看作天津学院未来发展的长青之树。从2012年开始，天津学院土木工程系一直与中国建筑科学研究院、广联达公司、思维尔公司、维启科技公司、远大住工集团、合生创展集团、珠江地产集团等多家单位进行合作交流。2017年6月，CDIO综合实践能力培养项目开展后，校企合作办学取得了显著成果。例如，2017年7月，天津学院土木工程系与天津市宝坻区公安消防支队共建实践教学基地；2017年9月，天津学院土木工程系与合生创展集团开启"合生班"对口人才培养模式；2018年4月，天津学院土木工程系与远大住宅工业（天津）有限公司签订校企合作协议；2017年12月，天津学院土木工程系在山海关五佛山景区建立实践教学基地，等等。校企合作办学为CDIO综合实践能力培养奠定了扎实的基础。目前天津学院土木工程系已和企业合作，建立了3个稳定的实践教学基地，可以充分满足学生的认识实习、技能实训、生产实习和毕业实习等各种专业培养的需求[4]。

3 独立学院土木工程专业CDIO综合实践能力培养改革的突破性进展

CDIO综合实践能力培养的目标在于培养高层次应用型人才，既要强调课程体系的制定，又要突出实践教学。尤其对于独立学院，如何做到既保证课堂教学效果，又提高实践教学水平，这是影响土木工程专业CDIO综合实践能力培养的关键。经过与天津市其他高等学校的同行座谈，就目前独立学院土木工程专业CDTO综合实践能力培养的改革，提出以下具体建议和措施。

3.1 优化教学课程内容，构建与独立学院土木工程专业相适应的实践教学体系

根据人类对科学知识的理解层次，将教学内容进行分解。第一步，以学生认识和了解专业知识为主，开展认识实习，让学生对土木工程专业有一定程度的了解，提高学生对专业知识学习的积极性；第二步，以专业知识为主体，通过科学的方法对其进行分解，例如开展力学课程，通过专业基础课为学生掌握专业课知识打下坚实的基础；第三步，安排学生参加工程实训，让学生从工程实训中对所学知识进行有效的反馈，进而对已有的教学体系进行有效的调整。

3.2 推进实践教学信息化改革

随着信息化程度的加深，一些新的教学信息手段不断出现。我们必须对已有的教学方式进行改革，利用互联网等手段全面展示教学内容，例如，在工程现场拍摄工艺视频或拍摄新型材料的照片，放入教学过程中，这比语言描述更加生动形象，学生爱学，教师讲授起来也方便。信息化的展示是目前教育教学发展的前端，天津学院教师将一些力学类的课程制作成了一些内容丰富的动画，例如，土力学中的主动土压力和被动土压力的含义，结构力学的结构受力变形，混凝土结构产生裂缝的变化情况，他们的授课方式得到了广大师生的好评。

3.3 加大对青年教师工程实践能力的培养

青年教师是一个学校发展的源泉，也是学校未来走向的主导，因此，必须加大对青年教师的培养力度，特别是有关青年教师的工程实践能力的培养，因为对于以培养应用型学生为主的高校来说，实践教学应该占有主导的地位，课堂教学的制定要紧紧围绕着实践教学展开，实践教学工作的增大，迫切地需要青年教师能够胜任这一任务。学院通过双师型师资队伍建设等措施，加大了对青年教师工程实践能力的培养力度，使得青年教师在具备扎实的专业知识的同时，还拥有丰富的工程实践能力。

3.4 加快实习基地的建设

实习基地的建设是发挥学生能动性的关键。实习基地承担着学校的分散实习和集中实习任务。根据学生对于学习的兴趣不同，一般一个专业至少应建立多个实习基地，例如施工单位、监理单位、设计单位。实习基地的建设应由独立学院出面联系，并每年委派教师到实习

基地进行锻炼，充分发挥实习基地的作用，既满足学生实习的需要，又达到锻炼专业教师工程实践能力的目的。

4　结论

现在社会竞争日趋激烈，如何培养满足社会需求、同普通本科有相同竞争力、有创新精神和实际工作能力、能够独立分析解决问题、能够适应高科技发展的高级专业人才是独立学院的追求目标。可见探索如何根据独立学院自身的特点结合土木工程专业实践教学方法的具体要求，独立学院土木工程专业实践教学方法的改革对于培养毕业走上工作岗位后适应快、理论扎实、动手能力强、受用人单位欢迎的人才具有重要的意义。

CDIO综合实践能力培养是独立学院结合自身优势，联合社会力量，大力提高人才培养质量的有利契机，培养目标是实践和创新能力，关键在于实验实践教学环节，途径是校企联合培养。CDIO综合实践能力培养研究项目结合天津学院土木工程专业培养过程中的部分改革尝试，从教学宗旨、人才培养方案、课程体系、师资队伍、实验室和专业教材建设及校企合作等方面，给CDIO综合实践能力培养研究提供一些借鉴[5]。当然，基于CDIO工程教育理念培养大学生综合实践能力的任务仍然十分艰难，需要我们在实践中不断地改革和学习，并付诸实践。今后天津学院土木工程系将进一步探索CDIO综合实践能力培养的有效途径和方法，培养掌握现代化专业工程技术并具有创新实践能力的卓越工程师。

参考文献

［1］韩俊强，周家纪．独立学院卓越工程师培养模式研究与实践——以土木工程专业为例［J］．赤峰学院学报（自然科学版），2016（16）：206-208.

［2］张洪．基于CDIO模式培养国际化航空工程师［J］．航空维修与工程，2010（6）：87-89.

［3］景吉．人力资源管理课程实践教学改革探索［J］．中国电力教育，2013（5）：111-112.

［4］徐春林．CDIO与工作过程导向的课程比较研究［J］．职业技术教育，2012（20）：27-29.

［5］陈利科，高添添．高职院校计算机应用型人才培养模式研究［J］．科技创业家，2012（21）：165.

（作者简介：王邵臻，女，1980年7月出生，山东临沂人，城市建设学院土木工程教研室主任，副教授，硕士研究生毕业，主要研究方向为土木工程，2008年9月至今在北京科技大学天津学院工作。）

The Development and Dilemma of BIM Technology in China

XU Zhaohe

(School of Civil Engineering, Tianjin College,
University of Science and Technology Beijing, Tianjin 301830, China)

Abstract: BIM(Building Information Model) brings the second leap technology revolution for civil engineering industry after CAD(Computer Aided Design). BIM Technology has been widely spread and developed in China, and has been applied in many projects, but there are still many dilemmas. BIM technology has brought new ways and new ideas to engineering technology and engineering management, but most people still don't have a good understanding of its status and value, the distribution management system of traditional design institutes also limits the development of BIM design work. The requirements of collaborative work for each link of engineering construction make the weak link form a short board, and so on. For the above problems, we must pay attention to them.

Key words: Building Information Model; BIM technology application; BIM application dilemma

1 Origin and Dissemination of BIM Technology

Affected by the 1973 global oil crisis, American industries began to pay more attention to improve their efficiency. In 1975, Chuck of Georgia institute of technology majoring in architecture and computer[1]. In a paper based on his research topic "Building Description System", Hysmans proposed: "Building Information Model integrates all geometric model information, functional requirements and component performance, integrates all information in the whole life cycle of a building project into a single building model, and also includes process information of construction progress, construction process, maintenance and management, etc." The concept of BIM(Building Infor-

---

Fund projects: The Fifth Batch of Undergraduate Education and Teaching Reform and Key Research Projects in Tianjin College, University of Science and Technology Beijing "Research on T-type Talents Training Mode of Civil Engineering Specialty Based on School-enterprise Cooperation".

mation Model) came into being.

In 1994, 12 U. S. enterprises led by Autodesk cofounded the IAI(International Alliance for Interoperability) association, which aims to integrate industry standards, coordinate and formulate a set of industry standards that are commonly needed and observed in the whole life cycle of the industry and the whole industry chain, and spread them to the world. This is the famous IFC(Industry Foundation Class) standard[2]. BIM technology has begun to form a wave of technology worldwide.

In 2002, Autodesk Company acquired Revit Technology Company. Based on Revit software platform, according to the actual engineering and design requirements, as well as the functions of the original Architecture module, Autodesk Company has integrated and added the structure module and MEP(Mechanical, Electrical, Plumbing) module, and can realize the cooperative management of different stages and different work, making the functions of Revit software platform more perfect. Autodesk Company vigorously promoted the application of BIM technology and Revit software platform. After that, Autodesk Company successively acquired a series of software to integrate and enrich BIM product lines, and gradually abandoned its efforts to BIM its CAD(Computer Aided Design) product line. BIM technology gradually became the mainstream technology[3]. In 2004, Autodesk released Autodesk Revit 5. 1 software platform in China, and BIM fechaology began to develop in China.

2 Connotation and Development of BIM Technology

With the continuous development of BIM technology, the industry's interpretation of the connotation of BIM has also been deepening, gradually developing from the most Building Information Model to Building Information Modeling[4]. Both interpretations were included in the national standard of the People's Republic of China "Application Standard for Construction of Building Information Models (GB/T 51235—2017)", which was issued in 2017 and formally implemented on January 1, 2018. The standard explains the building information model as: "during the life of construction projects and facilities, the physical and functional characteristics are expressed digitally, and the process and results of design, construction and operation are collectively referred to in sequence. " Wu Huijuan, deputy director of the Department of Engineering Quality and Safety Supervision of the Ministry of Housing and Urban – Rural Development, also explained BIM. She said: "BIM technology is a data−based tool applied to engineering design and construction management. It integrates relevant information of various projects through parameter models, and shares and transmits it during the whole life cycle of project planning, operation and maintenance. It enables engineers and technicians to correctly understand and efficiently respond to various building information, provides a basis for collaborative work for design teams and all construction entities including construction operation units, and plays an important role in improving production efficiency, saving costs and shortening construction periods. "

In order to understand the meaning of BIM, we can start with the meaning represented by the three words B, I and M.

B is Building, usually translated directly into architecture, but this translation is not very accurate. The meaning of Building is not only architecture, but also the construction industry, that is, the whole construction field of civil engineering[5].

The so-called civil engineering refers to the planning, construction, operation and maintenance of all infrastructure related to soil, water and culture, including civil engineering, urban planning, traffic engineering and other disciplines, including civil engineering, architecture, urban planning, urban underground space engineering, engineering management, historical building protection engineering, traffic engineering, road bridge and river crossing engineering, science and engineering of water supply and drainage, water engineering, environmental engineering, building environment and equipment engineering, building energy-saving technology and engineering, building facilities intelligent technology, building electricity and intelligence, agricultural engineering, facilities agricultural science and engineering, landscape architecture design, landscape architecture, etc.

With the development of the industry and the application of BIM technology, we can see that BIM technology has played or will play a crucial role in the above fields.

I is Information, which refers to all kinds of information involved in the work in the field of engineering construction, such as the parameters of various components, engineering data and instructions, etc. At the same time, I also refer to the informatization of working methods and means in the field of engineering construction, such as the use of computers, the Internet, big data, artificial intelligence and other information and intelligent technologies and means to improve the overall level of engineering construction.

We often say that BIM technology plays a very important role in the whole life cycle of engineering construction(Fig. 1). To some extent, this also reflects the broad scope of I.

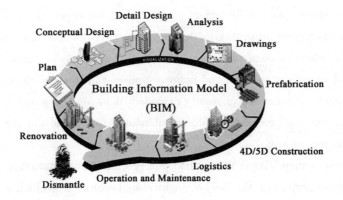

Fig. 1 Application of BIM Technology in the Whole Life Cycle of Construction Engineering

The project sites selection analysis, visual display and other work that we need in the conceptual design phase of the project; Topographic mapping and simulation, geological analysis and scheme design are required in the survey and mapping stage; Parameterized design, structural analysis, traffic line planning, pipeline arrangement, environmental analysis, sunshine analysis and other work are required in the project design stage; In the bidding stage, the project demonstration, cost analysis, roaming simulation, green and energy-saving work are are required. Construction simulation, site layout, schedule control, supply chain management and other work are required in the construction phase; The intelligent building facilities, big data analysis and logistics management are required in the project operation phase; Maintenance testing, cleaning and trimming, escape simulation and other work are required in the maintenance phase of the project; Plan design, structural analysis, simulation and demonstration are required in the project renewal phase; BIM technology can be applied to carry out information integration and optimization for environmental protection, demolition simulation, waste disposal and other work required in the demolition phase of the project.

The use of information technology to guide the construction of the project may not show obvious advantages in a certain period of time, and may even cause a certain decline in work efficiency in some aspects. However, these are all pains that must be experienced in the process of development. Information and intelligence have become the inevitable trend of the development of human society in the future. It can help people greatly reduce the time, energy and wrong attempts required for personal judgment. After we can fully understand and correctly use information technology and methods, it will definitely bring huge benefits to the construction industry.

M is Model or Modeling. In the process of BIM technology development, Management is gradually extended.

In my understanding, Model is not only a model, but also a mode. We can understand it as a working mode similar to IPD (Integrated Product Development), which is a concept and method to improve working efficiency. We can bring together the owners, designers, constructors, supervisors, suppliers and other personnel to integrate the work requirements and restrictions of all parties and jointly create a building model. After that, all parties will try their best to carry out the work according to the established plan in the actual project construction process, and revise the building model and project construction according to the negotiation results after encountering actual problems. This can ensure effective communication between all parties, reduce project delay and rework caused by errors and misunderstandings, and improve project construction efficiency.

Based on the above reasons, we gradually extended M to Modeling and Management. We pay more attention to the working process of building information modeling and the working concept of building information management.

To sum up, the so-called BIM is the method and process of informatization based on the whole life cycle of engineering projects in the field of engineering construction, which is what we call building informatization. Ministry of Housing and Urban-Rural Development of the People's Republic of China in 2016 issued the "Outline for the Development of Informatization in the Construction Industry 2016-2020", which places great emphasis on the popularization and application of BIM technology. As one of the three major development trends in the construction industry, building informatization, also represented by BIM technology, will have more and more intersection with the other two major development trends of building modularization and green environmental protection, bringing more leaps for the development of the construction industry[6].

3 Typical Application Cases of BIM Technology

The winter sports management center's comprehensive training hall "bing tan" (Fig. 2) is located in the north courtyard of the capital gymnasium, on No. 54 zhong guancun south street, Hai dian district, Beijing. The planned land area for the project is 15 439 m², with a planned total on struction area of 33 200 m², including 24 057 m² on the ground and 9 163 m² under the ground. The comprehensive training hall has 6 floors above the ground and 1 floor(part of 2 floors) below the garage, with a building height of 32.550 m. The comprehensive training hall adopts beam-slab raft foundation, the main body is a frame shear wall structure, and the local part is a mixed structure of steel reinforced concrete columns and steel beams[7].

The main difficulties of the comprehensive training hall project include:

(1) As a venue for the Winter Olympics, the project has a great social impact, and people from all walks of life pay more attention to the project. It is difficult to manage and organize the project, and requires high safety and civilized construction.

Fig. 2 Eeffect chart of the Winter Sports Management Center's Comprehensive Training Hall

(2) As a venue for the Winter Olympic Games, it is stricter than ordinary venues in terms of air conditioning efficiency, equipment parameter deviation and construction quality. In particular, the air conditioning system in this venue adopts the form of "all air & dehumidification system", which makes it extremely difficult to realize the control requirements for wind speed and temperature on the ice surface.

(3) The construction site of the project is extremely limited, Only in the west and north sides people can drive vehicles, and there is no space on the site for stacking engineering materials, which has a great impact on the construction organization and management and seriously affects the engineering efficiency.

(4) The project aims to win the Great Wall Cup, Beijing Installation Engineering Quality Award, Luban Award and other awards. The requirements for the project quality and refinement are high.

Based on the actual conditions and construction requirements of the above projects, the work contents of BIM technology application of the project mainly include: optimization of three-dimensional site layout, reasonable arrangement of construction space, examination and identification of drawings, comprehensive collision detection of BIM pipelines, mechanical and electrical complex construction process simulation and three-dimensional technical disclosure, process deduction, orderly organization of various professional construction simulation, BIM model mapping to guide construction and commercial settlement, BIM model guidance, visual disclosure, BIM-assisted on-site construction schedule management, pipelines, hydraulic loads, stress calculation of supports and hangers, etc.

According to the above engineering requirements, the BIM software platform required for this project can be found in Table 1.

The specific content of BIM technology application in this project is mainly as follows:

(1) Comprehensive management deepening and three-dimensional disclosure: the mechanical and electrical engineering of the project has carried out 21 three-dimensional visual disclosure for sub-projects and completed three-dimensional disclosure planning for 117 sub-projects through the application of BIM technologies such as process deduction, orderly organization and construction simulation of various disciplines. Using software to generate plane clearance elevation display for each floor area and corridor section of corresponding area can clearly and intuitively understand the clearance situation of each area of the project and provide convenient conditions for subsequent hardcover.

Table 1　BIM software platform for project application

Serial number	Software platform	Main function
1	Autodesk Revit 2016	BIM Model Construction and Model Detail Optimization
2	Autodesk Navisworks 2016	Design Data Integration and Space Collision Detection
3	Autodesk three-dimensionalS Max 2018	three-dimensional Animation of Procedure Deduction and Construction Scheme
4	Lumion 8.0	three-dimensional model browsing, panoramic photos
5	Fuzor 2018	three-dimensional Roaming and VR Immersive Roaming
6	Sketch Up 2017	Simple three-dimensional Model Making
7	Adobe Photoshop CC	Post-processing Optimization of Effect Diagram
8	Spider-Man-Hongye Electromechanical Installation	Electromechanical deepening design software
9	MagiCAD QS	Electromechanical Deepening Model Calculation Software
10	Guanglianda BIM five-dimensional 3.5	BIM Integration Collaboration Platform for the Whole Project
11	Smart Construction Site	BIM Integration Collaboration Platform for the Whole Project

(2) Progress simulation: electromechanical installation progress simulation is carried out through the association between progress plan and BIM model, and whether the construction period of various

construction tasks is ahead of schedule or delayed is expressed in different colors through the comparison between actual construction period and planned construction period.

(3) Template prefabrication: The pipeline of this project is complicated and there are many professional subcontracts. Based on this, BIM technology is adopted to guide and visually disclose templates for all floors, machine rooms, pipe wells and electrical wells of the whole building.

(4) Refined management: BIM assists in production quality and safety information management. Compared with the traditional offline processes of inspection meetings, rectification and acceptance, quality inspection personnel upload photos of on-site inspection problems to relevant responsible persons on the platform through mobile phones, whichs realizes real-time tracking and rectification of problems and immediate feedback. On-site management personnel monitor the website and client in real time, effectively avoiding problems such as disjointed management, blind areas, disputes over on-site problems, and slow rectification, etc. The production data of on-site construction can be directly exported to generate digital weekly report, production weekly report and construction log, thus saving the time for data preparation and log writing in the traditional way, improving the work efficiency. Project data are uploaded to the cloud for sharing, and data inquiry is carried out at the mobile phone end, the web page end and the PC end at any time and anywhere, which is convenient and fast, avoids the tedious process of reading data and drawings, and improves the cooperation efficiency of various departments.

(5) Component tracking in the construction process: using component tracking, the site foreman records the information such as the approach, installation progress and quality of equipment components through the mobile phone end. The management can also check the approach component batch, equipment cost and installation through the component tracking billboards on the web page end and PC end to master the progress deviation.

(6) BIM platform's overall management of labor force: compared with traditional statistical methods, mobile phones can be used to carry out real-time statistics on the types of work, employment time and quantity of on-site labor force, calculate the actual work efficiency of each team, assist in production decision-making, and establish a blacklist of network employment at the same time to improve management efficiency.

(7) BIM&intelligent construction site: by embedding intelligent chips in safety helmets and locating construction site treasures, the daily travel route, construction area and operation time of different types of work can be directly reflected on the site plan, and at the same time, regional settings can be carried out to warn the important and difficult construction contents, dangerous construction areas, etc., so as to realize comprehensive and detailed management of the site. At the same time, it can manage personnel attendance, labor roster and real-name system of labor service, and timely grasp the entry and exit of workers. The platform is connected with smoke sensing, spraying, video monitoring, toxic and harmful gases, tower crane, elevator monitoring system, unloading platform monitoring system, anti-tilt infrared anti-reflection of the frame body, etc. These data information can be directly displayed on the intelligent worksite platform, realizing centralized real-time detection and control of

safety, quality and progress in all corners.

(8) BIM&VR: The Revit model can be introduced into VR equipment to experience the design effect of real-life roaming according to the model conditions, understand the design intent and assist the later decoration decision. At the same time, We can simulate the safety accidents that may occur at the scene, and have targeted personal experience to prevent them in advance.

(9) Calculation of pipeline and hydraulic load: the mechanical and electrical pipeline equipment of the model is endowed with parameter characteristics obtained from the designer. After the model is deepened, the deepened pipeline model is rechecked and calculated to check the deepened model so as to meet the design parameter requirements. After the software calculation, a check calculation sheet is output, the detailed list of local resistance pipe fittings of the system is compared with the original design parameters, and the model is deepened twice according to the calculation result.

(10) Calculation of temperature field and velocity field in the ice rink area: In the BIM model, the ice surface wind speed is simulated according to the minimum value of the maximum wind outlet speed and the minimum value of the average wind outlet speed respectively input by each wind outlet, and the parameter values required by the design for the ice rink site are compared. If the simulated values are all within 1.0, the design parameter values are qualified, otherwise, the design review is prompted, and the economic loss caused by rework is avoided.

(11) Calculation of supports and hangers: We can calculate the weight of each specialized pipeline for the deepened model, set additional coefficient to obtain the total load, select supports and hangers according to the design of the specification atlas, make statistics on supports and hangers, obtain the quantities of different profiles, number supports and hangers, process and prefabricate, and finally realize quick installation on site.

The application effect of BIM technology in this project is mainly to save about 1 134 m of various building pipelines through comprehensive pipeline optimization, discover the collision between pipelines and building structures in advance, and avoid rework and time delay in the construction process. This project adopts the operation mode of bill of quantities extraction to carry out overall control of engineering materials, reducing turnover, care and damage of materials and avoiding waste caused by inaccurate manual calculation. The project unifies the construction standards through visual disclosure and reduces rework during construction. The BIM five-dimensional platform is used for schedule management of the project. There are many cross operations and professional subcontracting on the project day. The schedule simulation can adjust every aspects and judge the rationality of different processes. The timely management of quality and safety can avoid rework and waste, and avoid accidents. The production meeting platform can present and quickly solve the problems by visual means. The project applies intelligent construction site platform, optimizes labor subcontracting composition by using identity identification, makes the employment clear at a glance, avoids economic disputes, and ensures safe and civilized construction. On the whole, according to previous engineering experience, the project saves about 90 days and increases economic benefits with more than 2 million yuan.

4 Dilemmas in BIM Application in China

The current application of BIM technology in China is somewhat embarrassing. The state has issued policy support, enterprises have set up BIM research and application departments, BIM technology learning in universities is in full swing, and BIM technology application in representative projects such as China Zun and Hong Kong-Zhuhai-Macao Bridge has attracted worldwide attention[8]. However, BIM technology has not been really popularized and applied in the vast majority of projects beyond the limits of national policies. From the source of BIM technology application, there are various practical problems in BIM design work. Many units have only dabbled in the design and application, only playing the role of auxiliary design, or only acting as a "gimmick" for project bidding, without forming a real production capacity and development mode. These problems are caused by the joint action of various factors.

(1) The vast majority of people in China still do not understand the status and value of BIM technology.

For construction enterprises, the current in-depth application of BIM technology is mainly to solve practical problems in the installation of mechanical and electrical pipelines. For the early stage of building structure design, it is more like a "mold turning" process. As for the use of five-dimensional (three-dimensional space, time and cost) simulation and decoration schemes, the construction units are not very concerned, especially the cost calculation function, and there is no way to reach the accuracy required by the construction enterprises. For design institutes, BIM technology is not as good as their usual CAD and SU (Sketch Up) software platforms in terms of usage habits and input-output ratio, and the three-dimensional models made by software can also be imported with software for energy consumption analysis and illumination analysis. BIM software is the most useful for design institutes to check design errors and reduce rework rate. For the owners, most of the owners attach great importance to BIM technology, but they lack relevant professional knowledge, clear thinking and planning, and unclear how to use BIM technology for project management. Therefore, the application is not very mature. Of course, there are some exceptions, such as China respect project. However, this project is quite special, mainly because the owners (mainly Mr. Luo nengjun) have excellent BIM awareness and technical level, which can guide the project to do extremely well in all aspects. In addition, there are consulting companies, which can be said to be the most highly praised BIM technology, but it has to be said that this is also determined by the nature of their work.

It can be seen that the domestic parties still do not understand the status and value of BIM technology. BIM is a technology that can make models and carry out project management. It is also studyed in the construction of robots, three-dimensional printing buildings and Internet of Things applications abroad. BIM is even more a method, which requires us to comprehensively use information technology to carry out various works in various stages of engineering construction. The most important thing is that BIM is an idea, and BIM technology is still far from fully mature today. The related researchers and practitioners must consider all issues with engineering informatization thinking and continuously pursue innovation and progress of BIM technology.

(2) The management and distribution system of traditional design institutes restricts the development of BIM design [9].

The design institutes have a set of traditional management and distribution system, and various disciplines such as architecture, structure and equipment all fo llowed a certain workload quota. However, if this set of workload quota is directly applied to the BIM design process, it will be jointly contradicted by various disciplines, because the workload of BIM design is obviously increased compared with the traditional design workload.

In the aspect of architectural design, the workload of BIM design in the process of creating the model is greatly increased compared with the original two-dimensional CAD design. However, after the modeling is completed, the workload of generating section and elevation drawings and statistics of door and window tables will be reduced. Therefore, we can see that the proportion of BIM software used in architectural specialty in design institutes is slightly higher than that in other specialties. In terms of structural design, the current BIM technology is not perfect enough for the technical matching and support of the current plane integral design method of structural construction drawings in our country, especially if the structural model requires to create reinforcement models in structural beams, plates, columns and other components, its workload will increase sharply. In terms of equipment design, the previous pipeline comprehensive design in China was based on two-dimensional design. In the design process, only incomplete preliminary settings were made. A lot of deepening design and revision work were completed by the construction enterprises at the construction site according to the actual engineering conditions. However, the BIM technology for equipment design needs to find and solve all the problems in the design process and the workload will be greatly increased.

Due to the actual situation of BIM design in the above design disciplines, the workload has increased and the design difficulty has become greater than the previous working methods. However, the revenue from design expenses and other aspects has basically remained at the same level than the previous working methods, making it difficult for the staff of various design disciplines to accept. More importantly, after each design focases on BIM design, the proportion of workload and design difficulty increased unevenly. At present, there is no reasonable BIM design workload quota and management allocation system, resulting in more contradictions in benefit allocation and other issues within the design institute.

(3) Adverse effects of short board effect on the whole project in 3 BIM collaborative work.

In the past work process, each stage and each link are basically in a state of independent work. Even many design institutes do not realize cooperative work among various professional directions of two-dimensional design, and many construction enterprises do not have a unified layer management system. In this case, we need to realize BIM design collaborative work, which is equivalent to directly spanning from independent two-dimensional work to collaborative three-dimensional work. This is a huge challenge to design institutes, construction enterprises, supervisors, suppliers and other parties in our country.

While all parties in the project are facing great challenges, BIM collaborative work also requires all parties to reach a certain level of work. Any party that fails to meet the predetermined requirements in professional work will drag down the whole project construction, i. e. causing short-board effect and directly affecting the process of the whole project. It can be said that the impact of collaborative work is a double-edged sword for engineering construction. While improving the efficiency of engineering construction, it is also necessary to bear the possible short-board risks. This requires the managers of engineering construction to make strong long-term investments and attempts in all aspects, to get through the pains that collaborative work must go through, and to form a mature working method before the possible adverse effects of collaborative work can be effectively reduced.

(4) The influence of the interests of the construction enterprise.

For construction enterprises, project income is an extremely important work goal. In the past construction process, once the engineering situation changes, the construction enterprises will be able to carry out more work and obtain more income, and even there will be some "untold secrets" in the engineering construction of units or individuals with different intentions. BIM design will find out and solve all the problems before the project construction, greatly reducing the possibility of changes in the project situation, which will damage the interests of construction enterprises, and the interest-driven impact may bring unexpected changes to the project construction.

(5) Lack of professional talents and software and hardware conditions in 5 BIM technology application[10].

Real BIM technology professionals do not know the concept of BIM technology or perform the whole function of BIM software. Software is only a tool to assist engineering construction. The most important thing is the professional knowledge, skills, application level and thinking method of the employees. With the continuous development and application of BIM technology in China, there will be more and more real professionals in BIM technology, but this cannot hide the current shortage of professionals.

In terms of software, many excellent local BIM software have appeared in China, but they are basically localized modifications and downstream derivatives based on foreign software platforms, and no real breakthrough has been achieved in the most core software technology. Moreover, the current BIM software at home and abroad cannot perfectly adapt to the current technical standard system in China. All these will restrict the development of BIM technology in China, which requires the country and relevant research and development institufes to make extraordinary efforts in BIM technology and software research and development.

In terms of hardware, the scale of projects that a single workstation can support is relatively limited. In the current situation of increasingly large and complex architectural design, it is very necessary to improve the single workstation configuration and server configuration and improve the hardware level of the working platform. At present, the hardware level of small and medium-sized design institutes and construction enterprises is not up to the actual requirements of engineering application. Many institutes simply outsource this part of the work. In this process, there are inevitably problems that the construction intention cannot be fully expressed.

5 Summary

The development of BIM technology in China still has a long way to go. Compared with the first leap-forward technological revolution from hand-drawn drawing to CAD drawing and design, the second leap-forward technological revolution from CAD to BIM is much larger and more complicated than the previous one in terms of working concept, working content, influence scope, technical difficulty, etc. We cannot rush to accomplish our work in one battle at one time, but should keep our feet on the ground and pursue a reasonable and orderly scientific development path in BIM technology step by step. Here, I would like to make some suggestions, hoping to communicate with relevant practitioners.

(1) As a university teacher, I am most concerned about the teaching and application of BIM technology in universities. I think universities should reasonably understand the status of BIM technology. BIM technology is the general trend of the development of building informatization and is an extremely important research and development object for the whole industry. However, in colleges and universities, especially in the undergraduate teaching stage, we should pay more attention to the study of professional theory and practice courses. For example, we can regard BIM technology as the "mental skill" of martial arts, which is the essence. However, while studying the "mental skill", we must practice these "moves" of professional theory and practice courses. This is the combat effectiveness that we should directly demonstrate in practical application. The power of the "mental skill" can be truly reflected only after we have formed a certain combat effectiveness and understood the connotation of the "mental skill" through many practical "discussions".

(2) For construction enterprises and design institutes, the development and application of BIM technology have begun to proceed in an all-round way, which is irresistible. We must recognize the opportunities for the development of the industry. Only when we walk at the front of the wave can we not be beaten down on the beach by the wave. As time goes by, the great advantages of BIM technology will become more apparent. For construction enterprises, the application of BIM technology also represents the change of the transparency of the project from extremely vague to extremely clear, which also requires the construction enterprises to make corresponding preparations. The owner's mastery of the project information makes the project construction after the construction work really hard in terms of cost, quality and progress, and the previous high profits will inevitably be greatly affected. For design institutes, people who do not learn BIM technology and do not use BIM thinking will certainly fall behind gradually. Therefore, they must arm themselves with advanced technology and thinking to put themselves in a favorable position before a management and distribution system suitable for BIM design is established and perfected.

(3) With regarding to the establishment and improvement of BIM technology - related specification system, I believe it is only a matter of time under the background that the country is vig-

orously promoting "smart construction". I just hope that all parties concerned will not be interfered by their own interests and make unreasonable judgments and decisions in this process, which will only bring adverse effects to themselves, the entire construction industry and our country. What we must do now is to make common progress and common development. We must realize that we still have some gaps with the world's leading level in some core technologies.

(4) Keep the ideal thinking. The cake in BIM market is getting bigger and bigger. Everyone wants to get a piece of the cake. The promotion, consultation, textual research and other activities on the market also emerge in endlessly. However, as a learner and application of BIM technology, one must keep an ideal thinking, not be confused by the prosperous market activities, consider clearly what one wants in the next stage, what one wants in the long run and what one wants in the future. Before investing resources and energy, one must know whether one's choice is really in line with one's expected goals, or else one will have to pay too much or rework again in the future for the consequences of blindly choosing for one's own benefit.

In a word, BIM technology has a long way to go in China. All parties should be rational, not impatient, develop together, and make common progress, so as to promote BIM technology to play a proper leading role in the advance of China's modernization.

References

[1] H Edward Goldberg. The building information model [J]. CADalyst, 2004(21):56-58.

[2] Zhang Jianping, Guo Jie, Wang Shengwei, et al. Intelligent property management system based on IFC standard and building equipment integration [J]. Journal of Tsinghua University (Natural Science Edition), 2008 (06):940-942+946.

[3] Zhao Ang. Preliminary study on application of BIM technology in computer aided architectural design [D]. Chongqing: Chongqing University, 2016.

[4] Zhang Yang. Research on BIM-based information integration and management of building engineering [D]. Beijing: Tsinghua University, 2009.

[5] He Qinghua, Qian Lili, Duan Yunfeng, et al. Research on the current situation and obstacles of BIM application at home and abroad [J]. Journal of Engineering Management, 2012, 26 (01): 12-16.

[6] Zheng Huahai, Liu Yun, Li Yuanqi. Research and application status of BIM technology[J]. Structural Engineer, 2015, 31 (04):233-241.

[7] Editorial Committee of BIM application analysis report of Chinese construction enterprises (2019). BIM application analysis report of chinese construction enterprises (2019) [M]. Beijing: China Construction Industry Press, 2019.

[8] Ma Zhiliang. New thinking in BIM 3.0 era[J]. Architecture, 2018 (22):27-28.

[9] Lin Jiarui, Zhang Jianping. Overview of BIM policy development in China and text analysis [J]. Construction Technology, 2018, 47 (06):73-78.

[10] Ma Zhiliang. Towards the height of smart construction[J]. Construction Technology, 2019, 48(12):1-3.

(Author's brief introduction: Xu Zhaohe, male, born on December, 1988, from Jilin, Jilin Province, lecturer of the city construction institute, Master's degree graduate, main research interests are BIM technology application and school-enterprise cooperation in educating, worked in Tianjin college, University of science and technology Beijing since September 2011.)

浅谈高校民用水输水相关问题

李敏

(北京科技大学天津学院城市建设学院，中国　天津　301830)

摘　要：以长距离输水情况为视角，采用理论与实践结合的方法，本文研究了输水管道的输水方案，发现重力输水是当前最佳的节能供水选择。本文分析了各种管材的不同性能和特点，并得到了塑料管重量更轻，管壁更光滑，水利性能更好，成本更低，在选材时应优先选用的结论。本文结合各设计规范，针对不同地点、不同风格的建筑进行实地测量，选择合适的公式进行输水管道水头损失的水力计算；研究了输水过程中产生的水击，以及水击的危害和防护等一系列运行过程中出现的问题，并提出相应的优化方案，保证输水系统安全稳定地运行。

关键词：塑料管；水力计算；水击

Discussion on Water Delivery for Civil Use in Colleges and Universities

LI Min

(School of Civil Engineering, Tianjin College,
University of Science and Technology Beijing, Tianjin 301830, China)

Abstract: From the perspective of long-distance water delivery, this paper studies the water delivery scheme of water delivery pipeline by combining theory with practice. Gravity water delivery is the best choice for energy-saving water supply at present. It analyzes the different properties and characteristics of various pipes, such as lighter weight of plastic pipes, smoother pipe wall, better water performance and lower cost. It should be selected preferentially when selecting materials. Combined with various design specifications, according to the field survey of different places and different styles of buildings, the appropriate formula is selected for the hydraulic calculation of the head loss of the water transmission pipeline; a series of problems in the operation process, such as the water hammer produced in the water transmission process, the harm and protection of the water hammer are studied, and the corresponding optimization and improvement scheme is proposed to ensure the safe and stable operation of the water transmission system.

Key words: Plastic pipe; Hydraulic calculation; Water hammer

水是生命之源，是不可替代的自然物质资源。我国的淡水资源十分有限，且分布极不均匀。因此，我国建设了很多大型的输水工程，如南水北调工程、引滦入津工程等。国内对于输水方案的研究主要集中于大中型公用及工业项目，对于小型民用水输水方案优化的研究极少。在高校，高校学生群体用水时间较为集中，用水量大，规律性较强，因此输水管网一经破坏，将很大程度地影响学生的用水质量，而且每年对于输水管道的维护和改造都会耗用大量的材料和资金。所以研究并解决输水管道管材的选用，水头损失的水力计算，输水过程中产生的水击，以及水击的危害和防护等一系列运行过程中出现的问题，保证输水系统安全稳定地运行具有非常重要的现实意义。

1 输水方式

目前常见的输水方式有三种：

（1）重力输水，是利用地势的高差而完成的输水。重力输水分为两类：一类是无压流输水，即在输送过程中不产生水压。另一类是承压流输水，即在输水过程中主要依赖动水压力与静水压力输水。

（2）加压输水，是承压管道以压力流方式输水，适用于水源地地形低的情况，根据地形高差、管线长度和管道承压能力等具体情况，可能需在中途设置加压泵站。

（3）重力与加压联合输水。当水源地的地势较低，且输水线路的地形高低起伏较大时，多采用重力与加压联合输水，将水源地的水通过泵站加压运送到高位水地，再利用重力输水系统运送至地势较低点，根据实际地形加设泵站，两输水系统联合输水直至用水地。

尽管重力输水受到地形的限制，但在输水工程中，重力输水有其特殊的优势，是当前最佳的节能供水选择，在此前提下，应优先选用此方案。输水方案的对比如表1所示。

表1 输水方案的对比

输水方案	优势	劣势	工程实例
重力输水	节约能源、操作便捷、成本低、投入少、运行管理简单	对地形有限制性要求，目标供水地不同对地势的要求也不一样	都江堰水利工程
加压输水	前期建设经济成本投入较少	变频供水方式中需设置水池或水箱，存在占地面积大、易产生水质污染等	南水北调东线工程
重力与加压联合输水	供水水压保持相对稳定且可调节水量	设置水塔和高位水池不便，施工工序复杂，易产生水质污染	引滦入津工程

2 不同管材的性能和特点

目前常用的输水管材有四种：

（1）铸铁管。按制作材料与工艺的不同铸铁管可以分为灰铸铁管和球墨铸铁管。灰铸铁管的耐腐蚀性较强，在以前的工程中被广泛使用。但灰铸铁管管质较脆，使得其抗冲击和抗震能力较差，所以在使用的过程中经常发生接口漏水、爆管等现象。尽管如此，若灰铸铁管选用直径较小且选择大一级的壁厚，采用柔性接口，则也可以保证供水的安全。球墨铸铁管不仅具有灰铸铁管的优点，它在机械性能上也比灰铸铁管有很大的提高，强度和抗腐蚀性能也远高于灰铸铁管,并且其质量较轻,很少有漏水和爆管现象发生[1]。球墨铸铁管的使用寿命是灰铸铁管的1.5~2.0倍,正在逐步取代灰铸铁管。

(2)镀锌钢管。镀锌钢管分为热镀锌钢管和冷镀锌钢管。热镀锌钢管锌层厚,具有镀层均匀,附着力强,使用寿命长等优点。热镀锌钢管是在焊接的钢管上进行内外热镀锌,使得内外壁都镀有锌层,大大提高了钢材的防腐性能,是普通钢管的20倍左右。其在工程中得到了广泛的应用。冷镀锌钢管虽然成本较低,但因为防腐蚀性能比热镀锌钢管差很多,所以在工程中基本不使用。

(3)预应力钢筒混凝土管。这种管管壁光滑、耐腐蚀、造价低,但重量大,不便运输和安装,在设置阀门和弯头等装置时还需要采用钢管配件。近年来,新型的预应力钢筒混凝土管(PCCP)在市场中逐步被推入使用。PCCP具有接口止水效果好、抗震性能好、安装方便、使用寿命长、不易渗漏和腐蚀等优点,但其重量大,运输和安装有困难,水头损失大,水利性能差,因而较适合用于大水量的输水。

(4)塑料管。塑料管重量较轻,抗震性能和水密性较好,较容易制作阀门、弯头等装置。塑料管可分为聚乙烯管(PE)、聚氯乙烯管(PVC),以及硬聚氯乙烯管(UPVC)等。其中,硬聚氯乙烯管的水利性能最好,价格较低,因而被广泛应用于输水工程中。与铸铁管相比,塑料管管壁更加光滑,在相同的流量和水头损失情况下,塑料管的管径更小,在相应的水利工程中总造价成本较低。

通过比较上述四种管材可知,塑料管重量更轻,管壁更光滑,水利性能更好,成本更低,在选材时应优先选用。

3 水头损失的计算

水头损失分为沿程水头损失和局部水头损失。

对于沿程水头损失,因为民用水输水工程中管道的水力计算一般按均匀流考虑,计算圆管均匀流的沿程水头损失的基本公式为达西—魏斯巴赫公式[2]:

$$h_f = \lambda l v^2 / 2gd$$

式中 h_f——沿程水头损失,m;

λ——沿程阻力系数,与管壁表面的粗糙程度有关;

l,d——由水管的实地测量给出;

v——过水断面的平均流速,m/s。

达西—魏斯巴赫公式适用于任何截面形状的光滑或粗糙管内的层流和紊流。

局部水头损失的计算公式:

$$h_j = \zeta v^2 / 2g$$

式中 h_j——局部水头损失,m;

ζ——局部水头损失系数,可由实验测定;

v——过水断面的平均流速,m/s;

g——一般取9.8m/s^2。

总水头损失的计算:

$$H = h_w = h_f + h_j$$

我们选取了北京科技大学天津学院的教学楼和宿舍楼进行了实地测量，计算了输水过程中产生的水头损失。北京科技大学天津学院8、9教中的男卫生间共有90°弯头64个，三通弯头152个，阀门176个，普通弯头48个；女卫生间共有三通弯头136个，阀门128个，管道长度约为200m。相关数据代入相应公式得，总水头损失为13.496m，其中局部水头损失为9.352m，沿程水头损失为4.144m。北京科技大学天津学院一栋宿舍楼，楼底管总水头损失$H=0.612$m，宿舍楼纵管总水头损失$H=1.091$m，宿舍内支管总水头损失$H=1.44$m。

4 水击的相关问题

水击是有压管道，特别是大型中心泵站和水力发电机组的有压管道设计中不容忽视的重要问题之一。在有压管道中，由于某种外界原因，如阀门突然关闭、水泵机组突然停机等，使得流速发生突然变化，从而引起压强急剧升高和降低的交替变化，这种水力现象被称为水击或水锤[3]。水击引起的压强升高可达管道正常工作压强的几十倍甚至几百倍，极易引起安全事故。

水击的危害极大，主要包括如下方面：

（1）通过引起管道强烈振动导致管道接头断开并破坏阀门，更可能造成管道爆管，使供水管网压力降低，引起安全隐患；

（2）水击可以引起水泵反转，破坏泵房内设备或管道，严重时会淹没泵房；

（3）不注意水击隐患会引起事故，从而产生危害，事故一旦发生将造成重大的人员伤亡，影响正常的生产与生活。

根据北京市市政工程设计院的初步调查，全国各地区都曾发生过水击事故。华东、中南、西南、西北四个地区有三十多个较大泵站发生过停泵水击事故，有记录的多达两百余次。

对于输水过程中的水击，由于水击压强是巨大的，这一巨大的压强可使管道发生很大的变形，甚至爆炸。为了预防水击危害，就可采取以下措施：

（1）适当限制管道的流速，一般在液压系统中把水流速度控制在4.5 m/s以内，压力变化ΔP不超过5 MPa就可以被认为是安全的；

（2）正确设计阀口或设置制动装置，使运动部件制动时速度变化比较均匀，启闭阀门时采用"慢开慢关"的方式，可以有效减小水击对于阀门的损伤；

（3）延长阀门关闭和运动部件制动换向的时间，可采用换向时间可调的换向阀；

（4）尽量缩短管长，以减小压力冲击波的传播时间；

（5）安装减压阀，减压阀既可减动压也可减静压，无论管道进口压力和流量如何变化，减压阀的出口压力均可保持稳定，常用于大型重力输水系统[4]；

（6）安装进排气阀，进排气阀的工作原理是当管道内的压力低于大气压力时，阀门打开，空气进入管道，避免管道内压力下降过低；当管道内的压力高于大气压力时，管道内的空气又通过阀门排出；

（7）为了减小水击压力，就可以在管道设计中进行变径处理，采取逐级减小管径的措施。另外，采用变径管道进行输水还可以有效减小输水过程中造成的水头损失。

5 结论

通过对高校民用水输水方案优化的研究，得出以下结论。

（1）在民用水输水的管道方面，水击问题已经成为管道物理损伤的主要原因，本项目提出了有压管道中为预防水击问题需采取的相关措施，提出启闭阀门时可以采用"慢开慢关"的方式，有效减小水击对于阀门的损伤。

（2）今后的输水工程可以考虑采用变径管道进行输水。变径管道的应用在相关研究和应用中极为少见，主要是由于其制作过程比普通管材要复杂，但变径管道技术创新程度较高，可以实现节能环保的功效。

今后若采用变径管道进行输水，则虽然节省了材料，降低了能量损失，但变径管道不适用于批量化生产。因为对于不同类型的建筑物，变径的尺寸该如何把握，管道的长度该如何设计都是需要进一步考虑的问题。

参考文献

[1] 刘占巍，胡涛平，王海元．长距离低水头有压重力流输水管道经济管径的确定方法［J］．甘肃水利水电技术，2015，51（07）：38-40.

[2] 赵振兴，何建京编著．水力学［M］．北京：清华大学出版社，2005.

[3] 李艳霞．水锤的起因与预防［J］．山西建筑，2003（03）：137-138.

[4] 蒋琳琳，张炅同，陈琦莹．长距离重力流输水管路水锤防护研究［J］．海河水利，2016（04）：53-55.

（作者简介：李敏，女，1983年9月出生，山西榆次人，城市建设学院教师，院评副教授，硕士研究生毕业，主要研究方向为土木工程，2010年9月至今在北京科技大学天津学院工作。）

新工科背景下一般高校结构力学教学改革探索

杨建功 路维

(北京科技大学天津学院城市建设学院,中国 天津 301830)

摘 要:结构力学是固体力学的一个分支,它是土木工程专业的重要基础课程之一,具有思维逻辑性强、解题技巧性高等特点。如何提高学生对结构力学课程的关注度,改变学生被动学习的状态,激发学生积极主动的学习兴趣,是结构力学教学过程中亟待解决的问题。本文针对目前一般高校结构力学课程当中存在的主要问题,从课程特点、课程现状、存在问题、教学改革四个方面进行阐述,结合前人的研究成果,探讨提升结构力学课程教学效果及教学质量的方法与举措。教师可因材施教,激发学生主动学习的兴趣,通过合理的教学方法和多样化的教学手段,提高教学质量。

关键词:结构力学;课程特点;课程现状;存在问题;教学改革

Exploration on teaching reform of structural mechanics in colleges and universities under new engineering background

YANG Jiangong   LU Wei

(School of Civil Engineering, Tianjin College,
University of Science and Technology Beijing, Tianjin 301830, China)

Abstract: Structural mechanics is a branch of solid mechanics, it is one of the important basic courses of civil engineering major, which has the characteristics of strong logic of thinking and high skill of solving problems. How to improve students' attention to structural mechanics courses, change students' passive learning state, and stimulate students' active learning interest is an urgent problem to be solved in the teaching process of structural mechanics. In view of the main problems existing in the courses of structural mechanics in colleges and universities, this paper expounds the characteristics of the courses, the current situation of the courses, the existing problems and the teaching reform. Combined with the

---

基金项目:2019 年度中国建设教育协会教育教学科研课题项目(2019074)资助

previous research results, this paper discusses the methods and measures to improve the teaching effect and teaching quality of structural mechanics. Teachers can teach students according to their aptitude, stimulate students' interest in active learning, and improve teaching quality through reasonable teaching methods and diversified teaching means.

Key words: Structural mechanics; Curriculum characteristics; Curriculum status; Problems; Teaching reform

1　引言

新工科建设的提出，对高校结构力学教学提出了新的要求，特别是应用型本科院校，不但要教授学生结构力学基本理论知识，还应当根据学校特色与定位，结合新工科、新领域及传统工业的改造升级等方面，融合诸多要素进行教学研究与改革。

结构力学在土木工程专业整个课程体系设置中，占有相当重要的位置，具有承上启下的作用，而且贯穿于整个专业学习的过程。结构力学的先修课包括高等数学、线性代数、计算机基础知识、工程力学等。结构力学为土木工程专业主要的专业基础课之一，它是联系基础力学课程与工程设计课程的纽带，是从力学基本理论过渡到工程实际应用的重要桥梁。结构力学的教学质量直接决定后续钢筋混凝土结构设计原理、钢结构、土力学与地基基础和抗震结构设计、课程设计和毕业设计等环节的教学效果，同时是学生今后在设计或施工工作中解决工程问题的基础。

作为核心专业基础课之一，结构力学的主要任务是根据力学原理研究在外力和其他外界因素作用下结构的内力和变形，以及结构的组成规律和受力性能[1]。而随着科技的发展和结构设计与分析软件的广泛使用，传统结构力学已不能满足新形势下新工科建设的需求。在当前教学模式下，多数地方性本科院校的结构力学教学状况不乐观，学生旷课迟到现象时常发生，上课心不在焉偷玩手机，期末考试成绩不理想[2]，这不能满足学生毕业后在工作实践中对相关结构力学知识的系统性需求。

地方应用型本科院校较普通本科院校，具有更鲜明的技术应用层面的特征，它要求培养可以适应生产、建设、管理等一线需要的高等技术型人才，适应新时代科技发展、新工科建设，服务地方经济。因此，结构力学教学实践必然要求依据学校定位特点、地方经济需求、时代热点工业技术等对课程教学环节进行不断改革，既要满足全国普通本科结构力学课程内容的基本要求，保证课程的基本教学质量，又要重视学生的实践应用能力，体现应用型本科院校的特色优势。

本人在结构力学教学实践过程中，发现了一些教学上所存在的问题，本文将从这些问题着手，提出一些解决问题的方法，并对该课程的教学改革提出几点自己的见解。

2　课程特点

结构力学是一门理论性强但又基于工程实践、服务于工程实践的课程，概括地讲，这一课程主要有以下特点。

（1）理论性强。课程中基本概念和计算公式比较多，在学习中学生需要对基本概念有清晰的了解，对每一章节的公式熟练掌握并了解其应用条件，才能对整书的知识点及其连贯性具备全面的认识。

（2）应用性强。该课程作为理论力学和材料力学的衔接课程，同时又为后续的钢筋混凝土结构设计原理、钢结构、桥梁工程以及土力学等课程提供进一步的力学基础知识。在工作中很多结构问题还需要由结构力学知识来解决，这就对该课程的教学提出了更高的要求。

3 课程现状

结构力学在天津学院土木工程系开设已近10年，目前，该课程教学存在如下问题。

（1）教学内容滞后。教学内容以经典计算结构力学为主，基本采用手算方式，只有理论教学，没有实习和实验等实践教学环节。而手算结构力学费时费神，容易让学生埋没在结构力学的题海中，而忽略力学原理的理解和力学概念的建立，无法解决综合性的实际工程问题。随着计算机的普及，在掌握手算为主的基本理论基础上，利用计算机进行结构计算和分析已成必然趋势。

（2）教学方式方法陈旧。该课程有较多的力学原理、力学概念以及大量数值计算，内容抽象，逻辑严谨，教师讲起来难以生动，学生学起来枯燥乏味。传统的教师讲、学生听、课后完成作业的教学方式，难以体现力学概念、结构概念及其工程应用，且教师与学生的互动性较差，学生学习的积极性不高，教学效果差，常出现"上课能听懂，下课不会做"的结果。

（3）重定量计算，轻定性分析，少联系实践。教师授课时重点关注如何在给定的计算简图和荷载作用下完成内力和位移计算[3]，至于计算简图如何确定、荷载如何计算、求解方法的灵活性和技巧性、计算结果有何用途等与实际工程相关的问题涉及甚少，严重影响学生工程实践、结构创新和综合应用能力的培养。

（4）学生基础差，缺乏信心。相当一部分学生数学、物理成绩不太好，先修课程掌握得不好，导致学生一看到结构力学就备感压力，严重缺乏自信心，畏难情绪严重，这在学期第一次课堂反馈中能明显感受到。

（5）考核方式单一。传统的考核方式是以期末闭卷考试为主，通过对课程内容的重点、难点进行归纳总结，采用典型的试题来考核学生对知识的理解和掌握情况。这样会造成学生为了应付考试被动强记一些典型例题的求解步骤，忽视对力学原理的理解和力学概念在工程实践中的应用，阻碍学生创新思维的发展。

4 课程教学中所存在的问题

（1）理论知识点多，授课学时少。新工科专业背景下，学生的课程数量有所增加，导致各专业课程被分配到的课时不可避免地减少，结构力学也不例外。而结构力学是一门专业基础课，主要研究杆系结构的内力和变形，具有内容较多，理论性强，概念较为抽象，解决问题的思路多样化等特点。有很多重要的内容必须细细讲授，要耗费大量课时，课时少与内容多的矛盾相当突出。因此，课程设置需保证结构力学的课时。

（2）课程间教学内容叠合。传统的力学系列课程教学体系过于强调各门课程的系统性，以致出现个别内容重复现象，课程之间缺少相互的渗透融合，缺乏必要的衔接，内容得不到很好的衔接，导致很多内容脱节，学生上课一头雾水。如静力学当中桁架的内力计算，在结构力学中亦有出现；再如材料力学中涵盖静定梁的内力计算，而在结构力学中亦进行了学习内容设置。而像矩阵位移法这类本科学生今后在工作中很少运用的内容，大纲却要求重点讲授，不仅浪费课时，也浪费学生学习的精力。

（3）教学内容抽象。结构力学研究计算的是结构在各种效应作用下的响应，包括内力的计算及位移的计算。由于内力看不见，摸不着，学生在学习的过程中缺乏感性的认识，很容易将内力等概念混淆，造成对知识点的记忆模糊。课程的内容抽象，造成学生在接触到这门课程时容易产生畏难情绪。学生在学习过程中没有明确的目的性，"怎样去学习""知识点该如何运用""如何分析力学模型"等问题普遍存在，导致学生不能学以致用，学生学习后不知道学习结构力学对今后工作有何帮助，自然而然缺乏对结构力学这门理论性较强课程的学习兴趣。

（4）缺少课程间的衔接。结构力学作为一门专业基础课，既有理论严密、系统完整、逻辑性强的特点，又存在其作为土木工程相关专业基础课的作用，因此其与其他课程，如钢结构、砌体结构、混凝土设计原理等专业课程密不可分。在实际教学与调研过程中结构力学的学习好坏，直接影响上述课程的学习效果。更为严重的是，结构力学学不好，大四的毕业设计也很难着手。但如今的教学中，教师过分强调结构力学这门课程的独立性，忽视了其与其他专业课的关联。

（5）学生基础参差不齐，缺乏学习激情。目前地方应用型本科院校，如天津学院，学生来源广泛，2018级工程造价专业的部分学生甚至为文科生，所受基础教育方式不同，造成学生基础不同，特别是大部分学生缺乏良好的学习习惯和良好的自控能力，在学习上极易出现两极分化的现象。

5　教学改革

（1）增加课时。鉴于目前结构力学课时较少的问题，学校可将这门课程的课时由原来的64个课时酌情增加到80个课时。增加课时，教师可以将课程中的重点、难点打散细细讲授，更易于学生理解，有利于提高学生对知识的掌握程度，教师还可利用增加的课时进行课程的创新与改革。

（2）针对课程中一些较为烦琐的内容优化教学内容，根据实际情况，教师对教学的顺序进行适当地改变，对不同课程相似的知识点进行穿插教学，减少教学冗杂度。例如，在结构力学中需要讲授的桁架结构中杆的内力计算，可将结构力学中的这部分内容放在理论力学中讲授。而静定梁与静定刚架内力图的内容，材料力学也有详细讲述，内容大致相同，只是侧重点不同，可将其放到材料力学中讲授。这样不仅可以节省课时，还有利于学生理解知识点的联系，有利于学生对知识点的掌握。而例如矩阵位移法这类本科学生今后在工作中很少运用的内容，可以作为选修课或自学内容来完成。

（3）改进教学方法。

1）现代化教学手段与传统教学手段结合。

结构力学是一门理论性、逻辑性很强的课程，更需要通过生动活泼的教学手段来展现课程内容[4]，以激发学生的学习兴趣。多媒体教学手段可以将一些抽象的，教师难于用言语表述出来的内容，通过 PPT、图片、Flash 动画等展示给学生，这样不仅可以有效提高学生对知识点的理解和掌握，而且可以减少书写板书的时间，提高授课的效率。而对于一些难度较大，较为复杂的内容，如力法、位移法的公式推导与计算等，只有通过板书细细讲解，逐步推导，师生间的相互交流，才能易于学生理解，加深学生记忆。因此，将传统教学与多媒体教学有机结合起来，扬长避短，可真正做到既提高课堂教学效率又提高教学质量[5]。

2）引入案例式教学。

学生学习知识，结构力学的内容较为抽象，学生很难将所学的知识与实际工作结合起来，这就需要教师引入案例式教学。根据这一情况，在结构力学教授过程中，可以将实际工程案例引入教学中，授课教师可以对课堂上讲授的每一个章节、每一个知识点找出对应的工程应用案例，针对实际工程案例，授课教师应着重讲述本章学习内容与实际案例之间的紧密联系，例如在讲授受弯构件时，将建筑中的梁、荷载、支座简化为力学模型来进行力学分析，有利于学生在思考问题时结合实际，将抽象的概念具象化。通过这种方式，潜移默化地让学生意识到结构力学的学习对解决工程实际内容起着至关重要的作用。

3）在例题、讨论题与课后习题方面，同样可以引入工程实例，引导学生根据实际案例简化力学模型，比如普通大桥对应多跨静定梁，厂房对应刚架，铁路桥对应桁架，等等。

4）采取"一页开卷"考试模式。

结构力学当前普遍采用闭卷考试的方式进行考核，考试往往被安排在结课后两周内。结构力学内容量大，知识点多，公式较为复杂，学生很难在有限的时间内将这些公式记熟，将知识点理解透彻，导致这门课程的挂科率偏高。目前，"一页开卷"考试模式逐渐被各高校所接受，即允许学生自带一张 A4 纸进考场，其可以被用来写重要公式、归纳知识点、平时易错的地方、解题思路等[6]，结构力学也可采用这种考核方式。这样的考核方式好处在于，首先，学生可以不必死记硬背许多课本上复杂的公式，而将精力放在对知识点的理解及运用上。其次，准备这一张 A4 纸的过程，就是对知识点系统性归纳、提炼、总结的过程，学生的复习效率更高，对知识点的掌握更牢固，这也正是考试的目的。

5）加强课程交叉学习。

教授过程注重专业课程交叉和融合的学习。结构力学作为一门专业基础课，基本上贯穿整个本科阶段的学习过程，从力学原理到具体解题方法的讲解，都是工程实际问题需要考虑和满足的。例如在学习结构设计原理课程时，结构配筋计算、稳定性分析等都要先基于力学知识计算结构内力，分析结构强度，从而使结构设计经济、合理；"力矩分配法"就是钢筋混凝土结构、钢结构等结构设计的直接工具；"结构的动力计算"则是结构抗震设计的直接工具；又如对土木工程专业桥梁方向的学生来说，学了结构力学以后再学桥梁工程这门课更加容易入门，因为结构力学对桥梁的基本结构形式都有计算分析，对简支梁、悬臂梁、外伸梁、连续梁、静定梁和超静定梁等概念和结构形式都有介绍。因此教师在进行课程教学时，可以引入专业课知识点，让学生了解学习力学解题方法后怎么用，用在什么地方。

6）改革考核评价方式。

采取分阶段考核方式，收集学生平时课堂出勤率、作业完成情况、课堂回答问题情况、答疑质疑情况等，同时，根据授课进度，期中检查可以采用弯矩图竞赛方式。另外，增加随堂考，了解学生对各阶段所学知识的掌握情况，期末采取"一页开卷"考试模式等。在考试题型上，除了以计算为主的典型题目，增加对定性分析和工程实践内容的考核。结构设计竞赛成绩、结构力学知识竞赛成绩等也可作为课程成绩的一部分。通过以上考核评价方式的改革，结构力学的成绩评定可由平时成绩和期末"一页开卷"考试成绩两部分构成，其中平时成绩由考勤、平时作业、平时表现、随堂考、结构竞赛实践等构成。

7）善于进行知识总结。

在学习过程中，多做对比分析，加深学生对知识点的掌握程度。例如，相同结构在不同荷载和约束条件下的对比；静定结构中梁、刚架、桁架及拱的受力分析对比；移动荷载与固定荷载作用的对比；桁架结构分析中结点法和截面法的对比；力法和位移法在解超静定结构时的原理和步骤对比等。通过对比分析，加深学生对各种力学方法的理解，使学生对课程整体内容和脉络更加清晰，达到事半功倍的效果。

8）积极开展第二课堂，培养学生团队合作和探索精神。

结构力学开展课内实验或实践比较困难，但必要的实验或实践活动有助于学生理解理论知识、提高定性分析能力、增强实践动手能力、培养创新能力。全国大学生结构设计竞赛的内容大多来源于工程实际。

9）发挥网络教学平台优势。

网络教学平台是现代教学手段的有效补充，利用网络教学平台，培养学生自主学习、课前预习、课后复习巩固等学习习惯和学习能力，以开阔学生视野，激发学生的兴趣和热情。网络教学平台有效地弥补了课堂教学的不足，提高了课堂效率，丰富了结构力学的学习途径。

6 结束语

结构力学是土木工程专业较为重要且难度较大的一门专业课，由于其与其他课程联系紧密，其教学质量的优劣会影响学生对这门课程及与之关联的数门课程的知识掌握程度，甚至会影响学生将来的工作情况。

授人以鱼不如授人以渔。对于应用型高校，教学应该注重学习方法与能力培养，让学生能够学以致用，能够在实践中发现问题、解决问题。一方面，结构力学教学要培养学生对实际结构的分析能力、计算能力和判断能力；另一方面，工程实践要求学生具有较好的结构分析、计算、校核的能力，掌握工程实用计算方法。时代在进步，在新工科理念背景下，应用型高校人才培养的目标是满足社会的需求。作为高校教师，更应该了解当下的实况，与时俱进，调整教学理念与教学方法，不遗余力地教导学生，为新时代人才培养贡献自己的力量。

笔者根据在结构力学实际教学中发现的一些问题，提出了对课程教学改革的一些肤浅的看法[7]，但在实施中也暴露出一些问题，如因课时数的压缩，整合后部分教学内容课内无法深入学习和探究；结构力学知识竞赛、建筑模型设计与制作和结构设计竞赛等活动的相互联动对学生要求高，出现了个别学生全盘放弃的情况；过程式考核评价方式的效果受限于教师投入的时间和精力。在后续的教学工作中，笔者将不遗余力地继续进行学习探索，希望能对结构力学这门课程教学质量的提高有所帮助。

参考文献

[1] 周臻，尹凌峰，缪志伟．基于首要教学原理的结构力学教学过程重构［J］．高等建筑教育，2011（5）：59-64．

[2] 刘二强．新工科背景下一般院校工程力学专业《结构力学》教学探索［J］．教育现代化，2018，5（14）：131-134．

[3] 郇筱林，王崇革，戴素娟．地方院校土建类专业力学系列课程教学体系改革与实践［J］．高等建筑教育，2019，28（4）：68-72．

[4] 刘京红，何洪明，高宗章．结构力学教学中培养学生可持续发展能力研究［J］．河北农业大学学报，2008，10（1）：56-58．

[5] 杨从娟．结构力学多媒体教学的问题与思考［J］．理工高教研究，2007，26（1）：131-132．

[6] 李国华，罗健，董军．结构力学教学方法研究［J］．高等建筑教育，2012，21（1）：81-83．

[7] 杨建功，路维，王邵臻．关于结构力学课程教学改革中的几点探讨［J］．教育现代化，2016，3（27）：121-122．

（作者简介：杨建功，男，1988年8月出生，天津宝坻人，北京科技大学天津学院教师，讲师，硕士研究生，主要研究方向为土木工程专业教育教学研究，2013年9月至今在北京科技大学天津学院工作。）

应用型本科土力学"金课堂"建设研究方法讨论

路维　杨建功

(北京科技大学天津学院城市建设学院，中国　天津　301830)

摘　要：土力学是以土的渗透性、压缩性、抗剪强度三大理论为基础，以有效应力原理为主线的一门专业基础课。为响应教育部淘汰"水课"、打造"金课"的要求，我们对土力学课堂进行梳理和调整，合理提升学业挑战度、增加课程难度、拓展课程深度。结合土力学课程特点及教学经验引入"桥梁型"教学模式；分析国内外土力学课堂现状，提出实际工程案例引入—理论知识介绍—问题解决—问题拓展—学生讨论的教学模式，提高课堂教学质量；总结目前国内土力学实验课程情况，完善实验动画演示环节，优化课程学习评价，打造土力学"金课堂"。

关键词：土力学；教学改革；金课建设

Discussion on the Research Method of "Gold Classroom" Construction of Applied Undergraduate Soil Mechanics

LU Wei　YANG Jiangong

(School of Civil Engineering, Tianjin College,
University of Science and Technology Beijing, Tianjin 301830, China)

Abstract: Soil mechanics is a professional basic course based on the three major theories of soil permeability, compression, and shear strength, and it is based on the principle of effective stress. In response to the Ministry of Education's elimination of "water lessons" and the creation of "gold lessons", soil mechanics classes are combed and adjusted. Reasonable raise academic challenge degree, increase course difficulty, expand course depth. Combining the characteristics of soil mechanics course and teaching experience, the "bridge type" teaching model is introduced; Analyze the present situation of soil mechanics classroom at home and abroad, put forward the actual engineering case introduction-introduction of theoretical knowledge-problem solving-problem expansion-student discussion

---

基金项目：2019年度中国建设教育协会教育教学科研课题项目（2019075）资助

teaching mode, improve the quality of classroom teaching; Summarize the current domestic soil mechanics experiment course situation, put forward the student self-study Flash animation production, perfect the experiment animation demonstration to enhance the student innovation consciousness; Optimizing curriculum learning evaluation and other aspects of reform, committed to building soil mechanics "gold classroom" construction.

Key words: Soil mechanics; Educational reform; Construction of Golden Courses

1 引言

在土木工程课程体系中，土力学是一门十分重要的专业基础课，是传统固体力学的一个分支，也是我国执业注册工程师考试中的主要内容之一。国内的很多院校开设了本课程，一般包含理论课、实验课两个教学环节。随着国民经济的快速发展和大量岩土工程项目的建设，在水利工程、海洋工程、道路桥梁、房屋建筑、隧道工程等方面都凸显出土力学在工程中的重要地位，因此提高土力学教学质量，是培养优秀的土木工程专业人才的重要保障，对于岩土工程领域的开发具有极为重要的意义[1]。

土力学是大部分工科学生的专业基础必修课，相比其他专业基础课，土力学课程具有内容多、知识点分散、内容连贯性差等特点，使得学生学起来头绪繁多，对土力学知识体系掌握差。基于学习和落实中华人民共和国教育部印发《教育部关于狠抓新时代全国高等学校本科教育工作会议精神落实的通知》，各高校要全面梳理各门课程的教学内容，淘汰"水课"、打造"金课"，合理提升学业挑战度、增加课程难度、拓展课程深度，切实提高课程教学质量。高校要结合办学实际修订本科人才培养方案，切实把本科教育工作会议的精神、要求落实到学校人才培养各项工作、各个环节中，新方案要从2018级学生开始实施，持续抓四年、全程管到位，努力使每一级在校生都受益。下面结合目前国内外土力学教学现状，探讨关于建立应用型本科土力学"金课堂"建设的几点建议。

2 国内外土力学教学现状

国内外土力学教材的区别在一定程度上导致了课堂教学的区别。按照国内教学大纲要求，教材的编写基本类似，目前比较经典的土力学教材有清华大学陈仲颐、周景星、王洪瑾主编的《土力学》，河海大学钱家欢主编的《土力学》，武汉大学冯国栋主编的《土力学》等。各版本土力学主要包括土的物理力学性质及工程分类、土的渗透性、有效应力原理、土的压缩性和固结理论、土的抗剪强度等[2,3]。国外比较经典的土力学教材有《Craig's Soil Mechanics》《Soil Mechanics: Concepts and Applications》《A Guid to Soil Mechanics》《Offshore Geotechnical Engineering》《Principles of Foundation Engineering》《Soil Mechanics and Foundations》等。这些教材具有以下特点：每一章节都有目标、主要内容、总结、关键点、习题等，针对每一个小的知识点，均对应安排由相应的习题去阐述说明，知识点讲解由浅入深，使得学习过程相对轻松。

国内在教学手段上出现了多样化的状况，教学理念也由以往的"单向灌输式"变为"启发式"，改变了学生的"应试型"学习状态。如在教学过程中，让学生带着问题去学习或是将问题留给学生去思考，让学生从自己的回答中总结出不同，让学生通过思考理解该课程的重要性和必要性，这比教师的单方面灌输更为有力。国外的课堂教学从内容的讲解和时间的控制上与国内有很大的不同。国外课堂教学不是单纯地传授学习知识，而是采用实例探讨或习题分析的方式来引导学生学习本节知识，更多的内容是通过布置课后作业鼓励学生通过自学的方式来获取相关内容。课堂上老师非常鼓励学生举手发表个人观点，提出问题。同时，老师也会通过一些身边的实例来引导学生思考。另外，在整个教学过程中，课后作业占据很大的比例。

3 土力学"金课堂"建设

3.1 土力学理论教学模式

基于国家对高水平应用型人才培养的战略需求，契合经济转型和创新型国家战略的实施，本科院校以培养高级应用型人才为目标。土力学知识体系服务于国民经济许多行业，应用极为广泛，针对学校土木工程高级应用型人才"强施工、能设计、懂管理"的培养目标，突出应用性和实践性。优化土力学理论和实践教学内容，改革土力学课程教学模式，在教学中要重视工程经验，重视土的工程特性。土力学中的许多分析方法来自工程经验的积累和案例分析，而不是来自精确的理论推导，土力学课堂教学强调理论与工程的密切联系，致力于打造土力学"金课堂"。

对土力学理论教学部分采用"桥梁型"教学模式。土力学课程一般被设置在大三期间，学生已经掌握高等数学、大学物理、工程力学等基础课程，为土力学课程的学习奠定了良好的基础。由于学生还没有开始真正的专业课学习，对于土木工程专业并没有深入的认识，对于如何学好土力学存在一定的盲区。由于土体是岩石自然风化的产物，所以具有碎散性、三相性、天然性的特点，而土力学主要研究土的渗透性、土的变形、土的强度三大类工程问题。土的物理力学性质及工程分类是理论基础，以此开展土体的三大理论研究，在掌握这三大理论的基础上，开展土力学的应用研究。因此应用"桥梁型"教学模式可以帮助学生明确土力学体系，它是基于土的物理基本性质认识土的渗透性、压缩性和抗剪性，基于土的有效应力原理建立渗透性、压缩性和抗剪性之间的内在联系。从三种基本力学性质出发分析地基工程、边坡工程和地铁隧道工程，对涉及渗透变形、沉降变形和强度稳定性的问题，建立完整的理论体系。在这个体系的总体框架下，学生在学习土力学时，就会认识到本课程各章节内容之间的内在联系，对土力学在总体上有清晰认识，再结合土体本身的特殊性质来详细讲解每一部分的内容，将内容丰富起来[4]。

3.2 土力学理论课堂教学环节

针对土力学理论课堂教学环节，本文提出"实际工程案例引入—理论知识介绍—问题解决—问题拓展—学生讨论"的教学模式。

（1）实际工程案例引入：结合实际工程案例引入相关问题的思考，提高学生学习的兴趣。

（2）理论知识介绍：采用精简的方式介绍理论知识，简化教学内容，帮助学生理解知识点。

（3）问题解决：鼓励学生发言，帮助学生结合已学的内容采用不同的解释和处理方法解决引入的工程案例问题。

（4）问题拓展：紧密联系工程，拓展更多与知识点相关的工程问题，开拓学生思维。

（5）学生讨论：鼓励学生提问，让学生针对本节课所讲内容提出不同的见解，提升学生自主思考的能力。

在教学过程中将工程实例分析与理论分析结合，重视工程案例分析，重视综合判断能力培养。

3.2.1 案例引入

上海世贸深坑酒店利用采石形成的山体深坑建造，被誉为"世界上最低的高层建筑"。在一个露天百米的深坑里，如何防积水就成为一个突出问题，人工景观湖的湖面如何维持在一个安全的水位是个难题。设计团队通过安装一部抽水泵以确保每日湖中水位变化不超过500 mm 的安全区间。通过上海世贸深坑酒店湖中水位控制问题的引入，学生很自然地引出渗透的概念，通过引入土坝蓄水（土坝蓄水后，在水位差作用下，水透过坝身由上游流向下游，在汛期随着水位大幅抬升，水在坝体中的渗透可能会引起坝体破坏）、隧道开挖（隧道开挖时地下水流向隧道内，出现漏斗状的潜水面，如果不采取合适的排水措施则会引起地层沉降）等实际工程问题，引出渗透发生的必要条件——存在水位差，这种将抽象概念具体化的思想容易使学生接受。

3.2.2 理论知识

渗透力的定义：渗透水流施加于土体内土颗粒上的拖曳力为总渗透力；渗透水流施加于单位土体内土颗粒上的拖曳力为渗透力。

（1）根据物理实验模型给出静水条件。

土样下截面测压管 b 水位高度为 h_1、上截面测压管 a 水位高度为 h_2，当 $h_1 = h_2$ 时，很明显由于土样上下截面不存在水位差，根据渗透的概念，此时无渗透现象产生，我们称之为静水条件。

（2）根据物理实验模型给出动水条件。

抬升贮水器，使得土样下截面测压管 b 水位高于上截面测压管 a 水位，也就是 $h_1 > h_2$，由于土样上下截面存在水位差，土样顶面将不断有流体溢出，表明土体中存在渗透现象，此过程中溢出的孔隙流体对土骨架产生摩擦作用，即形成渗透力，我们称之为动水条件。

渗透力的存在将引起渗透变形，教师通过动画展示渗透变形的基本形式——流土和管涌。

为防止土体发生渗透变形，就需要引入临界水力坡降，根据临界状态的平衡条件推导出临界水力坡降的表达式。

3.2.3 问题解决、问题拓展

以某基坑开挖工程为例讲解。通过计算基坑最大开挖深度不仅回顾流土和管涌概念、总渗透力的计算公式，而且展示渗透在工程中的地位，使学生深刻地体会临界水力坡降在实际问题中的广泛应用，领略土力学的魅力。

3.3 土力学实验课堂

著名的岩土工程专家沈珠江院士指出，试验土力学是现代土力学的一个重要分支[5,6]，因此在土力学的理论教学过程中，添加实验教学能够让学生更全面地理解土力学抽象的知识概念，使学生掌握土力学实验的基本原理和实验操作方法，并能根据实验结果对土体进行科学评价，提高分析问题、解决问题的能力，加深对土的物理力学性质的理解。其还能够培养学生良好的工程意识，对今后顺利开展工作是非常重要的。目前国内很多高校的土力学实验教学存在如下问题。

（1）学生多、仪器少。近些年，高校招生人数在不断增加，但很多院校的实验室建设情况并未随之更新扩大，很多院校选择采取一系列手段来化解学生多、仪器少的尴尬教学境况，但如果不能够使学生自己独立完成实验，教师则很难掌握学生的实际学习情况[7]。

（2）学时分配不合理。随着新技术的发展，及教育部对于行业新技术的普及推广，很多高校对传统专业课程进行了学时调整，土力学课程也存在压缩课时的情况，但由于课程内容繁复，部分院校选择削减部分实验内容。但土力学实验课程内容有特殊性，如土的固结实验、三轴实验等，此类实验均需逐级加载作用，且每级荷载下又要持续稳定一段时间，以得到相应的实验数据和结果。如果学生不能亲身进行实验实践，就会影响实验教学效果，直接影响教学目标的顺利完成，也会间接影响后续人才培养。

（3）教师缺乏工作经验。随着高等教育的普及，各高校土木工程专业教师，绝大多数是从校到校的培养过程，从高校毕业后直接进入高校工作，实际工程经验的缺乏是较为明显的问题。除此以外，我国目前多数高校对于教师的考核机制并不健全，强调论文、项目等成果的考核，缺少必要的实际工程经验及业务的考核[8]。这也使得土木工程专业教师在实验教学中存在照本宣科的情况，严重脱离工程实际，无法达到理论与实际结合的授课目标。

针对上述不足，很多学者尝试了很多土力学实验教学的改革方式，如东南大学在国内首次设计开发了一系列土力学课堂演示实验[9]，在土力学教学实践中取得了很好的教学效果。林伟岸等总结了浙江大学土力学实验的教学现状[10]，并就教学中存在的问题进行了改革，提高了教学水平，培养了学生创新能力和科研素质。廖原提出了土力学的实验教学内容应当由浅入深地设置为验证性实验、综合性实验、应用性实验和创新性实验四个层次[11]，并结合实验对象、考核办法及实验室管理制度等方面，探讨了土力学实验教学模式的改革与实践。沈扬等提出以教师为主导、学生为主体的创新型土力学实验教学改革[12]，自主研发了可视化演示模型实验系统，丰富了教学内容，培养了学生的创新思维和实践能力。张改玲阐述了有效实验教学的概念[13]，介绍了有效实验教学的模式、策略及其在中国矿业大学"土质学与土力学"实验教学中的实施。北京交通大学建立了土木工程虚拟仿真实验室，开发了包括常规土力学实验模块、非饱和土力学实验的虚拟仿真模块、建材模块、混凝土构件受力模块、混凝土结构模块、大跨度屋盖结构等模块在内的多个虚拟仿真实验模块，并将其应用于土木工程实验教学、现场实习和培训等方面。部分院校还推出了"互联网+"土力学实验虚拟仿真平台，该虚拟仿真平台是专门针对学生的实验操作而设立的平台，平台几乎涵盖了土力学课程的常规实验。通过"互联网+"虚拟仿真技术，将全部的土力学课程内容结合在一起，组成一个完整的组合，促进学生树立全局意识，建立把控全局的概念，摆脱之前实验教学的弊端，培养学生全面宏观的思维，让学生对知识的理解更加融会贯通。

笔者结合本校现有资源将动画展示引入土力学实验教学中，利用Flash动画可视化和多媒体的实验过程进行展示，不受实验仪器设备、实验材料的限制，是一种全新的实验辅助手段，激发学生学习的兴趣，提高学生的感性和理性认识，提高学习效率。为了让学生深刻理解实验过程，教师可向学生展示Flash动画。图1为三轴实验过程，其来自Flash动画，此动画由北京科技大学天津学院参加天津市大学生创新创业大赛的土木专业大三学生绘制。

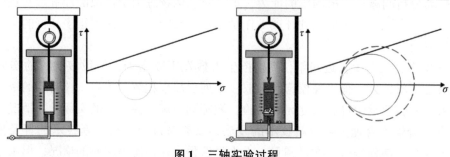

图1　三轴实验过程

3.4　土力学课程学习评价

合理的学习评价模式能够有效反映学生学习状态的变化，提升教学质量。学习评价模式主要具有持续性和差异性两类特征。持续性既体现在教师每一节授课过程中，对学生课前、课后的学习评价，又体现在伴随授课过程中的持续改进，它不因某节课结束而停止，而是贯穿于课程学习的始终，美国学者罗伯特马扎诺（Robert J. Marzano）的连续性学习量表，给予我们构建良好评价模式的启示，教师可依据连续性学习量表对学生的学习进行评价，随时知道学生对所学知识的掌握程度。学习评价模式的差异性，主要体现在评价模式与学生状态的"适应性"方面。近年，教育部对多学科交叉融合课程的建设提出了新思路，此类课程内容涉及的深度及广度与传统课程有较大不同，不一定是单一固定的教职人员担任授课教师，可能是由教学团队承担起的教学任务，以往的纸笔测试虽然在较大程度上能够直观评价学生对所学知识的掌握程度，但单一的评价模式很难对学科交叉融合等新型课程进行客观有效的评价。因此教师在进行课堂评价时应慎重考虑，采取适宜的方式进行学习考评，例如除常见的课堂问答、纸笔测试等方式，还可采用专题学习报告、课程论文、学术论文等表现性评价手段，以达到客观且真实有效的学习评价目的。

传统的土力学考核方式比较单一，考核成绩一般由两部分组成，即平时成绩以出勤考核为主；卷面成绩由考试成绩决定。而考试成绩多以基本理论考核为主，如此不利于学生实践创新能力的培养。由于土力学课程具有理论性和实践性结合较强的特点，故土力学课程学习评价方法应当注重体现对学生解决实际工程问题能力的考察，期末考试试题应偏向应用性，与工程实际联系。而传统的土力学试卷忽略了学生对于知识点的实际运用及适用考核。

为改善上述问题，根据土力学课程理论性和实践性较强的特点，可采用综合性学习评价模式。注重过程考核和能力考核，成绩评定指标可进一步被细化。评价方式可分为三部分：30%的成绩由学生运用土力学理论分析问题、解决问题的能力决定，根据必选教学试验、原位测试试验、土力学试验竞赛及其他开放性创新性试验等实践教学环节，按照事先设置的成绩权重进行综合评定，重点在于考核学生的创新意识和实践能力；30%的成绩由平时学生课堂（包括第二课堂）参与度决定，含考勤、交流讨论、小组汇报、课堂小测试、平时作业等，增加第二课堂教学的考核权重，主要考查学生的学习态度、知识掌握程度及创新思维能力；40%的成绩由基本概念、基本理论的掌握程度决定，以期中考试和期末考试的形式评定，在考核土力学基础理论的同时，增加工程案例分析考核权重，主要考查学生的工程意识和解决问题的综合能力。

4　结语

提高课程教学质量，培养创新型人才是新形势下高等教育教学追求的目标。土力学作为土木工程专业的基础课，具有很强的理论性、实践性和经验性。学好这门课程，对土木工程专业后续专业课程学习以及提高学生创新能力、实践能力有重要的意义。改善土力学课堂建设是提高土力学教学质量的重要途径，笔者通过改革课程体系、增加工程实例、动画演示等方式拓展课程深度，提高土力学教学质量，以期对培养基础理论扎实、实践能力强、综合素质高的土木工程专业创新型人才做出积极贡献。

参考文献

[1] 董立红．土力学课程教学存在的问题及改革措施［J］．西部素质教育，2017，3（20）：166-167．

[2] 王蕊，陈葶葶．应用型本科土力学教学方法的探讨［J］．中国电力教育，2014（05）：152-153．

[3] 黎春林．土力学应用型人才培养教学实践研究［J］．铜陵学院学报，2011，10（01）：112-113．

[4] 袁俊平．《土力学》课程优质课堂教学实现路径探析——以国家精品课程河海大学《土力学》课程为例［J］．高等建筑教育，2011（4）：99-102．

[5] 李广信．高等土力学［M］．北京：清华大学出版社，2004．

[6] 钱家欢，殷宗泽．土工原理与计算［M］．2版．北京：中国水利水电出版社，2000．

[7] 陈晨．互联网+虚拟仿真在土力学实验教学中的应用［J］．智库时代，2019（19）：168-169．

[8] 肖莹萍，翟聪，卢铭悦，等．土力学在土木工程专业课程教学初探［J］．课程教育研究，2019（07）：215-216．

[9] 邵俐，刘松玉，丁红慧，等．"课堂演示实验"在土力学教学中的应用［J］．东南大学学报（哲学社会科学版），2008，10（3）：44-46．

[10] 林伟岸，詹良通，王顺玉．神奇的土颗粒与土力学实验教学改革［J］．实验室研究与探索，2011，30（9）：130-132．

[11] 廖原．土力学实验教学模式改革探讨［J］．实验室科学，2013，16（6）：81-86．

[12] 沈扬，葛冬冬，陶明安，等. 土力学原理可视化演示模型实验系统的研究 [J]. 力学与实践，2014，36（5）：663-666.

[13] 张改玲. 有效实验教学研究与实践 [J]. 中国地质教育，2016（1）：29-32.

（作者简介：路维，女，1988年2月出生，吉林白城人，北京科技大学天津学院教师，讲师，硕士研究生，主要研究方向为土木工程专业教育教学研究，2014年9月至今在北京科技大学天津学院工作。）

基于 GIS 的教育地理信息系统研究

李瑾杨　石晓娟

（北京科技大学天津学院城建学院，中国　天津　301830）

摘　要：教育信息化程度是教育现代化的一个重要标志，教育现代化不能缺少教育信息化。教育信息化有助于实现教育资源分布的合理化和智能化，教育资源是用于教育信息化的各种信息资源。与信息环境相比，教育资源在教育中的应用具有更为直接的作用。本文应用 GIS 技术方法，创建区域教育地理信息数据库和教育专题信息数据库，构建基于 GIS 的教育地理信息系统（教育 GIS 系统），进行区域教育信息集成存储、统计、空间分析研究。通过对比各类区域教育资源，分析教育资源配置是否合理，区域教育的发展水平是否均衡，教育环境及校舍的选址能否避开自然地质灾害频发区，从而对教育资产的安全提供应急避险方案。研发系统能够实现教育信息集成管理、可视化和智能化查询数据、统计分析比较、辅助应急决策等功能。有助于管理者合理布局地方教育管理信息系统相关内容；并对区域教育管理信息化应用与实践开展了有益探索和研究。

关键词：教育信息化；GIS；教育资源

Research on educational geographic information system Based on GIS

LI Jinyang　SHI Xiaojuan

(School of Civil Engineering, Tianjin College,
University of Science and Technology Beijing, Tianjin 301830, China)

Abstract: The degree of educational informationization is an important sign to measure educational modernization, so educational modernization can not lack educational informationization. Educational informatization helps to realize the rationalization and intellectualization of the distribution of educational resources, educational resources are all kinds of information resources for educational informatization. Compared with the information environment, the application of educational resources in education plays a more direct role. This paper applies GIS technology method to establish regional education geographic information database and education special information database, to carry out integrated storage, statistics and spatial analysis of regional education information, and to build

GIS-based education geographic formation system. By comparing various kinds of regional education resources, this paper analyzes whether the allocation of education resources is reasonable, whether the development level of regional education is balanced, whether the location of education environment and school buildings can avoid the areas with frequent natural geological disasters, so as to provide an emergency plan for the safety of education assets. The system has been researched and has educational information integration management, visualization and intelligent query, analysis and comparison, the auxiliary emergency decision-making functions. It is helpful for the administrators to reasonably arrange the relevant contents of the local education management information system, and to carry out beneficial exploration and research on the application and practice of regional education management information.

Key words: Education informatization; GIS; Educational resources

1 引言

随着我国教育事业的迅速发展，城市教育体系得到不断改善，农村教育也得到大力发展。教育相关基础地理信息在一定程度上影响着教育资源分布和教育发展水平。例如，水资源、地形、交通、位置分布、人口密度、经济水平等因素对教学环境、教育设施分布、师资力量配置、教学质量等都有很大影响。

地理信息系统（Geographic Information System，GIS）作为一种空间数据分析和信息可视化的工具，能够以直观的方式帮助用户了解教育资源的分布，通过与数据分析和挖掘技术结合，其可以帮助决策者、研究者抓住数据中所隐藏的一些规律，从而为决策、研究提供支持[1]，如有效地评价不同地区教育发展水平，教育的安全保障情况（观察学校是否远离灾害频发地带，评估学校的安全状况；突发事件发生时指导师生撤离到安全区域）等。

目前国内外教育 GIS 系统的案例并不多见。因此，基于 GIS 技术方法研发教育 GIS 系统具有重要意义。

2 教育 GIS 系统设计

教育 GIS 系统一方面具备 GIS 系统的常规功能，包括数据管理、教学设施管理等。另一方面将 GIS 空间分析与教育行业结合，分析教学设施的空间分布状况，评估校舍的防灾能力，制定灾害发生时的应急预案。

2.1 总体实施方案

2.1.1 系统设计的目标

为方便研究者及管理决策者管理和分析相关的教育信息，辅助决策校舍选址，设计应急预案等，教育 GIS 系统的目标有以下几个方面[2]。

（1）提供数据输入服务，包括直接输入和由系统管理者协助间接输入服务，使得教育研究所需的数据和成果都能方便地存储到系统中。

（2）提供数据查询服务，包括基于文本的查询和基于电子地图的查询。

（3）具备教育专题图制作和发布的功能。地理专题图的制作和发布是一项比较复杂的任务，因此教育 GIS 系统没有开发直接面向用户的专题图制作和发布工具，而是利用 GIS 软件提供的可视化专题图制作功能和 Visual Studio 编程工具向系统管理员提供制作和发布专题图的工具和模板，让系统管理员制作并发布专题图后供用户使用。

（4）提供按需设计的辅助工具开发及集成。用户可以按自己的需求开发出辅助工具并整合到教育 GIS 系统中。

2.1.2 系统总体建设

基于系统设计的目标，教育 GIS 系统总体建设包括以下功能模块。

（1）地图操作工具：地图的基本管理功能，包括地图缩放、全图浏览、漫游、鹰眼显示。

（2）数据查询：数据的属性查询，方便用户查看数据以及数据所反映的区域之间的关系，查询结果以数据表的形式显示。

（3）统计图显示：根据用户的需要设置查询条件，查看不同的教育信息资源，以列表的形式呈现查询结果并绘制统计图，方便用户比较分析不同区域的教育水平。

（4）专题图工具：根据用户对教育信息的查看需求，制作不同类型的专题图，方便用户查看不同区域的教育资源分布状况和教育水平。

（5）缓冲分析：通过指定缓冲要素，建立缓冲区域，查看学校的交通条件是否便利，地理位置是否远离灾害频发地带，在突发事件发生时能否将学生疏散到安全区域。

（6）叠置分析：将学校地理分布图与地理要素图层叠加可辅助校舍选址；将学校地理分布图与自然灾害频发区域叠加，评价教学设施的安全情况，辅助决策者及时发现威胁，并加以防范。

2.2 数据存储策略

数据库就是为一定目的服务，以特定的结构存储的关联的数据集合。教育 GIS 系统的数据库包括两部分，即区域教育地理信息数据库和教育专题信息数据库。

区域教育地理信息数据库：存储与教育相关的基础地理信息，相关的点、线、面要素，通过在 ArcGIS 桌面软件矢量化获取道路、行政区点、行政区边界线、水系等要素信息。

教育专题信息数据库：以表结构形式存储数据，包括行政区点数据表、交通网数据表、水系数据表、各级别学校的数量和在校学生数等。数据表（Excel 表格）使用 ArcCatalog Simple Data Loader 导入数据库。

通过 ID 码实现属性数据库和空间数据库的关联，完成数据库的创建。

3 技术路线

教育 GIS 系统采用 ArcEngine 进行二次开发。开发人员可以嵌入 GIS 功能到已经存在的应用中，其包括自定义的工业软件和商用软件，如 Microsoft Word 和 Excel。ArcEngine 由两个产品组成：一个软件开发包和一个可分发的运行库，它是地理信息系统二次开发的主要工具。ArcEngine 的核心是 AO 组件。ArcEngine 是一组完备的并且打包的嵌入式 GIS 组件库和工具库[3]。

4 实验系统研发

通过编程能够实现教育 GIS 系统功能设计。在教育 GIS 系统的主界面包括菜单栏、工具栏、状态栏、图层控制区、鹰眼图、地图查看区，其中图层控制区可以分层呈现行政区点、水系、交通网等。地图查看区可以查看地图并进行缩放。

4.1 数据查询

进入教育 GIS 系统后用户可以进行不同方式的查询，如属性查询、图查属性（查询结果会在地图上显示出来）、条件查询（限制某一条件，查询一定范围内的属性数据）。

4.2 专题图工具

专题图可以方便直观地显示某一区域的教育信息，生动直观地描述区域内的教育水平和教育机构数量分布情况。

以四川省为例，选择要查看的某一属性，通过程序计算出各个地区的学校数量分布，根据图形的比例大小显示各地区的教育资源分布情况。例如，可以用柱状图或饼状图的比例大小和密集性，体现某省份的小学或幼儿园等教学机构分布是否均衡。

此外，如果要查看某一区域内各级别教育机构数量分布，则可通过程序查询显示出该地区的各级别教育机构数量分布情况，绘制成图，直观清晰地显示各级别学校占该地区总体教育机构数的比例。图 1 所示为成都市各类学校数专题。

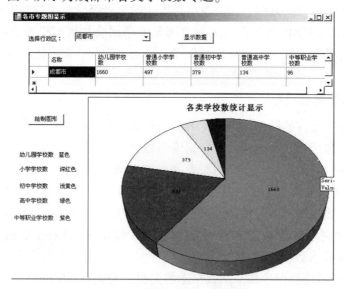

图 1 成都市各类学校数专题

4.3 空间分析

4.3.1 缓冲分析

对交通网进行缓冲分析，在界面中心区域对主要行政干道进行缓冲分析处理，设置合适的缓冲半径，经缓冲分析可以查看学校是否位于某一道路的缓冲区内，或者距离某一道路的缓冲区最近，同时对灾害威胁区域按照灾害的威胁衰减情况进行缓冲，从交通网缓冲区中排除，用以辅助制定应急突发事件发生时撤离到安全区域的路线。

例如，对四川省的主要行政道路进行缓冲分析，缓冲距离分别设置为 50 m 或 100 m，查看当地行政区的教育机构是否位于行政干道的缓冲区内；通过缓冲分析显示，既可以制定突发事件下在校人员紧急撤离方案，同时还可以根据道路的疏散能力合理分配人流。

4.3.2 叠置分析

将教学设施的分布图与影响选址的因素图层（如：河流、地貌、交通网等）进行叠置分析，用于辅助选址。另外在分析评价教学资产的安全状况时，很大程度上要考虑自然灾害的威胁，将学校地理分布图与自然灾害频发区域进行叠加，可以直观地评价教学资产的安全情况，辅助决策者及时发现风险。

5 结论

本文介绍了基于 GIS 的教育地理信息系统的设计与实验系统的开发。教育 GIS 系统将教育信息化与 GIS 技术结合，建设辅助管理决策的信息平台，并提供了丰富的教育信息查询与检索，教育专题图的制作，教育相关地理信息空间分析等功能。教育 GIS 系统还可辅助教育相关决策，特别是在教育人力和财产免受自然灾害破坏方面起到一定的保护作用。

参考文献

［1］许国雄，王爱华，贾积有. 基于 WEB 的北京市高等教育地理信息系统设计与开发［J］. 现代教育技术，2009，19（08）：85-88

［2］许国雄. 高等教育 GIS 研究支持系统的设计与实现［D］. 北京大学，2008.

［3］韩鹏，王泉，王鹏，等. 地理信息系统开发——ArcEngine 方法［M］. 武汉：武汉大学出版社，2008.

（作者简介：李瑾杨，女，1988 年 5 月出生，讲师，硕士研究生毕业，2014 年 3 月至今在北京科技大学天津学院工作。）

含氯挥发性有机物的脱除研究

梁宝瑞[1]　徐水洋[1,2]　张丽荣[1]　刘俊杰[1]
王万清[1]　宋娜[1]　柳明慧[1]

(1. 北京科技大学天津学院城建学院，中国　天津　301830
2. 北京科技大学，中国　北京　100083)

摘　要：人类工业活动排放的气态污染物和环境承载力的平衡是当前大气治理关注的焦点，协同净化减少多种原生污染物向环境排放是减轻环境承载负荷的有效手段。相比于采用吸收和吸附进行污染物转移的治理方式，用催化转化的方法将多种污染物协同彻底转化为无害物质是更加理想的转化方式。量化多种气体污染物协同催化的反应路径、产物成分与催化剂成分、结构的关系，从而解析催化脱除机制，不仅有助于了解多污染物协同脱除的微观过程，实现污染物去除的精准调控，而且为多领域协同催化深度净化提供重要的科学支撑。CVOCs 成为 VOCs 的重要分支中大气污染治理的重点和改善区域空气质量的关键，是下一步实现我国重点行业 VOCs 排放典型工业大气污染深度净化的重难点。采用催化方式协同净化多组分 CVOCs 及机理问题是典型的行业需求牵引，具有深远的理论意义和潜在应用价值。

关键词：含氯挥发性有机物；催化；脱除

Study on removal of volatile organic compounds containing chlorine

LIANG Baorui[1]　XU Shuiyang[1,2]　ZHANG Lirong1[1]　LIU Junjie[1]
WANG Wanqing[1]　SONG Na[1]　LIU Minghui[1]

(1. School of Civil Engineering, Tianjin College,
University of Science and Technology Beijing, Tianjin 301830, China
2. University of Science and Technology Beijing, Beijing 100083, China)

Abstract: The balance between the gaseous pollutants discharged by human industrial activities and the environmental carrying capacity is the focus of the current air govern-

基金项目：天津市教委科研计划项目（2019KJ147）资助

ance. Cooperative purification and reduction of multiple primary pollutants to the environment are effective means to reduce the environmental carrying capacity load. Compared with the treatment method of pollutant transfer using absorption and adsorption, the catalytic method is an ideal conversion method for synergistic and thorough transform of multiple pollutants into harmless substances. Quantifying the relationship between the reaction path/product composition and catalyst composition/structure of multiple gas pollutants to catalyze the catalytic removal mechanism will not only help to understand the micro-process of multiple pollutants collaborative removal to achieve precise control of pollutant removal, it also provides an important scientific support for multi-field collaborative catalytic deep purification. CVOCs had become the key branch of VOCs for air pollution control and the key to improving regional air quality. It is the next step to realize the deep purification of atmospheric pollution in the typical process of VOCs emission in key industries in China. The catalytic purification of multi-component CVOCs and mechanism issues are coordinated. It is a typical industry demand to use catalytic method to synergistically purify multi-component CVOCs and the mechanism problems, which has profound theoretical significance and potential application value.

Key words: CVOCs; Catalytic; Removal

近年来，随着我国城市化与工业化进程的加快，尤其在不利气象条件下，以光化学烟雾和灰霾为主要表现的区域性大气复合污染日益凸显[1]。在臭氧形成过程中，大气中的挥发性有机物（VOCs）作为一种关键的前体物有十分重要的作用[2]。含氯挥发性有机物（CVOCs）是 VOCs 的中较难处理的一种，主要包括氯甲烷（CM）、二氯甲烷（DCM）、氯乙烯（VC）、氯苯（CB）、1,2-二氯乙烷（DCE）和三氯乙烯（TCE）等。CVOCs 不仅排放量高、毒性强，而且具有较高的化学稳定性，在自然界中能长时间滞留，会持久性损害人体健康，也是造成灰霾、光化学烟雾、臭氧污染等不良后果的重要影响因素之一。CVOCs 也是工业有机废气排放中很重要的一种，其本身是化学原料试剂，参与石油化工、油漆制造、电子工业、农药合成等工业过程[3]。

1 含氯挥发性有机物的研究背景

根据北京 2018 年统计年鉴，北京市 2017 年化学原料和化学制品制造企业有 168 家，医药制造企业有 215 家，橡胶和塑料制品企业有 102 家。这些企业都是 CVOCs 排放的重点行业。因此，CVOCs 作为 VOCs 的重要分支，已成为京津冀区域大气污染治理的重点和改善区域空气质量的关键。

2016 年，《关于挥发性有机物排污收费试点有关具体工作的通知》明确了 VOCs 收费具体工作与审核要求，《中华人民共和国国民经济和社会发展第十三个五年计划纲要》将 VOCs 纳入总量控制指标。目前，我国共设立固定源排放标准 42 项，其中涉及 VOCs 排放控制的有 14 项；京津冀区域 VOCs 排放标准：北京 12 项，天津 2 项，河北 2 项。在 VOCs 的末端治理技术规范方面，我国制定了《吸附法有机废气治理工程技术规范》和《催化燃烧法工业有机废气治理工程技术规范》，2018年发布《蓄热燃烧法工业有机废气治理工程技术规范（征求意见稿）》。由此可见，CVOCs减排是我国实现VOCs排放重点行业典型工业大气污染深度净化所面临的严峻挑战。

就末端深度净化技术而言，CVOCs的处理技术主要分为两大类别：一类是非破坏性技术，包括吸附法、膜分离、吸收法及冷凝法等，另一类是破坏性技术，包括直接燃烧、光催化氧化、臭氧催化及催化燃烧等[4,5]。这两类方法的适用条件有所不同，例如，吸附法对于低浓度的废气具有很好的消除效果，但可能导致将污染从气相转移到固相，引起二次污染问题；冷凝法主要处理高浓度、小风量的废气，但对于低浓度、大风量的废气存在投资成本高，运行成本高，收益低等缺点；直接燃烧处理高浓度废气，由于反应温度过高（基本高于800℃），燃烧产物中会出现二噁英、NO_x等有毒副产物；相比之下，催化燃烧在低浓度废气的条件下具备能耗低、无二次污染，以及效率高等特点，是目前商业上处理工业废气最有效的方法之一[6]。一般来说，CVOCs催化燃烧使用的催化剂按其活性组分可以分为贵金属、分子筛和过渡金属氧化物，其中过渡金属氧化物具有较好的热稳定性、较强的抗中毒性和低成本等优点，是目前工业上应用最广的一类催化剂[7]，但也面临一些需要攻坚克难的问题，包括催化剂的失活、多组分CVOCs的影响、更高的反应温度及可能副产物的生成。

2 国内外CVOCs脱除研究的现状

基于上述思路，提高低温区间催化活性，增加对氯元素的抗性，避免副产物产生，解析催化机制是CVOCs实现低温催化脱除关注的重点。由于CVOCs种类较多，考虑非芳香烃类氯化合物，如二氯甲烷、二氯乙烷等非常稳定，芳香烃类氯化合物，如氯苯和邻二氯苯本身就是一种环境污染物，在结构上与二噁英类污染物相似，而且它们很可能是二噁英类污染物生成过程的前体化合物，研究者通常选取氯苯和二氯乙烷作为有机氯污染物的完全催化氧化消除的探针分子。

活性组分、晶体形貌和载体是影响催化剂活性与构效关系的关键因素。对于活性组分而言，特定元素也会对模型化合物氯芳烃的催化分解产生不同影响，如添加La可以提高氯芳烃热稳定性；CeO_2由于其较高的储氧能力和简单的Ce^{4+}/Ce^{3+}氧化还原循环，可提高氯芳烃活性；Ru和Sn的氧化物对Cl_2或HCl不敏感，在Cl_2或HCl的环境中可能存在较长的时间[8]。Li、Mao[9,10]等人研究了模型化合物氯苯（CB）的催化燃烧，在低温条件下添加含Sn元素的Mn-Ti、MnCeLa催化剂，稳定性明显高于掺杂前样品，Sn的引入可以抑制MnO_xCl_y的形成，降低去除氯物种所需的平均能量。Yang等[11]在CeO_2-CrO_x复合氧化物中掺杂ZrO_2进行改性，对其催化氧化1,2-二氯乙烷的性能进行了研究，发现CeO_2-ZrO_2-CrOx催化剂表现出良好的抗氯中毒能力，在270℃下反应100h后降解率在80%以上，对CO_2的选择性超过99%。锰氧化物中MnO_2可以形成无定形或α、β、γ、δ结晶等多种形态化合物，具有不同的晶格结构和晶胞参数。李经纬等[12]对不同晶型的MnO_2纳米棒和无定形MnO_2催化氧化氯苯的性能进行了研究，经连续反应35 h后α、β、γ-MnO_2纳米棒对氯苯仍保持较高的催化活性，活性顺序为α-MnO_2>γ-MnO_2>β-MnO_2，而无定形MnO_2连续反应35h后催化活性明显降低，说明MnO_2纳米棒在催化氧化氯苯过程中有良好的抗氯中毒性能。ZHAO[13]等对负载了MnO_x的纳米粒状CeO_2和纳米棒状CeO_2催化氧化氯苯的性能进行了研究，发现两种催化剂在300℃下反应30h后均具有良好的稳定性，MnO_x/CeO_2纳米颗粒比MnO_x/CeO_2纳米棒具有更高的转化率，与其拥有较高浓度的Mn^{4+}物种、氧空位和表面吸附氧及暴露更多的｛100｝晶面有关。CVOCs在烟气中浓度很低，所以提高催化剂对污染物的吸附能力是提高CVOCs催化效率的重要手段，载体不但会强化这个过程，而且将锰氧化物负载到不同载体表面，锰氧化物活性中心和载体之间的协同催化作用可以增强催化剂的活性、稳定性和抗烧结能力[14]。Poplawski[15]等人对比了TiO_2、Al_2O_3和SiO_2等几种载体，发现MnO_x/TiO_2对氯苯完全氧化的活性最好。当Mn负载量为1.9%时，氯苯的完全氧化温度为400℃。碳纳米管（CNTs）具有一些独特的结构，如石墨化管壁、纳米级管腔以及由SP^2-C构成表面等，这为催化剂活性位的调控提供了新的可能。Fan[16]等人利用CNTs复合材料作为载体负载MnO_x，在150℃和300℃时氯苯去除率分别达到83.3%和97.7%。此外，反应过后的催化剂上没有被检测到氯的存在意味着CNTs的引入促进了氯元素从催化剂表面的释放，提升了催化剂的抗氯特性。对不同载体材料的解析，有助于其催化以及抗氯机制的解析。

上述研究表明负载MnOx的催化剂对CVOCs的催化氧化表现出较好的活性，但活性窗口偏高偏窄、氯元素中毒造成的弱稳定性制约其应用。尽管不同载体、晶体形貌调控和掺杂Ce、Sn等对催化的活性和抗性有一定提高，但是在低温条件（≤200℃）下催化脱除CVOCs尚缺乏系统研究，各因素对催化剂活性位本质与构效关系的影响尚待进一步探究。

重点行业不同工序产生的废气成分复杂，废气中多种组分以及催化中间产物都会对催化效果产生影响。溶剂废气的污染物种类、温度、浓度、含湿量变化大，真实情况的CVOCs尾气往往不是单一的一种卤代烃，经常伴随着其他种类的有机物。而由于竞争吸附和反应温度的影响，研究单组分CVOCs具有高活性和选择性的催化剂不一定适用于多组分CVOCs。例如，Taylor[17]等人发现在使用U308催化氧化苯环时，若苯与氯苯混合，则活性会有所提高。当反应温度高于350℃，且苯：氯苯=1:1.3时，苯的转化率大于86%，而在氧化单一组分苯时，苯的转化率几乎为零。Gutierrez-Ortiz[18]等人考察了VOCs和CVOCs之间的混合效应，发现无论是将正己烷还是将苯加入DCE或者TCE中，正己烷（或苯）和DCE（或TCE）的反应活性都受到了抑制，但产物HCl的选择性有显著提高。Sun[19]等认为H_2O的存在不仅可以保护$Mn_{0.8}Ce_{0.2}O_2$的活性中心免受累积氯中毒的影响，还可以作为H—和OH—自由基源对CB进行深度氧化，促进催化剂上的HCl和CO_2生成。Zhan[20]等人却得到了相反的结论，水蒸气浓度的增加降低了有机物的降解效率。尽管研究表明氯化物的沉积可能是造成失活的主要原因之一，但也有研究表明碱金属氯化物增强了催化活性[21]。研究者对于复杂工况下各因素对多种CVOCs的催化分解的影响尚未取得共识，催化剂在复杂废气特定工况（低温、低浓度、高湿等）与复杂组分（芳香族含氯化合物、非芳香族含氯化合物、SO_2等）条件下对CVOCs催化作用的影响规律尚待进一步考察。催化机制可解析反应路径进而指导催化剂的设计，调控反应深度。目前国内外的科研工作者在CVOCs催化方面，焦点集中在有机物的断键顺序和深度氧化路径上，且目前大部分研究指出C—Cl键断裂脱氯是主要途径。

3 催化分解脱除CVOCs

CVOCs催化燃烧是典型的气固相催化反应，气固相催化反应过程通常包括外扩散过程、内扩散过程及表面反应过程[22]。KHALEEL[23]等认为氯苯在过渡金属氧化物催化剂表面的反应机制与 Mars van Krevelen 机制相似，通过一个类似亲核取代反应的过程吸附在催化剂表面的 Lewis 酸性位点，此时该分子最弱的极性 C—Cl 键先断裂，形成一个酚盐，然后吸附在催化剂金属表面上的 Cl 通过 Deacon[24,25]反应，以 Cl_2 的形式离开催化剂表面，而这时的苯环则与金属氧化物形成一个 π 键，直到与周围的晶格氧相互作用被氧化成 CO_2 以及 H_2O，而催化剂表面也得以再生到最初状态。因此，如果 CVOCs 催化燃烧生成的 Cl 吸附在催化剂表面或者与催化剂表面物种发生副反应，这些新的物种会覆盖催化剂表面的活性位，使催化剂中活性物质减少，催化活性降低。CVOCs 氧化的副产物包括 CO、Cl_2 以及少量的光气（$COCl_2$），但有时也会生成全氯代烃，例如在三氯甲烷反应中，有一定量的四氯化碳生成。当 CVOCs 未完全转化时，CO 的选择性比 CO_2 的选择性要高，这是我们不希望看到的，而且 HCl 是二氯甲烷和三氯甲烷的主要产物，但是由于 Deacon 反应的发生，则会生成 Cl_2。这一点与 Gutierrez-Ortiz[26]等人在 Mn/H-ZSM-5 催化氧化 CVOCs 得到的结论一致。Albonetti S[27]发现催化分解活性受催化剂 L 和 B 酸中心的强烈影响。B 酸位点的存在增加了邻二氯苯的转化率，同时形成了部分氧化产物，如酸酐。相反，Lewis 酸位作为吸收中心，促进了 CO 和 CO_2 的进一步氧化，而没有任何副产物的解吸。芳香族含氯化合物的毒性与苯环上氯的位置和数量有很大关系，催化过程中苯环上氯位置的变化或者苯环本身的断裂使得不同催化过程可能产生不同毒性中间/最终产物，所以解析催化机制，进而调控催化反应深度控制催化产物十分必要。

4 结论

面对严峻的大气污染形势和日益严苛的排放标准，如能通过催化机制的解析，设计特定催化剂成分与结构，提升催化剂活性，增加催化剂抗性，在低温区间内采用催化方式协同净化多组分 CVOCs，则将有效降低环保设施系统复杂性，实现短流程多污染物的协同治理，降低污染物排放。这不仅是行业的需求，也为打赢蓝天保卫战提供前瞻性科学支撑。通过开展 CVOCs 的研究，阐明多因素对催化剂活性位与构效关系的影响规律，解析低温协同催化机制，突破复杂烟气工况对催化影响的瓶颈，不仅可以提供一种低温同时催化净化有机废气多组分 CVOCs 技术，而且机制的解析获得调控手段，在含氯挥发性有机物治理和同时催化净化机制等方面获得技术创新和理论突破，为新型催化剂设计与同类烟气协同治理提供理论支撑，也将为多行业 VOCs 治理 BAT/BEP 储备新减排技术，对于推动多行业 VOCs 深入减排、改善区域环境空气质量具有重要意义。

参考文献

[1] 邹宇，邓雪娇，李菲，等．广州番禺大气成分站复合污染过程 VOCs 对 O_3 与 SOA 的生成潜势［J］．环境科学，2017，06（38）：2 246-2 255．

[2] 杨笑笑，汤莉莉，张运江，等．南京夏季市区 VOCs 特征及 O_3 生成潜势的相关性分析［J］．环境科学，2016，02（37）：443-451．

［3］YANG P, YANG S S, SHI Z N, et al. Deep oxidation of chlorinated VOCs over CeO_2-based transition metal mixed oxide catalysts［J］. Applied Catalysis B：Environmental, 2015, 162：227-235.

［4］阚家伟,李兵,李林,等. 含氯挥发性有机化合物催化燃烧催化剂的研究进展［J］. 化工进展, 2016, 35（2）：499-505

［5］于旭霞,冯俊小. 催化燃烧治理氯苯类挥发性有机化合物的最新进展［J］. 化工进展, 2016, 35（5）：1 514-1 518.

［6］陈立,刘霄龙,施文博,等. 氯代挥发性有机物CVOCs催化氧化的研究进展［J］. 环境工程, 2017, 35（10）：114-119.

［7］KAN J W, DENG L, LI B, et al. Performance of Co-doped Mn-Ce catalysts supported on cordierite for low concentration chlorobenzene oxidation［J］. Applied Catalysis A：General, 2017, 530：21-29.

［8］MONDELLI C, AMRUTE AP, KRUMEICH F, et al. Shaped $RuO_2/SnO_2-Al_2O_3$ catalyst for large-scale stable Cl_2 production by HCl oxidation［J］. ChemCatChem, 2011, 3（4）：657-660.

［9］LI J, ZHAO P, LIU S. $SnO_x-MnO_x-TiO_2$ catalysts with high resistance to chlorine poisoning for low-temperature chlorobenzene oxidation［J］. Applied Catalysis A：General, 2014, 482：363-369.

［10］MAO D, HE F, ZHAO P, et al. Enhancement of resistance to chlorine poisoning of Sn-modified MnCeLa catalysts for chlorobenzene oxidation at low temperature［J］. Royal Society of Chemistry, 2015, 5（13）：10 040-10 047.

［11］YANG P, YANG S H, SHI Z N, et al. Accelerating effect of ZrO_2 doping on catalytic performance and thermal stability of CeO_2-CrOx mixed oxide for 1, 2-dichloroethane elimination［J］. Chemical Engineering Journal, 2016, 285：544-553.

［12］李经纬,宋灿,刘善堂. 不同晶型二氧化锰纳米棒催化氧化氯苯性能的研究［J］. 化学学报, 2012, 70：1-9.

［13］ZHAO P, WANG C, HE F, et al. Effect of ceria morphology on the activity of MnOx/CeO2 catalysts for the catalytic combustion of chlorobenzene［J］. RSC Advances, 2014, 4（86）：45 665-45 672.

［14］ANNE G F, MAIRA A F, MELISSANDRE R, et al. Synthesis of oxide supported $LaMnO_3$ perovskites to enhance yields in toluene combustion［J］. Applied Catalysis B：Environmental, 2016, 180：29-37.

［15］POPLAWSKI K, LICHTENHERGER J, Keil F J, et al. Catalytic oxidation of 1, 2-dichlorobenzene over ABO_3-type perovskites［J］. Catal. Today, 2000, 62：329-336.

［16］FAN X, YANG H, TIAN W, et al. Catalytic Oxidation of Chlorobenzene over MnOx/Al_2O_3-carbon Nanotubes Composites［J］. Catalysis Letters, 2011, 141（1）：158-162.

［17］TAYLOR S H, HENEGHAN C S, HUTCHINGS G J, et al. Oxidation of dichloromethane and perchloroethylene as single compounds and in mixtures［J］Catalysis Today, 2000,

59: 249-259.

[18] GUTIERREZ-ORTIZ, JOSÉ I, RIVAS D E, et al. Effect of the presence of n-hexane on the catalytic combustion of chlororganics over ceria – zirconia mixed oxides [J]. Catalysis Today, 2005, 107 (44): 933-941.

[19] SUN P, DAI X, WANG W, et al. Mechanism Study on Catalytic Oxidation of Chlorobenzene over $Mn_xCe_{1-x}O_2/H-ZSM_5$ Catalysts under Dry and Humid Conditions [J]. Applied Catalysis B: Environmental, 2016, 198: 389-397.

[20] ZHAN M X, JI L J, MA Y F, et al. The impact of hydrochloric acid on the catalytic destruction behavior of 1, 2-dichlorbenzene and PCDD/Fs in the presence of VWTi catalysts [J]. Waste Management, 2018, 78: 49-257.

[21] FENG K K, LI C W, GUO Y L, et al. Effect of KCl on the performance of Cu-K-La/γ-Al_2O_3 catalyst for HCl oxidation [J]. Chinese Journal of Catalysis, 2014, 35 (8): 1 359-1 363.

[22] 李志荣, 赵津. 催化燃烧技术机理及其研究进展初探 [J]. 科技情报开发与经济, 2005 (15): 163-164.

[23] KHALEEL A, ALNAYLI A. Supported and mixed oxide catalysts based on iron and titanium for the oxidative decomposition of chlorobenzene [J]. Applied Catalysis B: Environmental, 2008, 80: 176-184.

[24] KRISHNAMOORTHY S, RIVAS J A, AMIRIDIS M D. Catalytic oxidation of 1, 2-dichlorobenzene over supported transition metal oxides [J]. Journal of Catalysis, 2000, 193 (2): 264-272.

[25] LICHTENBERGER J, AMIRIDIS M D. Catalytic oxidation of chlorinated benzenes over V_2O_5/TiO_2, catalysts [J]. Journal of Catalysis, 2004, 223 (2): 296-308.

[26] Gutidrrez – Ortiz J I, Lópeź – Fonseca R, Aurrekoetxea U. Low – temperature deep oxidation of dichloromethane and trichloroethylene by H – ZSM – 5 – supported manganese oxide catalysts [J], Journal of Catalysis, 2003, 218: 148-154.

[27] ALBONETTI S, BLASIOLI S, BONELLI R, et al. The role of acidity in the decomposition of 1, 2-dichlorobenzene over TiO_2-based V_2O_5/WO_3 catalysts [J]. Applied Catalysis A: General, 2008, 341: 18-25.

(作者简介:梁宝瑞,男,1986年10月出生,北京海淀人,城建学院环境工程系,博士研究生毕业,主要研究方向为大气污染物的控制,2019年9月至今在北京科技大学天津学院工作。)

基于 BIM 的土木工程专业创新培养体系构建

石晓娟　李瑾杨

(北京科技大学天津学院城市建设学院，中国　天津　301830)

摘　要：根据行业对 BIM 人才的需求，构建基于 BIM 的四段式、立体化土木工程专业创新培养体系。通过初步导入、重点强化、综合应用和拓展提高四个阶段的 BIM 理论教学和实践，及以项目和竞赛为载体、以实践为手段、课内外结合的立体化模式，实现从基本技能到综合应用能力、初步设计能力再到创新能力的培养。实践证明，将 BIM 教学有机融合到土木工程专业培养体系中，是培养"专业+创新创业"的创新型复合人才的有效途径。

关键词：BIM；土木工程专业；创新能力

Construction of innovation training system of civil engineering based on BIM

SHI Xiaojuan　LI Jinyang

(School of Civil Engineering, Tianjin College,
University of Science and Technology Beijing, Tianjin 301830, China)

Abstract: According to the industry's demand for BIM talents, a four-stage and three-dimensional civil engineering innovation training system based on BIM is constructed. Through four stages of preliminary import, key reinforcement, comprehensive application and expand to improve of BIM theory teaching and practice, and taking projects and competitions as carriers, by means of practice, combining the class inside and outside of the three-dimensional model, the students achieve basic skills, comprehensive application ability, preliminary design ability and innovative ability. It is proved by practice that BIM teaching is an effective way to cultivate innovative composite talents.

Key words: BIM; Civil engineering; Innovative ability

十三五以来，国家实施的"创新驱动发展""中国制造2025""互联网+"等重大战略，为中国的创新发展提供了新机遇，注入了新动力[1]。在当今"大众创业，万众创新"的社会发展大潮下，高校的专业教育只有通过与创新创业教育的有机融合，才能真正实现创新型人才的培养目标。

近年来，建筑信息模型（Building Information Model，BIM）技术的推广和应用是建筑行业创新发展和信息化的具体体现，是行业发展的必然趋势。业内对掌握 BIM 技术的复合型人才需求迫切，但人才供应仍存在很大缺口。因此高校在培养建筑行业急需的专业人才时，在专业教学上找到与创新创业教育的契合点，实现新技术驱动下的教育模式和人才培养是势在必行的。土木工程专业培养体系中体现 BIM 教学，是培养"专业+创新创业"的创新型复合人才的有效途径，是满足培养社会实际需求的 BIM 人才的新载体。

1 我国 BIM 人才培养现状

基于 BIM 的人才发展方向有三类：第一类是 BIM 建模（包括模型维护）人员，第二类是 BIM 实施人才（利用 BIM 技术实施项目管理），第三类是 BIM 战略规划人才。这三类人才与 BIM 推行的功能性应用、项目级应用和企业级应用对应。由于我国 BIM 人才的培养相对滞后，而近几年 BIM 技术在行业的推广应用迅速，故人才缺口较大，高水平的 BIM 实施人才和战略规划人才更是缺乏。现阶段，高校培养与行业需求还不能做到无缝对接，在高校的人才培养中还存在问题。

1.1 培养方案缺乏特色，课程体系共性化，达不到行业用人需求

高校的人才培养方案体现不出行业特色，滞后于行业发展，课程设置共性化，忽视学生创新能力和信息化能力的培养，学生能力与行业需求脱离[2]。

1.2 专业教学缺乏 BIM 技术的融合和渗透

专业教育以课程体系为依托，注重学生专业知识和技能的培养[3]。而创新创业教育则以专业知识和技能为基础，注重学生创新能力的培养。两者相辅相成，有机融合，从而实现对学生学习能力、实践能力、创新能力和发展能力的一站式培养[4]。专业教育与创新创业教育脱离，使得 BIM 技术没有与专业课程教学融合。

1.3 BIM 师资、教材等教学资源的缺乏

高校教师虽然理论知识扎实，但工程实践经验匮乏，能够系统掌握 BIM 技术的教师更是少之又少，导致 BIM 师资的缺乏，从而影响教学的开展。此外，关于 BIM 技术的参考书籍不少，但是适合作为专业教学、与课程体系匹配的教材却鲜有合适的，因此教材建设也是当务之急。

2 基于 BIM 的四段式、立体化土木工程专业创新培养体系构建

由于 BIM 知识体系庞大而复杂，需要通过信息技术实现工程项目全寿命周期，包括从规划设计到投产使用并拆除期间的管理，以及各参建单位的协同管理，涉及的 BIM 应用主要有建筑设计、结构设计、碰撞检查、工程算量、工程计价、施工管理等，它融合了土木工程专业大学 4 年不同的专业知识，学生在短时间内系统掌握并应用 BIM 技术较为困难。因此，根据学生的学习认知规律和原有课程体系安排，构建基于 BIM 的四段式、立体化[5] 土木工程专业创新培养体系，如表 1 所示。

表1 基于BIM的四段式立体化土木工程专业创新培养体系

阶段	课程名称	教学手段	课堂
第一阶段（初步导入）	土木工程概论、工程制图、房屋建筑学	教学	第一课堂
第二阶段（重点强化）	BIM导论、工程项目管理、土木工程施工	教学及实践	第一课堂
第三阶段（综合应用）	专家讲座、课程设计、毕业设计	实验、实践	第一课堂
第四阶段（拓展提高）	项目、竞赛	实践、创新	第二课堂

2.1 基于BIM的四段式立体化土木工程专业创新培养体系

第一阶段：初步导入。在土木工程概论、工程制图、房屋建筑学等专业课程中引入BIM技术，比如以BIM技术创建的模型为例介绍房屋建筑的基本构造，以此培养学生的空间思维和识图建模能力，吸引学生对BIM的注意力，激发学生的创新精神和创业意识。

第二阶段：重点强化。在BIM导论、工程项目管理、土木工程施工等专业课程中引入BIM的全生命周期理论，运用大量真实案例，采用案例教学法在三维建模的基础上进行可视化动态仿真模拟，实现四维施工模拟和五维成本管理，帮助学生扩展BIM的技术应用。通过此阶段，使学生掌握BIM基本操作技能。

第三阶段：综合应用。在课程设计、毕业设计中融入BIM技术，聘请专家举办学术讲座，以具体工程为载体，将专业设计与计算机信息技术结合起来，既为教学提供了新的视角，又为学生在有限的时间里系统地掌握土木工程专业知识提供了帮助，从而实现学生综合应用能力、初步设计能力、科研能力和创新创业实践能力的培养。

第四阶段：拓展提高。以创新为导向，以实战为目标，以项目和竞赛为载体，以兴趣为出发点，通过组织学生参加各类BIM大赛，如全国BIM设计大赛、天津市大创项目、天津市创新创业大赛等，引导学生参与BIM科研项目，锻炼其高阶软件应用能力，培养BIM实施人才和战略规划人才。此阶段将第二课堂的各类项目和竞赛纳入培养体系，成为第一课堂的有效补充和合理拓展。课内外的结合，为学生创新创业搭建了一个沟通交流、展示成果的平台，有利于培养学生的综合技能和项目创新能力[6,7]。

2.2 基于BIM的立体化创新能力培养模式

基于BIM的立体化创新能力培养模式从行业特点出发，充分体现土木工程专业特色，将以"应用型"理论教学、职业能力培养实践教学、创新创业教育和通识教育为核心的"四位一体"人才培养体系作为基石，构建以能力培养为目标，以课堂教学为基础，以实践教学为手段，以项目和竞赛为载体，课内外结合的基于BIM的立体化创新能力培养模式[8]。

2.3 多层次BIM人才培养目标

多层次BIM人才培养目标[9]如图1所示，其围绕学生的识图能力、制图与表现能力、设计能力、施工组织与管理能力，形成由单一到综合、由相对独立到科学融合的培养体系，学生能力呈螺旋式提高，即基本专业技能→综合应用能力、初步设计能力→创新创业实践能力[10]。

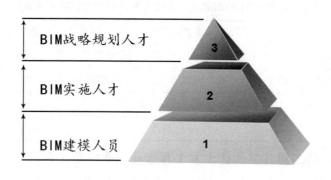

图1 多层次BIM人才培养目标

3 保障措施

3.1 软硬件配套的教学资源建设

建设有特色并"以必需、够用为度"的BIM教材。BIM知识体系庞大而复杂，在有限的课时内不可能涵盖所有内容。教材建设既要体现创新能力培养的特色，又要在深度上"以必需、够用为度"，采用项目驱动式编写，以项目为导向，以BIM全寿命周期的应用为主线，这不仅符合学生的认知规律，还能与实践很好地结合。

建设"双师型"教师队伍。基于BIM的土木工程专业创新培养体系的构建，离不开高水平的教师队伍。教师队伍的建设以人才培养需求为导向，多方位、多渠道遴选人才。一方面聘请BIM应用水平高、实践能力强的企业专家来校担任专、兼职教师，另一方面选派自有教师去企业一线锻炼并鼓励教师考取相关职业资格证书。多措并举，打造理论与实践兼具、专兼结合的"双师型"教师队伍。

建设高水平BIM实验室。配套的BIM实验环境、主流的软硬件配置，能保障相关教学工作的顺利开展，为创新创业活动提供必要的环境[11]。

3.2 加强校企合作，协同育人

校企合作，协同育人，是公认的培养应用型人才的有效途径。加强企业在学校教学实践中的深度参与，有助于学生综合素质和创新能力的切实提升[12]。学校把企业的项目拿到教学中来，做到"真题真做"，使学生得到实战演练的机会，实现学习成果的转化。此外，学校和企业联合成立合生·珠江城建精英班，对人才进行系统培养，每年为合作企业输送100名优秀人才。人才培养目标是从基层岗位做起，用3~5年时间使其成长为职能经理。

4 结束语

通过基于BIM的四段式、立体化土木工程专业创新培养体系的构建，土木工程专业毕业生在校期间已具备较强的BIM应用能力，就业时具有一定的竞争优势。有的毕业生成功应聘为BIM工程师，工作能力得到用人单位的认可。实践证明，将BIM教学有机融合到土木工程专业培养体系中，是培养"专业+创新创业"的创新型复合人才的有效途径。

参考文献

[1] 顾佩华. 新工科与新范式：概念、框架和实施路径[J]. 高等工程教育研究, 2017 (6): 1-13.

[2] 戴亚虹. 新工科背景下"学践研创"四位一体实践教学体系改革[J]. 实验技术与管理, 2017, 34 (12): 189-195.

[3] 刘波. 高校创新创业与专业教育的耦合机制研究[J]. 中国成人教育, 2017 (12): 68-71.

[4] 杜辉, 朱晓妹. 创新创业教育与专业教育的深度融合[J]. 中国高校科技, 2017 (05): 91-94.

[5] 刘建平, 贾致荣, 师郡, 等. 基于CDIO理念立体化教学模式探讨——以混凝土结构系列课程为例[J]. 高等建筑教育, 2011, 20 (5): 83-87.

[6] 陈丽兰. 工程管理专业创新人才内涵及培养路径研究[J]. 高等建筑教育, 2016, 25 (1): 61-65.

[7] 秦焕美, 曹静, 高建强, 等. 交通工程专业本科生科技创新能力培养现状调查与分析[J]. 高等建筑教育, 2017, 26 (6): 115-118.

[8] 李国锋. 论基于学科竞赛的大学生创新能力培养模式[J]. 实验技术与管理, 2013, 30 (3): 24-26.

[9] 齐宝库, 薛红, 张阳. 建筑类高校BIM高端人才培养的瓶颈与对策[J]. 中国建设教育, 2014 (1): 30-33.

[10] 张忠福. 建立以能力培养为中心的实践教学体系[J]. 实验技术与管理, 2011, 28 (2): 11-14.

[11] 张泳, 付君. 多阶段、多层次工程管理专业BIM培养体系构建[J]. 高等建筑教育, 2017, 26 (6): 18-23.

[12] 龚晓嘉. 综合性高校在实践教学中培养新工科创新型人才的探索[J]. 高教学刊 2017 (12): 141-142.

（作者简介：石晓娟，女，1978年10月出生，山东菏泽人，城建学院院评副教授，工程硕士，主要研究方向为土木工程施工，2011年11月至今在北京科技大学天津学院工作。）

提高独立院校工科专业课程教学效率的研究

柳明慧[1,2]　梁宝瑞[1]　王堃[1]

(1. 北京科技大学天津学院城市建设学院，中国　天津　301830
2. 中国农业大学，中国　北京　100083)

摘　要：专业课程作为高校教育培养方案中的必修课程，是各专业结合自身特色培养具有创新能力人才的基础。学好专业课程是学生打下坚实专业基础的前提，是灵活运用专业知识解决工程实际问题和独立进行设计工作的先决条件。但在信息爆炸全球化的今天，学生对学习的需求发生了巨大的转变，特别是独立院校学生，工科专业课程专业性强、难度系数高，学生自制能力差、学习态度差等问题，导致独立院校工科专业课程的教学效率相对较低，本文针对这一问题探究行之有效的方法来提高教学效率。

关键词：独立院校；教学效率；兴趣；大数据时代

Research on Improving the Teaching efficiency of Engineering Specialty Courses in Independent College

LIU Minghui[1,2]　LIANG Baorui[1]　WANG Kun[1]

(1. School of Civil Engineering, Tianjin College,
University of Science and Technology Beijing, Tianjin 301830, China
2. China Agricultural University, Beijing 100083, China)

Abstract: Education training program as a compulsory course in the university, professional courses are the basis of cultivating talents with innovative consciousness by combining their characteristics. Soliding professional foundation to learn the specialized course is the prerequisite for students, and is the prerequisite for students to flexibly use professional knowledge to solve practical engineering problems and to perform independent design. But in the information explosion today, the student demand for learning has had the dramatic change, especially the independent college students, because of engineering

---

基金项目：天津市教委科研计划项目（自然科学）（2019KJ147）资助

course specialized, high difficulty coefficient, and students' poor self-control ability and learning attitude problem, resulting in independent colleges and universities of engineering professional course classroom teaching efficiency is relatively low. The theme of this paper is to explore the effective methods to improve the efficiency of classroom teaching.

Key words: Independent college; Teaching efficiency; Interest; Big data era

1 引言

独立院校工科培养方案的目标是培养理论基础扎实、知识面宽广、实践能力强、人文素质高，能适应相关专业发展需要，具有创新创业意识和能力的全面技术型人才。为实现这一目标，独立院校针对不同专业的大学生建立不同的专业培养方案并开设不同的专业课程。专业课程作为大学生的必修课程，不仅可以培养学生对专业知识理解能力，还为今后的深入学习和实践打下良好基础。但是通过学生的课堂表现，及对学生、专业课程教师走访和调查，我们知道独立院校的学生对专业课程的学习兴趣较低，学生学习的主动性不足，上课不认真听课、玩手机、睡觉，甚至经常出现旷课等现象。通过深入了解，我们发现造成这一现象的原因包括以下几点。

（1）专业课程较为枯燥乏味且比基础课程难度系数高，部分学生因跟不上学习进度就直接放弃学习。

（2）部分专业课程教师的讲课方式不生动，喜欢读PPT，无法引起学生的共鸣及兴趣，从而使得学生的学习兴趣低下，进而放弃学习。

（3）到了大学校园，父母不在身边，无人对自己日日耳提面命，很多学生在经历高中的重压后，到了大学就完全松懈下来，面对大学生活中的诸多诱惑，无法很好地进行自我约束，手机游戏成瘾，无法安心学习。

（4）部分学生无法对专业课程的重要性进行准确定位，学习态度存在问题，学习只为了应付考试，拿到毕业证。

（5）学习热情逐渐消退。部分学生在大一时还抱有很大的学习热情，但是到大二后因受学校社团、兼职、恋爱等外因影响，且认为学习无用，学习热情逐渐消退，但专业课程需要学生有一定的学科基础，主要安排在大三，学习效果和效率就会大打折扣。

为更好地提高独立院校工科专业课程的教学质量，笔者根据自身教学经验对以上问题进行探讨，探究提升独立院校工科专业课程教学效率的方法。

2 独立院校工科专业课程现状分析

独立院校传统的工科类专业课程教学以教师为主导，专注于知识点的传播，以理论教学为主的单一教学手段，使学生在被动学习的状态下，养成不善思考和不善创新的学习习惯，无法真正实现专业知识与学习成果的转化。同时，现在的专业课程过于注重专业细节，学科专业划分融合性差，学生的思维局限在狭小的专业空间，难以融会贯通[1]。特别是独立院校的工科专业，学生数学、物理等专业知识比较薄弱，在此基础上进行专业课程的深度学习，且单一的理论教学，学习内容对大部分学生来说晦涩难懂，无法引起学生的学习热情和共鸣，学习热情消退，学生将主要精力转移至社团活动、兼职、创业、恋爱、网络游戏等事情上，在这些课外活动及网络游戏中寻求认可，从认真学习到不挂科就好，甚至放弃学习，形成恶性循环。

随着科技的进步及移动互联时代的来临，大数据时代应运而生。大数据作为一种概念和思潮由计算机领域发端，之后逐渐延伸到科学和商业领域，我们现在用它来描述信息时代的海量信息[2]。大数据时代的到来意味着，如果专业课程授课内容不能及时更新，不能适应这个时代的社会需求，与社会的前沿需求脱节，就会导致院校培养的毕业生所学所见跟不上大数据时代的信息更新速度，能力和素质跟不上社会的发展，从而无法被社会接受和认同，这将间接证明学生认为在大学校园的课堂内学不到有用的专业知识，造成严重的后果。而现在独立院校的专业课程教学理念及教学设备落后，教学内容和方法无法根据时代和社会的需求及时更新，教材内容更新不及时，现在因教材出版条件限制，已出版专业教材的内容很少有行业最新的内容，教师接触不到行业最新内容，学生也学不到最新的业知识，造成教学落后于实际专业环境的现状，无法达到专业教学的应有水准，导致学生不愿意努力学习，从而形成恶性循环[3]。

3 提高专业课程教学质量的方法

3.1 优化教学内容，激发学习兴趣

大数据时代已经到来，虽然发达的网络能够拓宽学生的视野并获取更多信息，但是诱惑更多。学生对信息真实性的辨别能力较弱，面对网络诱惑如果没有正确的引导，则很容易出现无法挽回的局面。专业课程教师可以引导学生通过手机观看"爱课程"和"大学生慕课"等 App 中各高校的精品课程进行专业课程学习，也可引导学生正确利用网络查阅相关专业对人才技能的最新需求。同时，专业课程在教学内容上应紧跟时代，培养方案及教学大纲应当根据大数据时代的特征和关于人才技能的需求进行动态调整[4]。独立院校的学生理论知识相对薄弱，但动手能力及创新能力相对较好，专业课程应结合学生的特点注重培养学生分析问题和解决问题的能力，适当减少在实际工作中接触较少且晦涩难懂的专业知识的讲授，通过带领学生参与实际项目等手段实现"项目教学化，教学项目化"，从而使教学过程更加完整，更加适应时代的要求。

兴趣是学习最好的老师，专业课程教师可以通过实例教学，将枯燥的专业课程与实际工作或实际案例结合，不过分依赖幻灯片，跳出幻灯片的圈子，将专业课程讲得生动形象。且专业课程教师应让幻灯片的内容丰富多彩并紧跟时代需求，降低从课本上复制粘贴大量文字的幻灯片出现的概率，授课过程中板书和幻灯片结合使用，加深学生对专业课程的理解。通过提问、讨论等与学生沟通的方式营造良好的课堂氛围，也可以学习网络中一些教师为缓解学生紧张情绪制作小视频，来激发学生对专业课程的学习兴趣。另外，学生也会因为喜欢某一位教师的讲课风格而对这门课程产生浓厚的兴趣，专业课程教师应该在加强自身专业教学水平的基础上，加强与学生的互动，将教学内容和学生兴趣融会贯通，更好地把握课堂节奏，并营造良好的学习氛围，形成自己的课堂风格，让学生"爱屋及乌"喜欢学习专业课程。

3.2 更新教学手段，调动学习热情

独立院校的专业发展离不开所处社会环境的限制和支持。大数据时代的教学，使课堂变成了信息的集散地和观点的碰撞地，它转变了教师和学生原本教与学的关系，也转变了学生看待知识的角度。学生从课堂获取的信息不仅仅局限于教师传授、教材和幻灯片上的信息，信息的载体更加丰富多彩。因此在教学手段上，教师要合理利用网络教学等新型的教学手段和方法，辅助传统的讲授性教学方法，但我们既不能因循守旧不懂变革，也不能一味模仿他人的教学模式与手段。以独立学院部分工科学生的专业课程学习情况为例，部分学生学习自觉性较差，但思维活跃，考虑问题具有一定的创新性，老师可通过鼓励此类学生参加数学建模大赛等竞技类比赛，将教学活动延伸到书本外，也可以通过项目式教学合理地利用学生的优势，进一步达到教学的目的。另外，凡事过犹不及，教师需要根据自身专业水平、学生自身知识结构、学生兴趣特点选用合理的教学手段，这就要求教师在备课时需花费多于传统教学方法几倍甚至几十倍的时间和精力去适应新工科与新时代的变革，为国家和社会培养更多适应社会需求的工程技术型人才[5]。

与高中紧凑的学习环境相比，大学的学习环境过于轻松，很多大学生不知道如何合理安排自己的课余时间，从而沉迷电脑、手机。大学专业课程，学生在课堂听完课后还需要自主学习，但很多学生，特别是独立院校的学生自制能力相对较差，无法合理规划自己的大学生活，也没有一些行之有效的学习方法。针对这些问题，学校可以邀请一些优秀的毕业生结合当下热门话题开展一些相关的专业课程讲座[6]。首先，通过讲座对专业课程在未来工作中的应用介绍，让学生对自己专业课程的应用情况有一个初步的认识。其次，通过讲座谈毕业生对专业课程学习的心得体会，关于如何规划大学生活和学习给出一些中肯的建议和意见。通过专业课程讲座，提高学生对专业课程的认识，让学生尽快找到适合自己的专业课程学习方法。工科专业课程的教师应该尽量简化定理证明过程，把课本上抽象化的概念用自己的语言简洁明了地叙述出来，在难以理解的公式和定理后面跟上典型例题的讲解，再找一道相似题引导学生根据课堂内容尝试自己做，让学生更好地参与到课堂中，通过这种方式可以让学生获取成就感，产生内在学习动力，进而提高专业课程的学习兴趣。

另外，在专业课程教材的选择上，独立院校教师应多选择一些穿插上机操作或实践实训的课本，这样在教学中可以合理地安排实际操作。教师只负责指导学生在操作过程中遇到的问题，让学生在实际操作中探索问题的奥秘，这样不仅能提高学生的学习兴趣，还可以更好地引导学生掌握专业课程中的内容，使得教学效果获得显著提高。

4 结论

在独立院校专业课程的实际教学中，专业课程教师必须严格要求自己，不断提升自身专业素养，深入了解学生需求，引导学生参与到课堂中，形成自己的教学风格。同时，高校教师还应加强自身师德建设，做到以德立身、以德立学、以德施教、以德育德。另外，独立院校的大学生，更应该端正自身的学习态度，自觉提高学习的主观能动性，跟紧教师的思路，主动参与课堂互动。提高独立院校工科专业课程教学效率不仅要求教师顺应时代变化做出相应改变，而且要求学生配合教师的教学工作，只有在专业课程教师和学生的共同努力下，独立院校工科专业课程教学效率低的难题才能够得到很好的解决。

参考文献

[1] 胡晓霞,白燕燕,李瑞.新工科背景下独立院校高素质技术型人才培养探索[J].计算机产品与流通,2019(11):232.

[2] 张西栓.大数据时代非统计学专业统计学教学改革研究[J].教育教学论坛,2016(5):95-96.

[3] 张兆端.关于大数据建设的战略思考[J].中国人民公安大学学报(社会科学版),2014(4):17-23.

[4] 王小红,徐焕章,陈钰洁.大数据时代对传统会计本科人才培养模式影响的研究[J].教育教学论坛,2019(07):84.

[5] 沈健.江苏应用型本科院校人才培养的若干思考[J].江苏高教,2014(4):6-9.

[6] 王志国,王飞,朱雅莉.零零后大学生管理类专业课教学方法探讨[J].吉林广播电视大学学报,2019,214(10):16-17.

(作者简介:柳明慧,女,1987年10月出生,山东烟台人,城市建设学院办公室副主任,助教,硕士研究生毕业,主要研究方向为人工湿地污水处理,2014年8月至今在北京科技大学天津学院工作。)

本科生环境化学教学内容和模式的探索

宋娜[1]　张丽荣[1]　王万清[1]　梁宝瑞[1]　汪群慧[1,2]

(1. 北京科技大学天津学院城建学院，中国　天津　301830
2. 北京科技大学能源与环境工程学院，中国　北京　100083)

摘　要：环境化学是环境工程专业基础课程之一。针对本科生专业基础薄弱，专业课程学时较少等特点，本文提出本科生的环境化学教学应以传授基础理论为重点，以污染事件为切入点，强调系统性、趣味性和特色性，采用问题教学法、案例教学法和视频教学法等教学方式进行教学。

关键词：本科生；环境化学；教学内容；教学模式

Exploration of Teaching Content and Mode of Environmental Chemistry for Undergraduates

SONG Na[1]　ZHANG Lirong[1]　WANG Wanqing[1]
LIANG Baorui[1]　WANG Qunhui[1,2]

(1. School of Civil Engineering, Tianjin College,
University of Science and Technology Beijing, Tianjin 301830, China
2. School of Energy and Environmental Engineering,
University of Science and Technology Beijing, Beijing 100083, China)

Abstract: Environmental chemistry is one of the basic courses of environmental engineering. In view of the characteristics of the weak professional foundation and less class hours of professional courses for undergraduates, it is proposed that the teaching of environmental chemistry for undergraduates should focus on the teaching of basic theories, take pollution events as the starting point and emphasize the systematization, interest and characteristics. Meanwhile, the teaching methods, such as problem teaching method, case teaching method and video teaching method, should be adopted.

Key words: Undergraduate; Environmental chemistry; Teaching content; Teaching model

---

基金项目：北京科技大学天津学院第五批本科教育教学改革面上项目（JY201904）资助

环境科学的三大支柱学科是化学、生物和工程，故化学类、生物类和力学类基础课程是环境科学的重要组成部分。环境化学是环境学科专业基础课程之一，该课程的教育教学直接关系该领域的人才建设及科研创造，因此在基础培养及研究应用中具有举足轻重的作用。近年来，随着环境化学学科建设的蓬勃发展以及不同层次人才培养需求的变化，针对不同专业基础及专业需求的教学对象采用合适的教学策略和方法，是促进学科发展以及健全专业人才培养机制的当务之急[1-3]。

环境化学研究化学物质在环境中的迁移、转化和降解规律，运用化学的原理和方法，研究水、大气、土壤等环境介质中有害化学物质的存在、化学特性、行为和效应及相关控制化学原理和方法，是环境科学的重要分支学科之一[4]。环境化学课程主要包括大气环境化学、水环境化学、土壤环境化学、污染生态化学、典型污染物的迁移转化等，以阐述化学污染物在大气、水、土壤等环境介质中迁移转化过程及其效应为主线，阐明其基本原理、机制和规律。因此，环境化学课程涉及知识面广，理论研究深，学生学习难度大，这导致学生在课程学习过程中缺乏积极性，使教学达不到理想的效果，因此，环境化学课程教育教学改革势在必行。

为提高环境化学课程的教学效率，优化教学方法，提升教学质量，本文通过课堂调查、学生反馈，教学经验总结等途径，深入了解本科生在环境化学课程学习中的感受，并结合自身对环境化学课堂教学的体会，对环境化学课程在本科生教学实践中存在的问题进行了分析，针对目前教育教学中存在的突出问题提出解决方法和改革建议，以期达到环境化学课程教育教学改革的理想效果，并为同类学科的课程建设提供参考性意见。

1 本科生教育教学中的特点

在知识基础方面，本科生处于课程学习的初级阶段，绝大多数学生对于基本概念与基本内容尚且模糊，对专业历史成果及未来发展方向也所知甚少，在平时的学习中很难集中精力学习和关注专业领域的研究成果与最新发展，并且缺乏实际操作和现场经验，因此在有限的本科学习时间内很难做到专业知识的融会贯通和深入探索。

在培养目标方面，本科期间的专业教育旨在帮助学生建立特定专业的基础体系，渗透该专业的基本理论与研究思想，培养现场应用与深入研究的基本能力，在此过程中，更强调基本常识的积累和初级技能的掌握。

在教育氛围方面，本科期间公共基础课程，如高等数学，工程力学，大学物理等占用学时较多，导致专业教育受限于整体的课程安排学时少，专业教学工作缺乏深入的理论指导和实践机会，如环境化学课程仅有32学时。

鉴于以上分析，环境化学等专业基础课程在本科生教育教学过程中存在一些问题，因此，本科阶段的教育教学应采用合理的教学模式，使课堂难度符合该阶段学生的专业基础，激发学生的学习热情，使课堂学习满足人才培养的需求。

2 本科生环境化学教学内容的探索

就环境化学的基础而言，通过有效的教学途径让学生牢固掌握本课程基础知识和理论，例如不同介质中污染物的种类、存在形态、迁移规律、环境效应，以及污染问题的发生机制和防御、控制措施等，是环境化学课程教学工作的基本任务和要求。

本科生环境化学课程教学应当以传授基础知识和理论为重点，使学生能够系统掌握环境化学的研究内容和基本概念，在此基础上培养学生分析问题和解决问题的能力。因此在32学时的环境化学课程中系统安排了2学时绪论，8学时水环境化学（包括天然水环境概述，水环境中污染物的化学转化、相间行为和界面过程等），8学时大气环境化学（包括大气污染物的光化学转化、化学转化、大气气溶胶污染等），6学时土壤环境化学（包括土壤组成与性质，重金属和农药在土壤环境中的迁移、转化、污染土壤的修复原理），4学时污染生态化学（包括污染物的生物富集、生物转化类型及微生物降解途径等），4学时专家讲学。

对本科生而言，教学应以媒体报道的污染事件、学生熟悉和关心的事情为切入点，引发学生对环境化学问题的思考，引领学生从环境化学角度分析其中的机理机制，理解并掌握其中涉及的污染物质及其迁移转化过程。如在讲到毒奶粉事件的罪魁祸首——三聚氰胺时，首先提出问题：为什么三聚氰胺对人体有毒害作用？然后从三聚氰胺的分子结构及其在人体中参与的一系列化学反应入手，逐步揭开毒奶粉毒害人体的机理。三聚氰酸与三聚氰胺结构比较类似，并且二者在化工生产过程中常常同时存在。在奶粉中直接加入三聚氰胺时，也掺入了混在三聚氰胺当中的三聚氰酸。两者同时存在时，能够依靠分子结构中的氢氧基与氨基形成水合键，从而将两者连接起来形成一个很难溶于水的网格结构。当它被人体摄入后，由于胃液的酸性作用，三聚氰胺和三聚氰酸相互解离，从而破坏了这种复合物，于是三聚氰胺和三聚氰酸分别被血液吸收。由于人体无法转化这两种物质，最终其被血液运送到肾脏，在肾脏细胞中，两种物质又一次相遇，以网格结构重新形成不溶于水的大分子复合物，并沉积下来，形成结石，造成肾小管的物理阻塞，导致尿液无法顺利排出，肾脏积水，最终导致肾脏衰竭。通过上述事例分析，使学生既知其然，也知其所以然，使枯燥的内容生动化，使抽象的东西具体化，让学生感受到环境化学与自己的生活息息相关，这对提高学生学习兴趣、夯实专业理论基础具有显著效果。类似的例子还有地沟油、瘦肉精、面粉中添加致癌作用的吊白块——次硫酸氢钠、"美容"豆芽使用工业漂白剂——连二亚硫酸钠、调味品中添加致癌化学染料——苏丹红、炸薯片使用的丙烯酰胺、加工龙虾的洗虾粉——焦亚硫酸钠、铬渣污染的"死亡村"、铅锭冶炼厂导致的儿童铅中毒、一次性饭盒、毒胶囊、双酚A奶瓶、皮革老酸奶等。

3 本科生环境化学教学模式的改革

环境化学涉及多学科多领域，内容冗多繁杂，且理论性较强。如果采取传统的填鸭式教学方式，老师讲学生听，则很难激发学生的学习热情，课堂死气沉沉，学生昏昏欲睡，课堂效率必然受到严重影响。而兴趣是最好的老师，吸引学生，激发学生学习兴趣，是环境化学教学方式改革的关键。对于本科生教育教学，鉴于其知识基础、培养目标与教育氛围的特点，应当采用合理且具有针对性的教学方式，课堂难度符合本科阶段学生的专业基础，激发学生的学习热情，使课堂学习满足人才培养的需求。对于本科生，主要采用问题教学法、案例教学法、视频教学法三者结合的方式，使课堂生动、学生活跃。

问题教学法就是教师在课堂上设置一种问题情境，启发学生自己去研究、探索，寻找解决问题的途径和答案的一种教学方法。课堂上的问题是调动学生积极思维的"催化剂",学生通过解决真实性问题,形成自主学习的能力。如在讲到氧化还原时,提出问题:水体为什么会产生富营养化?富营养化现象中主要涉及的化学反应有哪些?在讲到沉淀溶解时,提出问题:桂林的溶洞和石钟乳是如何形成的?在讲到光化学反应是由自由基引发的链式反应时,提出问题:为什么令人衰老和癌变的自由基是不甘寂寞的单身汉?在讲到酸雨时,首先提出问题:为什么人们把 pH 值小于 5.6 的降水定义为酸雨?然后通过解释 CO_2 在水中的溶解度及离子平衡、气液界面平衡和亨利定律等获得答案。这些问题可以通过预先布置思考题和习题的方式让学生思考,上课时一起讨论。由于环境化学习题较多,教师可以按知识点分组布置思考题和习题。但教师采用问题教学法教学时需要注意以下几点。

(1) 根据教学目的和教学内容对问题进行设计,然后提出问题。

(2) 提问方式应该是多样的、变化的。

(3) 设计的问题应该明确、具体,有较强的针对性、联系性、概括性和可讨论性。问题应围绕特定的教学目的,问题越明确、越具体,越能启发学生的思维。

案例式教学法就是将涉及环境化学的很多案例作为素材渗透到环境化学的课堂中,借用大量的幻灯片与影像资料,给学生直观、形象的感受。如吸烟的危害机理、肾脏肝脏的解毒作用、PM2.5 的污染特征、聚氯乙烯的致癌性、腌(咸)菜的潜在危险、新房装修带来的室内空气污染、茶叶和蔬果中的农药残留等。又如最近大家比较关注的雾霾问题,教师可从环境化学的角度来分析产生雾霾的原因,空气中的主要污染物及其形成过程、迁移转化机理等。学生自然而然会对其产生思考与疑问,求知欲被激发,课堂氛围就会生动活泼,课堂效率大大提高,学生对理论知识的理解和掌握就会轻松自如。

视频教学法是根据知识点选择视频,并加以编辑剪接,在播放前提出问题,让学生带着问题边思考边看,生动形象地给学生以感性认识,看完视频后组织讨论,可以激发学生的学习热情,培养学生的创造思维,取得更好的教学效果。

4 结论

本文通过分析本科生在专业理论课程教育教学过程中存在的问题,提出本科生环境化学教学内容与模式改革的思路。本科生环境化学教学应以传授基础知识和理论为重点,以污染事件和日常生活中的环境化学问题为切入点,强调系统性、趣味性和特色性。在教学过程中,以教师授课方式为主,采用问题教学法、案例教学法、视频教学法等多种方式,增强课程趣味性,提高学生积极性,培养学生探索问题和研究问题的能力。

课程教学改革是一项长期的工作,是一项"良心"工程,需要教师甘于付出和不断创新,不断提高教学质量。

参考文献

[1] 王丽梅,孟昭福,张增强,等. 环境化学课程教学改革与实践 [J]. 中国大学教学. 2011 (7): 82-84.

[2] 周健. 环境化学教学改革浅谈 [J]. 江苏技术师范学院学报. 2005, 11 (4):

71-73.

[3] 吴耀国.《环境化学》教学新模式的探索与实践［J］.西北工业大学学报（社会科学版）.2002（01）：89-91.

[4] 汪群慧.环境化学［M］.2版.哈尔滨工业大学出版社，2008：1-314.

（作者简介：宋娜，女，1990年5月出生，山东滨州人，城建学院环境工程系教师，助教，硕士研究生毕业，主要研究方向为固体废弃物资源化利用，2017年7月至今在北京科技大学天津学院工作。）

基于 OBE 理念的应用型本科计算机专业人才培养模式改革探索

于静　陈儒敏　杨灿

(北京科技大学天津学院信息工程学院，中国　天津　301830)

摘　要：本文针对应用型本科教学现状及学生特点，探索基于 OBE 理念的应用型本科计算机专业人才培养模式的改革。首先提出新工科背景下改革的必要性，然后遵循 OBE 理念的反向设计原则，面对当前社会经济发展需求及专业未来发展趋势，明确人才培养目标，由培养目标决定毕业规格要求，再由毕业规格要求决定课程体系，构建了一个参照物联网体系架构分层的应用型本科计算机专业课程体系，课程教学内容按照反向螺旋式设计思路展开设计。坚持以 OBE 理念进行专业建设，必将培养出工程实践应用能力强、创新思维能力强且具备就业竞争力的高素质新工科人才。

关键词：OBE；应用型；人才培养模式

Reform on Personnel Training Mode of Computer Science Speciality in Application-oriented University based on OBE Concept

YU Jing　CHEN Rumin　YANG Can

(School of Information Engineering, Tianjin College,
University of Science and Technology Beijing, Tianjin 301830, China)

Abstract: According to the current situation of application-oriented undergraduate teaching and the characteristics of students, this paper explores the reform of the training mode in application-oriented undergraduate computer speciality based on OBE. First, the reforming necessity under the background of new engineering is put forward. Then, following the reverse design principle of OBE concept, and facing the current social and e-

基金项目：全国高等院校计算机基础研究会项目（2019-AFCEC-006）资助

conomic development and the future development trend of the speciality, the training objective is defined, the graduation specification requirements are determined by the training objective, and then the curriculum system is determined by the graduation specification requirements. An curriculum system of computer speciality in application-oriented undergraduate is constructed by referring to the architecture of the internet of things. The teaching content is designed in a reverse spiral way. Persisting the OBE concept for speciality building, we will cultivate high-quality new engineering talents with strong engineering practice and application ability, strong innovative thinking ability, and employment competitiveness.

Key words: OBE; Application-oriented; Talents cultivation model

2016年6月，我国正式成为《华盛顿协议》成员国，对工程人才培养提出了新的要求与挑战。建立与国际工程教育专业认证体系相符的人才培养体系，培养一批创新能力强、适应地方经济及社会国际化发展、具有国际竞争力的各类型工程技术与管理人才成为重要的研究课题。2017年2月，《"新工科"建设复旦共识》明确提出了地方高校要对区域经济发展和产业转型升级发挥支撑作用，培养适应行业发展需求的应用型和技术技能型人才[1]。工程教育理念须结合地方高校自身的特质和工程科学发展规律进行改革，建立适应地方社会需求、符合知识经济时代的培养理念。

我国工程教育已开始借鉴基于学习产出的教育模式（Outcome Based Education，OBE）理念[2]，其指教学设计和教学实施的目标是学生通过教育过程最后所取得的最终学习成果。OBE理念强调四个问题：我们想让学生取得的最终学习成果是什么？为什么要让学生取得这样的最终学习成果？如何有效地帮助学生取得这些最终学习成果？如何知道学生已经取得了这些最终学习成果？传统教育是以学科为导向的，知识结构强调学科知识体系的系统性和完备性，教学设计更加注重学科的需要，而在一定程度上忽视专业的需求。OBE理念遵循的是反向设计原则，从社会经济发展需求出发，由需求决定培养目标，由培养目标决定毕业规格要求，再由毕业规格要求决定课程体系。

1 OBE理念下计算机专业人才培养模式改革的必要性

随着新一轮科技革命和产业变革蓄势待发，互联网、云计算、大数据、人工智能等先进技术改变着人类生活和工作方式，应用型计算机人才变得较为紧缺。应用型本科人才的培养强调专业知识的应用，特别是将高新科技知识转化为生产力，为社会创造直接效益的能力。目前计算机人才培养主要基于传统学科的理念，课程体系设置参考中华人民共和国教育部高等学校教学指导委员会制定的《普通高等学校计算机科学与技术类教学质量国家标准》，强调计算机专业学生应该掌握的知识。然而，在实际教学中存在以下问题。

（1）课程多以一本经典教材为依据，过于依赖教材中的教学内容，缺乏先进性和实用性。教师专注于讲解传统经典的教学案例，但学生缺乏举一反三的能力，更无从体现将知识转化为生产力的能力。

（2）工科类型的专业，课程之间往往存在非常紧密的关系。虽然能够在一门独立的课程里实施项目驱动式教学，但是从整个课程体系的宏观层面看，这种项目式驱动教学是分散的，课程对学生能力的培养有局限性。

（3）学生对于未来的就业目标是迷茫的，缺乏创新思维，动手实践能力较差，尤其体现在综合性、设计性实验中。

因此，针对应用型本科教学现状及学生特点，对基于 OBE 理念的应用型本科计算机专业人才培养模式的改革提出了更高的要求。

2 基于 OBE 理念的应用型本科计算机专业人才培养模式的构建

2.1 明确人才培养目标

面对当前社会经济发展需求及专业未来发展趋势，充分调研相关行业岗位招聘需求，结合学校办学定位，确定人才培养目标：立足京津冀，辐射全国，培养德智体美劳全面发展，掌握数学与自然科学基础知识及计算机、网络、物联网及数据库相关的基本理论、基本知识和基本方法，具有较好的编程能力，具有一定的系统规划与设计能力，具有一定的系统开发、系统管理和运行维护能力，具有创新意识、创业精神和持续发展能力的高素质应用型工程技术专门人才。毕业生可从事软件开发、物联网工程、网络工程、大中型数据库、人工智能领域相关工作的设计、开发与应用、维护。

2.2 合理制定毕业要求

根据专业培养目标，在全院范围内进行论证与研讨，听取学院领导、教研室主任、专业教师和企业专家的多方意见，结合工程教育专业认证通用标准形成新的毕业要求。多次组织本专业全体教师召开培养方案修订专题会议。根据学校的培养方案修订总体要求与原则，经学院领导小组评审通过，形成最终毕业规格要求。

本专业依据专业培养目标制定了八项明确、公开、可衡量的毕业规格要求，覆盖工程教育专业认证通用标准要求。毕业规格要求明确指出专业将培养软件工程、物联网工程、网络工程与安全等七个方向的应用型人才。

2.3 科学构建课程体系

对于毕业规格要求，课程体系应注重知识应用和素质培养，体现应用型实践能力培养的模块化。课程体系由核心理论课程、应用型理论课程、独立实践课程和创新创业课程四部分构成。

应用型本科课程体系的设计，既不能重理论轻实践，也不能围绕某一岗位的技能要求简单设置几门课程。应用型本科首先是大学，在如今大数据、人工智能、物联网等技术盛行的互联网时代，岗位需求变化相对较快，而整体架构相对不变。教学本身就是一项为期四年的大项目，我院课程体系的设计参照物联网体系架构进行分层系统设计，如图1所示，从宏观上实施教学项目化、项目教学化。应用型理论课程按照应用层、网络层和感知层划分课程模块。其中，应用层又被划分为用户界面层、业务逻辑层和数据访问层，这样每一层的课程可以根据技术的变革随时进行内容更新。

教学计划中设置专业选修课程，根据毕业规格要求确定的七个培养方向进行课程群建设。每个专选课模块内课程内容紧密相扣，循序渐进[3]。专选课模块由多门技术热点课程和部分专业知识拓展课程组成，学生可以依据个人兴趣及发展方向自愿选择符合学分要求的多门课程。

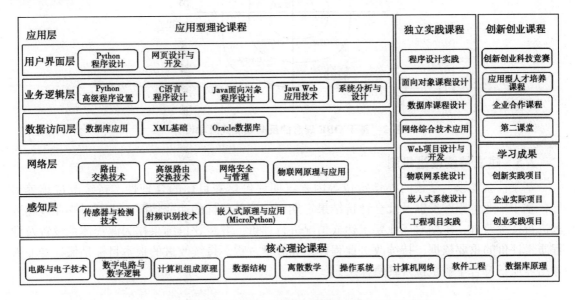

图1 应用型本科计算机专业课程体系设计（含部分课程）

核心理论课程必须符合中华人民共和国教育部高等学校教学指导委员会制定的《普通高等学校计算机科学与技术类教学质量国家标准》，培养学生计算思维程序设计与实现、算法分析与设计、系统设计与开发等专业基本能力，解决实际问题[4]。

应用型人才除扎实的理论基础，还必须具备较强的实践能力。专业的独立实践课程主要包括程序设计实践、面向对象课程设计、数据库课程设计、网络综合技术应用、Web项目设计与开发、物联网系统设计、嵌入式系统设计和工程项目实践。

2.4 反向教学内容设计

分层构建课程体系后，我们要解决的问题是课程的前后衔接、内容覆盖与重合问题。OBE理念强调反向设计原则，以最终目标（最终学习成果或高峰成果）为起点，反向进行课程的教学内容设计，开展教学活动。教学的出发点不是教师想要教什么，而是要达成高峰成果需要什么。

然而，高峰成果不是某一门课程培养出来的，学生的高峰成果是大学四年逐步累积的结果。如图2所示，课程的教学内容按照反向螺旋式设计思路展开设计。创新创业课程的实施应以高峰成果为导向，独立实践课程的设计内容可能是学生参加创新型竞赛的原型，而应用型理论课程的教学方案设计也应当为当学期或者当学年的独立实践课程进行准备。构建分层系统化的课程体系，设计反向螺旋式的教学方案，使理论与实践一体化，能力培养递进化，逐步培养学生创新思维，使学生具备解决复杂工程问题的能力。

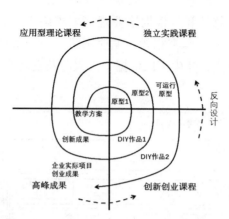

图 2　基于 OBE 理念的反向螺旋式教学设计

2.5　建立持续改进机制

基于社会需求、学校的办学定位等因素定期评价培养目标的合理性，持续改进培养目标；基于毕业生跟踪反馈及社会评价结果定期评价培养目标的达成情况，进而对毕业规格要求进行持续改进；定期对毕业要求达成情况进行评价，并将评价结果作为课程体系设置及课程质量评价的重要依据，持续改进课程体系和教学过程。持续改进的根本目标是保证专业人才培养质量符合学校定位及社会需求。

3　结论

新工科形势下，传统人才培养模式不能满足社会和用人单位的需要，基于 OBE 理念的应用型本科计算机专业人才培养模式能够有效解决这一问题，让学生不仅能掌握系统专业理论，而且具备工程型实践应用能力，真正做到理论够用、突出实践。坚持以 OBE 理念进行专业建设，必将培养出工程实践应用能力强、创新思维能力强且具备就业竞争力的高素质新工科人才。

参考文献

[1] 教育部."新工科"建设复旦共识 [EB/OL]. http：//www.moe.gov.cn/s78/A08/moe_745/201702/t20170223_297122.html，2017-02-23.

[2] 方峰.《华盛顿协议》签约成员工程教育认证制度之比较 [J]. 高教发展与评估，2014，30（4）：66-76.

[3] 许峰，张鹏.OBE 教育模式下应用型本科高校创新创业人才培养课程体系设计 [J]. 吉林广播电视大学学报，2018（10）：21-22.

[4] 教育部高等学校教学指导委员会. 普通高等学校本科专业类教学质量国家标准 [S]. 北京：高等教育出版社，2018.

（作者简介：于静，女，1981 年 12 月出生，天津津南人，信息工程学院副院长，高级工程师，硕士研究生毕业，主要研究方向为软件工程，2006 年 8 月至今在北京科技大学天津学院工作。）

船舶侧推电动机软起动器系统研究与设计

张洪峰　陈儒敏　杨灿

（北京科技大学天津学院信息工程学院，中国　天津　301830）

摘　要：船舶侧推电动机一般采用功率较大的交流电动机，这种电动机结构相对简单，比较容易制造，能够可靠地运行，效率较高。但是船舶都是自身携带发电设备，电力供应比较紧张，为了使船舶侧推电动机在起动时不对船舶的正常电力供应造成冲击，就要从各个方面来提升其控制性能。传统老旧的交流电动机控制方式有很多不足，起动电流过大，不适应大功率船舶侧推电动机的应用环境。本文以中石化上海海洋石油局船舶分公司勘探311轮的700 kW船舶侧推电动机起动为例，设计基于TMS320LF2407A的船艏侧推电动机软起动器，以改善船舶侧推电动机的起动和停车性能，并使操作更人性化。本文设计的船舶侧推电动机软起动器通过改变主电路晶闸管的导通角来改变电动机定子绕组中的电流大小，从而使船舶侧推电动机平稳起动。其硬件部分由强脉冲触发、电压同步信号检测、晶闸管驱动，以及保护和中断回路等部分构成。软件设计采用看门狗中断、增量式比例积分算法来保障系统的运行。

关键词：勘探311轮；TMS320LF2407A；船舶侧推电动机；软起动

The Research and Design of Soft Starter for Vessel's Thruster Motor

ZHANG Hongfeng　CHEN Rumin　YANG Can

(School of Information Engineering, Tianjin College,
University of Science and Technology Beijing, Tianjin 301830, China)

Abstract: Vessel's thruster motors generally use relatively large power AC motor, the motor can be more reliable operation, easy to manufacture and has simple structure, high efficiency. However, vessels carry their own generating equipment, the power is in short supply. In order to avoid thruster motor starting impact the power supply, it's control function need to be improved. Traditional and old AC motor control method has many disadvantages, such as large starting current. This situation can not meet the high power vessel's thruster motor's application environment. Based on the China petrochemical group Shanghai branch of exploration for marine petroleum ship 311's 700 kW bow thruster motor's starting as an example, this paper designs a kind of vessel's thruster motor soft starter which is based on TMS320LF2407A, the soft starter can improve the vessel's thruster motor starting, stopping performance and it's operation is more humanized. In this paper, the design of the vessel's thruster motor soft starter through the change of main circuit of thyristor conducting time to change the starting current in the stator winding of the motor, so as to realize the smooth starting. The design joins the strong pulse trigger circuit, synchronous voltage signal detection circuit, thyristor's drive circuit, the protection and interrupt circuit in the hardware design. This paper adopts watchdog interrupt, incremental proportional integral algorithm in the software design to ensure the operation of the system.

Key words: Exploration of 311; TMS320LF2407A; Vessel's thruster motor; Soft-start

为了提高船舶在港口和码头的机动能力,很多船舶除装有由柴油机带动的螺旋桨推进器外,还配备了艏艉侧推,一些对机动性要求高的船舶甚至还有伸缩侧推。这些侧推绝大多数是由上百千瓦的交流电动机驱动液压马达然后驱动螺旋桨,或者由交流电动机直接驱动螺旋桨,螺旋桨转动起来之后只要调节螺旋桨桨叶的开度大小就可以在船舶的艏部和艉部获得所需要的侧向推进力,螺旋桨在这个过程中的转动速度可以保持不变。有了侧推提供的侧向推进力,就可以大大提高船舶的转弯能力以及靠离码头的能力。船舶侧推在比较先进的货轮和客轮上已经有了推广和应用,这些船舶在靠离码头和港口的时候就可以不租借拖轮,完全靠自身的力量来完成停靠码头和驶离码头的功能。一些为海洋平台服务的工程船舶也装有侧推器,通过其和主螺旋桨的配合,可以实现船舶的动力定位,使得其在风浪比较大的时候也可以平稳地靠离平台,例如为我国最先进的深水海洋平台海洋石油981服务的船舶勘探311轮和勘探225轮等船舶因装有艏艉侧推,可以在比较大的风浪情况下进行靠离石油平台的作业[1]。

1 船舶侧推电动机起动现状和存在问题

船舶侧推电动机占用功率巨大,为什么还要配备侧推呢?侧推能够提升船舶的机动能力,例如勘探311轮配备艏艉侧推后,不但具备三用工作船的一般性能,还具备动力定位功能,能够完成恶劣环境下对石油平台的服务[1]。勘探311轮动力定位功能能够实现在风速较快,浪高为2.5m以下,水流为1m/h以下,风浪周期为10s的情况下的动力定位,这也对侧推系统提出了极高的要求。船舶侧推的重要作用已经逐渐在实际应用之中显现,但是船舶侧推电动机的起动控制还有很多的问题需要研究探讨。首先,由于船舶侧推电动机的功率很大,而船舶远离陆地,在海洋进行作业,所以船舶的电力供应只能来源于自身的发电系统,而不能跟陆地的电网相连,船舶侧推的起动受到了船舶发电动机容量的限制;其次,船舶的工作环境比较恶劣,在海上经常会遇到风浪较大的情况,如果船舶侧推电动机起动对船舶电网造成太大的冲击导致电网波动剧烈,甚至导致全船失电现象发生,就会影响船舶的安全,使船舶发生倾覆,即使在码头也可能会发生搁浅事故[1]。

由于船舶侧推电动机起动时产生的起动电流过大,一些船舶应用变频器来起动船舶侧推电动机,取得了比较好的效果,但是变频器价格较高,而且船舶侧推电动机在起动完成之后,只需要维持一定的转速,通过调节螺旋桨的螺距来改变推力的大小,因此变频器在电动机起动完成之后其变频变速的功能得不到应用,性价比不高,本文经过分析比较之后,认为软起动的控制方式在可靠性和性价比方面比较适合船舶侧推电动机的起动和停车控制[1]。

2 船舶侧推电动机软起动器的研究意义

在电动机的使用过程中,控制电动机能够平稳地起停是延长电动机寿命最重要的方法之一,所以解决电动机起停过程中的问题,能够很好地延长电动机的使用寿命。交流电动机通常采用降压起动或直接起动的方式[1]。常用的降压起动方法有:定子回路串电抗器起动、星形/三角形降压起动、自耦变压器起动,这几种起动方法会产生很大的起动电流,造成船舶的电网电压下降,对船舶电网,以及其他用电设备造成冲击。

以勘探311轮为例,其电制为440V/60Hz,电力供给由两台1 600kW轴带发电动机和两台500kW柴油发电动机完成,总电源功率为4 200kW,分A&B、C、D三回路供电,另有一台175kW的应急发电机供全船失电时起动。其中两台柴油发电机可以长期并联运行,两台轴带发电机不能并联运行,轴带发电机中任意一台仅能同柴油发电机进行短时转移负载的并联运行。勘探311轮在装卸货和动力定位靠离石油平台时所需的电力负荷最大,其中装卸货时A&B回路负荷818kW,C回路负荷1 115kW,D回路负荷1 540kW,总计3 473kW;动力定位需功率3 352kW[1]。勘探311轮有两台700kW艏侧推和一台550kW艉侧推,船舶动力定位时三台侧推均处于工作状态。以1号艏侧推为例,船舶侧推电动机功率为700kW,额定电流为1 106A,D回路电源总功率为1 600kW,其中包括对各种货用泵电动机、舵机电动机,以及艏侧推液压泵电动机等负荷的电力供应。

电动机起动的各种方式中,直接起动的方式产生的起动电流最大,这会使电网电压有很大的降落,并且持续较长的时间,在船舶上显然不适用;星形/三角形降压起动方式,在降低起动电流的同时,会使起动转矩变为原来的1/3,起动电流和功率较小,但是起动后在星形/三角形转换的瞬间,还会产生一个冲击电流和冲击转矩。勘探311轮目前采用自耦变压器起动方式起动船舶侧推电动机,所用的自耦变压器有40%、60%、80%三个抽头,采用这种方式起动船舶侧推电动机时,起动前需要把其他负载转移到辅助发电动机组,以防船舶失电,而且对船舶电网也会产生较大的冲击。如果采用软起动器起动船舶侧推电动机,起动电流会从预设的初始值开始缓慢地增加,逐渐达到设备正常运行所需要的电流值,并且会通过电路中设有的负反馈功能使电流稳定在这个数值附近,这就能把其对船舶上其他设备仪器产生的不良影响降到最低限度[1]。

3 船舶侧推电动机软起动器的运行模式

根据船舶侧推电动机软起动器在起动及运行过程中所起的不同作用,我们可以将其运行模式分为四种。

3.1 跨越式运行模式

在跨越式运行模式下,主电路中的晶闸管一直处于导通状态,此时船舶侧推电动机的定子绕组电压等于电源电压,由于高次谐波在电压中所占的分量很小,故可以不考虑它所产生的不利影响。跨越式运行模式主要在勘探311轮船舶侧推电动机的短时工作制情况下应用。

3.2 交流接触器旁路运行模式

交流接触器旁路运行模式是在勘探311轮船舶侧推电动机起动完成之后，断开船舶侧推电动机与软起动器的连接，同时接通旁路交流接触器，使晶闸管处于断开状态，不再产生热量，可以有效提高电能的利用率，闲置下来的软起动器可以被用来起动另外的船舶侧推电动机，使系统能够方便快捷地对多台船舶侧推电动机进行分时起动，提升船舶侧推电动机软起动器在工作中的使用效率，为企业在降低成本、提高效益方面做出更大的贡献[2]。

3.3 轻载节能运行模式

勘探311轮船舶侧推电动机在起动和运行过程中，有时需要轻载运行，这个时候就可以使勘探311轮船舶侧推电动机软起动器处于轻载节能运行模式，使晶闸管的导通角根据负载的大小适度减小，以减少定子绕组的励磁电流值，降低功耗，提高勘探311轮发出的电能利用率，减轻发电机的负担。

3.4 调压调速运行模式

通过分析勘探311轮船舶侧推电动机软起动器主电路的原理得知，勘探311轮船舶侧推电动机软起动器处于调压调速运行模式时，能够通过调控晶闸管导通角的大小，改变晶闸管的输出电压幅值，调整船舶侧推电动机转动速度。调压调速运行模式只能改变电压的幅值，不能改变电压的频率，由电压减小造成的磁路饱和会使电动机的调速范围变窄，调速效果欠佳。

由于勘探311轮船舶侧推螺旋桨为可变螺距螺旋桨，所以软起动器主要被应用在船舶侧推电动机起动时，运行时可以通过改变螺距来改变侧推的推力[3]。

4 船舶侧推电动机软起动器系统简介

船舶侧推电动机软起动器系统包括硬件系统和软件系统两部分，具体介绍如下。

本文研究的船舶侧推电动机软起动器硬件系统主要分为三部分：系统主回路、控制回路以及保护回路。其中主回路由六个晶闸管和旁路交流接触器组成，控制回路以及保护回路由系统电流检测回路、系统电压检测回路、系统控制芯片TMS320LF2407A DSP及其外围设备、晶闸管的触发控制回路、船舶侧推电动机交流接触器驱动回路、系统RS232通信以及辅助回路等部分组成。

船舶侧推电动机软起动器软件系统包括软件的限流起动环节、同步脉冲信号的中断环节、电压斜坡的起动程序，以及脉冲延时触发中断环节。船舶侧推电动机软起动器软件系统能够协调其硬件系统的工作，完成船舶侧推电动机控制的各种需要[4]。

5 船舶侧推电动机软起动器前景分析

随着功率半导体器件的发展以及微处理器芯片的更新换代，未来的船舶侧推电动机软起动器会向智能化的方向发展，功能也会变得越来越强大，并且在现有的以降压与限流为主要控制方向的起动方式之外，以控制起动转矩为方向的发展也将会成为船舶侧推电动机的发展方向之一。另外，增量式比例积分控制方式也将会被更加先进的自学习控制系统所取代，以满足各种情况下现场环境的控制需要,从而使船舶在惊涛骇浪和各种恶劣条件下都能应对自如,提高其对恶劣天气的应对能力,这对微处理器芯片有了更高的要求。随着微处理器芯片运算速度以及传输速率的提高,船舶侧推电动机软起动器会变得更加先进、更加人性化,以期完成更加平滑和平稳的起动,延长电动机的使用寿命,在限制电流和提高转矩方面以及提高电动机各项性能和船舶性能方面有更大的进步[1]。

随着人们对船舶侧推电动机软起动器认可程度的提高,更大功率的船舶侧推电动机起动需求也会促进大容量软起动器产品的开发和应用。而且从长远来说,随着近些年来我国造船事业的快速发展,船舶艏艉侧推和伸缩侧推将会更加广泛地应用于各类船舶以提高船舶的机动性,促进船舶侧推以及船舶侧推电动机软起动器的快速发展,极大地提高船舶侧推电动机软起动器在船舶侧推电动机控制器市场的占有率。随着电气自动化程度的提高,节能环保的电推系统已经被应用在一些大型船舶的主推进系统中,船舶侧推的控制会和船舶的电动主推进装置控制实现更完美地融合,进一步提高船舶的电力系统稳定性和智能化程度。

参考文献

[1] 张洪峰. 基于 TMS320LF2407A 的船舶侧推电动机软启动器系统设计与实践 [D]. 山东:齐鲁工业大学,2017.

[2] 李红伟,张文宏. 电动机软启动器的故障分析及改进措施 [J]. 电工技术,2018(12):11-12.

[3] 张春来. 结合功率管理的动力定位系统推力分配方法研究 [D]. 江苏:江苏科技大学,2017.

[4] 张翠哲,单德青. DSP 在电动机控制系统中的应用 [J]. 城市建设理论研究,2015(3):5609.

(作者简介:张洪峰,男,1986 年 6 月出生,山东潍坊人,信息工程学院教师,工程师,硕士研究生毕业,主要研究方向为先进控制技术,2019 年 8 月至今在北京科技大学天津学院工作。)

电磁学中媒质的介电性的讨论

冯天树

(北京科技大学天津学院信息工程学院,中国 天津 301830)

摘　要：本文对电磁场与电磁波中媒质的介电性和电导性等进行了仔细分析和探讨,首先分析了静态场中媒质的介电常数和电导率,然后分析了动态场中媒质的介电常数和电导率,最后分析了良导体(金属)的介电常数,帮助学生深入理解电磁场和电磁波中媒质的介电常数。

关键词：媒质；电介质；导电媒质；介电常数；电导率；电磁场与电磁波

Discussion on dielectric property of medium in Electromagnetics

FENG Tianshu

(School of Information Engineering, Tianjin College,
University of Science and Technology Beijing, Tianjin 301830, China)

Abstract: In this paper, the permittivity and conductivity of medium in electromagnetic field and electromagnetic wave are carefully analyzed and discussed. First, the permittivity and conductivity of medium in static field are analyzed. Then the permittivity and conductivity of medium in dynamic field are analyzed. Finally, the permittivity of good conducting medium (metal) is analyzed. It helps students to understand the dielectric constant of medium in electromagnetic field and electromagnetic wave.

Key words: Medium; Dielectric; Conductive medium; Dielectric constant; Conductivity; Electromagnetic field and electromagnetic wave

1　前言

众所周知,客观世界的物质由带正电的原子核和带负电的电子组成。当物质进入电磁场时,物质内的带电粒子和电磁场相互作用,改变物质的状态和电磁场的特性。讨论物质与电磁场相互作用时,物质被称为媒质。根据在电磁场中不同媒质内带电粒子之间相互作用的方式不同,媒质分为几类[1]。在微弱的电磁场中能产生很大的电流,电导率(电阻率倒数)

极大的媒质叫导体，因为导体中存在大量的自由电子发生定向移动产生传导电流。内部电子被原子核紧密束缚着，在外电场作用下，只能产生极小的位移发生所谓的"极化现象"的媒质叫电介质。由于其电子轨道自旋，在外电场的作用下，产生宏观的磁化电流，产生磁化现象的媒质叫磁介质。媒质对电磁场的响应方式分为三种：传导、极化、磁化。描述媒质电磁特性的参数为电导率 σ、介电常数 ε 和磁导率 μ。

在电磁场中能产生传导电流的媒质叫导体，在电磁场中能产生极化现象的媒质叫电介质，电介质的电导率一般都很小。人们习惯上认为，电介质是绝缘体。

变化的电磁场产生电磁波，电磁波需要在介质中传输，这种介质也被称为媒质。按照电导率 σ 可将媒质分为：σ 为 0 的媒质叫理想介质（绝缘体）。σ 大于 0 但不是 ∞ 的媒质为导电媒质（包括弱导电媒质和良导体）。σ 为 ∞ 的媒质叫理想导体（电磁场理论设想的理想媒质），超导体是理想导体，理想导体在真实的物理世界并不存在。

电介质和导电媒质的关系是什么？媒质的介电性（介电常数）和电导性（电导率）有关系吗？现在所有关于电磁场和电磁波的教材都忽略了这些问题，本文将对这些问题进行仔细分析和讨论。本文先分析了静态场中媒质的介电性，然后分析了动态场中媒质的介电性，最后分析了良导体（金属）的介电常数。

2 静态场中媒质的介电性

电磁理论都认为，一切非导电物质均为电介质，它可以是固态的、液态的或气态的。由实验可知，两金属板构成电容器，电容器之间是空气，保持电容器的电荷不变和两金属板之间的距离不变，在两金属板之间插入电介质，金属板之间电压（电场）会减少，插入的电介质不同电压减少的程度不一样，此时的电压与减少前电压（媒质是空气时的电压）的比值就叫这种电介质的相对介电常数 ε_r（大于1）。媒质的介电常数 $\varepsilon = \varepsilon_r \varepsilon_0$，$\varepsilon_0$ 是真空中的介电常数。介电常数大的介质模型是电介质中绝大多数的电荷被束缚在原子中，在外电场的作用下，电介质内部产生附加电场（和外电场方向相反），使外电场减弱。

大多数电介质的电导率 σ 很小，是绝缘体。绝缘体是典型的电介质，因此，我们习惯上以为所有电介质都是绝缘体，但仔细分析，这种观念是有问题的。有些电介质的电导率 σ 不小（漏电但没被击穿），在电介质不被击穿的情况下，也有传导电流，也能发生极化现象，也叫电介质，此时这种电介质不能叫绝缘体，叫导电媒质。所以电介质不一定都是绝缘体。例如海水，$\varepsilon_r = 81 \sigma = 4 S/m$，既是电介质，又能在未被击穿的情况下导电。

为什么有的电介质会存在电导或传导电流呢？因为电介质中存在的少量载流子（包括极少的自由电子、本征离子、杂质离子等），它们贯穿整个电介质而产生"漏泄电流"，在直流电压作用下使电介质有较稳定的电流通过，这称为电导特性。事实上，电导特性是任何一种材料（导体、半导体、电介质）都具有的电学性质，并非导体所特有。但不同材料在电导率的大小上却相差很远，一般导体 $\sigma = 10^9 S/m$，绝缘性能良好的电介质 $\sigma = 10^{-18} S/m$，两者相差 10^{27} 倍。大部分电介质，其电导率为良导体的 $1/10^{20}$。当电磁波频率低时，这种电介质产生的传导电流可被忽略不计，被称为绝缘体是没问题的。但也有例外，比如海水，$\varepsilon_r = 81 \sigma = 4 S/m$，既是电介质，又能在未被击穿的情况下导电。另一个例子是气体，气体是良好的绝缘体，当然是电介质。但是如果借助外界原因（如加热，用 X 射线、γ 射线或紫外线照射），则可使气体分子电离，电离的气体也能导电（气体导电），其中的载流子是电子和正负离子，因而电离的气体成为导体。所以电介质和绝缘体是不同的两个概念。

既然有的媒质既有电导率 σ，又有介电常数 ε，那么媒质的电导率 σ 和介电常数 ε 有没有某种关系呢？比如介电常数 ε 越大，是否电导率 σ 越小，绝缘性能越好呢？粗略地说，有部分介电常数大的媒质绝缘性好，但总体上两者之间没有关系。

对线性和各向同性的电介质，在外电场中被极化时，正负极化电荷分开产生电矩，所有分子电力矩的矢量和叫极化强度矢量 P，$P=\varepsilon_0\chi_e E$，χ_e 是电极化率，E 为外电场的电均强度矢量，相对介电常数 $\varepsilon_r=\chi_e+1$。对各向异性的电介质，极化强度矢量 P 和外电场 E 的关系很复杂，电极化率 $\chi_e=\varepsilon_r-1$ 是二阶张量。定义电位移矢量 D，$D=\varepsilon_0 E+P=\varepsilon E=\varepsilon_0\varepsilon_r E$，$\varepsilon$ 是电介质的介电常数，ε_r 是相对介电常数，$\varepsilon_r=D/\varepsilon_0 E$。

在静态场中，ε（或 ε_r）反映媒质在电场中被极化的强度大小，ε 越大，极化强度矢量 P 越大，$P=qd$，极化电荷距离越远，极化强度矢量 P 越大，电介质内原子核对正负电荷束缚越小，但这并不能说明电介质的电导率 σ 越小，绝缘性越好。电介质的电导率 σ 和极化强度矢量 P 没有相关性。介电常数描述的是材料本身的极化性质，电导率描述媒质内电子的传输性质，电导率大说明材料的导电性好，介电常数大说明电介质的束缚电荷易被极化，与媒质导电能力无关。所以介电常数 ε 与电导率 σ 是两个没有相关性的物理量。

某些绝缘性能不太好的材料（不击穿的情况下）和绝缘性能很好的材料比较，确实有些媒质存在这种现象：介电常数 ε 越大，绝缘性能越好（电导率 σ 小），但其不是普遍和必然的。

3 动态场中媒质的介电性

在电容器两端加静态（恒定）场，将电介质插入电容器中间，会使电容器两端的电压（或电场）变小。在静态场作用下，各向同性的均匀电介质中产生的电位移矢量 D 与电场强度矢量 E 相位相同，相对介电常数 $\varepsilon_r=D/(\varepsilon_0 E)$，是一个大于 1 的常数。

电容器中间是真空时，在电容器两端加交变电压 $u=\cos\omega t$，如果电容器是理想电容器，则电容器两端的交变电流 $i=C_0 du/dt=-\sin\omega t=C_0\cos(\omega t+\pi/2)$，交变电流 i 的相位比交变电压 u 的相位超前 $90°$。将电介质插入电容器中，由于电介质会使电容 C_0 增大为 $\varepsilon_r C_0$，这时交变电压 $u=\cos\omega t$ 作用在电容器上，当交变频率大到一定程度时，我们会观察到交变电流相位比交变电压相位超前的度数小于 $90°$，$i=Cdu/dt=-\varepsilon_r C_0\sin(\omega t-\delta)=C_0\cos(\omega t+\pi/2-\delta)$，$\delta>0$。静态场时，电介质接受静态场作用需要一段时间，极化强度矢量 P 才能达到相应的值。动态场时，ω 大到一定程度时电介质内部的极化强度矢量 P 跟不上电场强度矢量 E 的变化速率，出现滞后现象，这现象叫极化弛豫。极化弛豫导致附加相位 δ 的产生。

设 $E=E_0\cos\omega t$，由于极化弛豫[2]，D 落后 E 相位 δ，则

$$D=D_0\cos(\omega t-\delta)=D_1\cos\omega t+D_2\sin\omega t \tag{1}$$

式中 $D_1=D_0\cos\delta$；$D_2=D_0\sin\delta$，对大多数材料，有电位移矢量的余弦峰值 $D_0=E_0\varepsilon$（E_0 为电场强度矢量的余弦峰值），ε 随频率 ω 的变化而变化。

设 $\varepsilon_1(\omega)=D_1/E_0=D_0\cos\delta/E_0$，$\varepsilon_2(\omega)=D_2/E_0=D_0\sin\delta/E_0$，那么 $\tan\delta=\sin\delta/\cos\delta=\varepsilon_1(\omega)/\varepsilon_2(\omega)$。

把 $\boldsymbol{D}$ 和 $\boldsymbol{E}$ 的相位用复矢量表示，即

$$\dot{\boldsymbol{E}} = \boldsymbol{E}_0 e^{j0}$$

$$\dot{\boldsymbol{D}} = \boldsymbol{D}_0 e^{-j\delta} = \boldsymbol{D}_0 \cos\delta - j\boldsymbol{D}_0 \sin\delta = (\varepsilon_1 - j\varepsilon_2) e^{j0} = \varepsilon_r \dot{\boldsymbol{E}}$$

就可以得到

$$\varepsilon_c = (\dot{\boldsymbol{D}}/\varepsilon_0 \dot{\boldsymbol{E}}) = \varepsilon_1 - j\varepsilon_2 = \varepsilon_1 (1 - j\tan\delta)$$

这就是电介质在动态场里的介电常数，叫复介电常数，用 ε_c 表示。出现虚部是极化弛豫产生的附加相位导致的。

当 $\omega \to 0$ 时，$\varepsilon_1 = D_0 \cos 0 / E_0 = D_0 / E_0$，这就是静态场时的介电常数。$\varepsilon_2 = D_0 \sin 0 / E_0 = 0$，$\delta = 0$，静态场时，没有相位滞后。

ε_1 和 ε_2 都是动态场频率 ω 的函数，$\omega = 0$ 时，ε_1 就是静态场中的 ε_r。电介质在极化过程中，因为供给电介质的能量中有一部分能量强迫电介质固有力矩转动会使电介质发热，导致能量消耗。用电磁理论可以证明电介质中以热形式消耗能量与虚部 $\varepsilon_2(\omega)$ 有关。因此 ε_2 代表电介质损耗或功率损耗，电介质损耗与滞后相位 δ 有关。功率损耗与 $\sin\delta$ 成正比，δ 很小时，$\sin \approx \delta \tan\delta$，工程上常用 $\tan\delta = \varepsilon_2/\varepsilon_1$ 代表电介质损耗因子。

电介质的极化都存在极化损耗，损耗大小除与媒质材料有关，还与电场随时间变化的频率有关。电介质的损耗不仅有极化损耗，还有导电（漏电）损耗（或欧姆损耗），电导率越大，绝缘性能越差，欧姆损耗越大。当同时存在电介质的欧姆损耗和极化损耗时，由电磁理论可推出 $\varepsilon_c = \varepsilon_1 - j\left(\varepsilon_2 + \dfrac{\sigma}{\omega}\right)$。在直流电压作用下，只要电介质没被击穿，损耗就只有由漏电电导引起发热从而产生的欧姆损耗，在电场的作用下，没有损耗的理想介质（$\sigma = 0$）是不存在的，实际介质都是有损耗的。对导电媒质，欧姆损耗通常比极化损耗大，可不必考虑其极化损耗，只考虑其欧姆损耗，这时 $\varepsilon_c = \varepsilon_1 - j\dfrac{\sigma}{\omega} = \varepsilon - j\dfrac{\sigma}{\omega} = \varepsilon\left(1 - j\dfrac{\sigma}{\omega\varepsilon}\right)$，$\varepsilon$ 为媒质的静态场介电常数，$\tan\delta = \dfrac{\sigma}{\omega\varepsilon}$。

在导电媒质中，变化的电场产生位移电流，位移电流密度被定义为 $J_d = \dfrac{\partial \boldsymbol{D}}{\partial t}$，$\boldsymbol{D} = \varepsilon\boldsymbol{E}$，$\boldsymbol{D}$ 是电位移矢量。在交变电压下，电介质中同时存在位移电流和传导电流，其密度分别为 $J_c = \sigma\boldsymbol{E}$，$J_d = \omega\varepsilon\boldsymbol{E}$。我们可以通过媒质中传导电流密度和位移电流密度的比值 $\tan\delta = \sigma/\omega\varepsilon$ 的大小对媒质分类。$\varepsilon_c = \varepsilon(1 - j\tan\delta)$。

当 $\tan\delta \ll 1$，一般 $\tan\delta$ 取 0.01，$\dfrac{\sigma}{\omega\varepsilon} \ll 1$，$\varepsilon \gg \sigma/\omega$ 时，不管 σ 多大，传导电流均可被忽略，导电媒质具有介电性质，可被划归为电介质或绝缘体；

当 $\tan\delta \gg 1$，一般 $\tan\delta$ 取 100，$\dfrac{\sigma}{\omega\varepsilon} \gg 1$，$\varepsilon \ll \sigma/\omega$ 时，不管 σ 多小，位移电流均可被忽略，导电媒质可被划归为良导体；

当 $1 < \tan\delta < 10$，ε 和 σ/ω 是一个数量级时，导电媒质可被划归为不良导体，这时媒质内同时有位移电流和传导电流。

这样，同一媒质在一个频率是良导体，在另一个频率是电介质，或者说，同一媒质在低频率时是导体，在高频时是绝缘体。导电媒质包括导体和漏电的电介质。良导体是针对特定频率电磁波而言的。某频率段比较高时，传导电流和位移电流起同等作用，媒质是不良导体。

（1）媒质的介电常数随频率变化而变化的性质，叫媒质的频率色散性。色散是电磁波与媒质中的原子和分子相互作用的结果，这一微观过程可用电子理论解释。色散分两种，ε 随 ω 增加而增加的色散叫正常色散，ε 随 ω 增加而减小的色散叫反常色散。

（2）很多电介质在频率为可见光范围内时介电常数变化不大，所以一般用常数表示。比如二氧化硅在可见光范围内基本是全透过的（没损耗），所以虚部接近0，但是在红外波段就有很强的吸收性，虚部很大。

4 电磁波中金属的介电性

既然电介质有电导特性，那么金属是否具有极化特性呢？即金属是否存在介电常数？若存在，则介电常数是多少？有人认为，导体中无极化电荷，极化强度为0，由 $\boldsymbol{D}=\varepsilon_0\boldsymbol{E}+\boldsymbol{P}$，金属介电常数 $\varepsilon=\varepsilon_0$，所以相对介电常数 ε_r 为1。还有人认为，在电介质（或电容）实验中两金属板之间插入的是导体，导体内的电场降为0，所以导体的介电常数 $\varepsilon=\infty$。

金属的介电性是如何产生的呢？我们可以这样考虑金属的介电模型：原子内没有被束缚的极化电荷，但有被束缚的自由电子，考虑电子位移极化，没外电场作用时，电子绕核运动，电子运动中心和原子核中心重合，电力矩为0。有外电场作用时，部分自由电子定向移动产生传导电流；另一部分自由电子并不自由移动，只是电子轨道发生偏移，电子运动中心和原子核中心不再重合，产生电力矩。

设单位体积内有 N 个分子，每个分子有 z 个电子。电力矩 $\boldsymbol{P}=q\boldsymbol{d}$，$\boldsymbol{d}$ 是距离矢量，q 是电量，我们可以求出[3] 极化强度矢量 $\boldsymbol{P}=\dfrac{Nze^2}{m(\omega_0^2-\mathrm{j}\sigma\omega)}\boldsymbol{E}$，其中 m 为电子的质量，ω 为动态场的频率，ω_0 为电子绕平衡点旋转频率，e 为基本电荷电量，$\boldsymbol{E}$ 为外电场的电场强度矢量。我们可以进一步求出金属的介电常数为 $\varepsilon_c=\dfrac{Nze^2}{\varepsilon_0 m(\omega_0^2-\omega^2-\mathrm{j}\sigma\omega)}$。

考虑原子中电子有多个束缚频率，设每个分子 f_j 有个电子有束缚频率 ω_j，其阻尼系数为 r_j，假定有 f_0 个电子是"自由"的，即 $\omega_j=0$，那么相对介电常数 ε_r 为

$$\varepsilon_c=1+\frac{Ne^2}{m\varepsilon_0}\sum\frac{f_j}{(\omega_j^2-\omega^2-\mathrm{j}\sigma_j\omega)}+\mathrm{j}\frac{Nf_0e^2}{m\varepsilon_0\omega(\gamma_0-\mathrm{j}\omega)} \tag{2}$$

式中，γ_0 为自由电子在外电场作用下的辐射阻尼系数，$\sum f_j=z-f_0$。

当 $\omega\to 0$ 时，有

$$\varepsilon_c=1+\frac{Ne^2}{m\varepsilon_0}\sum\frac{f_j}{\omega_j^2}+\mathrm{j}\frac{Nf_0e^2}{m\varepsilon_0\omega\gamma_0}$$

式中，右边第二项为束缚电荷对 ε_c 的贡献；右边第三项为自由电荷对 ε_c 的贡献。

对式（2）进行化简，可得

$$\varepsilon_c=\varepsilon_1-\mathrm{j}\varepsilon_2$$

式中 $\varepsilon_1 = 1 + \dfrac{Ne^2}{m\varepsilon_0}\sum\dfrac{f_j}{\omega_j}$；$\varepsilon_2 = \dfrac{Nf_0 e^2}{m\varepsilon_0 \omega \gamma_0}$。

（1）低频或静态场情况。

当 $\omega \to 0$ 时，$\varepsilon_2 \to \infty$ 时，自由电子在低频作用下对 ε_c 的贡献为 ∞，是奇异的，因此，静电场把 $\varepsilon_c \to \infty$ 的介质视为导体。把 ε_c 写为 $\varepsilon_c = \varepsilon_1 - j\dfrac{\sigma}{\varepsilon_0 \omega}$，这里 $\sigma = \dfrac{Nf_0 e^2}{m\gamma_0}$。

对于铜而言，$\omega \leqslant 10^{11}\,\text{Hz}$ 时，$\sigma = \dfrac{NF_0 e^2}{m\gamma_0}$ 一直成立，σ 是与频率无关的参数，金属不断产生焦耳热。当 $\omega \to 0$ 时，$\varepsilon_2 \to \infty$，意味着静态场不能进入金属里去，或者说金属把电磁波全吸收变为热量损耗掉。

$\omega \to 0$ 时，ε_c 的实部 ε_1 是有限值，是与频率无关的参数，设 ω_j 匀为 ω_0，假设电子的束缚频率和光同数量级，取光波 $\lambda = 3 \times 10^{-7}\,\text{m}$，$\omega_0 = 6 \times 10^{15}\,\text{Hz}$，可估算出 $\varepsilon_1 \approx 10$。可见金属的介电常数 $\varepsilon_c \approx 10$，这就是有的资料中"金属的介电常数 ε_c 不大 10"的相关说明。

（2）高频电磁波情况。

高频时，$\omega \geqslant \omega_j$，$\omega \geqslant \gamma_0$，$\omega_j$ 为电子有束缚时的频率，金属中的电子都是自由的，阻尼电子可被忽略，金属对电磁波的作用等效于等离子体，这时有

$$\varepsilon_c = 1 - \dfrac{Ne^2}{m\varepsilon_0}\sum\dfrac{f_j}{\omega^2} - \dfrac{Nf_0 e^2}{m\varepsilon_0 \omega^2} = 1 - \dfrac{Nf_0 e^2}{m\varepsilon_0 \omega^2} = 1 - \left(\dfrac{\omega_p}{\omega}\right)^2$$

式中，$\omega_p = \sqrt{\dfrac{Nze^2}{m\varepsilon_0}}$ 是传导电子的等离子体频率，是临界频率。

当 $\omega < \omega_p$ 时，$\varepsilon_c < 0$，折射率 $n = \sqrt{\varepsilon_c}$ 为纯虚数，电磁波进入金属极浅，全部被反射回去，这就是众所周知的趋肤效应。$\omega > \omega_p$ 时，对于铜可算出 $\omega_p = 10^{16}\,\text{Hz}$，当电磁波频率大于 $10^{16}\,\text{Hz}$ 时，电磁波可穿透铜。所以金属对电磁波有"紫外透明性"。

当 $\omega \to \infty$ 时，$\varepsilon_c \to 1$，所以在高频极限情况下，金属不再是导体，不像理想介质那样反射和透射电磁波。另外高频时，金属内的电流不产生焦耳热。

（3）其他说明。

金属也是典型的色散介质，即其介电特性随外电场频率变化而变化。频率较低时，金属为理想导体，电磁波不能透射，介电常数无穷大；而频率较高时，金属表现出电介质的特性，电磁波可以穿透。

多数金属的介电常数是复数，其实部有可能是负数，虚部是使电磁波能量衰减的部分。当电磁波频率高到可见光范围内时，金属的介电常数的实部是负的，所以可见光几乎被全部反射，其虚部的值一般比较大，也有比较小的，但是在 X 射线波段实部就是正的，所以金属可以透过 X 射线。

5 结论

本文对电磁场与电磁波中媒质的介电性等进行了仔细分析，帮助学生深入理解电磁场和电磁波中媒质的介电性。

物质分导体和绝缘体，它们都有介电性，都能产生极化现象。电介质不一定是绝缘体，电介质有导电性，导体也有介电性。介电常数的大小不能衡量媒质的绝缘性能。导电媒质并不一定是金属，其包括导体和漏电的电介质。

在静态场中，媒质只有导体和绝缘体之分。媒质只在动态场中区分理想导体、理想介质、良导体。同一媒质的导电性与频率有关，同一媒质在低频率时是导体，在高频时是绝缘介质。

金属有复介电常数，低频或直流时，实部小于10，虚部为∞，电磁波进入不了金属，全部被吸收。高频时，频率小于临界频率，电磁波也进入不了金属，全部被反射。当频率超过临界频率时，电磁波会透射出金属，反射和透射均不产生焦耳热。

参考文献

［1］谢处方．电磁场与电磁波［M］．4版．北京：高等教育出版社，2006．

［2］刘宏伟，尹丽娟．电介质复介电常数的教学和实验［J］．电气电子教学学报，2015，37（02）：42-44．

［3］邝向军．关于金属介电常数的讨论［J］．四川理工学院学报（自然科学版），2006（02）：75-78．

（作者简介：冯天树，男，1967年12月出生，北京市海淀区人，北京科技大学天津学院，高级工程师，主要从事电磁场与电磁波，通信原理的教学与科研工作。）

信息化背景下高校计算机教育教学的改革与探究

冯瑶　顾玲芳　于静

（北京科技大学天津学院信息工程学院，中国　天津　301830）

摘　要：随着科学技术的日益发展，各类高科技信息化技术层出不穷，比如大数据、人工智能、物联网、云计算等，它们都是伴随着计算机技术的发展而逐渐衍生出的新技术。在信息化时代背景下，高等院校作为培养计算机方面人才的主要阵地，培养适合时代需求的计算机人才是其主要使命。然而，目前我国高等院校在培养计算机人才方面尚存在很多问题，培养的学生创造能力不够高，这严重制约了我国信息化技术的发展。为了使计算机教育教学能够得到更加良好的发展，势必要进行改革，以进一步提高高校计算机教育在信息化时代的教学质量与水平。

关键词：信息化；计算机；高校；教育教学；改革

The Reform and Exploration of Computer Education and Teaching in Colleges under the Background of Informationization

FENG Yao　GU Lingfang　YU Jing

(School of Information Engineering, Tianjin College,
University of Science and Technology Beijing, Tianjin 301830, China)

Abstract: With the development of science and technology, various kinds of high-tech information technology emerge endlessly, such as big data, artificial intelligence, internet of things, cloud computing, etc., which are all new technologies gradually derived with the development of computer technology. Under the background of information age, as the main position of training computer talents, the main mission of colleges and universities is to cultivate computer talents suitable for the needs of the times. However, at present, there are still many problems on the cultivation of computer talents in colleges and universities in China. The students' creative ability is not high enough, which seriously restricts the development of information technology in China. In order to make the computer education and teaching get a better development, it is bound to carry out some reforms to further improve the quality and level of computer education in the information age.

Key words: Informatization; Computer; University; Education and teaching; Reform

计算机在高校课程中是一门非常重要的公共课程，无论什么专业的学生都必须具备一定的计算机知识和计算机操作能力。在信息时代的快速变迁中，高校有责任提高计算机教育教学信息化水平，将学生培养成具备符合时代要求的计算机应用能力的人才。虽然计算机教育教学在高等教育的多年发展中已逐步成熟，但现阶段的高校计算机教育教学还是存在很多问题。

高校计算机教育需要重视信息化发展的时代特征，关注学生所具备的信息化处理能力和技巧。在培养学生计算机实践操作能力的基础上，让学生掌握更多与本专业知识相关的互联网思维，让学生能够运用计算机知识和信息化手段不断增强自学能力。基于信息化时代对于高校计算机教育的发展要求，本文分析了当前计算机教育的诉求与现状，以信息化的教学模式为探究路径，给出了高校计算机教育教学改革方向的几点建议。

1 信息化背景下计算机教育的诉求

在高等教育中，计算机技术具有辅助性学科的应用价值。在大数据、信息化时代的背景下，计算机的应用被延伸至诸多领域和产业，高校诸多专业不断与计算机进行交叉融合[1]，如财务管理、道桥桥梁、金融等。财务管理专业引入计算机技术，最重要的目的就是实现会计电算化，减少财务人员的工作量，提高工作效率。道路桥梁专业引入计算机技术，可大大降低恶劣环境的勘测工作难度，通过计算机辅助来实现道路桥梁工程的设计，实现人力和物力等资源的节约，给该专业的设计工作带来很大的发展空间。计算机技术在金融行业中的作用就更大了，因为金融行业本身存在极大的风险，一些严重的风险可能会造成经济链的断裂，而计算机技术可以在金融中起到一定的监管作用。通过这样的学科知识交叉融合，使计算机技术被广泛应用于其他学科之中，帮助学生掌握其专业领域之内的计算机技术应用方法。

信息化教育的本质是培养学生的自学能力。现代社会信息数据量超过以往任何时期，高等教育中的任何学科专业，都可能在其最新研究成果借助网络传播之后，快速打破以往的知识体系，或产生新型的理解维度。如果学生仅以教材知识为学习载体，实则已经失去对其专业知识的宏观学习视野。高校计算机教育有责任引导学生借助计算机技术掌握信息数据调研的基本方式，例如新媒体、自媒体、社交媒体等已然存在多种学科知识学习价值。再如微课、慕课等学习软件，也是拓宽学生信息化学习路径的可利用资源。那么高校计算机教育教学可在很大程度上升级不同专业性学科的学习方法，建立多维学习路径，增强学生的自学能力。因此，高校计算机教育信息化发展的本质，也具有升级教学方法、建立多维学习路径的教学意义。

2 当前高校计算机教育现状分析

目前高校中的计算机教育大多数还是停留在实用性层面，其教学内容并不欠缺应用价值，但在本质上缺乏一种对信息化时代的解读。计算机已经随着信息化发展而呈现出其对于多种专业学科或产业领域的辅助功能[2]。所以在这个时代背景下，这些教学内容必须广泛延伸并被渗透于计算机教育中，让学生掌握与时俱进的计算机技术。教育的本质应该是时代发展所需学科知识的传授，是信息化发展而来的相关知识结构。高校计算机教育要将更加与时俱进、包罗万象的计算机学科知识引入其教学规划中，增强计算机教育教学内容的实用性，为学生提供更多时代发展需要的学科知识，支持学生利用计算机技术扩展自身的专业知识容量，加深对于其所在专业的未来发展的理解。下面，总结几点目前高校计算机教育中存在的问题。

（1）计算机教育大纲设计不完善，教材内容较为落后。

计算机行业是一个不断发展的行业。因此，高校需要根据时代需求不断地改进教学方案，来适应计算机技术的更新换代。但是一部分高校对于计算机教育教学的改进跟不上计算机技术发展的速度，使学生学习的知识相对比较落后。计算机教育的教学大纲不完善，且缺少新的教育理念，因此其不能满足计算机人才的培养要求。高校计算机课程所培养的是符合社会需求的且具备一定计算机应用能力的人才。但是因为高校计算机课程的教材内容，已经跟不上时代的脚步，所以高校计算机教育教学内容也缺乏实用性。

（2）教学模式较为落后，计算机实践课程少。

计算机行业的教学，不仅仅要求学生熟练掌握理论知识，而且要求学生熟练掌握实践操作。一部分本科学校由于自身原因，如基础设备比较落后，在实践教学方面不够完善，仍然运用传统的教学模式，理论教学的占比较大，导致学生的计算机实践课程较少。由于计算机课程具有一定的抽象性，且理论教学的难度较大，学生学习起来比较枯燥吃力，记忆程度和理解程度不够深刻。所以，如果仍然采用传统的教学模式，只重视理论教学，就会出现学生重理论知识、轻实践能力的现象。学生在学习理论知识之后，也难以将学习到的知识运用到实践中。而且教师很难针对每个学生进行单独教学，教学效果自然也不理想。

（3）缺乏关于课程趣味性的挖掘，学生学习积极性不高。

计算机课程教学，与其他的课程教学相比，对实践能力要求高，如果教师的教学手段单一，教学模式过于陈旧，那么学生很难对计算机课程有学习兴趣。因此教师有必要深入挖掘计算机课程的趣味性，不只是为了完成计算机课程的教学任务而进行教学，而应该深入了解计算机课程，提高教学质量和教学效率。除此之外，教师也有必要创新教学内容，借鉴其他的计算机教学经验，丰富教学手段，积极激发学生的主观能动性。

（4）高校计算机教师技术学习不足，无法紧跟计算机发展潮流。

众所周知，计算机技术的变革与发展非常迅速，新技术与新产品的不断推出给高校计算机教育带来了诸多压力，并且高校计算机教师没有时间或意识去更新自己的计算机知识与技术，因此高校计算机教师在教学时仍然教授落后的软硬件系统知识，无法紧跟计算机技术的发展潮流，使得计算机教育与社会需求脱节。因此，学生很难从高校计算机教师的讲授中获取更先进、更科学的计算机知识，学生的求知欲难以被满足。

3 信息化背景下计算机教育教学方法的改革与探究

在信息化背景下，高质量的信息化资源和信息化设施给高校的计算机教育教学改革带来了很多的改变。关于计算机教学，大部分高校跟上了时代的发展趋势，购置了先进的教学设备，教师的教学手段在先进教学设备的辅助下发生了微妙的改变和创新。随着信息化教学手段的应用，信息化教学质量的提高仍需引起重视。

（1）提高信息化教学手段的质量，构建科学合理的计算机课程体系。

高校计算机教育教学改革应该着重提升信息化教学手段的有效性[3]。目前，计算机课程体系过于注重课程流程的开展，而对教学效果及学生实际计算机综合能力的提升作用不大。因此，在信息化背景下，构建一个新型的、先进的、提升学生综合能力的课程体系是高校计算机教育教学改革的重要任务和主要方向。

（2）设定合理的教学方案，改变教育理念以及教学模式。

要想顺应时代，就必须设定科学合理的教学方案。因此，本科学校要按照学生的知识水平以及社会的发展状况，重新设计教学方案，提高实践教学的占比，让学生在学校所学的知识能够和行业有所连接。更新计算机教学的理念，将教学的主体地位，放置在学生身上，锻炼学生探究意识，增强学生自学能力。信息化发展的最终结果是引导学生掌握自学规律。完善计算机教育从理论到实践的教学方式，通过实践内容增强学生的自学能力，掌握实践方法中的自学形式与特点。因此，需要在传统的教学模式中，提升计算机教育教学本身的实践度，令理论知识与实践内容形成互动，令信息化得到更为广泛的教学延伸与渗透。

（3）教学形式多样化、个性化。

在教学过程中，教师可以利用微课、慕课等计算机教学App进行教学。这种教学形式可以令计算机教育教学模式更加契合多种专业学科的普遍学习方式，完成与信息化教育的扩充和对接。例如，在讲授计算机硬件知识时，可由微课输出简单的学习框架和重点知识，通过微课的引导提示，让学生快速总结本节课程的知识点。而后由学生自行利用计算机教学App查找相关知识，不断增强学生的自学能力。

在计算机教育教学过程当中，教师还应做到因材施教，按照学生特点的不同，制定教学方案。要实现个性化教育，首先应了解学生知识的认知程度，以及应用创新的能力，才能够根据学生自身的情况制定出相应的教学方案。教师要为学生提供一个良好的交流学习的环境，增加教学的实效性，从而达到帮助学生快速记忆的目的。

（4）提高学生的创新能力，定期举办技术竞赛。

创新能力是学生今后工作能力的重要组成部分，同时也是学生在校期间需要重点学习的一部分。高校教师不仅仅要教授学生计算机的知识和技能，而且更要培养学生的创新意识。比如在学习某一案例时，教师可以让学生分组进行讨论，探讨案例中的重点内容，并提炼出问题中的重要信息，给出解决方案。问题的设定以及回答并不具有统一性，所以学生可以大胆地发挥想象力。

学校可以定期举办计算机技术竞赛活动，由校领导设置竞赛奖励，鼓励广大学生参与。计算机作品的设计，是创新思维的体现，学生可以运用所学知识进行设计。例如，内容丰富的网站，实用性强的小程序，实用项目等。学生通过计算机作品的设计，既可以巩固已经学到的知识，还可以在此基础上进行创新，真正感受计算机技术带来的便利条件。在平时的教学过程当中，教师可以有意识地布置新型的任务，由学生进行自主设计，并且展示自己的作品，增加学生的自信心。

4 结束语

信息化时代的到来，令更多的教学资源广泛渗透于网络之中，高校计算机教学可选择的信息化教学方法较多，高校应该对信息化背景下的传统计算机教学有更加明确的认知，解决由于传统教学带来的问题，完善计算机教育教学的不足，明确计算机教育教学改革的正确方向，不断探索改革的正确路线。在信息化背景下，高校计算机教育的教学方法应及时更新，高校计算机教师应该在不断提升自身素质的基础上充分把握大学生的心理特点，认识目前存在的不足之处，更加深入地探讨教学模式，从而提高高校计算机教育课堂教学质量，促进我国计算机教育的发展，培养社会所需要的计算机人才。

参考文献

［1］迟永芳. 信息化背景下的高校计算机教学困境与创新研究［J］. 信息与电脑（理论版），2018（8）：208-212.

［2］程丽玲. 行动导向教学法在高校计算机教改中的应用分析［J］. 电脑知识与技术，2017，13（33）：168-169.

［3］李剑波，李小华. 互联网时代背景下高校计算机信息化教学的探究［J］. 现代交际，2018（9）：36-37.

（作者简介：冯瑶，女，1982年4月出生，河北石家庄人，信息工程学院专职教师，讲师，硕士研究生毕业，主要研究方向为程序设计与数据挖掘，2007年8月至今在北京科技大学天津学院工作。）

一种实验室考勤登记系统的设计与实现

陈儒敏　于静　张鸿博　王芳　张洪峰

(北京科技大学天津学院信息工程学院，中国　天津　301830)

摘　要：本文针对实验室开放过程中登记管理方式的不足，充分利用实验室现有资源实现了一套自动化考勤登记系统。系统使用 ESP32 模块作为主控制芯片，控制 RFID 读写模块采集学生的校园卡信息，接入网络，通过 MQTT 协议将信息发送回 MQTT 服务器。MQTT 服务器使用 Python 语言编写程序接收信息并存入数据库，同时编写客户端软件连接数据库读取并统计相关信息。

关键词：考勤系统；实验室管理；MQTT 协议

Design and Implementation of a Laboratory Registration System

CHEN Rumin　YU Jing　ZHANG Hongbo
WANG Fang　ZHANG Hongfeng

(School of Information Engineering, Tianjin College,
University of Science and Technology Beijing, Tianjin 301830, China)

Abstract: Aiming at the deficiency of the registration management method in the laboratory's open process, the laboratory's existing resources were fully utilized to realize a set of automated attendance registration system. The system uses ESP32 as the main chip, controls the RFID module to collect the students' campus card information, and sends the information back to the MQTT server through the MQTT protocol. Uses the Python languaye to write the program, to receive the information, and to store it in the database. At the same time, it writes client software to connect the database for reading and counting information.

Key words: Attendance system; Laboratory management; MQTT Protocol

---

基金项目：全国高等院校计算机基础教育研究会计算机基础教育教学研究项目（2019-AFCEC-097）资助

1 引言

随着高等教育的不断发展，国家和社会对高等教育的要求也在不断提高，很多高校开始重视创新型、应用型人才的培养，其中高校实验室发挥了不可或缺的作用[1]。教育部发布的《普通高等学校本科教学工作合格评估指标体系》对实验室开放方面提出了明确的要求[2]。而具体到北京科技大学天津学院，在实验室开放的管理登记环节，目前只有一个开放实验室使用登记本。但实际使用中，学生往往嫌麻烦，在登记几次后就不再填写，实验室管理人员也不好天天监督。针对这种情况，实验室管理人员可以利用市面现有员工射频识别技术（Radio Frequency Identification，RFID）卡或指纹考勤机来代替登记，但现有考勤机一般只是登记打卡时间，后续统计还需要实验管理人员另外进行。除了要额外支出设备费，还要增加管理人员的工作量。本文提出了利用实验室现有实验模块以及设备实现一套低成本实验室考勤登记系统，基本不需要额外支出，便可方便实验室管理员的实验室考勤登记工作。

2 系统整体设计

系统整体框图如图1所示，利用的是实验室现有资源。整个系统由打卡终端、消息队列遥测传输（Message Queuing Telemetry Transport，MQTT）服务器以及普通客户端组成。其中打卡终端主要负责对学生的校园卡进行识别，将信息通过 MQTT 协议传给服务器。MQTT 服务器可提供 MQTT 服务，可接收打卡终端传回的数据并将数据写入数据库的脚本。普通客户端可以使用普通个人计算机（Personal Computer，PC），主要作用是连接服务器数据库查看考勤信息。

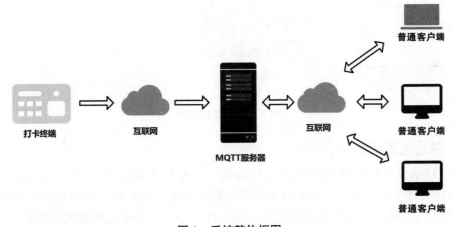

图 1　系统整体框图

3 打卡终端硬件设计

打卡终端主要由各主控模块、RFID 读写模块，以及相应的支撑电路组成。

3.1 主控模块电路设计

主控模块采用乐鑫公司生产的 EPS32 模块，其本身采用两个哈佛结构 Xtensa LX6 CPU 构成双核系统，是业内领先的高度集成的 Wi-Fi 与蓝牙结合的解决方案，外部元器件大约需要 20 个[3]。ESP32 模块集成了天线开关、射频 Balun（平衡/非平衡转换器）、功率放大器、低噪声放大器、滤波器，以及电源管理模块，极大减小了印刷电路板（Printed Circuit Board，PCB）的面积。

打卡终端采用该模块的原因一方面是将其作为主控模块来对 RFID 读写模块、蜂鸣器、发光二极管（Light Emitting Diode，LED）等外部元器件进行控制操作，另一方面是利用其 Wi-Fi 功能将系统接入网络，将信息传回 MQTT 服务器。主控模块电路如图 2 所示。

主控模块由 3.3V 电源供电，RESET 按钮用于主控模块的复位操作，低电平复位，高电平正常运行。主控模块的 IO0 接口除了有正常通用输入输出（General-Purpose Input/Output，GPIO）功能，还有模式切换功能，上电前保持低电平，可以进入烧写状态，此处连接按键 EN1，可以使主控模块进入烧写模式。

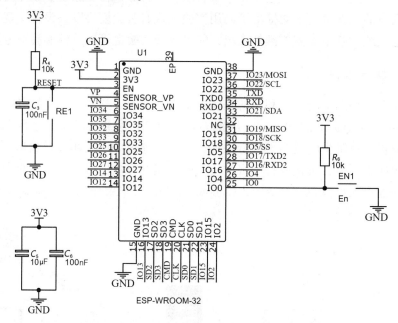

图 2　主控模块电路

3.2　供电电路设计

供电电路给整个打卡终端提供稳定的电源，这里使用通用串行总线（Universal Serial Bus，USB）直接供电。由于系统中的主控模块需要的电压为 3.3V，所以我们需要对 USB 输入的 5V 电压进行降压。这里使用降压芯片 AMS1117-3.3。供电电路如图 3 所示。

为方便使用，USB 接口采用正反可插的 Type-C 接口，为防止电流过大以及电路接反，电路中使用熔断丝以及二极管作为电路保护。发光二极管指示电源接通。

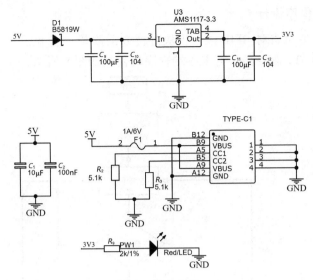

图 3 供电电路

3.3 RFID 读写模块以及其他指示电路设计

打卡终端的其他模块如图 4 所示,包括对校园卡进行操作的 RFID 读写模块,蜂鸣器指示模块以及发光二极管,还有对主控模块进行烧写的接口。

RFID 读写模块采用的是飞利浦公司生产的 MFRC522 芯片,使用 SPI 接口与 ESP32 模块进行通信。蜂鸣器指示模块和发光二极管指示各种状态。ESP32 模块主要通过串行口进行烧写,所以此处应预留接口。

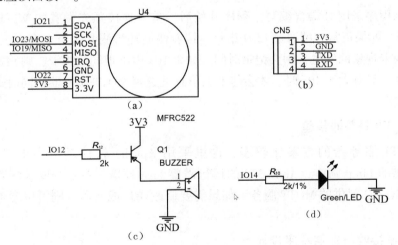

图 4 打卡终端的其他模块

(a) RFID 读写模块;(b) 蜂鸣器指示模块;(c) 发光二极管;(d) 对主控模块进行烧写的接口

4 软件设计

软件设计主要包括打卡终端程序设计、MQTT 接收和存储程序设计,以及客户端软件设计。

4.1 打卡终端程序设计

打卡终端程序主要负责对 RFID 读写模块进行数据读写，刷卡成功后给出相应指示并将校园卡数据发送回 MQTT 服务器。打卡终端程序流程图如图 5 所示。

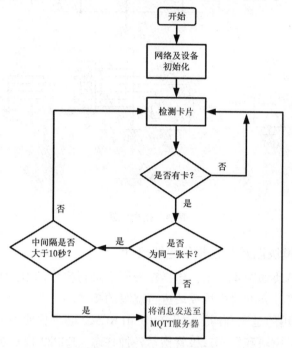

图 5　打卡终端程序流程图

打卡终端程序采用 C 语言编写。程序开始后，首先连接预先设置的 Wi-Fi，然后连接 MQTT 服务器，如果正常，则通过 LED 指示。接着便循环检测是否有卡存在。若有卡存在，为防止重复刷卡现象的发生，则会记录时间，如果 10s 内出现同一张卡，则判定为同一张卡且不发送信息，只有大于 10s 时，才会将卡上信息发送到 MQTT 服务器，同时通过蜂鸣器提示是否刷卡成功。

4.2　MQTT 服务器搭建

搭建 MQTT 服务器的方案比较多，这里采用 Apache 软件基金会出口的开源程序 ActiveMQ 提供的 Linux 版本，ActiveMQ 的运行需要 Java 环境，系统按要求配置好后就可以直接运行 ActiveMQ 提供的 MQTT 服务。如果需要修改端口或密码，则可以参考手册配置对应的文件。

4.3　数据接收与存储程序设计

数据接收与存储程序也运行在 MQTT 服务器中，采用 Python 语言实现，主要作用是接收打卡终端传回的校园卡信息，并记录时间将其存入数据库中，数据接收与存储程序流程图如图 6 所示。

程序开始后，系统先接入 MQTT 服务器，并订阅打卡终端的主题，接着循环检测是否有消息到来，若有消息到来，则记录卡上信息和时间信息，将其一起存入数据库。

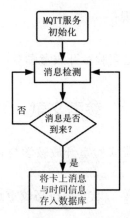

图 6　数据接收与存储程序流程图

4.4　客户端程序设计

客户端程序可以运行在普通 PC 上，主要作用是连接 MQTT 服务器的数据库，读取刷卡信息并统计结果。为方便使用，这里采用图形用户界面形式实现，使用 Python 语言自带的 Tkinter 来实现。客户端程序界面如图 7 所示。

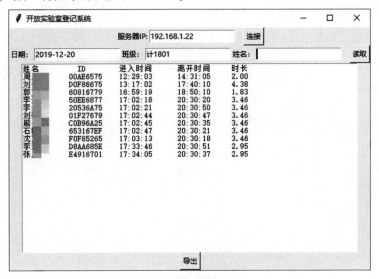

图 7　客户端程序界面

客户端程序可以根据日期、班级来查看学生进入、离开实验室的时间以及使用实验室的实际时长，也可查询单个学生的情况，同时提供导出数据的功能。

5　结论

本设计利用实验室现有条件实现一种实验室考勤登记系统，最大程度利用了实验室现有的资源，其主要完成了以下几项任务：

（1）打卡终端的软硬件实现；

（2）MQTT 服务器的搭建；

（3）数据接收与存储程序的实现；

（4）客户端程序的开发。

实际使用证明，此系统基本满足实验室开放考勤登记的要求。

参考文献

［1］李震，李良荣.高校电子类实验室开放教学与管理探索［J］.实验室科学，2019，22（05）：232-234.

［2］张丽，姚瑞珍，郭建林，等.地方本科高校重点实验室开放模式探索［J］.教育教学论坛，2019（38）：270-271.

［3］乐鑫信息科技.ESP32技术参考手册Rev4.1［Z］.2019.

（作者简介：陈儒敏，男，1986年1月出生，北京科技大学天津学院信息工程学院自动化教研室主任，主要研究方向为嵌入式系统应用，2008年9月至今在北京科技大学天津学院工作。）

基于微信公众平台的应用型本科院校混合式教学模式的研究

张虹 顾鸿虹 杨娜

(北京科技大学天津学院信息工程学院,中国 天津 301830)

摘 要:随着信息化时代的快速发展,教学模式也应该改革,传统的课堂式教学已经不能满足学生的学习欲望及对知识的渴求,鉴于微信的广泛应用,本文结合微信公众平台,提出"线上线下"混合式教学模式,实现课前、课上、课后的灵活教学,有效地实现师生的实时互动与问题的反馈。

关键词:混合式教学模式;微信公众平台;在线学习

Research on the Blending Learning of Application-oriented Undergraduate Colleges Based on WeChat Public Platform

Zhang Hong　Gu Honghong　Yang Na

(School of Information Engineering, Tianjin College,
University of Science and Technology Beijing, Tianjin 301830, China)

Abstract: With the rapid development of the information, the teaching mode should also be reformed. The traditional classroom teaching can't satisfy the students' desire for learning and their thirst for knowledge. In view of the wide application of WeChat, this paper puts forward the "online and offline" blending learning mode based on the WeChat public platform to realize the flexible teaching before, during and after class and effectively solve the problem of real-time interaction between teacher and student and problem feedback.

Key words: Blending learning; WeChat public platform; E-learning

《教育信息化十年发展规划(2011—2020年)》要求推动信息技术与高等教育融合,利用新的工具和平台提升教学水平,提高教学质量,培养学生进行自主学习、自主管理、自主服务的意识与能力[1]。因此,在信息技术高速发展的今天,利用信息技术,对高校的教学方法、教学手段、教学模式等进行变革,已成为信息时代教育模式改革和创新的迫切需要。

1　传统教学模式

传统教学模式"以教师为中心，以传授知识为主"。传统教学模式中教师是知识的灌输者，学生是知识的被动接受者。这种模式可以充分发挥教师的主导作用，有利于系统地传递知识，保证教学任务的顺利完成。然而，随着教学理论的完善和研究的深入，这种单一化、教条化的教学模式的很多不足逐渐显现[2]。比如，在课堂教学中，教师通过学生的一般学习特征和接受程度把握教学进度与课程难度，但学生学习方法、知识储备和接受程度都存在个体差异，学生会出现不同程度的问题；师生互动少，不能及时解决问题，导致教学效果不佳，学生学习兴趣减退。传统教学模式忽视学生的主体作用，限制学生的自主能动性，导致学生在学习过程中缺乏思考和主动性，其在培养学生个性和能力方面显得不足。

2　基于微信公众平台的混合式教学模式

2.1　观点的提出

混合式教学模式把传统面对面学习和在线学习两者的优势结合起来，以获得最佳的学习效果。学习中既要发挥教师的主导作用，也要体现学生的主体作用。在教学过程中，教师监控整个教学过程，引导、启发学习者积极、主动地学习，培养学生的发散思维，倡导学生在课前、课上、课后实时探讨、交流与合作。混合式教学模式是在适当的时间，通过适当的教学方式，把知识讲授给适当的人，以适当的媒体，传递适当的学习内容。此模式的重点在于如何混合，以达到最优的学习效果[3]。

基于社会对微信的热爱及普及率，微信公众平台可实现实时学习及教学辅导，除了具有良好的用户体验，其也具备了一对一和一对多的交流、智能回复、数据记录等功能。基于微信公众平台的技术支持，教师设定混合式教学活动，充分调动学生学习的积极性和主动性，发挥混合式教学模式的作用。

2.2　混合式教学模式的设计

基于微信公众平台的混合式教学模式主要从以下两方面进行。

（1）针对应用型本科院校的现状以及学生的特点，基于微信公交平台的混合式教学模式可以实现系统化学习与碎片化学习的结合、正式学习与非正式学习的结合及自主学习与协作学习的结合。这种学习模式以学习目标为导向，发挥"双主"作用，实现传统课堂学习和微信在线学习的有效融合。

1）系统化学习与碎片化学习的结合。

课堂教学一般是教师按照一定的结构系统讲授知识，有利于学生系统全面地认识知识。利用微信支持的学习平台，将学习内容模块化成一个个小的具体知识点，学生利用碎片化的时间进行微型的、碎片化内容的学习，解决重难点问题。微信的碎片化学习可以作为一种辅助的学习方式，作为课堂教学的补充和拓展。

2）正式学习与非正式学习的结合。

根据学生获取知识的手段和方式的不同，学习可以分为正式学习和非正式学习。在本科院校里，课堂学习及在微信平台上组织的特定时间段、特定任务的学习和讨论为正式学习。非正式学习指学生利用课余时间在微信平台进行的随意的交流讨论、借助资源的自主学习。在微信的支持下，非正式学习与正式学习可以形成课内与课外、线上与线下，正式学习与非正式学习结合的混合学习模式。

3）自主学习与协作学习的结合。

与传统教学模式相比，混合式教学模式更加强调学生的主体地位，激发学生独立思考并鼓励他们开展协作学习，将学生自主建构、自主探究和自主发现的自主学习与基于情境的协作学习结合，强调充分调动学生的积极性与主动性，培养学生的创新意识、创新思维，提升学生的探究能力、合作能力和创新能力。

微信的高交互性为学生的协作学习提供了便利的平台，丰富的资源可以很好地支持学生的自主学习。基于微信公众平台的混合式教学模式可充分发挥协作学习和自主学习的优势，培养学生自主创新、自主探究能力，增强学生的责任感和团队协作精神。

（2）搭建微信公众平台，引导教师和学生使用此微信公众平台。分析微信的功能及其对学习的支持情况，从平台界面设计、功能模块设计、学习内容设计和用户体验设计四个层面搭建微信学习平台，解决资源共享、信息推送、协作交流、智能查询和学习评价等内容。

2.3 混合式教学模式的价值

微信公众平台可以服务于课前、课中及课后，使得教学能够在时间和空间上得以延续。

（1）学生使用微信公众平台进行课前预习、课后巩固，支持个性化学习。教师借助微信公众平台，分享学习资源，监督并指导学生进行知识的深层次学习，引导其将知识应用于新情境中。

（2）通过微信的一对一交流辅导，教师与学生可以随时随地进行交流，帮助教师了解学生学习动态和学习情况，帮助学生解决学习或生活中遇到的问题，加强师生之间的交流，也有助于形成和谐融洽的师生关系，保证教学的顺利开展。

（3）教学过程中出现的进度不一致、内容深度及重难点把握等问题，学生可以借助微信公众平台进行教学资源共享，实现课上学习，课下强化的目的。

（4）引入多元化评价内容和评价方式，增强学习效果。将课堂学习、微信学习等整个学习过程纳入学习评价考核系统，增加学生自评和小组评价，一方面给学生更公正、准确的评价，另一方面为学生注入学习动力，改善学习效果。

3 结论

基于微信公众平台的混合式教学模式在应用型本科院校的课程教学中的应用，使学习不再局限于书本及课程，接受教育的过程不受时空限制，延伸了课堂教学，丰富了学生的学习方式，有助于提高学生自主学习的积极性。其通过对课程课堂教学与移动在线学习的有机结合，培养学生的自主学习能力，激发学生的学习兴趣，从而提高学习效率。

参考文献

[1] 中华人民共和国教育部. 教育信息化十年发展规划（2011-2020年）[DB/OL]. http：//old. moe. gov. cn/ewebeditor/uploadfile/2012/03/29/20120329140800968. doc，2012-03-30.

[2] 张明洁. 虚拟学习社区及其理论探究 [J]. 亚太教育. 2015（12）：270.

[3] 牟占生，董博杰. 基于MOOC的混合式学习模式探究——以Coursera平台为例 [J]. 网络与开放教育. 2014（05）. 73-80.

（作者简介：张虹，女，1984年2月出生，四川南充市人，计算机专业教研室主任，副教授，硕士研究生毕业，主要研究方向为系统设计与开发、数据库开发及大数据方向，2006年8月至今在北京科技大学天津学院信息工程学院工作。）

针对程序设计基础课程的研究与改革

杨娜 张虹 顾鸿虹

(北京科技大学天津学院信息工程学院,中国 天津 301830)

摘 要: 当前新兴技术不断发展,程序设计课程迎来了新的挑战,学生不仅要从课程中获取未知的知识,还要从课程中获取先进理念和真实有效的项目实践。通过分析课程的现状和发展趋势,结合学生特征进行有计划的课程改革。通过采用项目教学化等教学方式,提高学生应用实践能力;通过结合硬件内容,改革课堂实验项目,激发学生学习积极性,让学生体验程序存在的真实性和有效性,从而提升教学效果。在明确改革目标、制定切实有效的实施方案后,课程改革效果良好,学生积极性普遍提高,成绩分布合理。

关键词: 人工智能;新工科;实践;改革

Research and Reform on the Basic Course of Program Design

YANG Na ZHANG Hong GU Honghong

(School of Information Engineering, Tianjin College,
University of Science and Technology Beijing, Tianjin 301830, China)

Abstract: With the development of the new technology, the program design course meets the new challenge. The students not only need to get the unknown knowledge from the course, but also need to get the advanced idea and the real and effective project practice from the course. Through the analysis of the current situation and development trend of the curriculum, combined with the characteristics of students to carry out planned curriculum reform. Through the use of project-based teaching and other teaching methods to improve the practical ability of students, through the combination of hardware content, the reform of classroom experimental projects to stimulate students' learning enthusiasm, so that students experience the authenticity and effectiveness of the existence of the program, in order to enhance the effectiveness of teaching. After making clear the goal of the reform and drawing up the practical and effective implementation plan, the effect of the curriculum reform is good, the students'enthusiasm is generally improved, and the result distribution is reasonable.

Key words: Artificial intelligence; New engineering; Practice; Reform

1 研究背景及现状

1.1 背景

随着教育部印发《高等学校人工智能创新行动计划》（简称《行动计划》），全国高校掀起了"人工智能+"的改革大潮。其要求推进"新工科"建设，重视人工智能与计算机、控制、数学、统计学、物理学、生物学、心理学、社会学、法学等学科专业教育的交叉融合，形成"人工智能+X"复合专业培养新模式[1]，到2020年建设100个"人工智能+X"复合特色专业，建立50家人工智能学院、研究院或交叉研究中心。

在《行动计划》的指引下，我校逐步对人才培养模式进行改革，重视人工智能人才培养，注重人工智能与其他学科的交叉融合。在此大环境下，程序设计课程的教学顺应时代发展，在课程中渗透人工智能方向的应用实例，如人脸识别、语音识别等，让学生在基础课程中感受人工智能。在此契机下，授课过程要摆脱以传授知识为主，应主要培养计算机专业学生的主动学习能力、抽象思维能力、理解应用能力和工程实践能力。

1.2 程序语言发展现状

随着大数据、物联网、人工智能、云计算等前沿科技逐步取得技术性的突破，以人工智能产业牵引的第四次工业革命正如火如荼地进行着。相对于传统工科人才，未来新兴产业和新经济需要的是工程实践能力和创新能力强、具备国际竞争力的高素质复合型的新工科人才[2]。未来新兴产业和新经济领域中复杂专业问题的大部分落脚点都是程序设计，且信息技术和智能技术的应用已经渗透到各行各业。因此，程序设计能力在工程科学领域变得越来越重要，对学生来说，程序设计课程作为通往计算世界的大门起着极其重要的作用，对未来技术和产业起引领作用。C语言由于其灵活、可移植性好等特点在工程领域中被广泛应用。

2018年12月编程语言排行榜公布，前三名分别是Java、C、Python。C语言常年来占据前三名的位置，可见C语言仍然是主流语言。人工智能的兴起让Python一夜成名，变得家喻户晓，其课程火热程度不亚于C语言课程。人工智能主体程序会采用Python配合深度学习框架来写，但核心部分需要高性能的代码，如C、C++等语言，且Python的很多第三方库是由C语言完成的。

C语言是计算机编程的基础，现在的程序设计、游戏开发、嵌入式设备、系统开发，大部分使用C语言或C++语言，而C++语言是C语言的升级版，即使最新潮的VR/AR也离不开C语言。80%以上的网络游戏、90%以上的操作系统和驱动程序、最大的用户群软件Office和QQ，以及搜索引擎都是用C语言或C++语言编写开发的。

多年教学实践的结果以及学生反馈调查报告表明，C语言课程的开设能够帮助计算机专业的同学夯实基础，奠定计算机编程的基础，为国家、社会输送高质量现代化人才提供保障。如何更好地改革C语言课程是任课教师肩负的重要任务。

2 改革措施

2.1 做好前导课程的衔接，扎实基础知识

在学院2018版教学计划中，结合Python易学、语法简单等特点，Python取代C语言，

作为大一新生的第一门程序设计类课程出现。该课程不涉及原理性的讲解，目的是让学生体会编程的乐趣，使学生快速进入编程状态。

C 语言的课程目标原为让学生掌握基本语法和培养计算思维能力。有了 Python 语言作为前导课程，C 语言在第二学期出现时，学生已经有基本的语法知识，教师授课时可以弱化语法，重点突出程序设计的原理知识。C 语言的课程目标调整为从机器的角度，分析解决实际问题，了解程序的原理。这样通过多学多练多解决问题，学生的基础知识会更加牢固。

2.2 做好后续课程的服务，培养计算思维

2016 年，教育部高等学校大学计算机课程教学指导委员会发布了《大学计算机基础课程教学基本要求》，指出课程以培养计算思维为核心。而培养计算思维就是培养学生和机器交流的思维方式。程序语言是人与计算机交流的工具之一，程序语言和计算思维两者相辅相成，语言是思维的体现，思维是语言的载体。C 语言中的函数、递归和模块等知识点承载着解决问题的计算思维。计算思维是模型与算法的结合，在 C 语言中，把解决的问题抽象成与其相应的模型，然后确定算法，最后编写程序解决问题。

C 语言教学过程需要突出计算思维的训练，其目的在于不仅让学生学会编程语言，而且要理解计算的本质。C 语言的后续课程主要有两个方面，一是作为基础知识方便学习后续编程课程，如 Java 等；二是自动化和通信专业学生要用 C 语言编程学习单片机。

2.3 培养工程实践能力，规范开发流程

未来社会，工业化与信息化相互渗透、深度融合。人工智能技术与工业化的融合，是有别于传统工科的学科交叉产物。这要求人才培养不仅要在某一学科专业上做到学业精深，还应具有学科交叉融合的特征。通过对各大型招聘网站的调查，企业对程序设计类工程师的要求，基本是在精通一门或多门编程语言的基础上，有深入某个领域的应用能力，如图像处理、语音识别等。依据此要求，教师在教学过程中引入人工智能方面的经典项目案例，让学生初步了解人工智能。同时在实践过程中锻炼工程化思想，结合企业使用的项目版本控制平台，教师可以对学生的实践过程进行监督管理，学生也可以更明确地更新管理项目及小组成员，进而培养学生的企业工作意识。

3 结论

本次研究是根据教学现状和未来的发展目标，顺应人工智能产业的发展需要而展开的。通过该研究，深化教学改革，进一步提高教学质量，培养具备人工智能技能、满足新工科产业需要的人才。后期学院会将部分改革措施应用到其他计算机交叉学科，推动学院的有序发展。

参考文献

[1] 刘丽云,赵慧勤,冯丽露,等. 基于微信公众号的 O2O 学习资源设计与应用研究——以"C 程序设计"课程为例 [J]. 中国教育信息化, 2016 (21)：55-59.

［2］汪红兵，姚琳，武航星，等.C语言程序设计课程中的计算思维探析［J］.中国大学教育，2014（9）：59-62.

（作者简介：杨娜，女，1982年10月出生，副教授，硕士研究生毕业，主要研究方向为图像识别，2009年9月至今在北京科技大学天津学院工作。）

高校专业教育中融入思想政治教育的措施

杨宇　刘俊培

(北京科技大学天津学院信息工程学院，中国　天津　301830)

摘　要：在高校专业课程教育中融入思想政治教育内容，满足培养高素质人才的需求，有助于推动高校教学改革，提升人才培养质量。在专业教育中融入思想政治教育内容，需要选择合适的切入点，突破传统教育模式的限制。本文从多方面着手分析，给出专业教育与思想政治教育融合的措施。

关键词：专业教育；思想政治；融合措施

Measures to Integrate Ideological and Political Education into College Professional Education

YANG Yu　LIU Junpei

(School of Information Engineering, Tianjin College,
University of Science and Technology Beijing, Tianjin 301830, China)

Abstract: The content of ideological and political education is integrated into the professional curriculum education of colleges and universities to meet the demand of cultivating high-quality talents, which is helpful to promote the teaching reform of colleges and universities and improve the quality of talent training. To integrate ideological and political education into professional education, it is necessary to choose the right entry point and change the limitation of traditional education mode. This paper analyzes from many aspects and gives the measures of the integration of professional education and ideological and political education.

Key words: Professional education; Ideological politics; Fusion measures

高校将思想政治教育与各专业教育融合，实现各课程分担思想政治教育的目的，潜移默化地提升学生思想觉悟，使学生在学习专业知识的同时，自觉加强思想道德修养，提高政治觉悟，达成教学工作与思想教育工作一体化，为社会输送高素质的专业人才，推动社会现代化建设。

1 高校专业教育与思想政治教育融合现状

《中共中央国务院关于进一步加强和改进大学生思想政治教育的意见》强调，全社会关心支持大学生思想政治教育的合力尚未形成。大学课堂既要对学生进行专业知识教育，还要开展思想政治教育。因此，专业教师有必要全面发挥其在大学生思想政治教育中的作用，同时发挥各专业课育人的作用，全面挖掘其中蕴含的思想政治教育资源[1]。

就目前情况来说，高校普遍存在专业教师与思想政治干部不清楚自己在人才培养的定位的情况。学生思想政治教育工作大多由辅导员、班主任及思想政治教师承担，专业课教师只承担专业教育，不会干预学生思想政治教育。实际教学中专业教师只重视专业知识传授与训练专业技能，不善于挖掘课程中的德育内容，大多教师认为专业教师传授专业知识，思想政治课程侧重培养学生品德。此外，多数教师觉得完成本职工作即可，普遍存在只教书不育人的情况。部分思想政治教师在育人时没有考虑学生专业特点，未能将思政教育与专业能力结合起来。

这些现象的存在使得高校专业教学与思想政治工作无法形成合力，不利于高校人才的培养，影响人才质量的提升。育人过程中如何处理教学与思政工作之间的关系，实现两者一体化，是高校当前面临的亟需解决的现实问题。

2 高校专业教育融入思想政治教育的具体措施

2.1 调整教学策略，明确课堂教学目标

参考专业特点构建与设计专业教学体系，其分成三类：实践体系、专业体系及公共体系。思政课程通常被归为公共体系。通过构建课程思政体系，提升各类专业课程的教育性，实现大思政化的教学效果。基于教学体系层面分析，课程思政就是一种新型教育理念与思维方法。

课程思政教学理念突破传统教育理念的局限性，思政教育的第一课程目标就是帮助学生树立正确的价值观。高校教育过程受到职业导向的影响，课程教学目标被明确划分为应知与应会的内容。课程思政教学理念重视培养学生社会责任与个体理想，将教育环节有效衔接，树立正确的职业价值观念。传统高校专业课程教学重点就是专业技能与理论知识，并不重视思政教育，使得学生相对缺乏职业道德、价值观念等方面的教育，并未发挥思政教育在提升专业课程教学质量方面的作用。这个问题的存在直接限制专业人才的培养[2]。

2.2 教师言传身教，树立学习榜样

价值引领，选择和把握思政元素融入授课环节的时机很重要。思政元素不是外加的，是承载于知识体系之中的，如果纯粹为了增加而增加，生搬硬套，就会失去其应有的说服力。教师只有具有扎实的学识基础，才能做到以专业知识为依托，根据教学需求随"机"融入、因"材"施教，创造最佳的教育"氛围"。并且，融入思政元素是在专业知识基础上的提炼和升华，一定要凝练，时间不宜长，太长反而会喧宾夺主，失去其应有的教育作用。教师必须有渊博的学识和灵活运用知识的能力才能有效把控时机和时长。

学高为师，身正为范。教育本身是一种以人影响人的活动，教师的言传身教也是重要的

德育元素。教师在教学与学术研究中表现出的认真负责、敬业、乐业、精业对学生都有耳濡目染、潜移默化的作用。育人，要言传更要身教。此外，教学大纲是教师进行教学的主要依据，专业课程中人才培养任务一般围绕学生应该具备的知识目标和能力目标来展开。按照课程思政教学理念、立德树人的根本要求，专业课教学大纲中人才培养任务应在传统知识目标和能力目标的基础上，增加社会主义核心价值观目标、情感态度目标和职业素养目标[3]。

3 结论

高校要想提升大学生思想政治教育质量，就需要构建专业教师与思政教育工作者协同育人的机制，形成立体化、全覆盖的教育模式，创新思想政治教育工作模式与方法，切实发挥高校思想政治教育与专业课教师互补的作用，为大学生成长塑造良好的环境，最终实现提升大学生素质的目的。

参考文献

[1] 杜晶波. 专业教育与思想政治教育融合的有效路径研究[J]. 沈阳建筑大学学报(社会科学版)，2019，21（03）：289-294.

[2] 黄旋妮. 探讨高校思想政治教育中融入礼仪文化的新途径[J]. 才智，2019(10)：79.

[3] 郭春芳. 高校思想政治教育中融入工匠精神的实践与思考[J]. 黑河学院学报，2019，10（02）：56-58.

（作者简介：杨宇，男，1992年6月出生，河北定兴人，信息工程学院教师，助教，本科毕业，主要研究方向为控制理论与控制工程，2014年10月至今在北京科技大学天津学院工作。）

项目式教学在 PLC 教学中的应用分析

杨宇　杨灿　乔泽鹏

（北京科技大学天津学院信息工程学院，中国　天津　301830）

摘　要：PLC 课程作为诸多专业的基础课程，在培养学生专业技能方面发挥着重要作用。引入项目式教学方法，有助于改善传统教学模式的不足，促进课堂教学质量的提升。通过分析 PLC 技术优势，探讨课堂中运用项目式教学方法的措施。

关键词：PLC 课程；项目式教学；应用措施

Application analysis of project teaching in PLC Teaching

YANG Yu　YANG Can　QIAO Zepeng

(School of Information Engineering, Tianjin College,
University of Science and Technology Beijing, Tianjin 301830, China)

Abstract: As a basic course of many majors, PLC course plays an important role in training students' professional skills. The introduction of project-based teaching method will help to improve the shortcomings of traditional teaching mode and improve the quality of classroom teaching. By analyzing the advantages of PLC technology, this paper explore the measures of using project-based teaching method in class.

Key words: PLC course; Project teaching; Application measures

可编程控制器（Programmable Logic Controller，PLC）课程具有极强的实践性与综合性，课程设计过程要侧重培养学生实践能力，激发学生主动参与课堂学习的积极性，实现对学生创造力与设计能力的培养。PLC 教学与项目式教学方法结合，改善传统教学模式的不足，促进课堂教学质量的提升。

1　PLC 技术特点与课程特点分析

PLC 技术具有本体的技术特点，将其与计算机技术结合可以在最大程度上发挥机电一体化的功能。如今随着我国机电一体化水平的不断提高，关于其产品储存量与计算速度的要求也越来越高[1]。PLC 技术的应用便可以很好地解决这一问题，为人们生产生活提供方便。与其他技术相比，PLC 技术在应用到器件设备时具有更加优质的抗干扰性能。通过对现有的

PLC 技术的应用情况以及生产水平进行研究统计，我们可以发现该技术应用了大规模集成电路技术，同时大规模集成电路技术表现出极高的可靠性。

目前 PLC 课程教学主要由理论教学和实践教学组成，理论教学一般包括低压电器、电气控制原理图以及 PLC 的基础知识、基本原理、基本指令、功能指令与程序设计方法等内容[2]。实践教学往往是按照实验指导书设定的项目，利用实验设备完成接线、编写程序，完成实验报告。由于实验指导书设计的项目大多是依托实验台的验证性实验项目，对学生创新能力的培养力度不足，实践证明这种教学方式效果不够理想。为提高教学效果，提升学生创新能力与动手实践能力，就将项目式教学法引入 PLC 课程。

2 项目式教学在 PLC 教学中的应用

2.1 选择合适项目

选择合适的项目是学校开展项目式教学的首要基础，所选择项目的合适与否直接影响项目的完成情况。很多课堂教学中设计的项目内容过于简单，没有实施必要。例如教师经常会将需要学生掌握和学习的理论知识进行简单拆分，然后让学生自己去检验或者证明这些所谓的培养学生探索能力的项目，学生从来没有将这些内容当成真正需要研究的项目，在完成过程中也当作传统作业简单应付了事。

本次项目内容选择交通信号灯控制系统，结合具体案例引导学生分析相关内容，帮助学生掌握相应内容。本文所研究的系统主要是模拟实现十字路口的交通信号灯变化情况，信号灯受起动开关控制，当起动开关接通时，交通信号灯控制系统开始工作，且先东西红灯亮，南北绿灯亮。当起动开关断开时，所有信号灯都熄灭。

2.2 具体研究内容

2.2.1 信号灯系统硬件组成

本次设计选择西门子公司生产的 S7-200 系列 PLC 机型，其属于典型的小型 PLC 系统，具有串行连接的模块化扩展功能，供低性能的控制系统使用，其中最大控制 I/O 点数为 110。系统核心选择 PLC 系统，打破传统仪表控制的不足，借助 PLC 优点，通过简单编程实现输入信号与输出信号的联锁，一旦出现故障情况及时作出反应，提高控制系统的安全性与可靠性，构建一个完整闭环系统，实现精确控制。

2.2.2 项目具体要求

此项目要求交通信号灯正常控制时，按下起动按钮，交通信号灯控制系统开始工作，东西方向红灯亮保持 25 s，同时南北方向绿灯亮保持 20 s 后，绿灯闪烁 3 s 熄灭，黄灯亮 2 s 后熄灭，南北方向红灯亮，同时东西方向红灯熄灭，绿灯亮；南北方向红灯亮保持 25 s，同时东西方向绿灯亮保持 20 s 后，绿灯闪烁 3 s 熄灭，黄灯亮 2 s 后熄灭，东西方向红灯亮，同时南北方向红灯熄灭，绿灯亮，循环往复。当南北方向绿灯亮时，人行道的绿灯亮，行人可通过马路；当南北方向红灯亮时，人行道的红灯亮，行人停止通过马路，按下停止按钮，交通灯系统停止工作。

2.2.3 人机互动模块分析

（1）参数定义。输入信号主要由起动按钮和停止按钮构成，定义 PLC 输入口地址为

X000~X001；输出信号主要控制信号灯，定义 PLC 输出口地址为 Y000~Y007。

（2）人机界面。起动与停止通过触摸屏模块实现，出现报警故障时人机界面直接显示发生故障的位置及原因。

2.2.4 系统软件结构内容

交通信号灯控制系统的主要组成部分就是软件部分，其为全中文操作环境，并支持微软系统拖拉与粘贴操作，可提高操作者的编程效率。

2.3 重视教学评价工作

项目式教学的问题在于教师是主导方，学生是学习方，学生往往处于被动学习的位置，不能很好地平衡教师与学生在知识传授与获得的平等地位。所以，项目式教学对学生的学习也存在一些消极影响。这一评价体系既要具有监督教师指导学生的价值，也要成为有效管理学生的依据，学生能够在基本的权益上维护自己的尊严和学习权利等。

将 PLC 技术运用到机电一体化系统当中特别关键，这也是未来的发展趋势，设计人员可以根据当前机电一体化系统的运行现状，对计算机组网进行大力完善，保证 PLC 电气控制系统更加健全。当前 PLC 技术的应用范围越来越广泛，由于其网络布局较为广泛，密度也比较大，将会在机电一体化中取得良好运用。将来 PLC 技术在电气设备当中的应用越来越多，保证通信工具更加完整，控制系统的操作界面更加人性化。由于我国大型工业电气设备的快速发展，将 PLC 技术应用到自动化控制系统之中，能够更好地提高各项电气设备安全性能[3]。项目式教学所选定的项目逐步加深难度，学生在简单项目的学习基础上，逐渐完成较复杂的课题。经过多年的教学实践，我们发现，相比之前以教师讲解为主的教学方式，采用项目式教学后，学生整体上的学习积极主动性变强，分析解决问题能力有所提高，更乐于思考也更善于思考。

3 结语

项目式教学与 PLC 课程的结合，需要选择合适的切入点，实现两者的有效融合，利用项目式教学的优势推动课堂教学质量的提升。教师要掌握项目式教学的优势，探讨 PLC 教学中运用项目式教学的措施，为类似研究提供参考。

参考文献

[1] 聂采高. 项目式教学在高职数控车实训教学中的应用研究 [J]. 南方农机, 2019, 50 (18): 135.

[2] 王爱华. 项目教学在 PLC 教学中的应用 [J]. 中等职业教育（理论），2012 (11): 25-26.

[3] 武交峰. 浅谈推进"项目教学法"在 PLC 课程教学中的必要性 [J]. 中国西部科技, 2010, 9 (32): 92+94.

（作者简介：杨宇，男，1992 年 6 月出生，河北定兴人，信息工程学院教师，助教，本科毕业，主要研究方向为控制理论与控制工程，2014 年 10 月至今在北京科技大学天津学院工作。）

C++面向对象程序设计课程教学探索

顾玲芳 刘俊培 杨灿

(北京科技大学天津学院信息工程学院，中国 天津 301830)

摘 要： C++面向对象程序设计课程是培养学生计算机思维、编程能力的一门重要课程，本文首先分析了C++与C语言的关系，阐述了C++语言与其他热门语言的关系，再分析了C++语言具有概念难、知识点多、结构复杂、实践性强、课时有限等特点，并叙述了目前课程教学现状的若干问题，然后针对目前国内高校课程的教学现状，提出了案例化和短视频结合的教学模式，线上课程资源的利用，在线评测平台的助力，提高了学生的学习热情，改善了学习效果。

关键词： 案例；短视频；程序设计

Exploration on C++ Object-Oriented Programming bhb Course Teaching

GU Lingfang   LIU Junpei   YANG Can

(School of Information Engineering, Tianjin College,
University of Science and Technology Beijing, Tianjin 301830, China)

Abstract: C++ object-oriented programming design course is an important course to cultivate students computer thinking and programming ability. First, this paper analyzes the relationship between C++ and C language, other popular languages. Then it analyses the C++ language has many difficult concept, complicated structures, strong practicality, but the time for teaching is limited, and describes the current teaching status. Last, in view of the current teaching situation of the course, the teaching model combining case study and short video was proposed, the use of online course resources and the help of online evaluation platform improved students' enthusiasm and learning effects.

Key words: Case; Short video; Programming design

C++面向对象程序设计是高等院校计算机技术相关专业一门重要的专业基础课程，一般被安排在大一第二学期，作为第一学期所学C语言程序设计的延伸。

随着信息技术的发展，大数据、人工智能、云计算等技术日新月异，现在的教学方法已经不适应当前社会信息化的发展趋势。较多的学生反映概念难以理解，上机动手过程中无从下手，或继续学习其他语言的过程仍然较困惑等问题。因此，本文结合教师自身教学过程和实践经验，简单提出C++面向对象程序设计课程教学改革方面的一些看法。

1 C++语言

C++程序设计思想是在20世纪80年代被提出来的，C++语言在C语言的基础上增加了面向对象程序设计的机制[1,2]，例如对象、类与抽象、封装与信息隐藏、继承与重用和多态性等；在兼容C语言的基础上扩充了字符串变量、输入输出流、函数与运算符重载、函数模板、类模板等内容。C语言作为一门优秀的结构化和模块化程序设计语言，在问题规模较大时有点力不从心，此时C++语言是个不错的选择。

对于计算机学科而言，C++程序设计语言是一种实际应用情况非常良好且具有很大的教学价值的优秀计算机语言。虽然C#、Java、Python等各种程序设计语言层出不穷，但是它们有一个共同点：都属于面向对象的程序设计语言。几乎所有面向对象的程序设计语言都源于C++语言，因此，虽然C++语言上手比较难、程序结构较复杂、需掌握的信息量较多、使用灵活性大[3]，但是了解了C++语言，就了解了关于编程语言的一切，C++语言的学习非常有利于学生快速掌握其他各类编程语言。因此提高学生C++语言的学习效果显得尤为重要。

2 教学现状

C++面向对象程序设计课程的设计宗旨是促进学生面向对象程序认知水平的提高，培养学生的抽象思维能力，从而培养学生的职业素养和职业能力。但目前，大部分高校的C++课程教学仍然存在一些问题。

2.1 关注度不够，课程难

随着计算机软硬件技术的不断发展，人们对作为面向对象程序设计语言的C++的关注度逐渐下降，其他编程语言热度逐渐上升[4]。很多学生认为C++语言已过时，未来用处不大，学习动力不高，应该去学习更加热门的语言。部分高校对C++语言这门专业课重视程度不高，安排的课时量并不够，存在重理论轻实践的现象。显而易见，在这种环境下，学生的C++课程的学习效果肯定不理想。

而与其他语言相比，C++语言的教学难度和学习难度都不小，其知识点多、很多概念难理解、语句结构较复杂、语法规则较庞杂、语法要求太严格、对程序的细节要求非常高，某个标点或符号的错误，都有可能导致程序无法运行，学生在学习过程中没有成就感，这在很大程度上打击了学生的学习信心。而指针这个公认的难点直接成为压死骆驼的最后一根稻草，使学生失去了学习热情。

2.2 教学方式、方法单一

目前，大部分C++程序设计课程仍采用课堂教学、实验指导书、教师辅导答疑这一传统教学模式[5]。而且在课时缩减情况下，部分教师为赶教学进度，讲得没有声色，重点不突出，学生听得乏味，同学之间、师生之间的良性互动交流几乎没有，大大降低了课堂授课效果。

课堂教学时，大部分教师采用的方法还是传统的灌输式教学法，且过于强调语法教学，教师按照教材章节顺序通过多媒体课件讲解程序设计的概念和语法，很少讲解程序的设计思路和技巧。班级学生人数众多，教师很难做到一一辅导，学生被动学习，只进行笔记记录和背诵记忆，不知如何设计程序。

2.3 由C到C++衔接不紧密

调查分析显示很多高校采用的教学模式是"先学习面向过程的C语言，再学习面向对象的C++语言"。而C语言作为面向过程的程序语言，在设计思想上与C++语言存在较明显的差异。学生学习过程中要经历从面向过程到面向对象的思维转换，而在思维转换过程中要达到融会贯通难度很大。若这两门课程不是同一老师讲授，则更容易出现内容衔接不够紧密的问题，在很大程度上影响了教学质量。

3 改革探索

C++是一门兼具理论性和实践性的重要课程，为了提高教学质量，根据我校学生的实际情况，我校进行了一些教学改革的尝试。

3.1 教学方法多样化

新时期的课堂教学应该将教学主体由教师向学生转变，即将老师由课堂的主导者变为引导者和总结者，课堂开展围绕学生来进行，突出学生的主体地位。教师要从启发、引导方面让学生由被动接受知识转变为主动学习知识。

在课堂教学实施前，以知识性、趣味性为目标，对课程的知识点制作短小精悍的视频，每个视频控制在8~10 min，讲解1~2个知识点和语法格式等基础性的内容，并及时传递到学生手里用于预习，让学生做到课前心中有数。

课堂教学实施中需充分利用多媒体教学生动形象的优点，利用视频等动态化的过程让学生了解具体的案例程序编译步骤、运行过程，对较难理解的内容可以用动画进行拆分，从而让课堂更加生动形象，营造良好的课堂氛围，提高学生的学习兴趣。

3.2 教学过程案例化

C++程序语言中的概念复杂、语法严格、内容繁多，影响了学生的学习积极性。而案例式教学是一个公认的培养学生学习兴趣的好方法，它可以将C++语言中枯燥的概念与语法知识分解到有趣的、实用的、有深度的案例中，突出程序设计、强调算法设计，使教学过程轻松有趣，有效调动学生的学习兴趣。

针对教学活动中出现的有关典型的算法问题，建议归纳总结学生应该掌握的各类算法，构建课程案例库。针对每个算法，可以利用动画视频详细讲解算法的实现过程、设计思想，并对算法程序进行充分讲解，其既可以供教师在课堂上讲解，也可以供学生在课后反复观看，对学生而言形象生动、印象深刻，可以在一定程度上提高学生的学习主动性。

3.3 线上资源充分化

随着金课的构造，一批优秀的网络教学资源涌现出来。比如清华大学郑莉和黄维通两位教授分别在学堂在线提供了C++教学慕课资源。为了解决课程教学学时不够、学生被动学习、对学习内容理解不透彻等问题，学生就可以通过这些网络资源丰富理论知识、扩展专业视野、奠定理论基础。

3.4 在线测评助力常态化

课堂教学实施的效果需要学生的实践来检验。而实践需要强化做题、强化动手编程，以达到从量变到质变的升华，国内外有一些较好的在线刷题系统，比较适合强化学生编程能力。比如偏重基础阶段的程序设计类实验辅助教学平台（Programming Teaching Assistant，PTA），该平台有400多所院校参与，教师共建共享题库，供学生练习，且能自动评阅，学生可随时随地通过互联网登录做题并查看评阅，培养严谨的编程思维。国内的RQNOJ、VIJOS平台侧重于基础算法，并根据难度进行分类。这些刷题系统非常具有挑战性，能够激发学生的学习热情。

4 结论

在C++课程的教学改革中，我们通过改变教学方法并实施，引入线上优秀网络教学资源、在线评测平台，对学生的学习起到了很好的促进作用，一定程度上激发了学生的学习兴趣，提高了学生的学习效果，加强了学生的程序分析与编写的能力。

参考文献

［1］何淼．试论C++面向对象程序设计语言教学［J］．才智，2019（25）：107.

［2］韩海燕，薛翠平，钱进．浅谈C++课程设计教学改革［J］．学周刊，2019（14）：5.

［3］于寅骅．C++程序设计课程教学的思考［J］．西部素质教育，2018，4（22）：113-114.

［4］张辉．C++面向对象编程课程现状及教学改革探索［J］．当代教育实践与教学研究，2019（13）：52-53.

［5］徐红云，高英，曾健．C++程序设计基础探究式教学模式研究与实践［J］．计算机教育，2019（09）：99-102.

（作者简介：顾玲芳，女，1981年11月出生，浙江嘉兴人，计算机基础教研组组长，讲师，硕士研究生毕业，主要研究方向为程序设计与算法分析，2008年9月至今在北京科技大学天津学院工作。）

C++构造函数的教学初探

顾玲芳　冯　瑶　杨灿

(北京科技大学天津学院信息工程学院，中国　天津　301830)

摘　要：构造函数是C++面向对象机制中的重要组成部分，用于创建类对象时初始化该对象的数据成员（属性）。构造函数是C++语言的特色重点之一，也是C++课程类构建教学模块的重要内容。程序设计需要根据实际应用设计合理的构造函数。本文通过程序案例较全面地讨论了构造函数，总结了构造函数的多种形式和使用方法，引导学生深入了解构造函数的作用，对C++初学者具有较好的参考价值。

关键词：构造函数；对象；初始化

Exploration on C++ Constructor Teaching

GU Lingfang　FENG Yao　YANG Can

(School of Information Engineering, Tianjin College,
University of Science and Technology Beijing, Tianjin 301830, China)

Abstract: Constructor is an important part of C++ object-oriented mechanism for initializing data members (properties) of a class object when it is created. Constructor is one of the key features of C++ language, and also an important content of C++ course. We need to design reasonable constructors according to the actual application while designing. This article makes a comprehensive discussion of constructors through programming cases, also it summaries various forms and using methods of constructors, which will guide students deeply understand constructors, and give a better reference value to C++ beginners.

Key words: Constructors; Object; Initializing

C++是一种使用非常广泛的高级程序设计语言。学习C++语言，不可避免地要学习C++中最重要的特征——类（Class）。C++语言提供了一些特殊的函数，用于创建、初始化、赋值及复制对象等，其中非常重要的一个函数就是构造函数。构造函数可以选择在类的内部声明并定义，也可以选择在类的内部声明，而在类的外部定义。编程时编程人员可以根据自己的习惯进行选择。

1 构造函数

实际程序设计往往会创建不同的对象来描述问题，构造函数可以使问题具有更实际的意义。构造函数属于C++语言的一种特殊的成员函数，当类对象被创建时就会调用相应的构造函数。构造函数的作用就是为对象分配内存空间，对其数据成员进行初始化，以保证每个对象的数据成员都有合适的初始值。

构造函数除了具有一般成员函数的特征，可以被重载为多个版本，还具有一些特殊特点[1,2]：

（1）构造函数的名字必须和类的名字相同；
（2）构造函数应声明为公有函数；
（3）构造函数不能被指定任何返回类型，没有返回值；
（4）构造函数不能声明为 const；
（5）构造函数不能被派生类继承；
（6）构造函数在创建对象时由系统自动调用执行，用户不能显式调用构造函数；
（7）构造函数可以有初始化列表，初始化列表以冒号开头，后跟一系列以逗号分隔的初始化表达式。

学过C语言的读者应该了解，在C语言面向过程的程序设计中，没有提供函数的重载，只是采用不同名称的函数来实现不同的功能，即使要完成相同或者相似的功能，也必须采用不同名称的函数才能实现。而C++面向对象的程序设计提供了函数重载，能够快速地解决这一问题[3,4]。函数重载是构造函数的一个重要基础，构造函数可以重载，进而读者可以在一个C++类中看到多个构造函数。而这些构造函数一般就是默认构造函数（无参构造函数、缺省构造函数）、有参构造函数和复制构造函数（拷贝构造函数），而有参构造函数分为形参带默认值与不带默认值两种。

2 无参构造函数

首先给学生演示下面的这段"程序一"：

```
class CRect
    {
private:
        char color[10];
        int left;
        int top;
        int length;
        int width;
public:
        void Print ( )
            {
```

```
            cout<<" 颜色是" << color<<endl;
            cout<<" 左上角坐标为 (" <<left <<"," << top <<" ) " << endl;
            cout<<" 长和宽分别为" <<length <<"," << width << endl;
         }
};
int main ()
 {
    CRect rect;
    rect.Print ( );
    return 0;
 }
```

如果类中没有定义构造函数,则由编译系统提供一个无参构造函数。该构造函数不带任何参数,它只能为对象开辟一个存储空间(即为对象的数据成员开辟存储空间),不能给对象中的数据成员赋初值,而无参构造函数为无参并且函数体为空,故其格式为:CRect ( ) { }。因此"程序一"输出结果中的 color 等数据成员的初始值是随机数,说明其没有被初始化。

那么,如何初始化对象的数据成员呢?是否可以在定义数据成员的同时赋初值呢?若修改"程序一"中的代码:

```
char color[10] =" Black";
   int left=0;
   int top=0;
   int length=0;
   int width=0;
```

编译时就会出现 10 个错误。所以 C++编译器是不允许在定义类的数据成员时进行初始化,但是允许重新定义无参构造函数。所以在类中重写构造函数,在函数体中把数据成员都初始化为固定的值,补充代码:

```
    CRect ( )
     {
        strcpy (color," Black" );   //注意此处字符数组的初始化
        left=0;
        top=0;
        length=0;
        width=0;
     }
```

此时程序的运行结果为:
  颜色是 Black
  左上角坐标为 (0,0)
  长和宽分别为 0,0

通过类名后面跟对象名这种方式，来实现定义对象时隐式调用无参构造函数。通过无参构造函数定义对象时，对象数据成员的初始化的值是固定的。如果想定义 2 个不同的对象，对象数据成员的初始化的值不同，则我们应该如何处理？

3　有参构造函数

通过无参构造函数固然可以将数据成员的值初始化，但是无法做到不同对象的数据成员被初始化为不同的值，也就是说无法实现创建不同的对象。这一问题是否可以利用有参构造函数来解决呢？为上述 CRect 类再增加一个带 5 个参数的构造函数，形成"程序二"，代码如下：

```
class CRect
    {
private:
        char color[10];
        int left;
        int top;
        int length;
        int width;
public:
        CRect ( )
         {
            strcpy (color," Black" );
            left=0;
            top=0;
            length=0;
            width=0;
         }
        CRect (char * cl, int l, int t, int len, int wid )
         {
            strcpy (color, cl);
            left=l;
            top=t;
            length=len;
            width=wid;
         }
        void Print ( )
         {
            cout <<" 颜色是" << color << endl;
            cout <<" 左上角坐标为 (" << left <<"," << top <<" ) " <<endl;
```

```
            cout <<" 长和宽分别为" << length <<"," << width <<endl;
        }
};
int main ()
{
    CRect rect;
    CRect rect2 (" Red", 10, 10, 100, 50);
    rect.Print ();
    rect2.Print ();
    return 0;
}
```

运行程序，得到如下的结果：

颜色是 Black

左上角坐标为 (0, 0)

长和宽分别为 0, 0

颜色是 Red

左上角坐标为 (10, 10)

长和宽分别为 100, 50

通过结果我们就可以理解，rect 对象被创建时自动调用无参构造函数，rect2 对象被创建时自动调用带 5 个参数的构造函数，而 rect2 后面用括号括起来的 5 个实际参数（简称实参）就作为初始化 rect2 数据成员的 5 个初始值。语句 "CRect rect2 (" Red", 10, 10, 100, 50);" 可以被写成 "CRect rect2 = CRect (" Red", 10, 10, 100, 50);" 形式。

另外，C++允许函数形参带默认值，所以"程序二"中的 2 个构造函数可以合并为 1 个，且合并之后的效果更好。将无参构造函数体中的 5 个固定值放在有参构造函数的形参之后，形参具有了默认值：

```
CRect (char *cl=" Black", int l=0, int t=0, int len=0, int wid=0)
{
    strcpy (color, cl);
    left=l;
    top=t;
    length=len;
    width=wid;
}
```

此时，定义对象的形式就更为丰富了。除了定义对象 rect 与 rect2 形式，还有如下形式：

```
CRect rect3 (" Blue" );
CRect rect4 (" Yellow", 20, 20);
CRect rect5 (" Purple", 30, 30, 200);
```

即由于上述构造函数的 5 个形参都带有默认值，在实际定义对象时可以在后面的括号中给定 0～5 个实参，例如 rect4 对象后只给定了 3 个实参，缺少了形参 len 与 wid 对应的 2 个实参，此时分别用定义这两个形参时后面的默认值 0 作为实参。

我们可以用"rect4.Print ();"语句的运行结果来佐证，请读者自行验证。

需要注意的一点是：若有参构造函数的形参均带有默认值，则此时类中不允许出现重写无参构造函数的情况，否则定义像 rect 形式对象时会引起二义性问题。

4　复制构造函数

若想定义一个与 rect2 相同的对象，则只能利用"CRect rect6 ("Red", 10, 10, 100, 50);"语句来定义 rect6 对象，也就是说完全复制 rect2 对象定义时的 5 个实参。现在有一个疑问：C++是否提供了一种更为合适的解决机制呢？答案是肯定的，其利用复制构造函数来解决这一问题。

复制构造函数是一种特殊的构造函数，具有单个形参，且该形参为该类对象的引用，常常是 const 引用，也被称为复制构造函数。复制构造函数能够将参数的数据成员值拷贝给新的对象的数据成员，完成新对象的初始化。在"程序二"CRect 类中增加一个复制构造函数，代码如下：

```
CRect (const CRect &r)
{
    strcpy (color, r.color);
    left = r.left;
    top = r.top;
    length = r.length;
    width = r.width;
}
```

main 函数被修改为：

```
int main ()
{
    CRect rect2 (" Red", 10, 10, 100, 50);
    CRect rect6 (rect2);
    rect6.Print ();
    return 0;
}
```

此时程序的运行结果为：

　　颜色是 Red
　　左上角坐标为 (10, 10)
　　长和宽分别为 100, 50

上述结果验证了复制构造函数确实完成了通过已有对象初始化新对象的功能。

复制构造函数可以在以下情况中使用[5]：

（1）用已存在的对象初始化新对象时，如语句"CRect rect6 (rect2);"；

（2）对某一个对象使用值传递形式将实参传给形参时，如有类外的一个函数声明"int draw (CRect r);"，调用时使用语句"draw (rect6),"；

（3）函数返回一个对象，如"return rect6;"。

复制构造函数若只完成数据成员本身的赋值，则被称"浅拷贝"，将所有数据都进行复制的复制构造函数被称为"深拷贝"。在"浅拷贝"过程中，如果构造函数中有新申请的存储空间，由于只是完成数据本身的赋值，并没有新申请空间来赋值，则在构造函数运行时会出现错误。为了避免这种错误，就需要采用复制构造函数进行深拷贝来实现。

5 结论

熟悉和掌握构造函数对于C++类的学习至关重要，对后续C++的提高学习也十分有益，本文介绍了C++构造函数相关概念及其灵活的形式，并通过案例，介绍了不同构造函数的学习和使用规则，这些内容有助于C++编程初学者深刻理解类的构造函数，提高C++编程能力。

参考文献

［1］谭浩强.C++面向对象程序设计［M］.2版.北京：清华大学出版社，2014.

［2］传智播客高教产品研发部.C++程序设计教程［M］.北京：人民邮电出版社，2015.

［3］高葵，付晓翠，李蔚妍.C++程序设计中基于构造函数的对象初始化方法研究［J］.电脑知识与技术，2019，15（08）：234-235.

［4］彭召意，赵菁菁，刘建国.C++中类的构造函数探究和使用［J］.企业科技与发展，2016（10）：50-53.

［5］杜青."C++面向对象程序设计"教学方法探讨［J］.电脑知识与技术，2015，11（34）：118-120.

（作者简介：顾玲芳，女，1981年11月出生，浙江嘉兴人，计算机基础教研组组长，讲师，硕士研究生毕业，主要研究方向为程序设计与算法分析，2008年9月至今在北京科技大学天津学院工作。）

电力电子技术课程教学改革探究

刘俊培　杨宇　张燕

(北京科技大学天津学院信息工程学院，中国　天津　301830)

摘　要：随着科学技术的不断进步，电力电子技术的应用越来越广泛，社会对该领域的综合型人才需求也稳步增加。电力电子技术课程的内容综合性较强，本文针对电力电子技术课程教学现状中存在的问题，结合学生特点，提出了调整优化课程内容、实验教学与理论教学结合、教学模式多样化等改革措施，以此激发学生的学习热情，提高学习兴趣，为后续的相关专业课程做铺垫，同时也为电力电子技术课程的教学改革提供经验与思考。

关键词：电力电子技术；问题；改革探究；多样化

Research on Teaching Reform of Power Electronic Technology Course

LIU Junpei　YANG Yu　ZHANG Yan

(School of Information Engineering, Tianjin College,
University of Science and Technology Beijing, Tianjin 301830, China)

Abstract: Along with the advance of science and technology, the application of power electronic technology is more and more widely, while in the field the demand for comprehensive talent is steadily increasing. the curriculum content of power electronic technology is extremely comprenensive. The author of this paper aims to solve the problems existing in the power electronic technology teaching present situation, combining with the characteristics of students, and puts forward the adjusting and optimizing curriculum experimental teaching with theory teaching reform measures, such as diversification of teaching mode combining to stimulate students' learning enthusiasm, to improve study interest and the groundwork for the subsequent related courses, as well as to provide experience for the teaching reform of power electronic technology course and thinking.

Key words: Power electronics technology; Problem; Inquiry into reform; Diversification

电力电子技术课程是高校自动化专业的必修基础课程。该课程主要针对电力领域，是使用电力电子相关器件对电能进行变换和控制的技术。本课程涉及的前修课程较多，学生需要掌握电路基础知识内容、信息电子技术方面的内容、简单的高数理论内容等。课程中部分原理晦涩难懂、概念琐碎、计算过程复杂、波形变换抽象。独立院校应改变该门课程传统的授课方式，结合学生的特点，有效地提高学生的学习兴趣。

1 教学现状

电力电子技术课程内容综合性较强，从近几年的学生听课情况来看，部分学生前修课程知识内容掌握不牢固，直接进行理论教学，学生接受困难，课堂效果较差。理论课仅有32学时，在有限的时间内给学生灌输整本书的知识内容不现实。在上课的过程中以老师讲授为主，学生对一些概念的理解较困难。实验和理论课分开教学，有些学生在实验过程中会忘记一些基础理论知识，实验效果不佳。因此，如何提高教学质量，激发学生的学习兴趣，成为目前亟待解决的问题。

2 课程实践探究

2.1 调整优化课程内容

在第一次教学中，教师使用具体情景引入该门课程，与实例结合，贴近学生的生活，鼓励大家积极列举身边与电力电子技术相关的实物，让所有学生参与课堂，充分调动学生的学习热情，激发学生的学习兴趣，为以后课程的深入打好基石[1]。针对课程内容理论知识综合性强的特点，在第一堂课结束时，教师提醒学生复习相关课程的理论知识，并做好相应的笔记内容。

教材内容除绪论外，分为四大部分。第一部分是电力电子器件，第二部分是电力电子电路，第三部分是脉宽调制技术和软开关技术，第四部分是电力电子装置的应用[2]。由于本专业课程设置学时较少，教师应适当删减第三部分和第四部分教学内容。在第二部分电力电子电路中，电路以晶闸管器件为主，在教学过程中，教师可以将第一部分晶闸管器件的讲解放在此处，使器件和电力电子电路有效地结合在一起，加深学生对器件特性的理解。在讲解电力电子电路的过程中，教师可以使用对比法，将单相电路和三相电路进行对比，将其中的不同进行对比，并让学生对讲解的内容进行归纳总结、分组讨论。

在实验教学内容中，本院学生基础理论内容偏弱，在动手、分析能力方面有优势，针对此特点，教师在选择实验内容时应结合学生特点，对于动手、分析能力较强的同学，可以让其自行设计思考。实验内容的选取也应跟随该学科领域的发展趋势，逐步由相控电路转变为高频变换。

2.2 实验教学与理论教学结合

目前实验教学面临的问题是仪器少，人数多，在有限的课时范围内不能保证每个学生对实验内容以及过程有深入的理解；一般实验教学被安排在后面几个课时，学生在实验的过程中，已忘记该方面的理论内容。针对这些问题，教师可以将实验教学与理论教学结合，把和实验内容紧密相连的理论知识放在实验课堂中，这样能有效地利用有限的学时，也能加强学生对理论内容的理解，解决实验过程中，学生对部分理论内容遗忘的问题[3]。在做实验之前，老师可以和学生共同讨论，并与部分学生配合演示实验过程，加深学生的理解，节约后期学生做实验的时间，以解决仪器少，人数多的问题。

2.3 教学模式的多样化

理论内容的学习过程，如果只涉及课本内容，学生就会觉得枯燥乏味。教学过程可以把Flash 动画、视频等与教学内容有效地结合在一起，通过动态画面的演示，加深学生对课程内容的理解。部分学科竞赛会涉及电力电子技术方面的内容，教师可以将其优秀作品引入课堂，与教学内容一起讲解，激发学生的兴趣。在学期末，教师可以安排简单的项目化教学实践，学生可以把所学的理论知识应用到项目设计中，逐步探索学习[4]。教师在校企合作项目中，搜集该课程的应用实例，并将其引入课堂，使学生更直观地了解课本知识在实际工作中的应用。

3 结语

随着科学技术的不断进步，电力电子技术的应用越来越广泛，不仅一般工业涉及电力电子技术，运输行业、电力通信系统、新能源以及家用电器等领域也涉及电力电子技术，社会对该领域的综合型人才需求也稳步增加。本文就该课程教学中存在的问题，提出了调整优化课程内容、实验教学与理论教学结合、教学模式多样化等改革措施，促进学生基础知识的不断内化，提高学生自身能力，取得了较好的教学效果。

参考文献

［1］李晓英，王兴贵，杨维满．基于 OBE 的"电力电子技术"教学改革［J］．电气电子教学学报，2018（01）：45-48．

［2］王兆安，刘进军．电力电子技术［M］．北京：机械工业出版社，2009．

［3］郭利辉．基于翻转课堂的电力电子技术课程教学模式构建［J］．许昌学院学报，2017（02）：139-142．

［4］杨智明．"新工科"背景下课堂教学改革探究［J］．开封教育学院学报，2018（04）：87-88．

（作者简介：刘俊培，女，1989 年 3 月出生，河南许昌人，信息工程学院教师，助教，硕士研究生毕业，主要研究方向为控制理论与控制工程，2015 年 5 月至今在北京科技大学天津学院工作。）

基于 IEC 61850 的 IED 模型构建

刘俊培　顾玲芳　张燕

(北京科技大学天津学院信息工程学院，中国　天津　301830)

摘　要：智能变电站是智能电网的关键结点，是智能电网持续发展的基础和支撑。建设智能化变电站的基础是实现二次系统的高度集成以及全站信息数字化、共享化。然而由于继电保护、安全自动装置等设备缺乏统一的通信标准和规范，无互操作性，它们之间的信息集成和信息交互相当复杂，严重影响了智能化变电站的技术水平。IEC 61850 标准的提出很好地解决了这一问题，提高了整个系统的智能性、互操作性和扩展性。基于 IEC 61850 标准构建的 IED 模型是该标准的关键技术。本文通过分析总结出 IED 模型构建的过程和步骤，为智能变电站中智能组件模型的建立打下了基础。

关键词：智能变电站；IEC 61850；IED 模型

IED model construction based on IEC 61850

LIU Junpei　GU Lingfang　ZHANG Yan

(School of Information Engineering, Tianjin College,
University of Science and Technology Beijing, Tianjin 301830, China)

Abstract: Intelligent substation is the key node of constituting the smart grid, and it supports smart grid's continued development. Achieving highly integrated of the secondary system and digitization, sharing of all-station information is primary in constructing the basic of intelligent substation. However, lack of unified communications standards and norms of system and devices such as relay protection equipment, automatic safety deviceresulting in complex information integration and information exchange between devices, which affected the technical level of intelligent substation seriously. The proposed of IEC 61850 standard solves this problem well and improves the intelligent interoperability and expansibility of the whole system. The key technology of the standard is the IED model construction based on IEC 61850 standard. This paper summarizes the process and steps of IED model construction and lays a foundation for the establishment of intelligent component model in smart substation.

Key words: Intelligent substation; IEC 61850; IED model

整个变电站的模型由系统配置工具导入各种IED的模型并根据变电站IED配置情况将其实例化，导入变电站一次设备模型，然后配置整个变电站的通信组网结构、IED的通信参数、IED间的信号连接以及一次设备与IED之间的关系等。变电站数据模型包含变电站一、二次设备等所有的信息，客户端根据该模型进行数据库的配置和通信的处理。从各IED设备和客户端的通信运行及工程实施等多个角度来看，模型存在于变电站的各个环节，是支撑全站运行的基础技术。

1 模型整体构建

IED模型是IEC 61850标准的核心。IED模型采用面向对象和层次化描述的方法，按照IEC 61850的语法和定义，对智能电子设备的功能逻辑、输入接口、输出接口、通信服务接口等信息，进行抽象、分类、组织处理。IEC 61850模型可分为数据模型和通信服务模型两个部分，其构成如图1所示。

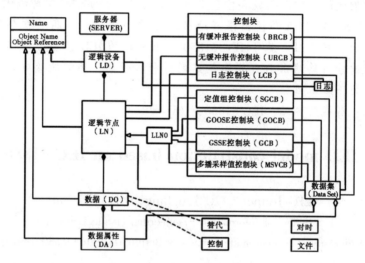

图1 IEC 61850模型的构成

2 构建内容

由图1所示模型构成我们可以看出，数据模型的构成包括服务器、逻辑设备、逻辑节点、数据和数据属性。通信服务模型的构成包括数据集、日志、报告控制块、日志控制块、定值组控制块、GOOSE（Generic Object Oriented Substation Event，面向通用对象的变电站事件）控制块、GSSE控制块、多播采样值控制块等。

逻辑设备中的信息交流需要借助内部描述的逻辑节点，不同的逻辑节点之间具备一定的逻辑关系。逻辑节点是帮助系统完成实际功能的最小模块，我们根据项目的需要灵活地添加或删除逻辑节点[1]。每个逻辑节点的作用都是独立且不可替代的，其可以在一个逻辑设备中安置多个逻辑节点，也可以让多个逻辑设备同时使用同一个逻辑节点。为了使结构清晰明确，模型就使用同一个逻辑设备。

数据和数据属性可以根据应用需要进行分类和组合，组成各种数据集（如GOOSE发送数据集、采样值发送数据集、定值组发送数据集等）。各种数据集的发送均由相应的控制块进行控制，控制块定义了数据集发送过程的具体细节。

2.1 数据模型

2.1.1 数据和数据属性

数据是由变电站自动化系统具体功能的节点设备分解得到的模块，包含多个数据项和设备节点信息。通过数据项内包含的信息的进一步分解，我们可以得到相应的数据属性。

2.1.2 逻辑节点

逻辑节点是 IEC 61850 标准面向对象建模的关键组成部件，也是面向对象概念的集中体现。它是模型中最小的功能单元，由若干数据项组合而成。变电站自动化系统各种功能和信息模型的表达都要归结到逻辑节点上才能实现。

逻辑节点的概念体现了将变电站自动化功能进行模块化分解的一种建模思路。IEC 61850 标准建模的思路就是将变电站自动化系统的功能进行分解，分解的过程就是模块化处理，形成一个一个小的模块。每个逻辑节点就是一个模块，代表一个具体的功能。多个逻辑节点协同配合工作，共同完成变电站内的控制、保护、测量和其他功能。

2.1.3 逻辑设备

逻辑设备是一种虚拟的设备，它是实际 IED 的抽象模型，逻辑设备中的逻辑节点实现了对 IED 基本应用功能和设备信息的统一划分和标识，构成了信息模型的框架。

逻辑设备主要由逻辑节点和附加服务组成，附加服务提供了关于设备本身的相关状态信息及逻辑节点之间的通信服务[2]。逻辑节点模型无法添加附加服务信息，故引入逻辑设备概念，用来增加新的组件。

2.1.4 服务器

在工程中针对实际装置建模时，我们可根据功能将其划分成若干个逻辑设备。这些逻辑设备就被包含在服务器中，一个服务器内至少包含一个逻辑设备。除逻辑设备外，服务器内还涉及关联、时间同步、文件传输服务等。IEC 61850 服务器主要描述一个设备的外部可视、可访问行为。每个服务器至少有一个访问点（Access Point），其他设备可以通过该访问点访问设备内部的资源或数据。

2.2 通信服务模型

2.2.1 报告控制块

报告控制块内定义的通信服务主要为报告服务，即在服务器和客户端之间，传输变化的事件、告警、开入、模拟量等信息。变化信息报告的上送，其触发方式有数据变化、品质变化、数据刷新、完整性周期等。

2.2.2 日志控制块

从实现的观点来看，日志可以被看作循环缓冲，存储在日志中，新值覆盖旧值，其对日志的客户来讲是一个线性缓冲存储，日志的条目由条目标识、旧志时间来标识。条目标识是一个计数值，达到最大后归零。条目的标识只有条目标识和旧志时间，客户可用条目标识或旧志时间来查询日志。日志模型相关服务有按时间查询日志服务、查询某条目以后的日志服务和读日志状态值服务。

2.2.3 定值组控制块

定值组控制块相关的服务包括选择运行定值区，服务器将运行定值区的每个条目定值刷新到功能约束为定值组（Setting Group，SG）的对应分布式人工智能（Distributed Artifical Intelligence，DAI）的模型对象中；选择编辑定值区，服务器将编辑定值区的每个条目定值刷新到功能约束为 SE 的对应 DAI 的模型对象中；写编辑缓冲区的定值；确认写定值，只有确认写定值成功，才能刷新功能约束为 SE 的定值，否则恢复旧 SE 的定值；读编辑区和运行区的定值[3]。

2.2.4 GOOSE 控制块

IEC 61850 标准中定义的面向通用对象的变电站事件以快速的以太网多播报文传输为基础，代替了传统的智能电子设备之间硬接线的通信方式，为逻辑节点间的通信提供了快速且高效可靠的方法。

GOOSE 控制块支持由数据集组成的公共数据的交换，主要用于保护跳闸、断路器位置、联锁信息等实时性要求高的数据传输。GOOSE 控制块的信息交换建立在发布/订阅机制基础上，同一 GOOSE 网中的任一智能电子装置（Intelligent Electronic Device），即 IED 设备，既可以作为订阅端接收数据，也可以作为发布端为其他 IED 设备提供数据[4]。这样可以使 IED 设备之间通信数据的增加或更改更加容易实现。

2.2.5 数据集

数据集是有序的数据或具有数据属性的对象引用组（数据集成员），为了客户的方便，就将数据内容组织成单个集合。客户和服务器都知道数据集的对象引用成员的顺序，因此仅需要传输数据集名和引用的数据或数据属性的当前值。数据集相关服务包括读数据集值服务、设置数据集服务、建立数据集服务、删除数据集服务和读数据集目录服务。

3 结语

IEC 61850 标准的提出解决了智能变电站中缺乏统一的通信标准和规范、无互操作性等问题。本文依托 IEC 61850 标准体系结构，在其基础上分析了 IED 模型的建模方法及具体建模步骤，为后期构建符合 IEC 61850 标准的智能组件信息模型奠定了基础。

参考文献

[1] 刘世丹，袁亮荣，曾耿晖，等．一种基于 IEC 61850 统一建模的多智能变电站数据共享方案［J］．广东电力，2017（08）：109-112.

[2] 郭帅，申晋，蔡富东，等．变电站环境监测 IED 的 IEC 61850 信息建模与配置［J］．电工电气，2016（03）：54-58+62.

[3] 何吉翔．IEC 61850 规约在智能站中的应用及配置介绍［J］．低碳世界，2016（34）：43-44.

［4］张钟平，徐荻森，倪泓．基于 IEC61850 的分布式能源通信模型介绍［J］．科技与创新，2018（12）：96-98．

（作者简介：刘俊培，女，1989 年 3 月出生，河南许昌人，信息工程学院教师，助教，硕士研究生毕业，主要研究方向为控制理论与控制工程，2015 年 5 月至今在北京科技大学天津学院工作。）

浅谈电工电子虚拟实验室的建设

乔泽鹏　王芳　杨宇　杨灿

(北京科技大学天津学院信息工程学院，中国　天津　301830)

摘　要：随着科技的进步以及时代的发展，学生所学的课程数量在不断地增加，新型学科科目也在不停地变化。在这种趋势下，大多高校面临着一个同样的问题，即部分学科的课程学时被不断地压缩，尤其是各种实验课程，例如电工电子实验课。随着学生人数的增多，很多民办院校及独立院校面临着实验室不足的问题，而新建一个实验室，例如电工电子实验室，需要投入的金钱对这些院校来说是一个很大的难题。在这些问题下，继续锻炼学生的实践动手能力便成了一个相当重要的问题。也是在这种背景下，一些先进人士提出了虚拟实验室的建设事项。本文简单论述了电工电子虚拟实验室建设的目的和必要性，规划了电工电子虚拟实验室建设的预期目标。

关键词：电工电子；虚拟；实验室

On the Construction if Electrical and Electronic Virtual Laboratory

QIAO Zepeng　WANG Fang　YANG Yu　YANG Can

(School of Information Engineering, Tianjin College,
University of Science and Technology Beijing, Tianjin 301830, China)

Abstract: With the progress of science and technology and the development of the times, the number of courses learned by students is constantly increasing, and the new subjects are constantly changing. In this trend, most universities are generally faced with the same problem, that is, the curriculum time of some subjects is constantly compressed, especially various experimental courses such as electrician and electronics experimental courses. Moreover, as the number of students increases, many private and independent colleges and universities are faced with the problem of insufficient laboratories, and the cost of building a new laboratory, such as an electrical and electronic laboratory, it is a big problem for these colleges and universities. Under these problems, how to continue to exercise students' practical ability has become a very important problem. Also in this context, some advanced people proposed the construction of the virtual laboratory. This paper briefly discusses the purpose and necessity of the construction of virtual laboratory for electrical engineering and electronics, and plans the expected goal of the construction of virtual laboratory for electrical engineering and electronics.

Key words: Electrical electronics; Virtual; Laboratory

1　绪论

本校电工电子实验室建立至今已有十四年历史，其一直承担着电路与电子技术、数字电路与数字逻辑、模拟电子电路课程相关实验课的教学任务。整个实验室从最初只有几个班一百多人使用到今天几十个班上千人使用。其所承担的相关实验课内容不断发生变化，课时也被不断压缩，从 32 学时到 24 学时，再从 24 学时到 16 学时，甚至一些非电类专业已经将学时压缩至 8 学时。在这种情况下，实验课教学内容也在不断减少，从最早能做 8 个实验一直缩减到今天只能做 1~3 个实验。仅仅几个实验的教学对学生起到的作用只是将他们所学的部分理论知识进行巩固，而学生的综合实践能力以及创新能力却得不到应有的锻炼提高。

随着实验室使用年限的增加，机器的老化也会成为一大问题，这会造成教学过程中突发事件发生的概率增加。而新建一个实验室所需资金约百万，对于普通民办院校以及独立院校是一笔相当大的开支。

随着学生的增加，实验室的管理也成为一个重要的问题。本校电工电子实验室只有 32 台仪器，除去已经无法使用的仪器，可以供学生正常学习使用的仪器只有二十多台，如今每个班级有四十多人，实验课经常只能两人共用一台机器，想要满足每个学生都可以动手的目标，就不容易分配机器。

虚拟实验室的出现使得这些难题可以得到初步解决。学校通过将电工电子虚拟实验室与传统的电工电子实验室结合使用，不仅可以帮助学生更好地理解理论知识，而且更加高级的电工电子虚拟实验室甚至可以让学生自己动手在计算机上进行实验的操作，结合传统电工电子实验室进行相关验证，对学生的实践和创新能力的提高有很大的帮助[1]。

2　虚拟实验室的特点

虚拟电工电子实验室，基本思想就是使用相关软件对电子元器件、电子仪表以及其他器材进行模拟，实现直接在个人计算机（Personal Computer，PC）上进行显示与操作，完成实验。也就是说，学生只需要使用一台 PC 机与相关软件进行搭配便可以进行各种实验。与传统的电工电子实验室相比，其具有以下几个优点。

（1）功能齐全。由相关软件程序生成的各种虚拟元器件以及虚拟设备比传统的实验器件的参数信息更加详细，种类更加齐全，而且学生可以根据需求在操作过程中直接修改器件信息。一些价格昂贵、使用复杂的仪器设备也可以通过虚拟实验室进行仿真，简单又方便。这可以使学生在实验过程中根据自己的想法随心所欲地进行操作，充分发挥学生的创新实践能力。

（2）成本低。虚拟电工电子实验室只需要使用相关软件进行设计，通过调用实验软件或系统进行实验操作。而且一个虚拟实验室操作软件不只是局限于一所院校所使用，任意一所院校的学生都可以使用同一款软件进行实验操作，因此几所高校可以联合开发一款合适的虚拟实验室软件共同使用或者出售给其他院校。这样可以从根本上解决民办院校实验室建设经费不足等问题[2]。

（3）效果好。在电工电子虚拟实验室做实验，将会大大提高实验效率。一个成型的虚拟实验室系统拥有简单、易学、易操作等特点。学生只需拥有一台电脑便可进行各种操作，完成相关实验，可以对一些知识进行验证、测试、设计、创新，实验也可以随时随地进行。学生使用虚拟电工电子实验室，不仅可以激发学习兴趣，帮助他们更好地掌握相关理论知识，而且可以帮助他们拓宽知识面，培养自身对事物的分析能力以及解决问题的能力。

（4）安全性好。传统的电工电子实验室包含强电与弱电两个不同的部分，其中强电实验所使用电压为380V，虽然实验室设置了漏电保护器，但是学生的一些不规范操作也可能会引起一些问题，所以实验教师需要随时在实验室对学生进行指导。而虚拟电工电子实验室完全不存在这一问题，电压的大小是通过仿真来实现的，安全可靠。

3 虚拟实验室的建设

3.1 建设目的

满足全校工科专业数千名学生教学所需，增加学生平时对实验室的使用机会。学生通过在电工电子虚拟实验室进行各种操作学习，了解相关专业知识，培养创新能力。电工电子虚拟实验室的建设也能减轻学校的资金负担。

3.2 建设内容

传统电工电子实验室教学内容包括电路与电子技术实验、数字电路与数字逻辑实验、模拟电子电路实验。其中，电路与电子技术实验在如今的教学中只包含基尔霍夫定律验证、叠加原理验证、电压源电流源等效代换、戴维宁定理验证四个实验；数字电路与数字逻辑实验目前只达到了中规模集成电路的设计；模拟电子电路实验只是进行一些放大电路实验的设计[3]。建设虚拟实验室不仅要加入传统实验室已有成果，还应加入其他电路设计的相关模块与器件，这可以让学生在完成实验课本相关实验的同时自己设计各种电路实验，不仅可以让学生回顾课堂内容，还可以提高学生的实践创新能力。

3.3 预期目标

电工电子实验室的建设从简单到复杂可以分为以下两个程度。

（1）最简单的方式也是最可以被广泛使用的方式是学校通过校园内网建立一个空间，内部被用来储存视频，这些视频包含电工电子相关实验的操作流程。视频由教师进行操作拍摄并上传到校园内网上供学生观看。学生通过观看教学视频对实验内容有初步的了解，而不会一无所知。

（2）电工电子虚拟实验室建设的目标是通过相关软件进行实验的设计。多个院校可以相互合作，共同开发一款虚拟软件，软件包含电工电子实验室所需的各种仪器设备以及相关功能。通过使用鼠标拖拉的方式，使用者可以对不同的模块进行连线给电从而得到相应的仿真结果，观看真实情况下应该出现的现象。学生可以先在虚拟实验室进行理论和实验项目的仿真，然后到实验室平台进行动手操作验证，提高运用理论知识解决实际问题的能力，满足工程教育专业认证人才培养的需求[3]。

4 建设展望

随着科学技术的不断发展以及越来越多的人将精力投入到虚拟实验室的建设之中，未来的很长一段时间内，虚拟实验室的建设会有很大的发展，电工电子虚拟实验室也将被不断完善。首先，虚拟电工电子实验室的使用将不再局限于一个人进行实验的设计，它可以与今天的网络游戏一样，多人共同参与实验线路的设计连线以及结果的测试，不仅可以培养学生的创新能力，也可以培养学生的团队协作能力。其次，虚拟实验室的建设也将越来越真实化，与 VR 电影一样，它可以让人有一种身临其境的感觉，从而使学生能够更加真切地去感受实验。但是不论未来虚拟实验室如何发展，传统的实验室所起的作用始终是虚拟实验室无法代替的。人需要活在现实中，虚拟实验室只是用来弥补现实所无法解决的问题，只有将虚拟实验室与传统的实验室结合使用，才能对学生的教育起到最大的作用。

5 总结

顺应时代的发展，当今社会越来越需要一大批真正有实干能力的大学生为社会贡献力量。因此很多院校为提升学生的实践能力，不断地新建各种新型实验室。对于民办院校以及独立院校而言，由于资金的不足其无法进行大规模的改变。但是在电类学科的教育中，这些院校可以发展相关虚拟实验室。虚拟实验室的建设是一场伟大的变革，它在学生的教育过程中将会起到重要的作用，也可以为学校培养出一大批优秀的人才。虚拟实验室的建设将是今后学校实验教学的发展方向，甚至代表学校的教学实力。我相信随着虚拟实验室建设的不断深入与发展，电工电子虚拟实验室必将在全国各个院校被广泛应用。在此情况下学生也会得到更好的教育，学到更丰富的知识。未来，电工电子虚拟实验室将结合传统实验室一起为教育事业贡献力量。

参考文献

[1] 李忠政，胡山，金威. 虚拟实验室系统 [J]. 科技经济导刊，2019，27（31）：13-14.

[2] 王林艳，王晓刚. 电工电子虚拟实验室建设的研究 [J]. 电子测试，2019（20）：126-127+97.

[3] 杨戈，黄宇媚. 民办高校虚拟仿真实验教学中心建设发展模式探索 [J]. 知识经济，2019（09）：140-141.

（作者简介：乔泽鹏，男，1995 年 10 月出生，山西大同人，电工电子实验室实验员，助教，本科毕业，主要研究方向为电学，2019 年 8 月至今在北京科技大学天津学院工作。）

基于 MATLAB 的指纹识别系统设计

乔泽鹏　杨灿　杨宇　王芳

(北京科技大学天津学院信息工程学院，中国　天津　301830)

摘　要：随着科学技术的不断发展与进步，使用生物特征进行身份识别已经成为一种被广泛应用的技术。由于指纹具有普遍性、唯一性以及不变性三个特点，指纹识别技术已然成为当今世界在进行身份识别方面应用最多的一种技术，基于指纹识别技术的指纹识别系统也处于不断发展之中。本文设计了一套基于 MATLAB 的指纹识别系统，其主要使用数字图像处理技术以及 GUI 设计进行相应的系统仿真，主要内容包括指纹数据库的建立，将指纹图像依次录入到指纹图像数据库中，将录入到库的指纹图像进行预处理及特征点提取并保存相关信息，录入待匹配指纹并与指纹数据库内指纹进行对比，最终输出结果。

关键词：MATLAB；GUI；指纹；系统

The Fingerprint Identification Design Based On MATLAB

QIAO Zepeng　YANG Can　YANG Yu　WANG Fang

(School of Information Engineering, Tianjin College,
University of Science and Technology Beijing, Tianjin 301830, China)

Abstract: With the development of science and technology, using biometrics for identification has become a widely used technology. Because of the universality, uniqueness and invariability of fingerprints, fingerprint identification technology has become the most widely used technology in the field of identity identification in the world. At the same time, the fingerprint identification system based on fingerprint identification technology is also in constant development. Based on MATLAB, this paper designed a set of matlab-based fingerprint identification system, which mainly used digital image processing technology, and GUI design and finally the corresponding system simulation. The main content includes the establishment of the fingerprint database, input the fingerprint images into the fingerprint image database in turn, preprocess the fingerprint images entered into the database, extract the feature points and save relevant information, input the fingerprint to be matched and compare with the fingerprint in the fingerprint database, and finally output the result.

Key words: MATLAB; GUI; Fingerprint; System

1 绪论

指纹识别是生物识别技术中使用最早且价格最便宜的技术之一。指纹的唯一性和不变性已经得到认可和历史的检验[1]，因此我们可以应用相关技术对不同的指纹进行匹配识别，进而判断个人的真实身份。目前常用的指纹识别系统均具有可靠、快捷、安全、方便、实时的特点。

如今指纹识别技术已经走向成熟，被人类所广泛应用。但是在这种背景下指纹识别技术仍然有许多问题需要被人们解决。比如对有大量残缺的指纹进行恢复与识别，对手指受到外界物理因素影响下的指纹进行识别，利用算法的编写实现大量指纹的同时匹配与识别。总之，指纹识别的速度与准确度以及指纹识别过程中的防伪技术都将会不断地提升，指纹识别的应用也会不停地趋向完美。

指纹识别技术是指通过相应的指纹特征点提取与匹配从而对不同指纹图像进行比较，判别其是否相同的一种技术。本次指纹识别系统设计主要涉及图像处理、模式识别等方面[2]。

2 指纹识别理论

本文主要研究基于MATLAB的指纹识别系统设计，吸取前人的一些经验，应用自己的方式进行算法编写，最终实现指纹识别匹配并输出相关结果。

2.1 MATLAB 简介

MATLAB是一种高级计算机语言和交互式环境。我们使用MATLAB的主要目的是进行算法开发、数据可视化、数据分析以及各种数值的计算，其主要工作环境包括MATLAB和Simulink两大部分。通过语言程序的编写，其可以实现大量的功能，包括数学计算、符号运算、绘图、编程、建模以及仿真。

GUI即人机交互图形化用户界面设计[2]。GUI的广泛使用极大地方便了在人机互动过程中非专业用户对计算机的使用。人们可通过窗口、菜单、按键等简单的方式来进行计算机语言环境的操作。一般常用的GUI工具需要有使用简便、占用资源不多、使用性能高、可靠性强、便于移植、可以匹配等特点。

2.2 指纹的特征

本文使用了两类指纹特征来进行相应验证：总体特征和局部特征。总体特征指可通过人眼观察到的指纹所具有的特征，即手指上的基本图案，包括环形、弓形、螺旋形这三种。常见的其他指纹图案都是以这三种基本指纹图案为基础进行组合形成的。但是指纹识别过程只依靠几种指纹图案判断指纹匹配与否是远远不够的，指纹的图案只能对指纹粗略地分类。

局部特征指在指纹节点部位的相关特征，这些节点上会产生一些特别的特征点。人们经常会碰到两枚指纹的总体特征几乎完全相同的情况，却不可能碰到局部特征完全相同的情况。在指纹识别匹配过程中，我们可以通过分别对指纹图像的总体特征以及局部特征进行分析与对比，使得指纹更加便于被分析识别，也能够使得指纹识别的速度更快，精度更高。

本文所涉及的六类特征点定义如下。

(1) 端点：指纹的一条纹路在此完结。
(2) 分叉点：指纹的一条纹路在此点被分成两条或多条纹路[3]。
(3) 分歧点：两条平行走向的纹路在此点分开。
(4) 孤立点：一条看似一个点的纹路。
(5) 环点：一条纹路在此点前后分开又合并，形成一个小环形。
(6) 短纹：较短但不至于成为一点的纹路。

2.3 预期目的

本文设计了一个基于 MATLAB 的指纹识别系统，此系统能进行指纹库内指纹的录入并在较短时间内准确地识别手动录入指纹是否在指纹库内存在，若存在，则匹配指纹。通过 MATLAB 进行算法编写，预计实现以下目的。
(1) 建立一个指纹库并将指纹图像依次录入指纹库。
(2) 对录入指纹库的指纹进行预处理，即对畸变、不清晰、存在噪声干扰等问题的指纹进行处理，得到指纹二值图像，使其适用于后续的模块识别。
(3) 对预处理之后的指纹图像提取特征点，方便后期进行指纹识别。
(4) 把所需识别指纹进行录入并将其分别与指纹库内指纹进行对比，判断是否有与之匹配的指纹。
(5) 将匹配结果信息进行输出。
(6) 基于 MATLAB 进行 GUI 设计，实现人工手动控制分步输出上述所要实现的结果。

3 系统设计

3.1 指纹库设计

常见的指纹识别系统包括指纹签到系统和指纹门禁系统等，其需要引用指纹库的设计。通过事先将相应指纹及信息录入指纹库，在个人进行签到或者开门时只要录入自己的指纹，将其与指纹库中已有的指纹进行匹配，便可得到相应的结果。

本文同样设置一个指纹库，为完成这一指纹库的设计，首先新建一个文件夹，将各种指纹图像的属性进行统一修改后存储。然后通过相关代码的编写，依次将文件夹中的指纹录入一个细胞数组，例如第一个指纹图像被存储到数组的第一行第一列，第二个指纹图像被存储到第二行第一列。最后将这个细胞数组的变量保存在一个 mat 文件中，这便形成了一个含有多个指纹的指纹库。

3.2 指纹图像录入到库

本课题需依次将多张指纹图存入库中。首先选择图片路径与格式，并合成路径加文件名。定义一个全局变量作为初始路径，通过 imread 函数进行指纹图像的读取，imshow 函数进行指纹原图像的显示。然后将原图像数据放入一个细胞组，存入一个 mat 文件中，即存入指纹库。

3.3 指纹图像预处理

录入指纹库的指纹，要想对其进行相应的匹配识别，就需要进行预处理以及特征点提取并备份。具体包括以下几个步骤。

（1）灰度：采用不同饱和度的黑色来对指纹图像进行显示。每个灰度图像有不同的亮度值，从0%（白色）到100%（黑色），通过对指纹图像进行灰度处理，也可以使指纹图像更加方便进行接下来的其他相应处理。

（2）归一化：通过调整指纹图像的均值与方差，使得人们即使在不同设备上获得指纹图像，也可通过计算得到相近的方差与均值，除去不必要的噪声。

设计思路是首先将图像转换为 double 类型，并计算图像的平均值与方差。选取期望平均值为150，同时选取期望方差为2 000，再由相关公式进行归一化图像像素计算。

（3）分割：利用相应的算法程序进行区分，同时删除不含指纹的背景区域。指纹图像主要包括前景区域与背景区域两大部分，前景区域指在指纹图像中由脊线和谷线组成的纹路比较清晰的区域，即存在指纹的区域；与之相反，指纹图像中无效的部分便被称为背景区域，也就是不存在指纹的部分。

（4）二值化：将图像转化为黑白的二值图像，从而能够把指纹图像转换为具有更加清晰的边缘轮廓线的图像。本文通过把脊线方向场划分为8个方向场，计算所得最大值、最小值和平均值进行计算与判别，得到2个不同的像素值并进行二值化[3]。

（5）去毛刺、去空洞：由于油脂、水分等因素，会给采集的指纹在识别匹配中带来很大的难题，所以在对指纹图像进行细化处理之前，系统先要对二值化之后的指纹图像进行去毛刺与去空洞处理。去毛刺、去空洞的方法为：如果当前位置点为0（背景），则该点的四领域点（上下左右）和大于3的点被视为毛刺；若该点为白色（背景），四周为黑色（前景），且八领域点的和为0，则该点被视为空洞，将其删除。

（6）细化：通过"fo = imopen(v, se);"对图像进行开操作，先腐蚀后膨胀，作用是平滑边界，消除细小尖刺，断开窄小连接，保持面积大小不变。通过"v = imclose(fo, se);"对图像进行闭操作先膨胀后腐蚀，再通过图像细化函数"w = bwmorph(v, ´thin´, Inf)"对图像进行细化。最终显示细化图像结果。

（7）找特征点：首先找出图像的所有特征点，再去掉指纹图像中的伪特征点。去伪特征点前需要将图像进行光滑处理，首先找到所有端点，顺着纹线方向使其移动5个像素距离，如果在这个距离之内遇到分叉点，则可以认为此端点是毛刺，并删掉此端点。光滑处理完成后需要再次画出新的端点，再去掉边缘点，此时特征点的数量大大地减少。最后进行端点和分叉点的筛选。

3.4 录入待匹配指纹

将所要识别的指纹录入指纹识别系统之中。选择图片路径，合成路径加文件名，定义一个全局变量并保存为初始图像路径，以方便之后的还原操作，并通过"x = imread（file）"函数读取路径。

3.5 开始识别

将录入的待匹配指纹进行相应的预处理与特征点提取，使其与指纹库内指纹图像依次进行匹配，并将匹配结果进行输出。

我们手动将所需要识别的指纹录入系统之后，通过编写相应语句读取mat文件中保存的图像，并将其转换为矩阵形式，同时将待匹配指纹转换为矩阵形式，利用for循环语句使之依次与指纹库内所保存的指纹进行比对,最终输出识别之后所得结果的详细信息。

3.6 GUI 设计

本文的 GUI 设计为基于 MATLAB 环境实现的,具体设计理念是首先新建空白的 GUI 并选择相应属性,保存后生成一个 fig 文件和一个 m 文件。然后进行 fig 自定义,使用 GUIDE 打开 fig 文件,并修改相应的参数来改变控件的属性,如尺寸、文字、颜色等。最后打开生成的 m 文件,在其中输入相应的函数代码。

本课题的 GUI 平台以简洁美观为设计原则,设计的指纹识别系统主要按照开启、将指纹录入系统、输入待匹配指纹、输出匹配结果这 4 个步骤工作。

4 总结

本指纹识别系统基于 MATLAB 语言环境进行设计并完成,包括指纹库建立、指纹图像的录入、图像预处理、特征值提取、指纹图像匹配、GUI 设计,充分体现了 MATLAB 简单、方便、功能强大等优点。其中指纹图像预处理为指纹识别系统的关键步骤,包括灰度、归一化、图像分割、二值化、细化和找特征点。指纹库的设计使得整个指纹识别系统更便于应用在实际生活中,而 GUI 设计使得整个指纹识别系统的使用过程更容易被观察与研究。

虽然指纹识别系统目前已经走向成熟,但是今后依然有很大的发展空间,例如全球形式的指纹库建立对军用、民用、警用等方面都会有很大的作用。

参考文献

[1] 段俊阳. 浅谈计算机人工智能识别关键技术及运用 [J]. 计算机产品与流通, 2019 (12): 4.

[2] 中国科学院北京国家技术转移中心. 基于大容量指纹识别的实时身份认证系统 [J]. 中国科技信息, 2019 (23): 10.

[3] 杨高强, 李晟, 张新鹏. 基于方向场的形变指纹检测 [J]. 应用科学学报, 2019, 37 (06): 775-782.

(作者简介:乔泽鹏,男,1995 年 10 月出生,山西大同人,信息工程学院教师,助教,本科毕业,主要研究方向为电学,2019 年 8 月至今在北京科技大学天津学院工作。)

新时期电子电路实验教学改革探索

王芳　张燕　乔泽鹏　陈儒敏

(北京科技大学天津学院信息工程学院，中国　天津　301830)

摘　要：大学理工科专业的电路知识包括电路分析、数字电路、模拟电路等内容，实验教学有利于学生消化理解理论知识，提高动手实践能力。本文根据笔者多年的教学经验，主要分析了电子与电路课程改革的背景，阐述了电子电路教学中存在的问题，以及面向工程教育的电子电路教学改革的主要措施、教学手段的改革及创新，对课程的设计进行改革，扩充知识点，提升学生的综合能力；合理利用实验学时，注重实践操作，完善实验内容，将教材枯燥的理论知识与实验教学结合，调动学生的主动性及创新性。

关键词：电子电路；实验改革；课程设计

Exploration on the Reform of Electronic Circuit Experiment Teaching in The New Era

WANG Fang　ZHANG Yan　QIAO Zepeng　CHEN Rumin

(School of Information Engineering, Tianjin College,
University of Science and Technology Beijing, Tianjin 301830, China)

Abstract: The circuit knowledge of university science and engineering includes circuit analysis, digital circuit, analog circuit and so on. Experimental teaching is helpful for students to digest and understand theoretical knowledge and improve practical ability. Based on the author's teaching experience for many years, this paper mainly analyzes the background of the reform of electronic and circuit courses, and expounds the problems existing in the electronic circuit teaching. This paper expounds the main measures and innovation of the teaching reform of electronic circuit for engineering education. We should reform the course design, expand the knowledge points and improve the students' comprehensive ability. We should make reasonable use of the experimental hours, pay attention to the practical operation, improve the experimental content, combine the boring theoretical knowledge of the textbook with the experimental teaching, and mobilize the students' initiative and innovation.

Key words: Electronic circuits; Experimental reform; Curriculum design

1 引言

电路是理工科许多专业（电子、通信、机电、计算机应用、网络等等）的基础理论课。实验实训教学与专业理论教学是该课程相辅相成且不可分割的两个部分，实验教学有利于学生消化理解理论知识，提高动手实践能力和创新能力，但传统的实验教学环节机械刻板，难以达到教学目的。

在新时期新工科的背景要求下，电路课程的教学重点不可逆转地向实验实训教学倾斜，在应用型本科院校中尤为如此，因此我们必须对实验课程进行改革，同时不论是专业课教师还是专职实验员，提高自身实验实训素养，加强实验实训教学势在必行。知识内容广而难，学生对电路知识进行全面掌握和应用，需要通过电路实验教学和实训结合，促进学生对实验技能和知识内容的理解和掌握。本文通过对电路实验进行讲解、设计和实训的有机结合，实现教学-实验-实训一体化的电路实验教学。

2 电子电路实验教学中存在的问题

在实验课程的长期教学过程中，通过对对象、时间和方式的分析，我们发现主要存在以下几方面问题。

（1）电路实验在教学大纲中，一般被安排在大一学年，是大一新生入校后进入专业实验室开始学习的第一门实验课程，也是学生学习的第一门实践性的专业基础课程。学生数量的不断增加，以及各地高中教育水平和应试要求的不同，导致大一学生的文化基础水平参差不齐。在对相同教学内容的接受上，有的学生轻松接受，有的学生迟迟无法完成实验教学内容。同时，不同专业对课程需求不同，会被安排不同课时的实验课，有的专业课时为24学时，有的仅为8学时。但教师在教学内容的选择上千篇一律，没有考虑学生的个性特征以及不同专业的专业特点，教学内容枯燥、形式呆板，学生兴趣不高。

（2）传统的实验教学一般以验证性实验为主，所使用的实验箱电路设计基本完成，学生按照实验原理图或者实验步骤，轻松地接几根线，记录一下数据就算完成实验，对实验面板后的基本器件缺少直观了解，更缺乏自我设计电路原理图、自行搭建电路的能力。同时由于实验课时较少，管理较宽松，学生往往认为只有理论课才需要提前预习，实验课只是用来验证所学的理论，实验课的过程变成走过场。且大多数学生对课后实验报告撰写的态度也不认真。预习的效果一般，导致缺少预习报告，学生往往忽视实验中的理论计算和原理，这样就达不到以实验来巩固理论知识，以实验来带动自主学习，以实验来活跃学生思维的目的。因而学生存在不同程度重课堂轻实验的认识。

（3）目前，电路实验依靠购买的集成实验台（实验箱），而实验室的实验箱过于追求一箱多功能，即同一个实验箱可以完成多种课程的实验，这虽然提高了实验箱的利用效率，但过度使用，导致设备的损坏概率增加。实验箱的各种按钮和大小插孔在多次使用后会出现不同程度的损坏，导致学生在进行实验时可能出现实验结果不准或实验失败等问题[1]。

3 创新一体化的电路实验教学设计

针对以上问题，电路类实验教学可以采用由浅入深、由基础到综合、由理论到创新的渐进式教学方案，引导学生从基础入手，结合"在做中学"的实践学习教学模式，强调以学生为主体，积极动手参与，教师组织引导学生，增强学生在实验课上的主观能动性。

3.1 分层次实验设计

实验内容可分为验证型，设计型、综合型，开放实验三个层次。

（1）验证型实验：验证型实验在巩固基础理论知识、培养基本实验技能、形成严谨科研作风等方面发挥了重要的基础性作用。本阶段学习使学生学会如何发现问题、总结规律，并对实验感兴趣、渴望进实验室动手实践。此部分实验应重视实验仪器的使用指导。在日常教学活动中，可由学生通过实验管理系统自行完成。学生可以在实验管理系统上通过观看视频演示，掌握相关的实验技能与仪器使用方式，完成电路连接，在线填写实验数据，进行相应的仿真等任务。

（2）设计型、综合型实验：学生掌握基础理论知识和实验技能后，即可进入设计型、综合型实验的学习。对于这类实验，我们可以采用问题情境的教学方法，将问题抛给学生。教师给出实验设计要求，引导学生以小组为单位进行实验、思考、分析与总结，由学生自主设计实验电路、拟定实验步骤、选择仪器设备、完成实验、记录相关实验数据、分析实验结果等。该类型实验过程能充分调动学生主观能动性，培养学生的独立思维，锻炼学生实践能力。

（3）开放实验：开放实验一般针对大二至大四的学生，实验仪器设备可以得到充分利用，最大限度地提高了仪器设备的使用效率。学生可以选择自己感兴趣的课题，进入实验室开展自主学习和实践探索，也可通过组队协作，一起探讨、研究、解决问题，这种模式既培养了学生的实验实践能力，又锻炼了学生组织协调、综合设计能力[2]。

3.2 完善和充实实验教材

实验教材的编写也是电路实验教学改革工作中的一项内容[3]。以前的实验指导书内容比较老套，而且实验项目比较少，并不能满足学生的实践学习需求，我们应针对不同专业学生需求，对不同类型的实验进行进一步的分类和设计，在教学过程中要有不同的侧重，实验项目适当增添一些创新性的实验内容，丰富电路实验教学内容。

4 结论

电路在理工科院校中具有非常重要的地位，在实验环节中，让学生对知识进行灵活的运用，充分调动学生的积极性，培养学生的创新意识及动手能力是教学的目标。

对理论知识加以融会贯通，通过各层次实验的结合来促进学生对实验技能和知识内容的理解和掌握。本文通过对电路实验进行分层次设计，将实验和实训进行有机结合，实现教学-实验-实训一体化的电路实验教学。在教学过程中，教师需要根据学生的认知情况制订实验目标，对学生进行科学的指导，并引导其进行讨论，学生选择好实验器材，根据实验目标设计实验电路图，对实验结果进行科学评估，实现课堂的翻转。这样不仅让学生理解所学知识，还有利于提高学生的逻辑能力、观察能力以及表达能力，引导其积极地参与教学活动，从教学实践中体会到，翻转课堂为课堂教学"增加"学时、拓展更多的知识提供了可能。

参考文献

[1] 孙彩云,孙大松,王红林.电路实验课程教学改革与创新意识培养研究 [J].科技创新导报,2019(05):202-204.

[2] 王侃,盛智勇,吴小林,等.新形势下工科专业基础课程实验教学改革探索——以电路分析实验课程为例 [J].教育现代化,2019(48):55-56.

[3] 杨晓邦,张素妍.电路实验教学的改革与实践 [J].科技信息,2013(07):206-207.

(作者简介:王芳,女,1985年3月出生,天津人,信息工程学院教师,讲师,硕士研究生,主要研究方向为硬件设计和网络通信,2009年9月至今在北京科技大学天津学院工作。)

高校安全用电——电路故障危害演示仪设计

王芳　彭建明

（北京科技大学天津学院信息工程学院，中国　天津　301830）

摘　要：本文通过高校火灾事例分析了火灾发生的主要原因，为了配合安全用电宣传，就设计了一种电路故障危害演示仪，包括短路演示单元、过载演示单元、调节器和选择器，可以演示电路短路和电路过载时危害发生的过程。选择器在短路演示单元和过载演示单元中选择一个单元接通电源，进入工作状态，调节器调节输入短路演示单元或过载演示单元的电压或电流，从而控制电路过载或电路短路时电压的强度和导线烧毁的程度及时长，有利于参观者细致地观察了解电路短路引起危害的过程，了解安全用电的重要性。

关键词：安全用电；电路故障；仪器设计

Safe Use of Electricity in Colleges and Universities—— Design of Circuit Failure Hazard Demonstrator

WANG Fang　PENG Jianming

(School of Information Engineering, Tianjin College,
University of Science and Technology Beijing, Tianjin 301830, China)

Abstract: This paper analyzes the main causes of fire through the fire cases in Colleges and universities. In order to cooperate with the publicity of safe electricity use, a circuit fault hazard demonstrator is designed, including short circuit demonstrator, overload demonstrator, regulator and selector. It can demonstrate the process of hazard caused by short circuit and overload of circuit. The selector is used to select one of the short circuit demonstration unit and overload demonstration unit to turn on the power and enter the working state, and the regulator is used to adjust the voltage or current of the input short circuit demonstration unit or overload demonstration unit. It can control the circuit overload or the strength of the circuit short-circuit voltage and the extent of the wire burning in time, which is helpful for the visitors to carefully observe and understand the process of the damage caused by the circuit short-circuit and the importance of the safe use of electricity.

Key words: Safe use of electricity; Circuit failure; Instrument design

1 引言

我国高校数量多，人员密集，致灾因素复杂，历来是消防安全管理的重点单位。近几年来，随着高校发展规模的扩大，高校火灾频频发生，给广大师生的人身及财产安全造成了极大的威胁。根据相关资料统计，我国从未发生过火灾的高校寥寥无几。在某保险公司网站上，高校火灾案例随处可见。

2009年3月10日上午11时45分左右，上海大学嘉定校区第一教学楼突然起火，疑是电器使用不当引发火灾事故[1]。

2008年12月7日，位于南京靠龙蟠路的路边上一幢10层楼高的学生宿舍楼发生火灾，大楼东侧八楼的801房间内，向外喷着浓烟，三四米高的火苗直舔楼上九层，宿舍楼上的窗户玻璃被大火烧烤得"噼噼"响。起火原因是私拉插座，电器短路[1]。

2006年10月8日上午9时，中国地质大学（武汉）北校区男生宿舍第22栋一寝室起火，校方保卫人员用灭火器及时扑救，4个床位烧毁了2个。起火时寝室里没人，台灯没有关闭，电线短路引发火灾[1]。

2006年7月14日早晨，中国传媒大学中蓝大学生公寓一女生宿舍起火。起火时宿舍一名女生被困屋内，女生说可能是对铺的一个充电器起火，该充电器已在插座上插了3天[1]。

2 高校火灾原因分析

通过发生在高校的火灾案例，结合消防工作实践，我们可以看出高校火灾致灾因素主要有用火不慎、电气故障、实验操作不当3类。其中电气故障引起的火灾，在高校发生的火灾中占有相当大的比例，其危害性非常之大。因电气故障引起的火灾主要有以下几个方面。

（1）乱拉乱接电线。由于学校实行定时供电，有的学生为了方便，就把走廊照明灯的电源或空调电源私自乱接，这种乱拉乱接电线的现象，极其容易损伤线路的绝缘层，从而引起线路短路和触电事故，发生火灾。

（2）电线老化或接触不良。学校由于建校时间比较长，电器线路长年使用已经老化；个别工人在电气施工过程中未按规程操作或使用铜铝接头处置不当，就会引发线路起火，发生火灾。

（3）使用电器不当。使用电器不当引起火灾发生，这一现象在高校比较普遍。如充电器长时间充电，加之衣被捂盖，散热不良，极其容易引起衣被的燃烧；使用劣质电器也容易引发火灾；违规使用电热器具无人监管烤燃起火（特别是热得快等）；长时间使用电器不检修，电线绝缘老化，漏电短路引起火灾。

（4）使用大功率电器。学校教室、实验室、寝室建筑物的供电线路、供电设备，都是根据实际使用情况进行设计的，如果超出负荷，电线就会发热，加速线路的老化，极易引起火灾。尤其是在学生宿舍，如果使用大功率电器，如电炉、电饭锅、电吹风、热得快等，就会引起上述现象[2,3]。

在发生过火灾的高校中，除了烧毁教学楼、实验室、宿舍等基础设施，大都伴有人身伤亡。这些火灾事件，不但给所在学校造成物质损失，而且会酿成人员伤亡的惨剧，血的教训为我们敲响了高校消防工作的警钟,安全用电的宣传工作刻不容缓。

3 安全用电电路故障演示仪设计

在用电安全的学习和宣传过程中,常见的用电安全演示从最简单的电池短路发热实验到各种演示仪器有很多,但现有的电路短路或过载演示装置通常用熔断丝作演示器进行演示,在演示时,闭合开关的瞬间,导线就会立即燃烧,时间过短,不利于参观者细致地观察了解电路短路引起危害的过程,无法给参观者留下深刻的印象。

针对上述现有技术存在的问题,本文提供了一种电路故障危害演示仪设计方案,其可以控制电路过载或电路短路电压的强度和导线烧毁的程度及时长,有利于参观者细致地观察了解电路短路引起危害的过程。

3.1 电路总体设计

本电路故障危害演示仪包括短路演示单元、过载演示单元、调节器和选择器,可以演示电路短路和电路过载时危害发生的过程。选择器在短路演示单元和过载演示单元中选择一个单元接通电源,进入工作状态,调节器调节输入短路演示单元或过载演示单元的电压或电流,从而控制电路过载或电路短路电压的强度和导线烧毁的程度及时长,有利于参观者细致地观察了解电路短路引起危害的过程,了解安全用电的重要性。

演示仪电路原理简图如图1所示。

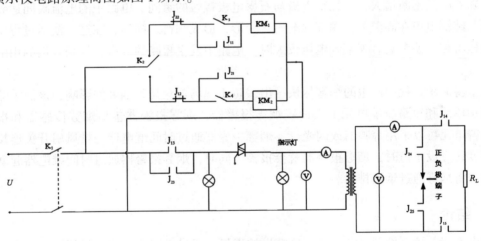

图1 演示仪电路原理简图

3.2 仪器演示过程

本演示仪可以演示电流、电压发生过载时的现象以及发生火灾时烟雾报警器等报警装置的工作过程。

3.2.1 电流过载演示

打开电源开关,扳动开关至第一选择支路,接通第一支路开关 K_3,由于 J_{22} 为常闭触点,此时,第一接触器 KM_1 带电,在电磁作用下,第一继电器的所有常开触点闭合,即常开触点 J_{11}、J_{13}、J_{14}、J_{15} 闭合。第一继电器的常闭触点 J_{12} 打开。此时,调节器和过载演示单元接通电源,通过调节器可以调节流经过载演示导线的电流。

当电流较小时，指示灯的亮度较低或没有亮度，此时，电路没有发生过载情况。随着电流不断增大，过载演示导线的功耗和温度升高，过载演示导线开始发热。此时，如果继续调大电流，过载演示导线的温度继续升高，其外部的绝缘皮将变软、熔化、冒烟，甚至燃烧。由于电路中的电流可调，这一演示过程的时间长短可以被控制，也可以在过载演示导线未燃烧或未冒烟时，随时减小电路中的电流，使参观者感受到电路中电流减小，过载演示导线慢慢恢复的过程。

通过电流过载危害过程的演示，模拟日常生活中插座被接入大功率电器时，电路过载引起火灾危险的过程，使人们了解起火的原理，更加注意用电安全。

3.2.2 电压过载演示

扳动开关至第二选择支路，第一接触器 KM_1 断电，第一继电器的常闭触点 J_{12} 闭合，接通第二支路开关 K_4，此时，第二接触器 KM_2 带电，在电磁作用下，第二继电器的所有常开触点闭合，即常开触点 J_{21}、J_{23}、J_{24}、J_{25} 闭合。第二继电器的常闭触点 J_{22} 打开。此时，调节器和短路演示单元接通电源，调节器可以调节短路演示单元两端的电压。

此时，移动负极端子，使纯铜电极间断性地接触石墨电极，两电极接触的瞬间，电路短路，火花迸溅。

当电压较小时，指示灯的亮度较低或没有亮度，此时，迸溅的火花较少，纯铜电极无大变化。随着电压不断增大，在纯铜电极与石墨电极接触的瞬间，电路中的电流瞬间达到很大的数值，纯铜电极在高温下，端部逐渐熔化变形，形成铜钉。同样，在这一演示过程中，电路的电压可控，使参观者观察到电压较大时，电路中发生短路的危害，提高人们的用电安全意识。

为了将演示过程中产生的烟雾尽快排出，防止现场观众受到烟雾的影响，该演示器就在过载演示单元和短路演示单元上方设置烟雾报警器，烟雾报警器包括烟雾传感器和报警单元，报警单元可以采用蜂鸣器或闪光灯。烟雾报警器通过时间继电器与排风扇开关连接。当烟雾浓度超过设定值时，烟雾报警器就会报警。同时，烟雾报警器通过时间继电器起动排风扇开关，将烟雾通过烟道排出。

4 结论

水火无情，防范校园火灾是每一位师生的责任，通过电路故障演示仪的设计和完善，让学生充分认识到安全用电的重要性，只有做到警钟长鸣，才能确保校园长治久安。

参考文献

[1] 中国太平洋保险（集团）股份有限公司. 校园火灾事故案例大集合［EB/OL］. 中国太平洋保险（集团）股份有限公司官网. ［2018-06-03］. http://www.cpic.com.cn/c/2018-06-03/1544235.shtml.

[2] 白鹤. 电气火灾中电路短路与其他电路故障相关性分析［J］. 中国培训，2015（18）：218-219.

[3] 刘明，满淳. 火灾自动报警在建筑防烟排烟系统中的联动控制探讨 [J]. 天津化工, 2019, 33 (06): 47-49.

(作者简介：王芳，女，1985年3月出生，天津人，信息工程学院教师，讲师，硕士研究生，主要研究方向为硬件设计和网络通信，2009年9月至今在北京科技大学天津学院工作。)

应用型本科院校信息类专业教学项目化、项目教学化实施方法的探究

杨灿　于静　杨宇

（北京科技大学天津学院信息工程学院，中国　天津　301830）

摘　要：随着信息技术的升级和社会需求的变革，简单项目驱动式的教学方法使学生就业能力的提升遇到瓶颈。问题主要有以下几点：首先，一些课程过于依赖教材中的教学内容，缺乏先进性和实用性；其次，工科类型的专业，课程之间一般存在非常紧密的递进关系，在一门独立的课程里实施项目驱动式教学，对学生能力培养是有局限性的。应用型本科人才培养强调专业知识的应用，特别是将高新科技知识转化为生产力，为社会创造直接效益的能力。人才培养体系中的实践教学是帮助学生将知识转化为操作技能和实践能力的有效手段。基于上述原因，教学内容和教学方法的改革势在必行。应用型本科院校可制定教学项目化、项目教学化实施方案。

关键词：应用型；人才培养；改革

Research on the implementation method of teaching project for information specialty in application-oriented universities

YANG Can　YU Jing　YANG Yu

(School of Information Engineering, Tianjin College,
University of Science and Technology Beijing, Tianjin 301830, China)

Abstract: With the upgrade of information technology and the transformation of the social demand, simple collaborative project teaching method for the ability of the students employment now encountered bottleneck problems mainly include the following: first of all, some courses rely too much on teaching material in teaching content, lack of advancement and practicability of the second type of engineering professional, course and progressive generally exists very close relationship between the implementation projects in an independent course drive type teaching, the dispersed project teaching course to the student ability training is limited application-oriented undergraduate talent training emphasizes the application of professional knowledge, especially the transformation of high-tech knowledge into productivity and the creation of direct benefits for the society. Based on the above reasons, the reform of teaching content and teaching methods is imperative for application-oriented undergraduate colleges and universities.

Key words: Applied; Talent development training; Reform

1 关于教学项目化、项目教学化的理解

项目化教学是学生在教师的指导下,通过对复杂且真实问题的探究、设计、规划和实施,不断地解决问题,从而完成对知识的意义建构的一种教学法。按照项目化教学思维构建实践教学系统,有利于提高人才培养质量。

项目教学化强调教学内容的设计,这种项目应该是实际项目的"浓缩",由教师亲身经历、体验实施。它应该是真实的项目,只有真实的项目,才能向学生描述出真实的场景、真实的数据,才能提供实际问题的解决方案,才能得出符合实际的评价考核标准。

教学项目化强调教学方法的设计。传统教学受限于课堂,不可避免的问题有学生多、基础层次不齐、学时有限。所以把一个完整项目分解在短短几十个学时内让学生完成,是不切实际的。

我国应用型高等教育强调的是培养学生的职业能力和应用能力,适应社会需求,但实际教学环节却暴露了课程体系单一、实践课程与岗位技能脱节等问题,严重制约了应用型本科院校教育的可持续发展[1]。

2 实施方案

2.1 构建"纵向层次化、横向模块化"项目教学课程体系

(1) 深入市场调研,依据信息类人才岗位任务和职业能力的要求,设置课程教学和能力培养目标。院校应结合实际工作,多渠道引进实际项目,以"有用、够用、能用"为原则,将知识、技能和素养封装在一系列项目中。一些实际项目具有可实现性,例如,各个院校的门户网站、教学管理信息化、专业选修课网上选课等。这些项目贴近学生实际,教师既是项目需求方,也是项目设计者,具备项目化教学内容设计的优势。

(2) 项目化课程设置"纵向层次化",搭建实践能力成长阶梯。专业认识、技能与操作训练、综合实践和创新实践需要按照学年呈递进式设置,使学生实现从生手到熟手再到能手的转变。

大一实现专业认知,大一的课程应该让学生看到整体和目标。因此,院校的培养方案,可在本专业的一年级中安排"程序设计基础Ⅰ"这门新课,主要内容是2018年世界排名第一的编程语言Python。这门语言能在最短时间内,让学生认识到编程能够实现什么,甚至能让学生完成简单的数据处理、人工智能领域项目。

大二实现技能与操作训练。大二的课程应该让学生明确项目的实际需求和需要具备的技能。因此,在培养方案中,第二学年主要安排专业核心课,将项目分解在课程中,实现项目的某一个模块。

大三实现综合实践。大三的课程应该让学生锻炼独立承担并完成项目的能力。因此，在第三学年主要安排专业方向选修课，学生可以根据个人意愿选择不同方向的课程。对于专业选修课的教学内容设计，首先要制定项目课题，其次要求教师带着项目课题，组织学生团队，完成从分析、设计、实现到调试的一整套流程。

大四实现创新实践，各专业可实施3+1培养模式。学生在第四学年上学期可以出去实习，或者留在校内进行工程项目实践，第四学年下学期完成毕业设计。这一学年，教师对学生的培养体现在鼓励学生自己提出创新性项目课题。

（3）构建课程"横向模块化"，组建项目化课程群。围绕人才培养目标，紧密结合信息产业人才需求实际。在搭建专业基础课平台的基础上，分方向搭建专业课程群。在院校培养方案中，在原基础方案中软件工程、物联网工程、网络工程、通信工程、自动化工程、数据库运维等专业方向的基础上，新增机器人、人工智能、大数据技术、无人机和VR技术课程群，每个课程群中均设置一门课，名为"××综合项目"或"××综合设计"。

2.2 构建教学项目化的实践模式

（1）形成以学生为主体的实践模式。

教师在教学过程中，将项目发布给学生后，重视学生在完成项目过程中的思维引导，驱使学生提出问题，教师给出知识获取途径，调动学生主动求知的欲望，变"要我学"为"我要学"。

（2）培养学生的职业精神。

学生在学校里学习，缺乏职业精神。实施教学项目化，在完成项目的同时，教师要注重过程，培养学生的职业意识。通过结合实际的项目实践，让学生亲身参与项目分析、设计、实施及维护，通过项目化运营过程提升学生的职业认同感。

（3）训练学生的团队意识与合作能力。

项目化教学由学生自己组建团队，制订工作计划，明确项目分工。突破传统课堂的教学时空边界，学生利用课余时间，共同完成探究、学习、借鉴，发挥各自优势。丰富的项目团队合作经历，能使学生对团队精神、合作意识的重要性有更加深刻的理解。

2.3 改革课程考核评定方式

实施项目教学化、教学项目化的课程的考核方式应该结合项目的特点进行设计。学生可以参与立项审核，在项目实施过程中，教师实施绩效管理，提出项目课题且完成项目分工后，学生共同参与制定自己的岗位职责和工作计划，项目（课程）结束后，教师按照绩效进行考核评价。

构建教学项目化、项目教学化模式是一个复杂、系统的工程，除上述实施方案，还要有完善的管理制度，才能够充分调动师生参与项目的热情，实现教学设想。

2.4 加强"双师型"师资队伍建设

应用型人才的培养离不开具有行业实践经验的"双师型"教师。具有企业实践经验的双师型教师，了解企业工艺流程和运作模式，不仅能对学生进行理论方面的指导，而且能对学生进行社会、生产实践方面的指导。根据学院的实际情况，我们的双师型教师队伍的建设主要有"内培养，外引进"两个途径[2]。

3　结论

俗话说："兴趣是最好的老师。"只要学生对某个问题产生了兴趣，就会启发思维，主动获取相关的知识，从而将"要我学"变为"我要学"。因此教师要善于思考，积极应对学生的情况，不断地调整适合学生的教学模式，不断地激发学生的学习兴趣与热情，从而更好地完成教学任务。今后我还将继续在此方面做进一步的教学实践尝试，同时也会多学习、交流和总结其他教师经验，以不断地提高自身的教学水平[3]。

参考文献

[1] 蒙昌宇，谭明雄，覃其品. 地方本科院校应用型人才培养[J]. 高教学刊，2019(06)：25-27.

[2] 段毅. 基于项目化管理的高职院校教学课程体系构建路径研究[J]. 课程教育研究，2019(08)：21-22.

[3] 伯涛. 在计算机教学中巧用项目化教学法[J]. 科学大众，2018(05)：45-48.

（作者简介：杨灿，男，1983年12月出生，河北保定人，信息工程学院办公室主任，讲师，本科毕业，主要研究方向为通信工程和控制工程，2014年3月至今在北京科技大学天津学院工作。）

数字电子技术在通信网络中的应用

张燕　王芳　刘俊培

(北京科技大学天津学院信息工程学院，中国　天津　301830)

摘　要：随着信息技术在全球范围内的广泛应用，社会在运行过程中，对外界数据信息获取需求在持续提升，此时通信网络作为人们获取数据信息的关键途径，能够保证其数据传输效率进一步提升，使数字电子技术在通信网络构建中发挥更大的作用是非常必要的。实践证明，数字电子技术不仅能有效缩短数据传输时间，还能扩展数据交换覆盖面积，在实际运用的过程中我们不难看出，其对通信领域乃至社会的前进与发展，都具备尤为重要的意义。

关键词：通信网络；数字电子技术；应用

Application of Digital Electronic Technology in Communication Network

ZHANG Yan　WANG Fang　LIU Junpei

(School of Information Engineering, Tianjin College,
University of Science and Technology Beijing, Tianjin 301830, China)

Abstract: With the wide application of information technology in the world, in the process of social operation, the demand for external data and information acquisition is also continuously increasing. At this time, communication network is the key way for people to obtain data and information, so as to ensure the further improvement of data transmission efficiency and make digital electronic technology play a greater role in the construction of communication network is very necessary. It has been proved by practice that digital electronic technology can not only shorten the data transmission time effectively, but also expand the coverage area of data exchange. In the process of practical application, we can see that it has a particularly important significance for the progress and development of communication field and society.

Key words: Communication network; Digital electronic technology; Application

1 数字电子技术的内涵及特征

1.1 内涵

数字电子技术涵盖的内容十分繁杂，因此对于相关的技术研究人员而言，可研究的范围十分广泛，例如集成芯片电路或者逻辑门电路的设计以及应用等，都属于数字电子技术的范畴。随着网络技术和科技的快速发展，技术人员采用数字电路对各种各样的通信信号进行处理，将算法进行简化操作，同时能对不同的模拟信号与数字信号进行转换，通过对模拟信号的加工，根据其需求进行再次转换，并给予其相应模拟信号。在通信网络中，数字电子技术有十分明显的优势，不仅可以快速转换各种模拟信号，还可以将数字电子技术与通信网络进行有效结合，既可以保证网络信息传输效率的迅速提升，又可以为人们的生活和通信提供更加便捷的服务[1]。

1.2 特征

数字电子技术具有优越的抗干扰性能。数字电子技术在对模拟信号进行转换的过程中，只对模拟信号中的数字量信息进行分析和处理，这种转换方式不但能够减少模拟信号在传输过程出现丢失数据情况发生的概率，还能够完成远距离的传输，不仅能减少各种各样的外在因素对网络传输信号的干扰，还能加快传输速度以及保证传输的准确性[2]。与其他信息技术相比，数字电子技术具备极强的抗干扰能力，能够保证信息快速、准确、安全地传递。

2 通信网络的特征

通信网络是用物理链路，将各个孤立的工作站或主机连在一起，组成数据链路，从而达到资源共享和通信的目的。通信是人与人之间通过某种媒体进行的信息交流与传递，因此网络通信就是通过网络，将各个孤立的设备进行连接，通过信息交换实现人与人、人与计算机、计算机与计算机之间的通信。通过网络通信人们能够迅速通过传输完成信息的传递和接收，并对信息进行分析以及加工处理，使信息在最短的时间内完成最大限度的传播[3]。对于当今社会的人们来说，通信网络已经成为生活和工作的必备品，人们能够通过通信网络快速得到各种各样的信息，在千万条信息中快速筛选出自己想要得到的信息，快速掌握国家以及国际的实时动态，自由发表言论。这样就拉近了人与人之间的距离，让人与人之间的交流变得更加紧密，让人们的生活更加便捷。

3 通信网络中使用数字电子技术的具体方面

3.1 注重通信网络构建的实际需求

实际上，通信网络构建的关键目的，就是有效地促进用户信息数据交流效率的提升，根据相应载体创建出合理的平台，为数据传输、接收以及共享提供便捷的通道。与此同时，为使用户使用需求得到真正满足，在实际进行数据交流的过程中，效率、稳定程度以及安全程度就必须得到保证，反之数据中的信息极易被居心不良者窃取，使网络使用者的隐私受到威胁，或者导致企业承受不必要的经济损失。基于此，若想确保通信网络的正常运行，则应格外重视海量数据的存储与传输，在需要先进技术作为支撑的前提下，促进数字电子技术作用的充分发挥。

3.2 注重通信网络数字信号转换

与传统信号处理方式相比，数字电子技术在通信网络构建中的优势是非常明显的，所以，在实际构建的过程中，相关人员必须重视数字电路信号与模拟信号的转换方式。在数字电子技术实际应用的过程中，将模拟信号向数字信号转换的需要放在首位，同时受到模拟信号传输途径不多的影响，若想确保数据信息传输的顺利开展，则相关人员必须保证模拟信号向数字信号传输的效率，或者混合传输的质量，如此才能使信号传输的作用得到最大程度的发挥。此外，由于大多数数字电路中的信号均为二进制信号，所以，将模拟信号转换成数字信号更加重要，这也是计算机进行后续处理工作的基础，为通信网络的顺利运行提供保障[4]。

3.3 信息传输

在通信网络中使用数字电子技术时，技术人员通过对其数字化特征进行分析后，能够利用集成电路元件，使数字信号快速完成对各类模拟信号的替代工作，达到优化信息资源的目的。同时，信息图像在进行传输过程中以数字信号为载体后，不仅可以提升电路中数据的传输质量与速度，也可以在扩大其功能作用的同时，保证数据传输数量最大化。

3.4 网络信息处理技术人员

通过对数字电子技术内涵与特征的分析，技术人员可以更有针对性地使信息在模拟环境下向数字信号进行转换，并通过转换手段，使信息处理质量能够在简化的分析算法中获得高效提升[5]。由于数字信号在传输过程中的稳定性与其自身的离散化特性有直接的关联，所以数字信号以信息载体的形式出现，不仅可以最大限度地保证失真信号出现的概率，还能够在提升信息传输质量的同时，保证其传输安全。

3.5 信号处理

传统的信息模拟信号不仅受噪声干扰现象严重，而且有较强的持续性。由于数字信号在进行采集工作时，幅值范围较大且信息离散化强，模拟信号在进行传输时，不仅可以免受噪声的干扰，还能最大限度地保护传输信息不受损坏，有效提升信息传递安全性、稳定性、质量与效率。因此在网络信息存储量极大的环境中，通信网络技术可以在有效保证信息传输安全性与完整性的同时，切实维护网络安全，并在建立绿色安全信息传输渠道的过程中，已经成为促进网络发展的中坚力量之一。所以数字电子技术能够在完成信号处理工作的同时，更好地推动网络数据信息平台的发展。

4 结论

在构建通信网络时，技术人员合理应用数字电子技术，通过模拟信号转变为数字信号的方式，使信息的传递速度、质量、安全性以及稳定程度得到提升，尤其在新时代、新形势的影响下，信息化已经渗透到世界人民日常生产生活中，这也是通信网络领域未来必然的发展趋势。所以，我们必须进一步重视数字电子技术在通信网络构建中的应用，使数字电子技术能够扩大实际应用领域，进而完善数字电子技术，推动通信网络的健康发展。

参考文献

［1］吴钟勇．数字电子技术在通信网络中的的应用［J］．电子技术与软件工程，2017（17）：41-41．

［2］郝俊红．数字电子技术在通信网络中的应用［J］．黑龙江科学，2017（24）：58-59．

［3］吴二勇．计算机网络中数字电子技术的应用实践［J］．中华建设，2016（9）：142-143．

［4］张通．数字电子技术在通信网络中的应用［J］．中国新通信，2018，20（17）：24-27．

［5］周贵舟．数字电子技术基础"虚实结合"的自主性实验模式研究［J］．电脑知识与技术，2019（5）：264-265．

（作者简介：张燕，女，1989年10月出生，河北邢台人，信息工程学院教师，助教，硕士研究生毕业，主要研究方向为电子与通信工程，2016年3月至今在北京科技大学天津学院工作。）

浅析数字电子技术的应用与发展

张燕 王芳 刘俊培

(北京科技大学天津学院信息工程学院,中国 天津 301830)

摘 要:随着科学技术的不断发展,数字电子技术得到了长足的进步与广泛的应用。数字电子技术的发展促进了计算机技术的发展,使传统行业与信息产业有效地融合起来,提高了行业的发展速度和效率。数字电子技术的应用范围越来越广泛,得到了社会各界的高度关注,很多学者和专家都致力于该方面的研究。本文阐述了数字电子技术的当前应用与发展情况,并对其未来进行了展望。

关键词:数字电子技术;应用;发展;未来

Simple Analysis of the Application and Development of Digital Electronic Technology

ZHANG Yan WANG Fang LIU Junpei

(School of Information Engineering, Tianjin College,
University of Science and Technology Beijing, Tianjin 301830, China)

Abstract: With the continuous development of science and technology, digital electronic technology has made great progress and been widely used. The development of digital electronic technology promotes the development of computer technology, integrates the traditional industry and information industry effectively, and improves the development speed and efficiency of the industry. The application of digital electronic technology in various fields is more and more extensive, and has also been highly concerned by the community. Many scholars and experts are committed to the research in this area. This paper describes the current application and development of digital electronic technology, and prospects its future.

Key words: Digital electronic technology; Application; Development ; Future

作为当前最重要的一种新兴技术,数字电子技术的功能非常强大,在很多领域中都发挥着巨大作用,有效地推动了整个社会的信息化进程。随着数字电子技术的应用范围不断扩大,其优势也更为突出。从实际应用来看,数字电子技术具有波形简单、容易被识别、精准度非常高、稳定性极强、抗干扰性能突出等优势。得益于数字电子技术的这些优势，我国信息产业整体水平得到了很大提升，产业结构也更为合理，有效地促进了全民经济的发展[1]。

1 数字电子技术概述

数字电子技术在诞生的初期是将晶体管和晶闸管作为其发展的主要部分，随着数字电子技术的发展，电子器件的整体水平有了显著的提升，更加高频化、集成化和全控化，在很多领域中都发挥着巨大作用。比如，当前人们使用的手机屏幕越来越大，机身却越来越薄，数字电子技术功不可没[2]。

模拟信号与数字信号的转换，实现了物理世界与数字世界的连接，而数字电子技术就是两者的桥梁。不同于模拟信号，数字信号的波形很容易被识别，变化比较少，通常为高电平或低电平，出现误差的可能性也比较小。这意味着数字电子技术在接收与处理信息上，速度更快、效率更高。数字电子技术在稳定性与可靠性方面更具优势，与模拟电子技术相比，数字电子技术的稳定性更强，其具有极强的抗干扰能力[3]。

2 数字电子技术的应用

2.1 数字电子技术在信号处理中的应用

模数、数模转换是模拟与数字领域的桥梁，为了能够用数字系统处理模拟信号，就必须将模拟信号转换成相应的数字信号，这个过程被称为模数转换，比如，将压力、流量、温度等物理信号通过传感器检测出来并转换为二进制数字信号，传输给计算机处理。我们把从数字信号到模拟信号的转换称为数模转换，比如，在将数字信号传输给模拟控制器之前还需要将数字信号转换为相应的模拟信号。数字电子技术在信号处理中的作用十分重要。

2.2 数字电子技术在网络信息处理中的应用

通过采用数字电子技术对网络信息进行处理、传输，这一应用不仅提高了网络信息在开展集成、处理过程中各环节的工作效率，而且充分提高了其涉及的网络信息的传输速度，有助于网络信号和数字信号彼此转换、处理、传输[4]。对于通信网络而言，数字信号相当于信息传输的媒介，可以接收信号以及处理相关模拟信号。另外在网络信息传输的过程中，借助数字技术开展通信操作，可以更充分地适应网络信息在传输方面对于容量以及效率的需要，其涉及的传输网络涵盖了计算机网络、通信网络以及数据库等多种形式的网络系统，在速度方面要快得多。

2.3 数字电子技术在家用电器中的应用

在我们的日常生活中，电子产品随处可见，家用电器中数字电子技术的应用最明显，主要体现在电子器件方面，例如，晶闸管以及硅对称开关等[5]。首先，通过数字电子技术实现温度控制，例如电热毯、电吹风以及电热杯等都是通过温度实现控制作用的；其次，通过灯光实现控制作用；最后，通过自动或者开关实现控制作用，例如电饭煲的定时器、冰箱的定时器等。

2.4 数字电子技术在国防领域的应用

随着科学技术的飞速发展，我国的国防领域各方面的要求更高了，数字电子技术因为自身的优势被广泛应用在国防领域中。数字电子技术目前已经成为国防装备改进环节中不可缺少的一部分,一方面其是推进我国国防发展的前提保障,另一方面其有效地完善了军事装备,使国防军事得以发展,促进了国防电子格局的转变,它的广泛应用对国防领域的进步起到了极为重要的推动作用[6]。

3　数字电子技术的发展趋势

信息时代使数字电子技术飞速发展,并迅速提升社会经济水平。与此同时,经济水平的快速提高也对数字电子技术提出了更高的要求。我们可以确信的是,在全民经济水平不断提升的过程中,数字电子技术水平将不断提升,应用范围也将不断扩大。在不久的将来,将会有更多的专家与学者致力于数字电子技术的研究,在多方面的共同探索下,数字电子技术的革新速度将加快,各行各业的信息化进程也将进一步加快。当前社会,计算机的普及率越来越高,大数据时代已经来临,数字电子技术将和各行各业更为紧密地融合在一起,有效地促进经济的发展[7]。

4　结论

本文就数字电子技术的应用现状展开了阐述,介绍了其在信号处理、网络信息处理、日常生活、国防领域方面的应用情况。我们确信在不久的将来,数字电子技术将在经济社会中发挥更重要的作用,有力地推动整个社会的进步。

参考文献

[1] 马晓晨. 数字电子技术的应用与发展分析 [J]. 中外企业家, 2016, (05): 121.

[2] 李劲松. 数字电子技术的发展现状分析 [J]. 电子世界, 2016, 10 (028): 42.

[3] 余孟尝. 数字电子技术基础简明教程 [M]. 北京: 高等教育出版社, 2006: 424-425.

[4] 李野, 王艳清. 数字电子技术在通信网络系统中的应用 [J]. 电子技术与软件工程, 2018 (13): 27.

[5] 王列峰. 数字电子技术在不同领域的应用研究 [J]. 数字技术与应用, 2017.08 (052): 101-104.

[6] 曲伟. 浅谈数字电子技术的应用与节能潜力 [J]. 现代工业经济和信息化, 2016 (17): 24-25.

[7] 张通. 数字电子技术在通信网络中的应用 [J]. 中国新通信, 2018, 20 (17): 24-27.

(作者简介:张燕,女,1989年10月出生,河北邢台人,信息工程学院教师,助教,硕士研究生毕业,主要研究方向为电子与通信工程,2016年3月至今在北京科技大学天津学院工作。)

激光 SLAM 在机器人导航中的应用研究

李豫新　于静　杨宇

(北京科技大学天津学院信息工程学院，中国　天津　301830)

摘　要：如今随着科技的快速发展与进步，各类机器人已经走入了人们的生活，例如扫地机器人，餐厅里的服务机器人等，这些机器人已经对人们的生活产生了重要影响。随着5G时代的来临，机器人将会更加普遍地出现在人们的生活中给人们带来便利，节约人们的时间和成本。而在各类机器人的实际运用中，在不同场景内的同步定位和场景建模问题是机器人在场景内是否能够进行自我控制和导航的重要问题之一。我们通过大量的文献以及国内外的研究，了解已经存在的学术成果，并通过查找已有的各类机器人，研究其在导航中所应用的技术，了解其运行状况有何相同或不同之处。本文以激光 SLAM 为例，对其在机器人导航中的应用进行研究。

关键词：机器人；激光 SLAM；自我控制；同步定位；地图构建

Research on the application of laser SLAM in robot navigation

LI YuXin　YU Jing　YANG Yu

(School of Information Engineering, Tianjin College,
University of Science and Technology Beijing, Tianjin 301830, China)

Abstract: Now with the rapid development and progress of science and technology, all kinds of robots have entered people's lives, such as sweeping robots, restaurant service robots and so on. These robots have had an important impact and change in people's lives. With the advent of the 5G era, robots will appear more commonly in people's lives to bring convenience to people, save people's time and cost. In the practical application of various types of robots, synchronous positioning and scene modeling in different scenes are one of the important issues of whether the robot can control and navigate itself in the scene. Through a large number of literature to learn some research and analysis of this de-

---

基金项目：天津市大学生创新创业训练计划项目资助（201913898001）资助

sign at home and abroad, to understand the existing academic achievements and by looking for existing types of robots, research its navigation application of technology, to understand its health of the same or different. This paper takes lidar as an example to study the application of laser SLAM in robot navigation.

Key words: Robots; Laser SLAM; Self-control; Synchronous positioning; Map building

1 引言

随着当代科技的快速发展，各类机器人逐渐被应用在人们的生活中，而现阶段的各类机器人在实际的场景应用中有两个十分关键的问题：在什么地方？周围是什么地方？不难看出，关于各类机器人在场景内的感知可分为内外两方面，一方面是机器人本身的位置，另一方面是外部的地图。确定机器人本身的位置和感知外部地图的解决方法有很多。例如在室外布设电磁线，使机器人能够循迹行走，或者安装全球定位系统（Global Positioning System，GPS）。本文利用激光雷达对机器人同步定位与地图构建的技术进行相应的研究。

2 SLAM

SLAM 是 Simultaneous Localization and Mapping 的缩写，中文译作同时定位与地图构建，SLAM 问题可以被描述为某一能够移动的机器人从未知环境中的一个起点出发，通过机器人本身所携带的传感器对周围的各种环境进行感知，确定机器人自身位置；通过机器人感知的信息构建一个地图模型，并对其位置不断更新，从而进行移动定位[1]。因此 SLAM 问题也可以转变为可移动机器人位置移动和观测信息概率计算问题。

3 机器人导航中的同步定位

激光 SLAM 源于早期的一些基本的测距定位方法，例如红外传感器测距和超声波传感器测距方法。激光雷达能使得各类机器人在场景内的测量更快更准，内容信息更加完整丰富，且因激光雷达测距相对准确，误差模型简单，在各类环境中运行稳定，处理点云信息也较为容易，所以各类机器人在路径规划和导航中得到了快速普及。

激光雷达通过粒子滤波的反射采集的周围场景物体的信息，这是一系列分散的、具有较为准确的角度和距离信息的点，被称为点云。大多情况下，激光 SLAM 系统通过对不同时间，不同地点的两个点云的匹配与对比，计算出装有激光雷达的机器人的相对运动的距离和位姿的改变，此时便完成了对机器人在场景内自身的定位。

4 机器人导航中的地图构建

目前机器人研究大多基于二维激光雷达的地图，主要根据点云计算进行匹配，求出单应性矩阵，将数据转到前一帧坐标系中。二维 SLAM 的研究中有很多方法，下面将从几种不同的方法中进行选择。

4.1 Scan-matching（高斯-牛顿方程）方法

Scan-matching 方法，即扫描匹配方法，它对机器人装载的传感器要求较高，其需要机器人装有高更新频率、小测量噪声的激光扫描，这样就不需要里程计，使机器人在不平坦区域运行存在运用的可能性。

利用已经获得的地图对激光束点阵进行优化，估计激光点在地图的表示和其占据网格的概率。其中扫描匹配利用的是高斯-牛顿方程的方法进行求解。找到激光点集映射到已有地图的刚体转换 (x, y, θ)[2]。

为避免局部最小而非全局最优（类似于多峰值模型的，局部梯度最小了，但非全局最优）的情况出现，地图就采用多分辨率的形式。

4.2 Gmapping 方法

Gmapping 方法（绘制地图法）采用的是统一黑化粒子滤波器（Rao-Blackwellized Paticle Filter，RBPF）的方法，为此我们必须了解粒子滤波（利用统计特性描述物理表达式的结果）的方法。

粒子滤波的方法一般需要大量的粒子来获取好的结果，但这一定会增加计算的复杂度。粒子是一个依据过程的观测逐渐更新权重与收敛的过程，这种重采样的过程必然会引起粒子耗散问题（depletion problem），大权重粒子显著，小权重粒子消失。

自适应重采样技术的引入减少了粒子耗散问题，计算粒子分布的时候不仅依靠机器人的运动（里程计），也依靠当前观测，减少了机器人位置在粒子滤波步骤中的不确定性。[3]

对这两种方法进行比较后，本文决定采用 Gmapping 方法进行地图的构建，因其可通过算法解决地图构建问题，减少更多的传感器，节约资金成本与时间成本，可通过其算法，解决机器人在定位与地图构建中的不确定性。

5 结论

本文从几个方面简要地谈论了激光 SLAM 在各类移动机器人导航中的一些应用问题的研究。在时代的进步中，各个研究者将一步步解决在各类环境中机器人导航的应用问题，将解决方案应用于各类可移动机器人当中。相信大家通过本文对机器人的同步定位与地图构建技术的研究有了一些了解，我们希望本文能够给大家带来一些启蒙知识，并对机器人导航中的应用的研究和发展有推动作用。希望在未来的某一天，在以激光及各类 SLAM 为基础的机器人导航应用问题中能够有新的技术出现，推动新时代的发展与进步。

参考文献

[1] 赵妍,解迎刚,陈莉莉. 基于 SLAM 算法的机器人智能激光定位技术的研究[J]. 激光杂志,2019,40(07):169-173.

[2] 白云裳,刘猛,冯酉鹏. 基于激光雷达 SLAM 室内定位方法[J]. 中国新通信,2019,21(16):52.

［3］杜哲夫. 基于激光雷达的室内移动机器人 SLAM 与导航技术研究［D］. 武汉：湖北工业大学，2019.

（作者简介：李豫新，男，1998 年 2 月出生，新疆克拉玛依人，北京科技大学天津学院 2016 级本科在读，主要研究方向为人工智能。于静，女，1981 年 12 月出生，天津人，信息工程学院副院长，高级工程师，硕士研究生毕业，主要研究方向为软件工程，2006 年 8 月至今在北京科技大学天津学院工作。杨宇，男，1992 年 6 月出生，河北定兴人，信息工程学院教师，助教，本科毕业，主要研究方向为控制理论与控制工程，2014 年 10 月至今在北京科技大学天津学院工作。）

基于微处理器应用类实践课程的项目分析能力的培养研究

张鸿博　陈儒敏　于静

(北京科技大学天津学院信息工程学院，中国　天津　301830)

摘　要：微处理器应用类实践课程是培养学生嵌入式产品设计开发能力的一门重要的实践类课程。学生运用所学理论知识在开发板上独立完成嵌入式系统项目，由于没有实践经验，大部分学生拿到项目题目无从下手。本文从项目开发角度出发，将项目开发分解为具体的操作步骤，引导学生按照步骤独立完成项目设计，目的是让学生了解微处理器应用类项目开发流程，提高分析问题和解决问题的能力，使学生具有走向工作岗位后能够成为嵌入式工程师的必备技能。

关键词：微处理器；实践课程；项目分析能力

Research on the Cultivation of Project Analysis Ability Based on Microprocessor Application Practice Course

ZHANG Hongbo　CHEN Rumin　YU Jing

(School of Information Engineering, Tianjin College,
University of Science and Technology Beijing, Tianjin 301830, China)

Abstract: The practical course of microprocessor application is an important practical course to cultivate embedded product design and development ability for students. Students use the theoretical knowledge they have learned to complete the embedded system project independently on the development board. Because of the lack of practical experience, most students feel unable to get the project title. From the point of view of project development, this paper decomposes the project development into concrete operation steps, and guides the students to complete the project design independently according to the steps. The purpose of this paper is to let students understand the development process of microprocessor application project, improve the ability of analyzing and solving problems, and enable students to have the necessary skills to become embedded engineers after moving to work.

Key words: Microprocessor; Practice course; Project analysis ability

1 引言

微处理器应用类实践课程，比如单片机原理与应用、嵌入式系统与应用，是培养学生动手能力的一个重要环节，是将理论应用于实际的重要教学方式，更是学生走向工作岗位后开展相关技术工作的重要基础，也是相关专业学生成为嵌入式工程师的必备技能。通过近几年的观察，大多数学生在上实验课时习惯按照实验指导书的步骤操作，能够完成实验指导书的基本实验要求，但是在相关课程的实践中往往不知道如何开展工作，没有一个清晰的思路去完成实践项目的要求，因此我们有必要在实践类课程当中加强培养学生的项目分析能力。

2 微处理器应用类实践课程分析

微处理器应用类实践课程被设置在对应的理论课之后，是对理论进行验证并进一步设计应用的重要环节。为了培养学生的项目分析能力，将课程设计为几个同等难度和同等工作量的项目，对学生提出基本要求，让学生按照要求实现功能。

微处理器应用类实践课程的项目可以分解为项目选择分析、任务需求分析、硬件设计、软件设计、系统测试、项目总结报告等环节。在教学过程中，按照这几个重要环节设置阶段性任务，引导学生在每个环节中自主思考、讨论、决定和实施[1]。同时我们把学生分为两到三人一组，每组一套设备，目的是培养学生团队合作和协调解决问题的能力，也是在面临较难问题的时候学生能够相互探讨、不轻易放弃自己研究而完全依赖老师。

2.1 项目选择分析

在设置项目的时候，教师给出几个同等难度的题目，难度根据实验课程内容基础设置，既综合实验中的各项基本内容又有选择地提高难度，给学生一定的时间去查资料，了解项目要实现哪些功能，需要哪些知识点，然后小组讨论决定。比如单片机原理与应用实践课程可以设置基于时钟芯片的万年历、温湿度显示仪、频率计、计步器等项目。老师可以在项目选择过程中解答学生查阅资料过程中的疑问。但是这里容易出现的问题是大家都会担心做不出成果而避重就轻地选容易的题目，比如，功能少不需要外接器件的题目，所以老师要设定限选规则或激励策略，鼓励学生挑战。

2.2 任务需求分析

在这个阶段学生已经拿好了题目，但只是了解基本功能，显然这与实际工作情形有一定的距离，为了尽可能地接近市场要求，老师就要引导学生在基本功能基础上增加和细化功能，这也是任务需求分析的重点。比如嵌入式处理器电子钟的设计，基本功能是显示时间，但可以在做任务需求分析时考虑显示方式（液晶显示或数码管显示），是否增加闹钟功能、时间调整功能、计时器功能等，按照激励策略可以在完成基本功能的前提下每增加一项功能奖励一定分数。最后让学生形成书面的任务需求分析，将要实现的功能按照模块分解描述清楚。

2.3 硬件设计

本阶段的要求是根据任务需求完成的，因此教师应引导学生按照功能模块设计硬件电路图，由于这是学生实际动手的第一步，很多学生习惯了照搬教材，这时候就不知道如何下手。对于这种情况老师可以引导学生参考实验讲义的内容，比如，实验中基本输入输出（General

Purpose I/O，GPIO）的应用和数码管结合可以完成显示电路的设计，键盘实验结合时间调整功能可以完成设置模块的接线设计。

2.4 软件设计

软件设计最大的工作内容通常是编程和调试，本科实践课程序不会太复杂，基本上是实验课上各个功能模块的组合。即便如此，很多同学还是不知道从哪一句开始编程，这时候教师应引导学生分析微处理器实验课程序框架，包括头文件的解读，硬件接线的映射，初始化时寄存器的设置，功能模块的实现等，让学生把包含这些模块的程序框架搭建起来，然后在里面设置细节和编写功能模块。细节设置包括硬件接线的映射，GPIO 初始化，看门狗初始化，定时器初始化，这些初始化方法已经在理论课和实验课上练习过，这样学生就不会无从下手。程序的调试是一个难点，教材给出的往往是调试完成以后能够正确运行的程序，而大部分学生毫无调试经验，因此在初始阶段可以利用相关专业的论坛等，这时候老师要给出调试办法，鼓励学生大胆去试，让实践课的经验确实是学生自己的经验。

2.5 系统测试

一般实践课设置 32 学时，不会留太多时间在课上进行系统测试，但是至少要学生给出系统测试的方案，这是启发学生独立思考的一个重要环节。在此阶段，教师要指导学生尽可能多地想到会出现的情况，并且写到测试方案里。

2.6 项目总结报告

项目总结报告是锻炼学生在专业技术领域表达和总结能力的训练，它系统地梳理了整个项目。老师给出报告标题框架，如果学生的项目总结报告做得好，就掌握了项目开发的整个流程，并对其中的知识点掌握得很扎实。

项目总结报告包括项目介绍、任务需求分析、硬件设计方案、软件流程设计、代码设计、测试报告、总结，共七部分。

3 实施案例

北京科技大学天津学院信息工程学院在嵌入式系统与应用实践课和 SOC 单片机原理与应用实践课中实施了项目分析教学模式，学生在 KL25 开发板和 C8051F 开发板上完成了电子万年历、温湿度测试仪和基于 DS1820 的温度显示的设计。关于 2016 级通信专业和 2017 级计算机（春招）专业项目分析效果小样本数据统计如表 1 所示。

表 1 项目分析模式效果小样本数据统计

学生	小组数	超预期完成		预期完成		指导完成		修改完成		分析
		组数	比率/%	组数	比率/%	组数	比率/%	组数	比率/%	
2016 级通信专业	16	4	25.0	6	37.5	4	25.0	2	12.5	2017 级计算机春招班基础相对薄弱，是首次接触微处理器课程；2016 级通信专业前面学期有过类似课程设计
2017 级计算机春招班	15	2	13.3	3	20.0	6	40.0	4	26.7	

4 总结

本文从项目选择分析、任务需求分析、硬件设计、软件设计、系统测试、项目总结报告六个步骤分解项目，引导学生按照步骤实施项目设计。这种实践课模式符合本科阶段应用型人才培养要求，在以后的教学过程中，我们应不断探索这种模式的应用并逐渐完善相关步骤的细节，使微处理器应用类实践课能够达到更好的培养效果。

参考文献

［1］曾敬．项目驱动教学法在电子信息类课程中的应用与实践［J］．信息与电脑，2018（23）：252-256.

（作者简介：张鸿博，女，1980年10月出生，河北沧州人，硕士研究生，研究方向为检测技术与自动化装置，北京科技大学天津学院教师。）

矿用汽车行星齿轮液力变速箱的研究

焦万铭 李金英 徐妍 张超

(北京科技大学天津学院机械工程系,中国 天津 301830)

摘 要：由于矿用汽车使用中路况复杂、冲击大、满载上下坡时间长,故其对变速箱的技术要求较高。本文介绍的 ZBYX4451 型变速箱采用液力驱动,配置液力变矩器和缓行器,机械传动采用行星齿轮结构,结构紧凑,可传递较大功率,可以被广泛用于 40 t 矿用汽车及同级别的公路汽车。

关键词：液力变矩器；液力缓行器；行星齿轮；液压系统

Planetary Gear Hydraulic Gearbox Researchof Mining Truck

JIAO Wanming LI Jinying XU Yan ZHANG Chao

(Department of Mechanical Engineering, Tianjin College,
University of Science and Technology Beijing, Tianjin 301830, China)

Abstract: Gearbox of the mining truck requires higher technology because on full load it works with harder conditions, larger impact and longer uphill and downhill time. In this paper, a hydraulic driving system is used in the ZBYX4451 gearbox with torque converter and retarder. Its mechanical transmission adopts compact structure of planetary gear. The gearbox is able to transmit large power and is widely used to 40 tons mining trucks and other similar road tucks.

Key words: Hydraulic torque converter; Hydraulic retarder; Planetary gear; Hydraulic system

近年来国内矿用汽车发展迅速,但与之配套的液力变速箱发展较缓慢,总体寿命较短,主要是矿山道路标准低、弯道多、坡路多、转弯半径小,多数矿用汽车矿山满载连续上坡,发动机和传动系满负荷运行时间长[1]所致。在国外变速箱的基础上,从事矿山设备研究的科技人员研制出 ZBYX4451 型液力变速箱。此变速箱采用液力驱动,配置液力变矩器和缓行器,机械传动采用行星齿轮结构,结构紧凑,可较好适应矿山工作环境。

1 液力变速箱结构

图 1 所示为变速箱结构简图。液力变速箱主要包括液力变矩器、液力缓行器、六组湿式离合器和四组行星排、双联泵及液压附件等元件，动力由前端输入轴 1 到变矩器涡轮 2 和变矩器泵轮 3，经过液力缓行器 16 传递到前进挡离合器 4，经过中间传动轴 15 将动力传递到行星齿轮排（以下简称行星排）（11～14），由压力油驱动控制不同的挡位离合器（5～9），可以使相应的行星齿轮副动作，输出 5 个前进挡和 1 个倒退挡，最终由输出轴 10 输出动力。

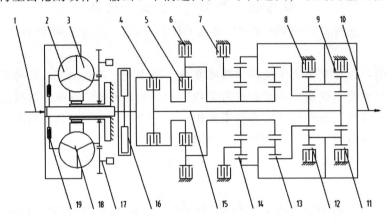

1—输入轴；2—变矩器涡轮；3—变矩器泵轮；4—前进挡离合器；5—五挡离合器；6—四挡离合器；7—三挡离合器；8—二挡离合器；9——挡离合器；10—输出轴；11——级行星排；12—二级行星排；13—三级行星排；14—四级行星排；15—中间传动轴；16—液力缓行器；17—外接油泵动力输出；18—变矩器导轮；19—闭锁离合器。

图 1 变速箱结构简图

1.1 液力变矩器

该变速箱使用的是单级三元件综合式变矩器，工作时变矩器的泵轮 3 由发动机驱动，带动变矩器内的液力油转动，从泵轮空腔的液力油冲击涡轮空腔中的斜面，驱使涡轮 2 转动，再通过变矩器导轮 18 的叶面回到泵轮，液力油在变矩器中循环流动，实现由泵轮到涡轮的动力传递。

当负荷较大、转速较低时，涡轮出口处液流冲击在导轮的叶片上，安装在导轮上的超越离合器压紧工作，导轮不转动但承受扭矩，涡轮输出扭矩较小。此时变矩器效率较低，车辆处在起动或上坡工况。泵轮转速继续升高，接近涡轮转速时，导轮的超越离合器开始放松，此时变矩器转入耦合器工况工作，泵轮与涡轮转矩相近，效率较高[1]。当闭锁离合器工作时，涡轮和泵轮成刚性连接，传动效率接近 100%，此工况是矿用汽车在平路工作时运行使用。

1.2 液力缓行器

变速箱配有液力缓行器，其处于变矩器和行星齿轮之间，由变速箱的壳体组成封闭空腔，内部有转子可以随传动轴转动。车辆在平路正常行驶时，液力缓行器空腔内没有液压油，转子在空腔内转动，搅动空气只损耗极少的功率；车辆下坡时，通过液控阀向液力缓行器空腔充油液，转子转动油液造成阻力，用于抵消下坡产生过多的机械能，对汽车起辅助制动作用[2]。液力缓行器转子转速与转矩的关系如图 2 所示。

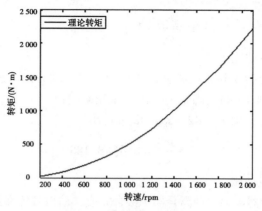

图 2 转速和转矩关系

1.3 行星齿轮机械变速器

变速箱换挡装置采用行星齿轮传动和湿式离合器结构，共有 4 套行星排（11~14）和 6 个离合器（4~9），每套行星排包括 1 个太阳轮、4 个行星轮（构成行星轮架）和 1 个内齿圈。动力由中间传动轴可以传递到三、四级行星排的太阳轮，通过不同离合器的接合，控制行星排中的构件，以不同速度的输出动力。挡位和离合器接合对应表如表 1 所示。

表 1 挡位和离合器接合对应表

挡位	接合的离合器	传动比
一挡	前进挡和一挡离合器	5.182
二挡	前进挡和二挡离合器	3.188
三挡	前进挡和三挡离合器	2.02
四挡	前进挡和四挡离合器	1.37
五挡	前进挡和五挡离合器	1
倒挡	五挡和一挡离合器	-9.93

下面介绍挡位传动比的计算。

一个独立运行的行星排的构件角速度方程式[3] 为

$$\omega_a + p\omega_b - (1+p)\omega_H = 0 \quad (1)$$

式中，ω_a 为行星排太阳轮的角速度；ω_b 为行星排内齿圈的角速度；ω_H 为行星排行星轮架的角速度；p 为行星排的特性参数，$p = \dfrac{z_b}{z_a}$，z_b 是行星排内齿圈的齿数，z_a 是行星排太阳轮的齿数。

计算行星齿轮机械变速器的挡位传动比，在角速度方程式基础上，由星结构的连接关系得出关系式，经换算整理就可计算出输入和输出速度的比值。

一挡：由前进挡离合器 4 和一挡离合器 9 接合完成，动力由前进挡离合器传到中间传动轴 15，然后传到四级行星排 14 的太阳轮上，由行星轮架直接输出。

由角速度方程式得

$$\omega_{a4} + p\omega_{b4} - (1+p_4)\omega_{H4} = 0 \quad (2)$$

一挡离合器接合后，内齿圈的速度为 0，即 $\omega_{b4} = 0$。

由 $z_{a4} = 22$，$z_{b4} = 92$，$p_4 = \dfrac{z_{b4}}{z_{a4}}$，解得

$$i_1 = \frac{\omega_{a4}}{\omega_{H4}} = 1 + p_4 = 5.182 \tag{3}$$

式中，i_1 为一挡变速箱传动比。

二挡：由前进挡离合器 4 和二挡离合器 8 接合完成，动力由前进挡离合器传到中间传动轴 15，再传到三级行星排 13 的太阳轮上，由行星轮架输出。

计算方法与一挡一样，由 $z_{a3} = 42$，$z_{b3} = 92$ 可得出

$$i_2 = \frac{\omega_{a3}}{\omega_{H3}} = 1 + p_3 = 3.188 \tag{4}$$

式中，i_2 为二挡变速箱传动比。

三挡：由前进挡离合器 4 和三挡离合器 7 接合完成，动力被传递到中间传动轴 15，使三级行星排 13 的太阳轮和二级行星排 13 的内齿圈同转速，然后由二级行星排的行星轮架输出。

一级和二级行星排的角速度方程式为

$$\omega_{a1} + p_1 \omega_{b1} - (1+p_1) \omega_{H1} = 0 \tag{5}$$

$$\omega_{a2} + p_2 \omega_{b2} - (1+p_2) \omega_{H2} = 0 \tag{6}$$

由于一挡离合器接合，一级行星排的行星轮架固定，则 $\omega_{H1} = 0$。

由行星排的连接关系可得 $\omega_{a1} = \omega_{a2}$，$\omega_{b1} = \omega_{H2}$。

已知 $z_{a1} = 48$，$z_{b1} = 80$，$p_1 = \frac{80}{48}$；$z_{a2} = 31$，$z_{b2} = 81$，$p_2 = \frac{81}{31}$，解得

$$i_3 = \frac{\omega_{b2}}{\omega_{H2}} = \frac{1 + p_1 + p_2}{p_2} = 2.02 \tag{7}$$

式中，i_3 为三挡变速箱传动比。

四挡：由前进挡离合器 4 和四挡离合器 6 接合完成，此时动力由中间传动轴 15 传到二级行星排 13 的内齿圈，再由二级行星排的行星轮架输出。

由二级行星排的角速度方程式得

$$\omega_{a2} + p_2 \omega_{b2} - (1+p_2) \omega_{H2} = 0 \tag{8}$$

四挡离合器接合后，二级行星排的太阳轮固定，即 $\omega_{a2} = 0$。

由 $z_{a1} = 48$，$z_{b1} = 80$，$p_1 = \frac{80}{48}$，解得

$$i_4 = \frac{\omega_{b2}}{\omega_{H2}} = \frac{1 + p_2}{p_2} = 1.37 \tag{9}$$

式中，i_4 为四挡变速箱传动比。

五挡：由前进挡离合器 4 和五挡离合器 5 接合完成，动力传到二级行星排 13 的内齿圈，同样由二级行星排的行星轮架输出。

由二级行星排的角速度方程式得

$$\omega_{a2} + p_2 \omega_{b2} - (1+p_2) \omega_{H2} = 0 \tag{10}$$

五挡离合器接合后，二级行星排的太阳轮和内齿圈转速相等，即 $\omega_{a2} = \omega_{b2}$，解得

$$i_5 = \frac{\omega_{b2}}{\omega_{H2}} = 1 \tag{11}$$

式中，i_5 为五挡变速箱传动比。

倒挡：由五挡离合器 5 和一挡离合器 9 接合完成，此时动力传到二级行星排的太阳轮，

由二级行星排的内齿圈传通过三级行星排的太阳轮递到四级行星排的太阳轮,再由四级行星排的行星轮架输出。

由二级和四级行星排的角速度方程式得

$$\omega_{a2}+p_2\omega_{b2}-(1+p_2)\omega_{H2}=0 \quad (12)$$

$$\omega_{a4}+p_4\omega_{b4}-(1+p_4)\omega_{H4}=0 \quad (13)$$

根据行星排之间的连接关系得 $\omega_{b2}=\omega_{a4}$,$\omega_{H2}=\omega_{H4}$。

一挡离合器接合后,四级行星排的太阳轮固定,故 $\omega_{b4}=0$。

已知 $z_{a2}=31$,$z_{b2}=81$,$p_2=\dfrac{81}{31}$;$z_{a4}=22$,$z_{b4}=92$,$p_4=\dfrac{92}{22}$,解得

$$\frac{\omega_{a2}}{\omega_{H4}}=1-p_2p_4=-9.93 \quad (14)$$

1.4 液压系统

液力变速箱的液压系统有换挡、润滑、保证变矩器和液力缓行器运转的功能,液压系统原理如图3所示。

此变速箱液压系统有2个油泵26和27,吸油前均先经过吸油过滤器28,油泵27提供的液压油经过精滤器25后给换挡系统和变矩器供油,安全阀18保证液压油压力小于2.8 MPa。当换挡回路中挡位控制阀(8~19)打开时,液压油通至换挡油缸(1~6)实现换挡。需要闭锁时,液力变矩器闭锁控制阀8打开,液压油通至前进挡换挡油缸1实现变矩器闭锁。油泵26直接将液压油提供至变速箱的润滑系统,润滑调压阀24保证润滑压力小于0.3 MPa,多余的液压油通至液力变矩器。

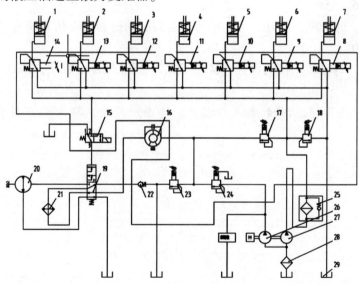

1—前进挡换挡油缸;2—一挡换挡油缸;3—二挡换挡油缸;4—三挡换挡油缸;5—四挡换挡油缸;6—五挡换挡油缸;7—闭锁油缸;8—闭锁控制阀;9—五挡控制阀;10—四挡控制阀;11—三挡控制阀;12—二挡控制阀;13—一挡控制阀;14—前进挡控制阀;15—缓行器先导阀;16—液力变矩器;17—主压调压阀;18—安全阀;19—缓行器控制阀;20—液力缓行器;21—油水热交换器;22—回油调压阀;23—变矩器调压阀;24—润滑调压阀;25—精滤器;26—油泵a;27—油泵b;28—吸油过滤器;29—油箱。

图3 变速箱液压系统原理

不打开挡位控制阀时，液压油通过主压调压阀 17 进入液力变矩器 16，变矩器调压阀 23 保证液压油压力小于 0.8 MPa 以确保变矩器正常工作。液压油通过液力变矩器进入缓行器控制阀 19，经过油水热交换器 21 冷却后，再经过回油调压阀回到油箱，回油调压阀的作用是保证整个系统压力大于 0.1 MPa。

液压油由换挡回路引入缓行器先导阀 15，当打开先导阀电磁开关时，阀芯滑动使缓行器控制阀 19 的液压油压力升高，控制阀滑阀换位，此时油水热交换器 21 的液压油经过缓行器控制阀 19 的一个腔进入液力缓行器 20 的转子室，产生制动力矩。液压油再通过缓行器控制阀 19 的另外一个腔进入油水热交换器 21，形成液力缓行器的循环回路。

2　结论

本论文主要论述了用于矿用汽车的 ZBYX4451 型液力变速箱的结构，包括液力变矩器、液力缓行器、行星齿轮变速机构和液压系统。此变速箱对行驶过程中的冲击可实现有效缓冲，下坡时避免制动装置过度使用而产生高温，车辆更加安全，可以很好地适应矿山的工作环境。

参考文献

[1] 张国芬，张文明，刘晋霞，等. 矿用汽车 5+2 变速箱的研究 [J]. 矿山机械，2006（6）：54-56.

[2] 贾云海，张文明，杨珏，等. 液力缓速器制动过程动态仿真研究 [J]. 汽车技术，2009（7）：26-30.

[3] 饶振刚. 行星传动机构设计 [M]. 北京：高等教育出版社，2003.

（作者简介：焦万铭，1974 年 4 月出生，博士研究生，现为北京科技大学天津学院教师。）

基于 MATLAB 的数控机床工作台位置控制系统的优化与研究

徐江燕　马立坤　迟欢　张超　徐妍　陶恒熠

(北京科技大学天津学院机械工程系，中国　天津　301830)

摘　要：数控机床作为一种高精度的机械加工设备，在机械制造领域有不可替代的作用。高精度、高可靠性的数控机床工作台位置控制系统是其正常进行工作的保障。本文先对数控机床工作台位置控制系统的各个组成部分进行建模，然后基于 MATLAB 设计出一种 PID 控制器，实现对传统数控机床工作台位置伺服控制的优化研究。

关键词：数控机床；位置控制；PID 控制器；MATLAB

The Optimization and Research of The Position Conrol System of CNC Machine Table Based on MATLAB

XU Jiangyan　MA Likun　CHI Huan
ZHANG Chao　XU Yan　TAO Hengyi

(Department of Mechanical Engineering, Tianjin College, University of Science and Technology Beijing, Tianjin 301830, China)

Abstract: As a kind of high precision machining equipment, CNC machine tool plays an irreplaceable role in the field of mechanical manufacturing. The position control system with high precision and high reliability is the guarantee to make it work normally. In this paper, the components of the CNC machine table position control system are modeled, and then a PID controller is designed based on MATLAB to optimize the position servo control of the traditional CNC machine table.

Key words: CNC; The position control; PID controller; MATLAB

1　引言

数控机床通过控制设备所给出的指令驱动相应的电动机，以此来控制工作台进行相应的动作,但实际上从发出指令的工作电路开始到最终工作台移动的整个过程,每个环节都不可避免地会产生一些误差,甚至影响系统的稳定性。为实现高精度、高频响、低噪声和稳定性的控制,本文中数控机床工作台位置控制系统选择直流电动机驱动[1,2],其系统框图如图1所示。

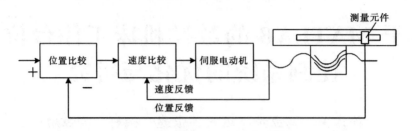

图1 数控机床工作台伺服控制系统

2 控制系统设计

为了提高工作台的移动精度,本系统就采用检测电位器[3],它能够获得工作台的实际移动位置,同时反馈给输入装置,将其与控制命令进行对比。根据对比所得的结果,可得工作台实际位置与期望位置之间的误差,然后根据得出的误差来决定控制动作,最终消除误差,提高精度。其控制原理如图2所示。

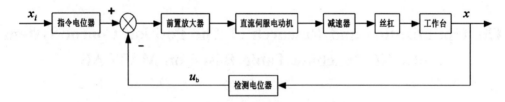

图2 数控机床工作台位置控制原理

对于一个数控机床工作台位置控制系统来说,稳定性是其工作的前提,因此稳定性分析是必不可少的,也是首要的。工程应用往往要求有一定的裕量值,才能使系统性能指标达到设计要求。

通过查阅相关文献,在系统设计过程中进行相应元器件选型,本文所选主要元器件参数如表1所示。

表1 主要元器件参数

元器件名称	参数
指令电位器	指令转换系数:1
检测电位器	放大系数:1
前置放大器	放大系数:K_b
直流伺服电动机	电枢绕组电阻和电感:200 Ω,0.2 H 反电动势常数和电磁力矩常数:1,2 000 总转动惯量和总负载力矩:1 kg·m²,0

当不能忽略电枢绕组的电感时，该系统为三阶系统，其开环传递函数和闭环传递函数分别为

$$G_K(s) = \frac{4\,000K_b}{0.2s^3+200s^2+2\,000s} \tag{1}$$

$$G_B(s) = \frac{4\,000K_b}{0.2s^3+200s^2+2\,000s+4\,000K_b} \tag{2}$$

根据系统的闭环传递函数可得系统的特征方程为

$$0.2s^3+200s^2+2\,000s+4\,000K_b=0 \tag{3}$$

建立其劳斯阵列表，可得

$$\begin{array}{c|cc} s^3 & 0.2 & 2\,000 \\ s^2 & 200 & 4\,000K_b \\ s^1 & a_1 & 0 \\ s^0 & 4\,000K_b & \end{array}$$

其中

$$a_1 = \frac{200\times2\,000-0.2\times4\,000K_b}{200} \tag{4}$$

由劳斯稳定判据得，系统稳定的充要条件是劳斯阵列表中第一列元素符号均为正值，所以当系统稳定时有

$$\begin{cases} a_1>0 \\ 4\,000K_b>0 \end{cases}$$

故可得前置放大器的放大倍数 K_b 的取值范围为 $0<K_b<500$。

在系统的稳定判断中，相位裕度 γ 和幅值裕度 K_g 是两个重要指标，这两个指标被称为系统的相对稳定性。为了更好地判断系统的稳定性，K_b 分别取 40 和 600，基于 MATLAB 软件仿真得到该系统如图 3 和图 4 所示的相应的开环传递函数的伯德图。

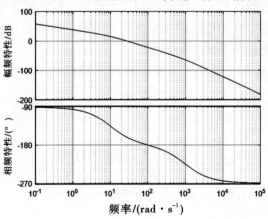

图 3 $K_b=40$ 时开环传递函数的伯德图

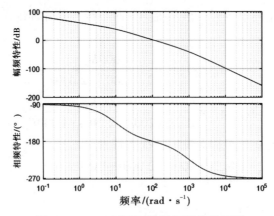

图4　$K_b=600$ 时开环传递函数的伯德图

在得到相应的伯德图后，再利用 MATLAB 软件求出相应的相位裕度和幅值裕度，如表2所示。

表2　K_b 在不同取值时的相位裕度和幅值裕度

K_b	幅值裕度/dB	相位裕度/(°)	相位穿越频率/s^{-1}	幅值穿越频率/s^{-1}
40	21.938	18.5503	100.00	27.5397
600	-1.5836	-1.0430	100.00	109.5165

我们从工程控制的实践中可以得知，为了能够让系统具有满意的稳定性余量和稳定程度，一般我们就希望相位裕度 $\gamma=30°\sim60°$，幅值裕度 $K_g>6$ dB。通过表2可以得知，当 $K_b=40$ 时，系统虽然稳定，但是相位裕度太小；当 $K_b=600$ 时，相位裕度小于0°，所以系统不稳定。针对这些问题，我们需要对系统进行优化设计。

3　系统优化设计

优化设计过程要求系统的相位裕度大于或等于45°，还要求保证系统的稳态精度并提高系统的动态性能，而相位超前校正法能够做到预先使相位在剪切频率附近和比剪切频率还高的范围提前一些，故采用串联相位超前校正优化的方法，这样就能保证在相位裕度增大后，再增加系统的增益而不会损坏系统的稳定性。

本文通过计算分析研究，设计了一个串联相位超前环节[4,5]，传递函数为 $G_c(s)=\dfrac{0.0514s+1}{0.012s+1}$，从而可进一步得到该数控机床工作台位置控制系统在串联相位超前环节优化后的开环传递函数为

$$G_K(s)=\frac{8224s+160000}{0.0024s^4+2.6s^3+2000s} \tag{5}$$

利用 MATLAB 软件得到优化后系统的伯德图如图5所示。

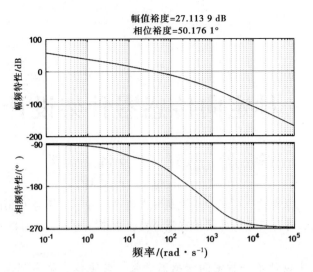

图5 优化后系统的伯德图

我们通过针对图 5 与图 3 以及表 2 进行对比可以得出结论，该数控机床工作台位置控制系统在校正优化后，其相位裕度由校正前的 18.55° 变为 50.176 1°，幅值裕度由校正前的 21.938 dB 变为 27.113 9 dB。因此，本文所设计加入的串联相位超前控制器 $G_c(s)$，可使系统的稳定裕度达到理想的设计要求，进而达到了系统性能指标的改进优化目的。

4 结论

本文所设计的 PID 位置控制器结构简单、整定方法容易，我们通过仿真验证分析，实现了对所研究的数控机床工作台位置控制系统的稳定性优化设计，也为现实生产中数控机床的设计研究工作提供了一定的理论研究价值。

参考文献

[1] 刘慧敏. 高强度运行环境下机械数控机床位置控制研究 [J]. 科技通报，2018，34（02）：179-182+187.

[2] 丘永亮. 基于模型辨识的数控机床专用伺服电机位置控制 [J]. 电机与控制应用，2017，44（11）：50-54.

[3] 刘恒. 开放式数控机床控制系统设计 [J]. 大众科技，2014，16（11）：80-81.

[4] 申永，赵国勇，安红静. 数控机床位置控制中非线性 PID 控制器的设计 [J]. 机械工程与自动化，2012（04）：124-125+128.

[5] 张益顺，杨海，罗正球. 基于遗传算法的数控机床进给伺服系统模糊 PID 位置控制研究 [J]. 工业仪表与自动化装置，2009（06）：53-56.

（作者简介：徐江燕，女，1987 年 3 月出生，安徽安庆人，硕士研究生，研究方向为控制理论与控制工程及传感器技术，北京科技大学天津学院教师。）

一种定向传感器骨架设计

徐江燕[1]　刘军[2]　焦万铭[1]　班岚[1]
迟欢[1]　张超[1]　马立坤[1]

(1. 北京科技大学天津学院机械工程系，中国　天津　301830
2. 青岛汉源传感技术有限公司，中国　青岛　266111)

摘　要：文中设计了一种定向传感器骨架，其主体骨架内部设有3个第一安装孔和3个第二安装孔，第一安装孔内设有三轴磁通门传感器，第二安装孔内设有加速度计，另外介绍了一种该设计骨架的实施案例。经过产品制作确定该定向传感器骨架设计的合理性。

关键词：定向传感器；主体骨架；磁通门传感器；加速度计

A Framework Design of Orientation Sensor

XU Jiangyan[1]　LIU Jun[2]　JIAO Wanming[1]　BAN Lan[1]
CHI Huan[1]　ZHANG Chao[1]　MA Likun

(1. Department of Mechanical Engineering, Tianjin College,
University of Science and Technology Beijing, Tianjin 301830, China
2. Qingdao Hanyuan Sensor Technology Co., Ltd, Qingdao 266111, China)

Abstract: A kind of orientation sensor framework is designed in this paper. The main framework is provided with three first mounting holes and three second mounting holes. The first mounting holes are provided with a three–axis fluxgate sensor, and the second mounting holes are provided with an accelerometer. In addition, an example of the design framework is introduced. The rationality of the frame design of the orientation sensor is confirmed by the production.

Key words: Orientation sensor; The main framework; Fluxgate sensor; Accelerometer

1　设计背景

一口油井能否按要求的井斜和方位钻探，关系着这口井最终能否到达目的层（油层）和能否出油。随着小块零散油层的开采和大位移井、大斜度井、丛式井、水平井的日益增多,我们需要精度更高、可靠性更高的定向传感器进行测量。目前,国内外使用的定向传感器通常采用7075铝合金作为骨架材料,本文所研究的定向传感器通过集成三轴加速度计和三轴磁通门传感器[1]对钻头进行导向,且加速度计通过4个安装螺钉被安装在骨架上,磁通门传感器通过6个顶紧螺丝被安装在骨架上。实际钻井[2]过程产生的振动频率范围为10~500 Hz,最大加速度可以达到20 m/s²。由于加速度计采用石英挠性加速度计,其内部的石英摆片对振动和冲击敏感,在大量级振动情况下容易出现损坏。骨架上的振动能够直接传到加速度计上。虽然现用的加速度计[3]能够承受20 m/s²的振动,但是,长期的大量级振动会对加速度计的稳定性和寿命造成影响。同时,铝合金骨架的共振点频率在450 Hz左右,一旦骨架发生共振,加速度计所承受的振动加速度就会远大于20 m/s²,加速度计就会被损坏,磁通门传感器的位置和相对角度也会发生变化漂移,测量精度也会降低。

2 骨架设计

为了解决上述问题,本文就设计了一种定向传感器骨架,所采用材料为钛合金。其结构包括主体骨架,内部设有3个第一安装孔和3个第二安装孔,第一安装孔内设有磁通门外壳,磁通门外壳的中部设有凹槽,被用于放置磁通门传感器内芯;磁通门外壳的两侧设有翼边,被用于连接磁通门外壳和主体骨架。第二安装孔内设有加速度计,加速度计的周边及其底部与第二安装孔之间均灌封有硅胶层。定向传感器骨架的整体结构如图1所示。

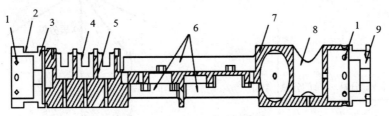

1—通孔;2—环形凹槽;3—下端头;4—磁通门外壳;5—第一安装孔;
6—安装槽;7—主体骨架;8—第二安装孔;9—上端头。

图1 定向传感器骨架的整体结构

主体骨架的两端分别连接有上端头和下端头,且上端头和下端头处均设有环形凹槽,其端面处均设有第三安装孔,被用于安装电连接器,且两者的外围侧壁处均设有通孔,连接件贯穿通孔与电连接器相抵。其上端头的右视图和下端头的左视图分别如图2和图3所示。

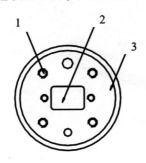
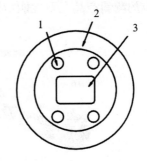

1—螺钉孔;2—第三安装孔;3—上端头。　　1—螺钉孔;2—下端头;3—第三安装孔。
图2 上端头的右视图　　　　　　　　**图3 下端头的左视图**

3 实施案例

如图 1~图 3 所示，该定向传感器骨架包括主体骨架、上端头和下端头，主体骨架为圆柱体，采用钛合金制成，以确保主体骨架在 50~500 Hz 范围内不会发生共振。主体骨架的左端设有 3 个方形的第一安装孔，被用于安装磁通门传感器；其右端设有 3 个第二安装孔，被用于安装加速度计；其中部设有 3 个安装槽，被用于安装印制板。

第一安装孔内设有磁通门外壳，采用铝合金制成，其中部设有凹槽，被用于放置磁通门传感器内芯；其两侧设有翼边，且翼边位于第一安装孔外，连接件贯穿翼边将磁通门外壳和主体骨架压紧固定，在钻井过程中，保证磁通门传感器的位置和角度保持不变，提高测量精度。

加速度计通过耐高温硅胶灌封在第二安装孔内，加速度计的周边及其底部与第二安装孔之间的硅胶层厚度为 1~1.5 mm，硅胶质地软、弹性大，能够缓冲主体骨架的振动，降低加速度计受到的振动量级，提高加速度计的使用寿命和稳定性。此外，磁通门传感器内芯也是用耐高温硅胶灌封在凹槽内。三轴磁通门[4]和三轴加速度计[5]分量原理示意图分别如图 4 和图 5 所示（图中 g 为重力加速度）。

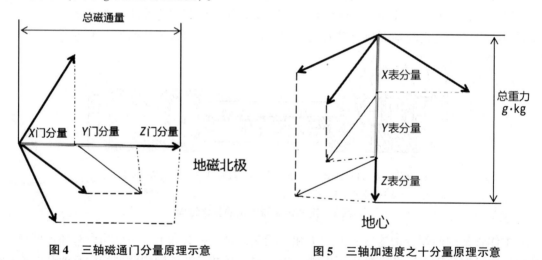

图 4　三轴磁通门分量原理示意　　　图 5　三轴加速度之十分量原理示意

本文基于此所设计的定向传感器骨架，经过将实际制作原机型应用于测斜产品，如图 6 所示，其所对应的测斜产品主要性能指标如表 1 所示。

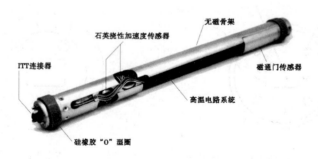

图 6　测斜产品应用示意

表 1 测斜产品主要性能指标

序号	项目		单位	规定值	
1	电源电压		V	10～36	±12～±15
2	静态电流		mA	75（15V）	100（+15V），80（-15V）
3	工作温度		℃	0～150，175（最高承受温度）	
4	贮存温度		℃	-40～160，185（最高贮存承受温度）	
5	绝缘电阻		MΩ	100（100V）	
6	井斜角范围		度	0～180	
7	方位角范围		度	0～360	
8	工具面角范围		度	0～360	
9	井斜测量精度		度	±0.1（测量误差）	0.2（测量精度）
10	方位角精度	井斜∠5°	度	±2（测量误差）	2.5（测量精度）
		井斜∠10°	度	±1（测量误差）	1.5（测量精度）
		井斜∠10°	度	±0.3（测量误差）	0.5（测量精度）
11	工具面角精度		度	±0.1（测量误差）	0.2（测量精度）

该产品已被广泛用于油气勘探测井仪器和航空、航天高精度导航系统中，进一步确定了方案的可行性。

4 结论

本文中的定向传感器集成了三轴加速度计和三轴磁通门传感器，利用6个传感器的输出信号进行运算，计算出传感器的实时姿态，从而对钻头进行导向。由于钻头在井下钻进的过程中时刻承受着剧烈的振动、冲击和高温，故定向传感器需要在长期振动冲击的条件下，仍然能够正常工作并能精确地测量所需要的角度。本文所设计定向传感器骨架对加速度传感器和磁通门传感器产品的应用和小型化进行了有益的探索。

参考文献

［1］王晓美，滕云田，谭婧，等．三轴磁通门传感器水平和定向对地磁日变化观测数据的影响［J］．地震学报，2017，39（03）：429-435+452．

［2］胡永建，胡寰臻，石林．一种高可靠性随钻定向仪设计［J］．微型机与应用，2016，35（11）：31-33+36．

［3］鲁敏，胡红波．基于正弦激励的压电加速度计模型参数辨识［J］．计量学报，2020，41（01）：55-59．

［4］王一，宗发保，赵瑜，等．三分量磁通门传感器的三轴正交校正与测量［J］．山

东农业大学学报（自然科学版），2015，46（02）：232-237.

[5] 李佰财，宁伟勋. 基于三轴加速计的三维鼠标设计探索 [J]. 计算机光盘软件与应用，2013，16（09）：122-123.

（作者简介：徐江燕，女，1987年3月出生，安徽安庆人，硕士研究生，研究方向为控制理论与控制工程及传感器技术，北京科技大学天津学院教师。）

食品检测仪及部件三维打印设计与解谱算法研究

张超 焦万铭 迟欢 徐江燕

(北京科技大学天津学院机械工程系,中国 天津 301830)

摘 要：为了实现食品中混合色素等添加剂的检测,本文就完成了光学检测系统及其拨杆零件的三维打印设计,引入主成分分析的方法,进而实现了复杂情况下混合色素的检测。设计生成单色光的分光检测光路,通过检查比色皿中待测试样的单色光强度变化,定量分析添加剂浓度。设计单色光扫描机构,实现输入步进电动机步数和输出单色光成正比关系。采用镨钕滤光片,实现步进电动机步数和输出单色光波长校正。引入主成分分析,分析混合色素中各组分浓度。对系统光学系统精度与混合色素分析算法进行测试,结果表明,该光学系统具有较高的扫描精度,5种标准色素溶液特征吸收峰检测偏差分布在-2.09%~2.17%,主成分分析混合色素,样品误差控制在-4.18%~5.8%。

关键词：光路设计；正弦扫描机构；三维打印；主成分分析

Food Additive Detector Design with 3D Printing for Key Components and Study on Algorithm of Spectrum Analysis

ZHANG Chao JIAO Wanming CHI Huan XU Jiangyan

(Department of Mechanical Engineering, Tianjin College,
University of Science and Technology Beijing, Tianjin 301830, China)

Abstract: In order to achieve the detection for mixed pigment in food, optical detection system was designed, and lever was made by three-dimensions printing. Complex mixed pigments were detected by principal component analysis. Detecting optical path which achieved monochromatic light was designed, and then the pigment concentration was calculated by detecting the change of monochromatic light intensity. Scanning mechanism for monochromatic light was designed, which had the linear relationship between the step number of stepping motor and monochromatic light wavelength. The relationship between the step number of stepping motor and monochromatic light wavelength was achieved by filter. Concentrations for complex mixed pigments was caluated by principal component analysis. The optical system and algorithm for complex mixed pigments were tested, the result showed that optical system had precise scanning, deviations for 5 kinds pigment spread -2.09% ~ 2.17%, deviations for concentrations of complex mixed pigments spread-4.18% ~ 5.8% by principal component analysis.

Key words: Optical path design; Sine scanning mechanism; three - dimensions printing; Principal component analysis

随着社会经济的发展,人民生活水平得到了极大的满足。人们对于食品的要求不再局限于味道,对色香味提出了更高的要求。不法分子为了追求食品颜色艳丽,吸引消费者,就会添加色素等食品添加剂[1]。特别是饮料,人们为了得到吸引人的颜色,就会采用多种色素进行勾兑,而过量的色素会严重威胁人体健康[2]。因此设计一种能够检测混合色素的食品检测仪迫在眉睫。目前食品安全检测仪主要采用固定光栅类型的检测光路,以电荷耦合器件(Charge Coupled Device,CCD)为探测器,不同波长的光照射在 CCD 探测器不同的位置上,该系统结构简单,但检测精度低[3,4]。本文设计产生单色光的检测光路,设计正弦分光机构,采用镨钕滤光片,建立步进电机步数与输出单色光波长模型。引入主成分分析法,实现复杂情况下混合色素检测。采用多种标准色素溶液,检测系统扫描波长精度;采用多种混合色素,测试主成分分析方法的可靠性。实验结果表明,光学扫描系统和混合污染物成分分析算法均具有较高的精度与可靠性。

1 检测系统设计

试样溶液中的添加剂分子结合键的能力不同,会吸收特定波长的光,使分子结合键实现能量跃迁,宏观上表现为,当添加分子受到平行白光照射时,会吸收特定波长的光,我们根据被吸收光的波长,判定添加剂种类,根据光线被吸收程度,确定添加剂含量[5]。我们依据该检测原理,设计光学检测系统,完成以下任务。

(1)设计检测光路,实现单色光输出,以确定被吸收单色光波长,判定添加剂种类,同时检测经过试样后单色光强度变化。

(2)设计输出单色光扫描机构,实现输出单色光扫描。

(3)校准检测系统输出,建立驱动步进电动机和输出单色光波长模型。

1.1 检测系统光路设计

光路设计是整个检测系统的基础环节,设计核心为输出单色光,该单色光透射试样溶液后,测量该单色光强度变化。整个光路设计如图1所示,光源1选择为钨卤灯,且位于凸透镜聚焦镜2焦点位置,钨卤灯发射的波长连续白光经过凸透镜2后,形成平行白光,经过入射狭缝3后形成平行白光线光源;光栅5位于凹面镜(准直镜)4交点处,线平行白光经过凹面镜4聚焦后,照射在光栅5上,平行白光进行色散,即不同颜色的光相互分离,后到达凹面镜(聚光镜)6;出射狭缝7位于凹面镜6焦点位置,白光被色散成不同波长的单色光,经过凹面镜6聚焦后,照射在出射狭缝7上,此时不同波长单色光照射在狭缝7上的位置不同,狭缝7截取其中某一单色光输出;试样位于比色皿8中,单色光经过比色皿8后,照射在硅光电池9上,将单色光强度信号转化成电信号输出,进而检测得到经过试样后单色光强度的变化。

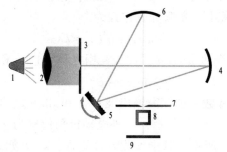

1—光源;2—聚焦镜;3—入射狭缝;4—准直镜;5—光栅;6—聚光镜;7—出射狭缝;8—比色皿;9—硅光电池。

图1　检测光路设计

1.2　分光扫描机构设计

分光扫描机构是实现波长扫描的重要内容,能够实现不同单色光输出,同时建立输出单色光波长和驱动步进电动机角位移之间的关系。光栅作为分光元件,扫描机构即转动光栅机构,其结构设计如图2所示,步进电动机10通过联轴器与丝杠9相连,丝杠9和导向杆8被安装在两个轴承座1上,螺母滑块6,内螺纹孔与丝杠配合,光孔由导向杆8穿过,拨片5通过螺钉被固定在螺母滑块6上,当步进电动机转动时,螺母滑块6带动拨片5前后移动。光栅2被固定在光栅底座3上,拨杆4与光栅底座3固定,正弦拨杆4前端有圆柱形触点,和拨片5为高副接触,当拨片5前后移动时,推动正弦拨杆4进而实现光栅的转动,7为光电开关,为该结构提供初始位置,弹簧为光栅提供复位力矩。正弦拨杆4如图2(b)所示,前端包含圆柱形触点,机构复杂,且其精度直接影响整个机构运转可靠性,因此我们采用三维打印技术,直接打印完成,能确保加工精度。

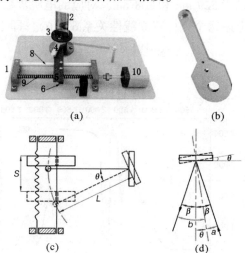

1—轴承座;2—光栅;3—光栅底座;4—正弦拨杆;5—拨片;
6—螺母滑块;7—光电开关;8—导向杆;9—丝杠;10—步进电动机。

图2　分光扫描机构设计
(a)分光扫描机构;(b)正弦拨杆;(c)分光扫描机构运动分析;(d)光栅分光

确立输出单色光波长和步进电动机角位移模型。在初始位置时，光栅法线为入射与出射方向平分线，此时入射角与出射角均为 β；当光栅转动角位移为 θ 时，入射角 $b=\beta+\theta$，出射角度 $a=\beta-\theta$，如图 2（d）所示。光栅分光方程为[6,7]

$$d(\sin a+\sin b)=k\lambda \tag{1}$$

将入射角 $b=\beta+\theta$，出射角度 $a=\beta-\theta$，代入光栅方程（1），和差化积得

$$d(2\sin\theta\cos\beta)=k\lambda \tag{2}$$

由于 β 固定，d 为光栅常数，现探究输出波长 λ 和 $\sin\theta$ 之间的关系。

分光机构运动简图如图 2（c）所示，步进电动机角位移为 φ，则螺母滑块 6 带动拨片 5 向前移动的位移 S 如式（3）所示，其中 h 为丝杠导程，$\sin\theta$ 如式（4）所示。

$$S=\frac{h\varphi}{2\pi} \tag{3}$$

$$\sin\theta=\frac{h\varphi}{2\pi L} \tag{4}$$

将式（4）代入式（2），得到步进电动机角位移与输出单色光波长 λ 模型，即

$$\lambda=\frac{dh\cos\beta}{\pi kL}\cdot\varphi=K\varphi \tag{5}$$

分析式（5）可知，系数 K 中各参数均为定值，即 K 为机构设计常数，因此可知，该分光机构驱动步进电动机角位移与输出单色光波长成线性关系。

1.3 输出单色光波长模型

由式（5）可知输出驱动步进电动机角位移与输出单色光波长成线性关系，由于步进电动机分度一定，故电动机步数和输出单色光波长成线性关系，现采用镨钕滤光片特定吸收波长[8,9]，建立两者之间的关系。用本系统扫描镨钕滤光片光谱，如图 3 所示，其中镨钕滤光片两个特征吸收峰波长分别为 529 nm 和 808 nm，对应的电机步数分别为 1 549 和 3 050，由于两者成线性关系，采用上述两个点，建立线性关系式（6），即

$$\lambda=0.185\,88n+241.1 \tag{6}$$

式中，n 为电动机步数。

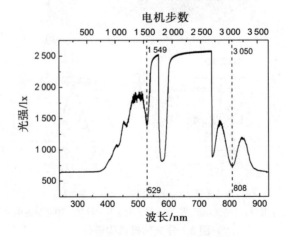

图 3　输出单色光波长模型

2 混合添加剂检测

目前食品添加检测主要是对单一污染物进行检测，通常采用拟合标线后，检测待测试样，其利用的是标线插值的方法。混合添加剂检测可用于吸光度曲线差异较大，且特征溶出峰相距较远的简单情况。但对于特征吸收峰相近且吸收曲线相似的情况，目前没有成熟的定量分析方法，本文引入主成分分析的方法，对于复杂情况下混合添加剂各组分进行定量分析。本实验对混合色素进行定量分析，依据为朗伯比尔定律，即其矩阵形式如式（8）所示，其中 $P_{n \cdot k}$ 为线性系数矩阵。

$$A = -\lg \frac{I}{I_0} = KlC \tag{7}$$

式中，$A = -\lg \frac{I}{I_0}$ 为吸光度；K 为常量；l 为比色皿光程长度[10,11]。

朗伯比尔定律的矩阵形式为

$$C_{m \cdot k} = A_{m \cdot n} P_{n \cdot k} \tag{8}$$

式中，$P_{n \cdot k}$ 为线性系数矩阵。

2.1 复杂情况下多组分混合光谱特征

本文以柠檬黄、日落黄和胭脂红三种色素模拟复杂情况多组分混合，三者的特征吸收峰位置相近，分别为 430 nm，482 nm 和 506 nm，且单独扫描时谱线形状相似。现设置 6 组混合试样，各组分浓度如表 1 所示。

表 1 混合色素试样组分浓度

试样组号	1	2	3	4	5	6
胭脂红/(mg·L^{-1})	0.35	4.6	9.6	9.6	19	24
日落黄/(mg·L^{-1})	20	16	4	0.2	8	12
柠檬黄/(mg·L^{-1})	8	12	16	20	4	0.2

目前主流分析方法为最小二乘法拟合，系数矩阵计算为

$$P = (A^T A)^{-1} A^T C \tag{9}$$

式中，A 为混合试样吸光度矩阵；C 为与之对应的浓度矩阵；P 为关系系数矩阵。

6 组混合色素的吸光度光谱如图 4 所示，由于各组分特征吸收峰位置相近，且单独扫描时谱线形状相似，故波长为 410～430 nm 时 6 组试样的吸光度线性相关，即 rank($A_{6\times 8}$) < 6，rank($A_{8\times 6}$) < 6，则 rank($A_{8\times 6}^T A_{6\times 8}$) < 6，此时 $A_{8\times 6}^T A_{6\times 8}$ 不可逆，造成关系系数矩阵 P 无解。因此最小二乘拟合不适用于该混合情况。

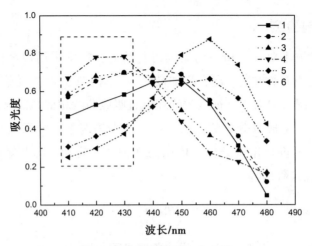

图4 混合色素的吸光度光谱

2.2 主成分分析定量分析混合色素组分

复杂情况下，6 组试样吸光度矩阵中存在线性相关向量，因此我们必须进行降维处理，剔除矩阵中线性相关向量，采用主成分分析的方法[12]。吸光矩阵 A 的列向量减去向量均值，后除以该向量方差，得到自标度化矩阵 U，此时 U 为单位正交矩阵；求解主成分得分矩阵 $T=HU$，其中 H 为单位正交矩阵，T 矩阵中各列向量均线性无关，则求解矩阵 T 的协方差矩阵，即

$$\mathrm{Var}(T) = \mathrm{Var}(UH) = (HU)\cdot(HU)^{\mathrm{T}} = HUU^{\mathrm{T}} = H^{\mathrm{T}} = \begin{pmatrix} \lambda_1 & & & \\ & \lambda_2 & & \\ & & \ddots & \\ & & & \lambda_p \end{pmatrix} \quad (10)$$

式中，λ_i 为对应自标度的矩阵 U 的特征值。对应的特征向量为载荷矩阵 H 中的列向量。当 n 项特征值 λ_i 累积和大于 0.99 时，我们认为有效信息均已被提取，余下部分被剔除，此时 UU^{T} 矩阵从 $p\cdot p$ 降维到 $n\cdot n$，实现线性相关向量剔除。

我们将上述 6 组柠檬黄、日落黄和胭脂红混合溶液作为样本，取其中 5 组作为建模样本，将剩余 1 组作为预测组，分析过程如图5所示。首先将 5 组样本的吸光度矩阵进行无量纲化处理，得到矩阵 U；然后对矩阵 U 进行特征值特征向量分析，包括能够由大到小排列特征值 λ_i；然后计算前 n 项累积贡献率 $y(n)$，当 $y(n)>0.99$ 时，确定前 n 项个数；然后计算主成分得分矩阵 $T=HU$，H 为特征值 λ_i 对应的特征向量；然后采用最小二乘法，得到关系系数矩阵 P；最后对待测样品吸光度进行无量纲化处理，乘以矩阵 P，得到浓度预测值。

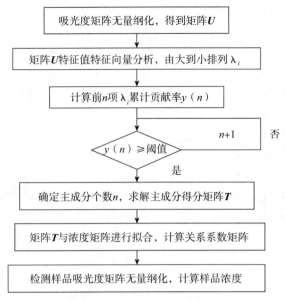

图5 主成分分析混合色素

3 系统测试

本检测系统重点为光学扫描系统和混合色素分析算法,光谱扫描精度决定获取光谱数据的可靠性,而混合色素分析算法,决定混合色素各组分计算精度。因此对系统上述两部分进行测试。

系统分别扫描柠檬黄、日落黄、胭脂红、苋菜红和靛蓝5种标准色素溶液,该5种色素标准特征吸收波长如图6实线所示,系统扫描结果如图6虚线所示,其相对误差分别为 -2.09%、1.65%、2.17%、-1.93% 和 -1.32%。结果表明检测光学系统运转可靠。

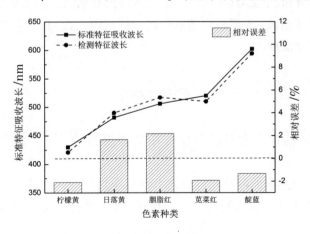

图6 标准色素特征吸收峰扫描

6组样品中取1组为待测样品,其余组为建模标样,进行循环测试,混合色素各组分检测结果如图7所示,其中除第四组和第二组误差较大,其余组的色素误差被控制在 -2% ~ 2.5%;而第二组误差范围为 -0.57% ~ 5.8%,第四组误差范围为 -4.18% ~ 0.55%。该算法总体上具有较高的预测精度。

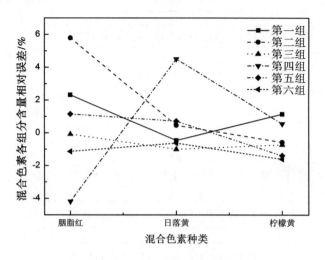

图7　混合色素解谱算法测试

4　结论

为了实现食品中混合添加剂检测，就设计了产生单色光的检测光学系统，设计了正弦分光机构，且输出单色光波长和步进电动机步数成线性关系。采用镨钕滤光片，实现了输入电动机步数到输出波长之间的转化，系统最小波长输出分度达到0.186 nm。针对混合素色各组分吸光度光谱形状相近，且特征吸收波长相近的复杂情况，本文引入主成分分析的方法，实现了混合色素中各组分的定量分析。本系统两大重要环节为检测光学扫描系统和主成分混合色素检测算法，对其进行测试，标准色素特征吸收波长测试结果表明，5种标准色素溶液特征吸收峰检测偏差分布在-2.09%～2.17%，具有较高精度。对6组柠檬黄、日落黄和胭脂红混合色素进行循环测试，6组混合色素个组分检测误差控制在-4.18%～5.8%，结果表明主成分分析模型可靠准确。

参考文献

[1] 林彬. 食品抽样在食品监督工作中的重要地位[J]. 科技创新与应用，2019 (33)：193-194.

[2] 张越. 食品中的添加剂及其检测技术研究[J]. 现代食品，2019 (22)：185-186.

[3] 宋佳俊. 食品添加剂检测技术研究现状[J]. 粮食科技与经济，2019，44 (10)：82-84.

[4] 莫浩斌，冯嘉骏，容顺. 分光光度法在食品添加剂检测中的应用分析与研究[J]. 食品安全导刊，2019 (24)：141-142.

[5] 曾庆瑞，江虹. 维多利亚蓝B可见分光光度法测定氨曲南[J]. 化学世界，2019，60 (12)：865-869.

[6] 谢宁, 张毅, 明成国. 使用对比法研究硅光电池的特性 [J]. 实验室科学, 2019, 22 (04): 50-52.

[7] 梁雄, 赖国忠. 光栅最小偏向角法测光波长的方案优化 [J]. 大学物理, 2019, 38 (08): 42-45.

[8] 段丁槊. 正入射光栅衍射现象实验研究 [J]. 科技创新与应用, 2018 (16): 13-14.

[9] 晏上明. 建立统一的紫外、可见分光光度标准装置的探讨 [J]. 化学计量, 1998 (01): 40-41.

[10] 谭国宁. 紫外可见分光光度计波长示值误差的测量不确定度评定 [J]. 计量与测试技术, 2016, 43 (03): 101-102.

[11] 薛云伟. 朗伯-比尔定律和光 [J]. 产业与科技论坛, 2013, 12 (13): 106-107.

[12] 李劲松. 朗伯-比尔定律实验教学设计研究 [J]. 大学物理实验, 2015, 28 (06): 55-57.

[13] 张素智, 陈小妮. 基于互信息可信度的主成分分析数据降维 [J]. 湖北民族学院学报 (自然科学版), 2019, 37 (04): 425-430.

[14] 王成, 焦彤, 陆雨菲. 基于主成分分析和模糊聚类法的细菌后向散射光谱分类方法 [J]. 中国激光, 2018 (06): 1-10.

[15] 柳赟, 孙淑艳. 基于主成分分析与曲面拟合的激光点云滤波去噪 [J]. 激光技术, 2015, 27 (06): 1-14.

(作者简介: 张超, 男, 1989年3月出生, 天津武清人, 北京科技大学天津学院机械系, 助教, 硕士研究生毕业, 主要研究方向为机械设计理论, 2016年11月至今在北京科技大学天津学院工作。)

基于实践能力培养的应用型本科课程建设与科研训练

王洪涛　王斌　宋存义
张建华　王鹏文　吴俊升

(北京科技大学天津学院材料科学与工程系，中国　天津　301830)

摘　要：应用型本科教育的核心在于培养应用型人才的实践能力，突出应用型教学定位，是应用型本科课程建设与科研训练的出发点。本文在"项目教学化，教学项目化"办学理念指引下，深入讨论了应用型本科材料工程专业的课程建设特点，以及围绕课程建设开展科研训练的途径；讨论了吸收科研成果、更新教学内容以及创新教学方法的方式。通过"产学研用"协同合作，共建科研训练实践教学平台，注重学生科研训练，突出学生在教学实施中的主体地位。通过倡导理想信念教育，崇尚劳动，培养学生持续学习的职业能力，扎实做好应用型人才的实践能力培养。

关键词：应用型本科；实践能力；课程建设；科研训练

Curriculum Construction and Scientific Research Training Based on Practical Abilities Training of Application-oriented College

WANG Hongtao　WANG Bin　SONG Cunyi
ZHANG Jianhua　WANG Pengwen　WU Junsheng

(Department of Materials Science and Engineering, Tianjin College, University of Science and Technology Beijing, Tianjin 301830, China)

Abstract: The core of application-oriented undergraduate education lies in cultivating the practical abilities of application-oriented talents. The orientation of "application-orien-

---

基金项目：天津市教委科研计划项目（2019KJ144）、天津市大学生创新创业训练计划项目（201513898001）资助

ted" teaching is the starting point of application-oriented undergraduate curriculum construction and scientific research training. In this paper, under the guidance of "project teaching and teaching project", the characteristics of curriculum construction of the materials engineering major of application-oriented undergraduate and the approaches to carry out scientific research training centering on curriculum construction are discussed. The ways of absorbing scientific research achievements, updating teaching contents and innovating teaching methods are discussed as well. Through industry-college-institute-application cooperation, the practical teaching platform of scientific research training is built, and the emphasis is placed on students' scientific research training to highlight students' dominant position in the teaching implementation. Through advocating the education of ideal and faith of students, advocating the spirit of labor, and cultivating students' vocational capabilities of continuous learning, carry out training practical abilities of application-oriented talents.

Key words: Application-oriented college; Practical abilities; Curriculum construction; Scientific research training

实践能力是应用型人才必须具备的核心专业素养,是职业能力的重要标志。在"培养复合型、应用型、创新型人才,满足社会对人才多层次、多类型、多规格需求"[1]教育思想指导下,应用型本科更加注重人才的实践能力培养。应用型人才是具有专业知识、专业能力和综合素质,面向生产一线,适应工程需求,具有知识更新能力和持续发展潜力的高级工程技术人才,其突出特征是卓越的工程能力和良好的职业素养[2]。

应用型本科院校的办学定位是培养应用型人才。应用型本科院校在"宽口径、厚基础、强能力、高素质"教育理念指引下[3],更加注重人才在实践中知识应用能力的培养。应用型本科教学过程通过对学生的多层次科研训练,不断充实专业课程建设,实施突出实践能力的理论教学和注重职业能力的技能教学。

当前,高等工程教育存在诸多问题,如重课堂轻实践,面向实际的工程训练不足[4];实践应用观念缺乏,实践课程设置较少;教学方法单调,学生学习兴趣不高等。针对这种状况,应用型本科院校应从基于应用型人才实践能力培养的课程建设与科研训练两方面出发,通过与企业、研究院(所)开展协同合作,搭建"产学研用"科研教学平台,通过"项目教学化,教学项目化"模式,构建"夯实基础,崇尚实践,适应发展"[2]的应用型人才培养新体系,注重培养学生的实践能力,满足社会对应用型人才的需求。

1 加强课程建设,突出应用型教学定位

课程建设是应用型人才培养的基础与关键。课程建设应符合生产实际,体现专业知识的系统性、整体性、实践性和创新性。在课程建设中,教师应依据学科特点,在生产实践中提炼教学素材,形成教学案例,丰富教学内容。在教学实施中,教师应以案例教学为引导,兼顾专业知识的基础性、应用性及创新性,通过课上与课下、理论与实验、教学与科研的结合,完成理论教学、实验验证、知识拓展、科研训练等多层次能力培养,落实应用型教学定

位。比如，材料科学与工程专业的材料性能课程，该课程以力学性能为主线，教师应系统地讲授材料的弹性、塑性、断裂、腐蚀、磨损、疲劳、高温蠕变、低温脆性等性能。在教学实践中，教师应根据材料的应用特征，把课程内容整合为五大教学环节，即基本性能、加工性能、服役性能、功能性能、性能测试，这五个教学环节既自成体系又相互关联，通过教学团队教师的分工合作，发挥每位主讲教师的专业特长，将各自的科研成果和科研领悟融入相应的教学环节，帮助学生领悟材料科学的成分、组织、性能、工艺、效能的相互联系，理解和掌握材料在现实生产中的应用，教学效果良好。

2 开展科研训练，更新教学内容

应用型本科在教学实施过程中，以教师科研项目、大学生创新训练项目和"互联网+"创新大赛等为载体，鼓励学生参与科研训练，激发学生专业学习兴趣，转变学生学习态度，主动参与教学全过程，由"要我学"转变为"我要学"。比如，材料科学与工程系通过组织同学参加"天津市教委科研计划项目""天津市大学生创新创业训练计划项目""企业横向专题项目""全国大学生金相技能大赛""互联网+大学生创新创业大赛""全国大学生'恩智浦'杯智能汽车竞赛"等活动，使学生在实践中理解材料性能，掌握实验技能，锻炼应用能力，拓宽专业视野，提高专业兴趣。教师及时把科研训练中的阶段性成果，融入材料性能等专业课程教学，不断丰富教学内容，帮助学生在知识水平上理解和掌握材料性能的基本概念、基本理论及工艺应用，理解材料在基本性能、加工性能、服役性能、功能性能及性能测试等方面的实际应用；在能力水平上，正确地选择材料、使用材料、加工材料、改性材料，满足当前生产技术岗位对专业课程的知识能力需要。教学与科研的良性互动，已取得良好成效，近年来，本校有 5 名学生荣获天津市优秀本科毕业论文，更多的学生成功考取了研究生。

3 落实协同合作，构建科研训练实践平台

在"项目教学化，教学项目化"办学理念指引下，开展"产学研用"工作是应用型本科在新形势下开放办学的有效举措。应用型本科可结合区域经济特色，开展"产学研用"工作，突出应用型专业技术人才培养的定位。落实"产学研用"协同合作，共建专题科研实验室、科学工作站、科技成果转化研究中心等，构建科研训练实践教学平台，学生可在实践教学平台参与科学研究、成果转化、毕业设计等实操训练，实现学生在"做中学""做中用"[5]，落实"项目教学化，教学项目化"办学理念，提高学生分析问题和解决问题的能力。

应用型本科通过"项目教学化，教学项目化"与企业、研究院（所）开展全方位、多领域、深层次的合作，构建广阔的"产学研用"实践平台，发挥高校服务于区域经济建设的社会职能，为企业在更新技术、研发新产品新工艺上排忧解难，这有利于企业产品升级换代、提高经济效益，也有利于提高教师的科研能力、实践能力，教师把"产学研用"合作中的科研成果，提炼成生动的教学案例，丰富、更新教学内容，促进教学创新，培养学生的创造性思维，提高教改成效，培养受企业欢迎、能干会干的应用型高质量技术人才。

所以，落实"项目教学化，教学项目化"办学理念，开展"产学研用"合作，构建具

有专业特色的"产学研用"科研训练教学平台，是当前应用型本科院校培养学生实践能力的有效途径。

4 创新教学模式，突出学生的主体地位

创新教学模式对学生实践能力的培养至关重要。实践能力的培养客观上要求在教学中突出学生的主体地位，即学生是学习的主体[6]。应用型本科教学应以学生为本，创新教学方法，由传统的讲授式教学向案例式、讨论式教学转变，在教学实施中以案例教学为引导，用科研成果充实教学案例、更新教学内容，兼顾专业知识的基础性、应用性及创新性，提高学生学习兴趣。创办以学生为主体、教师为主导的创意工作室，采用启发式、探讨式现场教学方式，吸引学生积极参与教学全过程，激发学生的学习热情。根据学生的兴趣特点，增加"学生主导、教师辅导"的创新性专业实验，并以此为基础开展形式多样的实训教学，加大实训环节在教学计划中的份额，让学生能够从"做中学"，锻炼学生动手能力和思维能力。

采取开放式讨论教学和研究型案例教学，可以引导学生主动学习、主动思考，例如，材料工程专业的凝固原理与技术课程，在讲授课程难点非均匀形核理论时，教师采用讨论教学，从引导学生讨论分析雪的形成开始，进而理解雪糕的制作过程及人工降雨原理，再深入到钢铁冶金连铸生产中的钢水凝固过程分析，以及细化晶粒技术、凝固组织控制技术、铸坯质量分析技术等。在讨论中同学们相互启发，主动思考，兴趣盎然，在活泼的气氛中理解非均匀形核理论及其在生产中的应用，教学效果良好。

5 倡导理想信念教育，树立职业观念

"高校思想政治工作关系高校培养什么样的人、如何培养人以及为谁培养人这个根本问题。要坚持把立德树人作为中心环节，把思想政治工作贯穿教育教学全过程，实现全程育人、全方位育人。"[7] 我们应深刻认识这一指导思想，引导学生树立积极向上的、远大的人生目标，增强学生的时代使命感和社会责任感，激发学生专业学习的动力，注重学生专业能力与个性素质的协调发展，注重学生的实践能力、创新精神的培养；提倡劳动，帮助学生树立正确的职业观念，强化持续学习意识，培养持续学习能力，为学生未来职业发展打下坚实基础。

6 结语

应用型本科院校的教学目标是培养合格的应用型人才，更加注重培养学生的实践能力。实践能力培养的关键在于帮助学生形成专业兴趣，以及形成高效、个性化的专业学习机制。应从课程建设和科研训练两方面着力，实现案例教学的系统性、实践性和创造性，在"项目教学化，教学项目化"办学理念指引下，扎实与企业、研究院（所）开展全方位、多领域、深层次的"产学研用"合作，构建广阔的实践教学平台，创新教学模式，使学生有机会在"体验中学，进步中学，积累中学"。在教学全过程中，教师应关注学生实践能力、个性素养的协调发展，进一步提高应用型人才培养质量。

参考文献

[1] 中华人民共和国教育部高等教育司. 普通高等学校本科专业目录和专业介绍 [M]. 北京：高等教育出版社，2012：Ⅰ-Ⅲ.

[2] 王洪涛，郭景文，尹常治，等. 基于工程能力的应用型本科人才培养 [J]. 中国冶金教育，2015（6）：32-36.

[3] 刘建平. 培养更多创造未来世界的工程师 [J]. 求是，2007（18）：57-58.

[4] 顾秉林. 中国高等工程教育的改革与发展 [J]. 高等工程教育研究，2004（5）：5-8.

[5] 韩如成. 工程实践能力培养的探索与实践 [J]. 中国大学教学，2009（6）：77-79.

[6] 吴鸣，熊光晶. 以工程能力培养为导向的工程教育改革研究 [J]. 理工高教研究，2010（3）：54-59.

[7] 吴晶，等. 高校立身之本在于立德树人 [N]. 解放日报，2016-12-09（01）.

（作者简介：王洪涛，男，1969年2月出生，天津南开人，产学研办主任（兼），副教授，硕士研究生毕业，主要研究方向为先进工模具材料研究与应用，2010年6月至今在北京科技大学天津学院工作。）

基于应用能力的材料工程专业创新训练

王洪涛 吴俊升 许志龙
张飞鹏 黄云汉 刘振红

（北京科技大学天津学院材料科学与工程系，中国　天津　301830）

摘　要：大学生创新训练项目提供了专业理论与工程实践结合的广阔平台，已成为应用型本科培养创新型人才的有效途径。本文探讨了材料工程专业创新训练项目的实施策略，通过突出学生主体、拓宽专业视野、强调实践过程及开展校企合作等措施，培养学生的创新思维、实践技能及职业能力，从而促进教学创新，提高教学质量。

关键词：创新训练；应用能力；材料工程

Innovative Training in Materials Science and Engineering Based on Applied Abilities

WANG Hongtao　WU Junsheng　XU Zhilong
ZHANG Feipeng　HUANG Yunhan　LIU Zhenhong

(Department of Materials Science and Engineering, Tianjin College,
University of Science and Technology Beijing, Tianjin 301830, China)

Abstract: The innovation training program for college students provides a broad platform for the combination of professional theory and engineering practice, and has become an effective means to cultivate innovative talents for application-oriented undergraduates. In this paper, the implementation strategy of the innovation training project of material engineering major, through highlighting the main body of students, broadening the professional perspective, emphasizing the practice process and carrying out schoolenterprise cooperation and other measures are discussed. It cultivates students' innovative thinking, practical capabilities and vocational abilities, so as to promote teaching innovations and improve teaching qualities.

Key words: Innovative training; Practical abilities; Materials science and engineering

---

基金项目：天津市大学生创新创业训练计划项目（201513898001），天津市教委科研计划项目（2019KJ144）资助

大学生创新训练项目（Students Innovation Training Program，SITP）是应教育部"本科教学工程"[1]要求，面向本科生开展的实践训练计划。项目实施过程以学生自主选题的训练项目为载体，充分调动学生学习的主动性、积极性和创造性，激发创新思维。通过理论学习和项目实践，学生能主动思考、分析及解决问题，达到培养专业兴趣、提高实践和创新能力的目的，利于在后续专业学习中，逐步建立满足时代需求和职业要求的知识结构和体系，持续提高职业能力。

应用型本科是在"宽口径、厚基础、强能力、高素质"的教育思想指导下[2]，实施突出工程能力的理论教学和注重职业能力的实践教学[3]，培养应用型工程技术人才时，更加注重实践性、应用性、创新性。大学生创新训练项目的开展，能有效解决当前高等工程教育存在的诸多问题，如重课堂轻实践，面向实际的工程训练不足等[4]，其适时地提供了专业理论与工程实践结合的广阔平台，成为应用型本科院校培养创新型人才的高效载体，受到广大师生的欢迎。

材料工程专业具有理论抽象、实践性强的学科特点，需要学生在动手实践的过程中领悟应用理论知识，逐步形成专业知识体系，树立服务生产一线的职业意识。材料工程专业在创新训练项目实施中，应强调学生的自主选题、自己动手、自由探索及主动创新，从项目选题、实施及改进等环节，指导学生个性发展与团队合作，并创新专业知识应用，推动创新训练项目的落实。

1 选题指导，突出学生主体地位

大学生创新训练项目以学生为主体，以培养学生实践创新能力和职业能力为目标，在项目实施中要求突出学生的主体地位。材料工程专业的项目参与者是本专业的大二、大三学生，在选题指导上，教师应针对学生已掌握的专业知识和实验技能，从培养专业兴趣出发，指导学生在知识能力范围内自主设计实验内容，确定选题的难度和深度，最终确定的选题为"汽车用钢专用彩色金相侵蚀剂研制与彩色金相图谱制备"（下文简称彩色金相项目）。选题内容涉及学生已掌握的金属学理论、热处理操作、金相试样制备、金相分析理论及金相仪器操作等知识和技能，学生还需要扩展彩色金相理论知识及制备技能等，选题难度适宜，能充分激发学生的自主学习兴趣，培养学生自主实验能力，突出学生在项目实施过程中的主体地位。

2 项目辅导，拓宽专业知识视野

学生以创新训练项目为载体，对已掌握的专业知识进行必要的延伸、扩展，拓宽专业视野和实践技能。实施"彩色金相"项目时，学生需要扩展的知识与技能包括色彩形成机理、光的薄膜干涉效应、化学与电化学制膜原理与操作等，项目内容有一定难度。指导教师应及时讲解彩色金相与传统黑白金相在机理上的区别，使学生在理论上理解彩色金相技术的关键点在于获得彩色衬度，彩色衬度是三变量衬度，需在试样表面制备出特殊性质的薄膜，利用光的薄膜干涉效应，获得合适的亮度、色调及饱和度，从而显示彩色金相。而学生较熟悉的传统黑白金相技术，核心在于获得黑白衬度，黑白衬度是单变量衬度，只需适当地将试样表面侵蚀得"凸凹不平",从而产生反光能力差别,形成灰度差,就可显示黑白金相。学生初步认识到,与黑白金相相比,彩色金相具有鉴别率高、信息丰富、显示精确及色彩鲜艳生动等优点。通过指导教师的及时辅导,让学生理解扩展知识与已掌握知识之间的联系,能有效激发学生的求知热情。

3 项目实施,强调应用能力训练

项目实施,将专业理论与实验操作结合,注重培养学生发现、分析和解决问题的能力,在实验过程中领悟专业知识,锻炼操作技能。"彩色金相"项目实施中,学生需要制备出不同材质、不同热处理工艺及不同工艺参数的标准试样,针对汽车用钢的不同组织特征,研发专用彩色金相侵蚀剂。学生通过优化热处理工艺、研配化学侵蚀剂、采集彩色金相及分析微观组织等过程,认识不同成分材料、不同热处理工艺条件对金属材料显微组织的影响,以及不同显微组织所对应的材料性能特点等,深化对金属材料"成分—工艺—组织—性能"关系的理解,逐步掌握提出问题、分析问题的思维方法,锻炼应用专业知识解决实际问题的实践能力。项目组成员分工协作、讨论改进,制备出色彩鲜艳的标准彩色金相图谱,不断取得阶段性成果,进一步激发学习热情,活跃创新思维,并能结合企业生产实际,分析金相组织、优化热处理工艺及金相侵蚀工艺,逐步建立服务生产一线的职业素养。

4 成果深化,注重创新能力培养

创新能力是应用型技术人才职业能力评价的核心要素。应用型材料工程人才直接面向生产一线,能适应企业需求,具有知识更新能力和持续发展潜力。结合区域经济特点,与区域汽车制造企业合作,围绕汽车材料利用金相检测技术深化项目训练,学生与企业技术人员一起对汽车材料及热处理工艺进行金相检测,并开发出汽车材料在不同加工工艺状态下的专用彩色金相侵蚀剂、制备出彩色金相图谱,使学生有机会参与生产实践,实现在"做中学""做中用"[5],有效地提高了学生的专业实践技能,在实训中创新知识应用,培养创新能力。

开展深层次的校企合作,构建广阔的实践教学平台,深化创新项目训练,是培养学生职业能力的有效途径,同时可发挥高校服务区域经济发展的社会职能,教师可将创新训练项目成果转化为生动的教学内容,促进教学创新,提高教学质量。

5 结语

大学生创新训练项目作为国家面向本科生设立的科研实践计划,提供了专业理论与工程实践结合的广阔平台,已成为应用型本科培养创新型人才的有效途径。通过突出学生主体、拓宽专业视野及强调实践过程,培养学生的创新思维与应用技能,促进教学创新,提高教学质量。

参考文献

[1] 教育部,财政部. 关于"十二五"期间实施"高等学校本科教学质量与教学改革工程"的意见 [Z]. 教高 [2011] 6号.

[2] 刘建平. 培养更多创造未来世界的工程师 [J]. 求是, 2007 (18): 57-58.

[3] 王洪涛, 郭景文, 尹常治, 等. 基于工程能力的应用型本科人才培养 [J]. 中国冶金教育, 2015 (6): 32-36.

[4] 顾秉林. 中国高等工程教育的改革与发展 [J]. 高等工程教育研究, 2004 (5): 5-8.

[5] 韩如成. 工程实践能力培养的探索与实践 [J]. 中国大学教学, 2009 (6): 77-79.

(作者简介：王洪涛，男，1969年2月出生，天津人，产学研办主任（兼），副教授，硕士研究生毕业，主要研究方向为先进工模具材料研究与应用，2010年6月至今在北京科技大学天津学院工作。)

高等数学教学中的美学应用浅议

杨淑荣

(北京科技大学天津学院基础部,中国 天津 301830)

摘 要:为了促进优良的学风建设,提高教学效果,本文利用数学中的美学观点来提高大学生对高等数学的学习兴趣,针对高等数学内容所包含的美学元素进行分析梳理,认为数学美可以给人情感的愉悦从而调动学习数学的积极性,把抽象枯燥的高等数学的被动学习变成对美好事物的主动追求,给出了在高等数学教学实践中有机地利用美学原理的一种可行性思路。

关键词:数学之美;高等数学;学习兴趣;学风建设

A Brief Discussion on the Application of Aesthetics in Higher Mathematics Teaching

YANG Shurong

(Department of Foundational Courses, Tianjin College,
University of Science and Technology Beijing, Tianjin 301830, China)

Abstract: In order to promote the construction of fine learning style, in this paper, the aesthetic point of view in mathematics is used to improve students' interest in learning higher mathematics. This paper analyzes and sorts out the aesthetic elements extracted from higher mathematics. It is believed that the beauty of mathematics can arouse the enthusiasm of learning mathematics, thus turning abstract and boring higher mathematics learning into the pursuit of beautiful things. This paper gives an idea of reasonably using the aesthetic principles of higher mathematics knowledge in the teaching practice of higher mathematics.

Key words: Beauty of mathematics; Higher mathematics; Learning interest; Construction of fine learning style

对美的追求标志着人类文明的进步,而数学之美的发现是人类文明进步的结晶。心理学告诉我们,爱美之心人皆有之,因为爱产生浓厚兴趣,而兴趣是最好的老师,使学生主动积极地学习,来达到提高教学质量的目的。作为理工科院校的普通基础课,高等数学的重要性是不言而喻的。然而，作为研究空间形式、数量关系、抽象结构及其规律的学科，高度的抽象与严密的逻辑也是其与生俱来的特性，令许多人为之着迷，为之奋斗终生。但同时高等数学的这些特性是令许多学生学习时倍感艰难、兴趣不高的重要原因。

时至今日，怎样提高当代大学生学习高等数学的兴趣仍是从事高等数学教学的老师广泛关注的话题。一方面，我们往往善于从思政教育入手，让学生树立起为国家社会贡献力量的远大理想，来为学生找到克服困难的原动力，达到教书育人的目的；另一方面，随着时代的发展和人文科学的进步，人们对美的追求以及对美育的提倡越来越普遍，这可以在很大程度上引起受众对于美的事物产生浓厚的兴趣[1]。因此，我们提出一种思路：从事高等数学教学的老师在教学过程中从数学的美学角度出发，发掘和提高学生对数学的审美能力，激发学生追求数学美的兴趣，使他们克服畏难情绪，产生对高等数学的浓厚学习兴趣，积极主动地学习高等数学，并进一步形成良好的学风。

1 帮助学生认识数学的美学观

亚里士多德说："硬说数学科学无美可言的人是错误的。美的主要形式是秩序匀称与明确。"罗素说："数学，如果正确地看，则不但拥有真理，而且具有至高的美。"数学的美学观是构成数学文化的重要内容。数学发展史是人类对数学美不断追求的历史。人类的美感无处不在，触发生活美感的可能是音乐、花草、美食等，而触发数学美感的是含有数学美感的数学知识和数学思维。

高校教育的改革为我校培养高素质应用型人才，让高等数学这门具有理论与实际应用价值的课程发挥其应有的作用创造了条件。为了提升学生对高等数学的兴趣，我们应深刻认识到高等数学中的美育在高等数学教学中的作用。作为教师，在强调课程内容的逻辑性的同时，要善于发现美、利用美。为此，我们首先要帮助学生认识数学的美学观。人们对数学美的研究发现，数学美不仅在于结构美与形式美，还在于数学知识的简洁美、哲学美、对称美、奇异美等[2]，这基本包含了数学美的几个主要内容，而这几部分的有机结合、恰到好处的平衡统一，足可使人感到数学美的存在，给人以情感上的愉悦而产生进一步的数学探索行为。

在高等数学教学实践中，教师要经常不失时机地结合一些具体事例来展现数学美的这几个方面。

2 数学之美在高等数学中的教学导向

2.1 高等数学的简洁美

简单性是数学美的重要表现形式。在高等数学中，微分学的建立使解决变化率问题成为一件简单的事情，而积分学的建立使求各种几何形体的度量及求大量物理量等问题成为不再困难的事情。

符号美是简洁美的重要组成部分[3]。莱布尼兹曾经说："数学符号节省了人们的思维。"众所周知，之所以会引发第二次数学危机，是因为在牛顿那个时代，人们无法说清极限的概念。这样一个一千多年说不清楚的问题，却通过引入 ε、δ 两个符号完美地解决了。而导数符号和积分符号的引入，大大简化了求导和积分运算过程，为微积分的广泛运用奠定了基础。许多数学定理是用简单公式来表达其深刻与丰富内涵的。

作为数学教师,我们应在课堂教学中使学生领会数学符号的运用所带来的简洁美,通过合理运用数学符号,使解题过程简明清晰,并具有较强的逻辑性。

不断追求简洁美。高等数学是理论基础也是解决问题的工具,能用简单方法解决的问题就不用复杂方法,纠正学生以复杂烦琐为高大上的误区,鼓励学生追求简单的证明或简单的算法,而不仅仅是把题做对。因为同样的一道题,不同的思路对解题过程的繁简有较大的影响。这样一些训练能激发学生的求知欲,提高学生的学习兴趣。

2.2 高等数学的哲学美

数学与哲学有不解之缘,哲学的对立统一规律、量变质变规律和否定之否定规律无不在数学上有丰富的表现。

统一性是指部分与部分、部分与整体之间的内在联系或共同规律所呈现出来的和谐、协调、一致[4]。例如,在高等数学中,所有基本概念的建立都是基于极限的思想。一元函数和多元函数可以在点函数的形式下统一起来;一元微分学和多元微分学的思想、框架一致,具有很强的一致性;定积分、重积分和第一类线面积分可以给出一个统一的定义等。更进一步地,微分运算和积分运算是两个互逆的运算,它们就像加与减、乘与除一样密不可分。微积分中的积分上限函数,既是一个普通的函数,又披着积分的外衣,在微分学和积分学之间搭建了一座和谐的桥梁,使得微分学和积分学变成一个既对立又统一的整体。再如,导数的几何意义是曲线在某点处切线的斜率,而斜率的求取,就是割线由量变到质变的过程。而体现哲学中否定之否定规律的有定积分、重积分、线面积分的定义,以及数学证明中的反证法。

帮助学生认识高等数学的哲学美,有助于他们站在一个较高的哲学层次上认识高等数学,深化其对概念的理解,降低学习难度。生活中同样充满优美的哲学思维与数学原理,教师要结合数学知识列举与现实生活有联系的例子,激发学生的求知欲,这有利于学生认识社会、主动适应社会,并形成在学习、工作中变革创新的意识和勇气。

2.3 高等数学的对称美

对称性是数学家们长期追求的目标,甚至有时把它作为一种尺度。数学中不少概念与运算,都是由人们对于对称问题的探讨派生出来的。毕达哥拉斯说:"一切立体图形中最美的是球形,一切平面图形中最美的是圆形。"因为这两种图形具有充分对称性[5]。数学形式和结构的对称性、数学命题的对偶性、数学方法的对偶原理都是对称美的生动的客观表现。与自然界中雪花都是美的、对称的一样,数学上的正多边形(体)、回转体和圆锥曲线等也是美的、对称的,都会给人以完善、对称的美妙感觉。此外,应用对称、反射方法进行数学解题,往往使人在解题过程中享受到出其不意、简捷明快的美。

高等数学微分学、积分学也存在形式上的对称性,因此我们更加能够体会到,利用对称性化简运算过程是数学中一个广泛的、重要的应用技巧。例如,在导数应用中要完成函数作图就要检查函数的奇偶性、周期性,利用其图形的对称性可使画图事半功倍;利用多元函数中自变量的轮换对称性简化求导过程;利用奇偶性化简各种积分的运算过程等等。甚至在某些时候,一些结果可以依据对称性来判断是否正确。如圆的内接长方形中面积最大的一定是正方形，球的内接长方体中体积最大的一定是正方体。因此，活学活用对称性，体会对称美，会使学生身心愉悦，增加对高等数学的热爱。

2.4 高等数学的奇异美

培根说："没有一个极美的东西不是在匀称中有着某种奇特。美在于奇特而令人惊异。"许多新思想、新概念、新理论是通过人们对它的好奇与关注而产生的。人们对数学奇异性探讨的结果，导致许多新领域的诞生。

高等数学的奇异性体现在很多典型的案例中，如狄利克雷函数处处有定义但处处不连续，有界但在任何有界区间上不可积；其也体现在各个经典的数学悖论中，如与极限思想有关的芝诺悖论、阿基里斯与乌龟；其不时地出现在高等数学的各个领域，如建立第二类曲面积分时我们需要建立曲面侧的概念，一般学生会认为把曲面分成双侧是理所当然的，但莫比乌斯带就无法被分侧，是单侧曲面。学生解题的新思路与新方法就是对奇异美的追求，学生能从中感受数学的神奇魅力。了解高等数学中的奇异美，可以充分调动学生的好奇心，提高他们学习的积极性。

高等数学中的美学体现并不能用以上几个方面完全概括，并且这几个方面不是相互独立的，而是融合在一起，构成一种和谐的美。为了让学生感受高等数学中的美，教师就更增强自我审美意识，深入研究教学内容，以便发现其中的数学美，并善于置身"庐山"之外，识得"庐山"之美。

2.5 努力为学生创造审美条件

既然数学之美的魅力可以使大学生在学习高等数学时产生兴趣而自觉地学习，从而形成良好的学风，那么我们就必须为学生体验数学之美创造更多机会，具体做法可参考以下途径。

（1）学校可以请学者来讲座，进行数学美育教育。
（2）教师通过多媒体、多平台的微课展示美学内容，让学生去欣赏。
（3）经常举办各种形式且具有美学特点的高等数学竞赛，提高学生的参与感，从而形成良好的学风。
（4）教材的编写应突出美学特色，适时加入相关美学内容链接的二维码，使学生课下乐于看书，便于自学。
（5）创造条件成立兴趣数学社团、俱乐部等。

3 实践与体会

教学实践中，在数学美育方面我们做了一定的尝试。在讲授高等数学各章节时，教师向学生及时、自然地展示相应的美学元素，如导数定义的不同表达形式，微分中值定理的不同形式，让学生发现和谐统一之美。而且，我们设立问题让学生讨论，鼓励学生放开思路积极思考，精选了几个一题多解题目，让学生开动脑筋大胆设想，这些都能使学生体会到数学海洋里奇妙无穷的魅力，从而把数学逻辑推理的困难变成动力。

自2017年以来，我在所带的两个高等数学班级中进行了实践，在其中一个班级，特意加入数学美育教学，而另一个班级按惯常思维模式教学。实践结果表明：受过美学教育的班级平时及期末成绩平均分明显偏高,且平时对高等数学表现出明显的好感,极少有迟到旷课的现象。学生上课打瞌睡的少了,课下自助式学习小组也自发地建立起来了。学生学习积极,主动与老师交流,同学之间讨论随处可见,学习氛围更加浓厚。同学们如是说:高等数学课程让我们渴望、痴迷科技世界,让我们跃跃欲试,似乎找到了一把探索社会人生的钥匙。

实践使我们深切认识到,数学之美不仅对培养学生对高等数学课的学习兴趣、焕发学生学习热情大有帮助,而且对培养优良班风、学风大有裨益。但在教学中要想获得真正的审美,就必须把直觉和逻辑思维结合起来,才能起到规范知觉的趋向作用,使审美不是初级的感知或空幻的主观想象,而是对数学本质的能动反应。在这方面我们还有很多工作值得在将来的教学实践中探索总结。

参考文献

[1] 张奠宙,木振武. 数学美与课堂教学 [J]. 数学教育学报,2001 (04):1-3.

[2] Zhang Dandan. Aesthetic Education Function and Its Application in Mathematics Teaching [C]. Proceedings of 2019 3rd International Conference on Education Technology and Economic Management (ICETEM 2019). 2019:1344-1349.

[3] 张雄. 数学美与数学教育 [J]. 中学数学教学参考,1997 (Z2):16-18.

[4] 王钦敏. 感受数学美的两个重要途径 [J]. 数学教育学报,2014,23 (02):53-56.

[5] 张昆. 数学解题教学设计的创新实践研究——基于"美学"的视点 [J]. 数学教育学报,2015,24 (05):41-45.

(作者简介:杨淑荣,女,1963年11月出生,天津宝坻人,北京科技大学天津学院基础部副教授,主要研究方向为常微分方程稳定性理论,2018年9月至今在北京科技大学天津学院工作。)

独立学院线性代数课程的教学探讨

鲍勇 徐美林 李强

(北京科技大学天津学院基础部,中国 天津 301830)

摘 要:本文结合独立学院学生学习线性代数课程普遍存在的一些问题,从6个方面对该课程的教学进行初步探讨,以进一步提高该课程的教学质量和教学效果。

关键词:独立学院;线性代数;教学

Discussion on Teaching of Linear Algebra for Independent Colleges

BAO Yong XU Meilin LI Qiang

(Department of Foundational Courses, Tianjin College,
University of Science and Technology Beijing, Tianjin 301830, China)

Abstract: This paper discusses the curriculum of linear algebra from six aspects, for the prevalent learning problems of independent college students, to further improve the teaching quality and teaching effectiveness.

Key words: Independent colleges; Linear algebra; Teaching

线性代数[1]是一门以讨论有限维空间线性理论为主的学科,它着重介绍在应用科学中常用的行列式、矩阵、线性方程组、二次型、n 维向量空间等理论及有关的基本知识。它是高等学校理工与经管类各专业本科学生一门必修的基础理论课,也是全国硕士研究生入学考试的三大数学课程之一。它有深刻的实际应用背景,在自然科学、社会科学、工程技术、军事和工农业生产等领域中有广泛的应用[2]。

线性代数是一门内容抽象,概念、计算和方法环环相扣、相互渗透的课程。对学生而言,初学时有一定的困难。通过教学实践,我们发现独立学院学生学习该课程时普遍存在如下问题。

(1)学生数学基础差,对课程中抽象的东西难以认同和消化。

(2)学生对同类型的概念常常模糊不清,容易发生混淆。例如,课程中的子式、余子式、代数余子式、子块等概念。

（3）学生对课程中的计算公式处于一知半解的状态，从而导致错误应用。例如，有些学生对行数与列数不相等的矩阵进行行列式计算。

（4）少量学生偏重对课程中各个定理、结论的证明过程的探索，而忽略了基本概念、基本计算和方法的掌握。

针对线性代数课程的教学目标，教师在教学中应注重培养学生的抽象思维能力、逻辑推理能力，并使其具有熟练的运算能力和初步的应用能力。结合独立学院学生的现状，本文从6个方面分析该课程在教学活动中应注重的一些教学方法和教学手段，目的是让抽象的概念具体化，复杂的概念简单化，常规的计算灵活化。

1 注重教学课件的制作

线性代数教学课件的制作不能华而不实，也不能平庸无奇，不能直接对课本的概念、定理、性质、例题进行照搬照抄。课件的制作必须遵循的原则是结合独立学院学生的特点，站在三本层次学生理解的角度上展开，这样的课件在教学过程中才会得到肯定。首先，课件所涉及的内容除了基本知识，还应包含基本原理的注意点、使用说明、知识点的比较、解题技巧、解题方法比较、归纳总结等。其次，课件中应涉及与知识点相关的材料，包含文献、图片、合适的比喻等，但必须保持每份材料的独特性，切勿"一锅粥"。再次，每章每节开头需要有完整的知识框架图，让学生能够直观地了解本章本节学习的东西到底有哪些，做到心中有数。最后，课件必须对重点和难点有明确说明，使教师在教学过程中有主次之分，教师教得轻松，学生学得也轻松。

2 注重基本概念的引入[3]

线性代数课程是注重基本概念学科的教学。在基本概念的教学中，教师如果能够巧妙地引出概念，就会淡化数学概念自身高度的抽象性，有利于提高学生的学习兴趣和热情。

概念引出的方式有很多种，大概将其归纳为两类：一类是用实际生活中的例子[4]引出基本概念，如矩阵概念的引出，我们可用学生一周的课程安排情况为例引出，也可用多座城市之间的航空路线图来引出；另一类是以学生学过的类似数学概念或者有关联的概念引出，如逆矩阵概念的引出，我们可用实数运算中非零数的倒数为例，将逆矩阵视为矩阵运算中的"倒数"，再如向量组的极大无关组概念，我们可以根据矩阵的最高阶非零子式概念来解释。

总之，无论以哪种方式引出线性代数中的基本概念，"化未知为已知"这一数学思想是主线。

3 注重基本概念的理解

对概念的理解，是大学数学区别于初等数学的灵魂。正确理解一个概念并非易事，不是简简单单的知道就行，更不是盲目的记忆。若要弄懂一个概念，则需要弄清楚它的来龙去脉，为什么要有这个概念？有了这个概念我们可以处理什么问题？在理解的基础上，总结解题技巧，会给学习带来极大的方便。

例如，求行列式的转置行列式以及矩阵的转置矩阵都遵循"横看竖写"的原则。再如，

若求二阶矩阵 $A = \begin{pmatrix} a & b \\ c & d \end{pmatrix}$ 的伴随矩阵 A^*，则根据伴随矩阵的定义容易得到

$$A^* = \begin{pmatrix} a_{11} & a_{21} \\ a_{12} & a_{22} \end{pmatrix} = \begin{pmatrix} d & -b \\ -c & a \end{pmatrix}$$

单纯地计算对学生来说并不复杂，但可能是短暂的。通过对伴随矩阵 A^* 与矩阵 A 的观察，我们容易发现一个规律：二阶矩阵的伴随矩阵遵循"主对角线元素互换，副对角线元素变号"的原则，但该规律对三阶及以上的矩阵不成立。对比一下两种方法，前面的方法停留在伴随矩阵这个表面定义上，生涩难懂；而后面的方法是由更深层次理解得出的结论。

4 注重相近概念的类比分析

线性代数中的概念比较繁杂，相近的概念更是数不胜数。对于相近的概念，学生经常容易混淆，张冠李戴，导致犯错。所以通过相近概念的类比分析，学生可以清晰地看到它们之间的异同点，有助于掌握概念。下面以行列式与矩阵的类比分析为例进行说明，如表1所示。

表 1　行列式与矩阵的类比分析

行列式	矩阵
$\begin{vmatrix} a_{11} & a_{12} & \cdots & a_{1n} \\ a_{21} & a_{22} & \cdots & a_{2n} \\ \vdots & \vdots & & \vdots \\ a_{n1} & a_{n2} & \cdots & a_{nn} \end{vmatrix}$	$\begin{pmatrix} a_{11} & a_{12} & \cdots & a_{1n} \\ a_{21} & a_{22} & \cdots & a_{2n} \\ \vdots & \vdots & & \vdots \\ a_{m1} & a_{m2} & \cdots & a_{mn} \end{pmatrix}$
行数必须等于列数	行数可以不等于列数
本质上是一个数	本质上是一个数表
利用行列式的性质计算行列式，前后行列式是相等的关系	利用初等变换化一般矩阵为阶梯型矩阵，前后矩阵是等价的关系

5 注重解题方法的归纳总结

在线性代数的计算过程中，同类问题在不同的情境下的处理技巧有所不同，这就需要结合问题自身的特点，利用不同的解题思路来进行分析。例如，不同类型行列式的求解需要使用不同的解题方法，解法如表2所示。

再如，求一个矩阵的逆矩阵。对于元素为具体数字的矩阵，一般使用初等变换法求逆矩阵；而对于元素未具体给出的抽象矩阵，一般依据逆矩阵的定义来求逆矩阵。

表 2　不同类型行列式的解法

行列式类型	解题思路
对角形	主对角线元素的乘积
左下三角、右上三角	主对角线元素的乘积
两条线形	按行（列）直接展开降阶

续表

行列式类型	解题思路
箭（爪）形	利用对角元素或次对角元素将一条边消为零
三对角形	直接展开得到递推关系，然后采用直接递推或数学归纳法证明
行（列）和相等	将其各列（行）加到第1列（行）或第n列（行），然后再化简

6 注重解题方法的比较分析

线性代数是注重解题方法的一门学科，同一个问题利用不同的方法来求解，有时计算效果会相差很大。因此，学生在学习线性代数的过程中，需要对不同的方法进行比较分析，这样才会准确迅速地完成课程目标。

例如，求矩阵 $A = \begin{pmatrix} 3 & 2 & 0 & 5 \\ 3 & -2 & 3 & 6 \\ 2 & 0 & 1 & 5 \\ 1 & 6 & -4 & -1 \end{pmatrix}$ 的一个最高阶非零子式。处理此类问题，我们可以根据最高阶非零子式的定义求解，但矩阵的最高阶非零子式找起来并不方便，需要逐阶尝试。一般地，应首先对矩阵 A 进行初等行变换得

$$A = \begin{pmatrix} 3 & 2 & 0 & 5 \\ 3 & -2 & 3 & 6 \\ 2 & 0 & 1 & 5 \\ 1 & 6 & -4 & -1 \end{pmatrix} \rightarrow A = \begin{pmatrix} 1 & 6 & -4 & -1 \\ 0 & -4 & 3 & 1 \\ 0 & 0 & 0 & 4 \\ 0 & 0 & 0 & 0 \end{pmatrix}$$

接下来再根据矩阵 A 的行阶梯形矩阵以及最高阶非零子式的定义，容易发现矩阵 A 的第1、2、3行及第1、2、4列构成最高阶非零子式。即使这样能求解出来，学生也是糊里糊涂。我们通过观察发现，最高阶非零子式由阶梯线的竖线后面第一个非零元所在的行、列组成。对比两种方法，前面的方法是使用最高阶非零子式的定义这个工具；而后面的方法是依据最高阶非零子式的定义所得出的新方法，这个新方法省略了"找"的过程。

7 结束语

线性代数作为一门重要的专业基础课，通过本课程的学习，学生应获取其内容的基本概念、基本理论、基本方法与运算技能，为学习后续课程和解决某些实际问题奠定必要的数学基础。如何完成线性代数这门课程的教学活动？笔者认为必须结合独立学院学生的特点，采取针对性的教学手段与教学方法，这样不仅有利于学生在轻松的环境下了解知识点的来龙去脉，加深对概念的理解，还有利于学生拓宽知识面，提高数学修养。

参考文献

[1] 同济大学数学系. 工程数学线性代数[M]. 5版. 北京：高等教育出版社，2012.
[2] 莫京兰，赵新暖. 独立学院线性代数教学改革的探索[J]. 价值工程，2010

(17): 213 - 214.

[3] 王春玲,汪雄良.《线性代数》教学中重要概念的引入 [J]. 科技信息,2011 (11): 148 - 149.

[4] 王利东,刘婧. 从应用实例出发的线性代数教学模式探讨 [J] 数学教育学报,2012,21 (3): 83 - 85.

[5] 王志华. 独立学院线性代数教学改革的实践与思考 [J]. 高等数学研究,2012,15 (6): 43 - 47.

(作者简介:鲍勇,男,1988年5月出生,天津人,高等数学教研室主任,讲师,硕士研究生毕业,主要研究方向为运筹学与控制论,2014年3月至今在北京科技大学天津学院工作。)

独立学院大学物理分专业教学的探索

穆春燕

(北京科技大学天津学院基础部,中国 天津 301830)

摘 要:大学物理的分专业教学在保证学生对物理知识需求的同时,考虑了各专业的不同特点,因材施教。其激发了学生学习物理的积极性和主动性,有效培养了学生理论联系实际的能力,符合独立学院培养应用型人才的目标。

关键词:独立学院;应用型人才;大学物理;分专业教学

Exploration on the Teaching of University Physics Branch of Independent College

MU Chunyan

(Department of Foundational Courses, Tianjin College,
University of Science and Technology Beijing, Tianjin 301830, China)

Abstract: College physics is divided into major teaching, which not only ensures students' demand for physics knowledge, but also considers the different characteristics of each major and teaches students according to their aptitude. It stimulates the students' enthusiasm and initiative in learning physics, and effectively cultivates the ability of integrating theory with practice, which is in line with the goal of cultivating application-oriented talents in independent colleges.

Key words: Independent Colleges; Applied talents; College physics; Teaching by major

独立学院这种高等教育模式,自20世纪90年代末以来迅速崛起,经过十几年的拼搏与努力,独立学院取得了长足的发展,开辟了一片新的天地。这种高等教育模式与一般的本科院校并不完全相同,其有自身的办学理念及特点,其目的是培养适应经济全球化、信息化、知识化发展趋势的新型复合型、应用型人才。但是高考的不断扩招,使独立学院的学生素质整体呈现下降的趋势。同时,学生来自不同的省份,物理基础参差不齐。

1 大学物理教学现状

大学物理作为一门专业基础课程,人们更多地强调它的基础性、系统性,重视概念、原理、定律推导和数学公式的表达，忽视了不同专业学生对大学物理内容的不同需求，从而导致大学物理教学过程按照多年来形成的固定模式，对不同专业的学生采用统一的教学大纲和同一个授课计划。经过多次调整，大学物理课程学时越来越少，为了适应少学时的教学，大部分地方院校大学物理内容以经典物理为主，近现代物理内容所占比例较少，有的院校甚至不讲近现代物理[1]。而实际上以量子力学和相对论为支柱的近现代物理是现代科技的先导，大部分学生以后可能会在高新技术领域工作，肩负国家未来科技发展的重任，他们不能不学习近现代物理的内容。教学内容没有和学生的专业需求紧密联系，教师没有用发展的观点来选择、组织传统的物理教学内容，导致物理教学与时代、科技脱节。这种对各专业和学科教学不加区分的课程设置，导致学生无法体会大学物理与自身专业的密切联系，从而很难激发学生的学习兴趣。学生在学习过程中往往感到枯燥乏味，尤其是独立院校非物理专业的理工科学生，他们感到大学物理学无所用，这使物理教学陷入了一种被动的、恶性循环的状态，所以使学生真正认识到大学物理学习对其后续专业课学习的重要性以及提高学生学习物理的兴趣和主动性刻不容缓。

2　大学物理分专业教学的意义

大学物理分专业教学是以学生为中心，以学生的实际需求为指导，有针对性地制定教学目标和教学大纲，选取相应的教材，确定相应的教学内容，采取因材施教的教学方法，突出教学重点，最大限度地发挥学生的学习激情与潜力，达到最佳的教学效果。

不同的专业有不同的培养目标，学生毕业后的就业方向也不尽相同，他们对大学物理的需求肯定也不一样，而独立院校主要致力于应用型人才的培养，所以将大学物理分专业教学，并使大学物理教学与后续的专业课教学衔接起来，让学生体会到大学物理对自己专业学习的重要性，让学生从被动地学习转变成积极主动地学习，这非常重要[2]。

3　大学物理分专业教学的尝试

若想做到大学物理基础课与后续专业课的衔接，则要处理好教学内容深度与广度之间的关系[3]。大学物理任课教师在制定教学大纲前，应与学生及所教专业学科教师进行座谈，详细了解所教学科专业后续课程及学生在以后工作和学习过程中对大学物理知识的需求，为各专业制定不同的教学内容体系，选择不同的教材，制定不同的教学大纲和教学日历，使大学物理的基础性和实用性充分扩展到学生求学和工作的整个过程中。

在授课过程中，教师应将一些技术应用方面的知识纳入教学内容，让学生切身体会学习大学物理的作用，从而培养他们学习大学物理的兴趣。

大学物理是一个完备的体系，力、热、光、电（磁）和近现代物理是相互联系、相互渗透的。如果因为大学物理课时不足，教师对不同的专业将教学内容分模块删减，则这种做法是不合理的。大学物理按专业分类教学应该是在课程教学过程中，根据不同专业对物理知识的不同需求，教学内容有所侧重，如土木工程和机械类等专业对力学要求比较高，对热学、光学和电磁学要求相对低一点，所以任课教师在制定教学内容时，就应该侧重力学部分，尤其是刚体力学，适当删减热学、光学和电磁学的内容。再如计算机和电子信息类等专业对电磁学和光学要求比较高，任课教师在制定教学内容时，就应该侧重电磁学、光学部分，还要将近现代物理知识,尤其是半导体物理贯穿课堂教学过程,适当删减力学和热学部分的内容。再如材料类专业对力学、热学和近现代物理的要求比较高,而对电磁学的要求比较低,所以任课教师在授课过程中可以适当压缩经典物理的内容,增加近现代物理知识的讲解和应用。

授课过程中教师如果能将物理学知识与专业课知识衔接起来,帮助学生把物理基础打牢固,那么后续的专业课对重叠的内容可以一带而过,把节约下来的学时用到专业内容的深入讲解,更能有效地实现应用型人才培养的目的。

大学物理课程成绩的评定方法也会影响学生对课程的兴趣和专注度,如果只以单纯的考勤和作业作为平时成绩,与闭卷笔试成绩相加作为本门课程的最终考核成绩,则会让学生感到只需要学习和掌握与考试有关的知识,出现学习敷衍的情况,同时学生不能综合掌握课程的内涵,不能深入理解课程的知识点,不能将学到的知识与实际应用结合起来,出现学习与实际应用脱节的情况。为提高学生的学习兴趣与综合素质,教师应该将传统的课程考核方式进一步修改,可以根据教学大纲和相应的授课计划分专业进行考核,让学生撰写与自身所学专业相关的小论文,作为平时成绩的一部分;让学生在课余时间通过自己的努力,根据自己的兴趣了解更多的物理知识,在课堂上可以分组讨论,计入平时成绩;让学生真正喜欢大学物理课程,提高主观能动性,增强课程的学习交互性,对枯燥的知识有更深刻的理解。

4 大学物理分专业教学的评价

首先,分专业教学对任课教师提出了更高的要求,促使教师在教学过程中不断总结、不断改进,调整教学内容,以便上好每一堂课。由于针对不同专业的教学大纲不同,所以教师要了解各专业的培养方案、专业课程,使大学物理更好地为专业课服务。这就要求教师通过各种渠道查阅资料,不断学习,丰富和提高自身的专业水平,拓宽知识面,在课堂上联系专业、联系实际,使教学内容更充实。

其次,分专业教学激发了学生的学习积极性。分专业教学在保证学生对物理知识需求的同时,考虑了各专业的特点,在教学过程中理论联系实际,有效培养了学生的逻辑思维能力和严谨的态度,充分激发了学生学习的兴趣[4]。例如在给土木工程专业的学生讲刚体的转动惯量时,教师在课前就要做好大量的准备工作,例如制作物理演示实验视频,设计讨论环节,总结刚体转动惯量的物理意义,并且让学生课后查阅惯性制导(利用惯性原理控制和引导导弹或运载火箭飞向目标的技术)等等。

最后,教师在讲授重点章节时,可以采用提出问题、分析问题、解决问题、实际运用的四步教学法。例如教师在讲解质点运动状态的描述时,先播放一段猎豹奔跑的动画,提出如何描述猎豹的运动状态的问题,激发学生兴趣,引入主题,即提出问题;然后将镜头由近拉远,猎豹越来越小,最后缩小成一个点(即质点),要知道猎豹的运动就需要知道它所处的位置、移动快慢、起跑和转弯是否敏捷等,即分析问题;然后讲解质点概念、坐标系、位置矢量、位移、速度、加速度,完成猎豹运动状态的描述,即解决问题;最后举例分析基本概念、公式和定理(律)的应用条件和应用步骤,示例应贴近生活、贴近专业,即实际运用。教师在讲授电磁学、热学、光学、量子物理时,分别结合电泳实验、流式细胞分离技术、神经传导动作电位、氧还电位、化学反应速率、生物成像、新陈代谢、生物遗传等问题引出物理问题，不仅使学生的学习兴趣高涨，而且使其运用物理方法解决专业问题的能力得到提高。

大学物理分专业教学对各专业制定不同的教学大纲，不仅可以提高学生学习大学物理的趣味性和积极性，而且为学生后续专业课的学习打下了坚实的基础。

参考文献

[1] 曹青松．独立学院大学物理分层次分专业教学改革［J］．高师理科学刊，2015，35（02）：98-100．

[2] 杨亦云，陈守满．应用型本科院校大学物理分专业教学改革研究［J］．安康学院学报，2014，26（03）：124-125．

[3] 王为民．基于应用型培养模式的大学物理课程教学改革与实践［J］．中小企业管理与科技（中旬刊），2016（10）：135-136．

[4] 刘振兴，王引书，李晓文．大学物理实验课程的分类指导教学改革研究［J］．物理实验，2018，38（S1）：71-74．

（作者简介：穆春燕，女，1984年2月出生，北京科技大学天津学院基础部教师，讲师，2006年8月至今在北京科技大学天津学院基础部工作。）

两个混沌系统的自适应有限时间容错同步控制

张悦娇　鲍勇　李强

（北京科技大学天津学院基础部，中国　天津　301830）

摘　要：本文研究了两个不同的混沌系统的有限时间同步控制问题。首先，所研究的两个混沌系统结构完全不同且具有未知的系统参数，利用自适应更新律对未知参数进行估计；其次，考虑系统出现执行器部分失效和卡死故障的情况，采用故障容错控制方法；再次，不同于渐近同步控制，本文采用的是收敛速度更快、鲁棒性更好的有限时间同步控制方法，利用 Lyapunov 稳定性和有限时间稳定性定理，证明了所设计的自适应容错控制策略能在有限的时间内，使误差动态系统达到稳定；最后，通过数值仿真验证了方法的有效性和理论结果的正确性。

关键词：混沌系统；有限时间同步；容错控制；自适应控制

Finite-time Adaptive Fault-tolerant Synchronization Control of Two Chaotic Systems With Unknown Parameters

ZHANG Yuejiao　BAO Yong　LI Qiang

(Department of Foundational Courses, Tianjin College,
University of Science and Technology Beijing, Tianjin 301830, China)

Abstract: In this paper, the finite-time synchronization control of two different chaotic systems is studied. Firstly, the two chaotic systems studied have completely different structures and unknown system parameters, and the unknown parameters are estimated by adaptive updated law; Secondly, considering the actuator partial failure and stuck fault of the system, the fault-tolerant control method is adopted; Thirdly, different from the asymptotic synchronization control, finite-time synchronization control method with faster convergence speed and better robustness is adopted. By using Lyapunov stability and finite-time stability theorem, it is proved that the adaptive fault-tolerant control strategy designed can guarantee the stability of error dynamic system in limited time. Finally, a numerical example are provided to illustrate the effectiveness of the provide methods and correctness of the theoretical results.

Key words: Chaotic systems; Finite-time synchronization; Fault-tolerant control; Adaptive control

1 引言

随着科学技术和网络的进步，大量的信息需要被传递，因此人们越来越重视信息在传递过程中的保密性，而混沌同步技术在加密通信领域具有十分重要的实用价值，所以近些年来关于混沌同步的研究受到了国内外众多学者的关注。关于混沌同步在安全通信中的实际应用读者可以在文献［1，2］中了解。

驱动-响应混沌系统的同步研究已经有了各种同步类型的研究成果。如文献［3］利用切换控制的方法研究了两个混沌系统的渐近同步问题；文献［4］采用间歇控制的方法对混沌系统的完全同步进行了探讨；关于两个混沌系统的投影同步的研究，读者可以在文献［5-7］中了解；文献［8］分析了两个混沌系统的函数投影延迟同步问题；文献［9］研究了两个混沌系统的脉冲同步问题；文献［10］采用脉冲控制的方法研究了两个混沌系统的延迟同步问题。

上述文献所研究的同步问题都是误差系统在时间趋于无穷时达到平衡点，但是实际生活中，人们希望同步收敛的速度更快，即收敛时间更短，这样会在生产中节约成本，提高效益。因此，有限时间同步的概念应运而生，近些年也被应用在驱动-响应混沌系统同步的研究中。例如，利用滑模控制的方法，文献［11］研究了两个不同混沌系统的有限时间同步问题，利用有限时间稳定性理论，使得驱动-响应混沌系统在有限时间内达到同步。不同于文献［11］，文献［12］采用反馈控制的方法，研究了两个混沌系统的有限时间同步问题。但是这些文献均没有考虑系统出现执行器部分失效或者卡死故障的情况，而在实际生活中，系统往往会因各种外部因素出现一些故障，因此，关于具有未知参数的两个不同混沌系统的有限时间容错同步控制是一个较为复杂的研究问题，目前我们尚未见到相关的研究成果。

基于上述分析，本文研究了两个不同混沌系统的有限时间容错同步控制问题，主要的贡献有如下几个方面：

（1）具有未知参数且结构不同的驱动-响应混沌系统被考虑；

（2）考虑混沌系统分别出现执行器部分失效和卡死故障的情况，并且卡死故障是未知的，设计自适应故障容错控制器，对闭环系统进行实时的有效控制；

（3）利用 Lyapunov 稳定性和有限时间稳定性定理，给出了误差动态系统同步过渡时间的理论结果。

2 问题描述

考虑具有参数未知的混沌系统模型为

$$\dot{x}(t) = f_1(x(t)) + F_1(x(t))\theta_1 \tag{1}$$

式中，$x(t) = [x_1(t), x_2(t), \cdots, x_n(t)]^T \in \mathbf{R}^n$ 表示混沌系统（1）的状态向量；$f_1(x(t)) \in \mathbf{R}^n$ 表示连续函数向量；$F_1(x(t)) \in \mathbf{R}^{n \times n}$ 表示矩阵函数；$\theta_1 \in \mathbf{R}^n$ 表示未知的系统参数向量。

基于驱动-响应同步的概念，本文将式（1）作为驱动混沌系统模型，与其对应的响应混沌系统模型为

$$\dot{y}(t) = f_2(y(t)) + F_2(y(t))\theta_2 + u(t) \tag{2}$$

式中，$y(t) = [y_1(t), y_2(t), \cdots, y_n(t)]^T \in \mathbf{R}^n$ 表示混沌系统（2）的状态向量；$f_2(y(t)) \in \mathbf{R}^n$ 表示连续函数向量；$F_2(y(t)) \in \mathbf{R}^{n \times n}$ 表示矩阵函数；$\theta_2 \in \mathbf{R}^n$ 表示未知的系统参数向量；$u(t) \in \mathbf{R}^n$ 表示控制输入向量。

考虑系统出现执行器故障问题，将故障容错模型描述为

$$u_s^{h,F}(t) = v_s^h u_s(t) + \delta_s^h(t) \tag{3}$$

式中，$s = 1, 2, \cdots, n$；$h = 1, 2, \cdots, H$；v_s^h 是未知的执行器效率因子；$\delta_s^h(t)$ 表示未知的时变有界信号。在这里，指数 h 表示第 h 个故障容错模型，H 表示所有故障容错模型的和。执行器效率因子 v_s^h 满足的条件为

$$0 < \underline{v}_s^h \leq v_s^h \leq \bar{v}_s^h < 1 \tag{4}$$

由此，故障容错模型（3）包含如下三种情况。

(1) $\underline{v}_s^h = \bar{v}_s^h = 1$ 并且 $\delta_s^h(t) = 0$，表示不存在任何故障。

(2) $0 < \underline{v}_s^h \leq v_s^h < 1$ 并且 $\delta_s^h(t) = 0$，表示执行器部分失效。

(3) $\underline{v}_s^h = \bar{v}_s^h = 1$ 并且 $\delta_s^h(t) \neq 0$，表示故障卡死的情况。

因此，第 h 个故障容错模型为

$$u^{h,F}(t) = [u_1^{h,F}(t), u_2^{h,F}(t), \cdots, u_n^{h,F}(t)]^T = v^h u(t) + \delta^h(t) \tag{5}$$

式中，$v^h = \mathrm{diag}\{v_1^h, \cdots, v_s^h, \cdots, v_n^h\}$；$\delta^h(t) = [\delta_1^h(t), \cdots, \delta_s^h(t), \cdots, \delta_n^h(t)]^T$。为了方便描述，就将一般的执行器故障容错模型描述为

$$u^F(t) = v u(t) + \delta(t) \tag{6}$$

式中，$\delta(t)$ 即为 $(v, \delta) = [(v^1, \delta^1), \cdots, (v^H, \delta^H)]$。

注释 1 由于 $v = \{v^1, \cdots, v^H\}$，将 v 记作 $v = \mathrm{diag}\{v^1, \cdots, v^s, \cdots, v^n\}$，结合执行器效率因子所满足的条件（4），存在已知的常数 $\underline{v} > 0$，对于所有的 $s \in \{1, \cdots, n\}$ 满足 $\underline{v} \leq v_s$。

根据上面的描述，具有执行器故障的响应混沌系统模型可以表示为

$$\dot{y}(t) = f_2(y(t)) + F_2(y(t))\theta_2 + v u(t) + \delta(t) \tag{7}$$

定义同步误差 $e(t) = y(t) - x(t)$，因此同步误差动态系统可以描述为

$$\dot{e}(t) = f_2(y(t)) - f_1(x(t)) + F_2(y(t))\theta_2 - F_1(x(t))\theta_1 + v u(t) + \delta(t) \tag{8}$$

为了进一步的研究，本文就给出了如下的定义、引理及假设。

定义 1[13] 如果存在一个常数 $0 < T < +\infty$，使得

$$\lim_{t \to t_0 + T} \|y(t) - x(t)\| = 0$$

并且

$$\|y(t) - x(t)\| = 0, \forall t > t_0 + T$$

$\|\cdot\|$ 是欧式范数，则称驱动混沌系统（1）和响应混沌系统（2）是有限时间同步的。

引理 1[14] 假设 $V(t)$ 是连续的正定函数，且满足微分不等式条件

$$\dot{V}(t) \leq -\omega V^\iota(t), \forall t \geq t_0, V(t) \geq 0$$

式中，$\omega > 0$ 和 $\iota \in (0, 1)$ 为常数。那么，对于任意给定的 t_0，$V(t)$ 满足

$$V^{1-\iota}(t) \leq V^{1-\iota}(t_0) - \omega(1-\iota)(t - t_0), t_0 \leq t \leq t_1$$

并且

$$V(t_0) \equiv 0, t \geq t_1$$

式中，$t_1 = t_0 + \dfrac{V^{1-\iota}(t_0)}{\omega(1-\iota)}$。

引理 2[15] 如果 $a_1, a_2, \cdots, a_n, r, p$ 为实数且满足 $0 < r < p$，则

$$\left(\sum_{i=1}^{n} |a_i|^p\right)^{\frac{1}{p}} \leq \left(\sum_{i=1}^{n} |a_i|^r\right)^{\frac{1}{r}}$$

假设 1 假设系统参数 $\boldsymbol{\theta}_i(i=1,2)$ 是范数有界的，即

$$\|\boldsymbol{\theta}_i\| \leq \bar{\theta}_i$$

式中，$\bar{\theta}_i$ 是大于零的常数。

假设 2 对于未知的时变有界信号 $\boldsymbol{\delta}(t)$，存在一个常数 $\bar{\delta} > 0$ 满足

$$\|\boldsymbol{\delta}(t)\| \leq \bar{\delta}$$

3 主要结果

为了使得驱动混沌系统和响应混沌系统能够在有限时间内达到同步，就根据执行器故障容错模型，本文设计了自适应容错控制器，即

$$\boldsymbol{u}(t) = \boldsymbol{u}_1(t) + \boldsymbol{u}_2(t) + \boldsymbol{u}_3(t) + \boldsymbol{u}_4(t) \tag{9}$$

且有

$$\boldsymbol{u}_1(t) = -\frac{1}{\underline{v}}[\boldsymbol{f}_2(\boldsymbol{x}(t)) - \boldsymbol{f}_1(\boldsymbol{y}(t))]$$

$$\boldsymbol{u}_2(t) = -\frac{1}{\underline{v}}[\boldsymbol{F}_2(\boldsymbol{x}(t)) - \boldsymbol{F}_1(\boldsymbol{y}(t))]$$

$$\boldsymbol{u}_3(t) = -\frac{1}{\underline{v}}\|\boldsymbol{e}(t)\|\bar{\delta}\boldsymbol{\Phi}(\boldsymbol{e}(t))$$

$$\boldsymbol{u}_4(t) = -\frac{1}{\underline{v}}\left\{\varepsilon_1\boldsymbol{\varphi} + \boldsymbol{\Phi}(\boldsymbol{e}(t))[\varepsilon_2(\|\hat{\boldsymbol{\theta}}_1\| + \bar{\theta}_1)^{\mu+1} + \varepsilon_3((\|\hat{\boldsymbol{\theta}}_2\| + \bar{\theta}_2)^{\mu+1}]\right\}$$

式中，$0 < \mu < 1$；ε_1、ε_2、ε_3 是大于零的任意常数；$\boldsymbol{\varphi} = \begin{pmatrix} \text{sign}(\boldsymbol{e}_1(t))|\boldsymbol{e}_1(t)|^\mu \\ \text{sign}(\boldsymbol{e}_2(t))|\boldsymbol{e}_2(t)|^\mu \\ \vdots \\ \text{sign}(\boldsymbol{e}_n(t))|\boldsymbol{e}_n(t)|^\mu \end{pmatrix}$；

$$\boldsymbol{\Phi}(\boldsymbol{e}(t)) = \begin{cases} 0, & \boldsymbol{e}(t) = 0, \\ \dfrac{\boldsymbol{e}(t)}{\|\boldsymbol{e}(t)\|^2}, & \boldsymbol{e}(t) \neq 0。 \end{cases}$$

符号函数的定义为

$$\text{sign}(\boldsymbol{e}^T)_s = \begin{cases} 1, & (\boldsymbol{e}^T)_s \geq 0 \\ -1, & (\boldsymbol{e}^T)_s < 0 \end{cases}$$

式中，$(\boldsymbol{e}^T)_s$ 表示向量 $\boldsymbol{e}^T$ 的第 s 个元素，$\boldsymbol{e}^T$ 即 $\boldsymbol{e}^T(t)$。设计的自适应更新律为

$$\dot{\hat{\boldsymbol{\theta}}}_1(t) = -\boldsymbol{F}_1^T(\boldsymbol{x}(t))\boldsymbol{e}(t) \tag{10}$$

$$\dot{\hat{\boldsymbol{\theta}}}_2(t) = -\boldsymbol{F}_2^T(\boldsymbol{x}(t))\boldsymbol{e}(t) \tag{11}$$

定理 1 在满足假设 1 和假设 2 的条件下，驱动混沌系统（1）和响应混沌系统（2）的运动轨迹能够在自适应容错控制器（9）和自适应更新律（10）、（11）的作用下满足有限时间同步，并且过渡时间满足

$$T^* = t_0 + \frac{V^{\frac{1-\mu}{2}}(t_0)}{\alpha(1-\mu)} \tag{12}$$

式中，$\alpha = \min\{\varepsilon_1, \varepsilon_2, \varepsilon_3\}$

证明：选取 Lyapunov 函数，即

$$V(t) = \sum_{i=1}^{3} V_i(t) \tag{13}$$

$$V_1(t) = \frac{1}{2}e^T(t)e(t) \tag{14}$$

$$V_2(t) = \frac{1}{2}\tilde{\boldsymbol{\theta}}_1^T \tilde{\boldsymbol{\theta}}_1 \tag{15}$$

$$V_3(t) = \frac{1}{2}\tilde{\boldsymbol{\theta}}_2^T \tilde{\boldsymbol{\theta}}_2 \tag{16}$$

式中，$\tilde{\boldsymbol{\theta}}_1 = \hat{\boldsymbol{\theta}}_1 - \boldsymbol{\theta}_1$、$\tilde{\boldsymbol{\theta}}_2 = \hat{\boldsymbol{\theta}}_2 - \boldsymbol{\theta}_2$ 为参数估计误差。

计算 $V_1(t)$ 沿同步误差动态系统（8）的导数，结合自适应容错控制器（9）则有

$$\begin{aligned}
\dot{V}_1(t) &= e^T(t)[\boldsymbol{f}_2(\boldsymbol{y}(t)) - \boldsymbol{f}_1(\boldsymbol{x}(t)) + \boldsymbol{F}_2(\boldsymbol{y}(t))\boldsymbol{\theta}_2 - \boldsymbol{F}_1(\boldsymbol{x}(t))\boldsymbol{\theta}_1 + v\boldsymbol{u}(t) + \boldsymbol{\delta}(t)] \\
&\leq e^T(t)[\boldsymbol{F}_2(\boldsymbol{y}(t))\boldsymbol{\theta}_2 - \boldsymbol{F}_1(\boldsymbol{x}(t))\boldsymbol{\theta}_1] - \\
&\quad e^T(t)[\boldsymbol{F}_2(\boldsymbol{y}(t))\hat{\boldsymbol{\theta}}_2 - \boldsymbol{F}_1(\boldsymbol{x}(t))\hat{\boldsymbol{\theta}}_1] - \varepsilon_1 e^T(t)\boldsymbol{\varphi} - \\
&\quad [\varepsilon_2(\|\hat{\boldsymbol{\theta}}_1\| + \overline{\boldsymbol{\theta}}_1)^{\mu+1} + \varepsilon_3(\|\hat{\boldsymbol{\theta}}_2\| + \overline{\boldsymbol{\theta}}_2)^{\mu+1}] - e^T(t)\boldsymbol{\delta}(t) - \|e(t)\|\overline{\delta} \\
&\leq -e^T(t)\boldsymbol{F}_2(\boldsymbol{y}(t))(\hat{\boldsymbol{\theta}}_2 - \boldsymbol{\theta}_2) + e^T(t)\boldsymbol{F}_1(\boldsymbol{x}(t))(\hat{\boldsymbol{\theta}}_1 - \boldsymbol{\theta}_1) - \varepsilon_1 e^T(t)\boldsymbol{\varphi} - \\
&\quad [\varepsilon_2(\|\hat{\boldsymbol{\theta}}_1\| + \overline{\boldsymbol{\theta}}_1)^{\mu+1} + \varepsilon_3(\|\hat{\boldsymbol{\theta}}_2\| + \overline{\boldsymbol{\theta}}_2)^{\mu+1}]
\end{aligned} \tag{17}$$

计算 $V_2(t)$ 的导数，结合自适应更新律（10）则有

$$\dot{V}_2(t) = \tilde{\boldsymbol{\theta}}_1^T \dot{\tilde{\boldsymbol{\theta}}}_1 = \tilde{\boldsymbol{\theta}}_1^T[-\boldsymbol{F}_1^T(\boldsymbol{x}(t))e(t)] \tag{18}$$

计算 $V_3(t)$ 的导数，结合自适应更新律（11）则有

$$\dot{V}_3(t) = \tilde{\boldsymbol{\theta}}_2^T \dot{\tilde{\boldsymbol{\theta}}}_2 = \tilde{\boldsymbol{\theta}}_2^T[-\boldsymbol{F}_2^T(\boldsymbol{x}(t))e(t)] \tag{19}$$

结合式（17）～（19），可以得到

$$\begin{aligned}
\dot{V}(t) &= \dot{V}_1(t) + \dot{V}_2(t) + \dot{V}_3(t) \\
&\leq \varepsilon_1 e^T(t)\boldsymbol{\varphi} - \varepsilon_2(\|\hat{\boldsymbol{\theta}}_1\| + \overline{\boldsymbol{\theta}}_1)^{\mu+1} - \\
&\quad \varepsilon_3(\|\hat{\boldsymbol{\theta}}_2\| + \overline{\boldsymbol{\theta}}_2)^{\mu+1}
\end{aligned} \tag{20}$$

由于 $\boldsymbol{\theta}_1$ 和 $\boldsymbol{\theta}_2$ 有已知上界，故我们可以很容易得到

$$\|\hat{\boldsymbol{\theta}}_1 - \boldsymbol{\theta}_1\| \leq \|\hat{\boldsymbol{\theta}}_1\| + \|\boldsymbol{\theta}_1\| \leq \|\hat{\boldsymbol{\theta}}_1\| + \overline{\boldsymbol{\theta}}_1 \tag{21}$$

$$\|\hat{\boldsymbol{\theta}}_2 - \boldsymbol{\theta}_2\| \leq \|\hat{\boldsymbol{\theta}}_2\| + \|\boldsymbol{\theta}_2\| \leq \|\hat{\boldsymbol{\theta}}_2\| + \overline{\boldsymbol{\theta}}_2 \tag{22}$$

利用引理 2，我们可以得到

$$-\varepsilon_1 e^T(t)\boldsymbol{\varphi} \leq -\varepsilon_1 \sum_{i=1}^{n} |e_i(t)|^{\mu+1}$$

$$\leqslant -\varepsilon_1 \left\{ \sum_{i=1}^{n} |e_i(t)|^2 \right\}^{\frac{\mu+1}{2}}$$

$$= -\varepsilon_1 [e^T(t)e(t)]^{\frac{\mu+1}{2}} \quad (23)$$

最后结合式（20）~（23），有

$$\dot{V}(t) \leqslant -\varepsilon_1 [e^T(t)e(t)]^{\frac{\mu+1}{2}} - \varepsilon_2 \|\hat{\boldsymbol{\theta}}_1 - \boldsymbol{\theta}_1\|^{\mu+1} - \varepsilon_3 \|\hat{\boldsymbol{\theta}}_2 - \boldsymbol{\theta}_2\|^{\mu+1}$$

$$\leqslant -\varepsilon_1 \left[\frac{1}{2}e^T(t)e(t)\right]^{\frac{\mu+1}{2}} - \varepsilon_2 \left(\frac{1}{2}\tilde{\boldsymbol{\theta}}_1^T\tilde{\boldsymbol{\theta}}_1\right)^{\frac{\mu+1}{2}} - \varepsilon_3 \left(\frac{1}{2}\tilde{\boldsymbol{\theta}}_2^T\tilde{\boldsymbol{\theta}}_2\right)^{\frac{\mu+1}{2}} \quad (24)$$

因此，有

$$\dot{V}(t) \leqslant -\alpha V(t)^{\frac{\mu+1}{2}} \quad (25)$$

式中，$\alpha = \min\{\varepsilon_1, \varepsilon_2, \varepsilon_3\}$。

通过引理1，我们可以得到当 $t \geqslant T^*$ 时，$V(t) = 0$，即同步误差动态系统（8）在自适应容错控制器（9）的作用下是有限时间稳定的，T^* 满足式（12）。

4 数值仿真

通过算例仿真验证所得容错控制策略的有效性。考虑两个不同的混沌系统，即 Lorenz 系统和 Chen 系统，其具体描述分别为

$$\begin{pmatrix} \dot{x}_{11}(t) \\ \dot{x}_{12}(t) \\ \dot{x}_{13}(t) \end{pmatrix} = \underbrace{\begin{pmatrix} 0 \\ -x_{11}(t)x_{13}(t) - x_{12}(t) \\ x_{11}(t)x_{12}(t) \end{pmatrix}}_{f_1(x_1(t))} + \underbrace{\begin{pmatrix} x_{12}(t) - x_{11}(t) & 0 & 0 \\ 0 & x_{11}(t) & 0 \\ 0 & 0 & x_{13}(t) \end{pmatrix}}_{F_1(x_1(t))} \begin{pmatrix} \theta_{11} \\ \theta_{12} \\ \theta_{13} \end{pmatrix} \quad (26)$$

$$\begin{pmatrix} \dot{x}_{21}(t) \\ \dot{x}_{22}(t) \\ \dot{x}_{23}(t) \end{pmatrix} = \underbrace{\begin{pmatrix} 0 \\ -x_{21}(t)x_{23}(t) \\ x_{21}(t)x_{22}(t) \end{pmatrix}}_{f_2(x_2(t))} + \underbrace{\begin{pmatrix} x_{22}(t) - x_{21}(t) & 0 & 0 \\ -x_{21}(t) & x_{21}(t)x_{22}(t) & 0 \\ 0 & 0 & x_{13}(t) \end{pmatrix}}_{F_2(x_2(t))} \begin{pmatrix} \theta_{21} \\ \theta_{22} \\ \theta_{23} \end{pmatrix} + \begin{pmatrix} u_{11} \\ u_{12} \\ u_{13} \end{pmatrix} \quad (27)$$

式中，θ_{11}、θ_{12}、θ_{13}、θ_{21}、θ_{22}、θ_{23} 是未知参数。为了描述混沌系统，就选择 $\theta_{11} = 10$，$\theta_{12} = 28$，$\theta_{13} = 8/3$，$\theta_{21} = 35$，$\theta_{22} = 28$，$\theta_{23} = 3$，取 $\mu = 0.51$，$\varepsilon_1 = \varepsilon_2 = \varepsilon_3 = 0.001$，$\bar{\theta}_1 = 30$，$\bar{\theta}_2 = 50$。然后取三个系统的初始条件分别为：$(x_{11}(0), x_{12}(0), x_{13}(0)) = (1, -1, 1)$，$(x_{21}(0), x_{22}(0), x_{23}(0)) = (2, 1, 1)$；自适应参数的初始值分别为：$(\hat{\theta}_{11}(0), \hat{\theta}_{12}(0), \hat{\theta}_{13}(0)) = (6, 0, -8)$，$(\hat{\theta}_{21}(0), \hat{\theta}_{22}(0), \hat{\theta}_{23}(0)) = (0, 6, 4)$。

考虑混沌系统出现故障的情况，在 $t = 0.5$ s 之前，系统一切正常，在 $t = 0.5$ s 之后，混沌系统出现了卡死故障 $\delta = (1, 2, 1)$，$\bar{\delta} = 5$，$\underline{v} = 0.2$，具体仿真结果如图1~图5所示。

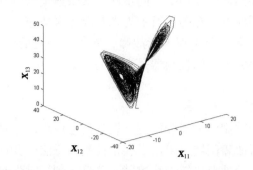

图 1　Lorenz 系统的状态轨迹

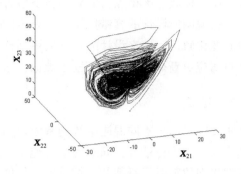

图 2　Chen 系统的状态轨迹

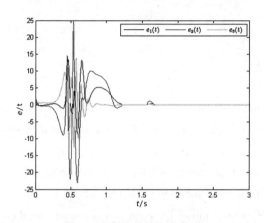

图 3　同步误差的变化轨迹

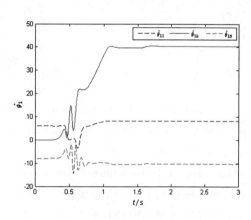

图 4　未知参数 $\hat{\theta}_1$ 的变化轨迹

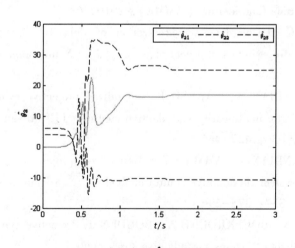

图 5　未知参数 $\hat{\theta}_2$ 的变化轨迹

图 1 和图 2 分别为 Lorenz 系统和 Chen 系统的开环状态轨迹，从图 1 和图 2 中可以看出系统（26）和（27）具有混沌现象；在所设计的控制器下得到驱动-响应混沌系统的同步误差轨迹如图 3 所示，在 t=1.5 s 之前，系统没有出现任何故障，因此驱动-响应混沌系统在自适应容错控制器的作用下很快达到了同步，在 $t=1.5$ s 之后，由于系统出现了卡死故障，

故同步误差偏离了平衡点，但是在自适应容错控制器的作用下，同步误差又快速地收敛到平衡点，这说明所设计的容错控制器是有效的。同时图4和图5所示为未知参数自适应更新律的时间变化轨迹，本文设计的自适应更新律也随着系统出现卡死故障，发生了一定的变动，之后自适应更新律又很快趋于固定数值，这也说明了容错控制器是有效的。

5　结论

本文针对两个不同混沌系统的有限时间同步控制问题展开研究。设计自适应更新律对系统的未知参数进行估计，同时考虑混沌系统出现故障问题，采用了容错控制的方法，保证了执行器出现故障时，所涉及的控制器依然能够有效地对系统进行控制，并且得到了有限时间同步的过渡时间的理论结果。最后，采用真实的数值仿真验证了故障容错控制器的可行性和有效性。

参考文献

[1] HADI D, MILAD M. Robust finite-time synchronization of non-identical fractional-order hyperchaotic systems and its application in secure communication [J]. IEEE/CAA Journal of Automatica Sinica, 2016: 1-8.

[2] XU X H. Generalized function projective synchronization of chaotic systems for secure commu nication [J]. Eurasip Journal on Advances in Signal Processing, 2011, 11 (1): 14.

[3] DU L M, WANG F Y, DONG J, et al. Synchronization between two different switched chaotic systems by switching control [A]. International Conference on Mechatronic, Manufacturing and Materials Engineering (MMME), 2016, 63.

[4] LI Y, LI C D. Complete synchronization of delayed chaotic neural networks by intermittent control with two switches in a control period [J]. Neurocomputing, 2016, 173 (3): 1 341-1 347.

[5] SUNDARAPANDIAN V, SARASU P. Generalized projective synchronization of a novel chaotic system with a quartic nonlinearity via adaptive control [J]. Advances and Applications in Chaotic Systems, 2016, 636: 427-446.

[6] SUNDARAPANDIAN V, AHMAD T A. Generalized projective synchronization of a novel hyperchaotic four-wing system via adaptive control method [J]. Advances in Chaos Theory and Intelligent Control, 2016, 337: 275-296.

[7] BOUZERIBA A, BOULKROUNE A, BOUDEN T. Projective synchronization of two different fractional-order chaotic systems via adaptive fuzzy control [J]. Neural Comput & Applic, 2016, 27: 1 349-1 360.

[8] WANG Z Y, HUANG L H, YANG X X. Adaptive modified function projective lag synchronization for two different chaotic systems with stochastic unknown parameters [J]. Mediterranean Journal of Mathematics, 2016: 1 391-1 405.

[9] GAO X J, CHENG M F, HU H P. Adaptive impulsive synchronization of uncertain de-

layed chaotic system with full unknown parameters via discrete-time drive signals [J]. Complexity, 2016, 21 (5): 43-51.

[10] WU R C, CAO D X. Lag synchronization of chaotic systems with time-delayed linear terms via impulsive control [J]. Indian Academy of Sciences, 2013, 81 (5): 727-735.

[11] MOHAMMAD P A, SOHRAB K, GHASSEM A A. Finite-time synchronization of two different chaotic systems with unknown parameters via sliding mode technique [J]. Applied Mathematical Modelling, 2011, 35 (6): 3 080-3 091.

[12] SHI L, YANG X S, LI Y C, et al. Finite-time synchronization of nonidentical chaotic systems with multiple time-varying delays and bounded perturbations [J]. Nonlinear Dynamics, 2016, 83: 75-87.

[13] HU C, YU J, JIANG H J. Finite-time synchronization of delayed neural networks with cohen-grossberg type based on delayed feedback control [J]. Neurocomputing, 2014, 143: 90-96.

[14] YANG F, MEI J, WU Z. Finite-time synchronization of neural networks with discrete and distributed delays via periodically intermittent memory feedback control [J]. IET Control Theory and Applications, 2016, 10 (14): 1 630-1 640.

[15] LIU X Y, CAO J D, YU W W, et al. Nonsmooth finite-time synchronization of switched coupled neural networks [J]. IEEE Transactions on Cybernetics, 2016, 46 (10): 2 360-2 371.

（作者简介：张悦娇，女，1993年11月出生，河北张北人，基础部助教，硕士研究生毕业，主要研究方向为概周期函数及其应用，2018年9月至今在北京科技大学天津学院工作。）

Motzkin 路上峰的计数

梁登星　王娟　孔敏

（北京科技大学天津学院基础部，中国　天津　301830）

摘　要：本文给出 Motzkin 路上峰的若干计数结果。Motzkin 路和 Dyck 路是组合数学中非常经典的两类格路，是近些年组合数学研究的热门课题。Dyck 路已经有丰富的计数结果，具有代表性的是 Deutsch 于 1999 年得到的一系列关于峰的计数问题。而 Motzkin 路可以被视为增加了平衡步的推广的 Dyck 路。基于 Dyck 路和 Motzkin 路的这一联系，文章研究了 Motzkin 路上峰的计数问题。具体而言，文章分别讨论了 Motzkin 路上的峰、尖峰以及矮峰，分别得到了半长度为 n 的含有 k 个峰的 Motzkin 路的个数，半长度为 n 的只含有 k 个尖峰的 Motzkin 路的个数以及半长度为 n 的含有 k 个矮峰的 Motzkin 路的个数。

关键词：Motzkin 路；峰；矮峰；尖峰

Enumeration of the Peaks in Motzkin Paths

LIANG Dengxing　WANG Juan　KONG Min

(Department of Foundational Courses, Tianjin College,
University of Science and Technology Beijing, Tianjin 301830, China)

Abstract: The main point of this paper is to provide the enumeration of the peaks in Motzkin paths. Motzkin paths and Dyck paths are two classic types of lattice paths in Combinatorics, which are the hot research topics in recent decades. There are fruitful results about Dyck paths, for example, Deutsch had given a lot of results on the enumeration of peaks in Dyck paths in 1999. Motzkin paths can be seen as a generation of Dyck paths by adding the horizontal steps. Based on this relation between Dyck paths and Motzkin paths, this paper studies the enumeration of peaks in Motzkin paths. More specific, this paper the enumeration of peaks, low peaks and sharp peaks in Motzkin paths, and provide the enumeration rules about the number of Motzkin paths of length n with k peaks, with n low peaks and with only k sharp peaks, respectively.

Key words: Motzkin path; Peak; Low peak; Sharp peak

在组合数学的研究中，格路具有重要的理论和应用价值。由于格路不仅可以作为重要模型来描述其他的组合统计量，如树、有禁排列、正交多项式、连分式等[5]，也可以作为证明组合恒等式的重要工具，并且在其他数学分支，如概率论、统计学、随机过程等有广泛的应用，是近年来计数组合学研究的一个热点。很多学者对 Dyck 路的相关统计量进行了研究[1-4]。

定义 1 在平面直角坐标系上，第一象限内由原点 (0, 0) 到点 (2n, 0) 的一条路径，如果每一步只能是向 (1, 1) 方向或 (1, -1) 方向前进（只走格点），并且保证路径不穿越到 x 轴的下方，这样的路径被称为 Dyck 路。我们称从原点 (0, 0) 到点 (2n, 0) 的 Dyck 路的半长度为 n，简记为 n-Dyck 路。

这里称步 (1, 1)（东北方向）为上升路径，简称上升；同样，称步 (1, -1)（东南方向）为下降路径，简称下降。

定义 2 在平面直角坐标系上，第一象限内由原点 (0, 0) 到点 (n, 0) 的一条路径，每一步只能向 (1, 1)，(1, -1) 和 (1, 0) 方向（只走格点）前进，保证路径不穿越到 x 轴的下方，并且最终回到 x 轴，我们把这种路径称为 Motzkin 路，其半长度和阶数都为 n。这里称步 (1, 0) 为水平步。

1 基本统计量

我们用 u 来编码上升，用 d 编码下降，由此得到的 Dyck 路径的编码被称为 Dyck 字。根据定义 1，一个 Dyck 路的 Dyck 字的每一个前缀包含的 u 的个数一定多于或者等于 d 的个数。

类似于 Dyck 路，我们也可以对 Motzkin 路进行编码。除了分别用 u、d 表示上升、下降，我们还用 f 来表示水平步 (1, 0)。

定义 3 在 Dyck 路中，编码 ud（先上升后下降）产生的点被称为峰；而由编码 du（先下降后上升）产生的点被称为谷。

在 Motzkin 路中，编码 ud 产生的点被称作尖峰，编码 uf 产生的点被称作平峰。

在一个 Dyck 路（或 Motzkin 路）中，对于某一个峰，若该峰中编码 u 的起点和终点的纵坐标分别为 $k-1$ 和 k（$k \geq 1$），我们就称这个峰的高度为 k。我们称高度等于 1 的峰为矮峰。

定义 4 平面上任意一条 Dyck 路（或 Motzkin 路），若某一步的终点位于 x 轴，则该步被称作返回步，路径的终点被称作返回点。

定义 5 平面上任意一条 Dyck 路，首次返回 x 轴的点被称作第一返回点。

在文献 [1] 中，基于 Dyck 路的第一返回点分解，Deutsch 给出了若干关于 Dyck 路的相关统计量的计数结果，包括峰和返回点。根据 Motzkin 路和 Dyck 路的关系，我们来讨论 Motzkin 路上相关统计量的分布。

2 峰的计数结果

引理 1[1] 对于 $n \geq 1$，含有 k 个峰且半长度为 n 的 Dyck 路的个数为

$$C(n, k) = \frac{1}{n}\binom{n}{k}\binom{n}{k-1}$$

定理 1 对于 $n \geq 1$，含有 k 个峰的 n 阶 Motzkin 路的个数为

$$M(n, k) = \sum_{j \geq k}\binom{n}{2n}\frac{1}{j}\binom{j}{k}\binom{j}{k-1}$$

证明：观察可知，在 n 阶的 Motzkin 路上，u 步的个数等于 d 步的个数。对于一条含有 k 个峰的 n 阶 Motzkin 路，设该 Motzkin 路包含 j 个 u 步和 j 个 d 步，则其一定含有 $n-2j$ 个 f 步。我们可以将其视为在一条含有 k 个峰的半长度为 k 的 Dyck 路上插入若干 f 步后得到的结果。首先，选择一条 Dyck 路，方法数为 $C(n, k)$；其次，将 f 步插入到 Dyck 路中，共有 $\binom{n}{2j}$ 种插入方法。由乘法原理，得总的 Motzkin 路的个数为

$$M(n, k) = \sum_{j \geq k}\binom{n}{2j}C(j, k) = \sum_{j \geq k}\binom{n}{2j}\frac{1}{j}\binom{j}{k}\binom{j}{k-1}$$

定理 2 只有 k 个尖峰的 n 阶 Motzkin 路的个数为

$$M_s(n, k) = \sum_{j \geq k}\binom{n}{2j-k}\frac{1}{j}\binom{j}{k}\binom{j}{k-1}$$

证明：若将 f 步加到峰的位置，就会将峰转化为平峰。因此，只有尖峰的 Motzkin 路，可以被视为在 Dyck 路的基础上，将若干 f 步加到非峰的位置上。

一个只有 k 个尖峰的 Motzkin 路可以按照如下方式得到：首先，生成一个含有 k 个峰的半长度为 j 的 Dyck 路 $(j \geq k)$，共 $C(j, k)$ 种方法；其次，在该 Dyck 路的非峰的位置上，插入 $n-2j$ 个 f 步。我们利用捆绑法，把一个尖峰 ud 看作一个整体，相当于在 $(2j-2k)+k+(n-2j)$ 个位置中选择 $n-2j$ 个位置来放置 f 步，共有 $\binom{n-k}{n-2j}$ 种方法。由基本计数原理，得所有的方案数为

$$M_s(n, k) = \sum_{j \geq k}\binom{n}{2j-k}C(j, k) = \sum_{j \geq k}\binom{n}{2j-k}\frac{1}{j}\binom{j}{k}\binom{j}{k-1}$$

引理 2[1] 含有 k 个矮峰的半长度为 n 的 Dyck 路的个数为

$$C'(n, k) = \sum_{j \geq k}\binom{i}{k}\frac{i-k}{n-i}\binom{2n-2i}{n+k-2i}$$

定理 3 含有 k 个矮峰的 n 阶 Motzkin 路的个数为

$$M_r(n, k) = \sum_{i, j}\binom{n}{2j}\binom{i}{k}\frac{i-k}{n-i}\binom{2n-2i}{n+k-2i}$$

证明：插入 f 步不影响峰的高度，因此，含有 k 个矮峰的 n 阶 Motzkin 路可以按照如下方式得到：首先，得到一个含有 k 个矮峰的半长度为 j 的 Dyck 路 $(j \geq k)$；其次，在所得 Dyck 路中的任意位置插入 $n-2j$ 个 f 步，共有 $\binom{n}{2j}$ 种插法。由基本计数原理，得有 k 个矮峰的 n 阶 Motzkin 路的个数为

$$M_r(n, k) = \sum_j\binom{n}{2j}C'(j, k) = \sum_{i, j}\binom{n}{2j}\binom{i}{k}\frac{i-k}{n-i}\binom{2n-2i}{n+k-2i}$$

参考文献

[1] DEUTSCH E. Dyck path enumeration [J]. Discrete Mathematics, 1999, 204 (1): 167-202.

[2] SAPOUNAKIS A, TASOULAS I, TSIKOURAS P. Dyck path statistics [J]. Wseas Transactions on Mathematics, 2006, 5 (5): 459-464.

[3] DENISE A, SIMION R. Two combinatorial statistics on Dyck paths [J]. 1995, 137 (1-3): 155-176.

[4] SAPOUNAKIS A, TASOULAS I, TSIKOURAS P. Counting strings in Dyck paths [J]. Discrete Mathematics, 2007, 307 (23): 2 909-2 924.

[5] PRODINGER H. Words, Dyck Paths, Trees, and Bijections [C]. Words, Semigroups, &Transductions-festschrift in Honor of Gabriel Thierrin. DBLP, 2014.

（作者简介：梁登星，女，1986年4月出生，河北省张家口市人，助教，主要研究方向为空间统计分析，2017年8月至今在北京科技大学天津学院工作。）

谈数学的思想方法在概率教学中的应用

李丹

(北京科技大学天津学院基础部,中国 天津 301830)

摘 要:概率论与数理统计是一门从数量方面研究随机现象规律性的数学学科,它已被广泛地应用于农业生产和科学技术,并与其他数学分支互相渗透与结合。本课程是工科类专业的一门重要的公共基础课程,并且是一门理论背景和应用性都很强的课程。学生通过本课程的学习,能够掌握处理随机现象的基本思想和方法,培养运用概率与数理统计的方法去分析和解决实际问题的能力。

关键词:随机思想;统计推断思想;模型化思想

The Application of Mathematical thought Method in Probability and Statistics Teaching

LI Dan

(Department of Foundational Courses, Tianjin College, University of Science and Technology Beijing, Tianjin 301830, China)

Abstract: Probability and statistics is a mathematical discipline which studies stochastic phenomena. Now it is widely used in industrial and agricultural production, science and technologies. This course is one of the important basic courses for engineering majors in comprehensive universities, through which students shall know the general conceptions and methods about probability and statistics, master the basic definitions, theories and corresponding methods, master the methods to deal with random phenomenon by means of establishing the basic statistical methods and master the necessary ability.

Key words: Random thoughts; Idea of statistical inference; Modeling ideas

数学思想是在数学研究活动中解决问题的根本想法,是对数学规律的理性认识。随机思想、公理化思想、模型化思想、数形结合思想、推断思想等是概率论与数理统计学科的精髓和方法论的内涵。

概率论与数理统计的学习,是过程、思想、方法和观念的学习,目的是让学生体会概率论与数理统计的基本思想方法。概率的核心可以被简单地概括为数据而不只是数字,活动而不只是概念，过程而不只是结果。概率论属于具有不确定性的数学，其是为了寻找随机性中的规律性，这与高等数学、线性代数在思维方式和学习方法上不一样。概率主要依靠辩证思维和归纳的方法，需要学生在活动中学习概率论与数理统计的内容、掌握概率处理的方法。总之，重视思想方法的教学能够培养学生的创造思维能力和开拓精神，使学生充分发挥个人潜能，真正实现个体的最优化发展。本文着重讨论概率中常用的几种数学思想，即随机思想、统计推断的思想、模型化的思想等。

1 随机思想

随机思想是概率论的核心思想方法，它从数量的层面上研究事件发生的必然性和偶然性。教学中应该让学生体会最原始的随机环境，体会随机现象的一些特点，教师应通过具体的实例来丰富学生对概率的认识，从而理解随机观念，还应通过大量实例说明不确定现象的存在性。学习概率论就是学习书本中渗透的一种新的思维方法，即统计与概率论的思维方法。和以前学习的逻辑推理方法不一样，随机思想是不确定的，是培养学生思维能力最重要的体现。

随机思想与其他思想方法之间的内在联系体现在多个方面，如随机思想的分类、归纳等确定性数学思想之间的联系。从随机思想的起源来看，它是分类、归纳等确定性的数学思想的进一步发展和具体应用。事实上，定量研究随机思想的概率和统计方法最先起源于归纳法，概率的发展经历了三个过程：从归纳法到概率归纳法，再到概率论的发展过程，而统计思想由局部到整体、由抽象到具体、由特殊到一般，是归纳法在数学思想方法上的具体应用[1]。

概率统计的随机性要求学生的学习方式不能沿用传统数学学习的方法，而必须采用具体问题具体分析的方法，在解决一些具体的实际问题过程中加深对概率统计的定义、公式、法则、原理的理解。一方面学生在学习过程中要不断地总结用概率解决问题的数学模式，另一方面，学生需要不断地提高判断、创建数学模型的能力，在对各种实际情况的分析、判断、探索的过程中强化自身的数学随机意识。

对学生数学随机意识的培养，是一项长期而艰巨的任务，观念的转变也不是一朝一夕的事，这就要求我们通过改变教学方法激发学生的学习兴趣，让学生自觉地投入到概率统计的学习中去，引导学生积极主动地学习。教师应创设吸引学生的教学手段，引导学生积极主动参与到教学情景中来，挖掘学生的内在学习潜质，培养学生掌握和运用知识的能力[2]。只有让学生认识随机思想，才能真正明白现实世界广泛存在的随机性，并主动地应用到生活中去。抽样的方法很多，但无论用什么方法抽样，都要坚持随机抽取的原则，这是随机思想的精髓。

2 统计推断的思想

统计推断的思想是研究数理统计的一种重要的思想方法，它与数学中常用的逻辑推理方法有所不同，它是带有概率性质的一种推理方法，其依据为小概率事件的原则。小概率事件原则认为：概率很小的事件在一次试验中发生的可能性几乎为零[3]。解决假设检验问题是统计推断思想最重要的体现，其基本思想是小概率事件原则。统计课程的核心目标是引导学生体会统计思维的特点和作用，体会统计思维与确定性思维的差异。统计学是一门研究随机现象，以推断为特征的方法论学科，由部分推及全体的思想贯穿统计学的始终。具体地说，它是研究如何搜集、整理、分析反映事物总体信息的数字资料，并以此为依据，对总体特征进行推断的原理和方法。用统计来认识事物的步骤是：研究设计—抽样调查—统计推断—结论，研究设计就是制订调查研究和实验研究的计划，抽样调查是搜集资料的过程，统计推断是分析资料的过程。显然统计的主要作用是推断，统计推断的方法是一种不完全的归纳法，因为它是用其中的一部分资料来推断总体。统计课程的核心目标是引导学生体会统计思维独特的特点和作用，体会统计思维与确定性思维的巨大差异。例如，在运用样本估计总体的学习中，教师应通过对具体数据的分析，使学生体会到由于样本抽取具有随机性，样本所提供的信息在一定程度上反映了总体的有关特征，但其毕竟是一种推断，所以与总体肯定是有一定偏差的。另外，如果抽样的方法应用得比较合理，样本的信息还是可以比较好地反映总体的信息[4]。

3　模型化的思想

所谓模型化的思想，就是把所考察的具体的实际问题转化为数学问题，建立相应的数学模型，通过对具体模型的分析研究，解决实际问题的一种数学思想方法。概率中存在很多的数学模型，如古典概型、几何概型等。

在概率论课程中设置数理统计的基本内容，是为了给学生展示如何针对具体的实际问题构造数学模型，运用所学的概率知识进行科学合理的判断与估计。这种处理既提供了理论应用于实际的演示、操作和实训平台，又是理论知识本身的延展和巩固，避免了工科学生学习数学"只见树木不见林"的短期效应以及"学数学没有用途"的偏见。概率论与数理统计中很大一部分可以用概率模型进行描述，如有限等可能概型（古典概型）、伯努利概型、正态分布等。应用概率模型方法就是根据随机问题的具体特点，模拟构建一个随机问题的现实原型或抽象模型，从而反映问题的内在规律，然后选择相应的数学方法对求得的数学模型进行解答，表现出从实践到理论再到实践的过程。概率统计教学应重视对概率模型的理解和应用而淡化繁杂的计算，使学生经历从多个实例中概括具体概率模型的过程，体会这些实例的共同点，培养学生识别和建立模型的能力。使用概率模型解决问题是归纳思维的一种典型应用，它离不开人们的观察、试验与合理的推理，是数学化意识和思想方法的具体体现，有助于培养学生将数学理论应用于解决实际问题的能力和创新意识。

概率论与数理统计是一门有重要应用价值的数学学科，因此教师应在教学中不断地渗透数学的思想方法，准确地把握这门课与学生所学专业的结合点，突出其应用性，在教学中应结合学生的专业知识，调整教学实例，在讲授过程中，将统计理论与实际问题结合，培养学生用所学的知识去解决具体实际问题的能力。

参考文献

［1］运怀立．概率论的思想与方法［M］．北京：中国人民大学出版社，2008．
［2］郝晓斌，董西广．数学建模思想在概率论与数理统计中的应用［J］．经济研究导

刊,2010(16):244-245.

[3] 刘清梅.统计与概率的思想方法及其联系[J].考试周刊,2008(18):85.

[4] 刘琼荪,钟波.将数学建模思想融入工科"概率统计"教学中[J].大学数学,2006(02):152-154.

(作者简介:李丹,1981年2月出生,北京科技大学理学博士,长期在教学一线工作,主讲概率论与数理统计、统计学等,第一作者论文收录SCI 5篇,参加2个国家自然基金项目,主持校级教改项目和优秀课程项目2项。2007年9月至今在北京科技大学天津学院工作。)

浅谈高校教学管理中的情感管理

徐婕

(北京科技大学天津学院基础部，中国　天津　301830)

摘　要：教学管理是高校管理工作中的重要组成部分，教学管理手段是丰富多样的。情感管理作为教学管理手段之一，起着满足教职员工更高层次需求和对制度管理进行有益补充的重要作用。本文探讨了什么是情感管理、在教学管理中引入情感管理的必要性、在教学管理中应用情感管理的具体措施和运用情感管理时应注意的几点问题。

关键词：高校；教学管理；情感管理

On the Emotional Management in the Teaching Management of Colleges and Universities

XU Jie

(Department of Foundational Courses, Tianjin College,
University of Science and Technology Beijing, Tianjin 301830, China)

Abstract: Teaching management is an important part of university management, and teaching management means are rich and varied. As one of the teaching management means, emotion management plays an important role in meeting the higher level needs of teaching staff and supplementing the system management. At this point, it discusses what is emotion management, the necessity of introducing emotion management in teaching management, the specific measures in teaching management and the problems that should be paid attention to when using emotion management.

Key words: Colleges and universities; Teaching management; Emotional management

1　情感管理

在开展教学管理工作时，为了保证各项工作顺利开展，教学管理者往往会制订具有指导性和约束力的管理制度，从制度管理的角度出发，对教职员工进行管理。人是一种具有丰富感情生活的高级生命形式，而人精神生活的核心成分是情绪和情感。人在产生情感的过程中会伴随情绪反应，在情绪变化的过程中也会受到情感的控制。也就是说，情绪是一种客观反应，而情感侧重于表明情绪过程的感受，带有主观能动性。

从本质上讲，情感管理是在管理制度下以人为核心，以情绪为动力，以组织为基石，以最大限度发挥人的主观能动性与创新精神为目标，以确保组织核心竞争力与可持续发展能力为宗旨的管理模式[1]。简单来说，情感管理就是管理者通过和被管理者产生情感联系，极大限度地影响被管理者的情绪、情感，努力扩大情绪、情感对组织的积极影响，进而形成一种和谐、高效的工作氛围，最终促进组织目标实现的管理方式。

2 在教学管理中引入情感管理的必要性

2.1 情感管理是满足教职员工更高层次需求的有效手段

马斯洛需求层次理论告诉我们，人的需求是按生理需求、安全需求、社交需求、尊重需求和自我需求依次上升的。当人的生理需求和安全需求都得到满足后，就会追求更高层次的需求，即社交需求、尊重需求以及自我需求。而满足人的情感需求、尊重需求、自我需求是情感管理的核心[2]。应用型高校有各种各样的人才，他们希望被发现、被尊重，从而实现自身价值。情感管理恰恰是以尊重为基础，满足教职员工更高层次的需求。

2.2 情感管理是制度管理的有益补充

制度管理通常"对事不对人"，是一种刚性管理。而情感管理更倾向于"对人"，是一种柔性管理。情感管理是制度管理的有益补充，让制度管理更具有人情味，同时，能够让教育管理者在不违背基本原则的情况下，最大限度地考虑人的心理特点和实际情况，努力实现让教职员工从制度约束转向自我约束。

3 在教学管理中应用情感管理的具体措施

3.1 提升教学管理者的共情能力

教学管理者会遇到各种各样的事，有些事情发生得很突然也很棘手，让管理者无从下手。这时，我们就要考虑到事往往是因人而起的。虽然被管理者有各自的独特性，比如兴趣、年龄、专长、技能等，但他们也有共性的一面，即都具有丰富感情生活。这就需要管理者有较好的共情能力，从人的角度出发，利用情绪、情感的力量，将心比心，找到解决问题的突破口。

"共情"是人本主义创始人罗杰斯提出的，指体验别人内心世界的能力。在具体的教育管理工作中，很多事务既需要多人配合又需要保质保量按时完成。在遇到这样的事情时，教学管理者不要始终盯着规范要求和时间节点，而忽略了与之配合的人。例如，在紧张的期末考试阶段，已经规定好提交最终成绩的截止时间，也已经告知所有教师提交成绩相关的各项要求。在超过规定的截止时间时，仍然有某些教师没有按照要求提交最终成绩。这时，如果教学管理者一味地对这些教师进行指责，并强调他们违反了相关的规则，则将造成不可挽回的后果，这对尽早完成收集最终成绩的工作是没有任何帮助的。当管理者具有较好的共情能力时，则可以先从教师的角度出发，帮助教师缕清问题，如在提交最终成绩过程中是否遇到了困难？有哪些地方可以为他们提供帮助？以真心换真心，用自己的真情实感帮助他们、影响他们,再将自己的工作要求进行提示,进而完成最终的工作目标。因为"共情",所以总能说到别人心坎里;因为"共情",所以总能恰如其分地温暖别人;因为"共情",所以总能高效地完成工作任务。

3.2 加强教学管理者的有效沟通能力

沟通是人们分享信息、思想和情感的过程。这一过程包括口头语言、书面语言、形体语言、个人的习惯和方式[3]。在应用型高校的教学管理中,教学管理者与教职员工可以互为信息、思想和情感的发送者与接收者,当分享与传递的信息、思想和情感被正确地接收和反馈时,教学管理者与教职员工就形成了有效的沟通。所以有效沟通是传递与交流可靠性、准确性高的信息的过程,也是被受众充分理解的过程[4]。

教学管理者要运用好情感管理的有效手段,开诚布公地听取教职员工的意见,创造教职员工表达见解的机会,加强教学管理者与教职员工之间的沟通与联系,及时掌握教职员工的思想、工作和生活等方面的动态。例如,某教师一段时间情绪不高,教学管理者可以寻找合适的机会,以倾听者的身份,成为他的倾诉对象,为他提供一个发泄情绪的出口,这样既与教师产生了情感联系,又提升了教师队伍的凝聚力,稳定了教师队伍。对于刚刚从学校毕业,进入教师岗位的青年教师来说,他们都具有较强的专业素养和极高的教学热情,但是因为缺乏教学经验和课堂管理经验,经常会在教学工作中遇到困难。基础部主任经过与多名教师的有效沟通,分析出现问题的原因,找到了问题的根源。基础部制定了《青年教师培养导师制管理办法》,其以具有中高级职称、有丰富教学经验的教师为导师,对新入职的青年教师的思想品德、业务水平、教学能力、科研能力、管理能力等进行一对一的培养,帮助青年教师快速成长。这一举措经过多年的实践,取得了丰硕的成果。基础部教师不仅在思想和业务水平上得到了迅速提升,还在学院举办的历届青年教师针对性培养"课堂教学评比"中获得一等奖,并连续代表天津学院参加"北京科技大学青年教师基本功比赛",获得优异成绩。由于学校位置较为偏僻,教职员工的住房和通行都成了问题。学校领导与教职员工进行了积极的沟通与讨论,最终学校以为每位教职员工提供单身宿舍或公寓住房和提供免费月票或往返车票的方式,帮助教职员工克服生活上的困难,解除了教职员工的后顾之忧。

4 运用情感管理时应注意的几点问题

情感管理是一种不可或缺的教学管理手段,但情感管理不是万能的。因此,教学管理者要保持冷静思考的能力,认清情感管理的相对性,将情感管理的负面影响降到最低。

4.1 坚持底线原则

人都具有情感,教学管理者在教学管理的工作中一味使用情感管理,会使其放松警惕,丧失原则性,这时就会容易出现原则性错误。比如,其在与教职员工进行沟通时,因碍于情面,不敢直接指出存在的问题、害怕引起矛盾。这时,教学管理者就变成了我们常说的老好人。所以,我们在使用情感管理处理教学事务时,应当努力做到在坚持底线原则的基础上,更加柔性化地处理问题。

4.2 把握管理尺度

情感管理是一种柔性管理。"柔"到什么程度?这就是一个"度"的把握问题。一旦教学管理者过度地包容、迁就，就会出现管理失度，会使教职员工不把规章制度放在眼里，甚至有严重违规违纪的情况发生。为此，教学管理者在处理问题时，应当让教职员工明确地知道包容和迁就不是对其不良行为的纵容，而是善解人意和宽以待人的体现。

4.3 与制度管理有机结合

情感管理与制度管理不是对立的，而是互为补充的，前者为柔，重在"布恩"，后者为刚，重在"立规"，"恩规"并举，方可使员工心悦诚服[5]。情感管理有利于促进共同发展，制度管理有利于建立教学秩序。只有二者有机结合，才能更好地约束和规范教职员工的行为。因此，如何做到情感管理和制度管理的有机结合是教学管理者在教学管理工作中应当注意的问题。

总之，教学管理者在高校教学管理工作中运用情感管理，可以使教学管理工作更具有艺术性。在满足教职员工的社会需求、尊重需求和自我需求的基础上，通过与教职员工建立情感联系，实现双向有效沟通，激发教职员工的内在驱动力和自我约束力，实现有效管理。

参考文献

［1］张静抒. 情感管理学［M］. 2版. 上海：上海交通大学出版社，2008：136.

［2］霍东敏. 情感管理在现代企业管理中的运用［J］. 现代经济信息，2019，34（15）：28-29.

［3］高波. 高职院校项目化教学中教师间有效沟通的探析［J］. 辽宁高职学报，2019，21（10）：76-79.

［4］何春丽. 企业内部有效沟通的障碍分析［J］. 经济研究导刊，2010，6（16）：25-26.

［5］白俊杰. 情感管理和制度管理的辨析与整合［J］. 企业活力，2009，25（2）：80-81.

（作者简介：徐婕，女，1987年12月出生，天津河西人，基础部办公室主任，研究实习员，大学本科毕业，主要研究方向为教育教学管理，2012年11月至今在北京科技大学天津学院工作。）

条件极值的几种常见解法和应用

路云　徐美林　张艳君

（北京科技大学天津学院基础部，中国　天津　301830）

摘　要：本文主要总结了几种常用的条件极值的求解方法，并对常见题型进行举例，讨论了条件极值在经济、统筹中的一些应用。

关键词：条件极值；代入消元法；拉格朗日乘数法；齐次线性方程组；应用

Several solutions and applications of conditional extremum

LU Yun　XU Meilin　Zhang Yanjun

(Department of Foundational Courses, Tianjin College,
University of Science and Technology Beijing, Tianjin 301830, China)

Abstract: This paper mainly summarizes several common methods of solving conditional extremum, and gives examples to common questions, then discusses some applications of conditional extremum in economy and overall planning.

Key words: Conditional extremum; Substitution elimination method; Lagrange multiplier method; Homogeneous linear equations; application

求解条件极值问题时，代入消元法和拉格朗日乘数法都是非常有效的求解方法。但我们在应用拉格朗日乘数法求出偏导方程组后，当方程组中方程个数较多时，方程组的求解过程较为烦琐，这时可以应用线性代数中的齐次线性方程组的内容进行求解。条件极值在生产、生活中有广泛的应用，因此，对于条件极值问题的求解方法尤其重要。多元函数的条件极值问题是学生在高等数学学习过程中的重点以及难点。如何学好这部分内容？如何把条件极值转化为无条件极值？如何理解拉格朗日乘数法中的参数？如何在方程个数较多的情况下用更简便的方法求得驻点并判断函数是否存在极值？如何判断驻点的唯一性？如何把条件极值问题应用在实际问题中？本文将给出详细的解答。

1　多元函数条件极值的一般解法

1.1　利用重要不等式求解条件极值

通过我们学过的一些重要不等式，比如柯西不等式、均值不等式等都可以来求解条件极值问题。

1）柯西不等式

二维形式：对于任意的实数 a、b、c、d，总有 $(ac+bd)^2 \leq (a^2+b^2)(c^2 d^2)$。当且仅当 $ad=bc$ 时，等号成立。

一般形式：对于任意的实数 a_1，a_2，a_3，$\cdots$，a_n 和 b_1，b_2，b_3，$\cdots$，b_n，总有
$$(a_1 b_1 + a_2 b_2 + \cdots + a_n b_n)^2 \leq (a_1^2 + a_2^2 + \cdots + a_n^2)(b_1^2 + b_2^2 + \cdots + b_n^2)$$

当且仅当 $\dfrac{a_1}{b_1} = \dfrac{a_2}{b_2} = \cdots = \dfrac{a_n}{b_n}$，或 a_i，b_i $(i=1, 2, \cdots, n)$ 中至少一项全为零时，等号成立。

2）均值不等式

若 $a_i > 0$ $(i=1, 2, \cdots, n)$，则
$$\sqrt[n]{a_1 a_2 \cdots a_n} \leq \frac{a_1 + a_2 + \cdots + a_n}{n}$$

当且仅当 $a_1 = a_2 = \cdots = a_n$ 时，等号成立。

在使用柯西不等式求解极值问题的时候，我们需要把目标函数变形，对目标函数变形过程中常常需要一些拆分的技巧，去构造柯西不等式的形式和条件，最终得到极值。在使用均值不等式求解极值问题的时候，我们要注意满足均值不等式的条件，即"一正二定三相等"。

例1：已知 $xy+yz+xz=xyz$（x、y、$z>0$），求 $w=x+y+z$ 的最小值。

解：由 $xy+yz+xz=xyz$，可得 $\dfrac{1}{x} + \dfrac{1}{y} + \dfrac{1}{z} = 1$，由均值不等式可得
$$w = x+y+z = (x+y+z)\left(\frac{1}{x} + \frac{1}{y} + \frac{1}{z}\right) \geq 3 \cdot \sqrt[3]{xyz} \cdot 3 \cdot \sqrt[3]{\frac{1}{xyz}} = 9$$

当 $x=y=z=3$ 时，函数 $w=x+y+z$ 取最小值 9。

例2：已知 $w = ax^2 + by^2 + cz^2$（a、b、$c>0$），求函数 w 在条件 $x+y+z=1$ 下的极小值。

解：由 $x+y+z=1$，且 a、b、$c>0$，根据柯西不等式可知
$$\begin{aligned}1 &= (x+y+z)^2 \\ &= \left(\frac{1}{\sqrt{a}}\sqrt{a}x + \frac{1}{\sqrt{b}}\sqrt{b}y + \frac{1}{\sqrt{c}}\sqrt{c}z\right)^2 \\ &\leq \left(\frac{1}{a} + \frac{1}{b} + \frac{1}{c}\right)(ax^2 + by^2 + cz^2) \\ &= \left(\frac{1}{a} + \frac{1}{b} + \frac{1}{c}\right)w\end{aligned}$$

从而可得 $w \geq \dfrac{abc}{zb+bc+ac}$，当且仅当 $ax=by=cz$ 时，等号成立。

又因为 $x+y+z=1$，故当 $x = \dfrac{bc}{ab+bc+ac}$，$y = \dfrac{ac}{ab+bc+ac}$，$z = \dfrac{ab}{ab+bc+ac}$ 时，函数 $w = ax^2 + by^2 + cz^2$ 取极小值为 $\dfrac{abc}{zb+bc+ac}$。

利用重要不等式求解极值问题的优点是：应用简捷、灵活，求解过程不繁杂。但在使用

的过程中，技巧性比较强，我们必须能够巧妙恰当地凑出或者配出符合不等式条件的结构，这有些难度。

1.2 代入消元法

代入消元法是微分学中求多元函数条件极值问题常用的方法，也是较简单的方法。代入消元法主要思想是把题目中所给约束条件通过消元的方式放在目标函数中，从而达到把条件极值转化为无条件极值问题的目的。在做题过程中，我们需要注意的是，使用代入消元法之前，必须考虑约束条件的一阶偏导数，选择需要消去的变量，以确保此方法的正确性。

例3：求函数 $z=xy$ 在条件 $x+y=1$ 下的最大值。

解：由 $x+y=1$ 解得 $y=1-x$，将其代入函数 $z=xy$ 中，得
$$z = x(1-x) = x - x^2$$

令 $z'=1-2x=0$，得到可能极值点为 $\left(\dfrac{1}{2}, \dfrac{1}{2}\right)$，从而得到函数的最大值是 $\dfrac{1}{4}$。

我们求出的可能极值点只有一个，通过所学知识可知，我们找到的可能极值点就是取得最大值的点的坐标。

例4：求函数 $z=2(x^2+y^2)$ 在条件 $x^2+y=1$ 下的极值。

解法一：由 $x^2+y=1$ 解得 $x^2=1-y$，将其代入函数 $z=2(x^2+y^2)$ 中，得
$$z = 2(1-y+y^2)$$

令 $z'=-2+4y=0$，得到可能极值点为 $\left(\dfrac{\sqrt{2}}{2}, \dfrac{1}{2}\right)$ 和 $\left(-\dfrac{\sqrt{2}}{2}, \dfrac{1}{2}\right)$，从而得到函数的极小值是 $\dfrac{3}{2}$。

但此题如果用下面的方法来做，会出现不同的答案。

解法二：由 $x^2+y=1$ 解得 $y=1-x^2$，将其代入函数 $z=2(x^2+y^2)$ 中，得
$$z = 2[x^2 + (1-x^2)^2] = x^4 - x^2 + 1$$

令 $z'=4x^3-2x=0$，得到可能极值点为 $(0,1)$，$\left(\dfrac{\sqrt{2}}{2}, \dfrac{1}{2}\right)$，$\left(-\dfrac{\sqrt{2}}{2}, \dfrac{1}{2}\right)$，从而得到函数的极大值是2，极小值是 $\dfrac{3}{2}$。

同一个题目，我们都利用代入消元法求解，得到的结果却是不一样的，这道题目哪里出现了问题？我们通过函数的几何图形来验证，通过所学知识我们易知 $z=2(x^2+y^2)$ 是旋转抛物面，$x^2+y=1$ 是抛物柱面，只需要找到两个图形所形成的交线就可知我们要求的点为极大值点 $(0,1)$，极小值点 $\left(\dfrac{\sqrt{2}}{2}, \dfrac{1}{2}\right)$，$\left(-\dfrac{\sqrt{2}}{2}, \dfrac{1}{2}\right)$，即第二种代换所求的结果是正确的，第一种代换所求的结果有所遗漏。

为什么会出现这样的情况呢？因为我们在代入第一种代换的过程中把条件加强了，把定义域中满足 $\varphi_x(x,y)=0$ 的点 $(0,1)$ 漏掉了。所以一般情况下，如果条件函数的一阶偏导数 $\varphi_x(x,y) \neq 0$，则可由条件函数直接解出 $x=x(y)$ 并代入目标函数进行消元；

如果条件函数的一阶偏导数 $\varphi_y(x、y) \neq 0$，则可由条件函数直接解出 $y = y(x)$ 并代入目标函数进行消元。例4中条件函数为 $\varphi(x,y) = x^2 + y - 1$，易知 $\varphi_y(x,y) = 1 \neq 0$，故可以把 $y = 1 - x^2$ 代入消元，这样结果就不会出现遗漏了。

1.3 参数方程求解法

条件极值问题并不是总能够转化为无条件极值问题来处理。如果从条件方程中能够较容易地解出相应变量的单值函数，则可以转化；如果从条件方程中不能较容易地解出单值函数而解出多值函数，则用参数方程[1]来转化比较好。

例5：在椭圆 $x^2 + 4y^2 = 4$ 上求一点，使其到直线 $2x + 3y - 6 = 0$ 的距离最短。

解：因为点在椭圆上，可设所求点为 $P(x,y)$，故题目即为求在条件 $x^2 + 4y^2 = 4$ 下使得 $d = \dfrac{|2x + 3y - 6|}{\sqrt{2^2 + 3^2}}$ 最小的点 $P(x,y)$ 的坐标。

椭圆参数方程为 $\begin{cases} x = 2\cos\theta \\ y = \sin\theta \end{cases}$ $(0 \leq \theta \leq 2\pi)$，代入求 d 的式中得

$$d = \frac{|2x + 3y - 6|}{\sqrt{2^2 + 3^2}} = \frac{|4\cos\theta + 3\sin\theta - 6|}{\sqrt{13}} = \frac{1}{\sqrt{13}}|5\sin(\theta + \varphi) - 6|$$

式中，$\sin\varphi = \dfrac{4}{5}$；$\cos\varphi = \dfrac{3}{5}$。

当 $\sin(\theta + \varphi) = 1$ 时，d 取最小值为 $\dfrac{1}{\sqrt{13}}$，其中 $\theta + \varphi = \dfrac{\pi}{2}$，$\cos\theta = \sin\varphi = \dfrac{4}{5}$，$\sin\theta = \cos\varphi = \dfrac{3}{5}$。

综上知，当 $x = 2\cos\theta = \dfrac{8}{5}$，$y = \sin\theta = \dfrac{3}{5}$ 时，d 取最小值 $d_{\min} = -\dfrac{1}{\sqrt{13}}$。

2 利用拉格朗日乘数法求解条件极值问题

拉格朗日乘数法[2]是通过引入辅助函数和辅助参数，把条件极值转化为无条件极值的一种常用的求多元函数极值的方法。此方法的好处是可以通过引入多个参数把多个约束条件加到目标函数中的方式，快速地把条件极值问题转化为无条件极值问题，此方法的应用前提较为严格，函数必须连续且偏导数都存在。

如何理解拉格朗日乘数法中的参数 λ 呢？我们以二元函数在一个约束条件下的情况为例说明。

设 $\varphi(x,y) = 0$ 可确定一个隐函数 $y = \psi(x)$，则 $z = f(x,y)$ 要求在条件 $\varphi(x,y) = 0$ 下取得极值，即求函数 $z = f(x, \psi(x))$ 的极值问题，这是无条件极值问题，所以极值点必须满足

$$\frac{dz}{dx} = f_x + f_y \frac{dy}{dx} = 0$$

又因为 $\varphi(x,y) = 0$ 确定隐函数 $y = \psi(x)$，由隐函数求导公式可知 $\dfrac{dy}{dx} = -\dfrac{\varphi_x}{\varphi_y}$，所以

$$\frac{dz}{dx} = f_x + f_y \frac{dy}{dx} = f_x - f_y \frac{\varphi_x}{\varphi_y} = 0$$

由此可得 $\dfrac{f_x}{\varphi_x} = \dfrac{f_y}{\varphi_y}$，此时记 $\dfrac{f_x}{\varphi_x} = \dfrac{f_y}{\varphi_y} = -\lambda$，则极值点需满足的条件变为

$$\begin{cases} f_x + \lambda\varphi_x = 0 \\ f_y + \lambda\varphi_y = 0 \\ \varphi(x, y) = 0 \end{cases}$$

此时，若引入辅助函数 $L(x, y) = f(x, y) + \lambda\varphi(x, y)$，则明显看出 $L_x = f_x + \lambda\varphi_x$，$L_y = f_y + \lambda\varphi_y$，故要求函数 $z = f(x, y)$ 在条件 $\varphi(x, y) = 0$ 下的极值，只需要构造辅助函数 $L(x, y) = f(x, y) + \lambda\varphi(x, y)$，并使得所求点的坐标满足

$$\begin{cases} L_x = f_x + \lambda\varphi_x = 0 \\ L_y = f_y + \lambda\varphi_y = 0 \\ \varphi(x, y) = 0 \end{cases}$$

即可，此时辅助函数 $L(x, y) = f(x, y) + \lambda\varphi(x, y)$ 即为拉格朗日函数，λ 为拉格朗日乘数（或拉格朗日乘子），这种方法就是我们常说的拉格朗日乘数法。

例6：用拉格朗日乘数法求函数 $z = 2(x^2 + y^2)$ 在条件 $x^2 + y = 1$ 下的极值。

解：构造辅助函数 $L(x, y) = 2(x^2 + y^2) + \lambda(x^2 + y - 1)$，求 $L(x, y)$ 的一阶偏导数，并令它们都等于 0，则有

$$\begin{cases} L_x = 4x + 2x\lambda = 0 \\ L_y = 4y + \lambda = 0 \\ x^2 + y - 1 = 0 \end{cases}$$

求得 $\lambda = -4$ 时，$x = 0$ 且 $y = 1$；$\lambda = -2$ 时，$y = 1$ 且 $x = \pm\dfrac{1}{2}$。根据题意知，所得驻点即为所求的极值点，故有极大值点 $(0, 1)$，极大值是 2；极小值点 $\left(\dfrac{\sqrt{2}}{2}, \dfrac{1}{2}\right)$，$\left(-\dfrac{\sqrt{2}}{2}, \dfrac{1}{2}\right)$，极小值是 $\dfrac{3}{2}$。

例7：求曲线 $x^3 - xy + y^3 = 1$（$x \geq 0$，$y \geq 0$）上的点到坐标原点的最长距离和最短距离。

解：构造辅助函数 $L(x, y) = x^2 + y^2 + \lambda(x^3 - xy + y^3 - 1)$，求 $L(x, y)$ 的一阶偏导数，并令它们都等于 0，则有

$$\begin{cases} L_x = 2x + \lambda(3x^3 - y) = 0 \\ L_y = 2y + \lambda(3y^3 - x) = 0 \\ x^3 - xy + y^3 - 1 = 0 \end{cases}$$

求得 $\lambda = -1$ 时的唯一驻点 $x = 1$，$y = 1$，即 $M_1(1, 1)$。根据题意，考虑边界上的点 $M_2(0, 1)$，$M_3(1, 0)$。距离函数 $f(x, y) = \sqrt{x^2 + y^2}$ 在这三点的取值分别为 $f(1, 1) = \sqrt{2}$，$f(0, 1) = 1$，$f(1, 0) = 1$，所以最长距离是 $\sqrt{2}$，最短距离是 1。

3 利用齐次线性方程组的相关理论求解极值

在用拉格朗日乘数法求解极值点后，如何判断极值点是极大值点还是极小值点呢？如果

所求极值问题的目标函数为多元函数，条件为多个方程，则可以应用判定准则[3] 判断所求驻点是否为极大、极小值点。

判定准则：在求函数 $z = f(x_1, x_2, \cdots, x_n)$ 在条件 $\varphi_k(x_1, x_2, \cdots, x_n) = 0$ ($k = 1, 2, \cdots, m, m < n$) 下的极值问题中，若函数 $z = f(x_1, x_2, \cdots, x_n)$ 和条件函数 $\varphi_k(x_1, x_2, \cdots, x_n) = 0$ ($k = 1, 2, \cdots, m, m < n$) 都有连续的偏导数，且雅可比矩阵 $\dfrac{\partial(\varphi_1, \varphi_2, \cdots, \varphi_n)}{\partial(x_1, x_2, \cdots, x_n)}$ 的秩为 m，则设 $P_0(x_1^0, x_2^0, \cdots, x_n^0)$ 为 $f(x_1, x_2, \cdots, x_n)$ 的极值点，构造辅助函数 $L(x_1, x_2, \cdots, x_n, \lambda_1, \lambda_2, \cdots, \lambda_m) = f(x_1, x_2, \cdots, x_n) + \lambda\varphi(x_1, x_2, \cdots, x_n) + \cdots + \lambda_m\varphi_m(x_1, x_2, \cdots, x_n)$。

记矩阵

$$H = \begin{pmatrix} L_{x_1 x_2} & L_{x_2 x_2} & \cdots & L_{x_1 x_n} \\ L_{x_2 x_1} & L_{x_2 x_2} & \cdots & L_{x_2 x_n} \\ \vdots & \vdots & & \vdots \\ L_{x_n x_1} & L_{x_n x_2} & \cdots & L_{x_n x_n} \end{pmatrix}_{P_0}$$

为 Hessian 矩阵，则有

（1）若 H 是正定矩阵，则在条件 $\varphi_k(x_1, x_2, \cdots, x_n) = 0$ 下函数 $z = f(x_1, x_2, \cdots, x_n)$ 在点 P_0 处取得极小值。

（2）若 H 是负定矩阵，则在条件 $\varphi_k(x_1, x_2, \cdots, x_n) = 0$ 下函数 $z = f(x_1, x_2, \cdots, x_n)$ 在点 P_0 处取得极大值。

例8：求函数 $f(x, y, z) = x + y + \dfrac{1}{2}z$ 在条件 $x^2 + y^2 + z^2 = 4$ 下的极值。

解：构造辅助函数 $L(x, y) = x + y + \dfrac{1}{2}z + \lambda(x^2 + y^2 + z^2 - 4)$。

求 $L(x, y)$ 的一阶偏导数，并令它们都等于0，则有

$$\begin{cases} L_x = 1 + 2\lambda x = 0 \\ L_y = 1 + 2\lambda y = 0 \\ L_z = 1 + 2\lambda z = 0 \\ x^2 + y^2 + z^2 - 4 = 0 \end{cases}$$

求得 $\lambda = -\dfrac{3}{8}$ 时的驻点 $P_1\left(\dfrac{4}{3}, \dfrac{4}{3}, \dfrac{2}{3}\right)$；$\lambda = \dfrac{3}{8}$ 时的驻点 $P_2\left(-\dfrac{4}{3}, -\dfrac{4}{3}, -\dfrac{2}{3}\right)$。

求 $L(x, y)$ 的二阶偏导数，有 $L_{xx} = L_{yy} = L_{zz} = 2\lambda$，$L_{xy} = L_{yx} = L_{zx} = 0$，得 Hessian 矩阵为

$$H = \begin{pmatrix} 2\lambda & 0 & 0 \\ 0 & 2\lambda & 0 \\ 0 & 0 & 2\lambda \end{pmatrix}$$

当 $\lambda = -\dfrac{3}{8}$ 时，驻点坐标为 $P_1\left(\dfrac{4}{3}, \dfrac{4}{3}, \dfrac{2}{3}\right)$，此时 $\boldsymbol{H}(P_1) = \begin{pmatrix} -\dfrac{3}{4} & 0 & 0 \\ 0 & -\dfrac{3}{4} & 0 \\ 0 & 0 & -\dfrac{3}{4} \end{pmatrix}$ 为负定

矩阵，故驻点 $P_1\left(\dfrac{4}{3}, \dfrac{4}{3}, \dfrac{2}{3}\right)$ 是极大值点，极大值为 $f\left(\dfrac{4}{3}, \dfrac{4}{3}, \dfrac{2}{3}\right) = 3$。

当 $\lambda = \dfrac{3}{8}$ 时，驻点坐标为 $P_2\left(-\dfrac{4}{3}, -\dfrac{4}{3}, -\dfrac{2}{3}\right)$，此时 $\boldsymbol{H}(P_2) = \begin{pmatrix} \dfrac{3}{4} & 0 & 0 \\ 0 & \dfrac{3}{4} & 0 \\ 0 & 0 & \dfrac{3}{4} \end{pmatrix}$ 为正定矩

阵，故驻点 $P_2\left(-\dfrac{4}{3}, -\dfrac{4}{3}, -\dfrac{2}{3}\right)$ 是极小值点，极小值为 $f\left(-\dfrac{4}{3}, -\dfrac{4}{3}, -\dfrac{2}{3}\right) = -3$。

利用 Hessian 矩阵[4]的正定性和负定性求解多元函数极值问题是非常方便快速的，但是此方法具有一定的局限性。因为此判定准则对矩阵的正定、负定的要求非常严格，如果所求多元函数极值问题的 Hessian 矩阵不能保证正定性或者负定性，那么此准则的结论失效。

4 条件极值的应用举例

4.1 拉格朗日乘数法在经济最优化问题上的应用

在经济领域的生产销售问题中，若存在多个自变量且满足一定关系，则求目标函数的最值问题可以被归结为高等数学中的条件极值问题，使用拉格朗日乘数法来求解是非常简便快速的。

例 9：假设某工厂生产某种产品需要付给工人的劳动成本为 x_1 元，资本成本为 x_2 元，则此产品满足的生产函数为 $f(x_1, x_2) = 600 x_1^{1/2} x_2^{2/3}$；假设该工厂生产此种产品所需单位劳动力成本和单位资本成本分别为 200 元和 400 元，且总投入资本为 140 000 元，则工厂应该如何分配这笔资金使得生产量达到最大？

解：我们可以将此题归结为在条件 $200x_1 + 400x_2 = 140\ 000$ 下函数 $f(x_1, x_2) = 600 x_1^{1/2} x_2^{2/3}$ 的极值问题，所以可以应用拉格朗日乘数法来求解。

构造拉格朗日函数 $L(x_1 x_2) = = 600 x_1^{1/2} x_2^{2/3} + \lambda(140\ 000 - 200x_1 - 400x_2)$。

求其一阶偏导数，并令它们都等于 0，则有

$$\begin{cases} L_{x_1} = 300 x_1^{-1/2} x_2^{2/3} - 200\lambda = 0 \\ L_{x_2} = 400 x_1^{1/2} x_2^{-1/3} - 400\lambda = 0 \\ 140\ 000 - 200x_1 - 400x_2 = 0 \end{cases}$$

解得唯一驻点 $\begin{cases} x_1 = 300 \\ x_2 = 200 \end{cases}$，故我们可知当该工厂生产该产品需要付给工人的劳动成本为 300

元，资本成本为 200 元时，工厂可以达到最大的产值为 $f(300, 200) \approx 819\,121.19$（元）。

4.2 拉格朗日乘数法在材料力学中的应用

例 10：把一根直径为 d 的原木锯成截面为矩形的梁，如何选取矩形的截面 $\dfrac{h}{b}$，使得梁的抗弯截面系数最小？

解：由材料力学[7]中的知识可以知道矩形梁的抗弯矩形截面系数函数[5]为 $W = \dfrac{1}{6}bh^2$。由题目可知 $h^2 = d^2 - b^2$。所以此题就可以被看作函数 $W = \dfrac{1}{6}bh^2$ 在条件 $h^2 = d^2 - b^2$ 下的条件极值问题，构造辅助函数 $L(b, h) = \dfrac{1}{6}bh^2 + \lambda(h^2 + b^2 - d^2)$，求其一阶偏导数，并令它们都等于 0，则有

$$\begin{cases} L_b = \dfrac{1}{6}h^2 + 2b\lambda = 0 \\ L_h = \dfrac{1}{3}bh + 2h\lambda = 0 \\ h^2 + b^2 - d^2 = 0 \end{cases}$$

由 b、h 的物理意义可求得唯一驻点 $\left(\dfrac{\sqrt{3}d}{3}, \dfrac{\sqrt{6}d}{3}\right)$，所以 $\dfrac{h}{b} = \sqrt{2}$ 时，可以使得梁的抗弯截面系数最小。

5 结论

条件极值问题是高等数学非常重要的部分，在经济学、运筹学、力学中都有广泛的应用。多元函数的极值问题有很多种不同的解法，本文提到的利用不等式、参数方程、代入消元这些方法都是初等数学的方法，初等数学方法的优点是简单实用、较好掌握，但是有很强的局限性。拉格朗日乘数法对于求解条件极值问题是一种非常有效的方法，因为并不是所有的条件极值问题都能够直接转化为无条件极值问题，即便是能转化也可能无法求解，特别是在约束条件较多的情况时，拉格朗日乘数法更便于使用和求解。

参考文献

[1] 潘杰，苏化明. 某些条件极值问题的初等解法[J]. 大学数学，2008，24（06）：152-155.

[2] 吴元泽. 关于拉格朗日乘数法的一点思考[J]. 教育教学论坛，2018（8）：223-224.

[3] 宁荣健. 也谈条件极值问题的充分条件[J]. 高等数学研究，2005，18（2）：40-43.

[4] 岳育英. 多元函数条件极值计算的一种方法[J]. 延安大学学报（自然科学版），

2011, 30 (3): 39-42.

[5] 孙庆贺. 拉格朗日乘数法在材料力学中的应用 [J]. 大众科技, 2014, 16 (05): 30-31.

[6] 同济大学数学系. 高等数学 [M]. 7版. 北京：高等教育出版社, 2014.

[7] 刘洪文. 材料力学Ⅰ [M]. 北京：高等教育出版社, 2010: 137-146.

（作者简介：路云，女，1983年3月出生，山东临沂人，北京科技大学天津学院基础部，中级讲师，硕士研究生毕业，主要研究方向为偏微分方程，2013年3月至今在北京科技大学天津学院工作。）

关于无机化学课堂互换教学法的探索

贺亚飞

(北京科技大学天津学院基础部,中国 天津 301830)

摘 要:本文通过对课堂的教学模式的研究,以本校材料科学与工程专业大一学生为授课对象,总结了实施六年的课堂教学的实践经验,分析了无机化学课堂中师生互换角色教学模式的意义及实施过程中的要点,旨在提高教师教学水平及教学质量。

关键词:无机化学;互换课堂;教学研究

A Teaching Research on the Interchange Class Course of Inorganic Chemistry

HE Yafei

(Department of Foundational Courses, Tianjin College,
University of Science and Technology Beijing, Tianjin 301830, China)

Abstract: In this paper, we summarized the implementation of the six years of experience in the practice of classroom teaching through the study of classroom teaching mode in the school of materials science and engineering college students as the object of teaching, We also analyzes the significance of inorganic chemistry Interchange Class teaching mode and key points in the process of implementation. The aim of this article is to promote the teaching level and the improve teaching quality.

Key words: Inorganic chemistry; Interchange class; Teaching Research

1 引言

课程教学要求以学生为本,强调学生主体的主观能动性,因此教师要从"知识的传授者"变为"智慧的启迪者",从"学生的管理者"变为"学生学习活动的支持者、合作者、引导者"。

传统教学活动一直是教师教学、学生被动接受知识的教学模式,易使学生产生厌烦和疲劳感,严重影响课堂教学的效果。针对此问题国内外教育工作者提出了"以教师为主导,

"以学生为主体"的教育教学理念,在教学中突出学生的地位,激发学生学习兴趣,引导学生主动思考问题[1-3]。

大学生已是成年人,有自己的想法、思路和观点,所以,教师在"师生角色互换"教学实施过程中应起到引导、组织、评价等作用,保证角色互换教学的顺利进行[4]。

无机化学课程在六年教学实践过程中,为改变传统的"师传生受"传统教学模式,运用"师生角色互换"的教学组织方式转变学生的学习方式,将无机化学授课内容、授课方式、教学形式进行创新实践,把课堂还给学生,让学生主动参与课堂教学。

2 研究背景

互换课堂,即师生角色互换教学方法,是一种新颖的教学方法,这种方法在欧美国家的学校中较早得到普遍使用。随着东西方文化交流和我国教学改革的不断深入,这种教学方法在我国很多高等教育学校逐渐流行起来。在教学中进行师生角色互换,不论对教师而言还是对学生来说,都是一种崭新的挑战。

师生角色互换是教师根据教学内容的知识结构,利用课堂中的一段时间,改变传统教学方式中教师和学生的角色,由学生走上讲台开展教学活动,而教师走下讲台充当一名学生[5],这种教学活动形式的改变,增进了师生间的交流和沟通,更使学生具有一种全新的学习视角,可以全面提升学生的综合素养[6]。

无机化学是材料科学与工程专业一门重要的基础课,也是本科专业知识体系的一个基石,教学的目的是为后续课程的学习打基础。无机化学这门课程以化学基本原理为主线,应用无机化学理论,阐述各类无机物的性质及变化规律,课程的系统性和逻辑性较强。此门课程是在高中知识基础上的深入学习,教学课时数少,且在多年应试教育下学生的学习习惯和思维方式已经养成,不利于大学生知识的获取和能力、素质的培养。为了达到大学课堂教学目的,满足专业对无机化学知识以及学生以后发展的要求,我们进行了教学研究及教学改革。

3 课程研究目标

首先,师生角色互换教学课堂给学生提供了一个自我展示的平台。为取得良好的教学效果,学生会积极备课,变被动学习为主动学习,有效地激发其学习兴趣。其次,学生学会收集、处理资料,从而提高了自学能力。再次,互换课堂教学方式能拓宽学生思维,培养勤思考、敢质疑、勇创新的精神,为学生今后的科研事业打下良好的基础。最后,学生当众授课,不仅锻炼了表达能力,而且增加了同学之间的相互讨论,在实践中培养了勤于思考的习惯,激发学生学习无机化学的兴趣和潜力,促进学生全面发展。

4 无机化学互换课堂教学特点

4.1 实用性

在教学课时中我们选择其中的一至两节课,比如配合物基础这章内容,首先将学生分为五组,通过竞争活动的刺激作用和平时成绩的考核机制,激励学生查找资料,掌握制作课件的技巧,从而提高其自主学习的能力;通过组内同学相互讨论,提高学生团队协作的能力;

"小老师"当众授课,既锻炼了学生的胆识和语言表达能力,又提升了个人形象;最重要的是在学生获得知识的同时培养了诸多能力。学生们普遍认同这种教学模式,认为是一次宝贵的经历。

4.2 灵活性

在激发大学生学习积极性的前提下,这种教学模式具有良好的灵活性,一方面,教师可以根据教学大纲和教学要求,根据学生实际情况选择授课的章节以及学生的组织安排形式等,目的是将学生带入情境,激发学生思考,让他们主动地、充满好奇心地通过备课过程体验教学的乐趣。另一方面,学生可以自由选择自己的小组成员进行团队协助,比如在组长安排下有人负责查阅资料,有人负责制作课件,有人负责讲解,协调分配,以期更好展示团队以及自己的特色。

4.3 启发性

互换课堂的教学课程目的之一在于填补学生对教师教学活动认知的空白,因此,教师的作用、准备过程等是为了启发学生的思维模式,这是互换课堂教育课程的重中之重。在课程设计中注意让学生通过自主学习,找到无机化学课程内容之间的相互关联,引导学生在不同章节或不同内容中寻找规律,提高学生发现问题解决问题的能力。

5 无机化学课程的实施

在无机化学互换课堂中我们的做法是:第一,教师需要提前三周告知学生互换课堂的评比活动,并让全部学生自由结合形成五组评比小组,并安排每一组授课的章节;第二,联系材料科学与工程学院学生会组织开展各项准备工作,比如评委的选定、条幅的制作、评分细则的制定、奖状证书制作等;第三,实施互换课堂的授课活动,首先由五个小组成员代表讲解所准备章节,待五个小组成员代表讲解完毕,教师进行逐一点评,同时学生会组织成员计算出评委计分的平均分数;第四,通过计算,选出一、二、三等奖各一组并颁发奖状,并对优秀授课的小组成员颁发荣誉证书。

6 无机化学互换课堂教学意义

互换课堂在高校教育教学中有很好的积极作用,是一种可以激发学生学习积极性、培养综合素质的有效的教学方法。

6.1 提高学生的综合能力

互换课堂的教学模式可以使学生在整个过程中提升语言表达能力和对知识的逻辑整理能力,增强学生的责任感和自信心。在学生准备讲授阶段,他们会主动自学课程内容,搜集材料,制作课件和板书,整个实施过程可以增强学生逻辑分析、归纳整理以及团队合作能力。

6.2 促进大学生素质全面发展

《国家中长期教育改革和规划发展纲要》指出,教育是提高国民素质、促进人的全面发展的根本途径。互换课堂模式,通过学生自己组织团队、查找资料、选出代表来授课,使学生更容易接受知识,并且学习此教学科目的兴趣更浓厚。互换课程在优先保证教学大纲内容授课时间充足且有额外时间保证的前提下,根据合理章节安排,提高学生自学能力,让学生在轻松的氛围中体验生活、感知知识、增强主人翁意识，为今后的专业课程学习打下的扎实基础。

6.3　树立主观能动性的理念

新课程改革的目标之一是使学生具备初步的创新精神、实践能力、科学和人文素养以及环境意识。在传统教学方式中，许多学习动力不足、自制力不强的学生会对学习失去兴趣。而在互换课堂教学模式中，学生需要提前学习课堂知识、查找资料、设计教学过程、组织教学语言，将自己所理解和精炼的知识内容在课堂上讲授给其他学生。互换课堂改变了以往灌输式的传统教学行为，使学生在教学过程中变被动为主动。

7　结语

我们在对材料科学与工程专业的学生实施无机化学课堂互换模式的课程教学中取得了一定的收获。实践表明，这种课堂教学模式确实是提高学生学习积极性、培养综合素质的有效的教学方法。实施过程对教师也提出了很高的要求，要求教师全心投入、科学合理地组织安排各个环节，这样才能真正地达到教学改革的目标。

参考文献

[1] 袁铱琳. 高校课堂教学师生角色互换初探 [J]. 吉林工程技术师范学院学报，2018，34（2）：53-55.

[2] 张微. "师生角色互换"教学模式浅谈 [J]. 高等教育，2018（10）：182.

[3] 邬英英. 课堂中师生角色互换的作用及其运用要点 [J]. 时代人物，2007（12）：105-106.

[4] 刘雪贝. 运用师生角色互换教学法培养创新人才 [J]. 成才之路，2013（10）：35.

[5] 赵海敬，范健文，杨磊，等. 关于高校课堂教学中师生角色互换的探究与实践 [J]. 教育教学论坛，2013（9）：188.

[6] 朱冬红. 职业学校课堂教学中的师生角色互换 [J]. 学周刊，2018（31）：26-27.

（作者简介：贺亚飞，女，1987年2月出生，北京科技大学天津学院讲师，研究方向为无机化学教育教学。）

氯化钠胁迫对向日葵幼苗叶片的膜透性及几种渗透调节物质的影响

张汪结

(北京科技大学天津学院学院办公室,中国 天津 301830)

摘 要:本文采用白城农科院培育的 W130 向日葵种子为研究对象,用砂培法培养向日葵幼苗。本文分别用 0、100、150、200 mmol/L 的 NaCl 溶液,对向日葵幼苗进行胁迫处理,然后测定向日葵幼苗的膜透性变化以及叶绿素、丙二醛、脯氨酸积累情况。结果表明,随着 NaCl 溶液浓度的增加,向日葵幼苗会发生相应生理反应:当 NaCl 溶液浓度小于 150 mmol/L 时,向日葵幼苗可以全部存活;当 NaCl 溶液浓度超过 150 mmol/L 时,向日葵幼苗存活率下降。向日葵叶片的膜透性被破坏程度随着 NaCl 溶液浓度的增加而加重。向日葵叶片中的叶绿素、丙二醛、脯氨酸积累量随着 NaCl 溶液浓度的升高而增加。向日葵在发生抗逆性反应时,细胞膜透性及几种渗透调节物质含量会随着胁迫程度的加强而增加。

关键词:向日葵;NaCl 胁迫;渗透调节;膜透性

Effects of NaCl Stress on Membrane Permeability and Two Osmoregulation Substances in Leaves of Sunflower Seedlings

ZHANG Wangjie

(College Office, Tianjin College,
University of Science and Technology Beijing, Tianjin 301830, China)

Abstract: W130 sunflower seeds as the research object, the cultivation of sunflower seedling by sand culture method. Match NaCl concentration respectively 100, 150, 200, tendency of salt solution, L to NaCl salt stress the sunflower seedlings, and the determination of the experimental group and the control group respectively sunflower seedling membrane permeability change and chlorophyll, malondialdehyde, proline accumulation conditions. Experimental results show that with the increase of concentration of NaCl solution, sunflower seedlings with happen some physiologicgist reactions that: as long as the concentration of NaCl solution does not exceed 150 mmol/L, sunflower seedling can live, on the contrary and if the concentration of NaCl solution exceed 150 mmol/L, sunflower seedling survival rate drop. the sunflower leaves the membrane permeability increased with the increase of concentration of NaCl solution of damage is getting heavier and heavier. in the sunflower leaves osmotic substances, mda, proline and citric acid content increased with the increase of concentration of NaCl solution increased. Sunflower, in the case of resistance reaction, cell membrane permeability and several kinds of osmotic regulation substances content will increase with the strengthening of the degree of stress.

Key words: Sunflower; NaCl stress; Osmotic regulation; Membrane permeability

1 材料与方法

1.1 材料

1.1.1 试验材料

白城农科院提供的向日葵 W130 号。

1.1.2 试验药品和试剂

三氯乙酸，硫代巴比妥酸，KNO_3 磷酸缓冲液，萘基乙烯胺溶液，磺胺溶液，NADH 溶液。

1.1.3 试验仪器

分光光度计，DDs-11 型电导仪，便携式叶绿素含量测定仪，SPAD-502Plus，分析天平（Sartorius BS223S，德国赛多利斯），磁力搅拌器（大龙 MS-H-S 标准型，上海大龙），恒温水浴锅（XMTD-204，上海跃进）。

1.2 方法

1.2.1 溶液配制

配制霍格兰氏营养液和 NaCl 溶液（100 mmol/L、150 mmol/L、200 mmol/L）。

1.2.2 材料培养

试验于 2017 年 3 月在长春师范大学生命科学学院智能人工气候箱（BIC-250）中进行，光照为 12 h/d，光强≥56.6 μmol/s，温度为（25±2）℃/（20±2）℃（白天/晚上），相对湿度为 60%~70%。3 月 17 日播种，用直径为 18 cm 的花盆，每盆定苗 6 株。采用砂培法培养 W130 号向日葵苗。每天上午 9 时用霍格兰氏营养液浇灌，并观察幼苗生长状况[1]。

1.2.3 NaCl 胁迫处理

将长势一致的试验幼苗，随机分成 4 组，每组 3 盆，当向日葵幼苗长出第三片真叶时，每天上午 8~9 时，试验员用已配制的不同浓度的 NaCl 溶液（0 mmol/L、100 mmol/L、150 mmol/L、200 mmol/L）对幼苗进行胁迫处理，每盆 100 mL/d，连续处理 3 d[2]。

1.2.4 细胞膜的膜透性的测定

试验员取出胁迫处理过后的向日葵植株，用蒸馏水将植株冲洗干净，并擦干向日葵叶片表面的水，称取 0.2 g 叶片，剪碎后放入试管中，加入 20 mL 蒸馏水，浸没处理 3 h。在室温条件下，试验员用 DDs-11 型电导仪分别测定各组浸泡液的电导率，然后将各组浸泡液在沸水浴中加热 15 min，冷却至室温后，测各组沸后液的电导率。根据公式计算各测试电解质外渗率：

$$外渗电导率：K（\mu S \cdot cm \cdot g^{-1}）= 电导率值/待测物质$$

$$相对电解质渗出率 = 浸泡液外渗电导率 / 沸后液外渗电导率 \times 100\%。$$

1.2.5 叶片中叶绿素含量的测定方法

试验员取出用 NaCl 胁迫处理过后的向日葵植株，用蒸馏水将植株冲洗干净，并擦干向日葵叶片表面的水，选取每个向日葵植株上的第三片叶，用便携式叶绿素含量测定仪 SPAD-502Plus 测定叶片中叶绿素含量。

1.2.6 叶片中丙二醛含量的测定方法

试验员首先称取新鲜叶片 1.0 g，剪碎后将样品放于研钵中，加入 2 mL 10% 的三氯乙酸，再加入少量石英砂研磨。然后加入 8 mL 10% 的三氯乙酸充分研磨。研磨后转入离心管中离心处理（4 ℃、4 000 r/min）10 分钟。取 2 mL 上清液，然后加入 2 mL 0.6% 硫代巴比妥酸溶液，在沸水浴中处理 15 min，冷却后再次离心，将各组叶片进行同样的处理。用分光光度计分别测各组提取液 532 nm 和 450 nm 处的 OD 值。依据标准曲线计算丙二醛含量（$mmol \cdot g^{-1} \cdot DW^{-1}$）[3]。

1.2.7 叶片中脯氨酸含量的测定方法

试验员称取新鲜叶片 0.5 g，用蒸馏水洗净并剪碎，放入试管中，在冰箱中冰冻处理 30 min，加入 4 mL 提取缓冲液，研磨后转入离心管中离心处理（4 ℃、4 000 r/min）15 min。取上清液 0.4 mL，加入 1.2 mL 浓度为 0.1 mol/L 的 KNO_3 磷酸缓冲液和 0.4 mL NADH 溶液，振荡混匀，在 25 ℃ 水浴中保温处理 30 min，对照组加入 0.4 mL 浓度为 0.1 mol/L 且 pH 值为 7.5 的磷酸缓冲液。保温处理后，加入 1 mL 磺胺溶液、1 mL 萘基乙烯胺溶液，显色 15 min 后离心处理（4 ℃、4 000 r/min）15 min，取上清液。用分光光度计测 520 nm 处的 OD 值。依据标准曲线计算 Pro 含量（$\mu mol \cdot g^{-1} \cdot DW^{-1}$）。

2 结果与分析

2.1 NaCl 胁迫对向日葵幼苗细胞的膜透性的影响

表 1 所示为不同浓度 NaCl 胁迫的电解质外渗率。图 1 所示为 NaCl 胁迫对向日葵幼苗细胞膜透性的影响。NaCl 胁迫处理后，向日葵叶片中电解质外渗率发生了变化。随着 NaCl 溶液浓度的升高，电解质外渗率都有所升高。当 NaCl 溶液浓度超过 150 mmol/L 时，电解质外渗率显著增高。这表明向日葵受到盐胁迫时，细胞膜受到了伤害。随 NaCl 溶液浓度的升高，细胞膜受伤害程度逐步加重。

表1　不同浓度NaCl胁迫的电解质外渗率

	CK	100 mmol·L^{-1}	150 mmol·L^{-1}	200 mmol·L^{-1}
第一组	38.91%	41.87%	47.00%	73.53%
第二组	41.57%	40.63%	47.42%	74.03%
第三组	40.18%	40.71%	47.04%	73.61%

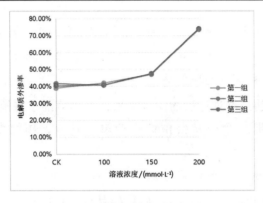

图1　NaCl胁迫对向日葵幼苗细胞膜透性的影响

2.2　NaCl胁迫对向日葵幼苗叶绿素含量的影响

如图2所示，我们可以看出向日葵叶片中叶绿素含量的变化，随着NaCl溶液浓度的升高叶绿素含量升高，这表明向日葵光合作用更强烈。由资料可知，叶绿素存在于所有能发生光合作用的生物体中，吸收光中的能量，将CO_2转变为碳水化合物，为生命活动提供能量。叶片中叶绿素含量的变化，会影响植株的新陈代谢以及生理生化反应。我们可以看出，当溶液浓度达到150 mmol/L时，向日葵细胞叶片中的叶绿素含量明显增多，这说明植株需要的能量增多，抗逆性增强。

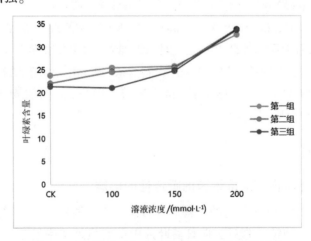

图2　NaCl胁迫对向日葵幼苗叶绿素含量的影响

2.3　NaCl胁迫对向日葵幼苗丙二醛积累的影响

植物在逆境条件下，向日葵幼苗中丙二醛会出现积累现象。如图3所示，向日葵叶片细胞中的丙二醛含量随着 NaCl 溶液浓度升高而升高。当溶液浓度为 150 mmol/L 时，丙二醛的升高速度急剧加快。在 NaCl 胁迫条件下，随胁迫增强丙二醛含量呈曲线上升，同时反映机体代谢活动增强，产生了抗逆反应。

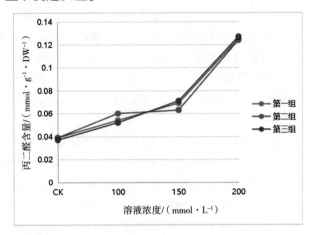

图 3　NaCl 溶液浓度对丙二醛含量的影响

2.4　NaCl 胁迫对向日葵幼苗脯氨酸积累影响的分析

植物体在逆境条件下，经常会出现脯氨酸积累的现象。如图 4 所示，向日葵叶片细胞中的脯氨酸含量随着 NaCl 溶液浓度升高而升高。当 NaCl 溶液的浓度为 100 mmol/L 时，脯氨酸的升高速度急剧加快，这表明植物体通过积累脯氨酸来应对环境变化，从而有效保护植物细胞。

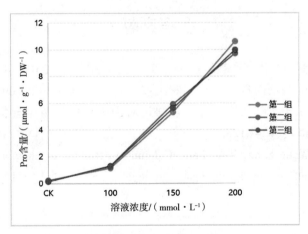

图 4　NaCl 溶液浓度对脯氨酸含量的影响

3　结论

本试验探究了在 NaCl 胁迫下向日葵叶片膜透性的变化以及叶片中叶绿素、丙二醛、脯氨酸含量的变化，得出了在 NaCl 胁迫下 W130 向日葵叶片的渗透调节情况。

试验结果表明，随着 NaCl 溶液浓度的增加，该品种的向日葵幼苗会发生相应生理反应：

当 NaCl 溶液浓度不超过 150 mmol/L 时，向日葵幼苗可以全部存活，当 NaCl 溶液浓度超过 150 mmol/L 时，向日葵幼苗存活率下降；向日葵叶片的膜透性随着 NaCl 溶液浓度的增加而加大，细胞膜破坏程度越来越重；向日葵叶片中的丙二醛、脯氨酸积累随着 NaCl 溶液浓度的增加而增加。该品种向日葵有一定的抗逆性，适合在盐碱地推广种植。

植物的组织在较恶劣环境中受到破坏时，相应的细胞膜或者结构受损，进而导致其膜透性急剧增加，这种膜透性也会将细胞内的电解质带出，因此我们通过测定的电导率来反映植物组织被伤害的程度。在 NaCl 溶液的作用下，细胞膜的膜透性将显著加强，对应的选择性显著降低。伴随着 NaCl 溶液浓度的增加，细胞膜的受损加大，选择性的降低和膜透性的加强成正相关性[4]。

在恶劣的环境下，植物体为了适应环境生长，新陈代谢就会逐步加强。为了提高抗逆性，植物体就会合成更多的叶绿素，从而增强光合作用效率，为发生抗逆反应提供足够的能量。在抗逆性的作用下，植物体内的脯氨酸含量会急剧增加。在胁迫作用时，产生的大量脯氨酸不仅是调节剂，还是生物大分子的保护剂。因而脯氨酸的含量高低在某种程度上可以反映植物抵抗恶劣环境能力的强弱，具有强抵抗力的植物其脯氨酸的含量也相对较多。通过试验可知，脯氨酸的浓度变化和 NaCl 溶液浓度的变化成正相关性。

在 NaCl 胁迫作用下，不只是脯氨酸的含量在增加，丙二醛的含量也在显著增加，其变化关系和脯氨酸相同，主要凭借其含量的不断增加，来提高生物自身的生命力，显著提高抗逆性。在发生抗逆性反应时，细胞膜的通透性及几种渗透调节物质含量会随着胁迫程度的加强而增加。同时，关于 NaCl 胁迫对向日葵的膜透性及几种渗透调节物质的变化，可能是由多种基因或多种代谢过程所控制的，其机制有待进一步研究。

参考文献

[1] 郝洪波. 油葵规范化高产栽培技术 [N]. 河北科技报, 2017, 4 (B06)：419-422.

[2] 王炳珍. 怎样栽培向日葵 [J]. 农民致富之友, 2016, 12 (09)：16-18.

[3] 朱金方, 刘京涛, 陆兆华, 等. 盐胁迫对中国柽柳幼苗生理特性的影响 [J]. 生态学报, 2015, 36 (15)：124-128.

[4] Yang Sha, Wang Fang, Guo Feng. Calcium contributes to photoprotection and repair of photosystem II in peanut leaves during heat and high irradiance [J]. Plant Biol., 2015, 15 (07)：1365-1368.

（作者简介：张汪结，男，1993 年 8 月出生，安徽安庆人，学院办公室信息文秘科副科长，助教，学士，主要研究方向为生物转基因技术和思想政治教育，2017 年 10 月至今在北京科技大学天津学院工作。）

试谈营销在企业人力资源管理中的应用

谭冬旭 米岩

(北京科技大学天津学院经济学院,中国 天津 301830)

摘 要:改革开放以来,我国的经济水平不断增长,具有较强竞争力的现代化企业不断涌现。蒸蒸日上的市场经济之中,企业获得更多的机会以开拓经营内容和提升管理水平。而面对发展态势良好的市场经济,不少企业争相夺取利益,面临的市场竞争也在不断增大。企业只有立足当下,加强企业内部人力资源管理,才能在未来企业发展中获得创新优势和不竭动力。在这一形势要求之下,企业人力资源管理必将面临更多考验,企业必须实施创新改革措施,可以应用营销手段促进企业人力资源管理,解决目前管理工作中的难题。本文将阐述人力资源管理营销的具体内涵,明确人力资源管理营销在企业中的地位,分析营销手段在企业人力资源管理中的应用。

关键词:市场营销;人力资源管理;应用价值;应用内容;应用方法

Try to Talk about the Application of Marketing in Enterprise Human Resource Management

TAN Dongxu MI Yan

(School of Economics, Tianjin College,
University of Science and Technology Beijing, Tianjin 301830, China)

Abstract: Since the reform and opening up, China's economic level has been growing, more and more modern enterprises with strong competitiveness have been emerging. In the booming market economy, enterprises gain more opportunities to expand their business content and improve their management level. In the face of the market economy with a good development trend, many enterprises are scrambling for profits and facing increasing market competition. Enterprises must base on the present, strengthen the internal human resources management, in order to obtain the innovation advantage and inexhaustible power in the future enterprise development. Under the requirements of this situation, enterprise human resource management will face more tests. They must implement innovative reform measures and they can use marketing means to promote enterprise human resource management to solve the current management problems. This paper will firstly elaborate the specific connotation of human resource management marketing, clarify the position of human resource management marketing in the enterprise, and analyze the application of marketing means in the enterprise human resource management.

Key words: Marketing; Human resource management; Application value; Application content; Application methods

如今现代化进程加快，市场经济的发展日新月异。企业在市场中的经营活动不仅要注重外部趋势动态，也要关注企业内部的人员管理。传统的企业人力资源管理在新时代工作中逐渐表现出弱势，部分企业一味制定发展目标、寻求盈利项目，但不重视企业自身建设工作，对企业内部人员管理工作没能落实到位，导致企业管理与发展目标相违背，不利于企业长远发展。因此，要让企业重新焕发生命力就需要领导者不断创新发现人力资源管理工作的新经验、新方法。将营销概念应用于企业人力资源管理是目前出现的新型方法，从营销角度出发找出员工与企业之间不可分割的联系，既能够让员工明白自身对企业经营的影响程度，明确自身价值，又能够让企业提升管理效率。

1 研究方法

1.1 文献资料法

以"市场营销""人力资源管理""应用价值""应用内容""应用方法"等为关键词，通过中国知网、万方知识服务平台等数据库进行检索，收集与本研究相关的文献。

1.2 专家访谈法

为了获得可靠的资料，本研究针对国内企业管理中出现的人力资源问题，与企业相关管理人员进行了访谈对话，深入了解专家眼中的企业发展现状。

1.3 实地调查法

为保证研究的真实性，在专家访谈的基础上，对国内企业进行了实地调研。我们主要走访了天津能源投资集团有限公司、天津和平投资发展集团有限公司等，对走访的企业进行了企业绩效、人事管理等方面的咨询，掌握了当下企业人力资源管理营销的现状和存在的主要问题。

2 研究内容

2.1 人力资源管理营销的具体内涵

人力资源管理营销是在市场营销概念和内容的基础上，对企业内部人力资源进行合理高效的管理，也是企业工作人员的日常工作之一。这一工作最大的目标是让企业员工在营销知识学习中认识人力资源部赋予的产品，让每一个人明确产品的特性和作用，并在开展管理工作时，统筹运用，激发工作热情，这不仅有助于员工的进步，也有助于企业的自身发展。采用营销概念将人力资源作为企业内部的产品，一方面是为了创新企业人力资源工作内容，让员工逐渐接受新概念中的人力资源，能对管理起到前所未有的作用；另一方面，人力资源管理营销也是以企业总体盈利为目的,能让企业在市场发展中具备核心竞争力,夺取更多的市场资源。任何企业,人力资源管理都是对于企业内部人事资料、人事绩效和人事调动的管理,与其余部门相比,人力资源部需要在工作上格外注重自身管理手段。人力资源部应当运用人性化的管理手段,根据企业内部员工和部门的特性进行有差别的管理,从而发挥其真正的作用。首先,人性化的管理强调以人为本的原则。众所周知,企业人力资源部的主要职能是管理企业中的人才,通过调动、奖惩等方式挖掘人才的自身价值,以便为企业做出相应的贡献。领导者便应该对企业人才进行统筹管理规划,分析其能力特征和工作需求,在满足基本需求的基础上对员工提出工作要求,让员工在企业中体会到人性化的管理,感受企业的温度。其次,有差别的管理要基于员工的表现。管理者通过人事绩效和人事资料观察每一位员工的工作特点、成果绩效、在岗心理等,分析不同员工之间存在的差异,通过调整这种差异,让员工之间起到优势互补、共同进步的作用。与传统的人才引进和人力资源管理工作相比,采用营销式的人才培养更有助于企业管理员工。在人才招聘中,管理者也会更加有针对性地进行招聘,并在之后着重培养具有责任心和热情的人才。这种手段在一定程度上减少了企业投入的人力和财力资本,也提高了企业运营效率,防止出现进入门槛高而员工实际工作能力不佳的情况[1]。

2.2 人力资源管理营销在企业中的作用

2.2.1 体现员工差异性

企业在各个方面的管理具有一定的特殊性和差异性,尤其是人力资源的管理,管理者面对的不仅是系统的管理,也是每一位具有鲜明特征的员工。管理者进行人力资源管理时要突出体现每一位员工的优势,发挥员工在岗位上的最大效能。借助营销概念对人力资源管理的启示,开展公正合理的管理工作,能够让员工自然地发挥作用,提升员工的工作积极性和竞争力,帮助企业创造良好的工作氛围,使企业在市场中具有绝对竞争力[2]。

2.2.2 促进建设部门联系

尽管企业设立的人力资源部掌管企业人事材料,但是在实际内部运营中我们可以发现,想要顺利进行人力资源管理就必须依靠企业中各部门的协同合作。在人力资源管理营销理念中,将企业内部的人员不断进行整合联动,促使其投入企业内部活动之中,能够增强员工的工作归属感和积极性,甚至对工作产生兴趣和热情。根据营销理念概述,企业人力资源管理大大改变了原有的枯燥乏味,提升了工作丰富多样性,提高了员工的能力素质和工作效率,让员工对人力资源管理有了全新的认识,体现了人力资源管理的价值所在[3]。

2.3 营销在企业人力资源管理中的具体应用

2.3.1 树立人力资源营销意识

企业内部的精神文化和意识内涵对于企业发展至关重要,树立合理有效的人力资源营销意识,能够让企业人力资源管理迈入新阶段。这一管理理念是在营销理论的基础上将企业员工看作营销意义上的客户对象,而人力资源管理的过程则是满足客户需求的过程。这一方法的实施让人力资源管理走上新的起点,发挥了重要价值。人力资源部改变传统的管理手段,转而将原有的管理对象变成服务对象,更能发现服务对象身上的需求点,并且为之服务。而通过这一手段的转变，人力资源部门在企业中的地位也出现了转变，该部门需要同企业中的其他部门密切联系，形成合作关系，才能做好管理工作。人力资源部门将人力资源做成产品，并且运用营销理念经营整个企业内部的人事关系和人员调动，最大限度提升和发挥个人价值，对于企业来说，这不仅是资源整合优化的好办法，也是企业经营达到高效的绝佳手段[4]。

2.3.2 对企业内部成员进行分析

市场营销分析是对市场环境、市场趋势、市场经济政策等多方面的营销因素分析，只有掌握各个方面的信息，才能获得较为真实的数据。而企业管理同样需要做到各个层级的分析，只有这样才能将营销理论落到实处，让营销分析发挥真正的作用。首先，对于企业高层管理的营销分析，一般来说，企业高层不仅拥有管理权，更重要的是，还拥有决策权，对于企业的经营走向和发展定位拥有较大的话语权。因此，大多企业高层更加关注企业在短期内的经营状况、真实收入和利润等，而并没有很重视企业内部的资源管理，更不会花时间去研究企业员工的生存现状、入职经验、在职情况等。面对这一情况，人力资源部门需要开展相关工作，促使企业高层学习营销理论，加强人力资源营销与企业发展之间的关系，强调企业人才为企业发展做出的突出贡献，分析多部门之间的协同联系等。其次，对于企业中层管理者的营销分析，在大部分企业之中，中层管理者的主要工作是管理监督底层员工的实施绩效，并且对员工的绩效进行评价和奖惩，从而让企业员工总体保持平衡稳定的工作状态。中层管理者在做好本职工作的同时，不仅要配合其他部门进行企业内部运营的交流，还要与人力资源部进行频繁的沟通，把握企业中的人事情况和经营情况。然而，由于中层管理者承担的职能较多、责任较大，部分中层管理者对于此类工作存在抱怨情绪，时常会选择性忽视某些工作内容，以减轻自身负担。此时，人力资源部门应当制定合理可行的制度规范，在沟通交流的基础上向中层管理者使用营销手段，让其在岗位上既能发挥自身价值，又能保持积极热情。从沟通机制、奖惩机制出发，企业上下游之间的联系和竞争会增加，这有助于活跃企业发展氛围。最后，对于企业员工的营销分析，企业中人数最多的就是普通员工。这部分员工在岗位上的追求大多与自身利益相关。人力资源部门需要建立公平合理的管理机制，通过营销手段让员工发现企业内部良好的工作环境，在工作中感受公平和职业期望，进一步提升员工的工作积极性[5]。

2.3.3 人力资源整合优化

企业追求更加长远的市场发展，不应当将目光停留在眼前的利益上，而是不仅要对企业做出长远规划，还要让企业内部拥有足够强大的人力资源实力，打好人力资源基础。只有这样，才能促使企业未来健康持续发展，增加企业营业绩效。企业作为经济市场的一部分，具有不可忽视的市场地位，任何企业在市场中都会受到一定程度的外部环境影响，进而不断调整内部结构。为顺应市场发展趋势，企业必须在内部建立起完整的人力资源培养、调整关系链，只有这样才能在应对市场变化时及时进行内部调整。因此，企业要通过营销理论对现有资源进行整合，考察资源优势与劣势，并分析目标客户的主要需求和次要需求，有针对性地满足客户需求[6]。只有企业内部建立起良好的人力资源运行机制，才能让人员沟通发挥效力，才能把握真正的营销策略，让人力资源管理更加灵活变通。

3 结论与展望

3.1 结论

从上述分析我们可以看出，企业在进行人力资源管理时进行创新，采用营销概念将人力资源化为企业内部产品，深化人力资源管理的内涵，加强人力资源管理工作的科学性、合理性，帮助企业在人才培养和人才激励制度中取得高效成果，对企业的未来发展具有重要意义。

3.2 展望

在复杂的市场经济之中，最终比拼的仍然是企业的人才力量，人力资源管理营销工作是新型的管理方式。我们相信未来企业发展对管理营销的实践运用能够改变企业经营的现状，创新企业运作模式，促进企业蓬勃发展。

参考文献

［1］王东，秦箐华．激励机制在企业人力资源管理中的应用研究［J］．中国商论，2017（21）：163-164.

［2］秦向东．探究人力资源管理理论在企业人力资源管理中的应用［J］．人力资源管理，2017（3）：32-33.

［3］吴方建，唐贵瑶，徐伟涛．信息化人力资源管理实施过程——基于内部营销视角的案例研究［J］．2017（11）：108-118.

［4］孙延红．案例教学在市场营销学教学中的应用研究［J］．产业与科技论坛，2019（9）：（156-157）.

［5］严巧慧．基于市场营销理念下人力资源激励的思考［J］．智富时代，2018（6）：33-33.

［6］向辉，王成章，张建军．信息化在企业人力资源管理中的应用浅谈［J］．人力资源管理，2018（2）：293-294.

（作者简介：谭冬旭，男，1981年11月出生，天津市河北区人，经济学院助教，硕士研究生毕业，主要研究方向为企业经济，2019年9月至今在北京科技大学天津学院工作。）

新形势下金融服务"三农"的研究

佟巧一

(北京科技大学天津学院经济学院,中国 天津 301830)

摘 要:作为现代农村经济的核心,金融是支持"三农"发展的关键环节之一。2019年的中央一号文件在完善农业支持保护制度方面,就金融服务"三农"发展等做出具体安排,体现了金融服务"三农"的重要性和完善金融服务的紧迫性。因此,新时代金融服务"三农"要加大农民金融知识的宣传力度,推进普惠金融的发展,创新金融服务和金融产品,打好金融服务"三农"发展的基础。

关键词:三农;金融服务;普惠金融

Research on Financial Services for "agriculture, the countryside and farmers" under New Situation

TONG Qiaoyi

(School of Economics, Tianjin College,
University of Science and Technology Beijing, Tianjin 301830, China)

Abstract: As the core of the modern rural economy, finance is one of the key links to support the development of "agriculture, the countryside and farmers". In the Central Document No. 1 of 2019, in terms of improving the agricultural support and protection system, specific arrangements have been made for the development of "agriculture, the countryside and farmers", which reflects the importance of financial services and the urgency of improving financial services. Therefore, the new era of financial services "agriculture, the countryside and farmers" should increase the publicity of farmers' financial knowledge, promote the development of inclusive finance, innovate financial services and financial products, and lay a solid foundation for the development of financial services.

Key words: Agriculture, the countryside and farmers; Financial Services; Inclusive finance

"三农"指农业、农村和农民。近年来,"三农"问题已成为我国需要解决的核心问题之一,也是每年政府报告必谈的话题之一。2014年,《国务院办公厅关于金融服务"三农"发展的若干意见》出台,十九大报告继续坚持将"三农"工作放在重中之重的地位,2019年中央一号文件公布打通金融服务"三农"各个环节。金融为"三农"提供血脉支持,是"三农"发展不可或缺的重要支持力量[1]。因此,"三农"问题是关系国家经济发展、社会稳定、国家富强和民族复兴的重要问题。

1 研究方法

本文以"三农""金融服务""普惠金融""金融改革"等为关键词,通过中国知网、读秀、万方知识服务平台等数据库进行检索,收集与本研究相关的文献30余篇。

2 研究内容

2.1 新形势下金融服务"三农"现状

改革开放以来,我国农村金融改革迅速发展,但是我国农村人口众多,农村经济萧条,农村教育水平低下,"三农"问题成为困扰我国经济发展的重大难题。而造成农村经济增长缓慢的根本原因是没有一个稳定的、有效的农村金融体系。因此,我们需要一个适合农村经济的农村金融体系作为后盾,需要加快农村金融服务和金融产品的创新,需要加大普惠金融的发展力度。这对我国农村经济社会的发展有极其重要的影响[2]。

目前,我国供给侧结构性改革正在不断推进,传统金融机构对三农领域的供给模式也在不断增加。十九大报告提出"乡村振兴"这一全新战略,推动农业农村现代化,为新时代"三农"服务指明了方向。实施乡村振兴战略就是要推动农业农村现代化,是新时代"三农"工作的总抓手。2020年全面实现脱贫无缝对接,这标志着我国"三农"问题将从解决贫困、追求数量型发展转向追求富裕、追求质量型发展[1]。

2.2 新形势下"三农"金融服务存在的问题

新时代下,我国农业取得巨大进步,但是,我国农业仍然处于弱势地位,金融服务"三农"仍存在农民金融知识匮乏、金融服务覆盖率低、金融产品和服务种类少、涉农贷款门槛高等问题。

2.2.1 农民金融知识匮乏

农民自身对相关金融知识了解少,这严重影响银行等金融机构在农村地区的发展,导致相关金融单位无法设计出对应金融产品。像支付宝、微信钱包等方便快捷的金融产品,农民了解不多,选择的空间也有限。农民文化水平较低,很多人对"三农"知识不了解,对相关的金融知识更是严重匮乏,严重制约"三农"经济的有效发展[3]。

2.2.2 金融服务覆盖率低

农村人口密集度低,所处位置比较偏远,交通不便,金融供给不足,农户分散,缺少金融服务网点,一些国有银行设立网点集中在人员密集的城区,这导致金融服务"三农"所设网点辐射的范围较大,农户出行困难,网点的工作压力也较大[4]。

2.2.3 金融产品和服务种类少

农商行金融产品和服务种类不丰富，产品创新机制不健全。部分农户对金融服务存在不了解和不信任的现象，对可利用的金融产品和金融工具使用率低。农村金融服务主要以传统的存贷为主，缺乏中间业务新产品和新领域的创新，客户选择少并且缺少例如证券、理财、保险等创新型金融产品[5]。随着时代的进步，农民对金融普及程度提高，追求理财收益，导致部分商业银行无法为农民提供便利的服务，造成部分业务缺失[6]。

2.2.4 涉农贷款门槛高

由于融资难、费用高等问题，农民贷款存在较大压力。以农户小额贷款为例，由于农民缺乏价高的固定资产，相关的机制不健全，缺乏金融机构认同的抵押物，金融机构和农户之间很难实现交易。小农经济下农民对信贷需求具有"小额、分散、高频"的特征，审核成本高，很难盈利，进一步弱化了传统金融机构开展农村贷款业务的能力和动力[5]。

3 新时代金融服务"三农"的改进策略

3.1 提升农民金融知识普及率

农村经济发展离不开金融的知识，而金融知识的匮乏所造成的"短板"效应已成为制约农村经济发展的瓶颈，甚至导致农民出现违规或违法行为。所以，一定要提高农民的思想认识，使其深入理解农村金融知识，促进"三农"发展，加大金融知识宣传力度，创新宣传的方式，提升其参与金融服务"三农"的热情。比如定期进行金融知识宣传讲座、开发适合农村的稳健型理财产品，使其向农村倾斜，不但提高农民的风险防范意识，还满足农民的需求。

3.2 加大普惠金融的发展力度，创新金融服务和金融产品

运用互联网金融体系有针对性地对"三农"提供金融服务，创新农村金融产品和服务，提高农村金融普惠的质量。互联网金融可以利用自身方便迅捷的特点和强大的信息系统为消费者提供有针对性的金融服务。新形势下的"三农"金融服务和金融产品要更具创新性，大力发展农村网上银行业务，开展相关农业金融租赁业务，推动中间业务的发展，为"三农"提供多方面的现代银行服务。

3.3 完善农业保险制度

农业保险有助于稳定农业收入和促进农业投资，我们要进一步完善农业保险规章制度，使其进一步细化，扩大农业保险的覆盖面。探索丰富的农业保险产品，加强农业保险基层服务体系建设，不断提高农业保险服务水平。

3.4 加大涉农资金投放力度

银行业金融机构的涉农资金来源应拓展，对一些符合"三农"金融服务要求的农村商业银行出台相应的优惠政策。完善信贷机制，鼓励商业银行拓展涉农业务，调动"三农"信贷投放的积极性。

参考文献

[1] 赵经涛. 新时代"三农"问题与金融服务 [J]. 黑龙江金融, 2018 (12): 22-25.

[2] 周荣康. 浅析我国农村金融的供给与需求 [J]. 农家参谋, 2017 (08): 22.

[3] 杨进平. 农村金融服务现状与促进"三农"经济转型升级的策略探究 [J]. 科技经济导刊, 2019, 27 (33): 184-185.

[4] 粟芳, 方蕾. 中国农村金融排斥的区域差异：供给不足还是需求不足？——银行、保险和互联网金融的比较分析 [J]. 管理世界, 2016 (09): 70-83.

[5] 董建文, 葛东旭. 互联网金融提高"三农"金融活力研究 [J]. 时代金融, 2019 (26): 19-21.

[6] 殷丹丹. 县域"三农"金融服务助力乡村振兴的实践探索 [J]. 现代金融, 2019 (10): 48-50+55.

（作者简介：佟巧一，女，1990年8月出生，黑龙江哈尔滨人，硕士研究生毕业，2018年9月至今在北京科技大学天津学院工作。）

独立学院转型背景下金融专业校企合作研究
——以北京科技大学天津学院为例

万波琴　张娜　佟巧一　张名素

（北京科技大学天津学院经济学院，中国　天津　301830）

摘　要：根据国家统一部署，独立学院正积极向应用技术型高校转型，独立学院金融专业把为市场与社会培养和输送高素质应用型金融人才作为目标，在本科基本理论教育的基础上，通过校企合作的方式，加大实际操作技能的培养。本文以北京科技大学天津学院金融工程专业为例，对独立学院金融专业开展校企合作的模式、存在的问题进行分析，并在此基础上提出相应的发展路径，为其他独立学院金融专业校企合作提供参考。

关键词：独立学院；金融专业；校企合作

Research on School-Enterprise Cooperation of Finance Major in the Context of Independent College Transformation ——Tianjin College, University of Science and Technology Beijing as an Example

WAN Boqin　ZHANG Na　TONG Qiaoyi　ZHANG Mingsu

(School of Economics, Tianjin College,
University of Science and Technology Beijing, Tianjin 301830, China)

Abstract: According to the unified deployment of the country, independent colleges are actively transforming into applied technology-oriented universities. The financial major of independent colleges aims to train and transport high-quality applied financial talents for the market and society. The way of cooperation increases the training of students' practical skills. Based on the Tianjin College, University of Science and Technology Beijing financial engineering as an example, the independent college financial professional university-enterprise cooperation mode, the analysis of existing problems, and on the basis of this puts forward the corresponding development path, provide a reference for other independent college financial professional university-enterprise cooperation.

Key words: Independent college; Financial professional; University-enterprise cooperation

1 独立学院金融专业校企合作模式

校企合作是学校与企业建立的一种合作模式，实现学校与企业资源及信息共享、优势互补、共同发展。通过校企合作，把教学场地延伸到金融第一线，学生零距离接触金融岗位，了解金融行业一线岗位对技术应用型人才的需求，培养出更多能够运用金融学专业知识开展金融业务的应用型金融人才，是独立学院金融学专业发展的方向。

北京科技大学天津学院经济学院金融工程专业多年来致力于应用型金融人才的培养，不断加强与证券公司、银行的合作，先后与数十家单位建立了合作关系。

目前北京科技大学天津学院经济学院金融专业与企业的合作模式主要有以下几种。

1.1 共建校外实习基地模式

按照学院培养应用型金融人才的目标定位，金融专业不断调整人才培养方案，加大学生的实践教学，与合作企业已建成10多个实习基地，根据学校和合作企业签订的实习协议，合作企业为学生提供实习岗位，学生自主选择实习岗位，对于实习期间表现优秀的学生，企业可以直接留任，实现了"实习+就业"，解决了学生的就业问题，提高了就业率[1]。

1.2 共同举办学科竞赛模式

为探寻更多的校企合作方式，校企双方共同举办学科竞赛，比如，学院与国元证券公司共同举办了模拟炒股大赛，为学生提供了实战机会。学生通过参加模拟炒股比赛，运用虚拟账户进行操作，在巩固课上所学专业知识的同时，又提高了投资意识。该模式促成了学生能力与企业需求的有效对接。对合作企业来说，炒股大赛一方面可以提高企业在学生中的知名度，另一方面可以挖掘更多的人才。

1.3 举办专家讲座模式

邀请金融行业专家或优秀校友到学院围绕金融行业最新动态或者专业技能等内容开展专题讲座。通过专题讲座，学生拓宽了视野，获取了实时金融动态，了解了企业对专业人才的需求；也可发现自身的不足，不断完善自己，进而提升自己的职业竞争力，为就业做好技能准备。

1.4 共建产学研基地模式

学院成立投资研究院，聘请著名经济学家、全国人大原财经委经济室主任朱少平先生为投资研究院名誉院长，经济学院院长段文斌教授任院长，鸿宇国际基金管理公司首席合伙人、投资决策委员会主席常士杉任执行院长。通过投资研究院这个平台，学院把项目专家及其研究成果引入金融专业课堂教学，有效地推进了学生金融实践实训，提高了人才培养质量，同时为学校金融专业的相关科研与企业的合作提供了桥梁。

2 独立学院金融专业校企合作实践中存在的问题

2.1 缺乏国家立法保障

通过学习和借鉴西方发达国家的职业教育经验，我们可以清楚地了解，西方发达国家为了发展学校与企业之间的健康合作关系，普遍制定了相应的法律法规作为保障。而目前校企合作在我国处于民间状态，尽管已制定了相关政策来支持校企合作，但并没有相关的法律法规来为学校和企业的合作保驾护航。由于缺少相关的法律法规，合作双方的责、权、利没有被明确界定，企业缺乏合作的积极性，学校也难于从自身出发制定相关标准[2]。

2.2 企业参与合作的积极性不高

校企合作实践过程呈现出独立学院"剃头担子一头热"的尴尬现象，企业参与的动力不足，究其原因，主要有三点。第一，独立学院综合实力不足的问题。独立学院为民办性质，办学时间较短，学校的社会声誉不高，专业建设时间不长，导致很多金融企业，尤其是规模较大的金融企业不愿合作。第二，利益问题。对企业来说，参与校企合作，不能从中获得经济效益和创造财富，反而要投入大量的人力、物力和财力，造成财富的流失，这是企业不愿意承担的。第三，我国劳动力市场供大于求，特别是技术含量低的岗位，企业不用参与校企合作就能招聘到大量的工作人员。

2.3 "双师型"教师数量不足

校企合作的一个重要支撑是"双师型"教师。现实中校企合作的"双师型"教师数量不足，原因包括两个方面。一方面是专业教师缺乏实践经验。学院目前的师资构成以青年教师为主，青年教师虽然都是名牌大学毕业，但由于毕业之后直接进入工作岗位，仅具有较多的理论知识，没有相关专业的工作经验；进入工作岗位之后，由于教学和科研的任务较重，教师没有机会和时间进入企业实践。这种脱离了工作经验的实践理论只是纸上谈兵，他们储备的专业知识往往与实际操作脱节，容易带偏学生，导致实际工作中出现问题。另一方面是企业兼职教师缺乏教学技能。学校引进的企业兼职教师未经过任何培训就上岗教学，虽然他们在业务方面具有很深的造诣，但他们既不熟悉教育方法，又没有教学经验，可能导致学生无法有效吸收他们的教学内容，并且企业兼职教师进入高校进行教学的时间和精力有限，无法保证教学效果。

3 独立学院金融专业校企合作发展路径

3.1 政府高度重视，完善法律法规

校企双方在合作过程中或多或少会牵扯到权利和义务方面的问题，这就需要中央政府完善相关法律，为校企合作各个环节工作的有序开展提供制度保障。第一，明确规定校企合作中企业和学校的职责与义务，增强责任意识。第二，制定涉及校企合作的保障协议，以保障各利益相关者的利益，包括权责、奖惩等。第三，出台鼓励校企合作的政策。例如，政府可对实行校企合作的独立学院提供相应的项目经费资助；对与学校合作的企业采用减免或抵扣税收和予以表彰等物质和精神结合的鼓励政策；同时，把教师进企业挂职锻炼纳入职称晋升的必备条件中，对进校授课的企业兼职教师，给予一定的津贴作补贴等，以提高校企合作利

益相关者的参与积极性[3]。

3.2 丰富校企合作人才培养模式

独立学院与合作企业需要共建校内实训基地。事实上，参与校企合作的企业数量有限，并且这些企业能够为学生提供的实习岗位也十分有限，这就决定了独立学院与合作企业共建校内实训基地的必要性。校内实训基地必须满足最基本的技能操作需要，如商业银行综合柜台模拟、证券操作软件、理财产品营销谈判室。共建校内实训基地的过程需要由合作的金融企业根据实践工作流程对实训过程进行完善。独立学院与企业在合作中可以采用订单式人才培养模式，即基础课程由校内老师授课，专业课程由企业兼职教师授课，学生毕业之后有机会去合作的企业就业。目前这种模式是比较受欢迎的一种校企合作模式[4]。

3.3 校企共建"双师型"教学团队

"双师型"教学团队是实践教学的组织者和指导者，是搞好实践教学的重要保证。"双师型"教学团队的建设，一方面是"走出去"，另一方面是"引进来"。"走出去"，学校利用教学间隙或寒暑假，选派优秀金融类专业教师深入合作企业开展调查研究、挂职锻炼，接触金融企业真实业务，不仅能促进教师实践技能的提升，还能加深教师对金融行业发展的现状及发展趋势的了解，这将对其未来授课过程起到极大的提升作用。"引进来"，学校聘请企业的业务精英作为兼职教师入校教学，金融类专业教师主要进行金融专业理论知识的教学，企业兼职教师主要进行实践技能课的教学，学校教师与企业兼职教师各尽其才，使学生既能学到系统的金融理论，更能得到专业的实训指导，形成专兼结合的"双师型"教学团队[4]。

3.4 多渠道加强校外实习基地建设

校外实习基地能够使教师和学生接触社会，了解就业形势和就业市场，它也是独立学院金融专业教育功能的延伸，是培养应用型金融人才的有效保证，所以独立学院需要多渠道加强校外实习基地建设。

3.4.1 独立学院依靠自身的力量建立校外实习基地

（1）利用专业教师的力量。专业教师如自己或者亲朋好友和银行、证券公司、基金公司等金融企业有联系，可以向学校推荐管理规范、规模较大、效益较好的金融企业，学校在筛选的基础上，进一步和企业洽谈建立实习基地事宜。

（2）利用往届毕业生的力量。很多往届毕业生已经成为银行、证券公司、基金公司等金融企业的骨干，对学校和企业的情况都比较了解，关键是他们知道什么样企业最适合作为学校的实习基地，学校可以通过他们牵线搭桥建立校外实习基地。

（3）利用应届毕业生的力量。很多银行、证券公司、保险公司等金融企业会选择9、10月份到学校召开招聘会，由于对企业不太了解，有些应届毕业生可能会选择先到招聘企业实习，通过实习了解企业文化、企业实力、实习岗位、福利、待遇、晋升的机会等，如果条件合适则和企业签订就业协议。独立学院以此为契机，进一步与企业洽谈，根据双方意向签订合作协议，形成实习—就业的良性循环[5]。

3.4.2 与母体高校共享共建实习基地

独立学院专业设置除了考虑市场需求，最主要的就是参照母体高校专业设置。独立学院的母体高校也有金融专业,独立学院就可以依托母体高校共建共享校外实习基地,既实现资源共享,又缓解资源投入压力。这是独立学院金融专业解决实习基地的一个有效途径。

3.4.3 同一区域独立学院的金融专业共建实习基地

由于同一区域独立学院大多设有金融专业,人才培养目标大体相同,对实习的要求也大致相同,因此我们可以建设若干个由独立学院、行业、企业共同参与的区域共享的综合性校外公共实习基地,实现资源共享,获得规模经济的好处[6]。

参考文献

[1] 贾宁. 独立学院校金融学专业企合作模式探析——以西安财经大学行知学院为例 [J]. 中外企业家, 2019 (34): 122-123.

[2] 胡青华. 应用型大学转型背景下"产教融合、校企合作"人才培养模式的路径选择 [J]. 沈阳工程学院学报(社会科学版), 2017, 13 (2): 235-239.

[3] 谢竟雯. 校企合作背景下高职院校金融人才培养研究——以PY学院金融管理专业为例 [D]. 福州: 福建师范大学, 2018.

[4] 夏守和, 张军. 应用型本科院校金融专业校企合作人才培养模式研究 [J]. 科技经济导刊, 2019, 27 (24): 126-127.

[5] 田兆富. 立足提高毕业生就业竞争力的校外实习基地建设探索实践 [J]. 教育教学论坛, 2014 (26): 215-216.

[6] 吴小卫. 基于校企合作的独立学院应用型人才培养模式研究 [J]. 吉林广播电视学报, 2019 (10): 48-49.

(作者简介:万波琴,女,1986年6月出生,江西抚州人,经济学院讲师,硕士研究生毕业,主要研究方向为证券投资分析,2014年3月至今在北京科技大学天津学院工作。)

基于自由现金流折现法的华润三九价值评估

严骏 张小云 贾伟

(北京科技大学天津学院管理学院,中国 天津 301830)

摘 要:医药行业作为关系国计民生的重要部分,属于备受投资者关注的长青行业。本文选择华润三九医药股份有限公司作为研究对象,根据其2014—2018年财务数据,运用自由现金流折现法,其中2019—2023年为观测期,2023年以后为永续期,在此基础上评估其企业价值。结果表明:证券市场上该公司的股价略低于其价值,投资未来带来收益的可能性较大。

关键词:自由现金流;企业价值;华润三九

Value Evaluation of China Resources 39 Based on Discounted Free Cash Flow Discount Method

YAN Jun ZHANG Xiaoyun JIA Wei

(School of Management, Tianjin College,
University of Science and Technology Beijing, Tianjin 301830, China)

Abstract: As an important part of the national economy and the people's livelihood, the pharmaceutical industry belongs to the evergreen industry that has attracted the attention of investors. This article selects China Resources 39 Pharmaceutical Co., Ltd. as the research object, based on financial data from 2014 to 2018, uses free cash flow discount method to predict the company's free cash flow in the future form 2019 to 2023. And based on this, it evaluates the enterprise value of China Resources 39. The results show that the stock price of China Resources 39 in the securities market is lower than its value, and it is more likely to invest in China Resources 39 in the future.

Key words: Free cash flow; Corporation value; China Resources 39

医药产业是保障民生健康的产业,是国民经济的重要组成部分,因此医药股票成为很多投资者青睐的对象。但医药股票又表现出双面性,投资者只有谨慎评估其价值,才能在资本市场中获取超额收益。

一方面，医药产品是保障国民健康的必需品，具有广大的市场，不可被替代，而且随着人们对健康问题的重视和新的疾病的不断出现，人们对药品以及医疗器械的关注度和需求加大，医药行业更是受到了投资者的重视，被称为"永远的朝阳产业"，投资收益高，且没有成熟期。

另一方面，科研人员对于药物的研究并不是一蹴而就的，医药行业是一个明显的投资周期长、投资力度大、回报不稳定的行业。在全球生物医药公司的研究项目中，最终能研究出成果并投入市场产生回报的只有较少的一部分，大部分的研发往往没有成果。医药产业的高技术、高投资、高风险性，给投资者带来了巨大的压力。

因此，准确评估企业价值是投资者切实关心的话题，是其做出投资决策的重要参考。本文以中国主板上市公司"价值百强"企业之一华润三九医药股份有限公司（简称华润三九）为例，探究其适宜的价值评估方法并评估其企业价值，以期对医药行业的投资分析有所裨益。

1 文献综述

王竞达、刘山中[1]研究了现金流折现模型对于医药行业公司的适用性问题。其通过对15家医药行业上市公司进行分析研究发现：在使用现金流量折现模型对企业进行分析时，评估出来的企业价值与市场价值具有较高的一致性，所以自由现金流量折现模型基本适用于我国医药行业。储珊珊[2]提出在资本市场发展加快的时期，市场上频繁的股权交易、并购、重组等产权交易活动导致准确评估企业价值的需求加大，其通过分析多种评估方法，最终得出自由现金流量折现法相对适用性高。王富兰[3]认为自由现金流量折现法能够较准确地反映企业价值，但是仍存在一些问题，在使用时需要对企业财务信息、资本成本和企业的增长速度等进行改进和完善。杨成炎、张洁[4]对比分析了现金流折现法与实物期权法在企业价值评估中的运用，最终得出结论：现金流量折现法适用于公司增长稳定、现金流稳定的企业；实物期权法则适用于处于战略转型和并购重组期的企业。

2 评估方法选择

企业价值评估的方法主要包括成本法、市场法和收益法三种方法，其中收益法包括EVA评估法和现金流折现法。

成本法在估值时，对每一项资产的价值都会进行评估，但是忽略了资产之间的相互联系，无法计算资产组合之后的整体价值，而企业是一个相互作用的连结体，不是单独的模块组成的堆砌体，所以成本法不是特别科学。另外，华润三九是国家认可的高新技术产业，并且在科技创新方面投入大量财力物力，短期内不一定会为企业带来收益，运用成本法进行评估，容易忽略企业未来的价值。

市场法主要通过对比来评估企业价值，但是现今市场环境变化太快，导致公司之间的特质区分越来越大，找到适合的医药公司并不容易，并且目标企业与被评估对象之间的差异较难确定，难以量化。而华润三九是医药行业的领头企业，位居2018年非处方药生产企业榜首,并有多个产品位列同类型产品前茅。由于其独特的行业地位以及医药行业的独特性,我们运用市场法进行对比分析较为困难。

收益法通过将被评估企业预期收益资本化或折现至某特定日期来确定评估对象价值,是较为准确的估值方法。但收益法中的 EVA 评估法需要进行多项调整,主观性因素强,因此我们选用现金流量折现法对华润三九进行评估。企业自由现金流量折现法不受制于企业的会计方法,考虑资金的时间价值和权益资本成本,其结果更具说服力,且计算过程中三大报表都有关联,具有一定程度的综合性。同时,对于处于行业领先的三九医药来讲,现金流较为稳定,预测准确性较高,对折现模型的适用性较好。另外,我们运用收益法评估华润三九,使调节利润的手法无效,避开了人为操纵的因素。综上所述,我们选用企业自由现金流折现法对华润三九进行评估分析。

3 华润三九企业价值评估过程

3.1 营业收入预测

党的十九大提出了"健康中国战略",倡导预防控制重大疾病,坚持中西医并重,传承发展中医药事业,发展健康产业。如表 1 所示,自 2014 年以来华润三九的营业收入持续增长,增长率于 2014—2017 年逐年递增,在 2017 年成功突破百亿元大关。在收购了山东圣海后,华润三九营业收入明显增长,既获得了更大生产能力,也进入了保健品行业的市场,预计未来的增长率会达到12%。但现阶段国家提倡将经济增长放缓,把速度降下来,把质量提上去,参考 2018 年我国经济增长的总趋势维持在 6.5% 左右,增长的速度会持续放缓减弱,所以预计华润三九未来的增长率会逐步降低。如表 2 所示,我们预计每年降低约 1.6%,2023 年降到 4% 后,其将达到稳定增长,因此,永续期的增长率为 4%。

表 1 华润三九 2014—2018 年营业收入及增长情况表

年份	2014	2015	2016	2017	2018
营业收入/亿元	72.77	79.00	89.82	111.20	134.28
增长率/%	-6.73	8.57	13.69	23.81	20.75

表 2 华润三九在 2019—2023 年营业收入预测表

年份	2019	2020	2021	2022	2023
营业收入/亿元	148.26	161.32	172.95	182.64	189.95
增长率/%	10.41	8.81	7.21	5.60	4.00

3.2 利润表预测

华润三九利润表相关数据如表 3 所示,利润表中各项指标占收入比重如表 4 所示。

表3 华润三九2014—2018年利润表相关数据　　　　　　　　　　　　　　　　亿元

年份	2014	2015	2016	2017	2018
营业收入	72.77	79.00	89.82	111.20	134.28
营业成本	28.12	30.67	33.62	39.08	41.60
税金及附加	0.99	1.10	1.51	1.94	2.18
销售费用	24.13	26.77	32.80	47.50	64.69
管理费用	7.36	7.74	8.74	9.21	7.07
财务费用	0.07	0.04	0.37	0.25	-0.07
资产减值损失	0.28	0.20	0.37	0.16	0.15
投资收益	0.47	1.94	0.29	0.17	0.19
营业利润	12.28	14.43	12.94	15.11	17.03
加：营业外收入	0.49	1.10	1.86	0.23	0.26
减：营业外支出	0.17	0.23	0.27	0.16	0.11
利润总额	12.60	15.29	14.53	15.18	17.19
减：所得税	1.87	2.54	2.45	1.92	2.44
净利润	10.72	12.75	12.08	13.26	14.75

表4 利润表中各项指标占收入比重　　　　　　　　　　　　　　　　　　　　%

年份	2014	2015	2016	2017	2018
营业成本	36.65	38.82	37.43	35.14	30.98
税金及附加	1.36	1.39	1.68	1.74	1.62
销售费用	33.16	33.89	36.51	42.72	48.17
管理费用	10.12	9.79	9.73	8.28	5.26
财务费用	0.10	0.06	0.16	0.22	-0.05
资产减值损失	0.39	0.25	0.41	0.15	0.11
投资收益	0.65	2.46	0.33	0.15	0.14
营业外收入	0.67	1.39	2.07	0.21	0.20
营业外支出	0.24	0.29	0.30	0.14	0.08
减：所得税	2.58	3.22	2.73	1.73	1.82

3.2.1 营业成本预测

2014—2018年，营业成本的占比整体呈下降状态，自2015年来降幅达7.84%，成本占比平均36.21%。由华润三九年度报告可以看出，营业成本主要有原材料、人工工资、制造费用、运输成本和产品采购成本五个方面，考虑到华润三九属于高新技术企业，成本的降低主要依靠技术进步，而一旦降低之后可以维持在一定的水准，所以预计未来营业成本的占收入的比重大约会维持在30.00%。

3.2.2 其他财务指标预测

(1) 所得税预测。2019年3月14日华润三九收到深圳科技创新文员会、国家税务总局等部门发布的《高新技术企业证书》，自2018年起三年内（2018—2020年）按15%的税率缴纳企业所得税。鉴于此前华润三九也被列为高新技术企业，认定今后也将按15%的税率缴纳。

(2) 2019—2023年利润表预测。华润三九2019—2023年利润预测如表5所示。

表5 华润三九2019—2023年利润表预测　　　　　　　　　　　　亿元

年份	2019	2020	2021	2022	2023
营业收入	148.26	161.32	172.95	182.64	189.95
营业成本	44.48	48.40	51.89	54.79	56.98
税金及附加	2.31	2.52	2.70	2.85	2.96
销售费用	57.66	62.74	67.26	71.03	73.87
管理费用	12.81	13.93	14.94	15.77	16.41
财务费用	0.14	0.16	0.17	0.18	0.18
资产减值损失	0.39	0.42	0.45	0.48	0.50
投资收益	1.11	1.21	1.29	1.36	1.42
营业利润	31.58	34.37	36.84	38.91	40.46
营业外收入	1.34	1.46	1.57	1.66	1.72
营业外支出	0.31	0.34	0.36	0.38	0.40
利润总额	32.62	32.49	38.05	40.18	41.79
所得税	3.58	3.89	4.18	4.41	4.59
净利润	29.04	31.60	33.98	35.77	37.20

3.3 自由现金流预测

3.3.1 折旧与摊销分析和预测

华润三九是国有控股的大型生物医药企业，日常折旧费用主要来自生产设备、场地、产房等固定资产折旧，摊销费用来自医药生物专利及技术研发等无形资产摊销。表6所示为2014—2018年折旧与摊销费。信息预测，华润三九2019—2023年折旧和摊销将维持平稳，无较大波动，预测表如表7所示。

表6 华润三九2014—2018年折旧与摊销　　　　　　　　　　　　亿元

年份	2014	2015	2016	2017	2018
折旧和摊销	2.58	2.57	3.06	3.42	3.76

表7 华润三九2019—2023年折旧与摊销预测　　　　　　　　　　亿元

年份	2019	2020	2021	2022	2023
折旧和摊销	4.77	5.19	5.57	5.88	6.11

3.3.2 资本性支出分析

资本性支出是企业构建固定资产和无形资产等长期资产的支出金额,华润三九资本性支出分析如表8所示。资本性支出与净经营性长期资产计算公式分别为

$$资本性支出 = 净经营性长期资产增加额 + 折旧与摊销$$

$$净经营性长期资产 = 经营性长期资产 - 经营性长期负债$$

$$= (非流动资产 - 金融资产) - (非流动负债 - 金融负债)$$

表8 华润三九资本性支出分析

年份	2014	2015	2016	2017	2018
经营性非流动资产/亿元	53.32	67.66	84.40	93.28	94.09
经营性非流动负债/亿元	4.92	5.44	5.44	5.66	5.44
净经营性长期资产/亿元	48.40	62.22	78.96	87.62	88.65
净经营性长期资产增加额/亿元	1.80	13.82	16.74	8.66	1.02
折旧与摊销/亿元	2.58	2.57	3.06	3.42	3.76
资本性支出/亿元	4.38	16.39	19.80	12.08	4.78
占营业收入比率/%	6.02	20.75	22.05	10.86	3.56

3.3.3 营运资本分析

华润三九营运资本如表9所示。

表9 华润三九营运资本

年份	2014	2015	2016	2017	2018
经营性流动资产/亿元	51.23	52.13	50.82	68.43	85.76
经营性流动负债/亿元	26.71	33.01	37.87	55.04	63.17
营运资本金额/亿元	24.52	19.12	12.95	13.39	22.59
营运资本增加额/亿元	2.93	-5.40	-6.17	0.44	9.20
平均增长率/%	3.21				

3.3.4 利息费用分析

2014—2018年度华润三九的利息费用总体趋于平稳状态,平均增长率为3.21%,如表10所示。

表10 华润三九2014—2018年利息费用

年份	2014	2015	2016	2017	2018
利息费用/亿元	0.2761	0.2787	0.2815	0.2797	0.2583
增长率/%	22.35	0.97	1.00	-0.64	-7.65

3.3.5 自由现金流量预测

华润三九2019—2023年营运能力预测如表11所示。

表 11　华润三九 2019—2023 年营运能力预测　　　　　　　　　　　　亿元

年份	2019	2020	2021	2022	2023
净利润	29.04	31.60	33.98	35.77	37.20
利息费用	0.27	0.28	0.28	0.29	0.30
折旧与摊销	4.77	5.19	5.57	5.88	6.11
资本性支出	17.44	19.67	22.11	24.78	27.72
营运资本增加	1.42	1.51	1.60	1.70	1.81
自由现金流（FCFF）	15.22	15.89	16.01	15.46	14.09

3.4　加权平均资本成本的确定

WACC（Weighted Average Cost of Capital，加权平均资本成本）指将企业来自各种渠道的资本成本，按照其在总资本中的比重进行加权平均。加权平均资本成本也被称为全投资折现率，等于企业权益资本回报率与债务资本回报率的加权平均值。公式为

$$WACC = \frac{E}{D+E} \times Re + \frac{D}{D+E} \times Rd \times (1-T)$$

式中，E 为权益资本；D 为债务资本；Re 为权益资本的投资回报率；Rd 为债务资本的投资回报率；T 为企业所得税税率。

（1）权益资本的投资回报率。

权益资本成本=无风险收益率+β×（市场平均收益率−无风险收益率）

2018 年年末的无风险收益率为 3.75%，华润三九的 β 系数为 0.793 9，市场平均收益率选取 1995 年和 2018 年深证综指以及深证成指分别进行几何平均，再利用均值的方法进行计算，即 $(\sqrt[23]{1\,267.87/113.25} + \sqrt[23]{7\,239.79/987.75})/2 = 10.06\%$，故

华润三九权益资本成本 = 3.75% + 0.793 9×（10.06%−3.75%）= 8.76%

（2）债务资本的投资回报率。债务资本成本指借款和发行债券的成本，包括借款或债券的利息和筹资费用。我们选用央行各年一年期利率作为短期借款利率。华润三九债务资本成本如表 12 所示。

表 12　华润三九企业债务资本成本

年份	2014	2015	2016	2017	2018
短期借款比例/%	5.87	0	3.82	99.24	100
短期借款利率/%	5.6	4.60	4.35	4.35	4.35
企业债券比例/%	92.30	99.86	96.09	0	0
企业债券利率/%	4.6	4.6	4.6	4.6	4.6
债务资本成本/%	4.57	4.59	4.59	4.32	4.35

以 2014—2018 年债务资本成本均值 4.48% 作为企业债务成本。但我们可以在税前扣除企业贷款等利息支出，所以华润三九实际债务资本成本为 4.48%×（1−15%）= 3.81%。

（3）企业加权资本成本。华润三九资本负债结构如表 13 所示。

表 13　华润三九资本负债结构

年份	2014	2015	2016	2017	2018
负债合计/亿元	36.72	43.45	48.30	60.71	68.61
总资产/亿元	106.67	120.19	135.52	161.95	180.30
负债在总资产中的比重/%	34.42	36.15	35.64	37.48	38.06
负债比重均值/%	36.35				
权益占比/%	63.65				

$$WACC = 8.76\% \times 63.65\% + 3.81\% \times 36.35\% = 6.96\%$$

3.5　企业价值（OV）估值结果

$$OV = \sum_{t=1}^{5} \frac{FCFF_t}{(1+WACC)_t} + \frac{FCFF_5(1+g)}{(WACC-g)\times(1+WACC)_5}$$

$$= 15.22/(1+6.96\%) + 15.89/(1+6.96\%)^2 +$$

$$16.01/(1+6.96\%)^3 + 15.46/(1+6.96\%)^4 +$$

$$14.09/(1+6.96\%)^5 +$$

$$14.09\times(1+4\%)/(6.96\%-4\%)/(1+6.96\%)^5$$

$$= 416.53（亿元）$$

我们在上述结果基础上减去债务价值，得 416.53 - 68.61 = 347.92 亿元，除以流通股股数 9.79 亿，可得出每股价值约为 35.54 元。该预测值与华润三九市价相差不多，但稍高于市场价格，说明其价值有可能存在低估的情况，但幅度不大。

4　结论

根据对各种价值评估方法的分析，我们最终选择更适宜华润三九估值的自由现金流折现法。通过折现模型的计算，我们得出华润三九的企业价值与市场价值大体持平，但略有低估，这可能是近期医药行业的舆论消息所导致的。投资者可以选择在其价值被市场低估时进行投资，以获取超额回报。

参考文献

[1] 王竞达，刘中山. 现金流折现模型在医药行业公司价值评估中的适用性研究 [J]. 财会通讯，2010（30）：97-99.

[2] 储姗姗. 自由现金流量与企业价值评估问题探析 [J]. 会计之友，2012（36）：61-63.

[3] 王富兰. 自由现金流量折现法完善探讨 [J]. 财会通讯，2013（14）：67-68.

[4] 杨成炎，张洁. 现金流折现法与实物期权估价法之比较及运用——以隆平高科公司价值评估为例 [J]. 财会月刊，2016（19）：26-31.

（作者简介：严骏，女，1990 年 10 月出生，河北唐山人，管理学院助教，硕士研究生毕业，主要研究方向为财务会计，2016 年 9 月至今在北京科技大学天津学院工作。）

恒大集团投资性房地产采用公允价值计量的影响研究

周小靖　张小云　张华兰

(北京科技大学天津学院管理学院，中国　天津　301830)

摘　要：随着中国经济平稳快速的发展，投资性房地产市场越来越成熟，基本达到了一个黄金时期，因此，投资性房地产后续计量也受到人们的关注。中国引入公允价值计量模式的原因是公允价值计量模式比历史成本计量模式更及时，更能真实地反映企业资产的市场价值，为企业提供更可靠的会计信息。因此，公允价值计量模式已逐渐在中国出现并被使用。本文通过研究恒大集团采用公允价值计量方法核算投资性房地产引起的财务状况的变化，分析其应用公允价值计量方法的效果并提出改进建议。

关键词：公允价值；投资性房地产；财务状况

The Impact of Evergrande Group's Investment Real Estate on Fair Value Measurement

ZHOU Xiaojing　ZHANG Xiaoyun　ZHANG Hualan

(School of Management, Tianjin College,
University of Science and Technology Beijing, Tianjin 301830, China)

Abstract: With the steady and rapid development of China's economy, the investment real estate market has become more and more mature and has basically reached a golden age. Therefore, the subsequent measurement of investment real estate has also attracted people's attention. China introduced the fair value measurement model because the fair value measurement model is more timely than the historical cost measurement model, and can more accurately reflect the market value of corporate assets, and provide more reliable accounting information for enterprises. Therefore, the fair value measurement model has gradually emerged in China and is beginning to be used. This article studies the changes in financial conditions caused by Evergrande Group's use of fair value measurement methods to account for investment real estate, analyzes the effects of applying the fair value measurement method, and proposes improvements.

Key words: Fair value; Investment real estate; Financial status

随着中国房地产业的快速发展，房价持续上涨，部分企业将持有的投资房地产转换计量模式。但是对于大多数拥有投资性房地产的公司来说，只有少部分使用公允价值进行后续计量，主要是因为中国房地产交易市场的发展还不完善，公平的市场价格高，同时，由于市场存在一定的波动性，公允价值计量会导致较大的利润波动，公司在选择计量方法时会非常谨慎。但是，由于传统历史成本计量的局限性，公允价值计量模式的引入和应用已变得非常必要。

1 公允价值及投资性房地产概述

1.1 公允价值及投资性房地产定义

公允价值也称公允市价或者公允价格，指在公平交易的条件和自愿的情况下熟悉市场情况的买卖双方所确定的交易价格，或无关联的双方在公平交易的条件下一项资产可以被买卖或者一项负债可以被清偿的成交价格[1]。

投资性房地产指企业为了赚取租金或用于资本增值，或两者兼有持有的房地产，包括已出租的土地使用权、持有并准备增值后转让的土地使用权和已出租的建筑物，但是作为生产经营使用的自用房地产和作为存货的房地产不属于投资性房地产[2]。

根据中国会计准则的规定，投资性房地产后续计量有两种，一种是历史成本计量模式，另一种是公允价值计量模式。历史成本计量模式必须考虑资产的折旧和减值准备，因此无法准确地反映交易市场中资产的真实价值，无法向用户提供真实、及时的信息，无法使投资者做出合理的投资决策。公允价值计量模式的优点：第一，能够更加科学、合理地计量资产，从而为信息使用者提供更加准确的信息；第二，能够更合理地反映企业的财务状况以及企业的真实收益，可以全面评价企业管理当局的经营业绩，更好地适应企业融资的需求。

1.2 我国上市公司投资性房地产计量应用现状

截至 2019 年，投资性房地产作为单独的会计核算科目已经有 12 年时间[3]。上市公司的投资性房地产计量应用情况具有广泛的企业代表性，我们根据深沪两市 A 股上市公司投资性房地产的数量，对 2007—2017 年这 11 年这些公司的后续计量模式的选择情况进行统计，统计如表 1 所示。

表 1　2007—2017 年投资性房地产公允价值应用情况统计

年份	上市公司数量	拥有投资性房地产科目的公司数	拥有投资性房地产公司占比/%	采用公允价值计量的公司数量	公允价值计量公司占比/%
2007	1 570	631	40.19	18	2.85
2008	1 602	691	43.13	22	3.18
2009	1 696	759	44.75	27	3.56
2010	2 041	849	41.60	30	3.53

续表

年份	上市公司数量	拥有投资性房地产科目的公司数	拥有投资性房地产公司占比/%	采用公允价值计量的公司数量	公允价值计量公司占比/%
2011	2 320	921	39.70	35	3.80
2012	2 472	993	40.17	48	4.83
2013	2 468	1 066	43.19	52	4.88
2014	2 592	1 170	45.14	59	5.04
2015	2 808	1 275	45.41	66	5.18
2016	3 052	1 466	48.03	81	5.53
2017	3 283	1 658	50.50	98	5.91

我们可以得出，在正式将公允价值引入的第一年，也就是2007年，只有18家上市公司选择使用公允价值来计量投资性房地产，占比非常低。从2007—2017年持有投资性房地产的公司占比比较稳定，为40%~50%，但是选择使用公允价值计量的投资性房地产公司，在数量上虽然一直保持上升趋势，却始终没有大的突破，在数量上与采用历史成本计量模式的上市公司相比相差甚远[4]。截至2017年，采用公允价值计量的公司数量仍然没有过百，由此可知，绝大部分企业在选择引入公允价值计量投资性房地产时比较谨慎。

2 恒大集团投资性房地产采用公允价值计量动因

2.1 恒大集团投资性房地产概况

1996年，恒大集团在广州成立。2009年，该公司在香港成功上市。截至2011年底，该公司已在全国120多个主要城市开发了200多个项目，拥有土地储备、建筑面积、销售面积和竣工面积等多个重要经济指标均居于行业首位。根据土地储备的原值，一线和二线城市占总量的70%左右，其与全球800多家知名企业进行战略合作。实施精品战略，打造高品质、高性价比的产品，创造行业的"无理由退出"，让超过五百万的业主实现他们的生活梦想。2017年，商品房销售额为13.4万亿元，同比增长13.7%；商品房销售面积为18.2亿平方米，同比增长7.84%。全国库存继续下降，年底销售面积为5.9亿平方米，同比下降15.3%。百强房地产企业销售额为7.34万亿元，比2016年增长41.8%，市场占有率为54.9%，提高10.9个百分点。

2.2 恒大集团投资性房地产选择公允价值计量的原因

首先是融资需求。为了扩大公司经营，加强在地产和酒店业的发展，决定增发新股。这说明恒大集团在发展过程中有大量的外部资金筹集需求，而在房地产行业上升期间，变更投资性房地产的计量模式会帮助企业改善融资条件[5]。其次，以公允价值反映的投资性房地产价值更加现实客观，反馈给投资者的信息更具相关性，这有助于会计信息使用者了解公司的实际情况并做出正确的经济决策。

3 公允价值计量投资性房地产对恒大财务的影响

3.1 公允价值计量对资产负债表的影响

如表2所示,2009年使用公允价值调整后资产负债率一直上升,直到2013年恒大集团进行重列,所以2012—2014年恒大集团的资产负债率从82.55%降至76.31%,但是从2014起年大幅上涨,2017年已经达到86.36%。

基于表2所示数据,我们可以得出结论,投资房地产转换计量模式后,投资房地产的账面价值逐年上升,这进一步反映了房地产的市场价值。由于公司的总资产因投资物业的公允价值而增加,如果负债变化不大,则会降低公司的资产负债率,提高公司的偿债能力,促进融资。然而,在期末资产负债率如此之高的情况下,债权人仍愿意向恒大集团借款,相信恒大集团有能力对负债进行偿还,认可恒大集团企业资产的增值空间,这更加彰显了公允价值计量所反映的更可观更真实的资产的市场价值的优势。

表2 恒大集团2009—2017年数据分析

年份	总资产/亿元	负债/亿元	资产负债率/%	投资性房地产/亿元	占总资产比率/%
2009(调整前)	285	199	69.82	24	8.42
2009(调整后)	631	499	79.08	74	11.73
2010	1 045	831	79.52	101	9.67
2011	1 790	1 449	80.95	189	10.56
2012	2 390	1 973	82.55	249	10.42
2013	3 481	2 688	77.21	360	10.34
2014	4 745	3 621	76.31	619	13.05
2015	7 570	6 149	81.22	971	12.83
2016	13 500	11 600	85.93	2 039	15.11
2017	17 600	15 200	86.36	3 024	17.18

一般而言,资产负债率为55%~70%说明企业财务状况良好,财务风险可控。房地产企业由于自身行业特性,资产负债率相对较高,通常处于60%~80%,但一般不应高于80%。从表2所示数据我们可以看出,恒大集团在行业中资产负债率水平偏高。从行业水平看,各大房地产公司资产负债率峰值大多出现在2015年左右,并从2015年开始多高于80%,恒大集团也是如此,且逐年递增。通常资产负债率越高,企业利用债权人为企业活动提供资金的能力越强,债权人贷款的担保水平越低。恒大集团的目标是在2020年前将负债率降低到行业平均水平。恒大集团2015—2017年的应收账款分别为93.32亿元、156.44亿元和230.54亿元,说明恒大集团在积极寻求市场扩张,重点在市场份额的增长上。我们也可以结合表3所示的其他上市公司在变更会计政策前后的资产负债率进行比较。

表3 其他上市公司变更会计政策前后的资产负债率

公司名称	变更前/%	变更后/%
津滨发展（000897）	58.66	58.11
金融街（000402）	64.63	46.11
世茂股份（600823）	65.8	56.22
北京城建（600266）	71.9	68.49
福星股份（000926）	70.9	65.84
方大集团（000055）	61.82	55.04
昆百大（000560）	89.1	78.8
白云山（600332）	73.71	69.58
卧龙地产（600173）	68.97	66.32

我们在采用投资性房地产公允价值计量的上市公司中，选择个别公司取得数据，计算变更政策前后企业的资产负债率。从表3所示数据我们可以得出结论，大多数公司改变投资房地产的计量方法，如果负债和其他资产没有变化，两者都改善了企业资本结构，降低了资产负债率，则其在一定程度上提高了企业的融资能力，这有利于企业的融资扩张。

3.2 公允价值计量对利润表的影响

使用公允价值模式对投资性房地产进行后续计量将计入资产负债表日资产的公允价值与当期损益中资产的账面价值之间的差额，直接对利润产生影响。这部分影响主要体现在损益表中公允价值变动损益。我们将投资性房地产的公允价值损益与总利润进行比较，分析公允价值计量模式是否会对公司的利润产生重大影响，如表4所示。

表4 投资性房地产公允价值变动损益对利润总额的影响

年份	公允价值变动损益/百万元	利润总额/百万元	公允价值变动利润贡献率/%
2009（调整后）	1 117	1 446	8.09
2010	8 025	14 093	56.94
2011	11 727	20 375	57.56
2012	9 182	16 490	55.68
2013	13 552	25 396	53.36
2014	18 173	31 191	58.26
2015	17 370	31 445	55.24
2016	12 725	36 862	34.52
2017	40 910	77 473	52.80

如表4所示，转换计量模式是由价值变动为企业每年的利润带来较大的影响，公允价值与年度总利润的比率每年都在增加。2013年呈现下降之势主要是由国家的宏观调控导致，2013年房地产政策的关键词"宏观稳、微观活"成为全国整体调控原则。北京、上海等一线城市陆续出台政策抑制房价上涨，其他城市房地产市场持续低迷，所以2013年投资性房

地产公允价值变动稍显微弱。

未来房地产行业是否有衰退的可能我们无法预期，所以投资性房地产的市场价值同样存在下跌的可能，这会给企业未来的经营业绩带来无法估量的风险。因此，当我们选择公允价值计量模式时，必须衡量其对公司的影响，并谨慎选择。不过在当前的市场和我国经济发展条件下，公允价值模式带来的正面影响实际上要比负面影响更多一些。

3.3 对恒大集团所得税的影响

恒大集团的总资产截至2017年接近1.8万亿元，和其刚上市的当年年初（即2009年）比，是当年的六十倍左右。从上市到现在仅仅用了十年的时间，恒大集团资产的规模和净资产规模发生了如此大的变化，这不仅得益于企业盈利能力的不断提升，而且得益于战略投资者的资金投入。

首先我们比较会计准则和税法对投资性房地产规定的不同，如表5所示。2009—2017年投资性房地产价值变动确认的递延所得税负债如表6所示。

表5 会计准则和税法对投资性房地产规定

内容	会计准则	税法
计量属性	成本和公允	历史成本
公允价值与账面价值的差额	计入当期损益	不调整计税基础（除特殊规定外）
折旧或摊销	不计提折旧或摊销	按期对固定资产计提折旧，直线折旧准予税前扣除

表6 2009—2017年投资性房地产价值变动确认的递延所得税负债

年份	2009	2010	2011	2012	2013
公允价值变动确认的递延所得税负债/万元	60 049.7	149 631.0	64 855.9	493 976.1	671 630.7
年份	2014	2015	2016	2017	—
公允价值变动确认的递延所得税负债/万元	1 027 080.0	1 756 900.0	3 842 400.0	5 155 600.0	—

如表6所示，我们可以看出恒大集团公允价值变动导致每期递延所得税负债的增加。

投资性房地产的公允价值计量对所得税的影响有两点。第一，以公允价值计量的投资性房地产不再对资产进行折旧，那么按照税法规定，资产折旧抵税的能够税前扣除的部分也将不复存在，这将增加公司的所得税费用。第二，目前我国现行的准则规定使用公允价值模式计量投资性房地产的企业从处置或出售前应付的所得税金额中扣除公允价值变动形成的利益和损失。在最终处置时，收购价与取得成本之间的差额计入当期应纳税所得额。投资性房地产公允价值变动带来的收益部分，我国尚未对其征收所得税，而仅仅是将最终的差额计入应纳税所得额。

4 公允价值计量在恒大集团应用中出现的问题

4.1 资产负债率高于行业平均水平

恒大集团的资产负债率在过去五年中已经超过了75%，并且基本上逐年增加。2017年，资产负债率已达到 86.36%。当公司借款时，它将带来财务杠杆。

4.2 扩张速度快，易引发风险

恒大集团开始多元化发展。企业的发展是迅速的，积极追求房地产市场份额的增加将导致及时支付不足，导致商业活动出现净负现金流。当公司扩大经营规模时，如果融资存在问题，则将给公司带来更大的风险[6]。

4.3 企业递延所得税负债增加

公允价值所确认的递延所得税负债一直在不断增加。在企业将房地产确认为投资性房地产且使用公允价值计量时，将其公允价值和账面价值的差额计入当期损益，不对此征收所得税。

5 完善恒大集团投资性房地产公允价值计量的建议

5.1 进一步完善公允价值信息的披露

由于公允价值计量模式比成本模式难，如果信息用户想要充分了解投资性房地产的公允价值信息，则必须有足够的信息披露。恒大集团应充分披露具体信息，包括投资性房地产的地理位置、数量、面积和用途[7]。公开透明的信息披露是阻止公司操纵利润的最有效手段。中国目前的投资房地产会计准则并未对资产的信息披露进行全面监管。因此，其应由第三方评估机构对投资性房地产的公允价值进行评估，并出具评估报告。评估报告应当包含评估机构的名称、评估方法、评估假设以及评估依据等。上市公司应当及时披露评估机构出具的评估报告[8]。

5.2 加大监管力度，避免恒大操纵企业利润

我们通过对恒大集团投资性房地产的计量模式的案例研究，从成本模式到公允价值模式，发现计量属性对本期利润的影响较为明显。因此，投资房地产的计量属性的变化将不可避免地导致企业利润的变化[9]。因此，有关部门必须保持警惕，加大对公允价值计量模式使用的监督和进一步的标准化，防止公司转换投资性房地产公允价值计量模式，操纵利润，并向利益相关者提供相关会计信息。目前，中国企业投资性房地产的公允价值主要是通过第三方资产评估机构确认投资性房地产的公允价值。因此，有关部门也应该对资产评估机构进行监督，确保资产评估机构的公平合理，确保资产评估机构确认的公允价值可靠。

5.3 加强恒大集团财务风险预测

公允价值计量能够真实、及时地反映企业的资产状况，其对公司价值计量模式应用年度的财务状况影响最大[10]。但是，公允价值的实质是根据资产负债表中投资性房地产的公允价值调整账面价值，公允价值变动将及时反映在财务报表中，迅速传达给报表使用者。我们从以上分析可以看出，经济发展的形势也会影响企业投资房地产的公允价值变动。企业投资性房地产在经济形势良好时，公允价值变动会增加企业的利润，企业的利润水平也会提高；相反，在经济形势不好时，它会导致企业利润水平的下降，而且经营状况可能会变得困难。因此，当公允价值持续下降时，企业必须有对策，制订一系列集资计划和资金使用计划，防止投资性房地产公允价值变动对公司产生负面影响，从而影响公司生产经营和发展的需要。集团稳定的财务状况是其持续经营发展的最好保障。

参考文献

[1] 王春华. 公允价值在投资性房地产计量的应用 [J]. 上海房地, 2018 (09): 43-44.

[2] 林洪义. 新企业会计准则中公允价值应用对利润的影响研究 [J]. 财会学习, 2018 (21): 118+120.

[3] 张文良. 公允价值计量模式在我国投资性房地产中的应用现状 [J]. 纳税, 2018, 12 (21): 185.

[4] 李诗, 吴齐. 公允价值计量在投资性房地产中的应用——以卓尔发展及同行业公司为例 [J]. 财务与会计, 2017 (24): 64-66.

[5] 刘凤玲. 投资性房地产公允价值模式适用性研究 [J]. 财会通讯, 2016 (19): 27-31+4.

[6] 杨建红. 投资性房地产公允价值计量存在的问题及对策分析 [J]. 河南师范大学学报 (哲学社会科学版), 2016, 43 (01): 79-83.

[7] 刘恭. 谈投资性房地产公允价值计量的应用及改进 [J]. 市场研究, 2016 (07): 57-58.

[8] 钱爱民, 朱大鹏. 公允价值计量增加了审计收费吗？——以投资性房地产后续计量模式选择为例 [J]. 财经论丛, 2018 (01): 59-69.

[9] 王绍凤, 吕景秋, 沈吕琼, 等. 公允价值计量对利润的影响研究——以房地产企业为例 [J]. 财会通讯, 2014 (24): 26-28.

[10] 邓永勤, 吴朝晖. 公允价值计量对财务报告质量的影响——基于我国资本市场的文献综述 [J]. 财会月刊, 2017 (10): 95-99.

（作者简介：周小靖，女，1992年1月出生，河南濮阳人，管理学院教师，硕士研究生毕业，主要研究方向为会计信息与资本市场，2017年9月至今在北京科技大学天津学院工作。）

第三方支付对商业银行盈利的影响研究

张小云　陈芊芊

（北京科技大学天津学院管理学院，中国　天津　301830）

摘　要：随着互联网技术的发展，第三方支付平台在不断创新，规模逐渐扩大，用户量也大幅度增加。第三方支付机构的业务已经从线上发展到线下，甚至从互联网金融发展到传统金融，这无疑对商业银行构成巨大威胁，带来一定的竞争和挑战。利润被分流、客户资源被抢占等问题已经引起银行业的重视。本文以16家商业银行为样本，分别从第三方支付对商业银行的中间业务、资产业务和负债业务三个方面，来探究其对盈利产生的影响。采用敏感性测试方法，进一步确定第三方支付对商业银行盈利的影响，并对商业银行的未来发展提出有效的建议。

关键词：第三方支付；商业银行；盈利；影响

Research on the Impact of Third-party Payments on Commercial Banks' Profits

ZHANG Xiaoyun　CHEN Qianqian

(School of Management, Tianjin College,
University of Science and Technology Beijing, Tianjin 301830, China)

Abstract: With the development of Internet technology, the third-party payment platforms are constantly innovating. The scale is gradually expanding, and the number of users has also increased significantly. The business of third-party payment institutions has developed from online to offline, and even from internet finance to traditional finance, which undoubtedly poses a huge threat to commercial banks and brings certain competition and challenges. The problems such as profit being diverted and customer resources being seized have caused attention in the banking industry. This article uses 16 commercial banks as a sample to explore the impact on profitability from three aspects of third-party payment to the commercial bank's intermediate business, asset business, and liability business. The sensitivity test method is used to further determine the impact of third-party payments on the profitability of commercial banks, and put forward effective suggestions for the future development of commercial banks.

Key words: The third-party payment; Commercial banks; Profit; Impact

随着电子信息时代的发展，互联网在全球大规模地普及运用，电子商务兴起。而早期的电子商务因缺乏信息的问题，买卖双方互不信任，不能达成一致，此时需要一个可信赖的第三方平台为双方提供信用中介服务。第三方支付利用互联网技术的优势，进一步完善了信息问题，不但降低了支付成本，而且提高了效率，在一定程度上改变了人们的生活方式，给人们带来了诸多便利。然而第三方支付机构的快速发展对商业银行产生了一定的影响。一方面，第三方支付对商业银行带来了一定的冲击；另一方面，第三方支付发起的挑战有利于商业银行的转型和创新，促进双方合作。因此，研究与分析第三方支付对商业银行盈利产生的影响，并提出在第三方支付发展影响下商业银行的应对策略具有重要的现实意义。

1 文献综述

关于第三方支付对商业银行的影响，国内外学者从不同角度进行了研究。

国外学者方面，Onay 等人通过对土耳其商业银行面板数据的分析，指出商业银行开通网上银行的新业务后，存贷款业务量有明显的增加，比如总资产收益率上升、不良贷款率下降，其认为互联网技术与银行传统业务结合之后会对银行产生积极的影响[1]。Carmona J 通过研究第三方支付机构与商业银行的关系，提出了第三方支付机构可持续发展战略和措施[2]。

国内学者方面，胡佩喆、蔡雪、李元媛等人认为第三方支付机构与商业银行的合作关系体现在两个方面，一方面是双方合作可以让消费者交易更加快捷且减少手续费；另一方面是利用支付平台绑定银行卡，可以增加银行的银行卡业务[3]。何柳妮通过对第三方支付建立面板数据的回归模型，分析得出第三方支付的系数为负数，会对商业银行盈利产生不利的影响[4]。秦雯怡选取了 15 家上市商业银行的财务数据建立了实证模型并进行分析，得出的结论是，第三方支付机构的发展对国有商业银行的盈利能力具有负面的影响，但对非利差收入有正面影响，而第三方支付的发展对城市商业银行的盈利能力和非利差收入都有正面影响[5]。姚梅芳、狄鹤提出我国的第三方支付对商业银行盈利的正面影响超过了负面影响，而且这种正面影响具备长时间的稳定性[6]。郑薛蓉探究了第三方支付机构对商业银行业务的影响，并认为商业银行与第三方支付平台所具有的优缺点不同，只有寻找双方相同的利益，才能在合作与竞争的关系中互利共赢[7]。陈丽丽认为第三方支付是个独特的双边市场，并提出商业银行可以利用自身优势积极地去应对挑战，试着发掘适应新市场的业务，这对银行既是挑战也是机遇[8]。

2 第三方支付对商业银行盈利的影响

第三方支付机构的稳定发展，对商业银行盈利产生了猛烈的冲击，主要体现在对银行的中间、资产及负债三大业务上。双方的业务不断重合，而传统商业银行因为自身的约束条件，一直以来都有高成本、低效率的特点，这影响了银行业的发展，使得银行业发展增速逐渐变缓。

2.1 对中间业务盈利的影响

2.1.1 支付结算业务

商业银行最基本的中间业务是支付结算业务。银行卡和信用卡出现之后，人们习惯的支付结算形式开始从现金逐渐变成刷卡。而在电子商务的加速发展中，人们的支付习惯又发生了变化，第三方支付机构的出现让这一现象更加明显，第三方支付机构开始在支付结算市场站稳脚跟，并有逐渐替代商业银行中间业务的趋势。

第三方支付的兴起是第三方支付机构开始挤占支付结算市场，使银行手续费收入减少，直接影响银行的总体盈利。近年来，我国大部分网民已经从银行卡支付转为第三方支付，支付偏好发生巨大变化。第三方支付平台的支付结算，不仅是买方交易后从其平台账户内付款和在买方确认收款时把货款支付给卖方，还完成了其与商业银行的对接，为用户提供了平台账户与银行账户之间的汇款，以及信用卡还款等服务。如图1所示，虽然每年的银行卡交易规模都在不断上升，但自2015年以来，银行卡的交易规模增长率总体减少。从整体来看，银行卡业绩在第三方支付的影响下处于下降状态。

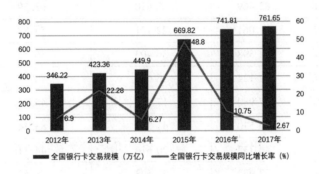

图1 我国银行卡交易规模及增长率情况

2.1.2 代收代付业务

在第三方支付未出现之前，银行凭着自己所拥有的支付结算系统和营业网点优势，为人们提供了日常生活相关的代收代付业务。代收代付业务是指各个商业银行运用自身的便利结算渠道，为客户提供代办款项的收付业务，比如企业的代发工资，代缴交通违章罚款，代收水费、电费等。在为客户提供代收代付业务的同时，也吸引了不少客户群体。

但是，第三方支付机构也开始办理代收代付业务。现在，大部分人们忙于工作，倾向于将时间成本降至最低，所以不再腾出时间到营业网点办理相关业务，更加习惯使用支付宝、微信等平台进行日常缴费业务。第三方支付拥有随时随地办理和低成本高效率等优势，使得银行的中间业务再次受到冲击，盈利能力下降。

2.1.3 商业银行中间业务敏感性压力测试

第三方支付平台影响商业银行中间业务的主要部分是代理业务、支付结算业务、银行卡业务以及个人理财四个方面。假设第三方支付机构对银行的中间业务形成代替，则利用压力测试的敏感性分析法探究在不同的代替占比下的第三方支付，对银行的中间业务的盈利产生影响。以我国16家上市银行的2017年财务报表数据为基础，计算得出商业银行受第三方支付机构影响的手续费及佣金部分收入，以及受第三方支付影响的部分在商业银行手续费及佣金收入和营业收入中的比例。如表 1 所示，受第三方支付机构影响的部分收入在银行总手续费及佣金收入中的比例是 68.48%，其中浦发银行受影响部分的比例最低，为 44.11%；宁波银行的比例最高，为 87.19%。受第三方支付机构的影响部分收入在银行总营业收入中的比例为 16.88%，其中南京银行营业收入影响的比例最低，为 7.87%；而光大银行的比例最高，为 30.38%。

表 1　上市银行营业收入、手续费及佣金收入受影响状况

上市银行	营业收入/百万元	手续费及佣金/百万元	受影响部分手续费及佣金收入/百万元	受影响部分收入在手续费及佣金收入中的比例/%	受影响部分收入在营业收入中的比例/%
工商银行	643 416	148 681	96 989	65.23	15.07
建设银行	562 284	126 067	99 934	79.27	17.77
农业银行	507 329	84 936	71 452	84.12	14.08
中国银行	393 828	82 469	52 610	63.79	13.36
交通银行	170 345	41 061	22 121	53.87	12.99
招商银行	207 116	64 398	36 403	56.53	17.58
民生银行	136 746	52 124	36 653	70.32	26.80
兴业银行	131 577	37 980	17 450	45.95	13.26
中信银行	147 567	49 570	41 213	83.14	27.93
浦发银行	161 059	46 732	20 614	44.11	12.80
光大银行	90 534	32 932	27 503	83.51	30.38
平安银行	105 786	35 725	24 314	68.06	22.98
华夏银行	65 021	19 925	16 754	84.09	25.77
北京银行	49 173	10 458	5 805	55.51	11.81
宁波银行	24 707	6 376	5 559	87.19	22.50
南京银行	24 034	3 484	1 891	54.28	7.87
总值	3 420 522	842 918	577 265	68.48	16.88

根据压力测试的敏感性分析方法，进行下列测试步骤。

（1）测试目的：第三方支付机构在不同占比下代替银行中间业务，得出银行手续费及佣金收入、营业收入变化的占比。

（2）选取测试对象：第三方支付机构对银行中间业务造成影响的部分是支付结算业务、银行卡业务和代理业务。

（3）选取测试数据：选取 16 家上市银行的 2017 年数据，如表 1 所示。此处以手续费及佣金收入作为中间业务的收入，选取受第三方支付机构影响的部分收入、手续费及佣金收入和营业收入为测试数据。

（4）提出假设：假设在测试期内，第三方支付机构的发展代替了受其影响的银行部分

手续费及佣金收入，银行受第三方支付机构影响的部分收入、手续费及佣金和营业收入作为测试数据保持不变。

（5）测试方法：第三方支付机构代替了受其影响的部分银行手续费及佣金收入的5%～70%情况下，银行的手续费及佣金收入、营业收入的变化。

（6）测试结果：当第三方支付机构代替的受其影响的部分手续费及佣金收入占5%时，银行手续费及佣金收入下降3.42%，营业收入下降0.84%；当第三方支付平台代替受其影响的部分手续费及佣金收入占70%时，商业银行手续费及佣金收入下降47.94%，而营业收入下降11.82%。

（7）测试结论。

1）由于受第三方支付机构影响的部分手续费及佣金收入在手续费及佣金收入中的比例较大（见表1，44.11%～87.19%），所以第三方支付在代替趋势下对银行手续费及佣金收入的影响比较明显。

2）根据2017年的数据，16家上市银行的中间业务在营业收入中的比例较低，为24.64%，因此在第三方支付机构代替趋势下，银行的营业收入受到的影响不大明显。中间业务占营业收入比较大的银行，其营业收入在第三方支付机构代替下趋势反应敏感，南京银行的中间业务占其营业收入的比例较小，为14.50%，所以和其他银行相比营业收入的上下波动小。而光大银行的中间业务占其营业收入的比例较高，为36.38%，所以和其他银行相比营业收入的上下波动大。

2.2 对资产业务盈利的影响

2.2.1 商业银行的信用卡业务

信用卡是个人信贷产品，发放信用卡的银行能够从个人信用卡业务中获得丰厚的收入。2017年16家上市银行的财务报表数据统计显示，上市银行个人贷款总额和银行贷款总额分别包含比例为16.89%和6.48%的信用卡贷款。个人信用卡贷款占个人贷款比例超过30%的上市银行共有5家，其中比例将近37%的是光大银行和华夏银行；而个人信用卡贷款占客户贷款总额比例超过10%的上市银行共有7家。从总体来看，虽然总的个人信用卡贷款占总的客户贷款的比例不是特别高，却能够让银行获得巨额的收入。个人信用卡贷款业务对商业银行来说非常重要，所以第三方支付平台的挤占会产生一定的影响。

2.2.2 网上借贷业务

P2P网上借贷与商业银行的放贷业务发生重合。P2P网上借贷指个体与个体之间直接在互联网平台进行借贷行为，而且一般额度不高，无抵押。现在很多的P2P网上借贷公司，比如陆金所、宜人贷、人人贷等，客户以个人和小微企业为主，以收取中介费为盈利，并向借贷双方提供信用担保。P2P网上借贷能够有效地完善交易市场的信息问题，并且提高贷款效率。2010年以来，P2P网上借贷凭借自身的低门槛、高收益、便捷等优势迅速在互联网金融市场上站稳脚跟。

2.2.3 网上投资业务

众筹与商业银行投资业务产生重合。众筹主要由三个主体组成：申请人、投资方和平台。筹资项目必须在申请人规定的时间内达到或者超越目标金额才视为筹资成功，如果没有成功，那么已筹集的资金全部返回于投资方。众筹模式中，投资方对一个项目的支持既不是捐款，也不是一般的投资行为，而是一种购买行为。因此在所有筹资项目中，申请人既不能以资金或股权作为回报手段，也不能向投资方承诺所有资金方面的收益，而是以服务或实物等作为回报。

2.3 对负债业务盈利的影响

2.3.1 理财模式与融资模式

在2013年6月，第三方支付平台支付宝推出了余额宝，用户存留在余额宝的资金对用户的日常支取不造成影响，用户在余额宝得到的投资利息比银行活期存款利息收益还高。近年来，虽然余额宝的收益率下降了很多，但依然吸引很多人从银行的活期存款转移到余额宝里，分流了银行的活期存款。

在第三方融资业务中，P2P网上借贷一般在8%～15%作为年收益率给资金的提供方。而与P2P网上借贷相比，受到监管的商业银行存款利率较低，一般为1%～3%。因为网上借贷具有资金收益的明显优势，进一步分割了商业银行大量的存款客户。以工商银行为例，从表2所示客户存款规模来看，个人、公司存款每年都处于上升的趋势，其他存款有明显的上下浮动。而从存款的占比来看，在2014—2017年的公司存款都处于上升的趋势，个人存款在2014—2017年中不断下降，尤其是在2017年下降幅度最大。

表2　中国工商银行2014—2017年客户存款规模

年份	个人存款/百万元	占比/%	公司存款/百万元	占比/%	其他存款/百万元	占比/%
2014	7 188 607	46.21	8 037 133	51.66	330 861	2.13
2015	7 601 114	46.68	8 437 014	51.82	243 811	1.50
2016	8 140 281	45.67	9 448 520	53.01	236 501	1.33
2017	8 380 106	43.59	10 557 689	54.91	288 554	1.50

资料来源：巨潮资讯网《工商银行财务报表》

2.3.2 商业银行负债成本敏感性压力测试

下面假设第三方支付机构的负债业务发展代替了商业银行的存款，商业银行的负债成本直接或间接地被第三方支付的负债业务抬高了，再利用压力测试的敏感性分析法，在不同的代替比例和不同高成本负债付息率下，对银行的存款成本、利差所产生变化进行分析。

（1）测试目的：在不同的替代占比和高成本负债付息率下，对银行的存款成本、利差产生的变化进行分析。

（2）测试对象：银行的存款付息率和利差率。

（3）选择测试数据。

1）取2017年16家上市银行的个人存款和公司存款的平均付息率，为2.67%。

2）取2017年16家上市银行的个人存款和公司存款的平均收益率，为6.84%。

3）取2017年16家上市银行的平均付息率2.67%与平均收益率6.84%之差，得出利差为4.17%。

（4）提出假设：假设银行在测试期间的存款总额保持不变，在测试期内高成本存款付息率为 2.5% ~10%，而高成本存款代替了 2% ~50% 部分存款。

（5）测试结果：随着存款转化比例的增加，银行的存款成本上升，利差下降。例如，当高成本存款代替了 12% 的银行存款，高成本存款的付息率为 7% 时，银行的平均存款成本从 2.67% 增加至 3.27%，成本增加了 60 个基点，而此时商业银行的利差从 4.17% 减少至 3.57%，利润减少了 60 个基点。我们以存款为 92 万亿来计算，假设高成本存款代替了 9.2 万亿的存款，则利润从 3.84 万亿减少至 3.28 万亿，减少了 5 600 亿，占原来利润的 14.60%，影响非常明显。

本章利用定性与定量的方法分析了第三方支付平台对商业银行的三大业务的影响。

（1）在中间业务方面，第三方支付机构在发展业务的同时与商业银行业务产生了重合，第三方支付借助自身优点，成了银行的劲敌。除了理论上的分析，还通过压力测试的敏感性分析方法分析得出，假设条件内，在第三方支付的影响下，商业银行的手续费及佣金收入会比较敏感，因为一些商业银行的营业收入中包含了较小占比的中间业务，所以银行营业收入受到的影响较小；而一些银行的营业收入中包含了较大占比的中间业务，营业收入受影响就较大。第三方支付机构的稳定发展中，减弱了商业银行作为金融中介的功能。

（2）在资产业务方面，主要是 P2P 网上借贷和众筹具有门槛低、便捷、额度小、一般不需要抵押等优势，符合小微企业短期和小额度的贷款需求，还刺激了商业银行潜在的客户，明显挤占了城市商业银行的部分中小企业的贷款客户资源，减少了以小微企业为目标客户的贷款利润。

（3）在负债业务方面，作为担保中介的第三方支付机构，参与线上或线下交易的用户都会存放一些资金在平台账户里，分流了银行的存款额度。

3 第三方支付发展影响下商业银行的应对策略

3.1 利用业务体系整合实现业务升级

在第三方支付发展大势下，商业银行应认真看待互联网所带来的挑战和机会，通过业务体系整合，进一步推动银行业务升级。以代收代付业务为例，银行可通过互联网推出更多的代收代付业务种类，完善商业银行网络金融平台的功能，持续加强服务的效率和质量，还要加强金融产品和服务的创新，打造银行品牌，制定较合理有效的市场营销和差异化服务方案。银行可以聘请一些专业公司对中间业务进行包装和宣传，不断扩大中间业务产品和服务的收入占比，实现资源优化配置，进而提升银行的盈利水平。

3.2 加强与第三方支付平台的合作

第三方支付规模的扩张对银行的消极影响包括减少了吸收存款的数量，提高了吸收存款的成本，减小了贷款规模，提高了非利息业务成本。因此银行应加强与第三方支付平台的合作。

（1）合理划分双方业务市场。商业银行拥有更多大企业的客户资源，而第三方支付是中小企业的天地。如果银行强行介入中小企业领域，只会导致成本增加。而第三方支付机构对中小企业进行结算服务时，是要与商业银行产生联系的，银行作为第三方支付的后台，如果这时第三方再抢夺大型客户，就会失去后台提供的服务支持。第三方支付机构和商业银行都应利用自身不同的优势，在擅长的领域发挥各自作用，避免重复业务的增加。

（2）用户资源共享。电子支付时代是个庞大的数据时代，其能收集客户更全面的信息。商业银行与第三方支付机构合作后，通过客户资源的共享，双方都可以为各种用户群体分别提供针对性服务，从而增大用户群体，这有助于降低银行对客户展开征信评级的成本，也将降低银行面临信用风险的可能性，从而实现双方盈利的共同增长。

4 总结

第三方支付发展初期，人们都认为其只是一项银行业的辅助工具。然而，随着互联网的兴起和发展，第三方支付机构凭借自身方便快捷的服务、简单的业务流程和低成本高效率等优势，获得了巨额利润。本文分别从第三方支付对商业银行的中间业务、资产业务和负债业务的影响三个方面，来探究其对盈利产生的影响。运用压力测试的敏感性分析法测试得出了，第三方支付的迅速发展会对商业银行的盈利能力造成一定程度上的负面影响。然而面对第三方支付的冲击，银行并非没有解决办法。作为传统金融行业主导者的商业银行，通过多年的垄断经营，拥有巨大质优的客户资源，对于资金方面的风险控制也非常严格。针对此结论，我们为商业银行提出了参考性的未来发展建议。商业银行要主动地与第三方支付机构合作，也要加强自身创新能力，吸引更多的客户。市场不断变化，过度竞争只会两败俱伤，双赢才是最理想的结果，而双方进行深度合作，才能够让整个市场健康地发展起来，提高和改善人们的生活水平。

参考文献

[1] Ceylan Onay, Enire Ozsoz. The Impact of Internet - Banking on Brick and Mortar Branches：The Case of Turkey [J]. Journal of Financial Services Research, 2013, 44 (2)：58-63.

[2] Carmona J. Banco Popular Revamps Its Online Banking Website [J]. Caribbean Business, 2010, 10 (07)：10.

[3] 胡佩喆, 蔡雪, 李元媛, 等. 论第三方支付平台的崛起对商业银行经营的影响——以支付宝为例 [J]. 时代金融, 2015 (27)：47-52.

[4] 何柳妮. 第三方支付对商业银行盈利的影响研究 [D]. 广州：华南农业大学, 2016.

[5] 秦雯怡. 第三方支付对我国商业银行盈利的影响研究 [D]. 武汉：华东师范大学, 2016.

[6] 姚梅芳, 狄鹤. 基于移动互联网的第三方支付对商业银行盈利水平的作用机制 [J]. 当代经济研究, 2017 (12)：82-87.

[7] 郑薛蓉. 第三方支付对我国商业银行盈利能力的影响探讨 [J]. 知识经济, 2016

(09): 24.

[8] 陈丽丽. 第三方支付平台对商业银行经营的影响与应对措施 [J]. 农村经济与科技, 2017, 28 (02): 113-115.

(作者简介: 张小云, 女, 1989年1月出生, 河北保定人, 管理学院教师, 硕士研究生毕业, 主要研究方向为工商管理, 2016年9月至今在北京科技大学天津学院工作。)

"互联网+"时代下财务管理专业人才培养策略

任洁 张媛

(北京科技大学天津学院管理学院,中国 天津 301830)

摘 要:"互联网+"时代的快速发展推动财务工作的变革与发展,对财务人员的要求也发生了巨大改变,这就需要院校及时调整人才培养策略与方法,结合新时代社会对财务人员的要求,培养社会所需的一流应用型财务人才。文中以"互联网+"时代为着手点,寻找该时代背景下培养财务管理专业人才的策略。

关键词:互联网+;财务管理;培养策略

The Strategy of Cultivating Financial Management Professionals in the Era of "Internet plus"

REN Jie ZHANG Yuan

(School of Management, Tianjin College,
University of Science and Technology Beijing, Tianjin 301830, China)

Abstract: "Internet Plus" to promote the reform and development of financial work, the requirements for financial personnel has also undergone a huge change, institutions need to timely adjust the talent training strategies and methods, combined with the new era of society requirements for financial personnel, training society needs high–quality talents. This paper takes "Internet Plus" era as the starting point to analyze the strategy of training financial management professionals.

Key words: Internet plus; Financial management; Training strategy

"互联网+"时代的最大特点就是大数据、云计算及移动互联网等,这些都给企业财务工作带来较大程度的变革。"互联网+"推动会计工作升级与转型,使得相关工作进入动态管理时代。在这样的背景下高校需要适应社会需求,选择合适的切入点,及时调整人才培养策略,提升财务管理专业人才培养质量。

1 "互联网+"时代财务管理专业人才培养现状

1.1 课程教学理念落后

社会经济发展带来教育思维的改变，不同于其他专业，财务管理专业既要重视理论教育，又要重视实践教学。尤其是随着计算机信息技术发展，财务管理教学方式也要转变，及时调整教学内容与模式，而教学改革最关键的就是调整教育理念[1]。

但实际上在财务管理课程教学中存在很多问题，最典型的就是教学理念落后，体现为普遍完成理论教学后统一进行实践，这种呆板教学模式使得学生学习吃力，增加教师工作量。尤其是财务管理课程本身具有较强实践性，需要系统学习理论知识，还要加强实务操作，如果学生只学习理论，直接忽略巩固实践，则影响实际教学效果。教学理念落后直接对财务管理教学质量产生影响。

1.2 课程设置存在一些问题

大部分的财务管理课程存在结构缺陷，表现为软件理论知识陈旧，学生掌握的知识无法满足实时变化的市场需求，不利于学生很快适应工作岗位。大部分学校设计的财务管理课程教学大纲，也存在内容陈旧的问题。

如果教学过程中教师只求完成教学任务，不积极进取与创新教学课程设置，不对自己掌握的知识体系进行实时更新，则容易造成传授给学生的知识陈旧，学生走上工作岗位时所学知识无法应用，进而无法提升学生就业时的竞争力。所以，课程设置不合理，直接影响学生综合素养的提升。

1.3 学生与教学存在的问题

财务管理课程实践操作性很强，但因学生实际操作机会少，部分学生素质偏低，且教师重视理论知识传授，并未与实际社会结合起来，所以学生能力与岗位需求之间存在较大差距，甚至学生走上岗位后还需要重新学习知识，从而造成课程所学知识与实际动手操作严重脱节。

财务管理课程在教学时，教师综合素养也会影响人才培养质量。有的学校师资力量不足，校企合作深度不足，教师提升综合素质的机会比较少，从而导致在教学上形成只注重理论教学、忽视实践操作的现象，使得学生掌握相关理论知识后无法参与岗位实践巩固知识点，无法整体看待财务管理知识。

2 "互联网+"时代提高财务管理专业人才培养质量的措施

2.1 转变培养理念，明确高校办学理念

高等教育长期受到应试教育理念的影响，使得高校人才培养侧重传授理论知识，学生也习惯被动接受知识，将教学过程简单看成知识积累的过程，忽视学生人文素养、合作意识等能力的培养，缺少其责任意识与独立人格的培养。随着社会经济快速发展，尤其是在产业改革背景下，经济社会发展的主要推动力是自主创新，而这也是现在学生所缺乏的[2]。

人才培养模式的供给侧结构性改革，需要把握人才培养过程中两方面（即学生与社会）的需求，实现培养市场需求的高素质人才的目标。高校要进一步明确办学理念，树立以德树

人的理念，回归到高校三全育人的本位，高校人才培养从单一知识传输转变为知识、能力与素质三重并重，提升大学生综合素质，培养具有担当精神的财务管理人才。

2.2 了解市场需求变化，调整课堂教学内容

随着新会计制度在我国的全面推行，课堂教学时教师要做好相关内容更新，及时换掉明显落后的教学内容，向学生逐步渗透新会计制度，促进课堂教学质量的提升，满足市场对高素质财务人才的需求。如，课堂教学时引入具体案例，激发学生兴趣。实际中很多中小企业财务管理制度不完善，无法有效约束企业运行中出现的资金风险等，那么如何解决这一问题呢？下面给出不同角度的解决措施，实现培养灵活思维的目的。

适应"互联网+"时代对财务管理人员的要求，不断调整教学内容，增加学生实际动手操作环节。对于每一个知识点，学生在了解相关知识的情况下，结合相关实验室设施进行动手操作，加深印象，更好地做到理论与实际结合，从而缩短学校与企业之间的距离，为学生将来步入工作岗位打下坚实的基础。

2.3 做好实训设施建设，完善教学评价体系

"互联网+"背景下财务管理教学打破传统模式限制，授课不再局限于地点与时间，学生可以利用课余时间完成内容学习，大幅度提升教学质量，达成事半功倍的目的。财务管理理论知识大多抽象、枯燥，课堂上的授课无法让学生意识到知识的重要性。"互联网+"下教师采取丰富的教学形式，如音频、视频及微信等，让学生有更多的选择。社会经济发展加剧行业竞争，人才直接影响企业发展，培养综合性人才具有重要意义，这就需要高校培养高素质的人才。同时，计算机软件课程教学改革时结合实用型人才的培养，推动行业可持续发展[3]。

实践教学质量直接受到实训条件的影响，因此学校要重视实验设施建设。专业课程教学要充分利用现有的实践设备与实训场地，在学校内部最大程度还原企业财务工作相关内容，使得学生可以参与各个阶段的财务工作，利用各类方式提升学生实践能力。实践教学评价体系直接确定实践教学效果的评定，通过建立健全评价考核体系保证实践教学质量。结合财务管理技术技能人才培养实际情况，对现有实践教学评价体系进行优化，搭建完善的实习评价体系。教师可以将信息技术利用起来，直接在云平台上布置实习任务、做好师生交流等，大幅度提升实践教学质量，为社会输送高质量的人才。

3 结论

"互联网+"时代对于财务管理专业人才的需求在不断变化，高校要全面了解市场变化与其对人才的需求，对现有人才培养模式进行调整与优化，转变传统教学策略与模式，重视培养其实践能力，大幅度提升学校人才培养与市场需求之间的吻合性，促进院校办学能力的提升，努力培养适应新时代需要的一流应用型财务管理人才。

参考文献

[1] 王化峰.经济发展新常态背景下应用型本科院校财务管理专业人才培养改革探讨[J].中外企业家，2019（32）：156-157.

[2] 何妍嫚,刘一键. 构建高校财务管理专业创新人才培养模式 [J]. 现代经济信息, 2019 (19): 380-381.

[3] 张萨. 产教融合背景下高职财务管理专业人才培养模式研究 [J]. 农家参谋, 2019 (19): 256-259.

(作者简介:任洁,女,1990年10月出生,天津宝坻人,讲师,硕士研究生毕业,主要研究方向为财务管理,2015年9月至今在北京科技大学天津学院工作。)

合生创展集团有限公司偿债能力分析

许春意　卢靳盼　戴璐璐

(北京科技大学天津学院管理学院，中国　天津　301830)

摘　要：房地产作为高负债行业，其偿债能力一直备受关注。近几年国家出台的楼市宏观调控政策使信贷趋紧，房地产企业直接融资受阻，企业的偿债能力再次成为焦点。本文从第三方的角度，通过财务报告、企业公告和其他财务信息对合生创展集团有限公司进行偿债能力分析，从而帮助投资者和债权人比较全面地了解这家公司的特点，并且为其做出正确的决策提供参考。

关键词：房地产企业；偿债能力；短期偿债能力，长期偿债能力

Analysis on Solvency of Hopson Development Holdings Limited

XU Chunyi　LU Jinpan　DAI Lulu

(School of Management, Tianjin College,
University of Science and Technology Beijing, Tianjin 301830, China)

Abstract: Real estate industry is highly indebted industry. The solvency has been closely watched. In recent years, the property market macro-control policies make credit tight. The direct financing of real estate enterprise is blocked. It once again become a focus problem. From the perspective of a third party, I try to make the solvency analysis of Hopson Development Holdings Limited through the accounting annual reports, corporate announcements and financial information. So it can help investors and creditors understand the characteristics of the company and make the right decisions for their reference.

Key words: Real estate enterprise; Solvency; Short-term solvency; Long-term solvency

随着房地产调控政策的不断更新，房地产企业的融资范围被持续压缩，房地产企业内出现资金短缺的问题，房地产企业的资金链断裂现象已经不足为奇。鉴于房地产企业的形式重点是依赖负债来生产经营，其风险性较高，因此房地产企业经营状况和偿还债务的能力格外受人关注，债权人和投资者以及政府部门等外部的信息使用者都非常有必要对房地产企业的财务报表进行偿还债务能力的分析，从而得出该家房地产企业的运营状况以及最终做出该不

该对其进行投资的决策。而企业自身也应该做偿债能力分析以使自己承担较低的偿债风险，提防财务危机。本文对合生创展集团有限公司的财务报表进行比率分析，希望能给债权人和投资者以及政府部门等外部信息使用者提供参考[1]。合生创展集团有限公司于1998年在香港联合交易所有限公司主板上市（股份代号：00754），是以发展中高档大型住宅地产物业为主的大型地产集团。因合生创展集团有限公司年度财务报告以港元为单位，故下文计算以千港元为数据单位。

1 研究方法

1.1 文献资料法

文献资料法通过查找数据库中的核心学术期刊、优秀硕士及博士论文、图书、期刊等相关资料，对国内外相关文献资料进行搜集、鉴别、整理。

1.2 案例分析法

案例分析法通过对合生创展集团有限公司（简称合生创展）进行偿债能力相关比率分析研究，并结合相关理论，从而快速、有效地达到分析目的。

2 研究内容

2.1 合生创展集团有限公司短期偿债能力分析

短期偿债能力指的是企业流动资产对流动负债及时足额偿还的保证程度，反映的是一个企业的当期财务能力。企业短期偿债能力的分析指标主要有流动比率、速动比率、现金比率等[2]。

2.1.1 流动比率分析

根据表1所示的有关数据，我们可以计算合生创展集团有限公司2016—2018年的流动比率。

2016年：流动比率=流动资产÷流动负债=84 782 558.00÷34 702 724.00=2.44。
2017年：流动比率=流动资产÷流动负债=90 606 164.00÷41 669 943.00=2.17。
2018年：流动比率=流动资产÷流动负债=98 322 762.00÷45 754 382.00=2.15。

表1 流动比率

年份	流动资产/千港元	流动负债/千港元	流动比率
2016	84 782 558.00	34 702 724.00	2.44
2017	90 606 164.00	41 669 943.00	2.17
2018	98 322 762.00	45 754 382.00	2.15

以上分析结果说明，合生创展集团有限公司2016—2018年的流动比率都在200%以上但是有下降趋势。正常情况下，流动比率最低不能低于100%，等于200%恰恰适当。因为该公司这三年的流动比率都高于200%（市场平均值），所以单从这个角度分析，该公司的短期偿债能力较强，债权人安全程度较高。

但是该指标没有考虑流动资产的组成结构，当企业流动资产中存在大量无法变现的存货或应收账款时，或存在预付账款无法正常转换为存货实现现金收入时，那么该指标不能如实反映企业的偿债能力。

2.1.2 速动比率分析

根据表2所示的有关数据，我们可以计算合生创展集团有限公司2016—2018年的速动比率。

2016年：速动比率=速动资产÷流动负债=9 467 916.00÷34 702 724.00=0.27。
2017年：速动比率=速动资产÷流动负债=10 650 728.00÷41 669 943.00=0.26。
2018年：速动比率=速动资产÷流动负债=16 424 588.00÷45 754 382.00=0.36。

表2 速动比率

年份	速动资产/千港元	流动负债/千港元	速动比率
2016	9 467 916.00	34 702 724.00	0.27
2017	10 650 728.00	41 669 943.00	0.26
2018	16 424 588.00	45 754 382.00	0.36

以上分析结果说明，合生创展集团有限公司2016—2018年的速动比率有上升的趋势，该公司的短期偿债能力有变强的迹象。正常情况下，速动比率等于100%时恰恰适当。虽然合生创展集团有限公司2016—2018年的速动比率都小于100%，但从另一个角度反映出该企业的货币资金和应收账款没有占用过多，充分利用了货币资金来发展自己的生产。

2.1.3 现金比率分析

根据表3所示的有关数据，我们可以计算合生创展集团有限公司2016—2018年的现金比率。

2016年：现金比率=6 053 733.00÷34 702 724.00=0.17。
2017年：现金比率=5 616 990.00÷41 669 943.00=0.13。
2018年：现金比率=7 456 708.00÷45 754 382.00=0.16。

表3 现金比率

年份	货币资金和交易性金融资产/千港元	流动负债/千港元	现金比率
2016	6 053 733.00	34 702 724.00	0.17
2017	5 616 990.00	41 669 943.00	0.13
2018	7 456 708.00	45 754 382.00	0.16

以上分析结果说明，合生创展集团有限公司2016—2018年的现金比率呈波动状态，该公司的短期偿债能力有不稳定的迹象。但货币资金的有效使用反映公司的现金比率正在向合理的方向发展。

2.2 合生创展集团有限公司长期偿债能力分析

长期偿债能力指企业偿还长期负债的能力。企业长期偿债能力的分析指标主要有资产负债率、权益负债等。

2.2.1 资产负债率分析

正常情况下，资产负债率越小，企业长期偿债能力越强。一般情况下资产负债率等于

40%较为适当。

根据表4所示的有关数据，我们可以计算出合生创展集团有限公司2016—2018年的资产负债率。

2016年：资产负债率 = 76 587 875.00 ÷ 132 992 941.00 = 0.58。
2017年：资产负债率 = 87 575 737.00 ÷ 153 813 395.00 = 0.57。
2018年：资产负债率 = 96 337 335.00 ÷ 164 110 970.00 = 0.59。

表4 资产负债率

年份	负债总额/千港元	资产总额/千港元	资产负债率
2016	76 587 875.00	132 992 941.00	0.58
2017	87 575 737.00	153 813 395.00	0.57
2018	96 337 335.00	164 110 970.00	0.59

以上分析结果说明，合生创展集团有限公司2016—2018年的资产负债率都超过了40%，该公司存在一定的长期偿债能力风险，另一方面说明该公司充分利用借款方式筹集资金。

2.2.2 权益负债率分析

一般情况下，权益负债率越低，企业的长期偿债能力越强，债权人投入资金受所有者权益的保障程度越大，债权人的安全感越强，该指标维持在1左右比较适合。

根据表5所示的有关数据，我们可以计算合生创展集团有限公司2016—2018年的权益负债率。

2016年：权益负债率 = 76 587 875.00 ÷ 56 405 066.00 = 1.36。
2017年：权益负债率 = 87 575 737.00 ÷ 66 237 658.00 = 1.32。
2018年：权益负债率 = 96 337 335.00 ÷ 67 773 635.00 = 1.42。

表5 权益负债率比率

	负债总额/千港元	所有者权益总额/千港元	权益负债率
2016	76 587 875.00	56 405 066.00	1.36
2017	87 575 737.00	66 237 658.00	1.32
2018	96 337 335.00	67 773 635.00	1.42

以上分析结果说明，合生创展集团有限公司2016—2018年的权益负债率呈上升趋势，且权益负债率都大于1，该公司存在一定的长期偿债能力风险。

3 结论与展望

3.1 结论

目前房地产行业宏观政策的不断更新以及市场竞争程度的持续升温，导致房地产企业在未来的生产经营中面临一定的风险。偿债能力分析对房地产企业的发展至关重要，本文采用了案例分析的方法对合生创展集团有限公司的偿债能力进行了分析，通过对上述指标的研究可以得出合生创展集团有限公司的短期偿债能力较好，长期偿债能力存在一定风险这一比较浅显的结论。公司应给予高度重视并采取相关措施提高偿债能力，保证公司持续稳定发展。

3.2 展望

合生创展集团有限公司是从1992年开始进入房地产行业的，它着力发展住宅地产、商业地产、酒店地产、旅游度假产业和物业管理产业等地产事业。从1993年起，合生创展便积极投入改革开放建设，经过数十年时间，合生创展在广州、北京、天津、上海等中心大城市成功打造了数十个项目，也因此成为中国业绩表现佳、开发规模大、业主数量庞大的房地产发展商之一。合生创展一直秉承"优质生活、完美体现"的企业理念，致力成为完美生活的缔造者。展望未来，合生创展应积极响应经济全球化和中国加快城市化大潮的机遇和挑战，全力投身于运营中国城市未来，向国际化、专业化迈进，成就"合生"辉煌品牌。

参考文献

[1] 韩莹. 房地产上市公司偿债能力实证分析 [J]. 财会通讯，2015，35：34-36.

[2] 牛艳勇，闫梅，陈亚杰. 企业偿债能力模糊综合评价 [J]. 财会通讯，2016，14：56-58.

（作者简介：许春意，男，1993年2月出生，安徽安庆人，实验教师，本科毕业，主要研究方向为财会专业应用型人才培养，2017年7月至今在北京科技大学天津学院工作。）

管理学原理的课程思政切入点研究

邵帅

(北京科技大学天津学院管理学院,中国 天津 301830)

摘 要:课程思政建设是当今高校专业课程教育改革的重要方向和举措,作为培养管理型人才必修的管理学原理课程,要在培养专业人才的同时,发挥好立德树人、引领当代大学生树立正确价值观念的作用,抓好管理学原理课程与思政教育结合的切入点。本文结合课程的教学体系和教学内容,从中国传统文化、党史党建经典案例、经典原著三个角度寻找切入点,真正做到春风化雨、润物细无声地开展好课程思政建设。

关键词:管理学原理;课程思政;切入点

Study on the Entry Point of the Course of Management Principles

SHAO Shuai

(School of Management, Tianjin College,
University of Science and Technology Beijing, Tianjin 301830, China)

Abstract: Curriculum ideological and political construction is an important direction and measure for the reform of professional curriculum education in colleges and universities. As a compulsory course of Principle of Management for cultivating management talents, it is necessary to give full play to the "enhance morality, foster talents" and lead the role of contemporary college students in establishing correct values requires a good grasp of the entry point for the combination of the course Principles of Management and ideological and political education. This paper combines the teaching system and teaching content of the curriculum, and seeks entry points from three angles: traditional Chinese culture, classic cases of party history and party building, and classic original works.

Key words: Management principles; Curriculum ideological and political construction; Entry point

1 课程思政的开展背景

课程思政就是以构建全员、全程、全课程育人格局的形式将各类课程与思想政治理论课同向同行，形成协同效应，把"立德树人"作为教育的根本任务的一种综合教育理念。课程思政强调在专业育人的同时，将思政元素融入专业课程教育。教师不仅以向学生传授专业知识为教学目标，而且要应用课堂教学向学生传播中国传统文化、家国情怀、社会主义核心价值观等思想理念，真正做到以文化育人、以人文育人，因此寻找专业课程与思政教育的切入点便成为课程思政建设的基础。

2 管理学原理课程介绍

2.1 管理学原理课程简介

管理学原理是管理类专业的重要基础课程，也是一门综合性的交叉学科。它是以组织中的管理活动为研究对象，探讨管理活动的规律性的学科。管理学原理在介绍古今中外的管理思想的基础上，分别介绍计划、组织、领导、控制、创新等各项管理职能。课程涉及管理与管理者、管理思想的发展、决策与计划、组织设计、人员配备、组织力量的整合、领导与领导者、激励、沟通、控制的原理与方法、创新与发展等。该课程需要结合理论和实际案例进行教学，以提高学生的学习能力和实践能力。

2.2 管理学原理课程体系

管理学原理课程主要涵盖总论、分论两大部分。

第一部分，总论。其涉及管理的概念、职能、性质；管理者的技能与角色；管理所面临的内、外部环境；中、外早期的管理思想；古典管理时期、行为科学时期以及现代管理理论的形成和发展。

第二部分，分论。管理活动是以创新为内在推动力，始于计划，经过组织、领导、控制达到目标的循环往复、螺旋上升的过程。故分论部分以管理的各项职能为线索，内容涉及决策的过程和方法；计划的编制过程及方法；组织设计；组织结构类型；人员配备；组织力量的整合；领导方式和领导理论；激励；沟通；控制的过程和方法；创新的内容和方法；管理的新发展等内容。

3 管理学原理课程思政的切入点

3.1 以中国传统文化角度切入管理学原理教学过程

管理学原理课程在讲述管理学百年来形成的经典理论时，根据时间顺序向学生介绍早期传统的管理思想，其中较为重要的就是中国传统的管理思想。

从宏观角度看，中国古代管理思想大致可分为三个部分：治国、治生和治身。治国主要是处理整个社会、国家管理关系的活动，即治国之道；治生是在生产发展和经济运行的基础上通过官、民的实践逐步积累起来的，包括农副业、手工业、运输、建筑工程、市场经营等方面的管理学问；治身主要是研究谋略、用人、选才、激励、修身、公关、博弈、奖惩等方面的学问。在五千年的历史长河中，这三方面的学问和智慧极其浩瀚，并且是传统管理的重要指导思想和指导原则。

从微观角度看，中国传统管理思想强调"重人""人和""求是""节俭"等要点[1]。

第一，"重人"。"重人"包括两个方面：一方面是重人心向背；另一方面是重人才归离。管子说："政之所兴，在顺民心；政之所废，在逆民心。"国家必须令顺民心，从民所欲，去民所恶，乃为政之宝。司马迁提倡"能巧致富"，他说："巧者有余，拙者不足。"大到治国、小到管理一个组织，人才都是必不可少的重要资源。

第二，"人和"。"和"就是调整人际关系，讲团结，上下和，左右和。对治国来说，和能兴邦；对治生来说，和气生财。故我国历来把天时、地利、人和作为事业成功的三大要素。孔子说："礼之用，和为贵。"管子说："上下不和，虽安必危。"因此，在组织管理中"和"的传统思想一直为我国各类组织所重视。

第三，"求是"，即实事求是，办事从实际出发。儒家提出"守正"原则，看问题不要偏激，办事不要过头，也不要不及。过了头超越客观形势，犯冒进错误，不及又可能错过时机，流于保守。两种偏向都会坏事，我们应该防止。

第四，"节俭"。我国理财和治生历来都提倡开源节流，崇俭抑奢，勤俭持家。节用思想源于孔子和墨子，《论语·述而》中提及孔子主张"节用而爱人，使民以时"，《墨子·节用上》提到："其财用节，其自养俭，民富国治。"纵观历史，凡国用有度，为政清廉，不伤财害民，则国泰民安。反之，凡国用无度，荒淫奢费，横征暴敛，必滋生贪官污吏，戕害百姓，招致天下大乱。这是中国国家管理历史提供的一条真理。在治生方面苏东坡为官时的节俭之风也做出了表率，他曾写过一篇《节饮食说》的小文，提出自己每顿饭只饮一杯酒，吃一个荤菜，若有贵客来访，则设盛宴招待也不超过三个荤菜，而且只能少不能多。苏东坡将小文贴在自家墙上，让家人监督执行。司马迁的《史记·货殖列传》中也有"薄饮食，忍嗜欲，节衣服""纤啬筋力，治生之正道也"之说。

中国传统管理思想的要点不止以上几点，在源远流长的文化长河中还蕴藏着很多经典的管理思想和管理实践的指导原则。通过这部分内容的教学，教师在向学生传授有关管理学的知识的同时，也宣传和传承了我国的传统文化，对学生树立正确的人生观、价值观和世界观起到了很好的引导作用。

3.2 以党史党建典型案例角度切入管理学原理教学过程

管理学原理是一门实践性较强的学科，鉴于学生处于本科学习阶段，社会实践经历较少，因此教学过程中引入典型案例进行分析是突出实践的重要做法。

中国共产党自1921年成立至今，经历风风雨雨，已经走过近一百个春秋，并且带领中国人民从"站起来"逐步走向"富起来""强起来"。在近百年的中国共产党党建历史中，一个个鲜活的事例无不体现出中国人民的管理思想和管理智慧。结合管理学原理的课程体系，党史党建的经典案例可以生动地运用到总论、分论的各个章节，成为教学互动和讨论的议题。通过引入党史党建经典案例，学生既能掌握管理学的理论知识，又能够在人生观、价值观、世界观的培养和引领中起到良好效果。这就完成了管理学课程基本理论教学与思政育人教学结合的重要任务[2]。管理学原理教学内容与党史党建经典案例的切入点如表1所示。

表1 管理学原理教学内容与党史党建经典案例的切入点

管理学原理教学内容	党史党建经典案例	教学目的
管理环境	改革开放后的政策变迁	管理者制定政策、制度务必以环境为基础，环境变化管理应随之改变
决策	党的民主集中制	理解个体决策与集体决策的优缺点
计划	路线是个纲，纲举目张；"一带一路"倡议	理解计划的纲领性作用
组织设计	三湾改编	了解组织设计的重要性
组织类型	学习型政党	了解新型组织类型的特点
领导艺术	党的群众路线	掌握领导者展现领导艺术的方法
激励	第一代核潜艇总设计师黄旭华	理解人的不同层次的需求，以及对"自我实现"的有效激励措施
协调	学会"弹钢琴"，注意协调性	理解协调的重要性
沟通	中国第一代领导核心的沟通技巧	掌握沟通的技巧
控制	三大纪律，八项注意；"三严三实"	掌握控制的过程以及如何制定控制的标准
创新	互联网+党建；政务微博建设	掌握创新的重要性、创新的内容及方法

3.3 以经典原著角度切入管理学原理

管理学原理的课程思政建设不仅要利用好课堂，也要与课下学生的自主学习结合，因此在推动课程思政建设时，教师向学生推荐经典原著作为课后读物也是拓宽课程思政建设的有效途径。结合管理学的教学内容，教师推荐学生阅读的书目分为古典经典和现代书籍两部分。其中，古典经典类包括《论语》《史记》《孙子兵法》《道德经》等能够体现中国古代管理思想精髓的典籍；现代书籍则多与国家发展现状、优秀企业实例结合，主要包括《读党史 学管理》《红色管理：向中国党学管理》《华为管理法》等。

通过课上与课下结合、教材与经典原著结合，引导学生主动学习，多看能够传播中华传统文化、树立正确价值观念的好书，切实做到引导学生自觉将专业课程的学习与思政课程的学习有效地结合起来。

4 结语

高校教师的任务不仅是"教书育人"，而且更重要的是"立德树人"，思政与课程的结合不是简单的专业课程与思政教育的机械化叠加，而是"如春在花、如盐化水"。管理学原理课程要避免生硬地把德育内容楔入专业课程教学，要抓好二者的结合点和切入点。教学过程应由近及远、由表及里、引人入胜地引导学生理解在中国传统文化、党史党建以及经典原著中体现的管理思想、管理实践和管理精髓，把家国情怀、社会主义核心价值观自然渗入课程，实现润物细无声的育人成果。这对于专业课程教师，提出了更高的学术要求和教学技巧要求，同时更加有力地激励教师在讲授专业知识的同时，坚持教书与育人的统一，做好学生的"四个引路人",引导大学生树立正确的价值观念,为党和国家培养出更多更为优秀的管理人才。

参考文献

[1] 周三多,陈传明. 管理学 [M]. 北京:高等教育出版社,2007:10.
[2] 李羽飞,李励宇.《管理学》课程思政育人典型案例教学模式研究——以亚当·斯密劳动分工观点为例 [J]. 科技资讯,2019(24):100.

(作者简介:邵帅,女,1987年2月出生,天津人,财务管理教研室讲师,硕士研究生毕业,主要研究方向为管理科学,2015年9月至今在北京科技大学天津学院工作。)

独立学院学生管理工作探析

戴璐璐　许春意

（北京科技大学天津学院管理学院，中国　天津　301830）

摘　要：本文以北京科技大学天津学院为例，根据独立学院学生的特点进行分析，探讨独立学院教师以及辅导员对学生管理工作的创新方法，旨在培养合格可靠的社会主义事业的建设者与接班人。

关键词：独立学院；学生特点；学生管理

Study on Student Management in Independent Colleges

DAI Lulu　XU Chunyi

(School of Management, Tianjin College,
University of Science and Technology Beijing, Tianjin 301830, China)

Abstract: This paper discusses the innovative methods for student management of teachers and counselors in independent college by taking Tianjin College, University of Science and Technology Beijing as an example, based on the analysis of the characteristics of independent college students, aiming at bringing up qualified and reliable builders and successors of socialist cause.

Key words: Independent college; Characteristics of students; Student management

独立学院是介于公办与民办之间的一种新型教育办学模式，为我国高等教育事业持续健康的发展提供了有力的保障。关注独立学院学生的发展现状，促进独立学院学生成人成才，是每一位独立学院教育工作者不可推卸的责任与义务。教师和辅导员是高校学生日常学习、思想政治教育与管理工作的引领者、实施者和组织者。独立学院教师和辅导员要结合独立学院学生特点与需求，坚持教书与育人结合，坚持言传与身教统一，创新管理方式，培养新时代合格的"四有"新人。

1　研究方法

1.1　文献资料法

文献资料法以"独立学院""学生特点""学生管理"等为关键词，通过中国知网、万方知识服务平台等数据库进行检索，收集与本研究相关的文献 50 余篇。

1.2 个案调查法

个案调查法为保证研究的真实性，对北京科技大学天津学院学生进行个案调查，在个案回访的资料中，掌握独立学院学生真实想法，剖析学生特点。

2 研究内容

2.1 独立学院学生特点分析

2.1.1 学习能力强，学习自律性差

当下大学生大多是"00 后"，能够支付昂贵的学费来到独立学院学习，家庭条件一般比较优越。因此，与其他同龄人相比，他们从小就接触更优质的资源，眼界更宽阔，思维更活跃。随着信息时代的不断发展，他们的学习能力得到很好锻炼，接受新事物的能力更强。当然，他们也很有可能为此而忽略坚持与自律。尽管他们刚开始步入大学时都有一个比较明确的学习目标——考研，但是在一个自由时间较多，学习氛围不够浓厚的大学校园，很少有学生能够一直坚持学习目标，而且放弃的理由也各异。总而言之，独立学院的学生对学习之外的活动积极热情，他们的学习能力、活跃思维在各种学生活动中被锻炼与培养，但是在学业上却没有更为理想的成效[1]。

2.1.2 人际交往意识强，交往能力有待提高

人际交往的目的是满足人与人之间传达思想、交流意见、沟通情感的需求。独立学院的学生一方面思维活跃开放、喜欢新事物；另一方面大多是独生子女，从小备受宠爱，养成了以自我为中心的思想。但他们内心比较孤单，所以主动与人交往的意识是很强烈的。独立学院学生交际圈普遍比较小，只有宿舍与社团，甚至同班同学都没有共同的话题。由于学生各自的家庭背景、社会地位和经济条件等不同，他们待人接物的方式、方法与人生观不尽相同，学生会出现心理上的不相容现象，且缺乏沟通技巧，因此，大学生的人际关系总是不尽如人意[2]。

2.1.3 思想独立，行为依赖

当代大学生大多是特立独行的一代，他们有自己的想法，自我意识很强，不喜欢被约束，如果他人过多干涉自己的事情就会产生逆反心理。他们知道大学的学习更多的是自主学习，大学的生活更多的是自我管理，思想上很独立，但是在行动上就不尽如人意。生活中宿舍里一些小事，其都会依赖父母、辅导员，学习上的自主自律更是很难保持。最突出的是其在考试上比较依赖于老师划重点、给题库，更有甚者考试中依赖作弊。大部分学生遇到事情第一时间就找别人帮忙，而不是自我探索，依靠自己解决。

2.2 独立学院学生管理方法探索

2.2.1 利用网络平台，增强学生互动

当前社会，互联网正以空前的深度和广度渗透人们生活的方方面面，当代大学生有充足的条件与时间，网络对于他们而言，已经是学习与生活必不可少的添加剂。无论是辅导员还是老师都应借助网络的力量，增加与学生的互动，达到优化学生管理的目的。调查显示，学

生上网的目的有很多，但其中最主要的是娱乐音乐、聊天交友和查找学习资料三个方面，娱乐音乐占50%，聊天交友占30%，学习只占10%。社交平台不仅是学生进行交友聊天的工具，也是学生发表观点、倾诉心声和分享生活的重要途径。独立学院的辅导员应深入了解学生微博、微信、QQ等网络动态，了解学生生活的点滴，第一时间掌握学生所遇到的困难，在最短时间里解决学生问题，增强与学生的互动，成为学生的良师益友[3]。独立学院的授课教师要利用网络打造一个现代化与信息化的课堂，做到课上将信息技术与教学融合，引导学生利用网站、网络课程自主学习，课下利用网络平台关注学生学习动态与思想状况，关心学生身心发展。网络、辅导员、授课教师与学生四位一体，拉近距离。

2.2.2 加强社团建设，激发学习积极性

对于独立学院而言，社团是学生在大学生活中不可缺少的重要组成部分。他们可以在社团里学到知识，锻炼实践能力，展示自我魅力，交到知心朋友。学生对社团的凝聚力甚至高于班级，有效利用社团激发独立学院学生学习积极性有很高的可行性。针对独立学院学生理论方面薄弱、实践操作能力强的特点，我们可以增强社团的专业性，让专业老师指导社团活动，让学生从中获得有用的专业技能。我们应严格管理社团，借鉴企业管理模式，让学生提前感受社会职场，为日后学生顺利进入社会做准备。同时，我们应引导学生遵纪守法，自我管理，进而推动独立学院学生管理工作的开展。

2.2.3 创新工作方式，引导主动学习

传统的管理方式对于思维活跃，追求新鲜事物的"00后"大学生而言太过枯燥乏味。独立学院教师和辅导员应立足学生的特点，结合便捷的网络，从每一件小事中创新方法，提高工作效率。比如，用趣味拍照的形式查寝；用小程序的步数监督晨跑；用发红包形式了解学生上课玩手机情况等。通过新颖的方式，让学生感受大学与中小学的不同，让学生变被动学习为主动学习，在思想与行动上做出改变。

3 结论与展望

3.1 结论

教育的根本问题是培养什么样的人、如何培养人以及为谁培养人，独立学院作为今后高等教育发展的一大亮点，在学生教育管理上还是存在不少问题，这已引起教育界等多方面的关注，并形成了大量的理论成果，这对独立学院的发展具有重要的理论指导价值与现实意义。随着国家相关政策的陆续出台，针对独立学院的研究数量不断攀升，大量经验总结或纯论述性短小文章不断涌现，但是研究深度欠缺，创新性不足。此外，独立学院作为一种新型高校办学模式，谋求应用型人才培养，各校情况不一。为提升相关研究成果的针对性和实用性，各独立学院应立足自身，开展具体深入的研究，从而助益于自身的可持续发展[4]。

3.2 展望

自20世纪90年代以来，独立学院不断发展壮大，在经历初创与波动、模仿与摸索、稳步与推进等阶段后，已经逐步迈入中国特色发展阶段。独立学院学生管理工作应当不忘初心、牢记使命，坚持党对教育事业的全面领导，坚持把立德树人作为根本任务，坚持把服务中华民族伟大复兴作为教育的重要使命，不断培养"四有"新人。

参考文献

[1] 赵佳. 独立学院学生管理工作探究 [J]. 人力资源管理, 2016 (09): 114-115.

[2] 杨秀晨. 独立学院大学生心理状况调查与教育对策研究 [C]. 中国中药杂志2015/专集: 基层医疗机构从业人员科技论文写作培训会议论文集. 中国中药杂志社, 2016: 2029-2031.

[3] 陈臻. 独立学院辅导员个性化开展工作的策略探索与实践 [J]. 福建广播电视大学学报, 2019 (01): 33-36.

[4] 李小蒙. 独立学院的研究现状及展望 [J]. 科教导刊（下旬）, 2018 (09): 11-12+77.

（作者简介：戴璐璐，女，1992年11月出生，安徽安庆人，管理学院辅导员，本科毕业，2019年8月至今在北京科技大学天津学院工作。）

我国人工智能企业运营能力研究
——以科大讯飞股份有限公司为例

刘新月 闫祉璇 任洁

(北京科技大学天津学院管理学院,中国 天津 301830)

摘 要:人工智能(Artificial Intelligence),英文缩写为 AI。它是一门研究、开发用于模拟、延伸和扩展人智能的理论、方法、技术及应用系统的新的技术科学。从国内人工智能领域来看,按照结构类型,目前95%以上的人工智能企业处于初创期,只有不到5%的企业处于成熟阶段。如今我国人工智能领域飞速发展,对于人工智能企业,如果能够在繁多的财务数据中,准确地分析企业的运营能力,企业就可以及时根据自身情况做出相应而适当的调整,增强企业资金的使用效率,完善企业管理,促进企业的发展,进而扩大企业在市场中的份额,让企业更好地平稳发展。本文选取人工智能企业中的代表企业科大讯飞股份有限公司为例,进行我国人工智能企业运营能力分析的研究。

关键词:营运资金;流动资产;流动负债

Research on the Operation Apability of AI Enterprises in China——A Case Study of IFLYTEK Co., Ltd

LIU Xinyue   YAN Zhixuan   REN Jie

(School of Management, Tianjin College,
University of Science and Technology Beijing, Tianjin 301830, China)

Abstract: Artificial Intelligence, abbreviated as AI. It is a new technical science to study and develop the theory, method, technology and application system of human intelligence. From the perspective of domestic artificial intelligence field, according to the structure type, most enterprises are in the initial stage. At present, more than 95% of artificial intelligence enterprises are in the initial stage, while only less than 5% are in the mature stage. Rapid development, now our country the field of artificial intelligence for the deve-

---

基金项目:北京科技大学天津学院大学生创新创业训练计划项目(201913898032)资助

lopment of artificial intelligence in enterprise, in various financial data, if it can be accurate analysis of the enterprise operation ability, can make the enterprise can timely according to oneself circumstance to make corresponding and appropriate adjustment, enhance the use efficiency of enterprise funds, perfect the enterprise management, promote the development of the enterprise, and enlarge the share of enterprise in the market, make enterprise better steady development. In this paper, IFLYTEK CO., LTD., a representative enterprise of artificial intelligence enterprises, is selected as an example to analyze the operation capability of artificial intelligence enterprises in China.

Key words: Working capital; Current assets; Current liabilities

1 营运能力的内涵

企业的营运能力指企业使用资产支撑经营活动的效率。效率越高，企业支撑同样规模的经营活动使用的资产越少，或是用同样的资产可以支撑更大规模的销售。这种能力通常用各项资产的周转率来描述[1]。

从另外一个角度讲，企业取得收入的过程，在企业内部表现为资金形态的不断转换，从现金变存货，存货出售形成应收账款，应收账款最终收回从而获得更多现金，循环往复，不断实现营业收入。在这个过程中，每一个环节的资产如果能尽快转化到下一个环节，则会大大缩短从投资到回收和获利的时间，使企业在同样时间能够多创造几次营业收入，从而提高企业获得利润的效率。在实现营业收入的过程中，一种资金形态从现有形态转化为下一种形态所用的时间，称为该项资金的周转期[2]。

2 我国人工智能企业现状

我国现阶段人工智能企业规模有利于提升企业生产率水平，收益质量和获利能力虽然对人工智能企业的全要素生产率产生了积极影响，但是效果不显著。我国人工智能企业已经进入高质量发展阶段，但是与高质量高发展阶段还有相当大的差距。[3]

3 流动资产营运能力

企业资金的营运能力用周转期或周转率来衡量。周转期，即每种资产或负债从发生到收回或支付的天数；周转率，即每种资产或负债在一年内从发生到收回循环往复的次数，也称周转次数。表1所示为科大讯飞股份有限公司各项流动资产营运能力指标。

表1 科大讯飞股份有限公司各项流动资产营运能力指标

指标	2014年	2015年	2016年	2017年	2018年
存货周转率（周转次数）	5.21	5.18	3.58	3.54	4.10
存货周转期（周转天数）	69.10	69.48	100.43	101.62	87.80
应收账款周转率（周转次数）	1.90	1.91	0.51	2.50	2.66
应收账款周转期（周转天数）	189.33	188.71	699.81	143.82	135.09

续表

指标	2014 年	2015 年	2016 年	2017 年	2018 年
流动资产周转率（周转次数）	0.68	0.68	0.64	0.85	1.06
流动资产周转期（周转天数）	531.98	527.69	558.34	422.35	341.14
应付账款周转率（周转次数）	2.07	2.47	2.77	3.16	2.25
应付账款周转期（周转天数）	173.87	145.96	129.85	113.98	159.95

我们通过对 2014—2018 年科大讯飞股份有限公司各项流动资产营运能力指标的数据对比，可以很明显地看出，在 2014—2018 年间，公司存货周转率降低，存货周转期明显增多，这就说明该公司支撑一定业务量使用的存货资金越来越多，回收资金的速度越来越慢，投资效率越来越低。存货周转率降低，说明该公司可能存在产成品积压，但也可能是该公司为了应对原材料涨价或预计的销售突增而有意增加了存货投资。在 2014—2017 年，应收账款周转率提高，应收账款周转期缩短，说明该公司的应收账款管理情况较好。该公司的流动资产周转率有所提高，说明其流动资产利用效率提高，单位流动资产创造营业收入的能力在增强，支撑产业单位营业收入占有的流动资产投资在减少。在这五年间，该公司的应付账款周转率和应付账款周转期没有明显的变动，说明该公司与供货商之间的供货模式没有出现变化，与同行业的其他公司的供货模式没有不同。

4 非流动资产营运能力

企业经营活动使用的资产不仅是流动资产，还包括股东资产、无形资产等非流动资产。这些资产的使用效率同样影响企业的营运能力。非流动资产营运能力分析指标通常只计算周转率，不再计算周转期。表 2 所示为科大讯飞股份有限公司各项非流动资产营运能力指标。

表 2 科大讯飞股份有限公司各项非流动资产营运能力指标

指标	2014 年	2015 年	2016 年	2017 年	2018 年
固定资产周转率（周转次数）	2.95	0.80	3.46	4.33	4.71
非流动资产周转率（周转次数）	0.84	0.20	0.78	0.99	1.16

通过对 2014 年到 2018 年的数据对比分析，我们可以得知科大讯飞股份有限公司固定资产周转率总体趋势是提高的，说明该公司的固定资产利用率逐渐提高，冗余资产有所减少。非流动资产周转率逐渐提高，说明该公司的非流动资产利用率在提升，非流动资产的质量在提高，无效资产在降低。

5 全部资产营运能力

总资产周转率体现了公司使用全部资产创造营业收入的效率。如表 3 所示，科大讯飞股份有限公司总资产周转率在 2014 年到 2018 年五年间有所降低，说明公司的资产总体使用效率有所降低。

表3 科大讯飞股份有限公司各项总资产营运能力指标

指标	2014年	2015年	2016年	2017年	2018年
总资产周转率（周转次数）	0.37	0.09	0.35	0.29	0.14

6 结语

本文研究的重点是我国人工智能企业运营能力，在研究过程中选取人工智能行业中的科大讯飞有限公司为主要研究对象，对其2014年到2018年间的财务数据进行详细的分析。针对流动资产营运能力，分别对企业的存货周转率和存货周转期、应收账款周转率和应收账款周转期、流动资产周转率和流动资产周转期、应付账款周转率和应付账款周转期进行了数据计算；针对非流动资产营运能力对固定资产周转率和非流动资产周转率进行了计算；针对全部资产营运能力对总资产周转率进行了计算。最后通过各项指标数据对比分析，得出相应的结论。所以，我国人工智能企业产品的技术研发与产品的质量提升都是不能小觑的，企业的管理者要更加重视将企业自身在运营方面的投入转化为出色的经济效益。

参考文献

[1] 尤祖臻. 构建资金运营体系提高财务运营能力研究 [J]. 现代经济信息，2019(21)：195-196.

[2] 于斌，刘伯超. 物流企业关键运营能力与服务能力：识别与演进 [J]. 商业经济研究，2019（20）：113-116.

[3] 侯志杰，朱承亮. 中国人工智能企业全要素生产率及其影响因素 [J]. 企业经济，2018，37（11）：55-62.

（作者简介：刘新月，女，1998年2月出生，北京密云人，本科在读，主要研究方向为会计学，北京科技大学天津学院管理学院2016级学生；闫祉璇，女，1998年9月出生，天津滨海新区人，本科在读，主要研究方向为会计学，北京科技大学天津学院管理学院2016级学生；任洁，女，1990年10月出生，天津宝坻人，讲师，硕士研究生毕业，主要研究方向为财务管理，2015年9月至今在北京科技大学天津学院工作，为课题指导教师。）

天津老字号名称翻译现状研究

马波

(北京科技大学天津学院外国语学院,中国 天津 301830)

摘　要:为促进天津老字号发展,本文采用文献资料法、问卷调查法、实地调查法对天津老字号的名称翻译和发展进行调查研究。研究发现老字号名称翻译分类不细致甚至流失,缺乏精准度,存在漏译和误译现象,故本文提出对策:一、通过实地考察和查阅历史资料,增加对各类天津老字号文化的了解,总结独特性和创新性;二、对老字号进行分类,设定老字号翻译标准,合理运用中西文化差异,选择最合适的英语表达;三、避免拼音翻译法的过度使用,采用多种翻译方式。

关键词:天津老字号;名称翻译;调查;分类;精准度

Research on the Current Situation of Tianjin Time-honored Brand Name Translation

MA Bo

(School of Foreign Studies, Tianjin College,
University of Science and Technology Beijing, Tianjin 301830, China)

Abstract: In order to promote the development of Tianjin time-honored brands, the methods of literature, questionnaire and field survey were used to investigate the translation and development of Tianjin time-honored brands. It is found that the classification of name translation of Tianjin time-honored brand is not meticulous and even lost, lacking of accuracy, and there are omission and mistranslation. Therefore, it might be suggested to increase the understanding of the culture of various Tianjin time-honored brands, conduct an on-the-spot investigation and consult historical data, and summarize the uniqueness and innovation. It could be urgent to make a classification of time-honored brands, set translation standards for time-honored brands, rationally use the cultural differences between China and the west, and select the most appropriate English expression. The excessive use of pinyin translation should be avoided and a variety of translation methods should be adopted.

Key words: Tianjin time-honored brand; Name translation; Investigation; Classification; Accuracy

1　天津老字号名称翻译现状

随着经济全球化的发展，跨境贸易迅速推进。当中国品牌进入西方市场时，其应适应西方文化，采用合适的英文品牌名代替中国原装品牌名，这对于中国传统的老字号品牌的发展具有重要意义[1]。老字号品牌深深植根于中国悠久的历史，展现了中国文化的鲜明特色。本文通过调查研究发现，英文翻译名称应充分传达品牌的丰富文化内涵，提供有价值的产品信息，与西方消费者产生共鸣，建立中国的世界品牌。

1.1　问卷调查法

在老字号名称翻译研究过程中，本文以在校大学生群体为调查对象，对在校大学生进行问卷调查。

调查对象：北京科技大学天津学院在校大二学生，主要包括英语专业和非英语专业学生。

调查方法："问卷星"电子问卷调查平台。

调查人：2016级英语专业学生6人。

调查分工：A负责统筹组织，B负责实地考察，C负责数据的分析整理归纳，D负责项目的设计调研，E负责文献资料的查找、翻译和整合，F负责文献资料的对外联系。

本文通过对数据的研究分析得出以下结论：仅有16.3%的大学生了解天津老字号的发展动态，仅有7.9%的大学生在日常生活中会经常接触一些天津老字号的文化和产品，这两个数据表明大部分的大学生不会主动去了解天津老字号；95%的大学生是从实际生活和媒体了解天津老字号，说明目前为止某些老字号的文化推广比较好，我们可以通过各种各样的方式和途径来接触天津老字号；87.7%的在校大学生认为有必要对天津的老字号进行翻译，80.3%的大学生支持天津老字号的翻译，近50%的大学生表示外出的时候愿意主动关注老字号的翻译，并且96.1%的大学生认为如果有一个较好的天津老字号的翻译，则他们愿意主动推广，这四个数据表明在校大学生对老字号的翻译有积极的态度；当问到老字号的翻译是直译还是意译，较多非英语专业学生参与时，支持直译的比例近63%，而英语专业的学生参与后，支持直译的比例下降到33%，这两个数据表明大部分英语专业的学生认为老字号的翻译采用意译的手段比直译好；当问到老字号的翻译是否可以直接用拼音时，大部分非英语专业学生赞同直接用拼音，而英语专业的学生不赞同直接用拼音，这表明英语专业的学生在接触过意译之后，明白意译这种方法更能翻译出老字号产品的精髓，与英语专业的学生相比，非英语专业的学生对翻译的认识停留在表层；大部分有翻译的老店基本会有五分之二的外国人，所以翻译对吸引外国人有一定作用。综合上述数据和分析我们可以得出，当代大学生对天津老字号有一定的关注度，但关注的程度不深，而且天津老字号产品的传播和国际影响力一般，所以天津老字号翻译的研究推广是很有必要的。

1.2　实地调查法

天津老字号店面大多位于天津市南开区津门十景之一的古文化街。在对老字号的店铺进行考察访问后我们发现，街上有许多外国人，店里却很少看到外国人，原因之一在于老字号门店的翻译不准确或者有些店面没有针对外国友人的翻译,其对老字号的关注度低。因此,通过本次实地考察,我们知道对老字号及其介绍的翻译实践刻不容缓,而且对老字号的翻译得能向世界推广天津老字号。

1.3 官方网站调查

我们通过对天津市文化官方网站调查,从 308 条简介中选取符合老字号的店铺 43 家,其品牌均创立于 1956 年(含)以前,具有鲜明的民族特色和地域文化特征,具有历史价值和文化价值[2],表 1 所示为天津老字号翻译情况汇总。如表 2 所示,在天津老字号名称的翻译中,用拼音翻译酒业和服饰产品的比例高达 100%,在食品与饭店和药业中占比分别为 85.18% 和 75%,在生活用品中占比最低,为 28.57%。由以上数据我们可以发现:生活经常接触的各类天津老字号产品普遍使用拼音译法。

表 1　天津老字号翻译情况汇总

种类	名称	地点	现有翻译	拼音	非拼音
食品与饭店	狗不理包子	天津市和平区山东路 77 号	Goubuli, Go Believe	85.18%	14.81%
	耳朵眼炸糕	红桥区大胡同商业街 32 号(东北角书店旁)	Ear-hole Fried Cake		
	崩豆张	天津市南开区全境东马路水阁大街古文化街南街 118 号	BENG DOU ZHANG		
	桂发祥	天津市南开区鼓楼东街 169 号	Tianjin Mahua (fried dough twist)		
	果仁张	天津食品街 4 区 2 楼 87 号	Netlet Zhang		
	熟梨糕	天津市南开区古文化街 21 号附近	Shuli Cake		
	嘎巴菜	天津市和平区荣安大街 15 号	Ga Ba Cai		
	煎饼果子	天津市和平区重庆道 76 号附近	Jianbing Guozi		
	月盛斋	天津市东城区前门大街 3 号	Yue Sheng Zhai		
	鸿起顺饭庄	天津市河西区大沽南路 668 号鸿起顺饭庄 1 层大厅(近东楼邮局)	Hong Qi Shun Restaurant		
	成贵饭店	天津市和平区河北路 287-289 号疙瘩楼旁(近睦南道)	Chengui Restaurant		
	石头门槛素包	天津市慎益大街南市食品街 1 区 12 号 1-2 楼	Stone gate		
	正阳春烤鸭店	天津市辽宁路 146 号	Zhengyangchun roast duck restaurant		
	白记饺子	天津市新开路宏昌电子城红绿灯北 100 路西	Bai ji jiaozi		
	天津起士林大饭店	天津市和平区浙江路 33 号	Tianjin qishilin hotel		

续表

种类	名称	地点	现有翻译	拼音	非拼音
食品与饭店	登瀛楼饭庄	天津市山西路284号	Dengyinglou restaurant	85.18%	14.81%
	永元德饭店	天津市红星路向阳楼57号楼底商	Yongyuan hotel		
	知味斋	天津市和平区昆明路191号	Zhiwei zhai		
	利顺德大饭店	天津市和平区台儿庄路33号	Thelishunde grand hotel		
	天宝楼	天津跃升里商业街12号	Tianbao building		
	燕春楼	天津市红桥区大胡同2号（近金钢桥）	Yanchun restaurant		
	会芳楼	天津快速路南仓桥下	Huifang restaurant		
	致美斋	天津市红桥区芥园道先春园一号	Zhimei zhai		
	桂顺斋	天津市东丽区军粮城街军瑞园1-6号底商	Guishun zhai		
	四远香糕点	天津市南开区长江道40号附近	Siyuan fragrant pastry		
	红旗饭庄	天津南开区黄河道480号	Hongqi restaurant		
	宴宾楼	天津南开区芥园西道三元村6号	Yianbin restaurant		
	天盛号	天津市红桥区纪念馆路中嘉花园1号	Tiansheng		
药业	天津同仁堂	天津市河北区狮子林大街200号友谊新都市百货同仁堂专柜	Tianjin tong ren tang	75%	25%
	隆顺榕药庄	天津市南开区白堤路17号中新大厦9楼隆顺榕	Long shun rong		
	达仁堂	天津市南开区古文化街23号	Darron hall		
	天津乐仁堂	天津市南开区白堤路17号中新大厦中新药业集团股份有限公司乐仁堂	Tianjin le ren tang		
服饰	老美华	古文化街100号增2号附近	Lao mei hua	100%	0%
	盛锡福	滨江道193号滨江商厦	Liu xi san		
酒业	天津市直沽酿酒厂	天津市河东区大直沽前街10号	Tianjin zhigu brewery	100%	0%
	天津津酒	红桥区怡华路与怡闲道交叉口西北50米	Tianjin jinjiu group		
生活用品	天利独流老醋	天津市静海区独流镇老火车站	Tian li duliu old vinegar	28.57%	71.42%
	蓝天牙膏	天津市河东区张贵庄路78号	Blue sky toothpaste		
	山海关汽水	天津市空港经济区西十五道3号	Shanhaiguan soda		
	鸵鸟墨水	天津市南开区宜宾道5号	Ostrich ink		
	鹦鹉牌萨克斯管	天津静海开发区（A区）新兴工业园区	The parrot brand saxophone		
	金鸡牌鞋油	天津市河东区江都路1号	Golden chicken shoe polish		
	海鸥牌手表	天津空港经济区环河南路199号	The seagulls watch		

表 2　天津老字号名称翻译中拼音和非拼音所占比例

分类	拼音	非拼音
酒业	100%	0%
食品与饭店	85.18%	14.81%
药业	75%	25%
生活用品	28.57%	71.42%
服饰产品	100%	0%

2　天津老字号名称翻译出现的问题

近年来，老字号作为中华优秀传统文化和民族品牌的代表，在传承创新、改革发展中发挥着越来越重要的作用。官方网站翻译具有一定的权威性，但老字号名称翻译没有统一的标准，可能会让外国读者感到困惑。下述三个问题在老字号名称的翻译过程中出现的频率较高。

2.1　老字号名称翻译分类不细致甚至流失

目前，老字号名称翻译的分类不全面不细化，主要集中于食品类，有两个重要原因。第一，目前人们对老字号产品认识不足，对什么产品属于老字号缺乏足够的认知。第二，有些老字号知名度不高，以及产品或技术在传承的过程中不能与时俱进，由于得不到顾客的支持和认可，有些老字号已经销声匿迹[3]。

2.2　老字号名称翻译缺乏精准度

老字号名称翻译缺乏精准度的原因：第一，老字号名称翻译难度较大。老字号名称翻译目前没有统一的标准，翻译者的翻译水平不够成熟，在老字号名称翻译中不可避免存在词不达意的问题。第二，文化差异。翻译的受众是以英语为母语的人群，因此译者应该考虑英语母语者是否可以理解老字号品牌的翻译，是否能理解产品名字背后的深层次含义，缺乏精准度的翻译是否会给他们带来文化上的误解。

2.3　老字号名称翻译存在漏译和误译

调查数据显示，食品与饭店和药业老字号的拼音英译率较高，翻译较为全面，药业的拼音英译率为75%，食品与饭店则高达85.18%。仅有28.57%的生活用品老字号为拼音译法，其中71.42%均为非拼音译法。老字号品牌缺乏非拼音译名不利于老字号走出国门，不利于老字号文化的传播。

由于没有统一的翻译标准，拼音译法无法体现老字号品牌的深刻含义，而非拼音译法可能会传达出产品的文化内涵和特色。例如崩豆张（BENG DOU ZHANG），此翻译使人难以理解，阻碍崩豆张的传播与销售。与此同时，崩豆张还另有译法——Collapse Beans Zhang，此译法会使人理解为崩塌的豆子张，此时脑海中即刻浮现豆子活灵活现的模样，正体现了豆子脆而不硬，五香味浓，久嚼成浆，清香满口，余味绵长的优点[4]。

桂发祥十八街麻花的译名"Guifaxiang Eighteenth Street Hemp Flower—Since1927"，在保持原有的汉语拼写及读音上加之英文，标注出老字号品牌创立年份，突出其历史悠久，此译法对于桂发祥的内容与历史进行了双重说明，译名使人一目了然，但此种译法存在巨大缺陷。此译名的字符数多达四十余个，容易使人产生感官疲劳，不利于品牌名记忆，不利于企业进行宣传[5]。而另一种译名"18th Street Fried Dough Twists"生动地用英文词汇将其特色展现出来，翻译为"在十八街有着用面团拧出来油炸美食"，麻花雏形是由面团拧出来的，放入油锅，片刻便能呈现出桂发祥十八街麻花的独特魅力。虽然中英文不同，但灵活运用恰当的翻译方法能够使之互通，此种译法既能弘扬中国传统文化，又便于记忆，有利于扩大老字号的海外知名度，从而增加销售量[5]。

3 天津老字号名称翻译解决对策

针对老字号名称翻译分类不细致甚至流失的问题，我们必须增加对各类天津老字号文化的了解，必须进行实地考察并查阅历史资料，了解各类老字号产品目前的发展状况，记录考察过程中发现的问题，与时俱进。针对老字号名称翻译缺乏精准度的问题，我们可以经过调查，查阅老字号来历的相关资料，对老字号进行分类，设定老字号翻译标准，了解中西文化之间的差异，选择最合适的英语表达展现给英语受众群体。针对老字号文化翻译中的漏译和误译问题，我们要建立好老字号文化翻译的统一标准，要避免拼音译法的过度使用，采用多种翻译方式。我们要对产生漏译的原因进行详细分析，提高译者的翻译技巧和对文化的理解，更好地将天津老字号文化产品推出国门。

4 天津老字号名称翻译推广策略

第一，老字号品牌具有多样性，难以将其进行统一规范，无法统一老字号英译的标准，导致老字号品牌"难"译。第二，老字号品牌方的创新意识不够强，宣传意识弱，忽略了品牌英译的重要性，忽略了老字号的发展前景，致使老字号品牌"弱"译。第三，人们对老字号文化重视程度低，社会对于老字号的英译状况缺乏了解，使得老字号品牌"缺"译[6]。

拼音译法是老字号名称翻译中最普遍采用的翻译方法，但是中文名称与其所表示的意义相差甚远，拼音译法很难将文化特点、行业特点和经营理念准确地传达给消费者。与文学作品翻译相比，老字号名称翻译更侧重于翻译的科学性和精准性，要使原名与译名意义相符、功能相近、形式相似，因此老字号产品名称的英语翻译不是表象文字上的吻合，而是信息和语言内涵上的紧密结合[7]。

老字号品牌英译的根本目的是促进销售，英译是老字号文化的传播方式，更是衔接中外友好合作的桥梁，只有不断完善老字号的英文译名，早日对老字号品牌的英译提供统一的标准，给当地旅游局提供更贴合中文名称的翻译版本，传递老字号文化内涵，老字号才能更好地走出国门，老字号文化才能与外国文化碰撞出火花，不断地进步和发展，在全球各地留下中华老字号的足迹[8]！

参考文献

[1] 刘丹. 中华老字号品牌的英译研究 [D]. 哈尔滨：哈尔滨工业大学，2012.
[2] 刘巨钦，田雯霞. 老字号企业品牌文化创新研究 [J]. 商业研究，2012（05）：

64-68.

　　[3] 刘法公. 论商标汉英翻译的几个关键问题 [J]. 中国翻译，2003（06）：70-73.

　　[4] 胡晓姣. 论"中华老字号"的国际化译名——以天津相关翻译实践为例 [J]. 中国科技翻译，2015，28（3）：28-31.

　　[5] 唐宁. 顺应论视角下"中华老字号"企业简介的英译 [D]. 北京：北京第二外国语学院，2013.

　　[6] 左宝霞. 天津市"中华老字号"品牌名称特点及实用英译策略分析 [J]. 校园英语，2015（8）：226-227.

　　[7] 杨群艳. 餐饮老字号产品名称英语翻译策略 [J]. 中国商贸，2011（25）：46-47.

　　[8] 薛平平. 老字号品牌价值及业态创新 [J]. 中外企业家，2016（23）：87-89.

（作者简介：马波，女，1988年2月出生，山西大同人，硕士研究生毕业，主要研究方向为语言学和英语教学，2016年9月至今在北京科技大学天津学院工作。）

基于赖斯文本类型理论的公示语翻译原则

张晓宇

(北京科技大学天津学院外国语学院,中国 天津 301830)

摘 要:公示语是常见的公共场所用语。公共场所用语作为向外界展现国家语言景观的重要窗口和向公众传递重要信息的重要媒介,其翻译应该得到更多关注。而当前众多场合的公示语翻译存在较大问题,本文基于赖斯文本类型理论,将公示语划分为信息型和感染型(操作型)两大类,并通过对笔者日常生活中观察的公示语翻译进行实证分析,提出了信息型公示语翻译应具备准确性、规范性和简洁性三个翻译原则,为公示语翻译研究提供参考。

关键词:文本类型理论;公示语翻译;准确性;规范性;简洁性

Translation Principles of Public Signs Based on Reiss's Text Type Theory

ZHANG Xiaoyu

(School of Foreign Studies, Tianjin College,
University of Science and Technology Beijing, Tianjin 301830, China)

Abstract: Public signs are common terms in public places. As an important window to show the national language landscape to the outside world and an important medium for transmitting important information to the public, public signs should be attached great attention in its translation. However, some serious problems still exit in the current translation of some public signs in many occasions. Based on Reiss's text type theory, this paper divides public signs into two types: informational and infective (operational) ones. Through an empirical analysis of cases observed in everyday life, this paper proposes that information-type public language translation should comply with three translation principles: accuracy, standardization and simplicity.

Key words: Text type theory; Translation of public signs; Accuracy; Standardization; Simplicity

翻译学者卡塔琳娜·赖斯（Katharina Reiss，1923— ）将文本划分为信息型、表情型、操作型和视听型四种类型[1]，并对每个类型的文本特点进行描述，信息型文本中语言多平实，以描述事实为主，旨在提供信息、观点；表情型文本中语言多具艺术性，主要指诗歌、小说、戏剧等文学文本；操作型文本中语言多具感染力，旨在劝服文本接受者做或者不做某件事情；视听型文本多指电影、视听广告等，既有图像又有音乐。由此，赖斯提出了以翻译为导向的文本类型理论。换言之，翻译某文本时，首先我们确定文本类型，明晰译文功能，这对翻译方法和翻译策略的选择具有重要作用，因此，明确公示语翻译原则，需首先明确公示语应属于何种文本类型。

1 公示语的分类

公示语是城市的标识、指示牌、路牌、标语、单位名称和通告等的统称。基于赖斯以翻译为导向的文本类型理论进行公式语的翻译，译者只有对公示语进行正确的文本分类，明确其交际功能，才能正确表达出源语公示语的真正目的。

而对于公示语的分类，学者们各持己见。张美芳将中国澳门的公示语划分为具有信息功能、表情功能、感染功能、兼具信息和感染功能，以及兼具表情和感染功能等五种类型，并指出不同的公示语具有不同的目的和功能，翻译时应各有所侧重[2]。牛新生依据纽马克的文本功能分类论述了"感召功能兼信息功能"和"感召功能兼美感功能"两种复合功能的公示语文本，并得出结论：感召功能始终都是公示语的主导功能，信息功能或美感功能只是一种次要功能[3]。学者刘迎春使用"二分法"将公示语分为信息型和感染型（操作型）两种类型。他指出，在公共场所，有些公示语发挥指示、告知的作用，主要体现信息功能，有些公示语发挥提醒、警告的作用，主要体现感染功能[4]。据此，信息型公示语的主要功能是通过指示的信息，为公众的工作和生活提供必要的、有用的信息服务，其核心是文本的信息内容，翻译的目的就是准确传递公示语的信息。笔者更同意学者刘迎春的观点，认为生活中常见的公示语大致包含信息型和感染型两种。信息型公示语主要指公共场所的标语、指示牌，目的是给公众指示方向、明确位置等；感染型公示语则起提醒、警告的作用，敦促甚至禁止公众做或不做某件事情。

2 信息型公示语的翻译原则

如果说对公示语进行正确分类，是保证公示语翻译质量的前提和基础，那么依据不同类型的公示语确定正确的翻译原则，是确保公示语翻译质量以及翻译效果的关键和保障。在当前全球化大背景下，随着中国国际地位的日益提升，公示语翻译作为展现中国文化软实力的一个分支，其作用尤为重要。它不仅关系一个国家的投资环境，还关系一个城市的形象，关系社区的管理水平，关系旅游文化产业的兴衰，等等。

下文笔者将以日常生活中常见的信息性公示语翻译实例为研究语料，指出部分案例中翻译不当之处，论述公示语的翻译原则，以期对公示语的翻译理论研究提供一个新的视角，为公示语翻译实践提供借鉴。笔者认为，公共场所的信息型公示语翻译要以目的语接受者为导向，侧重传递原文的完整内容，因此其应该遵循准确性、规范性和简洁性三个原则。

2.1 准确性

正如尤金·奈达指出的"Translating means translating meaning（翻译就是翻译意思）"，

翻译的目的就是将原文的意思用译语重新表达出来，使看不懂原文的读者能通过译文获得原文的信息[5]。因此，不失原意即准确性是翻译的重要原则。信息型公示语翻译的准确性更为重要。因为若不能正确传达公示语原文的意思，就会给读者造成错误的指导，从而失去了信息型公示语的信息功能。

例1：饮水处。

原译：Watering Place。

改译：Drinking Water。

分析：本案例为笔者在火车站饮水处观察到的一则公示语。很明显，原译没有准确地译出源语公示语的真正含义。众所周知，不同类型的水经过不同的处理，会有不同的用途。在火车站这类公共场合，"water"大概有两类，一类为洗手时需要的流动水，另一类则为经过了进一步消毒的饮用水。因此翻译者在翻译这则公示语时，不是简单的中英文转换，而是要精准地提炼出其中所要表达的意思[6]。此处的"饮水处"需要清楚表明这里的水是专门的饮用水，而非其他用途的水。但"Watering Place"没有准确地译出此处"水"的真正用途。笔者将其改译成"Drinking Water"，可使读者一目了然，明确此处的水为饮用水，而非其他用途的水。

例2：小便入池。

原译：Urinating into the pool。

改译：Urinating into the Urinal。

分析：该则公示语兼具信息型和感染型两种功能，一方面告知公众正确的排便位置，另一方面提醒公众勿做不文明行为。而原译"Urinating into the pool"可能会令外国读者啼笑皆非，因为"pool"在英文中的意思为"a hole or container that has been specially made and filled with water so that people can swim or play in it"，中文意思为"专供人玩耍或游泳的水池"，所以，很明显，原译文属于误译，若按照错误的译文进行展示，起不到提供信息或提醒他人的效果，反而会适得其反，造成更恶劣的情况。因此，笔者将其改译为"urinal（a plumbing fixture to urinate, usually attached to the wall）"，才准确表达了原文要表达的含义。

例3：无障碍通道。

原译：Accessible Passage。

改译：Wheelchair Accessible。

分析：该则公示语是笔者在地铁站进站口观察到的，原文"无障碍通道"指方便残疾人出行的专用通道，一般位于建筑物入口处，主要是为了方便轮椅的通行。原译文"Accessible Passage"，中文意思为"可以通行的通道"，其面对群体可能为所有可在此通道通行的行人，无论残疾与否，所以原译文并没有准确地译出该无障碍通道的含义。因此，笔者将其改译为"Wheelchair Accessible"，使读者一目了然，清晰指示轮椅可在此通行。

由以上三个案例我们可以发现，正确传达源语公示语的意思，准确使用英文词汇对实现信息型公示语的信息功能十分重要。若翻译得不准确，轻则引起读者误会，重则适得其反。

2.2 规范性

本文的规范性指部分信息型公示语属国际惯用，其译文应与国际惯用的英文公示语统一，能被其他国家读者看得明白，弄得清楚。学者刘法公也曾指出，最简便而实用的办法，其实莫过于直接照搬国外的惯用标识。英文标识必须照顾到说英语、使用英语的人的感受。而那些约定俗成的公共标识，最原汁原味，也最容易让外国人明白其中内涵[7]。学者罗新民和米亚宁也指出，合格的公示语翻译不是局限在词语之间的转换上，而是要做到译有所思、译有所为，译者要做到既充分了解源语公示语及其所传达的文化内涵，还要了解两种文化间的差异，力争做到求同存异、沟通无阻[8]。因此，国内的一些信息型公示语不必翻译得五花八门，这样的"中式翻译"既不具国际规范性，也使外国读者不知所云。

例4：员工车辆入口。

原译：Staff Cars Entry。

改译：Staff（Authorized）Cars Only。

分析：原译文虽然表达出了原文的意思，具有一定程度上的准确性，但显得十分生硬，不符合英文的表达习惯，难以实现信息型公示语的提示功能。其实，在使用英语的国家有很多类似的公示语："游客止步"在英语国家的通用说法是"Staff Only"，而非"Tourists/ Please Stop"之类的译文，"员工专用 Staff Only""公交车专用 Buses Only""贵宾专用 VIP Only/ Distinguished Guests Only"等，因此我们可以遵循国际规范，将其翻译为"Staff（Authorized）Cars Only"。这样可以避免在根据汉语的句式特点进行翻译时望文生义，造成不伦不类的译文。当然，这不是盲目的抄袭，而是一种模仿和借鉴。

2.3 简洁性

公示语因受时间和空间限制，简单明确尤为重要。翻译时应用词简洁，措辞精确，仅使用实词、关键词、核心词汇，而冠词、代词、助动词等都可省略，简洁的译文其效力更大。学者肖潇指出，国内的一些公示语在实际翻译过程中，没有对中英文化差异进行分析，导致翻译用词不够准确，翻译内容过于复杂，不利于人们的理解。因此，公示语翻译要在语法结构上进行简化，使用的语言文字要精炼，尽量避免使用过于繁复、华丽的辞藻[9]。

例5：漂流取相处。

原译：Place for Drifters to Pick up Photos。

改译：Photo Pick-up for Drifters。

分析：该案例为游乐场所中漂流取相的提示标语。但该公示语有七个词，且中心词"Photo"列于七个词的最后一个，"place""for""to"等使得译文重点不够突出，且啰嗦累赘，读者对标语的内容不能一目了然，因此笔者改译译文，将中心词"Photo"置于句首，且删掉对句意无任何影响的"Place"和"to"，仅保留核心词汇，使得句子结构更加简洁，意义更加清晰，同时节省了公示语的排版空间。

例6：老弱病残休息区。

原译：Rest Place for the Elder, Vulnerable, Sick and Disabled。

改译：Lounge for the Physically Challenged 。

分析：这则公示语是一辆公交车特殊座椅上方的提示语，原译属完全字对字的翻译，读起来虽意思明确，但稍显冗长，且由于公交车上空间所限，无法达到简明扼要的效果。学者范仲英指出，这种现象是翻译独有的一种常见通病，被称为"翻译症"[10]。因此，笔者对源语公示语进行分析，其实，公示语想要表达的意思为"身体上有特殊需要的人群"，笔者改译为"the Physically Challenged"，既涵盖了以上人群，又考虑了公交车上的空间限制，同时，笔者运用了委婉语的修辞手法，以表示对"老弱病残"人群的尊重和理解。让座行为本身是社会进步和国民素质提高的一种体现，但这样字对字翻译，其实在得体性方面欠妥。因此，公示语翻译也应适当注重用词的文雅，学者孙小春指出，文雅原则指用语体现一定的含蓄性、优雅度，避免直接提及一些不够雅观、中听的概念，或者使用一些修辞手段，使相关用语读上去让人回味，记忆深刻[11]。

3　结论

本文基于赖斯文本类型理论，将公示语划分为信息型和感染型（操作型）两大类，为译者确定公示语的翻译原则提供了理论依据；通过对笔者日常生活中观察的公示语翻译进行实证分析，提出了信息型公示语翻译的三个原则，即准确性、规范性和简洁性，为公示语翻译研究提供了参考。

参考文献

[1] NEWMARK P. A textbook of translation [M]. Shanghai：Shanghai Foreign Language Education Press, 2001.

[2] 张美芳. 澳门公共牌示与及其翻译研究 [J]. 上海翻译, 2006（1）：29-34.

[3] 牛新生. 公示语文本类型与翻译探析 [J]. 外语教学, 2008（3）：90-91.

[4] 刘迎春, 王海燕. 基于文本类型理论的公示语翻译研究 [J]. 中国翻译, 2012（6）：89-92.

[5] NIDA E. Language and vulture：Contexts in translating [M]. Shanghai：Shanghai Foreign Language Education Press, 2001.

[6] 堂敬安, 余叶子. 旅游景区英译公示语的认识研究 [J]. 中国科技翻译, 2019（3）：50-52.

[7] 刘法公, 徐蓓佳. 公示语汉英翻译原则的探索 [J]. 外语与外语教学, 2008（2）：47-50.

[8] 罗新民, 米亚宁. 文化自觉与公示语翻译 [J]. 外语电化教学, 2019（188）：4-11.

[9] 肖潇. 浅析国内公示语翻译中存在的问题及对策 [J]. 课程教育研究, 2019（15）：106.

[10] 范仲英. 实用翻译教程 [M]. 北京：外语教学与研究出版社, 2014.

[11] 孙小春, 何自然. 公共场所用语得体性研究刍议 [J]. 语言文字应用, 2019（5）：70-75.

（作者简介：张晓宇，女，1995年1月出生，辽宁北票人，助教，硕士研究生毕业，主要研究方向为英语翻译，2018年8月至今在北京科技大学天津学院工作。）

应用型高校大学英语课程思政学生主体模式实践探索

安传达 秦丽波

(北京科技大学天津学院外国语学院，中国 天津 301830)

摘 要：课程思政是一种将专业或素养课程与思政课程结合的新型教育教学观，可实现知识传授、技能培养和价值引领的统一，显性教育与隐性教育的融会贯通。大学英语作为高校非英语专业的基础课程，在贯彻落实高校"立德树人""三全育人"中发挥着不可替代的作用，马克思主义基本理论观点、社会主义核心价值观、中国优秀传统文化等贯穿教学过程，培养学生的文化素养、"四个自信"和道德品质。本文首先梳理课程思政内涵和实施原则以及应用型高校开展大学英语课程思政的可行性；其次介绍北京科技大学天津学院实施大学英语课程思政的学生主体模式实践探索；最后提出实施大学英语课程思政的几点建议。

关键词：课程思政；大学英语；学生主体；应用型高校

Students-centered Ideological and Political Practice of College English Course in Application-oriented Colleges

AN Chuanda QIN Libo

(School of Foreign Studies, Tianjin College,
University of Science and Technology Beijing, Tianjin 301830, China)

Abstract: Integrating ideological and political thoughts into curricula is a brand new pedagogical viewpoint which offers an opportunity to combine specialized or literacy courses with cultivation of ideological and political awareness in contemporary Chinese colleges and universities. It is a way to realize the harmonious process of knowledge-transference, skills-training, guidance of value-orientation, agreement of explicit and implicit education. As a fundamental course for non-English majors in most colleges in China, College

---

基金项目：应用型本科大学英语混合教学模式的设计与实践，北京科技大学天津学院院长基金项目(2019YZJJ-SK02)资助

English course plays an irreplaceable role in implementing the mission of "Morality and Nurturing", such as Marxism principles, socialist core values, China's excellent traditional culture. This paper firstly reviews the connotation and principles of integrating ideological and political thoughts into curricula and its feasibility in application-oriented colleges. Secondly it introduces the practical exploration of Students-centered model in Tianjin College, University of Science and Technology Beijing. Lastly, some conclusions are drawn and suggestions are given for future study in this field.

Key words: Integrating ideological and plitical thoughts into curricula; College English; Students-centered model; Application-oriented colleges

新时代的思想政治教育已经不再局限于大学思政课，而是与高等教育中的其他学科融合。《大学英语教学指南》明确指出了大学英语的重要性，了解国外前沿的科技进展、管理经验和思想理念，学习和了解世界优秀的文化和文明，也有助于增强国家语言实力，传播中华文化，促进与各国人民的广泛交往，提升国家软实力[1]。语言是人类文化的载体，体现巨大的思想力量，每一种语言都能反映其使用者所在民族的世界观、思维方式、社会特性及历史、文化等。除知识传授外，听说读写译等语言能力的培养以及信息传递功能、思想熏陶和价值观引领亦是大学英语教学应有之义。大学英语教学是中西方思想文化激烈碰撞的舞台，受众面广，课程持续时间长，在传授语言知识、培养语言技能、展示中西方文化的各自魅力的同时，外语教师需要谨记"培养什么人、怎样培养人、为谁培养人"的要求，不忘"学高为师，身正为范"的初心，担负起培养兼有爱国情怀和国际视野人才的使命。

1 课程思政内涵与原则

1.1 课程思政内涵

课程思政是当今时代一种新的教育理念，在第14届（2016）社会科学学术年会专题讲座中首次被提出，以立德树人为教育根本任务，将专业课程与思政课程有机结合，从而构建一种全员、全程、全课程、全方位的育人格局[2]。赵继伟则认为课程思政不是一种新的理念，而是"大思政"理念、"隐性思想政治教育"理念在课程教学中的具体体现和呈现。长期以来，思想政治理论课是大学生思想政治教育的主渠道，其他课程蕴含的思想政治教育资源和功能没能得到有效发挥，大学生思想政治教育的课程育人合力没能形成[3]。全国高校思想政治工作会议召开后，各高校对课程思政的探索如雨后春笋涌现，目的是落实国家高等教育的社会主义办学方向和马克思主义在广大教师和学生意识形态中的指导地位，强调高校所有课程必须具备价值塑造、能力培养、知识传授"三位一体"的教学目标，深入挖掘和发挥专业课、通识课等各门课程蕴含的思想政治教育资源与协同育人功能。

1.2 课程思政原则

课程思政是课程+思政，或是课程与思政无缝融合，关系课程定位、思政实施原则和效果。如果离开马克思主义立场、观点和方法，则开展课程思政容易出现"两层皮"现象，最终影响大学生社会主义核心价值观的培养。忽视中国特色社会主义哲学社会科学体系、中国历史、中国优秀传统文化，课程思政就如同无源之水、无本之木。各门课程的思政元素是实施课程思政的重点内容，而课程是实施课程思政的基础和关键手段。课程建设是高校教育教学改革创新的一项重要内容，课程教学管理则是教育教学的常规性工作，二者需要将马克思主义原理作为指导，在理论和实践中大胆探索，形成科研、教学双向融合和共建机制，回应学生在综合素养和专业课方面的现实需求。因此，高等教育课程思政应该坚持以下四个原则。

（1）同向同行原则。改革开放40年来，我国社会已受到利益多样化、价值多元化、教育国际化、观念开放化的深刻冲击，使得主流意识形态对青年人的影响力大大减弱，也折射出高校对大学生价值观教育的滞后甚至缺失[4]。具体表现为专业课和综合课老师注重知识传授、专业技能培养、学历证书等硬实力教育，而社会主义核心价值观、爱国孝亲、吃苦耐劳、乐于奉献、团结合作、诚信友善、尊师重道等思政软实力教育没有得到足够重视。知识技能培养和价值引领教育的有机统一是课程思政的核心要义。

（2）学生主体原则。教师和学生在兴趣、情绪、价值认同、努力等方面的一致是建立师生信任关系的关键，是实施思想信念熏陶教育的前提。课程思政不是增开一门课，也不是增设一项活动[5]，而是以学校人才培养和学生实际需求为出发点，以适当灵活的方式将教师人格魅力、历史文化资源、教材背景知识、专业名人故事、传统节日、时事热点等显性和隐形内容展示给学生，发挥"镶嵌式"思想政治教育功能，保证学生是活动的参与者、体验者、践行者、组织者。

（3）校本特色原则。各高校在重视思想政治理论课的基础上，充分挖掘校本、地方、课程等要素中的思政内容，经过实事求是地深入调研论证，打造适合本校的课程思政方案。高等教育有研究型和应用型的区别，二者在人才培养目标和培养方式方面有所不同，所以开展课程思政的原则、路径、标准也各有特色，坚持去一体化、标签化和功利化，真正落实立德树人，提高学生思想道德水平、爱国情感和主流价值观意识。

（4）管评一致原则。学校各级部门与党建、教务、马院、学工等密切配合，制定一系列相互促进的责任分工和具体要求，成立课程思政领导小组，监督教学单位修改教学大纲和课程要求，制定考核指标和方式。考试评价与教学评估是教育教学的指挥棒。学生方面，教师改变以知识为重点的考核方式，学校增加价值判断、知识运用和实践操作能力的考评比例；教师方面，学校增加各种政策与奖励支持，激发广大教师参与课程思政的积极性和主动性，如经费投入、职称评定、评奖评优、效果评估、成果应用等。

2 应用型高校培养目标与大学英语课程思政现状

2.1 应用型高校的办学目标

随着产业革命和科学信息技术的发展，应用型大学在国内外迅速崛起。20世纪60年代，德国成立了应用型科技大学，按照基础课、专业课和专长课分类，以企业为导向，强调实践教学的重要性。英国借助政府、企业、学校间的协作运行机制首创了"三明治"应用型人才培养模式，充分考虑企业人才需求和劳务市场状况，通过"实践—理论学习—再实践"过程为学生提供将理论知识和实践技能结合的机会，为就业做好充分的准备。以能力为基础的教育（Competency Based Education，CBE）被加拿大、美国等发达国家广泛地运用到职业教育中，通过充分的市场调研确立人才培养目标，根据具体工作岗位需求制定专业方案和课程体系、设计教学内容，最后对学生的水平和能力进行考核测试。美国的社区学院就是以培养应用型毕业生直接服务社区为己任。

20世纪90年代，我国江浙一带出现了二级学院，随后教育部提出了"办学规范化"要求，产生了办学机制灵活的应用型大学——独立学院，这是在中国经济现代化发展和高等教育大众化驱动下产生的新型教育形式，已成为高等教育中不容忽视的新生办学力量。2018年6月，陈宝生在全国高等学校本科教育工作会议上提出"应用型高校也要加强一流本科建设，应用型高校要在应用型人才培养上办出特色，争创一流"。应用型一流大学有三个办学特点：地方性、行业性和国际化，其应用型导向特色是由地方事务的参与、知识转移、教与学领域、科研领域、国际化领域五个方面构成的一个完整的有机整体[6]。与研究型和教学研究型大学不同的是，应用型本科人才培养总的要求是厚基础、强能力、重素质，以适应地方社会经济发展对应用型本科人才的需求[7]。以师资队伍建设和党建思想政治工作为保障，注重学生的实践能力、道德品质、"四个意识"、综合人文素养的培养，为社会和地方发展输送具有国际视野的国家建设人才。应用型高校的办学目标是培养既具有实践能力，又具有较高社会服务意识的服务我国地区经济和社会发展的德才兼备型人才[8]。大学英语课程思政要求坚持社会主义办学方向和社会主义核心价值观的引导，符合应用型人才培养目标和定位。

2.2 大学英语课程思政现状

《关于加强和改进新形势下高校思想政治工作的意见》提出了坚持全员、全过程、全方位育人（"三全育人"），这是落实立德树人根本任务的必然要求和关键所在。武贵龙认为把思想政治工作贯穿教育教学全过程，把思想价值引领贯穿教育教学全过程和各环节，在坚定理想信念、厚植爱国主义情怀、加强品德修养、增长知识见识、培养奋斗精神、增强综合素质上下功夫，教育引导学生争做"爱国、励志、求真、力行"的时代新人[9]。大学英语作为各高校基础课程，具有受众广、课时多、周期长的特点，是落实"三全育人"不可或缺的组成部分。大学英语课程思政具有不可估量的时代价值，在继承中华优秀传统文化的基础上，可以增强学生的文化自信和向世界介绍中国、传播中华文化的自觉性；用批判的眼光学习西方文化中积极进步的、科学文明的、对我们发展有利的内容，并与中华优秀传统文化结合，助力民族复兴；唤醒学生传承中华文明的历史责任感和时代使命感，引导学生正确认识和系统学习中华文化，从而形成文化自觉[10]。

许多发达国家提出"全人发展"的教育新观念以适应社会对人才的要求，形成三个课堂有机结合的教育趋势[11]。课堂教学是第一课堂，是高校理论教育教学主阵地；第二课堂是围绕理论教学开展的多种活动，包括培养大学生兴趣和知识文化素养的讲座、主题班会、辩论赛、知识竞赛等；第三课堂是社会实践活动，包括培养学生实践能力和创新能力的实习、参观体验、课题调研、大学生创新创业等。基于"三全育人"思想和三个课堂模式，新时代大学英语课程思政研究在各高校如火如荼地开展。但是，大学英语教科书存在部分语篇背离我国主流意识形态，忽视文章的思想性；大量语篇描写西方生活模式，中国文化失语；对思想教育价值关注不足等问题[12]。为响应落实国家立德树人的任务，近两年，各高校一线教师积极开展大学英语课程思政研究（如表1所示）。整体上看，大学英语课程思政实践活动的研究最多，相关文献达到22篇；大学英语课程思政优秀案例与研究实现路径紧随其后，分别为20篇和19篇。大学英语课程思政的校本特色探索、教学模式的提炼、大学英语课程思政宏观的体系建设、教师的转变与提升以及价值观的实现等方面的研究论文均达到或超过5篇。大学英语课程思政理论应用研究从无到有达到4篇，表明大学英语课程思政研究深度得到加强。另外，大学英语课程思政文化塑造和策略实现研究较少。值得一提的是，从学生视角的研究尚未发现，为进一步探索留下空间。

表1 2018—2019年大学英语课程思政期刊论文研究主题汇总

年份	路径	案例	理论运用	校本特色	教师	功能	教学模式	文化	价值观	体系建设	实践活动	策略	学生	总数
2018	3	3	0	1	1	1	0	1	1	5	0	0	17
2019	16	17	4	11	4	0	6	1	4	5	17	2	0	87

3 北京科技大学天津学院大学英语课程思政学生主体模式探索

语言教学具有视、听、说、表演等多模态效果，是培养学生跨文化交际能力的重要渠道。北京科技大学天津学院外国语学院秉承培养应用型高素质外语人才的培养目标，为积极落实国家立德树人的根本任务，从"理论+业务"学习、团队合作、课程思政元素挖掘、学生特色活动等几个方面进行了大学英语课程思政学生主体模式实践探索。

3.1 以师为始，强化业务和理论学习，提升思想文化育人本领

教师的理论武装是高校贯彻落实立德树人的前提和基础，需要不断凝练、打造符合大学英语教学体系实际特点，满足任课教师现实需要的政治理论学习活动，增强理论学习的实效性和开展课程思政的本领。在学习形式方面，采取线上与线下结合的方式学习西方经典名著，并集体观摩学习先进典型教学案例；在组织操作层面，努力实现"两双"目标，即在学习材料选用上尽可能实现双语（中英全译）版本"中国表达"，在学习内容的选择上，突出双性（政治性和人文性），既强化教师对中国特色社会主义办学方向的认识，占据意识形态教育主阵地，又注重教师素质和师德与业务能力的提升，促进教师更新教育教学理念，提升大学英语课程思政的思想文化育人本领。

教育信息现代化对教师提出了更高的业务要求，掌握应用程序、微信公众号等信息技术可助力英语课程思政。公众号"田园英语"目前有英语学习和英语思政专栏。教师可在公众号中分享正能量、积极向上的中英文名言名句、爱国主义故事视频，发布原创励志文章或中西方文化学习内容，打造一个符合社会主义核心价值观和互联网精神的英语学习共享与交流平台。

3.2 以本为本，学生主体，推进英语课程思政育人

以本为本就是围绕主教材开展第一课堂的英语思政教育教学，按照"大学英语综合教程"这套教材的单元主题，组织集体备课，搜集、分享课程思政资料，让同一个主题以多种形式在听力、阅读、翻译等不同课程教学中得到练习，提升课程思政的教学效果，完成语言能力提高和思想政治协同育人的使命。如十九大报告（英文版）等特色词汇翻译，教师将所学普遍应用于课堂教学，在加强学生语言能力和专业领域知识的同时，特别注意对学生

进行爱国主义教育、人格品质教育、理想信念教育和优秀传统文化教育，教会学生在进行语言实践中逐步学会"中国表达"，提高社会主义核心价值观教育教学质量，有力地推动大学英语课程思政建设。教材文章多以西方文化尤其是英美文化为背景知识，但单元主题与中国传统文化和社会主义核心价值观基本吻合，故成立英语思政团队，从学生和教师群体中广泛搜集素材，丰富和完善大学英语课程教学材料。这是一个开放的资料库，要结合新事物随时更新内容和方法。第一阶段的思政主题内容汇总表如表2和表3所示。

表2 大学英语《综合英语教程1》单元主题思政要素

单元主题	思政元素	案例（文本、音/视频名称）	方式方法
Unit 1 College Life	梦想	北大宣传片《摘星星》	演讲
Unit 2 Learning a Language	语言多样性	不要坚持说英语（TED演讲）	辩论
Unit 3 Parents and Children	孝心与平等	歌曲《百善孝为先》	讲故事
Unit 4 Growing Up	"啃老族"	《我爱我家》与 Growing Pains	讨论写作
Unit 5 Knowing Yourself	自我评价	音乐欣赏：Knowing Yourself	采访汇报
Unit 6 Civility and Good Manners	中西礼仪文化	国学讲堂《中国传统礼仪》	PPT展示
Unit7 Interpersonal Relationship	和谐人际关系	社会主义核心价值观（英文版）	诵读
Unit8 Gender Differences and Communication	交流合作	文献阅读，电影《摔跤吧爸爸》	合作学习俱乐部

表3 大学英语《综合英语教程3》单元主题思政要素

单元主题	思政元素	案例（文本、音/视频名称）	方式方法
Unit 1 People Around Us	助人为乐	纽约州事件、小悦悦事件	辩论
Unit 2 Love	爱心	Love is blind	辩论
Unit 3 Friendship	诚信友善	社会主义核心价值观（英文版）	默写
Unit 4 Sports	体育精神	奥运会音乐、视频、知识	竞赛
Unit 5 Health	健康的含义	Laugh（mp3）	听写讨论
Unit 6 Happiness	幸福观	解读联合国世界幸福报告	写作
Unit7 Education	教育国际化	跨国留学现象	调研展示
Unit8 Intercultural Communication	文化自信	美纪录片 Chinese New Year: The Biggest Celebration on Earth	文化沙龙

3.3 开展特色活动，探讨课程思政体系下学生和教师评价体系

语言是手段，育人是目的。首先，把教材内容内化为学生的情感认同和实践指引，开展中国特色表达课堂；外语教师要具备讲好中国故事的能力，把中国社会发展、英雄故事、传统文化讲好，以自己对国家、社会、民族的深情激励学生，引领学生追求生活的真、善、美和社会主义核心价值观。其次，通过先进的互联网信息技术，运用辩论、微视频、访谈、情景剧等各种喜闻乐见的形式，帮助学生在掌握语言的过程中领悟中国优秀传统文化，借助外

国语学院外语节开展第二课堂和第三课堂实践活动，如介绍美丽家乡的导游大赛、中国文化翻译大赛、红歌英文串烧；开展中西方文化对比的讨论或者辩论，辩证地看待时事热点问题，提高大学生的思辨能力和中西方舆论立场观点的辨别力。最后，针对特定主题，如中美贸易摩擦和中外节日等，教师精选中英美等主流媒体关于特定社会热点话题的报道，指导学生以批判的眼光审视各种文本内容和观点，拓展思维和开阔视野。学生围绕话题展开讨论，教师做到"不愤不启，不悱不发"，让学生的思维在碰撞中得到开拓、调整、聚焦和深化，组织的逻辑性和严密性得到提升，缘事析理、明辨是非的能力得到提高。

在课程思政引领下，教师评价学生时，考虑学生在掌握英语知识等过程中，是否树立了正确的人生观、世界观和价值观；教师改变传统的英语考试中只注重对单纯英语语言知识的考核，在笔试中增加对文化理解的考核；教师改变以笔试为唯一的评价方式，增加演讲、讨论、短剧表演等活动[13]；教师抛开片面追求分数和通过率的指挥棒，尝试从学生理想信念、学习效果、态度、情感、交际能力和创新能力等方面进行形成性评价，使外语学习成为一种提高学生政治思想水平和人文素养的过程，促进学生全面健康地发展。借助党支部主题日和组织生活，教师党员和群众代表一起学习、活动，观看《我和我的祖国》、重走长征路等，重温历史，体会不怕苦不怕困难的奉献精神，在情感体验中领会"守初心、担使命"的内涵，提升党性修养和思政育人意识和能力。结合"师德师风"建设要求，教师评价实施师德一票否决制，通过实施课程思政知识竞赛、批评和自我批评等措施提升大学英语思政意识和能力。教师除具备系统的专业知识外，还应具备宏观、跨学科的视野，正确的历史观、文化观、科学的育人观，集中西方文化和现代创新精神于一身，培养良好道德品质与精神气质，言传身教，给予学生思想、情感、人生观等方面润物细无声的感染。

3.4 立足实践，探索应用型高校大学英语课程思政学生主体模式

2016 年，我国正式加入《华盛顿协议》，引入 Outcome Based Education（OBE）；2018年，我国正式发布《普通高等学校本科专业类教学质量国家标准》，提出重视教育的学生中心、产出导向和持续发展三大要素。学校一切教育教学活动的根本目的在于培养更高质量的人才，大学英语课程思政改革的效果必须以学生的获得感和社会反馈为检验标准。应用型高校立足服务地方经济发展的学校办学定位，基于高素质应用型人才培养特色，针对学生群体与个体的思想特点，有针对性地设计教学内容和活动方法、制定评价标准是有效落实立德树人根本任务的重要保证。

除了学生的获得感和校本特色，学生中心模式的其他三个要素是课程、教师、思政，如图 1 所示。高校的课程可分为专业课和综合素养课，大学前两年以素养课程和专业基础课为主，是开展课程思政的有利时机。大学英语的学习时间为两年，教师结合不同专业学生的毕业要求，可在实地调研基础上制定大学英语课程思政的目标、模式、评价等标准与质量体系。教师应从意识和能力两方面开展工作。首先，教师应认识到思政教育不仅不会影响大学英语教学活动和教学效果，而且能提升大学英语教学的思想性和人文性，不断深化教学内涵。其次，教师应通过学习，不断地提升自身的专业素养和精神气质，提升思政文化育人本领，做到言传身教和教育育人，不断熏陶和感染学生的审美、思想以及情感等[14]，成立师生思政合作团队，集体讨论和调研，制定可持续的大学英语课程思政内容和路径。

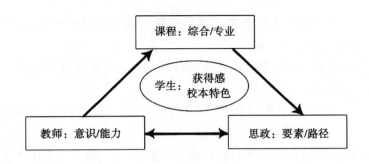

图 1　大学英语课程学生主体模式

4　建议与展望

4.1　建议

应用型大学英语课程思政是一项"语言技能训练+思想道德熏陶"的长期工程,对英语教学的授课内容、形式、学生评价乃至教师评估等方面均提出了更高的要求。教师要精心设计"课堂—校园—社会"的三课堂立体价值观培养体系,坚持学生主体,通过课堂灌输、校园文化生活的渗透熏染以及参观体验、创新等多种社会实践引导学生热爱生命、关注社会、关心国家,在春风化雨、润物无声中增强"四个自信",厚植爱国主义情怀,培养学生"把爱国情、强国志、报国行自觉融入坚持和发展中国特色社会主义事业、建设社会主义现代化强国、实现中华民族伟大复兴的奋斗之中"。学校层面,制定相关政策和规章制度,提供资金支持,保证大学英语课程思政通过科研立项和调查研究等科学方法按照"实践—理论—实践"的方向持续向前发展;加强和地方经济实体及外贸企业的合作,为学生提供实习机会,检验大学外语课程思政教育成果。

4.2　展望

在信息化和科学技术日新月异的新时代,关于"课堂—校园—社会"课堂体系与"思想—技能—文化"的线上线下结合的混合外语思政模式的探索永远在路上,这需要结合新情况和学校特色继续深度挖掘思政元素和路径,结合学生心理健康、集体主义、团队精神等提升思想软实力,通过中国传统节日和文化故事主播、中国名人故事和时代楷模传记英译等学生主体活动,提高民族自豪感和文化自信心,长期坚持,逐渐形成指导教学实践的研究成果和理论体系。

参考文献

[1] 王守仁.《大学英语教学指南》要点解读[J]. 外语界,2016(3):2-10.

[2] 郭爱平."课程思政"背景下高校英语教学改革研究[J]. 内蒙古财经大学学报,2019,17(5):138-140.

[3] 赵继伟."课程思政":含义、理念、问题与对策[J]. 湖北经济学院学报,2019

（2）：114-119.

［4］赵鸣歧. 高校专业类课程推进"课程思政"建设的基本原则、任务与标准［J］. 思想政治课研究，2018（5）：86-90.

［5］高德毅，宗爱东. 课程思政：有效发挥课堂育人主渠道作用的必然选择［J］. 思想理论教育导刊，2017（1）：31-34.

［6］郭建如. 一流应用型本科高校建设刍议［J］. 北京教育（高教），2018，834（10）：33-35.

［7］文晶娅. 独立学院人才培养目标定位与实践［J］. 湖北经济学院学报（人文社会科学版），2012（5）：139-140.

［8］吴巧慧. 应用型高校思想政治教育实效性探究［J］. 思想理论教育导刊，2015（6）：106-108.

［9］武贵龙. 奏响"三全育人"最强音［N］. 光明日报，2019-2-26.

［10］夏文红，何芳. 大学英语"课程思政"的使命担当［J］. 人民论坛，2019（30）：108-109.

［11］李云海，薛宝林. 高校"三个课堂结合"教学模式进行创新教育的探索［J］. 齐齐哈尔医学院学报，2008，29（7）：855-856.

［12］古越. 大学英语教育主流意识形态缺失问题及其矫正策略——基于教科书和四、六级试卷的文本分析［D］. 安徽：合肥工业大学，2018.

［13］傅荣琳.《大学英语》课程思政实践途径探究［J］. 才智，2018（36）：22-24.

［14］段晓静，程懋懋，毛慧青. 全方位育人背景下大学英语"课程思政"教学模式探索［J］. 文化创新比较研究，2019，3（13）：105-106.

（作者简介：安传达，女，1977年9月出生，天津宝坻人，外国语学院讲师，硕士研究生，主要研究方向为二语习得与英语教学，2007年8月至今在北京科技大学天津学院工作。）

应用型高校如何打造大学英语"金课"研究

姜艳丽

(北京科技大学天津学院外国语学院,中国 天津 301830)

摘 要:应用型高校重在培养应用型人才,而作为国际交流中广泛应用的交际工具——英语,其能力的培养是必不可少的。高校培养国际人才中,大学英语课程起着至关重要的作用。当下,大学英语课程更应该响应教育部淘汰"水课"打造"金课"的号召,在课程设置及教学过程中贯穿"两性一度"的思路,即提高课程创新性、高阶性和挑战度,培养卓越人才。本文通过分析大学英语课程的价值及课程目标,通过深入解读"金课"的内涵,结合大学英语的课程特点,探究应用型高校如何将大学英语课程打造成"金课",培养具有国际视野、良好英语应用能力的人才。

关键词:"金课";大学英语;大学英语课程改革

An Analysis of Constructing College English "Golden Course" in Application-oriented Colleges and Universities

JIANG Yanli

(School of Foreign Studies, Tianjin College,
University of Science and Technology Beijing, Tianjin 301830, China)

Abstract: Application-oriented Colleges and universities aim to cultivate practical talents, whose English ability is vital in international communication. Therefore, College English course is key to nurturing international talents. In response to get rid of "low-quality course" and build up "golden course" by education department, College English course should be designed to reflect creativity and advancement and challenge to cultivate outstanding talents. This paper aims to explore how application-oriented Colleges and universities construct "golden course" to cultivate international talents with good command of English based on the analyses of the significance and objectives of College English course and get insight into "golden course".

Key words: "Golden course"; College English; College English reform

---

基金项目:天津市哲学社会科学规划项目(18C06)资助

响应教育部建设"金课"的号召，大学英语课程面临前所未有的挑战，同时也蕴含获得"新生"的机遇。近年来，大学英语课程受到社会各界人士的质疑。从《大学英语课程要求》到《大学英语教学指南》，大学英语课程对教学目标进行了修改，更加适合新时代培养国际人才的需要。另外，课程设置体现了较大的灵活度，各高校可根据本校人才培养目标及其他实际教学情况制定符合自己学校定位的英语人才培养方案。"金课"的提出，为实现大学英语教学目标提供思想基础。

1 研究方法

本文采用文献资料法。笔者在2019年8月参加了外教社举办的"全面打造一流金课"的研讨会，会后以"金课""水课""大学英语课程改革"等为关键词，通过中国知网、万方知识服务平台等数据库进行检索，收集与本研究相关的文献25余篇，为本研究提供理论基础。

2 研究内容

2.1 大学英语课程价值

大学英语课程是高校一门公共必修课，承担为国家培养具有英语能力人才的重任。而熟练掌握英语是国际人才的基本条件，国际人才的英语能力主要通过大学英语课程来培养和提高。高校开设大学英语课程可以满足学生专业学习、国际交流、继续深造、工作就业等方面的需要。

《大学英语教学指南》指出，大学英语课程必须准确定位教学目标，明确内涵，合理构建课程体系，体现高等教育特点，加强与中学英语教学的衔接，增进与各学科专业教学的结合[1]。大学英语课程不只是满足学生学分需求，它的价值体现在帮助学生掌握英语这个基本工具，因此，大学英语课程以英语的实际使用为导向，其主要任务是培养学生的英语应用能力。作为目前全球使用最广泛的语言，英语是英美文化的重要组成部分和载体，是国际交往和科技、文化交流的重要工具。

《国家中长期教育改革和发展规划纲要（2010—2020年）》提出，"培养大批具有国际视野、通晓国际规则、能够参与国际事务和国际竞争的国际人才"[1]。通过学习和使用英语，我们可以直接了解国外前沿的科技进展、管理经验和思想理念，学习和了解世界优秀的文化和文明，同时有助于增强国家语言实力，传播中华文化，促进我国与各国人民的广泛交往，提升国家软实力。

2.2 大学英语课程目标

2007年，教育部高等教育司在《大学英语课程要求》中确定的大学英语教学目标是培养学生的英语综合应用能力，特别是听说能力，使他们在今后学习、工作和社会交往中能用英语有效地进行交际，同时增强其自主学习能力，提高综合文化素养，以适应我国社会发展和国际交流的需要。

2013年,《大学英语教学指南》从实际出发,对教学目标进行了一定修改,提出大学英语的教学目标是培养学生的英语应用能力,增强跨文化交际意识和交际能力,同时发展自主学习能力,提高综合文化素养,使他们在学习、生活、社会交往和未来工作中能够有效地使用英语,满足国家、社会、学校和个人发展的需要[1]。《大学英语教学指南》将大学英语教学目标细分为基础、提高和发展三个等级,基础目标是针对入学时英语基础较好、英语需求较高的学生确定的,发展目标是根据学校人才培养计划的特殊需要以及部分学有余力的学生多元需求确定的。

大学英语课程体系主要包括通用英语、专门用途英语以及跨文化交际三类课程。高校可通过单独开设三种不同类型的课程,也可通过在通用英语课程中融入专门用途英语以及跨文化交际类内容实现英语这门语言的工具性及人文性的统一。通用英语课程重点培养学生实现个人生活需求和进行社会交往的语言能力,专门用途英语课程重点培养学生围绕学业、学科研究和创新创业进行交流的语言能力。通用英语课程和专门用途英语课程都是为了培养学生的语言应用能力,两者之间的关系不是基础与应用的关系[2]。

2.3 "金课"的内涵

近年来,大学英语课程一直在进行课程改革,"金课"理念的提出有助于大学英语课程真正实现其教学目标和体现其课程价值。"金课"主要体现在三个方面:师生互动、关注过程、严格要求[3]。师生互动强调课堂活起来,学生动起来,改变"填鸭式"的课堂,教师一人掌控课堂、学生低头玩手机的现象。关注过程强调过程性、阶段性的考核,学生在学习过程中多参与,真正地实现课前、课中、课后参与学习,养成良好的学习习惯。严格要求需要教师对每位同学认真考核,从互动、学习过程中了解学生,做到公正地给分。

总的来说,"金课"的特征为"两性一度",即高阶性、创新性和挑战度。课程教学不是简单的知识传授,不是满堂灌式教学,是综合培养学生的知识、能力、素质以及三者的结合。高阶性指通过因材施教、知识能力素质的有机融合,培养学生解决复杂问题的综合能力和思维能力;创新性指课程内容能反映专业知识的前沿性和时代性,教学形式科学、先进,师生互动,学习结果具有探究性,即"知其然,也知其所以然";挑战度指课程有一定难度和较深的内涵,对老师备课、上课和学生课上、课下有较高要求,老师要认真、细致、花时间、花精力备课,充满活力和情感去授课,学生课上、课下要花较多的学习时间,准备、思考和消化吸收[4]。

2.4 如何打造"金课"

北京科技大学天津学院办学定位是构建并实施以应用型理论教学、职业能力培养实践教学、创新创业教育和通识教育为核心的"四位一体"人才培养体系。综合分析学生的英语成绩、学习方法和习惯存在的差异,基础外语课程教学目标是培养学生英语应用能力,增强跨文化交际意识和能力,同时提升学生自主学习能力。而"金课"理念正好与本校大学英语课程的目标吻合,有助于实现课程目标,体现课程价值。

第一,强化师资队伍建设。"金课"的关键在于教师,教师的授课内容、授课方法直接影响课程的质量。因此,想打造"金课",就要打造教师。

首先,教师应有机会参加本校或其他校外权威机构举办的"金课"培训以及研讨会,真正理解"金课"的含义，改变已有的教学模式和思路。

其次，教师要认真备课。备课包括备知识、备教法、备学生。

最后，教师应团队协作，集体备课，要设计每一堂课应该讲什么、怎么去讲，并安排好课前、课中和课后学生需要做的所有练习及考查形式。

第二，采用分层教学。很多学生和教师发现大学英语形式和内容上都与中学英语没有太大的不同。实际上，高中英语的要求和大学英语要求越来越接近[5]。以笔者所在的院校为例，非英语专业学生入学英语成绩参差不齐，如果采用一刀切的方法，则一部分英语水平较好的同学课上没有积极性，一部分英语水平较差的同学无法跟上教师的进度，严重影响课堂效果，不利于实现大学英语教学目标。如果采用分层教学，则能使英语水平较好的同学有机会学习与本专业领域相关的专业英语以及跨文化交际课程，让英语水平较差的同学从基础开始学起，达到英语能力方面的基本要求。

第三，强化技能训练。大学英语课程在课前、课中和课后环节都要设置能够训练学生英语技能的环节，让他们真正学会用英语去解决问题。比如，写作练习除了常见的记叙文、说明文和议论文写作练习外，教师还可以设定某些特定场景，让学生编写英文简历、相互发送邮件等，锻炼应用型文章写作技能。口语练习方面应突出生活和工作的真实场景，让学生自己提出问题，解决问题。这些练习中，教师的作用是观察、发现问题，针对性地给予指导。学习者要学会听别人说话，也要把话说给别人听[6]。这就是协作学习，它在打造"金课"过程中尤为重要。这些都反映了语言学习离不开人与人的相互合作。

第四，线上线下结合。微信英语学习平台以其移动性和随时性能打破以教师为中心的单向知识传授模式，实现教学的多元互动，也有利于学习者充分利用时间实现语言碎片式学习[7]。"金课"所强调的"两性一度"除了对教师有严格要求外，还要求学生充分利用课上、课下的时间。笔者所在学校基础外语课程教师经常用移动互联网工具，如QQ和微信，给学生布置作业，学生可以通过手机等移动工具第一时间查看作业、完成作业、参与各种有趣的打卡活动。

第五，从以考试为中心到以学习为中心的转变。以考试为中心的学习会造成学生被动学习、记忆性学习，而以学习为中心的学习才是真正的主动性学习、探索性学习、批判性学习。教师要对一纸定乾坤的考试进行改革，构建多元的考试形式，将考试分为过程性考试与期末考试两部分，过程性考试包括课堂讨论、开放性作业、论文、课后小组学习等几个部分[8]。

3 结论与展望

3.1 结论

"金课"是以培养卓越拔尖人才，孕育有责任、有担当的科学家和思想家为主要目的，按照新时代的课程理念和人才成长规律，以智慧学习环境和技术为支撑，重塑具有中国特色的课程体系。要把大学英语课程打造成"金课"，就必须清楚大学英语课程的价值以及课程目标，然后结合各校的特点来进行课程设置，其中包括课程体系中通识英语课程、专门英语课程以及跨文化交际等三大类课程；教师在授课方式方面也要进行改革，充分利用移动互联网技术，获得更多有价值的资源，调动学生积极性，提高学生解决问题的能力。

3.2 展望

2019年,教育部启动实施"金课",全国掀起了建设"金课"的浪潮。各高校都在研究何为"金课"、如何打造"金课"。许多高校通过申报打造"金课"的课题,建设相关专业和相关课程。这势必会激发高校的办学活力,推动课程教学改革,有助于大学英语课程质量实现质的飞跃。

参考文献

[1] 王守仁.《大学英语教学指南》要点解读[J]. 外语界, 2016(3): 2-9.

[2] 余渭深. 教学大纲的发展对大学英语应用能力培养目标的再认识[J]. 大学外语教学研究, 2016(1): 23-35.

[3] 田园. 避免"水课",打造"金课":大学英语课程资源的开发与利用[J]. 课程教育研究, 2019(34): 1.

[4] 孙敏, 曾斌. 摒弃"水课", 铸造"金课"——谈如何提升课程质量[J]. 才智, 2019(29): 116-117.

[5] 蔡基刚. 大学英语教学若干问题思考[J]. 外语教学与研究(外国语文双月刊), 2005, 2(37): 83-89.

[6] 胡壮麟. 大学英语教学的个性化、协作化、模块化和超文本化——谈《教学要求》的基本理念[J]. 外语教学与研究(外国语文双刊), 2004, 5(36): 345-346.

[7] 王丽丽, 杨帆. "互联网+"时代背景下大学英语教学改革与发展研究[J]. 黑龙江高教研究, 2015(8): 159-162.

[8] 宋颖. 抽"水"注"金"打造"金课"[J]. 山东教育(高教), 2019(5): 26-27.

(作者简介:姜艳丽,女,1984年2月出生,内蒙古赤峰人,外国语学院大学英语教研室主任,讲师,硕士研究生毕业,主要研究方向为英语笔译,2007年8月至今在北京科技大学天津学院工作。)

浅谈寻路设计在人与环境中的沟通作用

郭沛青

(北京科技大学天津学院艺术学院,中国 天津 301830)

摘 要:本文从当今公共场所寻路系统的现状入手,分析其存在的不足,从而引出寻路设计的定义及其存在的意义与价值。本文从环境结构、环境心理学以及人对环境的空间性认识入手来解析寻路设计的方式及细节。本文通过分析优秀的寻路设计案例,了解如何加深人对空间的认识、如何与环境高效沟通。本文通过关于环境的充分认知,从而设计完整、高效的寻路设计,并体现一定的商业价值。本文对寻路设计的设计流程进行界定,通过对寻路设计的系统分析,做出更好的寻路系统,解决人们生活中现实的问题。

关键词:寻路设计;环境;空间结构;人与环境;环境心理学

Talking about the Communication Function of Road-finding Design in Human and Environment

GUO Peiqing

(School of Arts, Tianjin College,
University of Science and Technology Beijing, Tianjin 301830, China)

Abstract: This paper starts with the current situation of the public place road-finding system, analyses its shortcomings, and leads to the definition of the road-finding design and its significance and value. From the environmental structure, environmental psychology and people's spatial understanding of the environment to analyze the way and details of road-finding design. Through the analysis of excellent road-finding design cases to understand how to deepen people's understanding of space, how to communicate with the environment efficiently. By fully recognizing the environment, we can design a complete and efficient road-finding design, which reflects a certain commercial value. This paper defines the design process of road-finding design, and makes a better road-finding system through the systematic analysis of road-finding design to solve the real problems in people's life.

Key words: Road-finding design; Environment; Space structure; Man and environment; Environmental psychology

寻路设计灵感来自迷宫，迷宫的起源要追溯到希腊神话中米陶洛斯迷宫。迷宫是人类对自然环境与所处位置的困惑的最极端表现形式，是对千百年前人类处于未完全开发的时期对周围的环境以及对自身所处位置的困惑的一种表达方式。可以看出，寻路设计是一种可以减少此类困惑、直接解决现实问题的设计，即使在当今高度文明的社会，也依然有其价值。

1 寻路设计定义及意义

寻路设计即寻路系统设计，简而言之就是在一个公共场所或特定区域指示人们从所在位置到达目标位置的一种指示系统设计。事实上，我们每个人都遇到过寻路中的问题，例如我们在商场、医院中花费了许多精力及时间去寻找我们所要到达的位置，有时候因为寻找不到而恼火或者是寻找过程中选择了错误的方向而感到困惑与不满。这些复杂的公共场所，我们总会因为道路的相似性以及对该环境不熟悉而迷失方向，从而找不到所要抵达的位置。而优秀的寻路设计恰恰能帮助我们解决这一问题，从而让人们快速有效地到达目标位置。

2 环境结构以及人对环境的空间性在寻路设计中的作用

2.1 环境空间结构

环境，从广义上来说包括自然因素与社会因素，主体不同，环境的大小也不尽相同[1]。狭义上的环境则指人类主体对周围自然及社会环境的认知与判断。寻路设计主要讨论的是狭义上的环境，是在人们对环境的认知的基础上的一种设计，这本应在建筑设计之初就加以考量，从而使人对空间结构有清晰的认知。但现实情况却是几乎所有的建筑设计在最后一步才想到了寻路，这就导致了许多区域设计的不人性化，让人在寻路的过程中产生困惑。有些人天生就对环境有良好的方向感，而有些人即使没有这种天生的能力也会在数次与环境的接触中产生一定的感觉。例如，一个没有良好方向感的人在每天都上班途中，即使不用大脑思考也能本能地知道在哪一个路口需要转向，在哪个地方有超市和停车位之类。在方向感的问题上，北方人与南方人就有明显的差别，一些北方人可以不借助太阳分辨东西南北，而南方人对此类方向认知没有概念，那么寻路设计也应该注意这些细节，在南方的环境寻路设计中尽量少运用东西南北的指示方式。

空间结构指组成整体的各部分的搭配和安排[2]。寻路设计应该注意场所的空间结构，例如从 A 处抵达 B 处最简洁省时的路线就是寻路设计应该选择的路线，包括道路的长短、道路的拥挤程度以及道路通行的难易程度等。因此，寻路设计不应该有模棱两可的指示方向，如从 A 至 B 的指示不应该用两个或两个以上的方向指示，而应该明确清晰地只标明一处最方便快捷的指示标志，这样就不会让人们在寻路过程中有所困惑，最终达到最省时高效的设计目的。

2.2 环境心理学

环境心理学是研究环境与人的心理和行为之间关系的一个应用社会心理学领域[3]。研究环境心理学是为了遵循人与环境在信息交流过程中的本能心理活动，使人们以积极的情绪来完成社会活动。美国作家保罗·贝尔和托马斯·格林合著的《环境心理学》提到，环境心理学是对行为与构造和自然环境之间的相互关系进行研究的科学[4]。寻路设计必然会运用环境心理学的相关知识，在寻路过程中遵循人们的心理认知。例如在寻路标识中利用指示箭头的长短暗示路线的长短，人们对长的线条会有一种遥远的感受，则其可以说明所指路线路程比较长；而对短的线条有快速、接进的感觉，则可以说明所指路线路程较短。环境中关键的节点，例如转角、分岔路口、地铁出站口的视野正前方都应该有明确的寻路标识，这样才可以达到寻路设计的真正作用——简洁而明显地让人们找到要走的路。

2.3 人对环境的空间性认识

人对环境的空间性认识就要将环境结构与环境心理学结合，空间结构指组成整体的各部分的搭配和安排，而环境心理学是研究环境与人的心理和行为之间关系的一个应用社会心理学领域[5]，那么人的心理对环境的认知在环境结构中所产生的变化则是需要讨论与研究的问题。美国地理学家爱德华·索亚提出的第三空间理论与法国思想家亨利·列斐伏尔提出的空间理论为，人对环境的空间性认识做出了很好的跨学科思考。索亚提出的第一空间是通过原始的空间分析，人们利用物质形态来界定空间结构；他提出的第二空间是诠释空间结构的界定，是通过话语构建式的界定。第一空间与第二空间主要通过物理空间与精神空间来界定环境结构，列斐伏尔将物理空间与精神空间融合为社会空间，从人的社会心理上来分析空间结构。我们可以借鉴索亚与列斐伏尔的思考，跨学科地应用到寻路系统设计之中。寻路设计不仅要从物理空间与心理空间来进行设计，还要从社会功能上来进行设计。例如我们进入一栋三层楼的大厦，那么在一层要标记出每层的指示路标，而不仅仅是一层的寻路标识。

人对环境的空间性认识，从人的心理反应来说，首先要知道的就是自己所在的位置，之后才能很好地找到所要到达的目的地。所以寻路系统应该分为两大类，第一类是整个空间的小地图，其中需要明显标记所在的位置以及各个重要区域的位置及名称。对于较小的区域，如医院的某一个科室、商场的某一个店铺，可以利用数字标记，并在小地图的边上详细注明数字所表示的地址名称。第二类是在各个空间的地上、墙上、拐角处等关键位置标明大型区域的方向以及出入口的方向，让人们能够清晰地知道自己所在的大概位置与方向，避免人们在寻路过程中产生迷惑。原研哉的梅田医院寻路系统设计在医院主道的地面上用醒目而较大的箭头标明重要区域的指示方向，如看护区、挂号区、门诊区等[6]，而在三岔路口、十字路口的地方利用红十字标志标明了各个方位，如出入口、结账区等，这些箭头和标记利用了红色的色调，既醒目又与医院形象结合。我们从红十字标志可以看出，原研哉在寻路系统的设计中不仅注重了人们心理的颜色感受力，还结合了医院的社会功能，不仅有了寻路功能，还有了企业文化的内涵，让人们即使只看照片也能够知道这是一套医院的寻路系统，寻路系统最重要的指示功能高效地体现出来并且还有了一定的企业附加值。

2.4 人与环境沟通在寻路设计中的应用

人与环境沟通是寻路设计功能的最重要体现。人与人的沟通主要通过语言，而人与环境的沟通需要寻路系统[7]，人与人沟通的好坏取决于语言应用是否得当，而人与环境的沟通需要寻路系统指示功能的高效化，让人能在最短的时间内熟悉环境，到达目的地。

首先，人与环境的沟通应该注意的地方是人对不同环境何时何地需要何种信息。人们在不同时间、地点需要了解的信息是不同的。以机场寻路系统为例，在机场外面，人们首先需要获取的信息是到达与出发各自在哪个入口，而不需要知道登机口在哪，此时的寻路设计应该将最主要的"到达"与"出发"明确标志，其分为国内到达、国际到达、国内出发、国际出发等附属信息，醒目地标记在人们视野能够注意到的地方。而在检票之后的候机厅，人们需要获取的信息是从哪一个登机口登机，此时寻路设计注重的地方就要转移到登机口的标志上。这就是寻路设计中需要注意的主次分明，与绘画艺术一样，若全是重点则注意不到重点，因而需要虚实结合，做到"疏可走马，密不透风"，因地制宜，让人们可以明确地得到此时此刻最需要的信息，让寻路系统发挥高效快捷的作用。

其次，人与环境的沟通需要注意的是沟通的方式，在寻路设计中的体现与应用就是路标的造型设计、色彩设计。上文解析环境心理学时提到了寻路路标的长短可以标明路线路程的长短，而造型也体现在一些小的地方。例如厕所的男女区分标志，这里的标志需要十分明显的区分特征，传统即可，并不需要花哨和与众不同，否则会使人们产生困惑，达不到寻路设计最基本的作用。在色彩上，上文解析人对环境的空间性认识时提到了原研哉的梅田医院设计，利用红色为主色调，既有醒目作用，又有医院形象的含义。

最后，寻路系统在人与环境沟通中需要产生一定的附加值，以及人们对环境的归属感。一套好的寻路设计可以体现一定的附加值，也可以因解除对环境陌生的困惑而产生归属感。墨尔本某停车场在墙体与地面的折面上设计了 down、right 等标识，意在利用驾驶员与标识之间距离的不同而产生的视觉变形效果发挥寻路精准性的作用，墙壁上扭曲的标识只有在正确的位置才能被识别，也就是驾驶员把车开到正确的位置时，可以清晰地看到 down 或 right 的字眼，此时，他们就明白需要怎么行驶与停车了，在寻路过程中不至于开过或者还未开到就停车。当人们顺利寻路成功后会对寻路系统有认同感，此时寻路系统的附加值就产生了，而解除对陌生环境的困惑之后，归属感也就产生了。

3 寻路设计程序与类推

通过前面一系列的寻路设计分析，寻路系统大致上可以分为六个流程。

(1) 考察用户。主要考察用户对环境所需信息的类别。

(2) 制定寻路路线。制定高效而便捷的寻路路线。

(3) 考察路线。在实际寻路过程中考察制定的寻路路线是否可行且高效便捷。

(4) 界定环境分类。对每个区域出入口、从一个区域到达另一个区域或是在某个区域内移动的路线分类。

(5) 综合寻路指标。将所有指示标志交叠综合，形成一套设计系统。

(6) 放置寻路标志位置。确定寻路系统之后，根据不同环境人们的需求，将寻路标识放置在视野注意的位置以及对其大小进行调整，达到人性化的寻路设计目的。

寻路系统是设计中最易被忽略的一个环节，但却是最能体现设计细节和人文关怀的细节。它是人与环境的融合，是环境设计与视觉设计的相互渗透，是平面信息在三维建筑中的运用。寻路设计不仅仅是一套平面视觉系统，更是设计与绘画的融合，是人与环境的融合，也是设计者与使用者的交流融合。只有对其给予足够的重视，才能改善现今寻路系统不佳的现状，更好地为使用者服务，使使用者方便快捷地到达所要到达的区域，成为真正贯穿其中的兼具实用性和美感的设计系统。

参考文献

［1］贝尔，格林，费希尔，等．环境心理学［M］．朱建军，吴建平，译．北京：中国人民大学出版社，2009．

［2］徐红蕾，屈媛．环境导视设计［M］．武汉：华中科技大学出版社，2019．

［3］向燕琼，贺雪佼．试论环境心理学对园林设计的影响［J］．西部皮革，2016（4）：33-33．

［4］罗亮．环境设计中的觅路研究［J］．新建筑，1993（4）：42-45．

［5］施丽莎，陆涛，周智文，等．基于视觉追踪的导向标志评价体系设计［J］．交通运输研究，2019（2）：36-44．

［6］郭本禹．意大利格式塔心理学源流考［J］．南京师大学报（社会科学版），2005（6）：97-102．

［7］郭思疑．浅谈建筑综合体的空间结构与寻路设计［J］．中国新技术新产品，2011（8）：183．

（作者简介：郭沛青，男，1991年8月出生，河北保定人，艺术学院教师，助教，硕士研究生毕业，主要研究为方向视觉传达，2016年9月至今在北京科技大学天津学院工作。）

被人遗忘的艺术家
——杜赛克在钢琴领域中的历史地位及贡献

曹旸

(北京科技大学天津学院艺术学院,中国 天津 301830)

摘 要:杜赛克是18世纪下半叶、19世纪初一位多产的作曲家、竖琴家、钢琴家。他创作了28首钢琴奏鸣曲、15首钢琴协奏曲,还有双钢琴协奏曲、钢琴三重奏、叙事歌剧、弥撒曲、38首小提琴奏鸣曲,16首长笛奏鸣曲等(其中有许多作品值得重视)。许多人似乎已经忘记了杜赛克这位作曲家,他填补了莫扎特、海顿和贝多芬之间的空隙。通过对杜赛克的作品研究,我们可以深入了解他在钢琴演奏中的改革创新,提升对杜赛克钢琴奏鸣曲的关注,以便能够更清楚地了解钢琴演奏是如何演变的。尽管这位被遗忘的艺术家一度不被常人重视,但是他对钢琴演奏的贡献是不可泯灭的,值得我们深入了解挖掘。

关键词:钢琴领域;历史地位;贡献;旅行钢琴家;侧坐;指法

The Forgotten Aritist Dusseck and His Historical Role and Contribution to Piano Performance

CAO Yang

(School of Arts, Tianjin College,
University of Science and Technology Beijing, Tianjin 301830, China)

Abstract: Dusseck is a productive composer during the second half of the 18th and early 19th century. He wrote 28 piano sonatas, 15 piano concertos, double piano concertos, piano trio, narrative opera, mass, 38 violin sonatas, 16 flute sonatas, etc, which greatly affected most of the piano composers of the later Romantic. Dusseck, as a composer, has slipped from our memory. He filled the gap among Mozart, Haydn and Beethoven. We can get a clear picture of the evolution of piano performance through the study of his works, understanding his reform and innovation in piano performance and further attention to his piano sonatas. Although Dusseck has been forgotten once, his contribution to piano performance is undeniable. He is worthy of in-depth study.

Key words: Piano cycle; Historical role; Contribution; Travel pianist; Sitting side; Fingering

杜赛克是18世纪下半叶及19世纪初一位多产的作曲家、钢琴家、竖琴家。他创作了许多钢琴奏鸣曲、钢琴协奏曲、钢琴三重奏、双钢琴协奏曲、弥撒曲、叙事歌剧、长笛奏鸣曲、小提琴奏鸣曲等，其中钢琴奏鸣曲代表他的顶峰成就。杜赛克的作品及演奏风格对于当前钢琴专业的我们无一不是闻所未闻的，但作为钢琴家和作曲家，他的音乐在很大程度上影响了许多晚期浪漫主义钢琴作曲家，他对钢琴演奏的发展做出了杰出的贡献。

杜赛克开创了有标题的钢琴奏鸣曲，特别是在应用悲怆的变化音方面，预示了浪漫派钢琴曲的特点。他创作的音乐到现在大都已被人忘却，只是偶尔才会听到有人弹奏他的钢琴奏鸣曲，更遗憾的是，他的28首钢琴奏鸣曲在我国只有一首Op.20-1作为初级教材被常用。

杜赛克也是一位非常重要的旅行钢琴家，他在钢琴演奏中率先以右侧对向观众，并打开琴盖演奏，以此获得更好的声音效果。他是第一个当众演奏一架有六个八度的钢琴的人，指法也是大大超前于他所生活的时代。杜赛克的一些改革是史无前例的，而这种钢琴演奏方式至今依然被人们所沿用。尽管这位被遗忘的艺术家一度不被常人重视，但是他对钢琴演奏的贡献是不可泯灭的，值得我们深入了解和挖掘。

1 杜赛克的艺术生涯

1.1 早期岁月（1760—1788）

杜赛克·扬·拉迪斯拉夫（Dussek Jan Ladislav，1760—1812）出生在波西米亚恰斯拉夫小镇的一个音乐世家，从小就展现出过人的音乐才华。他的父亲扬·约瑟夫（1738—1818）是一名出色的风琴演奏家和作曲家，在恰斯拉夫的圣彼得和圣保罗大教堂中，一直担任教师、风琴演奏家和音乐指挥家的职务。杜赛克的母亲维罗妮卡是一位有才华的竖琴演奏家。大部分的传记资料显示，杜赛克家族共有三个孩子，分别为杜赛克（1760—1812）、弗朗茨·贝内迪克特（1765—1817）和凯特丽娜·维罗妮卡（1769—1833）。弗朗茨是一位出色的歌剧作曲家，定居在意大利。凯特丽娜在歌唱艺术和钢琴演奏方面受到父亲的栽培，在杜赛克的邀请下，于1795年去英格兰，并且与一位名叫弗朗西斯科的音乐发行商喜结连理，他们在1807—1811年在英格兰对杜赛克的作品有独家使用权。

杜赛克很早就开始接受音乐教育，他的父亲给予了他最初的音乐指导。杜赛克5岁时开始学习钢琴，根据他的父亲所说，杜赛克在9岁开始学习管风琴。由于他在声乐方面显示出过人的天赋，因此作为男高音被送到伊格劳，在那里学习音乐，并开始进行作品创作。随后，这位年轻的作曲家加入了布拉格的教会学校，他在布拉格大学获得了哲学、神学两个学位。与此同时，一位不知名的本笃会修士在音乐方面给予了杜赛克极大的帮助。1774年至1776年春天，杜赛克在教堂担任风琴手。离开布拉格以后，他就开始了自己的旅行演出。1779年，杜赛克先后在比利时、荷兰、阿姆斯特丹、圣彼得堡、海牙、巴黎演出。在巴黎期间，杜赛克创作了一些作品，这些作品有的被登为广告，刊登在1783年12月一本名叫《走遍巴黎》的杂志中。1784年5月，他在巴黎出版了他当时未出版的作品。随后他前往米兰演出，在那里引起轰动，之后他从米兰再次返回巴黎进行新的创作。在此之后，杜赛克来到了柏林及汉堡，在汉堡见到了巴赫，巴赫教给杜赛克许多关于处理现代奏鸣曲的创作手法。杜赛克从巴赫那里接受的教育的时间很短，因此关于这一段的记录是很有限的。

1.2 伦敦时期（1789—1799）

1789 年法国大革命爆发之后，同许多音乐家一样，杜赛克来到了伦敦避难，他在伦敦度过了 11 年。1789 年 6 月，他首次出现在伦敦的一场音乐会上，在伦敦他有很多音乐活动。在此期间，杜赛克举办了许多不同主题的系列音乐会。

杜赛克在伦敦是一位非常有名气的钢琴老师，在各大音乐活动中，他结识到许多艺术家，最值得一提的便是弗朗茨·约瑟夫·海顿。海顿听了杜赛克的演出之后，给杜赛克的父亲写了如下一封信[1]。

亲爱的朋友：

我发自内心地深深感谢你，你的儿子，他实在是太棒了！我要加倍给予他我的赞扬，我也非常高兴地告诉你，你有一个好儿子，他不仅是风格的领导者，也是一位突出的音乐家，他值得我去爱他，就像你爱他一样！作为父亲，请每天都给他支持，那样他每天都会很快乐，对于他杰出的才华，这会是非常必要的！

致以崇高的敬意，海顿

1792 年 2 月 26 日，伦敦

1792 年，一位名叫索菲亚·卡利的知名歌手、钢琴家、竖琴家嫁给了杜赛克。她的父亲多梅尼克·卡利是一位意大利的声乐老师。他们后来有了一个女儿——奥利维亚，长大后成了钢琴和竖琴演奏家。杜赛克夫妇经常举办音乐会，索菲亚也会演奏丈夫的钢琴作品。在他们婚后不久，杜赛克和他的岳父创办了一家音乐出版公司，杜赛克的很多作品都通过这个公司出版。然而这个公司仅仅成功了一小段时间，1799 年就因为负债而倒闭。之后，杜赛克从伦敦迁往汉堡。就这样，杜赛克辉煌的生涯在伦敦结束了。不幸的是，他离开伦敦以后就再也没有见过他的妻子和女儿。1812 年，杜赛克去世，之后他的妻子嫁给了一位小提琴家。

1.3 晚年生活（1800—1812）

杜赛克在 1800 年 1 月从伦敦来到汉堡，他在汉堡居住了两年多的时间。1800 年，汉堡有很多音乐活动，当时汉堡最大的俱乐部——和谐社会俱乐部有 480 位音乐会员，许多有才华的音乐家经常在这个俱乐部演出，杜赛克也在这里演奏过他的许多作品。

1802 年 1 月，一本叫 *Allgemeine musikalische Zeitung* 的杂志记载，杜赛克在 2 月 24 日举办了一场声乐和器乐的音乐会，他将会用一台新发明的英国三角钢琴演奏他的作品。杜赛克这时靠卖琴赚来的钱维持生活，积攒了一部分资金之后，1802 年回到了他的家乡恰斯拉夫。后来，他前往布拉格举办了三场音乐会。他在布拉格遇到了他的老朋友约翰·文策尔·安东·斯塔米茨，他是布拉格当地的一位作曲家。约翰发现杜赛克是第一个将钢琴扩大音域的人，虽然其他的钢琴家也在追寻他的这一想法，但是他们缺乏一定的想象力。1802 年 11 月，杜赛克在莱比锡成功地举办了音乐会。1803 年，杜赛克又在汉堡举办了独奏音乐会，他在汉堡一直待到 1803 年末。1804 年到 1806 年，杜赛克为普鲁士的一个王室服务，他教王室的公主学习钢琴和作曲，这位公主是一个有天赋的钢琴家和作曲家，他们建立了深厚的友谊。

杜赛克不仅在他的演奏上受到极高的称赞,他的作品也不断地获得赞美。杜赛克在世的最后几年,虽然不再像居住在伦敦时那样写很多的作品,但是每个作品的质量都非常高。1807年,杜赛克出版了他的奏鸣曲集。

1809年,杜赛克高强度的生活和大量饮酒的习惯导致他的身体出现了问题,在生命中的最后几个月里,他变得非常肥胖,以至于不能坐在琴凳上弹琴,大多数时间都在卧床。痛风导致他的身体更差,最终在2小时内夺去了他的生命。3月21日,在巴黎,杜赛克离开了人世。在杜赛克去世46年后,他的家乡恰斯拉夫为了纪念他,在1858年命名一家剧院为Dusikovo Divadlo。1896年,杜赛克的同胞在他的出生地立了一块纪念碑,碑文写道:在德国音乐艺术的发展中,杜赛克的贡献非常接近海顿,甚至不少于莫扎特。

2 杜赛克对钢琴演奏改革的贡献

2.1 第一位旅行演奏的钢琴家

2.1.1 杜赛克的旅行演出经历

杜赛克是早期开展巡回演出的钢琴大师,他是第一位旅行演奏家。在当时,像莫扎特及贝多芬这样的钢琴家虽然举办过一些演奏会,但并不是前往各地以巡演的方式举办。而杜赛克几乎走遍了欧洲的主要城市,去进行巡回演出。曾有人误以为李斯特是第一位旅行演奏的钢琴家,实际上杜赛克才是真正的创新者,他是第一位进行旅行演出而且久负盛名的键盘艺术大师。

1779年,杜赛克开始以出色的钢琴家身份在比利时演出,随后在荷兰阿姆斯特丹、海牙参与音乐会的演出,取得了巨大的成功。

1782年到1783年,杜赛克来到圣彼得堡旅行演出,为凯瑟琳二世表演,凯瑟琳二世对杜赛克的演奏十分欣赏。

1786年,杜赛克来到巴黎演出,在演出之后获得"美男子杜赛克"之称。

1787年,杜赛克前往米兰,并在那里引起轰动,尽管意大利人当时不太欣赏器乐演奏,但是他们对杜赛克惊赞的演奏给予了很大的肯定。

1788年,他从米兰再次返回巴黎,在巴黎举办了很多私人音乐会。

在此之后,杜赛克在柏林和其他城市以钢琴家的身份出现,成为一名非凡灵敏的钢琴大师,逐步广为人知。

法国大革命之后,杜赛克来到了伦敦,在这里举办了许多不同主题的系列音乐会,包括专场音乐会、新音乐基金音乐会、歌剧,还有对于特殊的艺术家有益的个人独奏音乐会,其中最有名的是萨洛蒙捐赠系列音乐会,这一系列的音乐会是1783年由彼得·萨洛蒙组织的。

他的音乐会演出在不同的场地举行,包括汉诺威广场、免费的梅森·霍尔广场、国王剧院和修道院公园中的皇家剧院。在众多演出场地中,杜赛克经常在汉诺威广场演奏。他第一次在汉诺威广场演奏是在1789年6月1日,当时的《泰晤士报》报道了杜赛克在汉诺威广场为马基西阁下演奏的个人音乐会。需要强调的是,在19世纪30年代之前,没有个人独奏音乐会的形式,音乐会都是以综合艺术的形式来呈现的。音乐会的形式丰富多彩,有声乐独唱、器乐独奏、合唱等形式,演出节目单如下。

上半场：

前奏曲，演奏者：罗塞蒂

三重奏（小提琴、中提琴、大提琴）

钢琴奏鸣曲，演奏者：杜赛克

歌曲（新作品），演唱者：马基西（太刀创作）

小提琴协奏曲，演奏者：克里莫

二重唱，演唱者：布诺奇、斯托雷斯

下半场：

前奏曲，演奏者：海顿

歌曲，演唱者：布诺奇

大合唱：《风景》（太刀将著名的梅塔斯塔齐奥所写的诗改编成的音乐）

2.1.2 同时代的音乐家对杜赛克的评价

托马·谢克特别偏爱杜赛克，他对1804年杜赛克在布拉格演出的一场音乐会的记叙读上去很真切，"第一个独奏才弹了乐曲的前几小节，听众席上一片惊叹声。杜赛克以其优雅美妙的姿态、神奇的触键，从钢琴上提取甜美而有所侧重的声音，那样子确实神奇。他的手指像是十几位歌唱家的歌剧团，个个都有很出色的演唱才华，能够无比精确完美地完成指挥的任何要求"。如此夸奖他的不止托马·谢克一人。1808年，巴黎的弗朗索瓦·约瑟夫·费蒂斯也描写过杜赛克演出引起的疯狂。他说："杜赛克的演奏使以前听过的一切钢琴独奏相形失色。这位艺术家的豪放而高贵的风格，使一架没有延续音的乐器唱起歌来，总之，他的演奏是那么纯净、细致、辉煌，为他赢得史无前例的胜利。"另一个法国评论家指出了1808年杜赛克对巴黎音乐的重要性。在那时，巴黎的音乐很不景气，庸俗但不艺术。这位评论家写道："杜赛克，真正的钢琴演奏风格的缔造者，他可以横扫一切。我们很希望有杜赛克这样一个人来进行改革，从而使钢琴恢复它真正的伟大面貌，恢复它真正的身份。"杜赛克的"歌唱性演奏风格"受到普遍赞赏。

2.2 第一位侧坐演奏的钢琴家

杜赛克是那个时代的红人，并且是第一位以音乐家、钢琴家的身份进行旅行演出的人。他是第一位提出以侧坐进行表演的钢琴家。这种演奏形式大胆革新，在他之前的钢琴家都是面向观众演奏，而杜赛克大胆地将钢琴在舞台上侧向放置，率先以右侧对着听众，这样做有两个目的，一是可以供人瞻仰他那高贵的侧影和钢琴琴身的弧度；二是在演出时抬起琴盖，琴盖可以起到音板的作用，以便获得最佳传送声音的效果。他的这种演出形式，至今一直被采用。同时，在当时他习惯于在坐在琴凳后，用一块丝毛巾放在钢琴旁，用来擦手，这样的举动在那个年代也是史无前例的。

杜赛克对适合身体各部分姿势的唯一描述是："不要破坏手指自然的姿势。"我们很难准确了解杜赛克所说的"自然姿势"意味着什么。这个说法流传了下来，后来莫扎特对其中的含义给出了一个合理的定义。1777年10月23日，莫扎特在奥格斯堡给父亲写了一封信，在信中，莫扎特嘲笑玛利亚·安娜·斯坦的技术能力，他抱怨说："她不坐在键盘中央的位置，而是坐在高音部分的一边。一旦开始演奏一段乐谱，胳膊抬得很高去弹奏音符，借助胳膊而不是手指，她这样做真是太笨拙了"。根据这些描述，可以推测莫扎特同杜赛克的想法一样，演奏时需要安静地坐在琴键中间，有利于放松手腕，手指与键盘紧密相连。

2.3 第一位当众使用六个八度钢琴的人

现代钢琴被称为"乐器之王"，但是钢琴能成为"乐器之王"经历了漫长的成长岁月。由于各个时期的作曲家在创作钢琴作品时的不同需要，钢琴制造业的工艺在不断探求更好的声音效果。钢琴的发展日趋完善，最终成了"乐器之王"。在欧洲发生"七年之战"时，许多音乐家和制琴师迁往相对安全的国家居住。因为这些制琴师居住在不同的国家，所以当时槌击的钢琴制造分为了维也纳式和英式。这两种钢琴除了地域不同外，在击弦机的制造工艺上也有明显的区别。维也纳式击弦机的琴槌向上敲击琴弦时，琴槌是面对演奏者的；而英式击弦机的琴槌敲击时是背对演奏者的。我们现在所使用的钢琴，其击弦机在演奏时，琴槌也是背对演奏者的，因此现代钢琴是从英式早期钢琴发展而来的。英式早期钢琴的特点是声音略微浑厚，琴槌较大，适合表现强劲而有气势的作品。当时的钢琴由于全部木制，声音对于温度和湿度变化表现得较为敏感和不稳定，不像现在的钢琴，加入了铸铁工艺，声音相对稳定。而这一时期的钢琴音域只有五个八度。

随着钢琴的发展，作曲家的作品不断成长，乐曲的规模不断扩大，形式的变化日趋丰富。杜赛克在钢琴音响方面的兴趣被一个事实进一步证明，他觉得有责任推进钢琴的音域范围，首先从五个八度扩展到五个半八度。这样做的目的是帮助作曲家在创作钢琴作品时可以有更广泛的音域选择，进而发挥钢琴的优势，可以赋予更多的想象力与创造力去创作作品。应杜赛克的要求，布罗德伍德公司在1794年把钢琴从五个八度音扩展到五个半八度音，又扩展到六个八度音。布罗德伍德是世界最负盛名的钢琴品牌，这一公司的观念对现代钢琴的音色、外观、演奏机制都产生了巨大的影响，聚集在这家公司周围的是诸多著名的音乐家和这一行业的大师们。杜赛克扩大钢琴音域的想法，证明他的贡献具有永恒的价值。他还建议用专利的钢琴踏板代替笨重的膝部杠杆。同时，布罗德伍德改进了英式的大型机械连动装置，使它能够快速重复而不会让琴槌发生阻滞。这样的方式被该公司沿用了多年，直到19世纪末。就这样，杜赛克使钢琴音域由五个八度拓展至六个八度，于1794年开始，六个八度的钢琴已经很流行了。在杜赛克的影响下，1803年，布罗德伍德公司又制造了六个半八度的钢琴。到了1850年，钢琴发展更到了七个八度终至88键。在18世纪最后的20年，出现的那些音乐家的名字真实的属于早期三角钢琴时代，其中经常被引用的一个名字就是杜赛克。在1794年，因为杜赛克，最早的带有六个八度音域的三角钢琴被制造出来。尽管在这个范围的最高音和最低音在奏鸣曲里没有被选用，但至少他一定是渴望能够有更广阔的音域来丰富自己的钢琴作品。

2.4 第一位在乐谱上标记踏板记号的作曲家

人们都说，踏板是钢琴的灵魂。然而，踏板有150多年复杂演变的过程，最后才演变成了如今的三个踏板。钢琴踏板的发展，不只有历史性的影响，还为那些演奏早期作曲家音乐的钢琴家们提供了高水准演奏的条件。

最早的钢琴配有控制制音器的手栓，但手栓的使用是相当不便的，因为在演奏时演奏者不得不把手从键盘上拿下来，因而在1765年左右，德国制造的钢琴上使用了膝部杠杆。1777年，亚当·拜厄（Adam Beyer）在伦敦介绍了进一步改进制音器的钢琴结构设计。这一钢琴的结构设计配有一个裂开底部的踏板，它可以分别控制高音和低音的制音器组。制音器结构本身在它发展的历史过程中采取了不同的形式。布罗德伍德的乐器利用一种把制音器放在琴弦下面的装置来改进踏板的结构。此后,法国的埃拉尔德商行建造了类似的装置,到 19 世纪末仍继续选用此种构造形式的制音器结构[2]。

在杜赛克生活的时代,人们普遍认为踏板是很难被掌控的。杜赛克是第一个将踏板记号写入自己乐谱的作曲家,他用符号 ped 来标记踏板。他指责许多钢琴家几乎经常使用制音器踏板来掩饰表演的低水平。杜赛克认为,伟大的钢琴家在声调和力量方面不需要用踏板辅助,偶尔结合使用两种踏板可以达到很好的效果。他强调,踏板在使用时需要慢一点,不能快速踩踏,这样即使间隔时间较长,也能流畅地衔接起来。杜赛克认为必须明确踏板的使用,而不是伴随乐曲的热情情绪去使用踏板。他强烈反对一切大量使用踏板的演奏方式。因此,他细心地在自己的作品中明确标记可以使用踏板的乐句,以追求更好的声音效果。他这样的举动不仅是前所未有的,更多的是提醒了在他之后的许多作曲家在创作作品时,需要更严格地把踏板标记在作品中,以便演奏者更好地诠释作品。

3 结论

许多人似乎已经忘记了杜赛克这位作曲家,他填补了莫扎特、海顿、贝多芬之间的空隙。本文通过对杜赛克的作品研究,深入了解他在钢琴演奏中的改革创新,提升对杜赛克钢琴奏鸣曲的关注,以便让我们能够更清楚地了解钢琴演奏是如何演变的。

杜赛克的作品一开始借鉴巴赫的创作形式,结束于更接近且优于肖邦的风格,虽然这种评论过于简单化,我们仍然可以认为杜赛克尽管被卓越的贝多芬夺去了光彩,但他仍然是钢琴演奏艺术发展史中,从古典时代到 19 世纪晚期的纽带,是承上启下的传承者,他为钢琴演奏艺术的发展做出了重要的贡献。

让我们记住这位伟大的艺术家——杜赛克·扬·拉迪斯拉夫。

参考文献

[1] Marion Irene. The plano cechnioue of jan ladisav dussek [D]. Canada:The University of Western Ontario,1976.

[2] 班诺维茨. 钢琴踏板法 [M]. 朱雅芬,译. 上海:上海音乐出版社,1992.

(作者简介:曹旸,女,1987 年 3 月出生,辽宁沈阳人,艺术学院音乐系钢琴教师,助教,硕士研究生毕业,主要研究方向为钢琴演奏,2016 年 9 月至今在北京科技大学天津学院工作。)

树立正确的声乐学习观念

刘心纯

(北京科技大学天津学院艺术学院,中国 天津 301830)

摘 要：声乐是语言与音乐结合的一门艺术。由于因人而异的共鸣腔体、发声器官等因素，声乐这门艺术往往对于初学者来说概念较为抽象，难免会遇到各种问题，要想在声乐学习的道路上尽量避免陷入误区，声乐学习者就需要树立正确的声乐学习观念，从而坚持正确的学习方向。

关键词：声乐；学习观念；表演艺术

Set Up the Right Learning Concept of Vocal Music

LIU Xinchun

(School of Arts, Tianjin College,
University of Science and Technology Beijing, Tianjin 301830, China)

Abstract: Vocal music is an art combining language and music. In the learning process of vocal music, because of the factors such as resonating cavity, vocal organ and so on, which vary from person to person, the art of vocal music is often abstract for beginners of vocal music. It is inevitable to encounter various problems. In order to avoid falling into errors on the way of vocal music learning, vocal learners need to establish a correct concept of vocal music learning, so as to insist the correct direction of learning.

Key words: Vocal music; Learning concept; Performing arts

近年来，随着媒体与网络的不断发展，声乐表演艺术已被广大人民群众所熟知并受到广泛关注与喜爱。越来越多的艺术学生加入声乐的学习当中并选择声乐作为自己在大学攻读的专业，不断推动我国文艺事业的发展。

想要学好声乐表演艺术，首先就要了解并理清声乐表演艺术的基本概念及其意义，这对每一位声乐学习者来说都是至关重要的。

1 了解歌唱艺术的本质

歌唱是一门表演艺术，作为一种音乐艺术形式，歌唱能够有机地把语言与音乐结合起来，并能够较为直观地传递声乐作品所表达的内在情感，这是歌唱艺术容易被大众认可并喜欢的一个重要因素。艺术源于生活而高于生活，艺术的创作是从生活中提炼得来的，声乐作品也是根据作曲家的思想与切身体会而创作得来的。因此，表达声乐作品的内在情感是声乐表演者的职责与义务所在。想要充分表达声乐作品的内在情感，就必须对声乐作品进行充分理解和分析。在完全理解作品所表达的中心思想的前提下，表演者进行艺术加工处理并融入演唱当中，从而使观众体会作品的情感意境与歌者的艺术表现。声乐表演者必须在学习中不断提高声乐作品的艺术处理能力与演唱情感表达能力，并在充分理解作品的前提下对作品进行恰当的二度创作，结合声乐表演者丰富的表现力，把歌唱艺术更好地呈现给观众。

2 树立正确的发声方法

任何一种乐器都有其独特的性质和特征，不同的乐器由于长短、大小、材质等因素的不同，音色和音域也各有差异。对于歌者来说，身体即为我们的乐器。想要打造好我们的乐器，就必须在充分了解发声器官的前提下树立正确的发声方法，充分发挥其机能，从而达到最佳的发声与演唱效果。但如何能够较好地利用我们的身体进行歌唱？这就需要歌者注重声乐演唱技巧的训练。我们知道，铜管乐器必须依靠气流在乐器中产生震动才能发出声音，人体发声的道理亦是如此，即气息通过震动声带发出声音。生活中的呼吸是自然且无意识，而歌唱的呼吸是有意识、带有技巧性的[1]。演唱时，歌者必须对所演唱曲目的每个乐句做好充分的气息准备，无论乐句长或短、音高或低，都能够游刃有余地控制气息。因此，学习者必须通过长期的气息训练，适应并获得良好的演唱呼吸状态，从而具备良好的歌唱气息支持。乐器有了声源，还需要使声音扩大并进行美化处理，共鸣腔体的运用对控制音量与改善音色起到非常重要的作用。作为歌者，只有良好地运用共鸣腔体，才能使声音明亮、集中并具有穿透力和传播力，令音色优美动听，达到较好的演唱效果。此外，学习者必须训练和养成良好的发声状态，不良的发声状态会造成演唱时身体的不协调，并导致肌肉紧张、音色干瘪没有活力，从而影响正常发声，导致演唱表现力遭到破坏。

能够看出，声乐表演艺术离不开演唱技巧的训练与良好演唱状态的养成，这需要演唱者在专业教师的指导下进行训练，还要通过学习者长时间的练习与思考并不断坚持才能获得。

3 声乐表演艺术应注重舞台的表现

歌唱作为一种表演艺术，必须注重舞台的表现，但由于声乐初学者缺乏舞台经验，往往在考试或音乐会等表演中出现紧张情绪，甚至过度紧张，以致忘记歌词或演唱旋律的音准出现问题，使得音乐得不到好的表现，更难谈及对作品的情感处理与表达。因此，声乐演唱者必须在演出前做好充分的演出准备并在表演中不断丰富舞台经验。

首先，声乐表演者应对所演唱的声乐作品做好充分的准备工作，无论是作品演唱技巧的处理还是情感的控制，都应该胸有成竹。此外，与伴奏的排练磨合也至关重要。排练期间，演唱者必须与伴奏进行充分的交流与沟通，在排练过程中逐渐使双方达到默契的合作关系。这样，人声和伴奏才能够较好地融合，也能使作品得到较好的表现，为演出做好充分的准备，这是演出能够获得成功的前提。

其次，声乐学习者应该清楚地认识到，表演和呈现声乐作品是我们学习声乐的目的与职责所在，克服登台恐惧心理是歌者所必须具备的基本素质。歌者必须珍惜每一次登台演唱的机会并自信地站在舞台上进行表演，从而达到较好的演出效果。如果表演时过度紧张，就会使演唱技巧与情感表达遭到一定程度的破坏，作品得不到较好的表达，舞台表现也会不够自然，声乐艺术的美感与观众的视听感受就会大打折扣。因此，声乐学习者必须在学习过程中不断创造表演机会，积极参加音乐会等表演活动，在表演中勇于表现自我，为每一次登台演出做好充分准备，在一次次的登台锻炼中不断丰富舞台经验，使表演日渐成熟。

4 结语

理论与实践结合是学好任何一门学科所必须具备的条件，声乐的学习亦是如此。学习者必须首先巩固声乐学习的理论基础，理清思路，才能在实践中得到正确的引导。学习者在声乐学习的各个阶段都会遇到各种问题，遇到问题时不要盲目消极，树立正确的声乐学习观念并逐一解决问题才是学好声乐艺术的关键所在。

参考文献

［1］李晋玮，李晋瑗. 沈湘声乐教学艺术 ［M］. 北京：中国广播电视出版社，2008.

（作者简介：刘心纯，男，1988年9月出生，汉族，天津人，硕士研究生毕业，北京科技大学天津学院艺术学院音乐系声乐教师，研究方向为声乐演唱与表演。）

论李斯特三首《彼特拉克十四行诗》动机的表现意义

郑梦雨

(北京科技大学天津学院艺术学院,中国 天津 301830)

摘 要:弗朗茨·李斯特是浪漫主义时期最杰出的作曲家、钢琴家之一。其钢琴作品集《旅行岁月》第二卷《意大利游记》中收录的三首《彼特拉克十四行诗》是能够反映李斯特所倡导的音乐他律论观点的典型代表作。本文着眼于三首《彼特拉克十四行诗》的动机部分,力图从这一角度入手探寻三首作品的关联性及表现意义。通过对三首作品动机构成材料的分析,总结归纳出7个动机,根据它们不同的形态特点以及是否通过发展构成独立主题这一因素将7个动机划分为两类,并对其进行了新的名词定义:显性动机与幽灵动机。本文意在对这三首作品动机的表现意义与关联性方面阐述个人的一些理解,并为以后的演奏者们提供一种新的分析思路。

关键词:钢琴;李斯特;彼特拉克十四行诗;动机

On the Significance of Motives in Three of Sonetto Del Petrarcai by Liszt

ZHENG Mengyu

(School of Arts, Tianjin College,
University of Science and Technology Beijing, Tianjin 301830, China)

Abstract: Franz Liszt is one of the greatest composer and pianist of romantic period. The piano collection *Travel Time Italy Travel Notes* in the second set three *Sonetto Del Petrarcai* is able to reflect the music Liszt advocated heteronomy theory point of view of a typical masterpiece. This paper focuses on three of *Sonetto Del Petrarcai* motivation part, from the angle of exploring three pieces and the connection between the performance. This paper through the analysis of the three themes materials, sums up the seven motives, according to their different morphological characteristics and whether through development constitute independent subject this factor could be divided into two categories, seven motives and defines two classification for the new term: dominant motive and ghost motive. This paper aimed at the performance of the motivations of the three pieces some personal understanding the meaning and relevance, and provide an analysis for future players train of thought.

Key words: Piano; Liszt; *Sonetto Del Petrarcai*; Motive

弗朗茨·李斯特的三首《彼特拉克十四行诗》（简称《十四行诗》），被收录在其钢琴作品集《旅行岁月》第二卷《意大利游记》中，顺序排列为4、5、6。作品标题以编号形式命名，分别为《47号》《104号》《123号》。其创作灵感与题材源于文艺复兴前三杰之一、被誉为"人文主义之父"的意大利诗人弗朗西斯克·彼特拉克的诗集《歌集》[1]中的十四行诗，具体内容分别对应诗集中第61首、第134首、第156首[2]。因此，曲目标题所带有的题目号与相关文学作品的顺序号并不对应，并且依照目前研究现状来看，该题目号并非真正的作品编号，我们也未发现其他特殊含义，其真正来源还有待进一步考证，本文不在此处进行深度探讨。该三首曲目最初为李斯特所做的声乐与钢琴伴奏作品，歌词即诗词，但在同一时期便改编为钢琴独奏小品。第一稿于1846年由维也纳出版商哈斯林格首次出版，作品顺序排列为《104号》《47号》《123号》。第二稿约在1850年改编完成并被收录到《旅行岁月》中，同时将顺序调换为《47号》《104号》《123号》[3]，我们现在所演奏的版本即为此稿。

众所周知，李斯特作为标题音乐倡导者极其重视其创作中体系性的建立。三首《彼特拉克十四行诗》在第二稿时更换顺序绝非作曲家的心血来潮，而是经过深思熟虑的严谨修正。虽然它们在目录上定为三个独立的钢琴小品，但在其各有独立乐思与结构的前提下，始终有一条思想进程依照作曲家设定的曲目排列顺序贯穿其中，三首作品共同形成了一个完整的艺术环境。

因此，本文从三首《彼特拉克十四行诗》的动机入手，通过对作品动机构成材料与发展方面进行分析，总结归纳出了7个动机，根据它们不同的形态特点以及是否通过发展构成独立主题将7个动机划分为两类：6个显性动机与1个幽灵动机。其中，三首作品各自拥有两个材料不同的显性动机，最后一个幽灵动机则贯穿三首作品始终。作品各自的第一显性动机体现了作品本身的独立乐思，而第二显性动机之间的互联关系及幽灵动机的穿插体现了三首作品间的整体关联性。通过对动机形态与表现意义的分析，本文试图探讨李斯特在此之中对于现世苦难与宗教幸福的观念，以及对于人间、地狱、天堂三个世界观的思考。笔者希望能通过此问题的探讨，对《彼特拉克十四行诗》的理解与演奏产生积极的意义与新的想法。

1 三首《彼特拉克十四行诗》动机形态的分析

三首《彼特拉克十四行诗》在动机的构思上有一个非常有趣的特点，即每首曲子中均包含两个显性动机，其构成材料也是不一样的，使得三首曲子均拥有了两个完全不同的主题（《104号》甚至要更加复杂）。这种构思一方面使乐曲具有了一种艺术歌曲化的特色，与原著诗歌的交融性更加强烈（需要注意的是三首乐曲在最初的形式只是声乐与钢琴伴奏作品）；另一方面则使得作品在钢琴小品这样短小的结构中所能体现出的信息量大大拓宽，进一步提高了乐曲的思维宽度与深度。结合李斯特开创了单乐章交响诗这一新型体裁的历史背景，三首《彼特拉克十四行诗》独特的动机构思便显得格外令人玩味了。

1.1 关于显性动机与幽灵动机的名词定义

针对该作品独特的动机构思，我们在这里提出了两个新的名词概念：显性动机与幽灵动机。通过对作品动机构成材料与发展方面的分析，我们总结归纳出了 7 个动机，并将其划分为了两类：6 个显性动机与 1 个幽灵动机。其中，三首作品各自拥有两个材料不同的显性动机，最后一个幽灵动机则贯穿三首作品始终。在对动机形态与表现意义进行具体的分析说明之前，首先解释这两个新名词。

（1）显性动机，是三首作品中常规的动机形式，它具有如下三个特点。

1）在材料构成方面，该动机具有强烈的可辨识度。

2）该动机通过发展形成了以本体为核心的独立的主题。

3）该动机是对应乐曲独立享有的，它体现了作品自身的个性乐思。

（2）幽灵动机，对应显性动机的隐性存在，是三首作品中非常规的动机形式。它与显性动机的相同点在于在材料构成方面具有强烈的可辨识度，但不同点在于以下两点。

1）该动机并没有形成以本体为核心的独立主题。

2）该动机并非某一作品独享，而是三首乐曲共有的，它就像一个幽灵一样，悄悄地出现在作品的每一个角落，虽然不容易被人所注意，但却是一个可以证明三首《彼特拉克十四行诗》具有整体性的强有力证据。

1.2 《47 号》与《123 号》第一显性动机形态分析

《47 号》的第一显性动机是最能体现乐曲自身独立乐思的一个动机。它首先出现在乐曲的 12 小节弱起位，为降 D 大调，在之后的发展中通过模进、转调、声部层双音加厚等方式不断出现，无论如何变化，始终保持大调色彩，反复强调乐曲本身温暖、美好、充满希望的音乐形象。它是由右手声部构成的一个相当长的连续切分小间距环绕音型动机（在一小节内包含 5 个连续长音），同时左手声部会有一个听觉感为六连音式的旋律线条在右手切分长音持续时进行插空补充，最终形成一种绵延不断的听觉效果。整个动机十分丰富充实，没有一丝缝隙，动力感十足，表现出一种世俗化的思维理念，如图 1 所示。

图 1　谱例 1

为了将这一动机的效果发展到极致，李斯特就在乐曲节拍的设计上使用了一种处理方式，即将乐曲的节拍设定为 2/3 拍，以附点二分音符为一拍。包括出版商在内的大多研究者在这里使用了另外的一种记谱标记：6/4 拍。因为左手声部有着六连音似的旋律进行，每小节可被看作以四分音符为一拍的六拍节奏。这种改动是可以理解的，毕竟 2/3 这种节拍并不为人广泛接受使用，学习者读谱时难免摸不着头脑而出现节拍错误，改动后更加清晰直观，但这样的拍感调整却将第一显性动机的效果大大削弱了。原因在于，只有在每小节为两拍拍感的情况下，动机的连续切分才能充分地体现出来，产生一种摇曳不定的摆动效果，加剧节奏感中的不稳定性，从而将旋律进行的推动效果表现得更加强烈。而在六拍拍感的情况下，左右手声部之间的交叉填充互动会形成类似均分八分音符式的稳定效果，将一首抒情式的舞曲变成了进行曲，从而导致整个音乐形象的不准确。因此，坚持作曲家原定的节拍感是非常有必要的。

《123 号》第一显性动机的作用与《47 号》第一显性动机是一样的，都是表现出乐曲本身独立思维的个性。它与《47 号》第一显性动机的相似之处还体现在无论如何变化都坚守大调明亮的色彩效果，但区别在于声部音域由中声部的小字一组拓展到了高声部的小字二组，整体音响中圣洁度与神圣感较《47 号》第一显性动机大大加强。如果《47 号》第一显性动机是一种世俗的幸福与美好，那么《123 号》第一显性动机在听觉上显得更加甜美并且梦幻，仿佛不再属于尘世间的凡物，如图 2 所示。

图2　谱例2

该动机首先出现在乐曲第 15、16、17 小节，为弱起节奏，在第 19、20 小节进行了一次重复。在之后的发展中通过转调并翻高八度、加入分解琶音的装饰效果后，音色变得十分晶莹剔透。它是由右手声部三个带有音头颗粒性的均分八分音符连音引入，然后经一个附点四分节奏型展示并推动，经过三个连续三连音节奏型的运动结束在一个四分音符上。左手声部的织体非常简单，即两个分解琶音起到声部填充与和声支撑的作用，产生出一种"大音希声"的天乐之感。

我们需要注意的是，《123 号》中大量地出现了连续三连音的使用现象，同样可以被视为对《47 号》中六连音节奏的一种呼应和反照，这种节奏不仅出现在《123 号》的第一显性动机中，还体现在乐曲的引子部分、第 30 小节开始第二显性动机出现的织体部分等，使得乐曲之间在节奏感上产生了一种统一化的效果，加强了曲目之间的联系。关于六连音节奏使用这一点在《104 号》中第 21 小节开始的第一变奏部分、第 38 小节开始的第二变奏部分以及结尾部分同样有非常明显的体现。

1.3《104 号》第一显性动机对《47 号》《123 号》第二显性动机的关联与照应分析

《104 号》有两个显性动机，但是与《47 号》《123 号》的第一显性动机不同的是，《104

号》的第一显性动机所用材料占乐曲长度的 4/5 以上，可以说是整曲最核心的构思部分。并且，不同于《47 号》《123 号》的第一显性动机只对应发展一个单一主题，《104 号》的第一显性动机构成的主题裂变出了仿佛倒影的两种表达方式，形成了一种精神分裂式的矛盾冲突效果，强调了乐曲自身的对立性与戏剧感，使得《104 号》成了三首《彼特拉克十四行诗》中情感最为激烈，也最为人所熟知的一首作品。

第一显性动机所形成的主题第一形态首先出现在第 7、8 小节，如图 3 所示，在这里将其命名为"叹息形态"。右手在中声部音域形成强烈的男中音宣叙调式的陈述姿态。它由一个二分音符独立的长音以及两个均分四分音符引入，形成了一个"长、短、短"的听觉效果，这便是整个第一显性动机的主体部分。裂变从接下来的第 8 小节开始，琶音的分解首先通过离调手法，加剧持续音的不稳定效果，随即通过三连音节奏型做出高音下行级进的运动，形成"叹息"的音响色彩。主题的第二形态出现在第 15、16 小节，如图 4 所示，这一形态将其命名为"反抗形态"。因为开始的宣叙调式旋律层由右手转移到左手，音响的力度与深度更加厚重，16 小节没有再进行分解琶音的引导，而是直接用切分节奏加附点四分音符这样一种节奏型进行表达，从听觉上构成了一种"短长、短长"的节奏感，有一种坚定的进行效果，仿佛贝多芬在其第五交响曲第一乐章中所使用的"命运敲门"动机的简化版本。这样一来"反抗形态"便构成了"叹息形态"影子般的对立面，这种对立在接下来的变奏发展中不断形成冲突，构成了全曲主要的表现内容。调式方面还需注意的一个问题是，虽然《104 号》的第一显性动机与《47 号》《123 号》一样，都是在大调功能上进行表述，但《104 号》第一显性动机中大量的离调进行（平均一小节离调一次），使得其调式色彩不再像另外两首那般稳定，而是出现了一种阴郁、昏暗、紧张的色彩感，大调式的色彩已经被大大弱化了。

图 3　谱例 3

图 4　谱例 4

这一动机的主体部分，即"长、短、短"的节奏型，在《47号》中已经有极为明显的显现，同样也在《123号》中存在思维上的延留，这便是另外两首作品的第二显性动机，材料上虽有细微差别，但思维全部源于"长、短、短"的节奏形式。

《47号》的第二显性动机出现在全曲的3/4处，如图5所示，一个材料完全不同于之前的内容，在68小节进行了段落终止后，于69小节展现出来，左手声部非常简单地在低音区小字组进行了"长、短、短"的引入，并在随后的70小节形成了节奏型为附点二分音符加四分音符的高音下行级进音型，显现了完整的《104号》"叹息形态"，而右手声部在长音持续处作了六连音型的宽音程双音填充。当然，由于整曲节拍的不同，具体的材料使用是不一样的，表现为《47号》第二显性动机在长度上要比《104号》第一显性动机更为宽广，节奏更为舒展，仿佛一种带有预示性的号角声在警告，整个第二显性动机所处的音域是较低的，与之前《47号》第一显性动机的美好色彩形成了非常鲜明的对比。

图5　谱例5

由此看来，《47号》的第二显性动机在全曲占有的比例还是较少的。如果说它的表现更多可被看作全曲在第一显性动机的引导下完成了全部表达内容后对即将到来的《104号》进行一种预示，那么《123号》的第二显性动机便可被视为《104号》的遗产，而且这种延留将一直与《123号》的第一显性动机交织在一起交替出现，像一个甜蜜梦境中的梦魇始终贯穿全曲，直到最终也没有完全解决。《123号》的第二显性动机第一次出现在乐曲的30小节如图6所示，右手在高音区小字二组上声部层同样简单地做出了"长、短、短"的表达，具体节奏型为二分音符、四分音符加一个附点八分音符的小附点节奏，之后在31小节大跳到一个高音并持续后通过密集十六分音符跳跃级进下行，虽然节奏型模式与《104号》"叹息形态"相同，但大跳、密集均分音符等材料使得整个动机形态具有一种较强的动力感，体现出了"反抗形态"的思维理念。左手声部六连音型的织体填充，一方面与《47号》的织体形成呼应，产生节奏感的统一性；另一方面使第二显性动机的听觉感更加丰富，以至于虽然《123号》与《104号》都为4/4拍，但整个动机音响效果更加类似《47号》第二显性动机2/3拍的宽广绵长的音乐形象。随后这一动机在第49小节又一次出现，并于第52小节开始发展，值得注意的是，这次的发展与《47号》第二显性动机所在的音乐内容形成了非常有趣的比较与呼应，如图7所示。

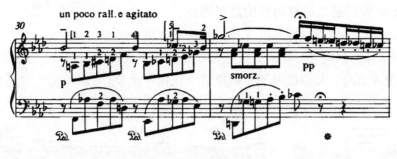

图 6　谱例 6

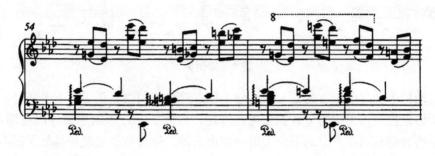

图 7　谱例 7

此处左手声部的分解和弦与右手的双音音程形成了连绵不断的三连音进行，并且整体呈现渐快渐强的推动模式，对应《47号》69~72小节的音乐形象，如图5所示，我们可发现，《123号》此处是一种原型材料的截取与压缩，既表达了音乐语言上的呼应观照，又与原型恬静安宁且带有预示性不稳定的形象形成强烈的反差，仿佛这一动机经过了三首乐曲的不断发展，已由迷雾般缥缈的预言成长为强大有力的现实打击，将三首《彼特拉克十四行诗》牢牢地结合在了一起。

我们还需注意的是，《123号》的引子部分与《47号》的第二显性动机所在的音乐内容也有非常密切的关联，如图8所示。虽然从动机形态来看，《123号》的引子部分并非"长、短、短"的结构思维，但是从织体与声部分布等角度来看，二者之间是非常相似的。这一内容一方面将《123号》脱尘超凡的梦幻色彩做了初步表现，另一方面更加强化了《47号》预言成真的残酷与无情。

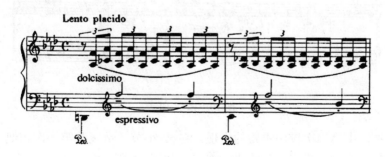

图 8　谱例 8

1.4 《104号》第二显性动机的思想转折

即使《104号》的第一显性动机及其相关观照占据了三首《彼特拉克十四行诗》相当长的篇幅,《104号》的第二显性动机依然是作品最为重要的组成部分,虽然以它形成的主题出现在作品尾声部分,持续的时间非常短暂(仅仅4小节),但却是整个《104号》的转折大关口,凸显了三首《十四行诗》的核心思潮,如图9所示。

图9 谱例9

在这一动机中,之前所有的不安宁性与不稳定感统统消失不见了,右手声部以进行式的姿态非常严格地按照4/4拍的重音拍点进行陈述,形成了三首乐曲中最为沉稳确定的部分。左手以简单的分解和弦在拍点的弱位上进行和声支撑,使得整个主题仿佛处于没有弱拍的氛围中,如钟声,一切都是庄严肃穆的,这是一种上天对于个体身处苦难之中无法自脱时的指导,这种指导是神性的,不容置疑。而通过这一动机的引导,整部作品的风格开始发生扭转与变化。当然,这种神性的拯救是否成功了?苦难能否真正随着宗教理念的介入而烟消云散?事物的发展远没有那么简单。

1.5 有关幽灵动机

在每首作品中各两个显性动机的覆盖之下,一直还存在一个隐性的动机,即幽灵动机。这一动机并不是单独归属于某首乐曲的,而是贯穿了三首作品。其基本节奏形态为附点节奏加之后长音持续,时间至少持续两拍及以上,形成的听觉效果为"长、短、长",根据具体情况,其会有多种样式、不同时值、不同音高的变体。这一动机首先出现在《47号》第一显性动机所形成的主题呈现之后,即28小节至29小节的弱起位上,随后八度加厚声部层再次反复,如图10所示。

图10 谱例10

其在《47号》中第二次较为重要的出现是在52小节,情况与第一次相似,同样为在52小节至53小节的弱起位上形成一种前进的姿态,如图11所示。

图 11　谱例 11

《104 号》则是依附了第一显性动机所构成的"叹息形态"的后半部分，三连音中的后两个音与之后的长音衔接成"幽灵动机"，整体节奏要比在《47 号》中有压缩情况，如图 12 所示。

图 12　谱例 12

其第二次出现在《104 号》中则是依附了第二显性动机。第二显性动机所构成的持续四小节的主题，前三小节的二、三拍上以及第四小节的最后一拍都出现了"幽灵动机"的形态，作者的这一思维不禁令人沮丧甚至毛骨悚然，连普照万物的光辉神性中都潜藏着这样一抹黑暗，如图 13 所示。

图 13　谱例 13

《123 号》同样有两处非常明显的"幽灵动机"形态，第一处是在 23 小节与 24 小节中，与《47 号》的情况类似，都是等待第一显性动机的主题完成后才出现的，如图 14 所示。

图 14　谱例 14

第二处则是依附在了《123 号》第二显性动机上，因为其动机材料来源还是《104 号》的第一显性动机，因此"幽灵动机"便像病毒一样感染了《123 号》，于 30 小节至 31 小节的弱起位出现，如图 15 所示。

图 15　谱例 15

我们可以明显观察到的是，"幽灵动机"从来都不是独立出现的，要么出现在某一个显性动机表达之后的衔接部分上，要么直接依附隐藏在某个显性动机之中，出现的拍点往往在弱拍或弱起位上，从不以正面示人。而这一动机整体表现的音响效果也较为阴沉灰暗，哪怕是《104 号》中如此神圣坚定的第二显性动机都没能抹除它的存在，任其贯穿始终。这无疑是有作曲家的深意。

2　三首《彼特拉克十四行诗》的关联性与排序意义

通过以上对三首《彼特拉克十四行诗》中 7 个动机的分析，我们可以针对其目的性以及动机与动机之间的关系作一个简单的总结。

《47 号》第一显性动机的目的性在于表现《47 号》音乐本体的思维内涵。

《47 号》第二显性动机的目的性在于预示《104 号》第一显性动机。

《104 号》第一显性动机的目的性在于表现《104 号》音乐本体的思维内涵。

《104 号》第二显性动机的目的性在于整个作品思维的转折。

《123 号》第一显性动机的目的性在于表现《123 号》音乐本体的思维内涵。

《123 号》第二显性动机的目的性在于形成《104 号》第一显性动机的倒影与遗留。

"幽灵动机"的目的性在于更加细致深入地贯穿衔接三部作品。

当我们如此梳理 7 个动机的目的性与相互关系时，会发现三首《彼特拉克十四行诗》之间在关联性上存在着两条线索。

2.1 以创作灵感与发展思路为线索

这一线索更多地强化了《104号》在三首作品中的地位，由于其第一显性动机是另外两首作品第二显性动机的创作来源，《104号》成了整个三首《彼特拉克十四行诗》创作的核心甚至灵感源头，由这一核心不断辐射至《47号》与《123号》，形成了一个漩涡式的圆形循环。而其第二动机虽然短小，但是为画龙点睛之笔，将李斯特对于宗教的渴望却又略带畏惧、对于尘世的厌烦却又无法割舍这一矛盾心态刻画得淋漓尽致。我们可以说，没有《104号》，就不会有另外的两首作品，《104号》是创作的起点，并成了连接三部作品的枢纽，以及整部作品思维的来源与汇集之处。该三首作品于1846年由维也纳出版商哈斯林格首次出版的第一稿中顺序排列为《104号》《47号》《123号》，这一史实也验证了这一线索的实际存在。

2.2 以作品之间时间与情感推进为线索

该三首作品首次出版时顺序排列是《104号》《47号》《123号》，为何其在1850年被收录到《旅行岁月》中并发行第二稿时顺序就调换为《47号》《104号》《123号》了呢？根据前面对于动机形态的分析，我们可以大胆推断出一条作品之间时间与情感推进的线索。《47号》的第一显性动机因其摇曳、无穷动式的节奏型从而表现出一个富有活力的音乐思维，在大调色彩上的进行使得整个动机非常温暖美好，但是小间距环绕的音型使得整个乐感略显羞涩腼腆，缺少直接与冲动，比较保守和低调，却也单纯，展现出了一个刚刚初识并渴求圣洁与美好的音乐形象，但第二显性动机的预示也提前透漏出这份美好可能只是镜花水月，可望而不可求的。《104号》的第一显性动机证实了这一预言，它通过发展使得整部作品在"叹息形态"与"反抗形态"中不断挣扎徘徊，形成了受困于现实苦痛、彷徨于希望与绝望之中的音乐形象。第二显性动机成为最大的转折点，它将解除尘世间苦难的途径引导至上界的神性信仰中，试图通过宗教的力量来获取幸福。《123号》的第一显性动机随之而来，圣洁晶莹的音色仿佛印证了宗教的能量，音乐形象发展至由神性与人性的交融中发现最为神圣的光辉并得到升华，一切看似都已经完美了，但第二显性动机的倒影却隐隐提示着这份完美依旧仅仅存在于梦幻之中，梦终会苏醒，"幽灵动机"在三首作品中的不时显现更强化了这一最终的思潮。这样的情感框架使得《47号》《104号》《123号》这样的排序更加合理。

2.3 对于人间、地狱、天堂三个世界观的连接思考

从《意大利游记》作品集整体来看，我们可以分成三个大部分。
(1)《婚礼》《沉思者》《罗沙小调》连接为第一部分。
(2) 三首《彼特拉克十四行诗》连接为第二部分。
(3)《但丁奏鸣曲》独立成为第三部分。

这个划分是很有深意的，通过对整体音乐形象的考察我们会发现，李斯特在这一曲集中不断地在探讨三个世界，即天堂、地狱、人间之间的衔接关系。

第一部分的作品在世界观上形成的衔接思维是天堂（《婚礼》）—地狱（《沉思者》）—人间（《罗沙小调》）。缘由在于，第一首《婚礼》取材于拉斐尔的画作，原作描绘了圣母玛利亚与约瑟夫的婚礼场景，音乐主题充斥着神性的庄严与美好；第二首《沉思

者》取材于米开朗琪罗的雕塑作品《夜》，动机由低音区的柱式和弦展开，小二度的下行级进充满了阴森恐怖的气氛；第三首《罗沙小调》由附点节奏形成的极富跳跃感的主题风格是极其世俗化的，并且作为全集中唯一一首由其他作曲家的艺术歌曲改编并在谱面上附有歌词（歌词语种为意大利语），这一情况也传达着作曲家对于人间的思考。

第二部分，三首《彼特拉克十四行诗》形成了人间（《47号》）—地狱（《104号》）—天堂（《123号》）的结构。《47号》以充满动力感的舞曲似的旋律进行，于中声区绵延不断地发展，表现出了强烈的世俗化的生活理念，象征着人间单纯而脆弱的美好；《104号》则充满了矛盾的痛苦与无穷的战斗意志，好像身处地狱的煎熬中无法自拔地苦痛挣扎；《123号》则梦幻得恍若仙境，天堂的形象油然而生。

第三部分，《但丁奏鸣曲》则与原著文学作品融合，探索了地狱—炼狱（人间苦难）—天堂这一行动进程，这一线索也是但丁的文学著作《神曲》的排列顺序。

由此来看，如果三首《彼特拉克十四行诗》一直维持初稿的排序形式，即《104号》《47号》《123号》，则在逻辑思维上形成了地狱—人间—天堂的世界观衔接，与第三部分的《但丁奏鸣曲》发生了重复，不利于作家对这一问题思考的阐述。因此，排序的修正是必要的，也使得三首作品共同形成的完整的艺术环境臻于完美。

3　结语

通过以上的论述，我们从动机这一最微小的单元入手，试图挖掘了李斯特的三首《彼特拉克十四行诗》之间的内在关联性，并最终推导出其在排序上的特殊含义。这是有关李斯特在其人生的中年时期对于尘俗与上界之间联系的最为深刻的理解，这也大大影响了这一时期作曲家在创作上的心路历程，乃至影响自此之后的人生发展轨迹。

我们是可以这样判定的，《意大利游记》不仅仅是一部记录其游山玩水行走路程的游记，而且其中蕴藏着李斯特在这一时期的神学理念。而三首《彼特拉克十四行诗》无疑是一把认识《意大利游记》的钥匙，对三首《彼特拉克十四行诗》之间关联性的准确认识，不仅是对其艺术形象与思维的完整表现，更可以扩展到对整部《意大利游记》的反照与解读。笔者希望通过本文，与各位专家老师做进一步的研讨，谢谢！

参考文献

[1] 彼特拉克. 歌集 [M]. 李国庆, 王行人, 译. 广州：花城出版社, 2001.
[2] 康毓春. 李斯特《彼特拉克十四行诗第47号》与彼特拉克《歌集》第61首对应研究 [J]. 黄钟, 2010 (1): 97-103.
[3] 伽托尼, 塞兰尼苏. 李斯特钢琴全集 旅行岁月 [M]. 江晨, 译. 上海：上海音乐出版社. 2007.

（作者简介：郑梦雨，男，1990年9月出生，山东泰安人，艺术学院音乐系音乐表演专业钢琴教师，助教，硕士研究生毕业，主要研究方向为钢琴演奏，2016年9月至今在北京科技大学天津学院工作。）

普罗科菲耶夫第四首钢琴练习曲（Op. 2 No. 4）的演奏与教学实践

雷晴

(北京科技大学天津学院艺术学院，中国　天津　301830)

摘　要：20世纪的钢琴音乐反映所有创作思想、技术、美学观念的变革与尝试。普罗科菲耶夫既将钢琴处理为强烈的打击性，又使其具有在高度不和谐背景上的抒情性。练习曲是我们学习钢琴的一项重要基础练习，对我们学习钢琴有高楼大厦的地基似的作用，所以要求我们在学习时练习大量的练习曲来提高自己的能力。笔者在我们现在所接触和了解的钢琴教学中发现，很大一部分的学习者非常关注古典时期和浪漫时期的练习曲作品，而离我们较近的20世纪钢琴音乐事实上是社会、政治、文化与思想的直接反映。20世纪音乐多样的风格，反映出当时社会思潮的蓬勃发展，从印象主义至表现主义、新古典主义等，都表现出创新的精神，与18、19世纪的音乐的统一形成强烈的对比。其实现代音乐的特点是追求探索性、开拓性以及新意，尤其讲究自由的结构、奇特的节奏、不和谐的和声语言、繁杂的多调性及无调性、奇异的音响效果，因而往往带有很大的刺激性。以上的标新立异，并不是所有作曲家追求的，更有一些作曲家主张将古典主义音乐和本民族风格、现代作曲技巧完美结合，创造出更优秀的音乐作品[1]。普罗科菲耶夫强调一种前所未有的阳刚风格，没有丝毫的柔情感伤，完全摆脱了浪漫主义的所有传统原则和表现手法上的细微处理，钢琴被当成打击乐器来使用，使乐曲充满丰富饱满的声响。

关键词：普罗科菲耶夫；练习曲；演奏技巧；教学研究

The Performance and Teaching Practice of Prokofyev's Piano Etudes (Op. 2 No. 4)

LEI Qing

(School of Arts, Tianjin College, University of Science and Technology Beijing, Tianjin 301830, China)

Abstract: Piano music reflects the attempted changes of all creativities, techniques, and aesthetics during the twentieth century. In particular, the piano notes of Prokofiev are strong and aggressive, yet containing a high degree of inconformity in the background of the lyric. Practicing songs is an important basis for learning piano. To us, learning piano is like building the foundation of a skyscraper, so we need to persistently practice in order to improve our ability to learn piano. According to our understanding, in the field of piano education, most apprentices pay great attention to the pieces of the classical period and the romantic period, resulting in a "one-sided" phenomenon. But in fact, the twentieth century piano music, which is relatively close to us, is a direct reaction of societal, politics, cultural and thoughts. In the twentieth century, through a variety of music styles, rapid development of social thought can be reflected. From impressionism to expressionism and neoclassicism and the like, the spirit of innovation are shown, forming a strong contrast compared to the musical styles of the eighteenth and nineteenth Century. In particular, the characteristics of modern music exhibits the pursuit of exploration, foundation, and innovation, especially paying attention to free structure, peculiar rhythm, discordant harmony language, complex multi-tonal and atonal, singular sound effects, which offers great stimulation. However, the creative qualities listed above are not pursued by all composers. In fact, some composers advocates for the combination of classical music and contemporary composition techniques in order to create more excellent music.

Key words: Prokofiev; Etudes; Performance technique; Educational research

1　普罗科菲耶夫生平

谢尔盖·谢尔盖耶维奇·普罗科菲耶夫生于1891年4月11日，诞生在乌克兰顿涅茨克州，生长于一个和乐的家庭。父亲叫谢尔盖·普罗科菲耶夫（1846—1910），来自一个富裕的家庭，一位农艺专家，个性较为严肃，喜欢独自研究，他是负责管理当地农场的技师。母亲叫玛丽亚·格里戈利耶夫娜（1855—1924），农民阶层，个性活泼，知识女性，也很热爱音乐，一位琴艺很精湛、对音乐非常有敏锐度的业余钢琴家，激发了普罗科菲耶夫的音乐才能，让他的音乐基础做得很扎实，对他的音乐成就有很大的影响。

原本家中有五个人，后来剩三个人，因为在普罗科菲耶夫诞生前，有两个无缘的姐姐，在出生后没多久就逝世了，他成为家里的独生子，父母将他视为心头肉，对他百般呵护，非常宠爱，在教育方面给予他良好的授教环境，让他能展翅高飞于音乐的领域中。普罗科菲耶夫辉煌的一生经历了时代的变迁，他游走于许多国家，也创作了不少的经典作品，他的个性与其作曲风格一样，在调性上使人捉摸不定，在音乐的角度带一点嘲讽戏谑的意味，以及运用一些不可思议的夸张手法[2]。因此我们可根据他的写作时间及去过的地方来做分类：第一时期是1891年到1918年在俄国成长和学习，所以此时期为俄国时期；第二时期是1918年到1936年，他离开祖国之后，分别到日本、美国及巴黎，故此时期为海外时期；最后时期是1936年到1953年，他回到自己的故乡，这段时期为苏维埃时期。

2　时代背景及《四首练习曲》作品2的创作背景

一位作曲家的音乐作品反映其性格及大时代的环境背景，若将巴赫（Johann Sebastian

Bach,1685—1750)及肖邦(Fryderyk Franciszek Chopin,1810—1849)的作品进行比较，我们不难发现作品特色的差异性，这就是时代背景不同所产生的差异。欲了解普罗科菲耶夫的创作风格及作品特色，就必须先了解19世纪后半叶至第二次世界大战前欧洲音乐发展对他的影响，再了解俄罗斯当时的音乐发展。

2.1 交叠更替的年代

欧洲音乐的每个时期似乎都有一定的作曲方向，成为作曲家的创作依据，但19世纪后半叶，音乐的发展有了新的思维及挑战，许多作曲家渐渐显现出个人化特质。1865年，瓦格纳(Richard Wagner,1813—1883)的歌剧《特里斯丹和绮瑟》(Tristan and Isolde)给调性音乐带来极大的冲击，此歌剧夸张了调性和声的极限，大量使用半音阶、未解决的和声，预示了调性系统的瓦解。在此之后，许多作曲家尝试新的和声音响及技巧，希望能为未来的音乐开辟一条新的道路。

2.2 俄罗斯的音乐发展

俄罗斯音乐发展较晚，18世纪皇室率先引进西方艺术文化，当时在俄国演出，创作的音乐家以意大利人居多，栽培了不少本土音乐家，此时尚未成立音乐学院，欲深造的音乐家得赴欧学习，属于俄罗斯真正的音乐风格，下一代才萌芽。

19世纪兴起的民族主义，促使音乐家在创作中融入该文化音乐特色或历史素材，展现其民族独特的色彩，被誉为"俄罗斯音乐之父"的格林卡(Mikhail Glinka,1804—1857)，成功地结合意大利歌剧形式与俄罗斯民歌风格，完成了第一部俄文歌剧《为沙皇献身》(A Life of the Tsar)，不仅为俄罗斯音乐奠下基石，也被视为首位与欧陆势均力敌的音乐家。

2.3 《四首练习曲》作品2的创作背景

《四首练习曲》作品2创作于1909年，属于普罗科菲耶夫早年俄国时期的创作，当时其处于在音乐学院学习的阶段。1908年学年结束时，普罗科菲耶夫的作曲课程也学习完毕，但这些作曲课程都无法令他提起兴趣，甚至经常与老师们辩论，也因为如此，普罗科菲耶夫将兴趣转向钢琴演奏，在1909年(18岁)开始向艾西波瓦学习钢琴。虽然我行我素的普罗科菲耶夫与艾西波瓦的相处很不愉快，但艾西波瓦严格的训练改正了普罗科菲耶夫演奏上的许多盲点。这四年的学习，造就了普罗科菲耶夫日后在钢琴演奏技巧及作曲风格方面纯熟精湛的技艺。

3 教学素材分析与技术诠释

3.1 教学素材分析

第四首将两种具有特色的节奏动机作为两个乐段的基础，使转换间可以清楚分辨两种不同的性格。此曲在术语上的标示为急板且强而有力的，作为作品的最后一首乐曲，全曲表现出急促的节奏性格、刚硬的音乐声响。在乐句的划分上也相当工整，以四小节、八小节为乐句单位，达到古典特质中清晰简单的曲式架构。此曲在节奏的使用上较为单纯，主要使用两种素材，第一种为分解八度音程的顽固低音音型，第二种为较富有节奏感的附点节奏音型。两种节奏特性都带有方正刚硬的节拍模式，使此曲具有强而有力的丰富声响，两种素材的相互转换几乎贯穿全曲，也是此曲呈现从头至尾不间断的重要因素。

3.2 乐曲重难点及技术诠释

3.2.1 分解八度的练习方法

在技术练习方面，演奏者需顾及贯穿全曲的顽固音型，分解八度和分解和弦从头至尾不间断且在一定的速度下演奏，是演奏者需要克服的困难。在长时间弹奏八度音程的音型下，手掌快速移动的动作，因弹奏时要随时变化白键与黑键的位置，故需要运用旋转的动作，以手掌来带动整个位置的衡量。钢琴家露丝·史兰倩斯卡建议当弹奏一连串八度音时，最好将手巩固起来，形成一个八度的模型，也就是保持手掌拱起、双手中间的手指向内弯曲，大拇指及小指则坚固有力地向下触键。另外，笔者建议在弹奏上应注意左右手力量的平衡，避免将过多的力气集中于技巧性较高的手上，如此便可减少手的负担，弹奏上也更加轻松。

3.2.2 音乐的层次与方向

在 A 段中的层次安排和音乐的方向上，我们可以观察到与普罗科菲耶夫所记的力度、重音和渐强渐弱记号有关系，如 16～27 小节层次上以第二句的能量较多，如图 1 所示；渐强渐弱记号也与左手分解八度音程的起伏有关，如图 2 所示，故此乐段音乐到达的点大多数落在下一小节的强拍上。

图 1 《四首练习曲》第四首 16～27 小节

图 2 《四首练习曲》第四首 28～30 小节

3.2.3 附点节奏音形的练习方法

B 段开始进入另一种节奏音型,且由右手来弹奏此附点节奏分解音型。因乐曲进行的速度较快,故练习时可先省略十六分音符听四拍的拍点,也就是一、五指的下键为稳定大拍,而后将小音符补上。此乐段分为两个八小节乐句,在调性上为 e 小调→c 小调,故在层次上笔者将第二句作为前半部能量释放的地方,而后进入 A 段分解八度主题,音乐在 52 小节开始为最低点,逐渐累积能量,再回到 B 段直到乐曲结束,都是使用第二种附点节奏音型,力度的安排上也都是保持 ff,使音乐的动感和能量一直持续到乐曲结束。

4 现代派钢琴练习曲学习的教学价值

首先,练习曲是学习钢琴的一项重要基础练习,对学习钢琴的作用有高楼大厦的地基似的作用,所以要求我们在学习时需要练习大量的练习曲来提高自己的能力。笔者在我们现在所接触和了解的钢琴教学中发现,很大一部分的学习者非常关注古典时期和浪漫时期的练习曲作品,对现代派钢琴作品的了解过于匮乏。在教学的过程中,最重要的一点就是要让学生了解并掌握钢琴历史长河中各种时期的钢琴作品,掌握大量的钢琴曲目,对不同时期风格的演奏和诠释给出应有的判断,而不能局限于某几个时期[3]。其次,只有掌握了大量不同时期的曲目,才能够更加游刃有余地对钢琴作品进行演奏。同时,也可以使学习者聆听不同的声响,普罗科菲耶夫将钢琴当作打击乐器,制造出不同于以往的音响效果,无论是对钢琴技术的提高还是和声织体的学习都有至关重要的作用。另外,此组练习曲不仅是针对单一技巧问题所创作,还交互结合许多不同技巧于一个乐曲当中,例如双音、双手跳跃、交叉弹奏、八度进行等,充分在钢琴技巧表现中结合他特有的钢琴声响的理念;随着 19 世纪末到 20 世纪初的钢琴练习曲的发展,普罗科菲耶夫成功地将此首钢琴练习曲创作为他特有的音乐风格和技巧展现兼备的作品。笔者在参阅各知名钢琴之技巧练习相关的文本后,希望为弹奏者提供在练习时可以尝试的练习方法,并且透过乐曲详尽分析,观察出和声、音乐素材之间所蕴藏的关联性,窥探乐曲最完整的全貌,提升钢琴演奏者的技术。

20 世纪音乐多样的风格,反映出当时社会思潮的蓬勃发展,从印象主义至表现主义、新古典主义等,都表现出创新的精神,与 18、19 世纪音乐的统一形成强烈的对比,普罗科菲耶夫就是 20 世纪重要的代表人物,他的作品与古典主义时期和浪漫主义时期的钢琴音乐形成了鲜明的对比。普罗科菲耶夫的钢琴作品既表现出俄罗斯音乐的鲜明特征,又表现出其对古典主义时期作品的热爱。他创作的新的和声语言与织体是现代派钢琴练习曲的重要组成部分,也为之后的创作者做出了榜样,音乐音响的多元化逐渐形成,增强了学习者对现代派钢琴练习曲的重视。他既具有对历史元素如古典舞蹈的缅怀,又具有对传统的继承,他还彰显了对和声的大胆运用,对不谐和音和新颖组合的偏好。他的很多作品有着紧凑的节奏和粗犷的旋律。因此，普罗科菲耶夫既继承了古典主义时期的精髓，又发扬了自身的个性，成了新的时代标志。他的《四首练习曲》在钢琴的学习中起到至关重要的作用，其特殊的地位是不可替代的，对以后的钢琴音乐创作研究有着深远的意义。

参考文献

［1］Stuart C. Russian on Russian music ［M］. New York：Cambridge University Press，2003.

［2］希帕尔戈斯. 罗沃尔特音乐家传记丛书——普罗科菲耶夫［M］. 葛斯，译. 北京：人民音乐出版社，2009.

［3］樊禾心. 钢琴教学论［M］. 上海：上海音乐出版社，2007.

（作者简介：雷晴，女，1991年5月出生，河北省秦皇岛人，艺术学院音乐系钢琴教师，硕士研究生毕业，2016年9月至今在北京科技大学天津学院工作。）

UI 图标设计的分析与运用

艾锦超　李文红　冯紫薇

（北京科技大学天津学院艺术学院，中国　天津　301830）

摘　要：本文通过对 UI 界面中图标设计的研究，介绍了 UI 概念，分别分析了图标设计的布局、色彩、图形三个要素，总结了图标设计的要点，思考了加强图标设计的整体效果的方式，以期提高用户的使用体验。

关键词：UI；图标设计；数字化

The Analysis and Application of Icon Design in User Interface

AI Jinchao　LI Wenhong　FENG Ziwei

(School of Arts, Tianjin College,
University of Science and Technology Beijing, Tianjin 301830, China)

Abstract: In this paper, the concept of User Interface (UI) is expounded through the analysis of icon design. The layout, colour and patterning of icon design are analyzed, and the key points of icon design are summarized. The ways to strengthen the overall effect of icon design are discussed to improve the user experience.

Key words: User Interface; Icon design; Digitalization

现代社会，随着数字化、信息化时代的来临和发展，科学和技术让我们的生活变得丰富多彩，尤其是电脑、智能手机、数码电子产品的不断更新，让我们在日常生活中经常接触各不相同的 UI（User Interface，即用户界面）并通过它进行人与人或人与机器的交流。UI 中的重要组成部分——图标，在交互和信息传递的过程中发挥着重要的作用。所以，在图标设计中提炼其设计要素，注重搭配，使用多种设计技巧，创作出具有不同风格、特色的图标是设计师需要研究的内容[1]。

1　UI 概述

20 世纪，现代计算机系统出现后，数字化 UI 产生了，因为它总是以特定用户为中心来

基金项目：北京科技大学天津学院第五批本科教育教学改革与研究项目资助

设计，所以也叫用户界面。计算机科学领域把界面定义为用户和机器互动过程中的一个层面，它不仅是人与机器进行交流沟通的操作方式，也是人与机器相互传递信息的载体[2]。较早时，界面是用穿孔纸带传递信息的，后来逐渐发展，出现了鼠标、键盘以及显示屏，随着技术和社会的发展又出现了耳机、音响等设备。人们输入和输出信息的方式也随之发生了较大的变化，用户可以在大小、分辨率各不相同的屏幕上进行操作和选择，完成自己的任务与工作，达成双向的交互。

软件系统的界面需要美观，易用性好，操作高效、舒适、简洁方便，还需要尽量让用户在使用此软件产品时有良好的体验，除基本功能外，还能满足用户心理上的需求，明确产品的定位并抓住目标用户群的喜好，这些都是一款成功的界面设计所要关注的内容。而有特色的图标设计是界面设计中不可或缺的一部分。

2 图标设计的要素分析

图标源于希腊语词汇中 eikon 一词，寓意为"图像"。在汉字为母语的环境下，广义上的图标指一切带有指示性或命令的标志和符号；而狭义上的图标指 21 世纪的数字化显示屏显示出来的图形，简单地说，就是用来指引用户进行各种目的性操作的图形符号语言[3]。图标是信息社会的产物。UI 中的图标是最具代表性的设计元素，因为文化和语言文字的差异，人们对信息的理解可能会不同，而图标以图形化、符号化的形式展现在人们面前，有助于用户的使用和含义的传达。并且，图标作为用户与界面交互的主要因素，具有识别性、指示性和可操作性的特点。

另外，从功能上论述为程序性图标和功能性图标。例如，工具栏的图标和一些按钮等属于功能性图标，而应用软件前单击的图标为系统图标。在进行图标设计时，其基本元素有色彩、布局、图形设计等，设计者设计图标时根据这些不同的元素进行整合，创作出符合审美、能有效传递信息、易用性较好的作品。

2.1 视觉布局

就 UI 中的图标设计来说，在刚开始整体设计界面的时候设计者就应该考虑布局，在思考图标设计的实用性、易用性的同时，也要考虑用户会长时间使用此图标或者界面，所以需要得体又美观的布局。设计者设计的时候充分体现功能和用户的需求，调整好各个元素之间的关系，主次分明，搭配和谐，注重视觉上的平衡，用最直接的方式来表现视觉美感，实现预期的效果。

2.2 图形

图形是图标设计中的重要元素之一，很多有效的信息是通过简洁的图形来传递的，所以，设计过程中使用清晰、易懂、易辨识的图形语言更能发挥图标的功能。图标设计中的图形设计要尽可能完整而清晰地表达其软件的功能。在图形选择上，要保证清晰、明确并且协调一致、风格相同。将图形符号进行创新设计，提炼最精华、最重要的内容进行表现，传达出准确的内涵。

2.3 色彩

图标应该有趣，色彩充满活力，电脑 32 位或 64 位对图标色彩的显示有影响。但作为设计者，运用色彩的相关专业知识进行设计，图标中的色彩要满足用户对功能的要求，同时要符合色彩的协调和统一原则。如果图标设计的目标用户是年轻人，则多运用轻松明快、纯度较高的亮色、纯色，中间可以穿插一些色彩的强对比；如果目标用户是中年人，则使用纯度较低的、安静深沉的颜色；有一些图标主要与女性有关，那么可以多用粉嫩、高雅的色调等。

图标颜色的应用要明确并且搭配和谐，不同的软件，风格不同，其色彩要根据软件产品的定位和需求来选择。颜色的表现力不仅分冷暖，也有不同的情绪，有时同一种色彩在不同的位置和环境所表现的情绪也是不同的。如白色，在中国有时白色有不吉利的意义，而国外很多地区认为白色代表婚礼，有高洁的积极意义。又如红色，有活力、积极和希望之意，也有警示危险的含义，不同的色彩搭配也会有不同的情绪。总而言之，图标的色彩应恰到好处。

3 图标设计的技巧及其运用

3.1 保持一致性，有一定的规范

图标通常不会一个或两个独立出现，而是成组或者以图标家族的形式出现。所以，同一家族的图标要追求风格一致，同一系统的不同图标也要追求一致的视觉效果，保证整个界面风格的统一。

同时，图标设计有严格的设计尺寸，通常情况下都是正方形，长和宽的尺寸相同，方便排列和组合，也保证整体的统一。在 UI 中，图标这一特点尤为突出。不同型号的手机界面和平板界面，由于图标的作用和位置不同，它们的尺寸都有一定的规范。

3.2 增强图标设计的识别性

图标设计首先要符合现代用户个性化的应用习惯，在图标设计本身的基础上加上用户体验，突出动能性的因素，不能单纯为了设计图标而设计。不同于一般的图形和图案、徽标设计，图标更多的是采用直观而形象的隐喻手法。图标设计应该以减轻用户认知困难为目标，帮助用户更快捷有效地获得信息互动，所以图标设计最重要的前提就是强烈的视觉识别性。正是由于图标的这一特点，在设计图标时，视觉的美观和功能的一目了然是设计师需要关注的。图标的隐喻和造型方式应尽可能体现亲切感，让用户能直接看出图标的意思。有时候，简洁会带来识别的困难，到底出现多少细节才能构成识别？这是个度的问题。一个 APP 中放大镜、打印、文件、分享等图标，都有广泛的认知和了解，不用过多的思考就能知道返回主页的图标在哪里，是否可以点击。所以，当我们看到如图 1 所示的 E-mail 图标的时候，它是以信封和 M 的图形展现给用户，非常直观，识别性高，即使是新用户也很容易就能联想到电子邮件。图标就是 APP 的脸面，识别性高的图标能让用户直接了解这个软件的功能和要传达的信息。图标是借助隐喻和联想来同用户沟通的，如果它的形象或者暗示的操作不能让用户立刻明白，那么这个图标就不具备良好的可用性和可识别性。因此，让你的图标清晰直观是至关重要的。

图 1

3.3 简洁

避免使用例如文字这样的视觉元素，因为这样可能会产生歧义或干扰，尤其是中文字在图标设计中表意存在一定的难度，需要使用时需格外注意，否则会让图标所传达的信息不能快速清晰地表达。寻找能体现应用程序本质特色的元素，进行符号化、图形化的设计并以简单的形态呈现出这个元素，然后，删除图标中冗余的、不必要的装饰性内容。应用"拍拍"是一款拍摄应用图标直接下载应用的手机软件，将简单的相机和应用商场的手提袋图形结合，加上 APPS 的简洁英文，表达这是一款使用拍照功能识别应用就能直接下载 APP 的软件，图标简洁，传达含义明确，没有过多的装饰图形，如图 2 所示。

图 2

3.4 兼容

图标的隐喻在各个文化中均有一致或相似的意义，避免歧义的产生。另外，图标的设计与硬件、软件系统之间的兼容，要充分考虑硬件、软件系统的基本状况，在此基础上设计的图标才能广泛适用[4]。

4 结语

人们的生活已经离不开数字设备，界面也是人们生活中常常要面对的事物。图标的发展也会跟着技术和设备的发展而不断改进，UI 设计工作中，最重要的就是图标设计。所以，设计师就更应该了解用户的需求和他们渴望的用户体验，只有以用户为核心，再加上未来技术和设备的发展，才能设计研究出更符合用户需求的优秀图标。

参考文献

[1] 杜桂丹. 手机游戏中人机界面交互设计的优化方向研究 [J]. 包装工程，2018（4）：245-250.

[2] 张振中. 图形化用户界面图标设计原则 [J]. 设计艺术研究, 2015, 1 (1): 45-50.

[3] 邵亚楠. 图标设计在智能手机游戏界面中的运用 [J]. 艺术科技, 2018, 11 (2): 83-84.

[4] 林旭怡, 邵秋瞳. 基于信息架构下交互界面图标设计浅析 [J]. 数码设计, 2017, 7 (2): 29-30.

(作者简介：艾锦超，女，1989年3月出生，天津人，硕士研究生毕业，北京科技大学天津学院艺术学院教师，主要研究方向为新媒体设计。)

浅析袖子在《踏歌》中的运用价值

姜楠

(北京科技大学天津学院艺术学院,中国 天津 301830)

摘 要:袖,既是满足日常生活形式美感的服饰,又是舞蹈艺术作品中的常用道具。随着历史的发展,袖子在不同的历史时期形成了各种各样的运用方式。本文通过分析作品《踏歌》中扬袖、搭袖、抛袖的运用,使舞者肢体的表现张力得到提高,也为筒袖在中国古典舞作品中的再发展提供了参考依据。

关键词:袖子;踏歌;汉唐古典舞;运用价值

On the Application Value of Sleeves in *Tread Song*

JIANG Nan

(School of Arts, Tianjin College,
University of Science and Technology Beijing, Tianjin 301830, China)

Abstract: Sleeves are not only costumes that satisfy the beauty of daily life forms, but also commonly used props in the performance of dance art works. With the development of history, sleeves have formed various ways of use in different historical periods. Through analyzing the use of lifting sleeves, putting sleeves and throwing sleeves in the work *Tread Song*, the expression tension of dancers' limbs is improved, and it also provides a reference basis for the re-development of sleeves in Chinese classical dance works.

Key words: Sleeves; *Tread Song*; Han and Tang Classical Dance; Value of Application;

1 引言

袖舞是中国古典舞中极具代表性的表演形式之一,是融技艺性、表演性、观赏性为一体的传统样式,有服饰和道具两种属性。随着历史的发展,袖子在不同的历史时期形成了各种各样的运用方式。汉唐古典舞中常见的袖子有筒袖、长袖、碟袖等。汉唐古典舞《踏歌》中所运用的是筒袖,在扬袖、搭袖、抛袖等运用方式的作用下,充分地展现了袖舞的艺术魅力,成为我国古典舞蹈的经典佳作。

2 袖子的溯源和分类

2.1 袖子的溯源

袖,既是满足日常生活形式美感的服饰,又是舞蹈艺术作品中的常用道具。随着历史不断发展,在每个时期我们都能看到袖子的发展变化。袖子最早可溯源到原始社会时期,原始社会生产力低下,生活环境恶劣,人们的日常服饰主要是由动物的皮毛制成的简易服装。人们对天、地、祖先的崇拜,开始产生原始宗教观念。《说文》中记载:"巫,祝也。女能事无形,以舞降神者也。象人两袖舞形。"[1] 巫是专职的神职人员,意在通过舞袖,从而达到与神灵沟通的作用。

从出土的文物来看,袖子最早是出现在新石器时期,在如图1所示的出土的图像上,我们可以看出三个人组成一组,舞者身着长长的袖子,直立着纤细的腰身,袖子垂于身前。看其静态,这些人似乎有他们的步法;想其动态,似乎在曼妙地歌舞。通过最早的文字记载来看,其是出现在周朝时候《六小舞》中的《人舞》。据史料记载:"不执舞具,徒手而舞,以手袖为威仪。"[2] 因此我们可以看出,在传统徒手表演之外,人们开始借助衣袖进行表演,由此衣袖也走进了传统舞蹈。

图1 甘肃酒泉干骨崖出土的舞蹈纹彩陶

春秋战国时期,随着女乐阶层的出现,舞蹈形成了长袖细腰的基本形态特征。《韩非子·五蠹》曾提到"长袖善舞,多钱善贾",说明了以袖起舞已经成为一种常见的舞蹈表演形式。先秦时期,服饰有了区分身份地位的作用,例如,穿长袍大袖衣服的主要是具有较高社会地位的群体,着窄袖衣服的则是地位低下的平民百姓。

古代诗歌《琴引》中记载:"舒长袖似舞兮,乃褕袂何曼。"[3] 说明了秦朝宫中就已流行了长袖舞。汉代是封建社会的繁荣时期,也是舞袖发展的鼎盛时期。"善翘袖折腰"的汉高祖宠姬戚夫人等优秀舞人,她们的技艺与舞姿在这个时期更具特色。傅毅《舞赋》中"罗衣从风,长袖交横"等也对汉代袖舞进行了描述。

隋唐时期,袖子在质感上更为华美,显得雍容华贵,如《白纻舞》的袖式从原来的宽袖发展到唐代时期改用长袖,体现出"袖如素霓"之美。同时出现了袖舞的两个发展方向,第一个方向是"纤腰弄明月,长袖舞春风"[4],这是唐代对前朝"翘袖折腰"和传统长袖舞的继承;第二个方向是"翩翩舞广袖,似鸟海东来"[5],体现了"广袖"的发展。明清时期，舞蹈逐渐融入戏曲艺术，袖舞也成为戏曲舞蹈中常用的表现形式，水袖独特的线条，不仅体现圆润之美，也增强了人物情感表现与人物形象的刻画。袖舞在几千年的发展演变下，艺术形式不断继承与创新，特别是在艺术作品的呈现中，不仅体现了袖舞艺术的独特意蕴，也客观助推了袖舞艺术的蓬勃发展。

2.2 袖子的分类

我们在学习中国乐舞发展史的过程中发现，袖子具有舞蹈服饰和道具两种属性。随着历史的发展，袖子也出现各式各样的样式，有的按长短大小分类，有的按舞蹈类型分类，总之不一而足。袖子是舞者感情流露的载体和舞蹈姿态的延伸，蕴含了舞者的思想。袖子的运用方式非常灵活，虽然有相通的使用技巧，但是袖子的运用也存在差别。通常来看，舞者在运用袖子时对于自身的腕和腰的力量运用有较高的要求，汉唐古典舞学派中常见的有长袖、筒袖、碟袖等种类。

长袖是汉唐古典舞作品中比较常见的道具，一般指一丈见长的袖子，源自先秦时期，在民间主要是大户人家的歌姬或者侍女用来舞蹈表演时穿的服装，在宫廷中也较为常见。长袖有窄口长袖、套袖、接袖三种形式。如汉高祖宠姬戚夫人善为翘袖折腰之舞，是向旁下腰九十度，两臂随下腰方向举过头顶平伸。长袖轻盈而易挥舞，带给人们亭亭风姿、姣姣风韵之美感。筒袖比长袖稍短，是在长袖基础上改造的，双臂垂下时大约到小腿的位置，还有一个显著特点是肩膀到手臂再到袖稍的长宽是相同的。例如作品《桃夭》中所使用的就是筒袖，在运用过程中十分轻巧灵活，而半筒袖就是在筒袖的基础上改造的。蝶袖顾名思义是袖子展开的时候像蝴蝶的翅膀，有一定弧度，蝶袖舞动起来更加飘逸潇洒。舞剧《铜雀伎》第二幕的女子群舞"群伎献艺"，所用的袖子就是蝶袖。蝶袖最突出的特点是又大又宽，所以也称之为博袖、广袖，这类舞袖的服饰华丽，大大增强了表演性和观赏性。汉代时期，碟袖多在男子舞蹈中出现，既表现男子阳刚之气，又不失袖舞的柔美。白居易的《夜宴醉后留献裴侍中》中"翩翩舞袖双飞蝶，宛转歌声一索珠"描写的就是舞者穿蝶袖翩翩起舞的形象。根据历史记载，蝶袖正式进入传统舞蹈的时期是春秋战国，随着历史的发展，明代之后渐渐消失。

2.3 筒袖的简述

筒袖是在长袖的基础上改造的，袖子比长袖稍短一些，既能体现袖子的造型，又能十分灵活方便地运用。汉唐古典舞《踏歌》运用的袖子便是筒袖，双臂下垂袖子大约到小腿的长度，袖体从肩膀到袖稍的长度、宽度是相同的。需要穿筒袖表演的作品一般比较灵巧、活泼，舞姿造型比较丰富，同时筒袖使整个作品中的舞蹈形象极富韵味。筒袖没有长袖那么修长，所以在表演过程中舞者运用方便，不容易踩到袖子。筒袖运用得比较广泛，如《盘鼓舞》和汉唐古典舞《桃夭》所使用的都是筒袖。本文主要分析的是筒袖在《踏歌》中的运用价值。

3 筒袖在《踏歌》中的运用价值

《踏歌》作为汉唐古典舞学派的重要代表作品之一，生动立体地描绘了阳春三月明媚的天空下，万物焕发勃勃生机，柳树冒出新芽、鲜花四处盛开的季节里，一群青春少女，身穿长袖传统服饰，在欢声笑语中，踏着春草，一边舞蹈一边歌唱，在江南春色中尽情欢歌踏舞，体现出少女踏青以及对未来生活的美好向往。

3.1 扬袖刻画了轻巧怡人的人物形象

袖的运用，既丰富了舞蹈表演形态，又强化了舞者的情感表达效果。扬袖作为舞蹈《踏歌》中的一种运用方式，给人以轻巧、灵动、飘洒的美感。古代女子以细腰为美，作品中也是以细腰、纤身的舞蹈形态展现出江南女子柔情之美的形象。扬袖有以肘为轴的弧线扬袖和以肩为轴的直线扬袖之分，主要强调力气的贯穿，用力时首先要提气立腰，用腰劲带动袖子，舞出轻盈飘逸之美。外扬袖主要是由手指尖发力，里扬袖主要是通过手腕发力，由手臂带动手腕再到指尖的发力，这一过程要注意连接性，同时要掌握好力度[6]。因此，扬袖在《踏歌》中的运用，体现出青春少女们的娇羞妩媚、衣着的鲜艳别致、欢快愉悦的场面，给人展现出如痴如醉、乐而忘返的游春图，同时将人物形象刻画得栩栩如生。比如在作品《踏歌》第一段唱词中，舞蹈演员们的动作就是非常突出的扬袖动作，而且在作品中多次出现，使其在空中飘扬时忽如烟气、忽如虹飞，舞出了"衣裳纤腰以回翔，奋缟袖之翩翩"之态，具有古典色彩和现代色彩的融合交汇，展现出古代古朴典雅的韵味。扬袖更加突出空间感，加上舞姿的转换和步伐的配合，展现出少女们轻巧怡人的形象，古韵古风之美令人回味无穷。

3.2 搭袖传递了杨柳拂风的风格特点

袖子是舞者肢体的延伸和补充。搭袖是《踏歌》中的主导动作之一。搭袖有臂搭袖、腕搭袖、肘搭袖和肩搭袖之分。例如舞蹈的开场就是舞者们形成四排，仰首，右手以肩搭袖，顺拐步面对面出场走上舞台中央，带给观众强大的视觉冲击，仿佛置身初春的绿野之上，传递出春意盎然、生机勃勃之美景，柔美曼妙之风格也表现出少女特有的娇俏和率真。比如在作品《踏歌》大斜排的舞段中，舞者们右手以肩搭袖，左手依次搭在前一舞者的肩上，上身与脚下步伐的结合，似暗示春天气息的到来，绿意被阳春唤醒，微风吹拂时，柔嫩纤细的枝条在微风中摇曳，整个画面给人一种美不胜收、沁人心脾的意境，同时表现出充满生命跃动和生活朝气的精神状态。不仅如此，舞者们通过搭袖的运用与"三道弯"体态的完美融合，与独具特色的古朴韵味的顺拐蹉步进行配合，加之流动性非常强的步伐，让舞姿时而流畅、时而婉转、时而飘逸、时而铿锵。搭袖在一扬一挫、一开一合、一舒一张中如彩云追月般飘逸洒脱，展现《踏歌》舞姿的轻盈之美[7]，将舞蹈的情感、景象、意境融于一体，仿佛踏青的趣味飘然而至，传递了杨柳拂风的风格特点，在春风摆柳、静稳轻柔的独特意蕴中引人回味。

3.3 抛袖表达了灵动柔情的内心情愫

袖子虽然是一种舞蹈道具，但是与一般的舞蹈道具不同，它具有一定的灵魂，不仅是舞者动作和神态的延伸，还能巧妙地将人物内心情感表达出来，是思想情感的延伸和外化。袖在运用过程中的多样性使其别具神韵。《踏歌》中抛袖的运用过程不仅体现出了少女们的灵巧轻盈，也表达了灵动柔情的内心情愫。抛袖的主要发力点来自手掌和小臂，大臂不参加任何的运动过程。在抛袖时，舞者要注意气息的把握，通过气息来控制抛袖时的紧与松、快与慢，展现身袖合一，例如《踏歌》的第一个大舞段，舞者抛袖时通过手腕力量传到指尖，将袖子形成一条直线，展现出少女们灵动欢快的情绪以及轻盈曼妙之美。抛袖不止出现过一次，既有抛的方向不同，又有作用于动作的连接，展现出青春少女的娇羞妩媚，成为少女们抒发内心情愫的载体，凝聚了少女们对美好生活和未来的向往之情。作品中抛袖的运用，在抛与收之间勾勒出线条，不仅表现出踏青时的神情舒畅，还赞叹了大自然的无限美好，流露了细腻柔情的内心情感。《踏歌》词曰："君若天上云，侬似云中鸟，相随相依，映日浴风。但愿与君长相守，莫作昙花一现。"唱出了情窦初开的少女对美好爱情的憧憬。作品《踏歌》将舞蹈、音乐、情感三者完美地结合在一起，通过抛袖的运用，将少女细腻柔美、灵动柔情的内心情愫表达得淋漓尽致。

4　结语

袖舞是我国优秀传统文化的重要载体，具有丰富的文化内涵，随着历史的不断发展流传至今。袖舞不仅属于服饰舞蹈的范畴，而且成为独立的舞蹈肢体语言，使肢体的表现力更加深邃。不仅如此，舞袖一舞一动中还流露出传统艺术的审美情趣以及舞者内在的精神气质。笔者在表演《踏歌》的过程中，尤其是在扬袖、搭袖、抛袖的运用方式上，不仅感受到了少女的活泼可爱、婉约俏丽，也体会到了古代女子古朴典雅之美，在姿态风格、流动连接以及人物形象的造型方面找到了准确的表现方式与方法。因此，我们今后在学习袖舞的过程中，要深入研究袖子的运用方法。袖子在舞蹈中的运用价值更是值得挖掘的宝藏，我们要在继承和发扬中华民族优秀传统文化的基础上继续努力。

参考文献

[1] 于平."巫舞"的活动指称与义涵分化[J].北京舞蹈学院学报，2017（4）：22-29.

[2] 刘振华.浅议先秦两汉时期早期戏剧的巫傩形态[J].延边大学学报（社会科学版），2013，46（1）：138-144.

[3] 梁宇.袖舞之来源与历史嬗变[J].华中师范大学学报（人文社会科学版），2013，52（2）：107-113.

[4] 徐敏.唐代乐舞中"袖"之管窥[J].兰台世界，2015（12）：149-150.

[5] 王希丹.集安高句丽音乐文化研究[J].乐府新声（沈阳音乐学院学报），2014，32（1）：197-201.

[6] 邵未秋.袖舞教学纵横谈[J].北京舞蹈学院学报，1999（2）：20-26.

[7] 罗银伟.从舞蹈《踏歌》透视汉唐舞蹈艺术的审美特征[J].大众文艺，2011（11）：70+280.

（作者简介：姜楠，女，1999年6月出生，山东烟台人，主要研究方向为舞蹈表演与教育，北京科技大学天津学院艺术学院舞蹈系教师。）

浅谈"丑角"在昌黎地秧歌中的独特性和作用

白宇

(北京科技大学天津学院艺术学院,中国 天津 301830)

摘 要:昌黎地秧歌有独特的表演形式和艺术特征,其中,"丑角"的表演由老艺人规范和创新后,在地秧歌中的戏份更加出彩和重要。"丑角"在地秧歌中,肢体灵活,浑身是戏,表演随意性强,又有"铁三角"这样特定的人物关系。本文围绕"丑角"在昌黎地秧歌中的角色关系、表演形式、夸张的情感表达以及独特的审美特征进行分析,进而总结出"丑角"在昌黎地秧歌中的独特性和作用。

关键词:昌黎地秧歌;"丑角";角色关系;独特性;作用

On the Uniqueness and Role of "Harlequin" in Changli Di Yangge

BAI Yu

(School of Arts, Tianjin College,
University of Science and Technology Beijing, Tianjin 301830, China)

Abstract: Changli Di Yangge has a unique performance form and artistic characteristics. Among them, the performance of "harlequin" is standardized and innovated by the old artists, and the performance in Di Yangge is more outstanding and important. The "harlequin" is in the Yangge, with a flexible body and a play, a strong random performance, and a specific relationship with the characters such as the "iron triangle". This article will analyze the role relationship, performance form, exaggerated emotional expression and unique aesthetic characteristics of "Harlequin" in Changlidi Yangge, and then summarize the uniqueness and role of "Harlequin" in Changlidi Yangge.

Key words: Changli Di Yangge; harlequin; Role relationship; Uniqueness; Effect

昌黎地秧歌,又被称为冀东秧歌,是河北地区最具代表性的民间自娱性舞蹈。地秧歌的独特风格是从它特有的人物关系、表演内容和表演形式汇聚而来的,当地老艺人通过对生活中人们的日常审美和昌黎县的民俗习惯的观察,不断发展和改进地秧歌的表演形式和内容,创作出很多精彩的作品,并把地秧歌中的"逗"与"闹"这两个特征体现得淋漓尽致[1]。

地秧歌发展至今,"丑角"依旧是昌黎地秧歌中最重要的人物角色,与其他的角色不同,它的表演部分是最多的,也是地秧歌中对扮演者技艺要求最严格的。

1 昌黎地秧歌概述

1.1 文化背景及表演形式

昌黎地秧歌作为传统的民间艺术,诞生于元代并发展至今,已经有千百年的历史。昌黎地区的老百姓为了祈求风调雨顺、来年五谷丰登,借以简单的肢体动作来抒发情感,表达自己对美好生活的向往。地秧歌是一种即兴表演的传统民俗舞蹈,表演形式丰富多彩,讲究内在含义,叙述连贯且层次分明,原因则是昌黎地秧歌与当地的民间歌舞、小戏都有密切联系。早期的昌黎地秧歌、舞、唱结合,与现在我们所看到的纯舞秧歌有所不同,直到明末清初,地秧歌受到莲花落、二人转、评剧等影响,逐步演化为现存的纯舞秧歌。

1.2 昌黎地秧歌特点

地秧歌中的人物角色主要分为"丑""妞""扛""生"。当地的老百姓说:"地秧歌没有丑,犹如吃饭没肉一样不上口。"[2]"丑"身穿裉衣,脑带裉帽,鼻尖画上白点,形象鲜明,"丑角"通常在地秧歌中跑来跑去,应变快、招数多、浑身是戏,技艺要求高。"妞"指俊俏的少女或年轻的小媳妇等女性角色,类似戏曲中的花旦。"扛"指性格诙谐幽默、泼辣强悍的老婆婆,身着大襟袄、肥腿裤。"生"与戏曲中的小生类似,又称"公子",表演时酸溜溜、文绉绉,两手身后背,脚下八字步。他们在表演时所用的道具多为日常生活用品以及劳动用品,如"丑角"手中拿着的扇子,"妞"手中拿着的手帕,"老扛"手中拿着的棒槌、烟袋等,这些道具使表演更加具有趣味性。

2 "丑角"在昌黎地秧歌中的独特性

2.1 "铁三角"的角色关系

昌黎地秧歌的人物关系呈现了很强的戏剧性,其中最经典的就是"铁三角",由"丑""妞""扛"组成。"铁三角"在表演时,"丑"经常调戏"妞",用动作来表现自己与"妞"之间若即若离的关系,讲究"跳蹦要轻盈,节奏要鲜明,有蹲又有瞪,亮相多逗人,肩膀活又灵,场上要耍满,不能留两空"[3],以此来增加观看的趣味性;而"丑"与"扛"的互相打闹可以从侧面展现出地秧歌的"闹",由此来烘托气氛,营造热闹场面。丑角的表演十分具有即兴性,它在与其他两个角色互相打闹逗趣时会满场疯跑,与现场观众互动,很大程度上为"铁三角"的表演增加可看性和趣味性。"丑角"与其他角色配合巧妙,默契十足,节奏快而不乱,慢中见俏,剧情衔接松紧适当,即能够让剧情变得更加丰满,又能增加新鲜感,为地秧歌这一民间艺术增添了更多的乐趣,进而成了"铁三角"中不可或缺的角色之一。

2.2 "以逗塑丑,以丑为美"

作为地秧歌中的角色,"丑角"在地秧歌中是非常突出和重要的。"丑角"在脸颊上画上白点,有时候会将全脸抹黑,与穿红戴绿、满脸娇羞的"妞"形成了鲜明对比,通过诙谐滑稽的表演方式,将角色塑造得更加鲜明,全场的气氛烘托至最高点。"丑角"虽然滑稽，但扮演"丑角"的演员不是在嘻嘻哈哈地表演，反而是非常严谨地按照丑角内在的程序来进行表演，虽说是靠故意扮丑来惹人发笑的，但继承者将丑角的表演搬上舞台时，以现代的审美标准对丑角的表演重新进行规范。法国哲学家柏格森曾经说过："一个滑稽人物的滑稽程度一般正好和他忘掉自己的程度相等，滑稽是无意识的。他仿佛是反戴了齐吉斯的金环（齐吉斯是公元前7世纪小亚细亚吕底亚的一个牧童，后来当了国王，相传他有一个金环，带上后别人就看不见他），结果大家看得见他，而他却看不见自己。"美国电影艺术家哈里·兰顿也说过："明明滑稽可笑而自己不知道，正因为如此，我们会笑得前仰后合。总之，最惹人喜爱的喜剧人物，是引起我们发笑的人，而不是和我们一起发笑的人，是笑生活本身为他们做了什么事的那些人。"[4] 塑造出的形象丰满且真实，表演得轻松自然恰到好处，这时"丑角"不再丑，从而真正地展现出"丑角"的艺术之美。

2.3 地秧歌中独一无二的技巧表演

随着时间的流逝，地秧歌已经从娱人转向了自娱，为了满足观众和自身情感，"丑角"的扮演者们就开始追求更高超的技艺和更新奇的表演，吸引观众前来观看，裘帽的技巧表演也随之而来。"丑角"常常表演以裘帽为主的技巧，他们借助颈部的力量，将裘帽甩向脑后，再迅速地抖动脖子，利用惯性使裘帽快速地弹回头顶，同时配合夸张的面部表情以及提胯扭腰等肢体动作，厉害的"丑角"名家表演裘帽技巧时可以连续做十几次，这让"丑角"在地秧歌中的表演更加精彩。

2.4 肩部动作的灵活运用

"丑角"的肩部动作是最活跃、最频繁的，这对丑角形象的塑造增添了很多色彩。"丑角"表演时，通过内心的真情实感和音乐节奏以及肩部的变化来体现内在节奏的不同，在协调肢体和配合节奏的同时，能够巧妙地抒发内心情感，使用各种肩部动作表达各种不同的情感，例如在"丑"和"妞"互相逗趣的场景中，"丑角"会做单肩的抖动或小而碎的耸肩，有一种挑逗意思；"丑"被"扛"追着满场打，反被"丑"戏弄，这时的"丑角"会交错肩膀耸动，有一种挑衅的意味。肩部动作的出现正是体现角色扮演者的内心情感和节奏，时快时慢，时紧时松，浑身是点，身体动作配合肩部，产生不同的节奏点，不受音乐的束缚却又融合在音乐之中，瞬息万变，引人入胜[5]。

3 "丑角"在昌黎地秧歌中的作用

3.1 灵活、滑稽的动作展现了"逗"

丑角的动作风格明显，颈部按照老艺人们的说法就是"头似顶着千斤石，随着身体颤悠悠，脖子放松别拿劲，下颔点点又画龙"；肩部则最灵活，贯穿所有动作，两边的肩膀抖动或是交错耸肩，一般都是丑角的即兴发挥，没有固定节奏。"丑"的艺术美表现形式，很大程度上要依赖"逗"，他的动作会用到全身上下大小关节，做肢体动作的同时表演也在继续，灵活滑稽，表情夸张，以此来调节情绪，烘托气氛。我们经常见"丑角"手拿扇子做点扇，边走边向前推，这时他的颈部会配合着手一起向前移动，下巴会微微摆动，做滑稽的面部表情，肩部会随着节奏做耸肩，下半身塌腰翘臀，双脚外开，膝盖颤动。于是地秧歌中就有"地秧歌离不开丑，没有丑就没有逗。闹秧歌，丑来逗，看起来没个够"的说法[6]。

这些动作看似简单，但是组合之后，却难以做顺，新奇滑稽，加上夸张有戏的面部表情，便能够顺利地调节现场气氛，直戳现场观众的笑点。

3.2 "浑身是戏、满场跑"的表演形式烘托了"闹"

扮演"丑角"的著名老艺人周国宝，把地秧歌中各个行当的精华集于一身，将"丑角"的动作和表演做了规范，动作潇洒利落，姿态千变万化，表演起来既风趣、幽默，又细腻、逼真，做到内要心里美，情定形；外要眼传神，形于色，动作有条不紊，套路吻合。丑角应变快、招式多，浑身是戏，表演灵活，表演时不会有特别固定的路线，不受规范约束，随着唢呐、鼓声的变化或故事情节的发展自由表演，与其他角色互相挑逗、翻、转、钻、闪，满场飞，填补表演时出现的空场，以此构成表演的高潮，带动现场的热闹氛围。"铁三角"在表演中，"丑"与"妞"的互相逗闹将各种新奇个性化的舞蹈动作风趣、幽默地表现出来，比起单一的表演，组合表演更具有趣味性和观赏性，动作和剧情之间所做出的反应既井然有序又风趣幽默，场面热闹又不杂乱。

3.3 "插科打诨"的表现手法将剧情推向高潮

"插科打诨"可以分为"插科"和"打诨"。"科"的原意在古典戏曲中为表情和动作，"诨"的原意为诙谐逗趣的话，所以全词意为曲艺演员在表演中穿插进的引人发笑的动作或者语言。而地秧歌中"丑角"的表演也可以用"插科打诨"来形容。首先，丑角在表演出子时，现场伴奏会时刻注意"丑角"的动作来做出相对的反应，用唢呐或者鼓模拟人声，引起观众发笑，以此来制造科诨。其次，他们利用舞台动作来制造科诨，例如在《跑驴》中的"丑角"，手拿驴鞭的丈夫，流传至今，他在送妻子回娘家的路上，因驴的一条腿不慎陷入泥潭，而招呼众人合力将驴拉出来，在这时，"丑角"经常会在满场跑来跑去，挥着手中的驴鞭给众人打气，同时会做滑稽搞笑的表演，使人物形象更鲜活、更亲切，使剧情变得更加丰满有趣，由此达到剧情的最高潮。最后利用夸张的动作表情来制造科诨，例如昌黎地秧歌著名的出子《扑蝴蝶》中，"丑角"在其中钻来钻去，配合夸张搞笑的表情，以及现场唢呐吹出的类似人声语气的声音，更是逗得现场观众笑不拢嘴，场面热闹不已。《拾玉镯》中，"丑角"在其中插科打诨，逗得"妞"和"生"无处躲，惹得"扛"追着丑角满场乱跑，好不热闹。

综上所述，丑角通过诙谐幽默的表演推动剧情，用"插科打诨"的表现手法将剧情推向高潮，进而反映出当地人民积极乐观的生活态度和变通灵活的精神内核，使昌黎地秧歌更加喜闻乐见，生命力更加旺盛。

4 结语

从昌黎地秧歌"丑角"的表演中我们能够看到冀东人民的幽默、对生活的热爱以及积极向上的人生观。"丑角"以夸张的表演手法，传达出草根文化的强大生命力，形成了不同的审美特征，以诙谐幽默、滑稽的表演形式穿插其中，形成特殊的艺术美，加强了地秧歌的情感色彩，突出了风格。舞蹈动态也时刻反映出冀东人民积极乐观和善于变通的生活态度。总体而言，昌黎地秧歌是民众自发性的民俗活动，如今依旧保持自己独有的风格，在其深厚淳朴的历史积淀的基础上，继续增添崭新的时代风采。

参考文献

[1]《中国民族民间舞蹈集成》编辑部. 中国民族民间舞蹈集成（河北卷）[M]. 北京：中国舞蹈出版社, 1989.

[2] 宁伟男. 河北民间舞蹈"昌黎地秧歌"的特征与传承研究[D]. 长沙：湖南师范大学, 2012.

[3] 张玥, 白宇松, 张曦. 浅析河北昌黎地秧歌的表演形式及风格特点[J]. 北方文学（下半月）, 2012（8）：81.

[4] 潘如钢. 表演武大郎与丑角艺术[J]. 戏剧之家（上半月）, 2014（4）：73.

[5] 齐丽嫒. 民俗学视角下河北省昌黎地秧歌研究[D]. 合肥：安徽大学, 2016.

[6] 许君铭. 广场秧歌方兴未艾[J]. 大众文艺, 2016（10）：7.

（作者简介：白宇，女，1997年8月出生，河北保定人，艺术学院舞蹈系教师，助教，本科毕业，主要研究方向为中国古典舞和中国民族民间舞，2019年9月至今在北京科技大学天津学院工作。）

高校实验室标准化管理的必要性分析
——以北京科技大学天津学院为例

毕会英　张欣　孙大志　陈宝江

(北京科技大学天津学院实验室管理中心，中国　天津　301830)

摘　要：为提高实验室工作质量和工作效率，就采用文献资料法、问卷调查法、访谈法对高校实验室工作标准现状进行调研和必要性分析。分析发现实验室工作过程中存在标准意识缺乏、管理制度缺失、监督机制缺乏、培训机制缺乏等问题。故高校实验室实施标准化管理非常必要，笔者提出强化标准意识，建立"国际、国家、行业通用标准，实验室专用标准以及实验室监督评价机制"为一体的完善的实验室标准化管理体系。

关键词：高校实验室；工作标准；标准化管理

Analysis on the Necessity of Standardized Management of University Laboratory——Take Tianjin College of University of Science and Technology Beijing as an Example

BI Huiying　ZANG Xin　SUN Dazhi　CHEN Baojiang

(Laboratory Management Center, Tianjin college,
University of Science and Technology Beijing, Tianjin 301830, China)

Abstract: In order to improve the quality and efficiency of laboratory work, this paper uses the methods of literature, questionnaire and interview to investigate and analyze the status quo of laboratory work standards in Colleges. It is found that there are some problems in laboratory work, such as lack of standard awareness, lack of management system, lack of supervision mechanism and lack of training mechanism. It is considered that it is necessary to carry out standardized management in university laboratories. Suggestions and countermeasures are put forward: to strengthen the consciousness of standards; to establish a comprehensive laboratory standardization management system including international, national and industrial general standards, laboratory special standards and laboratory supervision and evaluation mechanism.

Key words: University laboratory; Working standards; Standardized management

高校实验室是人才培养、科学研究、创新创业和社会服务的重要基地。2018年3月，教育部印发《关于公布首批"新工科"研究与实践项目的通知》，新工科背景下我们建设了一批新专业：人工智能类、智能制造类、工医结合类等。与专业相应的实验室也逐步开始建设，随着实验室数量和规模的不断扩大，实验室管理不规范、制度执行不到位、评价考核无依据等问题日益突出。为进一步规范管理，提高工作质量和工作效率，本文就对北京科技大学天津学院实验室工作标准现状进行了调研，发现实验室工作中存在标准意识缺乏、管理制度缺失、监督机制缺乏、培训机制缺乏等问题，因此认为高校实验室实施标准化管理非常必要，并针对以上问题提出了相应的建议和对策，高校实验室管理应强化标准意识；建立"国际、国家、行业通用标准，实验室专用标准以及实验室监督评价机制"三位一体的完善的实验室标准化管理体系。

1 高校实验室标准化管理的背景和依据

1.1 标准化管理理论

科学管理之父泰勒认为管理就是要确切地知道"要别人干什么，并注意他们用最好的方法去干"。科学管理的根本目的是谋求最高的工作效率，提高工作效率的重要手段就是用科学化、标准化的管理方法代替经验管理。实验室标准化指建设条件、建设标准、运行标准、评价体系的完整规范[1]；标准化管理指依据已经制定好的标准实施管理[2,3]。高校实验室作为高校最重要的实验实习基地，为提高教学质量和工作效率，实施标准化管理就非常必要，泰勒的科学管理理论为高校实验室实施标准化管理提供了依据。

1.2 《华盛顿协议》和国家标准

《华盛顿协议》是国际上最具影响力的工程教育学位互认协议，其宗旨是通过多边认可工程教育认证结果，实现工程学位互认，并对工科毕业生的素质提出了具体要求。2016年6月，中国正式成为第18个《华盛顿协议》成员国，这标志着我国工程教育质量标准得到国际认可，为中国工科学生走向世界提供了国际统一的通行证，这就意味着我国的部分工科院校的本科毕业生，在拿到国内"工程师执业资格"的同时，拿到了国际"工程师执业资格"，可以在别的国家合法地以工程师身份工作了。在这个大背景下，2018年1月，教育部发布了《普通高等学校本科专业类教学质量国家标准》，简称国家标准。该标准是向全国、全世界发布的第一个高等教育教学质量国家标准，涵盖了普通高校本科专业目录中全部92个本科专业类、587个专业，涉及全国高校56 000多个专业点。教育部明确要求让高等学校教学指导委员会用起来、让高校动起来，让国家标准成为保基础、保底线、保合格的标准。《华盛顿协议》和国家标准为高校人才培养质量提供了标准和依据。北京科技大学天津学院作为培养工程教育专业人才的本科学校，其培养目标就是培养应用性的工科人才、优秀的工程师。高校实验室是重要的工科人才培养基地，实验室管理中心作为统筹管理实验室的管理部门应当依据国际和国家标准，在工作中制定相应的工作标准，实施"制度化、流程化和标准化"的管理，不断提高工作质量，确保高校人才培养质量的提升。

2 高校实验室工作标准现状调查

2.1 调查问卷

为了解北京科技大学天津学院实验室工作标准和管理标准现状,笔者就采用了问卷调查法进行了调研。本次调查对象包括实验室管理中心下属的56个实验室,调查内容主要包括以下两个方面:

(1) 实验室现有的工作标准、制度和规范类材料的收集、分类、使用现状等基本情况;

(2) 对工作标准的认识、执行、监督、需求及改进意见。

本次调查共发放调查表格和调查问卷各56份,收到有效调查问卷和调查表格各56份。

2.2 调查结果及分析

2.2.1 工作标准类材料的基本情况

关于北京科技大学天津学院实验室管理中心所属56个实验室工作标准基本情况调查结果如表1所示。

通过对实验室的现有工作和管理标准的基本情况的调查,我们发现实验室管理中心下属的56个实验室中拥有实验室质量管理制度的实验室55个,占98%;拥有仪器设备管理制度的实验室52个,占93%;拥有实验室安全制度的实验室55个,占98%。可见实验室管理制度、仪器设备管理制度和实验室安全制度比较健全。56个实验室中,47个实验室没有国际或国家标准,占84%;55个实验室没有环保制度,占98%;54个实验室没有资源、档案管理制度,占96%。可见,在实验室现有标准中,国际或国家标准、实验室环保制度、实验室资源与档案管理制度缺失严重。

表1 实验室工作标准类材料基本情况调查

标准分类	是否拥有标准制度	实验室数量	占实验室总数百分比
国际/国家标准	否	47	84%
实验室质量管理制度	是	55	98%
仪器设备管理制度	是	52	93%
实验室环保制度	否	55	98%
实验室资源、档案管理制度	否	54	96%
实验室安全制度	是	55	98%

2.2.2 工作标准的制定和执行情况

关于实验室工作标准制定和执行的情况调查结果如表2所示。

通过关于实验室管理中心下属的56个实验室工作标准类执行情况的调查发现,75%的人没听说过或不了解《华盛顿协议》;65%的人认为自己不知道标准和制度的原因是没有组织学习和培训;52%的人认为不执行制度的原因是不知道制度的实施细则;67%的人认为对现有制度进行集中培训,并建立监督评价机制是非常必要的。

表2 实验室工作标准/制度执行、监督情况调查

标准/制度了解、执行、监督情况	百分比
没听说或不了解《华盛顿协议》	75%
建立相关标准或制度的学习和培训机制	65%
无制度实施细则	52%
建立监督评价机制	67%

2.3 实验室现行标准中存在的问题

通过对调查结果分析，可以看出实验室现行标准在制定、执行过程中存在以下问题。

(1) 标准意识不强：实验室工作人员有岗位意识，但工作标准意识不强。

(2) 工作标准/制度缺失：实验室现行制度中国际、国家、岗位工作标准，实验室环境制度，实验室资源与档案管理制度，实验室评价评审制度缺失严重。

(3) 执行工作标准、制度、规范类文件的实施细则缺乏。

(4) 监督和评价机制不健全：制度执行过程中没有培训和监督机制，导致制度执行难。

(5) 缺乏工作标准类培训机制：对工作标准或制度的宣传不到位，没有相应的培训机制导致实验室工作人员不了解相关制度及制度的重要性。

3 对策与建议

鉴于实验室标准化管理中存在的问题，提出以下建议与对策。

1) 提高对工作标准的认识，强化标准意识

调查中发现实验室工作人员标准意识淡薄，有75%的人没听说过或不了解《华盛顿协议》。国内著名标准化专家李丹青教授说过："但凡讲到质量，必有标准，所谓质量，就是与标准的吻合程度。"标准既是工作要求又是工作依据。有没有工作标准？工作标准制定得合适不合适？工作标准执行和实施情况如何？如何监督工作标准的执行情况？这一系列问题解决的如何决定了工作质量的高低。因此，实验室工作标准的建立、执行、监督、评价对实验室工作质量有非常重要的意义。

2) 建立健全国际、国家及岗位相关工作标准

实验室管理中心应搜集和配备《华盛顿协议》国际工程教育认证标准、国家工程教育认证标准、本科国家质量标准以及国家实验室验收标准，制定岗位相关质量标准，做到每个实验室在工作时容易获得岗位相应的标准和规范，真正做到"工作有标准，执行有监督，考核有依据"，确保工作效率和工作质量的提高。

3) 建立资源、档案管理及实验室环境保护制度

实验室资源、档案是实验室各项工作的历史记录，是科学技术资源储备的一种形式，对加强实验室管理，提高实验室教学质量与促进科研发展具有十分重要的作用。实验室环境的优劣是实验室质量保障的前提，拥有好的实验室环境可使人心情舒畅，工作愉悦，提高工作效率。调查中发现在实验室管理中心56个实验室中，有实验室环保制度的只有1个实验室，有资源、档案管理制度的只有2个实验室。这说明实验室环保制度和资源档案管理制度严重缺失。因此，我们应尽快建立并逐步完善实验室环保制度和资源档案管理制度。

4）加强实验室的监督，建立实验室监督和评价制度

实验室制度的执行、监督和评价有助于制度的有效执行，有助于提升管理质量，提高工作效率。因此加强实验室制度的执行、监督和评价对提升实验室质量具有重要意义。

5）制定工作标准执行实施细则

调查发现，65%的人认为自己不知道标准和制度的原因是没有组织学习和培训；52%的人认为不执行制度的原因是不知道制度的实施细则。制度制定得再好，没有落实到位，也起不到应有的作用，因此制度实施细则的制定关系制度能否顺利执行，对制度的具体实施起着非常重要的作用。

6）加强工作标准类材料的培训学习

调查发现实验室工作人员中不知道有国际、国家标准，或不执行岗位相关制度的原因，除了标准意识不强，对工作人员未进行标准化和制度化培训是主要原因，因此加强标准化的宣传和培训非常必要。

4 建立实验室标准化管理体系

为了提高实验室工作质量和工作效率，实施实验室标准化管理和建立实验室标准化管理标准体系就是非常必要的。根据调研结果，实验室标准化管理体系应包括实验室通用标准和实验室专用标准两类。

实验室通用标准包括以下几种。

（1）法律法规类：国家有关实验室的法律法规，包括环境空气质量标准、实验动物环境及设施、危险化学品重大危险源辨识等。

（2）国际/国家标准类：有关高等学校和高校实验室的国际/国家标准，包括《华盛顿协议》工程教育认证标准、高校实验室工作规程、中国工程教育认证通用标准和专业补充标准等。

（3）准则类：实验室资质认定评审准则、学生实验室守则、实验教师守则等。

（4）实验室评估标准类：高等学校基础课教学实验室评估办法和标准、高等学校专业实验室评估标准、高校科研实验室安全管理标准等。

实验室专用标准包括以下几种。

（1）实验室试剂及设备管理制度。

（2）实验室资源搜集及档案管理制度。

（3）实验室安全管理制度。

（4）实验室环保制度。

（5）实验室监督评价制度。

（6）实验室人员培训制度。

实验室监督评价机制是实验室标准化管理的保障。因此，只有建立以实验室通用标准和实验室专用标准为基础，以实验室监督评价机制为保障的三位一体的实验室标准化管理体系，才能有效实施标准化管理，从而提高工作质量和工作效率。

5 结论

综上所述，通过对北京科技大学天津学院所有实验室工作标准情况的调查研究和结果分

析，本文认为高校实验室实施标准化管理非常必要。高校实验室应强化标准意识；大力宣传实验室工作标准和相关制度，并对相关人员进行集中培训；建立并不断完善包含"国际、国家、行业通用标准，实验室专用标准以及实验室监督评价机制"三位一体的实验室标准化管理体系，以解决实验室工作中标准意识缺乏、管理制度缺失、监督机制和培训机制缺乏等问题，从而提高实验室工作质量和工作效率，并为其他高校提供借鉴。

参考文献

[1] 赵耀东，荆晶，陈黎. 高校实验室标准化建设和质量管理探索 [J]. 实验技术与管理，2019，36（2）：24-26.

[2] 信海红. 质量技术监督基础 [M]. 北京：中国质检出版社，2014：1-2.

[3] 呼小洲，程小红，夏德强. 实验室标准化与质量管理 [M]. 北京：中国石化出版社，2017：1-5.

（作者简介：毕会英，女，1967年7月出生，河南新乡人，物理实验室主任，高级实验师，硕士研究生毕业，主要研究方向为物理实验教学及实验室管理，2006年9月至今在北京科技大学天津学院工作；陈宝江（通讯作者），男，1956年12月出生，北京市西城区人，实验室管理中心主任，工学博士，教授，研究生导师，国家自然科学基金评审专家，教育部学位与研究生培养发展中心评审专家，北京市机械工程学会标准化分会主任委员，国家注册"QMS高级审核员"。）

实验室安全工作的实践与思考

张欣　毕会英

(北京科技大学天津学院实验室管理中心,中国　天津　301830)

摘　要：重视实验室安全问题,可以有效地预防和减少实验室各种事故的发生,使实验室财产和人身安全得到有效保障。作者身为实验室安全工作人员,结合实际,对当前天津学院实验室安全管理中心采取的措施,面临的主要问题,加强实验室安全管理的对策以及具体工作中应把握的问题进行了探讨。

关键词：实验室；安全管理

Practice and Thinking of Laboratory Safety Work

ZHANG Xin　BI Huiying

(Laboratory Management Center, Tianjin College,
University of Science and Technology Beijing, Tianjin 301830, China)

Abstract: Paying attention to the safety of the laboratory can effectively prevent and reduce the occurrence of various accidents in the laboratory, and effectively guarantee the safety of the laboratory property and personal safety. As a laboratory safety worker, the author discusses the measures taken in the laboratory safety management of Tianjin College, the main problems faced, the countermeasures to strengthen the laboratory safety management, and the problems to be grasped in the specific work.

Key words: Laboratory; Safety management

　　实验室是天津学院实施人才培养、科学研究和服务社会的重要基地,是体现学院教学科研水平、展示学院办学实力的重要标志,而安全工作是维护学院教学和科研正常开展的必要前提,也是学院建设和管理的重要组成部分；实验室安全与广大师生的身心健康息息相关,是建设一流学院的重要保障。随着我院教育事业的不断发展,学生人数不断增加,实验室的种类和数量逐渐增长,规模不断扩大,功能逐步提升,实验室的教学科研活动日趋频繁,各种实验安全隐患也越来越值得重视。作为实验室管理的一项重要内容,强化实验室安全管理,建设教学科研正常运行及不断创新实验室安全保障体系,是我们不可忽视的一项重要工作。

1 实验室安全措施

1.1 制定合理的安全管理制度

没有规矩不成方圆，制度是安全工作实施和开展的传统和基础的保障；制度的建设，实际上为我院实验室的安全管理划定了一个基本的框架和范围，是管理工作开展的一个基础依托[1]。实验室安全管理制度是实验室安全最大的保障。我院现有实验室五十多个，每个实验室都根据自己的独特性质，坚持从全局出发，从具体工作入手，制定以实验室安全运行为目标的实验室安全管理标准，实现实验室安全管理工作无缝连接、层层落实，确保处处有规范、样样有规定、件件有标准，为我院实验室安全工作奠定重要基础。

1.2 建立实验室安全检查常态长效机制

建立"实验室自查、学校检查、专项检查"工作制度。实验室自查要求实验室安全责任人每次实验后要做好实验室安全检查工作；学校检查要求在寒暑假前和"五一""十一"等节假日前进行安全检查；专项检查主要根据上级主管部门的要求，由学校组织对实验室危化品、电器等进行安全专项检查。建立实验室安全"周报、月报"常态化检查制度，成立"实验室安全管理工作QQ群"，定期报告安全信息，安全责任人负责实验室安全台账动态管理，每月定时向学校报送实验室安全隐患排查治理清单。

1.3 落实实验室安全责任制

建立健全并落实好实验室安全责任制，是做好实验室安全工作的关键。只有构建自上而下的实验室安全管理责任体系，做到纵向到底、横向到边、逐级落实、人人参与，才能形成群策群防、齐抓共管的安全保障良好局面[2]。在学校层面，院长对我院的安全工作负责，统筹组织全院实验室安全管理规划。实验室管理中心为学校的一级实验室技术安全管理部门，在副院长的领导下，负责全校的实验室安全管理工作。在实验室层面，实验室主任作为实验室安全具体责任人，制定具体安全制度、标准操作规范，遵守国家和地方各级主管部门颁布的相关法规、制度的要求，落实防火、防盗、防污染、防事故等方面的各项防护措施。通过签订安全责任书，本着"谁主管谁负责、谁使用谁负责"的原则，人人承担安全管理相应责任，确保实验室安全工作真正落到实处。

2 实验室安全存在的问题

2.1 学生安全意识淡薄

就我院物理实验室来说，虽然每学期课前都会进行集体安全教育，但仍有学生安全意识淡薄，在思想上未足够重视实验室安全的重要性，更没有认识到实验中的微小疏漏极有可能造成安全事故。随着越来越多的学生走进实验课堂，学生是实验室高频率使用者，学生的行为活动直接关系实验室的安全，但是学生安全意识不足，认识不到实验过程中存在的潜在危险，个别学生对实验仪器、实验内容有很强的好奇心，甚至会把实验过程视为游戏，在实验中违规操作，出现各种不安全行为。学生在思想上对实验安全的松懈和实验过程中的不规范操作，易引起安全事故。

2.2 设施陈旧落后

我院许多实验室由于建设年代比较久远，消防设施、供暖设施很难达到安全标准，即使经过局部修缮和改进，也只是部分达到安全标准，依然存在安全隐患。例如个别实验室木质地板由于常年使用出现翘皮甚至陷落情况，虽然维修过很多次但问题还是反复出现。同时，实验室不断采购新设备，且原有的设备都处在工作状态不需要报废，于是狭小的实验室变得局促，待报废设备只得占用本来不大的剩余实验室空间，给实验室安全埋下了隐患。

2.3 安全管理经费不足

安全管理经费主要用于安全知识培训和演练、消防报警监控应急等安全配套设施的维修与更新、化学实验废弃物的处理回收、实验室安全管理工作者的培训进修和考核激励等方面。目前我院安全管理的经费投入不足，随着实验室规模不断扩大，使用效率不断提高，安全管理经费支出会持续高涨，一旦出现缺口，就会导致安全管理工作中的某些环节没有到位，极有可能引发安全事故。

3 建议和措施

3.1 营造校园安全文化

实践证明，营造安全文化氛围是提高全员安全意识和增强全员安全观念的有效途径。校园安全文化不仅让教师接受安全教育以更好地教育学生，也让学生在校园安全文化氛围中接受安全教育和熏陶，以提高安全意识。营造校园安全文化，从内容上要以在师生员工中建立强烈的安全意识和自觉的安全行动为中心，让"事事要求安全、人人需要安全"的安全理念、"以人为本、预防在先"的安全思想成为人们自觉行动的一部分。营造校园安全文化从实施上要以突出全员安全教育为重点，上至书记、校长，下至普通员工都应接受安全教育。不仅要有定期教育，还要有经常教育，特别要加强新员工、新学生的安全教育，以及新实验室投入运行前和新实验项目开始前的安全教育。

3.2 加强经验交流

近年来，国内高校在实验室安全工作方面做出许多成绩，许多优秀经验通过期刊论文、会议发言等方式交流共享，我校获益匪浅。因此，面对面地深入进行经验交流仍是非常有效的学习方式，我院实验室安全管理领域的工作人员应积极走出去与同行交流，同时视野也应拓宽到国际领域，积极尝试国外高校的先进经验，不断探索实验室安全工作的新方法。

3.3 加大实验室安全投入

我们应树立安全隐患无小事的理念，重视实验室安全投入，及时修缮或更新老旧实验室使其满足实验需求，及时配备安全设施和防护设备，及时维修仪器设备保障其状态良好。

3.4 实行规范化标准化管理

目前出台的安全管理办法往往是原则性条款较多，指导性、可操作性的内容较少，使得很多要求很难得到真正的贯彻和落实。由于检查者经验不足、知识不够等原因，实验室安全检查能否发现并排除隐患完全受限于检查者的专业素养，因此，我们需要建立一套具有针对性、可操作性强的安全检查指标体系，为实验室安全工作的落实提供必要的指导。国内外许多高校已建立或正在探索规范化标准化的实验室安全检查指标体系和评价体系,其细化了实验室安全每一项的检查点和考核点,这些经验和做法值得推广,学校可根据自身特点,建立本校的实验室安全检查指标体系和评价体系。

4　结语

天津学院的实验室建设在各级管理部门的大力支持下,经过十余年的发展,已初具规模,综合性、专业性、系统性显著提高,成绩斐然。要想百尺竿头更进一步,就必须时刻保持警惕,才能防患于未然。安全责任重于泰山,要端正工作指导思想,始终保持头脑清醒,有针对性地做好实验室的安全防范工作。切实提高师生员工安全意识,落实安全制度,强化安全责任,坚决避免各种事故发生,确保实验室和师生员工安全。

参考文献

[1] 魏华,陆玲,戴亦军. 高校生物实验室安全管理面临的主要问题及对策 [J]. 绿色科技,2017 (24):72-74.

[2] 张新华,刘淑萍,侯文强. 必须加强高等学校实验室环境保护工作 [J]. 实验技术与管理,2007,24 (9):4-7.

(作者简介:张欣,男,1992 年 5 月出生,天津人,实验室管理中心助理实验师,2014 年 9 月至今在北京科技大学天津学院工作。)

高校实验系统危险源管理体系的开发与研究

裴阳

(北京科技大学天津学院实验室管理中心,中国 天津 301830)

摘 要:随着教学改革的不断深入,实验方法的不断创新,高校实验室所涉及的设备、药品种类繁多,潜在安全隐患急剧增加,高校实验事故频发。为加强高校实验系统安全管理,提高师生安全防患意识,本文就介绍了一种实验系统危险源识别、评价、控制一览表管理方法,以北京科技大学天津学院实验系统作为研究对象,通过对危险源识别分类、危险等级评价、制订预防措施及应急措施,改进管理方法,有效减少或避免实验室危险事故的发生。

关键词:实验系统;危险源;安全管理

Development and Research on Hazard Management of University Experimental System

PEI Yang

(Laboratory Management Center, Tianjin College, University of Science and Technology Beijing, Tianjin 301830, China)

Abstract: With the continuous innovation of education reform and experimental method, there are many kinds of equipments and chemicals involved in university laboratories, and the experimental accidents happen frequently. In order to strengthen the safety management and improve the safety awareness of teachers and students, this paper introduces a method of hazard management. Take Tianjin College, University of Science and Technology Beijing as the research object, we improve the management method to reduce the occurrence of laboratory accidents by classifying hazard sources, evaluating danger level and making precautionary measures.

Key words: Experimental system; Hazard source; Safety management

随着现代社会的进步,高等学校教育越来越注重理论与实践结合,越来越强调学生创新精神的培养,而实验室是锻炼学生实践能力和创新能力的重要基地。我国著名物理学家冯端教授说过:"实验室的重要性,再强调也不过分。"[1] 借用冯教授的这句话展开来讲,实验室安全的重要性,再强调也不过分。安全是保障一切教育工作顺利开展的先决条件,近年来全国高校实验室安全事故频发[2],如何采取切实有效的措施避免事故的发生成为目前亟待解决的问题。本文以北京科技大学天津学院(以下简称天津学院)实验系统为研究对象,通过在国家标准信息公共服务平台查阅实验室危险源相关标准规范类文件,从危险源的识别、评价、控制三个方面介绍了一种高校实验室安全一览表管理方法。

1 危险源识别

通过调研,天津学院实验系统可能存在的危险源类别包括5类,即危险化学品类、生物类、设备类、电器类、消防类。危险化学品类主要集中在化学实验室,生物类主要集中在护理系,设备类、电器类、消防类则普遍存在于各个实验室。以危险化学品为例,将危险源识别部分以表1所示的形式呈现。

表1 危险化学品类危险源识别一览表

序号	区域	过程	危险源类别	危险因素	可能导致的伤害
1			危险化学品	酸性腐蚀品	灼伤人体组织
2				碱性腐蚀品	灼伤人体组织
3				其他腐蚀品	灼伤人体组织
4				毒害品	与器官组织发生化学作用,破坏机体生理功能引起病变
5				氧化剂	助燃、易燃,具有爆炸性、腐蚀性
6				遇湿易燃物品	遇湿易燃
7				自燃物品	燃烧点低,在空气中易发生化学反应放出热量而自行燃烧
8				易燃固体	燃烧点低,遇火、受热、撞击、摩擦或与氧化剂接触后,极易引起急剧燃烧或爆炸
9				高闪点液体	闪点在23~61℃的易燃液体
10				中闪点液体	闪点在-18~23℃的易燃液体
11				具有整体爆炸危险的物体	受热、受压、撞击或遇明火、酸碱等易发生爆炸
12				化学品废物	长期存放影响室内空气质量

危险源识别一览表包含6个方面信息,分别是序号、区域、过程、危险源类别、危险因素、可能导致的伤害。其中"区域"和"过程"表示危险源存在的具体教室号和具体实验过程,"危险因素"表示危险化学品,包括酸性腐蚀品、碱性腐蚀品等12种,"可能导致的伤害"表示当危险因素发生时可能导致的人身伤害、环境影响和财产损失等。另外,设备类、电器类、消防类、生物类危险源识别也采取表1所示的形式具体呈现。

根据危险源识别一览表,本文将天津学院实验系统部分危险源分布绘制成平面图,如图1所示。

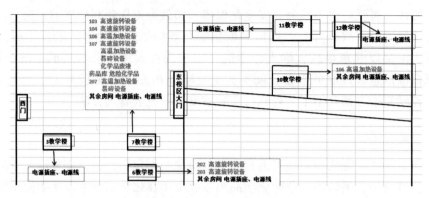

图 1　北京科技大学天津学院实验系统部分危险源平面分布

如图 1 所示，天津学院存在危险源的教学楼分布，以第 7 教学楼为例，该楼存在危险源的教室分别是 103、104、106、107、207，107 教室中存在的具体危险源类别包括高速旋转设备、高温加热设备、易碎设备和化学品废液等。

2　危险源评价

针对各种不同的危险因素，本文采用 LEC 安全评价法[3] 对危险性高低进行等级划分，LEC 评价法是针对具有潜在危险性作业环境中的危险源进行半定量的一种安全评价方法，该方法以三种指标的乘积大小来分析危险性高低。这三种指标分别是 Likelihood（表示危险发生的可能性，简称 L）、Exposure（表示操作人员在危险环境中暴露的频繁程度，简称 E）、Consequence（表示危险发生时产生后果的严重程度，简称 C），这三种指标的乘积被记作 Danger（危险源等级高低的评价指标，简称 D）。D 值越大，危险等级越高，必须立即整改至满足要求后，才能进行相关的操作。关于 L、E、C、D 的取值情况，如表 2 所示。

表 2　LEC 评价法量化分值标准及风险分析

L 值	危险发生的可能性（L）	E 值	暴露于危险环境的频繁程度（E）	C 值	发生事故产生的后果（C）	D 值	危险性分析（D）
10	完全可以预料	10	连续暴露	100	10 人以上死亡	>320	极其危险，不能连续作业
6	相当可能	6	每天工作时间内暴露	40	3~9 人死亡	160~320	高度危险，要立即整改
3	可能，但不经常	3	每周一次或偶然暴露	15	1~2 人死亡	70~60	显著危险，需要整改
1	可能性小，完全意外	2	每月一次暴露	7	严重	20~70	一般危险，需要注意
0.5	很不可能，可以设想	1	每年几次暴露	3	重大，伤残	<20	稍有危险，可以接受
0.2	极不可能	0.5	非常罕见暴露	1	引人注意	—	—
0.1	实际不可能	—	—	—	—	—	—

如表 2 所示，其根据 D 的取值范围，将危险源等级分成了五级，当 D 值大于 70 时，代表危险程度极高，需要整改，通过降低危险发生的可能性，或降低在危险环境中暴露时间，或降低危险产生后导致的损失，直至将 D 值调节至安全范围内，才能在该环境中进行相关操作。

3 危险源控制

危险源控制包括两个方面：预防措施和应急措施。即实验系统危险源得到有效识别和评价之后，如何采取有效措施避免危险发生以及危险发生后应采取怎样的措施有效控制尤为重要。以危险化学品为例，根据国家标准信息公共服务平台提供的相关标准规范，其预防措施包括以下几种。

（1）操作时必须穿戴防护服、防毒面具、防护手套，必须在通风系统良好的环境中进行。

（2）与易发生化学反应的试剂应保持一定安全距离，贮存条件应通风、防晒、防火、防爆、防潮、防雷等，参考《常用化学危险品贮存通则》。

（3）危险化学品仓库温度不宜超过 32 ℃，相对湿度不宜超过 75%，参考《易燃易爆性商品储存养护技术条件》《腐蚀性商品储存养护技术条件》《毒害性商品储存养护技术条件》。

（4）化学药品库应配备符合相应技术要求的应急物资，例如灭火器和消防沙箱等，参考《危险化学品单位应急救援物资》。

4 结语

本文以北京科技大学天津学院实验系统作为研究对象，建立了一种危险源识别、评价、控制一览表管理方法，在一览表中可快速、准确地获取危险源的位置、种类、可能导致的伤害、评价方法、危险等级、预防措施以及控制措施等信息，从而为危险源的管理提供了简单有效的途径。

一切实验教学活动都应把学生安全放在第一位，除了积极探索危险源管理方法，我们还应努力做到以下几点。

（1）加强教师的安全培训和学生的安全教育，实行实验室准入制度。

（2）建立健全安全管理制度，明确管理职责。

（3）严格遵守实验操作规程开展实验。

（4）定期进行安全检查，一旦发现问题应立即整改。

（5）完善实验安全相关配套设施。

实验室作为现代化大学的心脏，我们应从多角度、各方面采取积极有效措施，拓宽高校实验室管理新思路，切实加强实验室安全建设。

参考文献

[1] 冯端. 实验室是现代化大学的心脏 [J]. 实验室研究与探索, 2000 (5): 1-4.

[2] 冯建跃, 金海萍, 阮俊, 等. 高校实验室安全检查指标体系的研究 [J]. 实验技术与管理, 2015, 32 (2): 1-10.

[3] 罗云. 风险分析与安全评价 [M]. 北京: 化工出版社, 2009.

(作者简介: 裴阳, 女, 1991年9月出生, 河北唐山人, 实验室管理中心安全管理科副科长, 助理实验师, 硕士研究生毕业, 主要研究方向为高分子物理与化学, 2017年7月至今在北京科技大学天津学院工作。)

天津成年女性阅读现状调研主报告

王妙丽

(北京科技大学天津学院图书馆，中国　天津　301830)

摘　要：本文根据"天津成年女性阅读现状调研"研究课题所发调查问卷，按照基本信息、阅读现状、阅读环境三部分，全面记述该研究的所有内容。并从理论基础、研究步骤、研究内容、对策分析等角度，对天津成年女性阅读现状进行深入分析，全面反映天津成年女性阅读现状。

关键词：成年女性；阅读现状；问卷调查；实证研究

The Main Report on the Investigation of Tianjin Adult Women's Reading Situation

WANG Miaoli

(Library, Tianjin College, University of Science and Technology Beijing, Tianjin 301830, China)

Abstract: According to the basic information, reading status, reading environment and other parts of the questionnaire issued by the "Tianjin adult women's reading status" research topic, all the contents of the research are fully described. And from the perspective of theoretical basis, research steps, research contents and countermeasures analysis, this paper makes an in-depth analysis of the reading status of adult women in Tianjin and comprehensively reflects the reading status of adult women in Tianjin.

Key words: Adult women; Reading status; Questionnaire survey; Empirical research

1　调研背景

我国的阅读及阅读推广研究正在逐步深入推进，但是对女性阅读的分众研究及调研还很欠缺[1]。本研究以天津市成年女性为研究对象（不包括所有在校学生及学龄前儿童，也不包括60岁以上老人），对阅读现状进行调查，以期掌握全市成年女性的阅读状况，为成年女

基金项目：天津市妇女联合会、天津市社会科学界联合会、天津日报社联合组织的2018年"我关注她生活"女性民生调查"天津成年女性阅读现状调研"（项目编号：TJFL18-18）资助

性的阅读推广工作提供客观翔实的参考数据；了解女性文化生活状态、精神状态，为推动女权发展提供新的视角；了解天津市阅读服务设施使用情况，为公共阅读服务建设提供参考。本次调研时间为 2018 年 8 月、9 月。

2 调研设计

（1）抽样调查。对于含大样本量的社会调研，按照简单随机抽样原则估算样本量，设置信度 Z 为 95%，抽样误差 d 不超过 3%，样本量 n 需要达到 1 068 个。抽样时，采取分组抽样、整群抽样和随机抽样结合，按照方便取样原则在全市随机选择不同的区（10 个或以上）共 20 个抽样点，每个区最多选择 2 个抽样点，涉农区必须抽取 1 个自然村，每个点抽样不少于 50 个。为了解决抽样过程中的选择性过滤问题，在选定的抽样点里随机选择 1 个居民楼或 1 个生产小队，全部发放问卷并回收。在样本回收统计后，本次调研按照职业（公务员、事业型单位、企业、家庭妇女、无职业等）、年龄（10 年/层）、学历再次独立分层，每层样本量应不少于 100 个，否则继续抽样，增加样本量以获得不同层次样本的代表性。

（2）跟踪访谈。8 名调研员根据随机自愿原则分别抽取 6 名跟踪访谈对象（共 48 位），密切联系，建立档案，以其每天的阅读内容为主要指标，持续记录 1 个月的阅读时间和内容，随后对记录数据分类整理，抽取关键字进行统计分析，进一步深入分析女性阅读的规律和特点。

3 调研问卷

本研究借鉴全国国民阅读调研、华坤女性生活调查中心等其他大型调研的题目和内容，结合女性阅读行为可能存在的问题、影响因素等，团队成员集思广益，经过反复讨论形成了问卷的测试稿。

为了控制问卷的内容效度，课题组采取了访谈对象和图书馆专家试答的方式对调查问卷进行测试。课题组成员每人负责 6 份或 7 份测试卷，共 51 份问卷，选择关系亲密的访谈对象，通过面对面访谈式填写问卷，获取问卷填写时的真实反映和遇到的问题。选定的访谈对象态度负责，答题质量良好，邀请的图书馆专家对测试卷进行了细致的审阅和试答。根据专家和访谈对象的反馈结果，课题组成员再次讨论修改了部分题项，最终形成了正式问卷。

为了保障问卷的质量，8 位调研员每人负责 1~2 个区，在天津市共 11 个区 20 个住宅小区进行了现场调研，每个小区不少于 60 份问卷，采取入户、街访和面对面的方式收集问卷，对不合格、不完整的问卷直接放弃，因此整体没有无效问卷。

4 研究内容

问卷分为 3 个部分，分别为人口学信息、阅读现状和阅读环境。

4.1 问卷的人口学特征统计

本次调查共发放回收 1 205 份有效问卷，在年龄、收入、学历上取得了较好的分层效果[2]，样本人口学信息如图 1 所示。

调研对象涵盖了各个年龄段的人群。其中，26~35 岁最多，共 418 人，占 34.69%；36~45 岁共 337 人，占 27.97%；46~59 岁共 292 人，占 24.23%；最少的是 18~25 岁，有 158 人，占 13.11%。调研对象中，大专及以上学历共计 664 人，占 55.11%，这个比例高于天津市总人口的学历构成。

从行业、岗位、收入构成上我们同样能看到，调查对象的构成要高于天津市的人口对应项目构成。就收入而言，天津市2017年人均月收入为2 684元（中国产业信息网，2017年12月06日），调研对象的月收入在3 000元以上为741人，占61.49%。

调查对象的年龄结构、学历结构、收入状况等大致符合生活实际，调研取样基本贴近现实生活实际，但是总体仍然向高收入、高学历一端有所偏移，因此调查结果与实际状况有所偏移。

同时，从表1所示信息我们也可以看到，在女性的空闲时间里，看电视遥居第一，占51.78%，远超其他休闲活动。

在求学期间，阅读图书超过20本的只有255人，占21.16%；基本没读和只读了5本以下的有507人，占42.07%。

表1 样本人口学信息汇总

年龄	人数	占比/%	工作单位性质	人数	占比/%	婚育状况	人数	占比/%
18~25岁	158	13.11	行政单位	101	8.38	单身（含离异无子女）	164	13.61
26~35岁	418	34.69	科研设计单位	22	1.83			
36~45岁	337	27.97	高等学校	78	6.47	已婚未育	117	9.71
46~59岁	292	24.23	其他教学单位	95	7.88	有1子/女	700	58.09
学历	人数	占比/%	医疗卫生单位	73	6.06	有2子/女	190	15.77
			其他事业单位	84	6.97	其他	34	2.82
初中及以下	249	20.66	国有企业	176	14.61	空闲时间做哪项活动	人数	占比/%
高中或中专	292	24.23	三资企业	36	2.99			
大专	258	21.41	民营企业	138	11.45	阅读	360	29.88
本科	344	28.55	其他企业	75	6.22	看电视	624	51.78
研究生及以上	62	5.15	部队	3	0.25	看电影	265	21.99
上学时期阅读的数量	人数	占比/%	农业	23	1.91	看演出	40	3.32
			家庭妇女或待业	112	9.29	听音乐	302	25.06
几乎没有	195	16.18	个体户或打零工	89	7.39	逛街	229	19.00
1~5本	312	25.89	小商贩	18	1.49	网购	285	23.65
6~10本	238	19.75	其他	82	6.80	聊天	229	19.00
11~20本	205	17.01	月收入	人数	占比/%	广场舞	59	4.90
21~50本	140	11.62	1 000元以下	118	9.79	健身	151	12.53
51~100本	58	4.81	1 001~3 000元	346	28.71	打牌	14	1.16
≥100本	57	4.73	3 001~5 000元	406	33.69	打麻将	20	1.66
—	—	—	5 001~10 000元	269	22.32	参与社会活动	111	9.21
—	—	—	10 000元以上	66	5.48	其他	126	10.46

4.2 天津成年女性阅读现状

如图1所示，现代女性屏阅读已成主流。手机阅读占74.77%，纸质图书仅占35.93%，有声读物占8.55%。

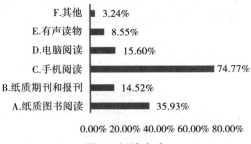

图1 阅读方式

如图2和表2所示，天津成年女性每天阅读纸质图书或报刊的时间，不读或小于0.5小时的高达54.77%，超过2小时的仅为4.32%；通过手机阅读的时间，不读或小于0.5小时的为35.68%，超过2小时的为13.61%。每天阅读超过2小时的人数，用手机阅读是阅读纸质图书的3.15倍。

表2 每天通过手机或电脑等阅读电子书刊、信息的时间

选项	人数	比例
A. 几乎没有	125	10.37%
B. ≤0.5小时	305	25.31%
C. 0.5~1小时	374	31.04%
D. 1~2小时	237	19.67%
E. 2小时及以上	164	13.61%
本题有效填写人次	1 205	100.00%

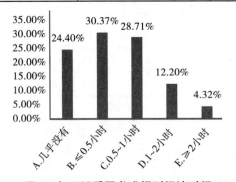

图2 每天纸质图书或报刊阅读时间

如图3、表3、图4所示，过去一年纸质书阅读数量，选择"几乎没有"的女性占25.31%，只读过1~5本的女性占42.66%，两者之和为67.97%，比例超过了2/3。通过手机或电脑阅读图书或期刊的数量，选择"几乎没有"和"1~5本"的比例合计为62.16%。通过手机或电脑接触简短文章或信息、新闻的频率较高，选择"几乎没有"的比例仅

为 11.04%。

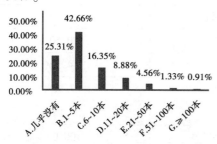
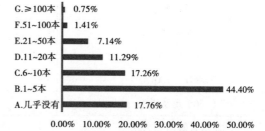

图 3　过去一年阅读纸质图书数量　　图 4　过去一年通过手机或电脑阅读图书或期刊数量

表 3　过去一年通过手机或电脑阅读过各种简短文章或信息、新闻的频率

选项	人数	比例
A. 几乎没有	133	11.04%
B. 每天阅读	599	49.71%
C. 每周阅读一两次	274	22.74%
D. 每月阅读一两次	118	9.79%
E. 一年读过几次	81	6.72%
本题有效填写人次	1 205	100.00%

过去一年女性图书阅读数量是一个定距数据，取定距的中值后求取平均值，得到人均年读书数量为 7.24 册，不考虑数据偏移的情况下，高于 2018 年第十五次全国国民阅读调查发布的人均数字。

如图 5、表 4 所示，天津市成年女性个人藏书量总体不多。不包括爱人、孩子的图书，成年女性家庭藏书在 10 册以下的比例高达 51.95%，藏书多于 25 册的人数占比仅为 22.74%。对应的，过去一年的购书支出（不包括爱人、孩子等）中，没有投入的比例为 30.12%，投入在百元以上的仅为 25.97%。

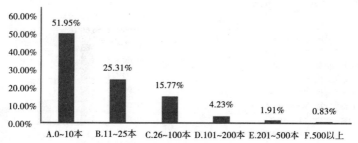

图 5　个人藏书（不包括爱人、孩子等）

表 4　过去一年购买纸质图书、期刊或报纸的支出（不包括爱人、孩子等）

选项	人数	比例
A. 没有投入	363	30.12%
B. ≤50 元	282	23.40%

续表

选项	人数	比例
C. 51~100 元	247	20.50%
D. 101~200 元	175	14.52%
E. 201~500 元	88	7.30%
F. 500 元及以上	50	4.15%
本题有效填写人次	1 205	100.00%

如表 5 所示，和屏阅读的高比例不对应的是，手机阅读付费意愿并不高，没有投入的比例是 44.48%，年度消费 50 元以上的比例仅为 21.17%。

表 5 过去一年付费订阅过网文、新闻、信息以及有声读物的花费

选项	人数	比例
A. 没有投入	536	44.48%
B. ≤10 元	185	15.35%
C. 10~50 元	229	19.00%
D. 50~100 元	159	13.20%
E. 100 元	96	7.97%
本题有效填写人次	1 205	100.00%

以上用于阅读的消费支出表明，天津市成年女性一年用于阅读的消费，只有不足四分之一的人能达到百元以上，大约三分之一的人群没有任何消费。

如图 6、图 7、图 8、表 6 所示，大部分女性认为自己选择读物的原因是自主兴趣，占比高达 63.07%；其次是工作需要，占比 35.44%；第三位是微信宣传，占比 24.98%。纸质图书的最大来源是个人购买，占比 56.60%，图书馆借阅仅有 17.93%。电子阅读资料首选阅读来源是自己按兴趣查找，所占比例为 49.88%；其次是微信，占 17.43%。最主要的阅读场所是在家中，所占比例超过 70%。

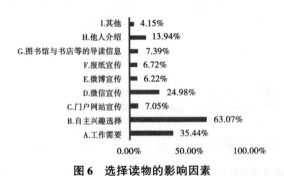

图 6 选择读物的影响因素　　　　图 7 纸质图书期刊最大来源

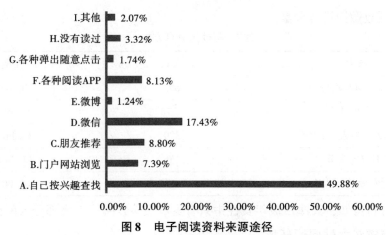

图8　电子阅读资料来源途径

表6　阅读场所

选项	人数	比例
A. 家中	862	71.54%
B. 办公室	151	12.53%
C. 图书馆	64	5.31%
D. 公交车或地铁	51	4.23%
E. 厕所	11	0.91%
F. 书店	10	0.83%
G. 其他	56	4.65%
本题有效填写人次	1 205	100.00%

如图9所示，女性阅读目的排行首位是增长知识，占比近六成；第二位是休闲娱乐，占36.76%；满足家庭兴趣爱好排在第三，占比为34.61%。除其他项，"满足家庭、生活需要"仅占16.27%。

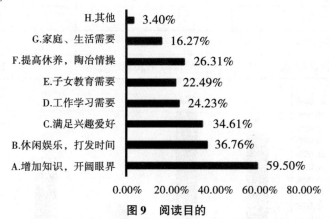

图9　阅读目的

从表7所示数据我们可以发现，大多数女性愿意与他人分享阅读，微信成为主要通讯方式，一半的女性愿意通过微信朋友圈进行分享，三分之一的女性与家人、朋友当面分享，仅有 5.56% 的人通过微博进行分享。

表 7　与他人分享方式

选项	人数	比例
A. 微信朋友圈分享	603	50.04%
B. 个人微博分享	67	5.56%
C. 与家人、好友当面分享	399	33.11%
D. 不与他人分享	136	11.29%
本题有效填写人次	1 205	100.00%

通过以上分析可知，天津市成年女性中只有少数人喜爱阅读，大部分人阅读行为较少。

4.3 天津市成年女性阅读环境

如表 8、表 9、图 10 所示，女性的阅读环境不容乐观。有书房或书桌的有 686 人，仅占 56.93%，女性认为家庭成员"很多人喜欢"阅读的比例为 34.61%，认为家庭成员"都喜欢"阅读的比例为 32.7%。这个比例并不高，侧面反映了社会上喜欢阅读的人只占少数。

表 8　是否有专用阅读空间或家具

选项	人数	比例
A. 是	686	56.93%
B. 否	519	43.07%
本题有效填写人次	1 205	100.00%

表 9　对周边人阅读的评价

选项	人数	比例
A. 很多人喜欢	417	34.61%
B. 少量人喜欢	410	34.02%
C. 个别人喜欢	208	17.26%
D. 都不喜欢	26	2.16%
E. 没注意过	144	11.95%
本题有效填写人次	1 205	100.00%

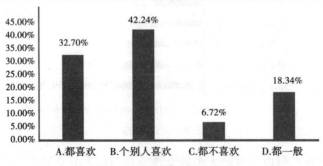

图 10　对家庭成员阅读评价

如表 10 所示,女性接触和使用图书馆的比例仅仅过半,社区图书馆和农家书屋的接触率仅为 16.43%,有 19.83% 的人从来没有关心过这个问题。

表 10　接触到的阅读场所

选项	人数	比例
A. 图书馆	639	53.03%
B. 书店	580	48.13%
C. 社区阅览室	141	11.70%
D. 农家书屋	57	4.73%
E. 报刊栏	151	12.53%
F. 没关心过,不知道	239	19.83%
本题有效填写人次	1 205	100.00%

从图 11、表 11 可知,参加过读书活动的人仅为 17.68%,其中一半以上是通过微信渠道获知相关信息的,其次为门户网站。

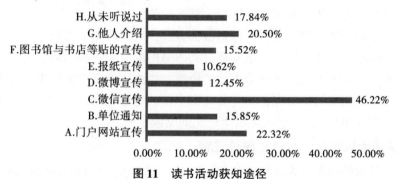

图 11　读书活动获知途径

表 11　参与读书活动

选项	人数	比例
A 没听说过	392	32.53%
B 听说过但没有参与	600	49.79%
C 参与过一两次读书活动	174	14.44%
D. 参与过多次读书活动	39	3.24%
本题有效填写人次	1 205	100.00%

问卷设置了两道主观题,分别是给公共阅览服务设施和读书活动提出建议。通过对主观题进行分类归纳,统计整理后,我们得到以下结论。

一是在对接触或使用过的公共阅览服务设施的建议中,有答案的问卷是 330 份,其中 12.42% 的受访对象表示满意,42.73% 表示需要增加阅览座位数量或更多阅览空间,16.67% 表示需要在服务、环境、活动等方面下功夫,11.82% 的人表示需要增加图书数量或种类、及时更新图书等,4.55% 的人倡议增加社区阅览室。调查结果表明,公共阅览服务设施的满意度偏低,更多的建议集中在基础设施建设、服务提升、环境改善以及资源保障等方面。

二是在对读书活动的建议中,有答案的问卷为253份,其中建议最多的一项是多组织活动,人数占比38.34%;9.88%的受访对象表示希望活动能够进社区;11.86%的受访对象表示读书活动的宣传力度不够,需要多渠道进行深度和广度的宣传;还有14.23%的受访对象表示需要增加阅读活动的数量、形式。

主观题的建议充分说明了天津市公共阅览服务设施不足,群众满意度较低。

5 对策建议

本文结合统计调研结果,对天津市提升阅读指数、优化公共阅读服务设施提出以下五方面的建议。

5.1 将公共图书馆和社区图书馆(含农家书屋)纳入一体化管理

公共图书馆管理人员专业,体系健全,资源完备,服务比较完善,缺点是每个区县只有一个;社区图书馆及农家书屋分布广泛,缺点是没有专业的管理人员,导致资源闲置。两者理论上可以形成互补。针对公共图书馆和社区图书馆权属不统一的特点,本文建议将公共图书馆和社区图书馆纳入一体化管理,发挥最大社会效能。

一是扩大公共图书馆的服务范围,创新服务方式,对社区图书馆提供必要的技术指导和培训,开展综合性服务功能扩展。二是发挥公共图书馆的海量资源优势,充分利用社区图书馆搭建的用户平台,使读者在社区享受大馆的资源,提高阅读资源使用率,提升居民阅读兴趣。三是结合数字化图书馆不断完善,将公共图书馆的电子化资源、数字化服务有效传递到社区图书馆(含农家书屋),为居民提供个性化的阅读服务。

5.2 加快阅读数字化、信息化建设进程

调研显示,目前手机是成人最重要的阅读工具,而微信是人们使用频率最高的社交媒体之一,同时各类手机App使听读成为阅读的新宠。针对这些屏阅读时代的特点,本文建议注重阅读方式的创新和传播媒介的扩展。

一是发挥公共图书馆海量数字化资源优势,利用新型传播渠道,主动推送符合时代需求而又为人们喜欢的信息,提升公众阅读质量。二是针对低学历人群以及农村女性阅读能力不足的现状,开发、推广一些能够被此类人群接受的听读资料,这也是一种对新传播渠道的利用。三是不断开发和完善新的阅读认证方式,如通过手机完成读者身份认证以及借、还书操作等功能,以改善阅读体验,吸引读者。

5.3 将书店纳入阅读推广服务体系

针对现有公共图书馆图书更新不及时、种类和数量不能满足需求的问题,本文建议采用"图书馆链接书店"模式,将书店纳入阅读推广服务体系。

一是通过"图书馆链接书店"的零距离图书借阅模式,为读者省钱、省时间,提升阅读方便性。二是采用"图书馆链接书店"的快速采购模式,实现读者在协议书店直接借阅图书馆没有馆藏的图书,使读者能够喜爱和利用公共阅读服务设施。

5.4 以针对性阅读群体为突破口,打造新型公共阅读空间

针对成年人阅读意愿普遍不高以及阅读能力需要从小培养的特点,本文建议抓住阅读群

体特点，打造新型公共阅读空间，促进全民阅读。

一是结合现实中幼儿及学龄儿童脱离校园后家庭休闲活动单一、缺少公共活动空间的特点，以亲子阅读为契机，在社区图书馆设置温馨宜人的亲子阅读空间，促进阅读兴趣的培养。二是充分了解社区居民构成，尤其关注弱势居民的阅读需求，打造适宜不同人群的公共阅读空间，如老年阅读空间等，全面满足居民阅读需求。

5.5 建设多种志愿者服务团体，增强社区图书馆服务活力

人才是社区图书馆服务的关键，针对社区图书馆人才紧缺的问题，本文建议大力建设多种志愿者服务团体，灵活使用多种志愿服务方式，完善社区图书馆服务模式[3]。

一是充分利用社区志愿者服务人员，以社区居民为中心，有针对性地开展文化培训、技能培养等文化活动，并通过开展专题讲座、知识沙龙、读书联盟等富有特色的社区阅读活动，使社区阅读推广工作常态化、品牌化，吸引社区居民的加入，营造良性文化氛围[4]。二是政府购买专业化社区服务与社会公益机构或志愿者服务结合，构建社区图书馆服务专业化队伍与社会公益服务队伍合作新模式，把社区图书馆服务推向专业化和大众化。

全民阅读是我国的一项基本政策，只有全社会相关部门共同努力，分工协作，才能真正从整体上做到全民阅读能力的提升。所有提升阅读指数的政策或措施都要建设为长效机制，有一个渐进的实施计划，稳扎稳打，逐步推进，切实发挥效用。

参考文献

[1] 周英. 国内女性阅读研究综述 [J]. 新世纪图书馆, 2014 (4)：23-26.

[2] 李超, 徐建华, 霍丽敏, 等. 当代图书馆员"快乐指数"调查主报告 [J]. 图书情报工作, 2007 (6)：6-11.

[3] 汪其英. 中美社区图书馆服务比较研究 [D]. 湘潭：湘潭大学, 2013.

[4] 陆和建, 王真真. 均等化视角下中美社区图书馆阅读推广实践与启示 [J]. 图书情报工作, 2018 (17)：26-32.

（作者简介：王妙丽，女，1977年5月出生，河南人，北京科技大学天津学院图书馆资源建设部主任，馆员，硕士研究生毕业，2006年至今在北京科技大学天津学院工作。）

纸质阅读指标影响因素回归模型的构建

王妙丽

(北京科技大学天津学院图书馆，中国 天津 301830)

摘 要：本文通过全面、系统地考察影响天津成年女性阅读指标的因素，以多元线性回归分析方法，建立以阅读指标为因变量的多元回归模型，筛选该模型的自变量，即学历、收入、阅读认知、上学时读书量四个因子，并就这些因子对纸质阅读指标的影响进行分析。

关键词：纸质阅读指标；多元回归方程；阅读调查

Establishment of Regression Model for Factors Affecting Paper-Based Reading Indicator

WANG Miaoli

(Library, Tianjin College, University of Science and Technology Beijing, Tianjin 301830, China)

Abstract: Based on a comprehensive and systematic survey of the factors affecting the reading indicator of adult women in Tianjin, with reading indicator as the dependent variable, a multiple linear regression analysis was performed in this paper to establish a multiple regression model. Four factors were selected as the independent variables of this model, including educational background, income level, reading cognition and the amount of reading at school and detailed analysis was performed to determine the influence of these factors on paper text reading indicator.

Key words: Paper-based reading indicator; Multiple regression equation; Reading survey

1 引言

关于阅读指数的研究近来较多，包括城市阅读指数[1]、青年阅读指数[2]、高校阅读指

基金项目：天津市妇女联合会、天津市社会科学界联合会、天津日报社联合组织的2018年"我关注她生活"女性民生调查"天津成年女性阅读现状调研"（TJFL18-18）资助

数[3]等。在不同层面的各种指数构建中，指标不尽相同，但个体阅读指标都是其中的基本统计量。本文在对天津成年女性阅读现状调研的基础上，析出个体阅读指标作为因变量，综合考量影响个体阅读指标的诸多因素，试图建立可以预测个体阅读指标的回归方程，从而为成人个体阅读指标的界定和测量提供科学工具。

本研究调研基础为天津成年女性阅读现状。调研以天津市成年女性为研究对象（不包括所有在校学生及学龄前儿童，也不包括60岁以上老人），对其阅读现状进行田野调查。本研究将分组抽样、整群抽样、随机抽样结合，按照方便取样原则，在天津市随机选择不同的区县（10个或以上）共20组抽样点，每个区县最多选择两个抽样点，有农村的区县必须抽取1个自然村，每个小组抽样不少于60个，最终获得1 205份问卷。详情参见《天津成年女性阅读现状调研主报告》。

2 研究设计、回归模型构建及研究方法

2.1 研究设计

个体阅读指标的影响因素是多方面的，包括自身的基本个体特征，如年龄、学历、所从事的行业、所在岗位、收入、婚姻状态等。此外，阅读目的、阅读环境可能会对阅读指标起重要作用。本研究试图将这些因素综合起来，从中筛选出能够对阅读指标起显著独立影响作用的因子。

2.2 模型结构

本研究的回归模型中，包括以下几类信息。

2.2.1 个体基本人口学信息

个体基本人口学信息包括年龄、学历、行业、岗位、收入、婚育状况，还包括一个因素，即上学时期读书数量。

2.2.2 阅读指标信息

本调研对个体阅读数量设置了8个题项，均为定距变量，对8个变量进行主成分因子分析，这8个题目的 KMO 值为0.802，巴特利特（Balrtett）球状检验的显著性水平小于0.01，说明该量表适合进行因子分析。本调研继续采用主成分提取因子法和标准化斜交旋转法，保留有且只有一个因子负荷大于等于0.5，提取出3个因子，解释了总方差的67.302%。析出的三个因子为纸质阅读、电子阅读、碎片阅读。其中，纸质阅读包括每天阅读时间、年度阅读数量、个人藏书、年度阅读支出4个变量，将4个变量进行加和后求均值，得到新变量，命名为纸质阅读。另外2个因子由于支撑变量不足，暂不处理。

2.2.3 阅读认知因子和阅读环境认知因子

本研究对阅读认知和阅读环境认知设置了6道量表评测题，对这6个变量进行主成分因子分析，KMO 值为0.650，巴特利特（Balrtett）球状检验的显著性水平小于0.01，说明该量表适合进行因子分析。本调研继续采用主成分提取因子法和标准化斜交旋转法，保留有且只有一个因子负荷大于等于0.6，提取出2个因子，解释了总方差的55.794%。析出的两个因子为阅读认知因子和阅读环境认知因子，各作为一个自变量放入回归模型。

2.3 研究方法

本研究利用 SPSS 21.0 统计分析软件,将收集到的数据进行归类整理,然后采用逐步回归法,将纸质阅读指标、阅读认知因子、阅读环境认知因子、人口学信息分为三类变量,纳入多元线性回归方程。其中,由于人口学变量为定类或定序变量,均以虚拟变量方式纳入多元回归过程。

3 结果分析

3.1 极端个案筛选

通过第一次强迫入选法纳入 11 个自变量,筛选出 4 个 β 系数达到显著性水平的自变量纳入回归方程。4 个自变量依次为学历、收入、上学时期读书数量、阅读认知因子。

由于第一次回归散点图显示存在明显偏离的特异数据,故以标准残差大于 2.5 个标准差为标准,选出 22 个特异个案,不纳入回归统计。

3.2 模型分析

对删除表 1 所示的数据进行回归分析,得到的 5 个自变量与第一次相同。图 1 为回归方程标准化误差的频数直方图,误差频数分布基本符合正态曲线,满足多元回归模型的误差正态分布假设。

表 1 特异个案诊断表

个案序号	标准残差	纸质阅读指标	预测值	残差
41	-2.506	1.50	3.230 6	-1.730 64
54	3.303	4.5	2.042 4	2.457 62
56	2.557	4.00	2.097 8	1.902 21
130	2.662	5.25	3.269 6	1.980 42
208	2.501	4.50	2.639 1	1.860 85
353	2.665	3.75	1.909 4	1.840 61
422	-2.587	1.75	3.674 9	-1.924 87
483	3.373	4.50	1.990 2	2.509 76
519	-2.628	1.25	3.205 1	-1.955 07
542	3.014	5.00	2.757 2	2.242 79
576	3.424	5.00	2.452 3	2.547 74
617	2.796	5.75	3.670 1	2.079 94
661	-3.081	1.00	3.292 0	-2.291 96
671	-2.771	1.50	3.561 4	-2.061 37
681	3.196	4.25	1.872 0	2.377 99
694	-2.848	1.50	3.619 1	-2.119 13

续表

个案序号	标准残差	纸质阅读指标	预测值	残差
709	3.116	4.00	1.681 4	2.318 60
718	3.108	4.75	2.437 9	2.312 13
734	2.512	4.75	3.015 6	1.734 42
737	−2.618	1.25	3.057 7	−1.807 72
754	2.614	4.25	2.445 3	1.804 71
756	2.507	4.25	2.385 1	1.864 92
775	2.563	4.00	2.093 0	1.906 97
781	2.986	6.00	3.778 4	2.221 61
792	−2.705	1.50	3.367 5	−1.867 54
830	2.768	3.50	1.440 8	2.059 21
859	2.526	4.00	2.120 4	1.8795 80
954	2.546	5.00	3.241 7	1.758 29
1195	2.787	4.50	2.426 7	2.073 27

注：因变量为纸质阅读指标（变量和）。

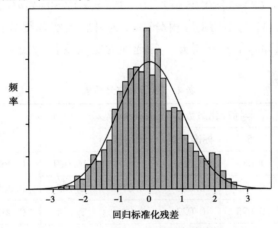

图 1　回归方程标准化误差的频数直方图

表 2 为拟合过程。其中数据说明，最终模型是因变量与自变量之间的复相关系数 $R=0.655$，反映了因变量与自变量之间具有比较明显的线性关系。修正的 $R^2=0.428$，说明选入的自变量能够解释 42.8% 的因变量，具有较好的解释力。回归估计的标准误差 $S=0.690\,05$，样本回归效果尚可。德宾-沃森系数为 1.781，接近中值 2，说明误差项彼此独立，没有公因子的存在，这也是多元回归模型得以建立的前提假设之一。

表 2　拟合过程

R	R^2	调整 R^2	标准估计的误差	更改统计量					Durbin-Watson
				R^2 更改	F 更改	$df1$	$df2$	Sig. F 更改	
0.655[a]	0.429	0.428	0.690 05	0.429	220.394	4	1171	0.000	1.781

注：* 表示 $P<0.05$；** 表示 $P<0.01$；*** 表示 $P<0.001$。
a. 预测变量：常量。

如表 3 所示，最终模型的回归均方达到了 104.945，残差均方仅为 0.476，统计量 F 值为 220.394，且达到 $P<0.001$ 的显著性。因此，4 个自变量的变化能够反应纸质阅读指标的线性变化，回归方程显著。

表 3　方差分析表

	模型	平方和	df	均方	F	Sig.
1	回归	419.782	4	104.945	220.394	0.000[b]
	残差	557.598	1 171	0.476		
	总计	977.380	1 175			

注：b. 预测变量：常量。

如表 4 所示分析我们可得出回归方程的各个系数，即多元回归方程可表达为：

$$Y = 1.083 + X_1 \times 0.055 + X_2 \times 0.075 + X_3 \times 0.259 + X_4 \times 0.233$$

式中，1.083 为常数项；X_1 为学历实际得分；X_2 为月收入实际得分；X_3 为上学时期读书量实际得分；X_4 为阅读认知因子实际得分。各选项为定距变量，按照实际选项分别从 A 到 E 赋值为 1~7。

表 4　回归系数分析表

模型	非标准化系数		标准系数	t	Sig.	共线性统计量	
	B	标准误差	试用版			容差	VIF
（常量）	1.083	0.067	—	16.099	0.000	—	—
您的最高学历（　）	0.055	0.020	0.074	2.785	0.005	0.683	1.463
您的月收入（　）	0.075	0.022	0.086	3.354	0.001	0.746	1.341
您在上学时期阅读的课外图书及期刊数量是多少（不包括辅导书）（　）	0.259	0.014	0.460	18.667	0.000	0.802	1.246
阅读认知	0.233	0.021	0.256	10.941	0.000	0.891	1.122

模型回归系数表明，根据标准化系数值，我们可以看出 4 个因素对成年人纸质阅读指标的影响，这些影响因素按照影响力从大到小的顺序排列分别是上学时期读书数量（0.460）、阅读认知（0.256）、月收入（0.086）、学历（0.074）。有两个因素的标准化系数值大于 0.15，分别是上学时期读书数量和阅读认知，说明这两个因素对成年人纸质阅读指标影响最为显著，是影响成年人纸质阅读量的关键因素。

容限度为多重共线性检验指标之一，表示各个自变量能够提供的独立信息与自身方差的比例，一般以 0.1 为常规底限；方差膨胀因子（VIF）为容限度的倒数，是多重共线性检验的另一指标，一般以 10（倍）为上限。我们从表 4 所示数据中可以看出，本回归方程不存在明显的共线性问题。

4 结果与建议

4.1 成年人纸质阅读指标回归方差意义

通过多元回归方程，本研究最终建立起了以成年人纸质阅读指标为因变量，以 4 个包括人口统计学信息、阅读认知因子为自变量的多元回归方程。本研究共纳入了 6 个人口统计学变量，结果表明，在个体的基本情况中，除了学历和月收入，其他因素，包括年龄、行业、岗位、婚育状况，对纸质阅读指标基本没有影响。根据标准化回归系数，我们可知学历和收入对纸质阅读指标的影响也十分有限，远低于阅读认知、上学时期读书数量这两个因子。

根据本次调研数据，回归方程的标准系数表明，学历提高一个单位，纸质阅读指数提高 0.074 个单位；收入提高一个单位，纸质阅读指标提高 0.086 个单位；阅读认知提升一个单位，纸质阅读指标随之提升 0.256 个单位；上学时期阅读数量提升一个单位，纸质阅读指标提升 0.460 个单位。我们可以认为，上学时期阅读数量对纸质阅读指标的贡献是学历和收入对纸质阅读指标贡献的 6 倍多，是阅读认知对纸质阅读指标贡献的近两倍。

4.2 回归模型的作用和建议

阅读指标对成年人而言，是衡量个体终身学习、继续教育行为的重要参数，也是国家文明、国民素质的一个衡量参数。阅读的重要性对于学界而言已经作为缺省值，不再讨论，对于普通大众而言，阅读却是一个锦上添花的行为，可以被放置在诸多现实性事务之后。对阅读重要性认识不足，是我国成人阅读指数较低的一个重要原因，需要阅读推广的政策制定者、执行者和研究者加以重视，针对成年人的思想认知进行精准宣传，通过改造思想，达到提升国民阅读指数的目的。

求学时阅读量对纸质阅读指标有较大贡献，远超过学历对纸质阅读指标的影响。鉴于阅读教育对于提升阅读的重要性，要改善全民族阅读水平，提升全民素质，首先就要提升教育界对阅读的重视。阅读应该从早期教育就开始重视，并贯穿全学龄教育过程。一些有识之士已经意识到我国长期应试教育对阅读能力培养的忽视，并试图使用高考的指挥棒进行引导，促进学生阅读素养的提高。不过这种重视很难快速传递到实际教学中。我们应该从顶层设计和舆论引导两方面着手，既要加强学校老师对阅读的重视和培养，也要让学生家长了解阅读培养的重要性，积极配合，在孩子课余时间给予良好的教育和引导。

在促进基础教育重视阅读能力培养的同时，还应该对学生家长进行教育、宣传、引导，促进其重视儿童和青少年的阅读培养工作，协助学校做好基础教育阶段的阅读教育工作，共同促进全民阅读的良性发展。

5 研究不足之处

量表编制存在不足。在编制阅读行为量表、阅读认知量表的过程中，经过文献调研、目的编写、专家咨询与筛选、测卷的预测、探索性因素分析等编制流程，问卷的信效度尚可。但因为之前的研究成果较少，研究理论基础不足，维度与预期有出入，经过探索性因素分析后，选择出结构较好的部分维度，放弃了一些题项，导致其后对阅读行为关系的揭示有些薄弱，不够深入。

本文对阅读指数的影响因素进行研究后，后续应当从主观认知、客观因素、环境因素等不同角度综合考量，通过分层次、多维度测量，对不同维度、不同层次阅读群体的阅读指标及其影响因素关系进行研究，将阅读推广研究导向更微观、更深入的层面。

参考文献

［1］魏玉山. 关于阅读指数的几个问题［J］. 出版发行研究，2017（11）：1.
［2］许民彤. 说说"中国青年阅读指数"［N］. 山西日报，2017-5-19.
［3］周霜菊，毛静华，孙济庆. 高校阅读指数研究［J］. 图书情报工作，2010，54（23）：56-59+68.

（作者简介：王妙丽，女，1977年5月出生，河南人，北京科技大学天津学院图书馆资源建设部主任，馆员，硕士研究生毕业，2006年至今在北京科技大学天津学院工作。）

大学生阅读状况研究综述

吴素舫　常桢

(北京科技大学天津学院图书馆　中国　天津　301830)

摘　要：本文对国内大学生阅读状况研究进行综述,将国内大学生阅读研究概括为阅读行为研究、阅读心理研究、阅读能力研究、特定类别大学生阅读及特殊群体大学生阅读研究五个方面加以归纳概述。

关键词：大学生阅读；阅读状况；综述

The Research Summary of College Students' Reading Status

WU Sufang　CHANG Zhen

(Library, Tianjin College, University of Science and Technology Beijing, Tianjin 301830, China)

Abstract: Articles of domestic research on college students' reading situation were summarized, the domestic research situation for college students' reading behavior research, reading psychology, reading ability research, students specific categories and special community college students reading research. The summary of research can be summarized by five aspects respectively.

Key words: College student reading; Reading situation; Review

在全民阅读背景下,大学生的阅读状况一直是社会各界比较关注的话题。近几年,大学生的阅读环境发生了进一步的变化,数字化阅读更贴近大学生的日常生活,电子书籍正在逐渐成为大学生的主要读物,网络新媒体信息同样成为大学生日常阅读的主要对象。在国内,关于大学生阅读的研究由来已久。根据中国知网所收录的论文来看,与主题密切相关的研究可追溯到20世纪80年代,其中张林汉1983年发表的《大学生阅读兴趣、倾向与阅读指导》一文是较早的研究文献之一。直至今日,大学生阅读依然是国内许多学者所关注的热点主题,其研究内容涉及图书情报、语言、教育、新闻与传媒、文学等多个学科,其中,图书情报、外国语言文字、高等教育这三个学科的研究占有较大的比例。

国内关于大学生阅读研究的学科分布较广,研究内容与重点也各不相同。大学生群体本身的多样性导致研究对象之间存在一定的差异,国内也存在以特定大学生群体作为研究对象的文献。根据研究内容，大学生阅读研究主要涉及阅读行为、阅读心理、阅读能力等多个方面，具体研究内容则根据研究者的实际选题差异出现不同程度的深入或细化。根据研究对象，大学生阅读研究可以分为普通大学生阅读研究、特定类别大学生阅读研究、特殊群体大学生阅读研究三个方面。其中，普通大学生阅读研究并未对研究对象进行较明确的限定与说明，其研究内容具有一定的普适性；特定类别大学生阅读研究则对研究对象进行了一定的限定与说明，研究的问题不具有普适性或仅在特定大学生群体中存在普适性；特殊群体大学生阅读研究主要是关于因个人身体原因存在阅读障碍或阅读不便的大学生群体的研究，如关于盲人大学生阅读的研究等。

1 大学生阅读行为研究

关于大学生阅读行为的研究主要涉及大学生的阅读习惯、阅读渠道、阅读内容、阅读媒介、阅读行为影响因素等内容。一些文献仅针对某一点，如阅读内容，进行分析论述，大多数文献则对以上各项均有所涉及。国内此方面的研究文献部分以实际调查数据为基础，通过数据分析然后发现问题并提出对策，具体研究内容根据对实际问题的选择有一定的差异。

1.1 传统阅读行为研究

大学生传统阅读行为的研究文献主要涉及大学生对传统读物的阅读行为习惯、传统阅读的影响因素、传统阅读和数字化阅读之间的关系、技术发展给传统阅读带来的影响等内容。目前，国内图书情报领域专门研究大学生的传统阅读行为的期刊论文较少，这一研究主题没有受到重视。这与社会环境以及学术热点的来源有一定的关系，新技术与新概念通常更能够获得国内学者，尤其是年轻学者的青睐。现有的普遍涉及传统阅读的期刊文献大多是在论述传统阅读与网络阅读之间的关系以及技术发展给传统阅读带来的各种影响。这些文献中，存在一些高被引的经典文献，如俞锦莉发表的《大学生网络阅读与传统阅读调查及辨析》是一篇较典型的论述传统阅读与网络阅读之间的关系的期刊文献，其通过调查数据研究了大学生读者阅读习惯规律，对网络阅读与传统阅读之间的关系进行了分析与论述[1]。

1.2 数字化阅读行为研究

大学生基于网络终端进行的数字化阅读行为是国内大学生阅读行为研究的重要关注点，在这方面存在较多的研究文献。这方面的研究主要从多个角度对大学生数字化阅读进行了论述，包括大学生数字化阅读行为特征、大学生数字化阅读、大学生数字化阅读的影响因素、大学生数字化阅读的问题与对策等内容。图书情报领域在这方面的研究非常丰富，这些研究与图书馆工作紧密联系，产生了许多高质量的研究文献，如《高校图书馆对大学生网络阅读的指导》[2]《大学生手机阅读行为的调查分析》[3]《大学生数字化阅读的影响因素研究》[4]，从不同角度分析了大学生网络阅读、移动阅读的特点及影响因素。

1.3 特殊阅读现象研究

随着技术的进步，数字化阅读逐渐普及并在大学生的阅读行为中占据越来越重要的地位。在这些变化过程中，大学生阅读行为出现了一些特殊的阅读现象或趋势，如"浅阅读""微阅读"等。这些阅读现象或趋势，一些是数字化阅读本身的特征表现，一些则是不健康的数字化阅读带来的各种问题。关于这些阅读现象，国内同样存在不少研究文献，涉及图书情报、教育、传媒等多个学科领域。如《微阅读时代大学生经典阅读推广途径研究》探究了在微阅读时代背景下图书馆针对大学生进行阅读推广的途径[5]；《大学生"浅阅读"的危害及图书馆人的责任》对"浅阅读"行为的危害进行了论述，并提出了图书馆人应承担导读推荐的义务，及时把握大学生阅读方式的脉动，做好图书推荐服务[6]。

2 大学生阅读心理研究

大学生阅读心理研究是大学生阅读研究的重要内容。随着社会的发展，大学生在校期间的生活更加多姿多彩，也面临各种各样的选择与压力。这导致了大学生阅读心理的多样化和复杂化。大学生阅读心理研究也在逐渐成为高校图书馆读者服务工作的一个重要研究内容。关于大学生阅读心理的研究主要涉及大学生阅读动因、阅读影响因素、阅读倾向、数字化阅读心理等问题，图书情报领域也存在着一些重要的研究文献，如《大学生阅读心理之研究》对大学生阅读心理研究进行了综合论述，并基于论述内容提出了大学生阅读指导的部分对策[7]。《基于阅读心理的大学生阅读调查与图书馆阅读推广策略》通过问卷调查了大学生的阅读兴趣、阅读动机、阅读行为、阅读需求、阅读能力、阅读评价、阅读建议等内容，并进一步探讨了基于阅读心理的高校图书馆阅读推广策略[8]。

3 大学生阅读能力研究

国内许多关于大学生阅读的相关研究会提及大学生阅读能力问题，部分研究文献则对这一问题进行了专门的探讨。在中国知网上以"篇名＝大学生 & 阅读能力"检索（检索时间为2019年6月20日），共检索出349篇文献，其中，强相关文献主要分布在外国语言文字、图书情报与数字图书馆和高等教育三个学科领域，其中探究大学生外语阅读能力的文献最多。图书情报领域中同样存在着许多与大学生阅读能力相关的研究成果，其中专门论述大学生阅读能力的研究主要涉及高校图书馆对大学生阅读能力的培养、大学生数字化阅读能力、大学生学术阅读能力三个方面。在这些文献中同样存在一些被引较高的经典文献，对图书馆情报领域关于大学生阅读能力的研究做出了有益的贡献。李文蕾对高校图书馆与大学生阅读能力之间的关系进行了论述，分析了大学生阅读存在的问题，提出了基于知识传授和情感培育的校园阅读指导工作内容[9]。郭琪基于实际调查，分析了当代大学生的阅读能力，认为高校图书馆应肩负提高大学生阅读能力的责任，并提出了导读课、阅读心理导航服务、网络阅读宣传等解决方法[10]。

4 特定类别大学生阅读研究

由于我国大学生群体数量众多、分布广泛，在调研大学生阅读情况时，大多数研究者会选择具有代表性的普适群体作为调查样本。但是，考虑到大学生群体的多样性，同时为了更好地发现问题和更明确地解决问题，一些研究者就会根据实际情况选择特定的、仅在一定范围内具有代表性的大学生群体进行专门调研。这些调研群体的选择标准根据实际研究而各不相同，通常以年级、专业、民族、学校类别、政治面貌、地域分布等条件作为依据。

4.1 不同地域、不同学校大学生阅读研究

在以特定类别的大学生群体作为研究对象的大学生阅读研究中，不同地域、不同学校类别的研究文献较多。一些研究文献以省、市作为分类依据，探讨某地区大学生的阅读情况。例如，《天津市大学生阅读情况的调查与分析》对天津市大学生阅读情况进行了调查、分析与论述[11]；《上海大学生阅读状况调查报告》以上海市大学生作为研究对象，调查并论述了上海大学生阅读状况[12]。除了不同地域大学生阅读研究，不同学校类别大学生阅读同样是一个研究热点，这类研究多以三本院校、民办高校、高职院校等作为研究重点。例如，琚长珍以武汉东湖学院为例，论述了三本院校非英语专业大学生阅读策略[13]；王孝武对民办高校大学生阅读行为以及阅读能力培养做了实证研究与分析[14]；柳敏基于问卷调查分析了高职院校大学生的阅读现状，并指出了高职院校图书馆在阅读辅导工作方面的若干问题和建议[15]。

4.2 党员大学生阅读、大学生红色经典阅读研究

国内关于党员大学生阅读、大学生红色经典阅读的研究极少，主要在高等教育、图书情报学科领域。现有可检索的研究文献主要涉及党员教育、大学生思想政治教育、图书馆阅读推广等主题。其中，较新的文献有《大学生党员马克思主义经典著作阅读行为研究》[18]《大学生红色经典阅读推广与高校"书香校园"建设——以河北科技大学图书馆为例》[19]《大学生党员红色经典阅读现状调查分析》[20]等。

5 特殊群体大学生阅读研究

大学生中存在聋哑学生、盲人学生等较为特殊的学生，国内关于这类特殊大学生群体阅读的研究非常少。该领域研究极少的原因比较复杂，一方面，我国聋哑大学生、盲人大学生人数较少，大多数研究者在实际调查与研究中存在困难；另一方面，国内各界对该主题的研究并不重视，研究积极性并不高。在文献调研过程中，笔者仅发现了极少量的研究文献，部分具有较高的代表性。其中，张竹赢通过分析、论述视障大学生的阅读需求，指出了高校图书馆建设的不足，并提出了保障视障大学阅读需求的若干策略[21]；徐明等对视障大学生阅读盲文教材的规律进行了探讨，并对盲人教材的制作提出了意见[22]；汤杰等以问卷形式调查了聋哑大学生的课外阅读取向以及影响因素，并针对流行小说泛滥等现象提出了意见与建议[23]。

国内高校图书馆的阅读推广研究集中在理论层面，理论研究不够成熟，有待形成完备的理论体系，并应用于具体的实践。国外高校图书馆的阅读推广研究更侧重于实践层面，因为国外高校图书馆对阅读推广的理论研究已经较为成熟，并成功融入阅读推广实践中。

参考文献

[1] 俞锦莉. 大学生网络阅读与传统阅读调查及辨析[J]. 出版发行研究, 2010 (4): 5-9.

[2] 林小勇. 高校图书馆对大学生网络阅读的指导 [J]. 图书馆学研究, 2008 (1): 91-93+90.

[3] 刘亚, 塞瑞卿. 大学生手机阅读行为的调查分析 [J]. 图书馆论坛, 2013, 33 (3): 97-101+112.

[4] 王雨, 李子运, 陈莹. 大学生数字化阅读的影响因素研究 [J]. 中国远程教育, 2014 (8): 57-64+96.

[5] 秦明玉, 庄新霞. 微阅读时代大学生经典阅读推广途径研究 [J]. 大学图书情报学刊, 2013, 31 (5): 77-80.

[6] 于红梅. 大学生"浅阅读"的危害及图书馆人的责任 [J]. 农业图书情报学刊, 2007 (11): 150-152.

[7] 蔺继红. 大学生阅读心理之研究 [J]. 图书馆理论与实践, 2011 (7): 68-70.

[8] 郭文玲. 基于阅读心理的大学生阅读调查与图书馆阅读推广策略 [J]. 高校图书馆工作, 2016, 36 (2): 7-13.

[9] 李文蕾. 高校图书馆与大学生阅读能力的培养 [J]. 图书馆杂志, 2007 (8): 92-94.

[10] 郭琪. 当代大学生阅读能力的调查分析 [J]. 图书馆工作与研究, 2009 (5): 93-96.

[11] 张颖, 张媛. 天津市大学生阅读情况的调查与分析 [J]. 天津市政法管理干部学院学报, 2006 (2): 62-67.

[12] 王建军. 上海大学生阅读状况调查报告 [J]. 当代教育论坛, 2013 (2): 74-78.

[13] 琚长珍. 三本院校非英语专业大学生阅读策略调查研究——以武汉东湖学院为例 [J]. 宿州教育学院学报, 2015, 18 (3): 107-109.

[14] 王孝武. 民办高校大学生阅读行为及能力培养的实证研究 [J]. 合肥师范学院学报, 2016, 34 (4): 104-109.

[15] 柳敏. 关于高职院校大学生阅读现状的反思 [J]. 图书馆工作与研究, 2011 (7): 105-107.

[16] 谭荣杰, 谭黎, 易红. 当代少数民族大学生阅读心理需求调查与分析 [J]. 湖北民族学院学报 (哲学社会科学版), 2014, 32 (3): 132-135.

[17] 刘秀明. 南疆少数民族大学生预科汉语阅读调查研究 [J]. 喀什师范学院学报, 2009, 30 (4): 97-100.

[18] 刘亭. 大学生党员马克思主义经典著作阅读行为研究 [D]. 长春: 东北师范大学, 2017.

[19] 刘平, 邹丹丹. 大学生红色经典阅读推广与高校"书香校园"建设——以河北科技大学图书馆为例 [J]. 兰台世界, 2017 (1): 108-110.

[20] 马乙玉. 大学生党员红色经典阅读现状调查分析 [J]. 学校党建与思想教育, 2016 (18): 27-28.

[21] 张竹赢. 基于视障大学生阅读需求下的高校图书馆建设研究 [J]. 赤峰学院学报

（自然科学版），2016，32（8）：201-202.

    ［22］徐明，汪伟. 视障大学生阅读盲文教材规律的研究［J］. 长春大学学报，2014，24（9）：1276-1278.

    ［23］汤杰，姚永成. 聋哑大学生课外阅读取向调查分析［J］. 卫生职业教育，2014，32（6）：137-138.

    （作者简介：吴素舫，女，1985年8月出生，天津宝坻人，图书馆参考咨询部主任兼文献检索教研室主任，馆员，硕士研究生毕业，主要研究方向为阅读推广和学科服务，2008年9月至今在北京科技大学天津学院工作。）

全民阅读背景下京津冀地区独立学院学生阅读现状与应对策略

郭小光

(北京科技大学天津学院图书馆,中国 天津 301830)

摘 要:本文以问卷调查的方式调研京津冀地区独立学院学生阅读状况,从阅读行为、阅读影响因素以及阅读态度三方面对独立学院学生阅读情况进行分析总结,探讨独立学院图书馆阅读推广发展策略,以期为高校图书馆阅读推广工作提供借鉴。

关键词:独立学院;阅读状况;阅读

Under The Background of National Reading, The Current Reading Situation And Countermeasures of Students In Independent College In Beijing, Tianjin And Hebei Region

GUO Xiaoguang

(Library, Tianjin College, University of Science and Technology Beijing, Tianjin 301830, China)

Abstract: Based on questionnaire investigation on students' reading condition in Beijing-Tianjin-Hebei region independent college. The reader beheavior, the influencing factors from reading, and reading attitude are summarized, to explore the development strategy of independent college library reading promotion, so as to provide reference for the university library reading promotion.

Key words: Independent college; Reading situation; Review

在全民阅读背景下,大学生的阅读状况一直是社会各界比较关注的话题。近几年,大学生的阅读环境发生了进一步的变化,数字化阅读更贴近大学生的日常生活,电子书籍逐渐成为大学生的主要读物,网络新媒体信息同样成为大学生日常阅读的主要对象[1]。

国内学者对大学生阅读一直保持较高的研究热情,历年都有较多的研究文献。这些研究既包括对具体问题的调研分析,也包括对阅读推广理论的探讨。对大学生阅读具体问题的研究分布十分广泛,涵盖了语言、图书情报、教育、新闻传媒等多个领域。国内学者通过问卷、访谈等了解大学生的阅读情况并提出了许多问题,如阅读内容的娱乐化、阅读目的的功利化、对经典书籍的轻视、浅阅读泛滥等。关于阅读推广理论的研究成果,包括从工作中总结的应用理论和从"形而上"角度论述阅读推广工作的基础理论。应用理论研究文献的数量比较多,但并未形成体系,主要是针对具体问题提出的对策的总结。基础理论的研究目前还处于初步的探索阶段,需要不断完善。

独立学院学生作为大学生的一个特殊群体,国内也有许多相关的研究文献,但是研究内容主要集中在学科建设和学生特征等方面,关于独立学院学生阅读推广的研究成果尚比较少。由于独立学院学生思维开放,其阅读情况更容易受到外部环境的影响,所以随着大学生阅读在阅读模式、阅读资源、阅读心理等方面的变化,独立学院学生的阅读情况将发生新的改变,其阅读现状与变化趋势对大学生阅读推广工作有重要的价值。因此,笔者为了全面了解独立学院大学生阅读现状,对京津冀地区独立学院开展调研,并在对调查数据进行研究分析的基础上,总结独立学院图书馆阅读推广工作中存在的问题,提出新的应对措施,以期对独立学院图书馆阅读服务提供借鉴。

1 研究设计

通过文本和网站调研分析,课题组了解了京津冀区域独立学院学生阅读的概况,并归纳出可能存在的问题、影响因素等,编制问卷进行了预测试。针对预测试的反馈,课题组成员讨论修改,最终形成了正式问卷,问卷调查采取实地调研和网络调研结合的方式。

1.1 问卷设计流程与思路

通过文献分析发现,目前关于独立学院学生阅读状况的实证研究较少。为了尽可能客观地反映现实情况,本研究通过团队合作与头脑风暴等方式,反复讨论形成了问卷的最终样式。

课题组通过中国知网、读秀学术搜索及百度等网络资源搜集关于阅读方面的调查问卷200余份,经过对问卷问题进行整理,发现问卷问题主要涉及个人基本信息、阅读背景(大学前)、阅读开销、阅读工具与媒介、阅读氛围与资源保障、阅读影响因素、阅读情景、阅读障碍、阅读动因、阅读风格、阅读内容、阅读态度、图书馆相关问题、阅读推广相关问题共14个方面的内容。课题组多次论证设计出京津冀地区独立学院学生阅读状况调查问卷,经过两次预调研,对问卷内容进行调整,形成最终问卷进行发放。

1.2 问卷发放与回收情况

问卷调查采取实地与网络调研结合的方式,要求被调查者匿名填写问卷,不会泄露被调查者隐私。调研涉及京津冀区域17所独立学院的学生,调研对象数量较多,涵盖范围较广。调研采用定量分析的研究方法,数据收集和统计通过问卷星网站在线进行(为准确方便地统计数据,实地调研的问卷采用人工方式录入问卷星)。

本次问卷调查于2018年5月4日开始发放,2018年8月4日完成问卷的最后回收,历时3个月,共回收有效问卷2 238份。

2 独立学院学生阅读现状分析

2.1 京津冀区域独立学院学生阅读行为现状

通过表1所示数据我们可以清晰地发现，京津冀地区独立学院学生阅读最多的场景是图书馆，占总人数的32.62%，其次是住所，占总人数的29.4%；利用移动设备进行阅读频率最高的时间段是课外休息，占总人数的34.09%，其次是睡觉前，占总人数的31.41%；每天进行移动阅读的时间不超过1小时的人数最多，占总人数的46.56%，其次是1～2小时，占总人数的34.72%；平时阅读图书的主要内容最多的是消遣性阅读，占总人数的56.97%，其次是所学专业拓展类读物和课本辅导书或考试用书，分别占总人数的42.05%和41.78%；使用移动设备阅读的内容主要是微信、微博、QQ动态，占总人数的57.28%，其次是新闻资讯、时事评论，占总人数的52.82%，再次是在线网络小说和离线小说，分别占总人数的36.06%和34.36%。大学生阅读的电子书比纸质书要多；有62.42%的同学阅读习惯是选择性记忆，最少的是写读后感和做读书笔记，分别占总人数的15.68%和15.1%。

表1 京津冀地区独立学院学生阅读行为状况

问题	选项	人数	比例	问题	选项	人数	比例
阅读最多的场景	住所	658	29.40%	平时阅读的主要内容	课本辅导书或考试用书	935	41.78%
	图书馆	730	32.62%		所学专业拓展类读物	941	42.05%
	无聊时才看一点	148	6.61%		消遣性阅读	1 275	56.97%
	教室	134	5.99%		个人素质拓展类	662	29.58%
	以上都有发生	536	23.95%		哲学、科普类	500	22.34%
	其他	32	1.43%		其他	82	3.66%
移动设备阅读频率最高的时间段	睡觉前	703	31.41%	使用移动设备阅读的内容	离线电子书	769	34.36%
	课外休息时间	763	34.09%		在线网络小说	807	36.06%
	上课时间	313	13.99%		新闻资讯、时事评论	1 182	52.82%
	无聊时才看一点	402	17.96%		微信、微博、QQ动态	1 282	57.28%
	其他	57	2.55%		社交论坛、百度贴吧	660	29.49%
每天移动阅读的时间	几乎从不阅读	177	7.91%		学习资料	722	32.26%
	不超过1小时	1 042	46.56%		其他	64	2.86%
	1～2小时	777	34.72%	阅读习惯	批注	454	20.29%
	2小时以上	242	10.81%		摘抄	700	31.28%
大学生纸质阅读和电子阅读比重	纸质读物多	576	25.74%		选择性记忆	1 397	62.42%
	两者相当	648	28.95%		写读后感	351	15.68%
	电子读物多	927	41.42%		做读书笔记	338	15.10%
	两者都不读	87	3.89%		其他	154	6.88%

通过对京津冀区域独立学院学生阅读行为现状的揭示，我们有如下发现。

（1）开展阅读推广活动的阵地应为学生阅读场景较多的图书馆和宿舍。

（2）学生的纸质阅读中消遣性阅读较多，为了更好地响应国家传统文化复兴的号召，图书馆应多举办与传统文化相关的活动或与当地地方文化融合的活动。

（3）学生利用移动设备阅读的主要内容是微信、微博、QQ动态，这也为图书馆的宣传方式和宣传手段指明了方向。

（4）通过学生阅读习惯的答案我们可以看出，学生在写读后感和做读书笔记方面越来越弱，所以图书馆应与系部专业教师沟通，辅导和强化学生在这两方面的能力，教会学生思考和感悟，能够将自己的真实体会抒发记录下来。

2.2 独立学院学生阅读动因及影响因素现状

通过表2所示数据我们可以看出，京津冀地区独立学院大学生认为对阅读选择影响最大的人是同学、朋友的最多，占总人数的42.14%，其次是家人，占总人数的19.12%；认为大学期间阅读最主要的目的是提高修养的最多，占总人数的30.38%，其次是开阔视野和休闲娱乐，分别占总人数的28.06%和23.41%；认为影响学生阅读的因素是自身惰性的最多，占总人数的39.37%，其次是缺少阅读氛围，占总人数的39.14%。

表2 京津冀地区独立学院学生阅读选择影响状况

问题	选项	人数	比例	问题	选项	人数	比例
对阅读选择影响最大的人或事	老师	344	15.37%	影响阅读的因素	课业较繁重	825	36.86%
	同学、朋友	943	42.14%		课外活动多	643	28.73%
	家人	428	19.12%		没有阅读习惯	762	34.05%
	社会舆论	286	12.78%		缺少阅读氛围	876	39.14%
	偶像	111	4.96%		书籍价格高	301	13.45%
	其他	126	5.63%		自身惰性	881	39.37%
大学期间阅读的主要目的	休闲娱乐	524	23.41%		缺乏兴趣	733	32.75%
	提高修养	680	30.38%		图书馆藏书不丰富	374	16.71%
	开阔视野	628	28.06%		其他	64	2.86%
	钻研专业知识	203	9.07%		—	—	—
	考试考证	149	6.66%		—	—	—
	其他	54	2.41%		—	—	—

通过对京津冀地区独立学院学生阅读动因及影响因素客观数据的分析，我们有如下发现。

（1）对学生阅读选择影响最大的人是同学、朋友，其次是家长，所以图书馆不应忽视对学生家长信息的推送，要与学生家长保持良好的沟通机制。

（2）大学期间学生阅读的最主要目的是提高修养，其次是开阔视野，所以图书馆应从学生的这两个需求入手，开展阅读推广活动，这也响应了国家对全民艺术素养普及的号召。

（3）影响学生阅读的多数因素是自身惰性，其次是缺少阅读氛围，因此，图书馆应与各专业、教务处、学生处沟通，给学生创造良好的学校阅读氛围，构建书香校园。

2.3 独立学院学生阅读态度现状

通过表3所示数据我们可以看出，京津冀地区独立学院学生认为大学生应博览群书、提高人文素养的人数最多，占总人数的68.77%，其次是在精通专业基础上，读部分经典图书，占总人数的64.66%（此题为多选题）；认为学校开设阅读指导方面的课程有必要的人数最多，占总人数的48.57%，其次是无所谓，占总人数的22.83%；认为自己阅读状况不好说的同学最多，占总人数36.77%，其次是满意，占总人数的31.10%；有53.89%的同学认为自己周围阅读氛围一般。

表3 京津冀地区独立学院学生阅读态度状况

问题	选项	人数	比例	问题	选项	人数	比例
如何看待大学生读书	应博览群书，提高人文素养	1 539	68.77%	对自己阅读满意状况	非常满意	172	7.69%
	在精通专业基础上，读部分经典图书	1 447	64.66%		满意	696	31.10%
	只读有价值的图书	310	13.85%		不好说	823	36.77%
	读不读影响都不大	315	14.08%		不满意	494	22.07%
	其他	80	3.57%		非常不满意	53	2.37%
对学校阅读指导课程的态度	非常有必要	496	22.16%	周围阅读氛围	非常好	145	6.48%
	有必要	1 087	48.57%		比较好	522	23.32%
	无所谓	511	22.83%		一般	1 206	53.89%
	没必要	107	4.78%		比较差	298	13.32%
	非常没必要	37	1.65%		非常差	67	2.99%

通过对京津冀地区独立学院学生阅读态度客观数据的揭示，我们有如下发现。

（1）多数同学认为大学生应博览群书，提高人文素养，在精通专业基础上，读部分经典图书，这就说明图书馆应该多开展提高学生人文素养的阅读活动，同时组织传统经典图书的阅读活动。

（2）近一半的学生认为学校开设阅读指导方面的课程是有必要的，所以图书馆应积极推动学校开设阅读指导方面的课程、培训与讲座。我们可以看出，学生也发现自己的阅读情况堪忧，而且学生周围阅读氛围有待提高，所以我们应该创造机会让学生体验阅读乐趣、感受阅读魅力、共建阅读氛围。

3 关于独立学院学生阅读推广工作的建议

3.1 联系系部教师，助力阅读

高校教师在学生的阅读活动中应该发挥主要的作用。鉴于我国高等教育的现状和社会氛围，高校教师对大学生的阅读状况实际影响很小。从调研中可以看到，对大学生阅读选择影响最大的首选是"同学、朋友"，占比42.14%；其次是"家人"，占比19.12%，老师只能排第三，占比15.37%，可以说影响力微弱。但学生对阅读指导课程的态度，选择积极态度"非常有必要"和"有必要"的比例分别为22.16%和48.57%，总计占比70.73%。这两道问题的答案差距很大，反映出教师对学生阅读的影响很小，学生希望教师指导其阅读。所以，学校应大力加强教师对学生的阅读指导。图书馆要做好阅读推广，首先要推动教师的阅读，提高教师对阅读的重视，并协助教师做好对学生的阅读指导。

图书馆应做好自我定位，做好服务的角色，主动联系各位老师，根据其教授课程，积极请教，请教师参与图书选购，选择教师真正需要的、喜欢的图书；为教师提供完全对口的馆藏书目，协助教师制定学生的阅读指导书目；根据教师的具体情况，协助教师完成学生的阅读指导，并主动提供借阅指导，例如课程嵌入，给学生讲解如何查找老师给定范围的图书资料；做好后续服务，使学生能及时找到老师布置的阅读书目，提供充足的图书以满足借阅需要等。

3.2 促进学生参与，助力阅读推广

合理利用学生社团，使学生社团在阅读推广活动中充当信息员、策划员、推广员等角色。读者是阅读推广活动的主体，社团成员本身就是学生读者，他们更了解学生读者的需求，能够更准确、更及时地洞悉学生读者的兴趣点。社团成员与学生读者之间交流和沟通的方式途径更为灵活，且这种交流和沟通可以在相对轻松的环境下进行，更容易获取有效信息。通过社团成员的努力，将学生的需求传递给图书馆，以此来策划更具有代表性、更接地气的活动，提高阅读推广的效果[2]。图书馆与学生社团合作，还可以借助学生活跃的思维，勇于开拓创新，不拘泥于传统的读书会、读者沙龙等形式，利用多种手段，比如微拍视频、模仿经典油画、话剧、游戏等，使阅读推广活动充满吸引力，进而引领读者进入精彩的阅读世界[3]，使活动更加富有创意。读者的参与度决定了活动的效果，学生社团成员由不同专业、不同年级的学生组成，具有覆盖面广、积极性高、传递信息便捷的特点，可以把图书馆的活动第一时间推送给广大学生[4]，参与的学生读者会更加广泛，使阅读推广活动开展得更加深入。学生社团成员参与图书馆阅读推广工作，在缓解馆员业务工作压力、创新活动内容、扩大宣传影响力的同时，也能提高自身能力、展示自我才华[5]。

3.3 与学生评优及学分挂钩，构建良好的阅读激励机制

根据阅读调查与访谈的结果，许多大学生比较认同阅读对其成长与进步的重要性，但是多数大学生自我阅读的积极性并不高，这是大学生阅读推广面临的一个重要问题。针对这一问题，我们认为构建良好的阅读激励机制是一个比较有效的应对策略。如大学生阅读可以与学习成绩、学分挂钩，在大学生评优、评先中占有一定的权责，这可以激发大学生阅读的主观积极性。稳定的阅读激励机制不仅可以激发大学生的阅读积极性，而且可以有效提高校园的阅读意识，这对于校园阅读氛围的良好提升有重要的促进作用。阅读激励机制也可以与学科建设、教学工作结合，形成具有鲜明特色的校园阅读文化，这对于学校的学风建设、校园文化建设都有重要的意义。

3.4 各学校多交流经验，分享心得

根据访谈结果我们可以发现，负责阅读推广的老师认为独立学院阅读推广工作有效开展的障碍因素主要是学生参与度不高，创新动力不足，领导给予的关注度不够，所以我们要解放思想，深入实践，寻求多方合作，创造机会。

参考文献

[1] 李小燕. 新媒体时代"碎片化"阅读对高校图书馆传统管理的冲击 [J]. 图书情报导刊, 2016 (7): 82-84.

[2] 王建红. 社交网络环境下大学生阅读推广的关联与创新 [J]. 四川图书馆学报, 2016 (2): 63-66.

[3] 张文亮, 陈从瑢. 城市居民基本公共文化服务需求研究——以辽宁省为例 [J]. 图书馆学刊, 2016, 38 (1): 64-68+71.

[4] 谢蕴. 中小城市幼儿绘本阅读实证分析研究——以开封市的调查问卷为例 [J]. 图书情报工作, 2015, 59 (5): 89-93.

[5] 殷敬华. 大学图书馆德育功能提升研究 [D]. 大连: 大连理工大学, 2010.

(作者简介：郭小光，男，1983年7月出生，内蒙古赤峰市人，图书馆读者服务部主任，馆员，本科毕业，主要研究方向为阅读推广和读者服务，2007年4月至今在北京科技大学天津学院工作。)

基于 VMware 技术的独立学院图书馆服务器架构研究

刘景军

(北京科技大学天津学院图书馆,中国 天津 301830)

摘 要:随着计算机和网络技术的发展以及虚拟化技术的不断完善,独立学院图书馆由自动化管理向数字化图书馆建设已成趋势。随着各种数据库和服务系统的增加,服务器数量和存储空间不断增加,这就给独立学院带来了经费和设备管理上的压力,如何使用和管理好越来越多的服务系统来满足独立学院的教学科研需求,是独立学院面临的一个难题。本文以北京科技大学天津学院图书馆为例,介绍我馆引进 VMware (威睿) 虚拟技术对图书馆现有电子资源服务器进行优化,提高服务器的利用率和系统的安全性,节约费用成本,使服务器和资源系统更加易于管理。

关键词:VMware;独立学院图书馆;虚拟化;服务器

Research on the Server Architecture of Independent College Library Based on VMware Technology

LIU Jingjun

(Library, Tianjin College, University of Science and Technology Beijing, Tianjin 301830, China)

Abstract: With the development of computer and network technology, and the continuous improvement of virtualization technology, the construction of independent college library from automatic management to digital library has become a trend. With the increase of various databases and service systems, the number of servers and storage space also increase, which brings pressure on the independent college in terms of funds and equipment management. How to use and manage more and more service system to meet the teaching and research need of the independent college is a problem faced by the Independent college. This paper takes the library of Tianjin College of University of science and technology Beijing as an example, introduces the process of VMware virtual technology to optimize the existing electronic resource server of the library, which improves the utilization rate of the server and the security of the system, saves the cost, and makes the server and resource system easier to manage.

Key words: VMware; Independent college library; Virtualization; Server

1 引言

随着图书馆数字化建设的不断发展，图书馆的各种应用业务和数字资源不断增加，导致图书馆数据中心机房面临各种问题[1]。读者对图书馆的管理系统、电子资源数据库的访问速度、稳定性和安全性方面也提出了更高的要求。单纯靠增加服务器等设备的建设模式日渐被淘汰，这种传统模式会给机房带来高能耗、难管理、安全隐患大等诸多问题。因此，为节约经费和提高服务器的利用效率，就需要通过 VMware 虚拟化技术对服务器进行优化，提高管理效率。服务器虚拟化指通过虚拟化技术将一台物理服务器虚拟为多台逻辑虚拟机[2]。在一台物理服务器上同时运行多个逻辑虚拟机，每个逻辑虚拟机可运行不同的操作系统，并且应用程序都可以在相互独立的虚拟机内运行而互不影响，从而显著提高物理服务器的工作效率[3]。

2 背景和现状

我国在新的形势下采用一种新的机制并运作一种新的高等教育办学模式，这种模式被称为独立学院。北京科技大学天津学院即为独立学院性质。受学院经费限制，图书馆在电子资源数据库建设方面，只是向数据商购买了数字化产品专业数据库和有限的服务器，购买的数字产品专业数据库和服务器数量远低于公办院校。2015 年北京科技大学天津学院图书馆能正常运行的服务系统有 13 种 12 台，如表 1 所示。

表 1 图书馆服务器情况一览表

序号	资源系统	服务器型号	数量	备注
1	汇文文献信息系统	IBM System X3850 X5	1	—
2	OPAC 书目检索系统	方正 D430	1	PC
3	图书馆网站	方正 D430	1	PC
4	中国知网镜像数据库 CNKI	清华同方 TP120	1	—
5	超星电子书；名师讲坛	方正 D430	1	PC
6	VOD 视频服务系统	IBM System X3650 M2	1	—
7	畅想之星光盘数据库	方正 D430	1	PC
8	门禁管理系统	清华同方超越 E300	1	PC
9	移动图书馆服务系统	方正 D430	1	PC
10	重点课程导航系统	方正 D430	1	PC
11	机房打卡系统	IBM—A50	1	—
12	机房管理系统	IBM—A50	1	—

其中，VOD 视频服务系统的服务器是 2010 年购买的 IBM System X3650 M2 型号的服务器，处理器采用英特尔 Xeon（至强）E5520，内存为 4 G，由于该系统为校园内网视频在线点播系统，对处理器以及内存要求很高，因此，本服务器只安装了视频服务系统。图书馆最主要的业务系统是 Libsys 图书馆管理系统，即汇文文献信息系统，该系统所用的服务器是 2013 年购买的 IBM System X3850 X5 型号的服务器，操作系统采用 Windows 2008 R2 Server Enterpris，处理器采用英特尔 Xeon E7 2.00 GHz 八核（X4），内存 32 G，硬盘 IBM1532 G。目前该服务器只运行了汇文文献信息系统。中国知网镜像数据库采用的是清华同方 TP120 型号服务器，配备 6T 清华同方磁盘阵列，为 2007 年购买。机房管理系统和机房打卡系统为 IBM—A50 管理工作站，其余 7 台服务器为普通 PC 机，分别安装有 OPAC 书目检索系统、图书馆网站、超星电子书、名师讲坛、畅想之星光盘数据库、门禁管理系统、移动图书馆服务系统、重点课程导航系统。其中超星电子书、名师讲坛为超星公司产品，为方便管理，安装在一台服务器中。所有服务器都是单机运行，没有冗余备份，尤其是涉及全馆的图书采编、借还工作，一旦机器发生故障就会影响全馆的日常业务工作。普通 PC 机在性能与稳定性上与服务器有一定的差距，运行时间过长容易出现死机等现象。

馆藏的电子资源越来越多，所需的服务器、存储和网络设备也越来越多，要管理越来越多的系统，就必须有相应技术来支持，2015 年底，图书馆对现有服务器架构进行升级改造，新采购了 IBM System X3650 M5 型号的服务器，引进了 VMware 虚拟化技术，通过 VMware 虚拟化技术对现有服务器进行整合优化，灵活配置管理硬件资源。

3 服务器虚拟化技术的出现与发展

3.1 虚拟化技术

虚拟化技术最早出现在 20 世纪 60 年代，目的在于解决当时大型计算机硬件利用率低的问题。随着计算机技术的发展和虚拟化技术的深入，虚拟化技术被广泛用于优化业务管理和整合 IT 基础设施，主要被用于基础设施、系统、软件的虚拟化。系统虚拟化是被广泛认同的一项虚拟化技术，它在服务器中的应用不仅带来了服务器整合管理的变革，也使服务器虚拟化成为当今备受主流公司关注的计算机技术[4]。这几年的发展也证实了虚拟化是数据中心服务器整合的发展方向。

3.2 VMware vSphere 虚拟技术

VMware vSphere 是 VMware 的虚拟化平台，可将数据中心转换为包括 CPU、存储和网络资源的聚合计算基础架构。vSphere 将这些基础架构作为一个统一的运行环境进行管理，并为用户提供工具来管理加入该环境的数据中心。

VMware vSphere 的两个核心组件是 ESXi 和 vCenter Server。ESXi 是创建并运行虚拟机和虚拟设备的虚拟化平台，被安装在创建 VMware vSphere 主机和实现虚拟机的物理服务器上。vCenter Server 是一项服务，管理网络中连接的多个主机，并将主机资源池化，还将各台计算服务器中的资源统一在一起，使这些资源在整个数据中心中的虚拟机之间共享。

4 VMware 服务器虚拟化技术的应用

4.1 图书馆服务器存在的问题

4.1.1 部分服务器老旧问题严重

超过一半的服务器已服役超过 6 年，应用不稳定，经常出现宕机现象，安全隐患大。

4.1.2 服务器系统利用率低

图书馆业务是逐年增加的，每台服务器搭建一个应用系统，资源比较分散，虽然应用系统在不同的时段有不同的性能需求，但资源无法整合，无法集中统一维护管理，这样就存在系统资源得不到充分利用的情况，CPU 利用率非常低，造成了大量的资源浪费。

4.1.3 数据安全隐患大

所有的服务器应用都处于单机运行状态，缺乏专业的冗余备份系统，系统的安全得不到保障，容易丢失数据，且没有容灾预案。

4.1.4 系统移植性差

大部分数据库的操作系统是以 Windows 为主，应用系统与服务器硬件存在很大的关联性，若服务器硬件出现故障，则应用系统无法迁移到新的硬件平台上，一旦系统发生故障，就会带来巨大的损失。

基于上述原因，图书馆对原有服务器系统进行升级改造，新购置服务器并进行虚拟化设置，将部分老旧服务器系统迁移到新购置服务器虚拟化平台上，并将数据存储迁移到新的磁盘阵列中，彻底解除安全隐患。

4.2 图书馆服务器虚拟化架构设计

我们考虑到前期的服务器多数为 PC 机代用，其已使用多年且配置不高，且汇文文献信息系统为图书馆最核心的业务，没有将汇文系统的服务器 IBM System X3850 X5 进行虚拟化。由于独立学院的特殊性质，图书馆数据中心虚拟化也是逐年进行的，自 2016 年采购 IBM System X3650 M5（inter（R）Xeon E7 2.00 GHz 八核（X4），内存32 G）服务器开始进行虚拟化，并将 2010 年采购的服务器 IBM System X3650 M2（Xeon E5520）进行虚拟化，2017 年采购的 DELL PowerEdgeR730（inter（R）Xeon（R）CPU E5-2640 v4@2.4 GHz）进行虚拟化。这 3 台服务器组成服务器集群，并配合千兆交换机、大容量存储，通过 ESXi 6.0 虚拟化软件对服务器进行虚拟化，再通过 vCenter Server 对所有服务器进行整合并对虚拟机进行统一管理，通过 Web Client 统一管理控制，实现了数据中心服务器集群的统一管理。

在存储资源上，笔者根据图书馆业务及安全级别进行分配，如将图书馆 VOD 视频服务系统、畅想之星光盘数据库本地镜像等访问量较大的平台系统放在读取速度较快的存储中。对于数据安全级别要求较高的系统，例如汇文文献信息系统的数据和 OPAC 书目检索系统还需要通过网络设置异地存储进行数据备份。而普通的电子资源镜像数据库，被存放在 SATA 和 SAS 盘组成的阵列存储内。为保证服务器集群运行的高速、安全、稳定，就采用 SAS 线缆连接 SAS HBA 卡的连接方式，即服务器端安装相应的 HBA 卡，用相应的线缆连接。

4.3 图书馆服务器虚拟化架构实施

4.3.1 安装虚拟化系统

限于经费预算,虚拟化软件采用免费的 VMware ESXi,笔者根据虚拟化对硬件的要求进行虚拟化,虚拟化后的架构如图1所示。实施步骤如下。

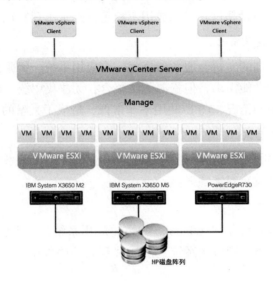

图1 服务器虚拟化拓扑结构

(1)由于 VMware ESXi 是被直接安装在服务器上,因此在安装之前我们需查询 VMware ESXi 版本与服务器型号对应的兼容表,以免自己的服务器硬件及 HBA 卡不兼容。VMware ESXi 5.5 支持 IBM System X3650 M5、DELL R730,但 IBM System X3650 M2 只兼容 VMware ESXi 4.0 版本。我们使用 VMware ESXi 5.5 光盘进行引导安装,在每台服务器上安装 VMware ESXi 底层虚拟化软件。

(2)安装程序会自动检测 HBA 卡并且安装驱动,客户端软件 VMware vSphere Client 5.5 需要被安装在与服务器同一局域网内的计算机上来进行所有的操作和管理。

(3)安装 VMware vSphere Client 客户端管理软件,根据原有电子资源种类配置虚拟机,每个虚拟机安装一种电子资源,为其分配存储空间。ESXi 5.5 可以自动检测 MSA2300SA、HPMSA2000、HP P2000 磁盘阵列,在创建虚拟机过程中为其分配磁盘阵列上的存储空间,所有电子资源的数据通过每台虚拟机存储在其分配的磁盘阵列存储空间里。

4.3.2 创建 vCenter Server 管理中心

笔者将 VMware vCenter Server 安装在 Windows Server 2012 R2(X64)操作系统的虚拟机上,安装前分别安装配置 vCenterServer 6.0,vCenter DNS 和 SQL2012。笔者通过 vCenter Server 管理中心克隆功能,创建 Windows Server 2003,Windows Server 2008,Windows Server 2012 等多个虚拟机系统模板,并根据业务分类创建相应的资源池,利用模板的克隆功能把虚拟机布置到相应的资源池内。

4.3.3 迁移虚拟机、数据库

笔者按规划将原服务器上的电子资源数据库系统迁移到新的服务器虚拟化平台中,按照一个虚拟服务器对应一个操作系统、一个操作系统对应一个数据库或应用系统的原则进行分配，避免了多个数据库发生冲突不兼容的情况[5]。在虚拟机部署完成之后，笔者对每个虚拟机的运行情况进行检测调整，记录网络结构、相关配置，方便以后维护过程中的查阅。

对于本地镜像数据库来说，数据量比较大，将其从原来服务器上全部迁到新虚拟机上，这是一个重大的工程。笔者使用工具 FastCopy 在线拷贝完成，对于本地镜像数据库数据文件过多，无法使用工具在线拷贝的情况，笔者采用直接将存储挂接到新服务器的方法完成。规划配置完成后，我馆电子资源被整合到 2 台虚拟机中，虚拟化服务器和应用列表如表 2 所示。

表 2　虚拟化服务器和应用列表

物理服务器	VM	电子资源	应用方式
IBM System X3650 M5	CNKI	中国知网镜像数据库	Windows Server 2008+CNKI 系统+本地镜像数据
	CXZX	畅想之星光盘数据库	Windows Server 2008+光盘系统+本地镜像数据
	Kecheng	重点课程导航系统	Windows Server 2012+课程导航系统
	vCenter 1	管理中心备份	Windows Server 2012+vCenter
	Server	备用系统	Windows Server 2012
	Ydlib	移动图书馆服务系统	Windows Server 2008+移动图书馆程序
DELL R730	OPAC	书目检索系统	Windows Server 2008+OPAC
	vCenter	管理中心	Windows Server 2012+vCenter
	SSreader	超星电子书、名师讲坛	Windows Server 2003+超星电子书、名师讲坛
	VOD	视频服务系统	Windows Server 2003+视频服务系统+资源
	WEB	图书馆网站	Windows Server 2012+图书馆网站
	VM	备用系统	Windows Server 2012

5　VMware 虚拟化技术的优势分析及评价

5.1　节能省电，绿色环保

图书馆数据中心服务器虚拟化后，如再购置新的电子资源数据库，则不需要额外购买服务器，直接利用 vCenter Server 创建新的虚拟机即可。VMware 虚拟化节约了能源，减少了运行成本，包括数据中心空间、机柜、耗电量、冷气空调以及人力成本，节省了硬件设备的开支，提高了服务器的利用率，使资源利用最大化[6]。

5.2　集中管理，方便快捷

所有电子资源数据库使用 VMware vSphere web Client 集中管理。所有虚拟机都运行在 ESXi 服务器上，ESXi 服务器本地没有管理控制台，虚拟机的管理是通过 VMware vSphere Client（以下简称 Client）来完成。Client 可被安装在 PC 机上，我们也可通过 Client 在浏览器中进行管理。Client 可以集中管理所有虚拟机，提供虚拟机的创建、删除、编辑、配置等操作，还可以根据需要随时增减虚拟机数量，操作简便，如图 2 所示。

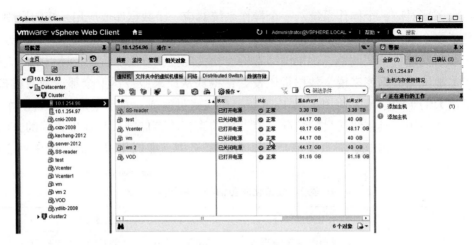

图 2 VMware vSphere web Client

5.3 安全防护，备份恢复

VMware 自身提供物理隔离技术，服务器硬件与运行的操作系统互相隔离[7]。快照是 VMware 一个比较有用的功能，它可以同时管理多个系统版本，每台平稳运行的数据库服务器每隔一段时间都需执行一次快照，如果发生系统崩溃的情况，则只需恢复到快照并挂接相应磁盘，极大地节省了数据库恢复的时间。

5.4 不足之处，注意事项

目前我馆因经费有限，主要业务服务系统未做线路冗余备份机制，因此 ESXi 主机的硬件线路有出现单点故障的风险，可能造成业务服务中断，笔者计划在今后的升级中健全和完善冗余机制，避免单点硬件故障对虚拟机造成停机影响。另外我们需加强安全防护工作，定期检查各平台数据库运行情况，及时更新系统补丁，做好防火墙的安全策略及配置工作，以保障各个数据库系统的安全运行。

6 结语

本文通过介绍北京科技大学天津学院图书馆引进的 VMware vSphere 虚拟技术，对电子资源服务器整合优化，实现服务器、存储设备和网络硬件的虚拟化，降低硬件管理的高成本和复杂性。实践证明 VMware 虚拟化技术是图书馆电子资源优化管理的有效途径，提高了硬件资源的利用率、资源配置的灵活性和数据安全的可靠性。下一步笔者将研究线路冗余机制，做好数据安全的保障工作，努力将图书馆打造成学校的数据中心和信息中心。

参考文献

[1] 包新彩．图书馆中心机房建设与管理研究 [J]．科技情报开发与经济，2008 (23)：35-36．

[2] 吴乾清．基于 VMware 的数字图书馆服务器虚拟化研究与应用 [J]．科技情报开发与经济，2010，20 (21)：47-49．

［3］方艳霞．基于 VMware 的图书馆服务器虚拟化应用［J］．传感器世界，2017，23（09）：27-30.

［4］葛廷霞，李伶．VMware 虚拟化技术在图书馆服务器整合中的应用——以中国人民大学图书馆服务实践为例［J］．情报理论与实践，2011，34（11）：126-128.

［5］张维伟．服务器虚拟化技术在图书馆的应用［J］．大学图书情报学刊，2018，36（04）：105-109.

［6］张超．VMware 虚拟化服务器的构建方法与展望［J］．通信技术，2010，43（9）：88-91.

［7］杨峰，张蕾．VMware 在高校图书馆的应用——以大连医科大学图书馆为例［J］．图书馆学研究，2015（3）：24-27.

（作者简介：刘景军，男，1979 年 8 月出生，天津人，图书馆技术部、综合业务部主任，馆员，本科毕业，主要研究方向为计算机网络技术，2005 年 12 月至今在北京科技大学天津学院工作。）

深化服务理念，创新服务模式
——开创高校图书馆读者服务新局面

王瑞存

(北京科技大学天津学院图书馆，中国　天津　301830)

摘　要：读者服务是图书馆工作的主要内容，在当前的时代背景下，如何深化服务理念、创新服务模式，已经成为图书馆读者服务不断探索和追求的目标。本文以作者从事读者服务以来开展的工作入手，介绍了读者服务的新模式。

关键词：读者服务；图书漂流；图书馆应用实践；流动图书馆

Deepen the Service Concept, Innovate Service Mode
——Create a New Situation of University Library Reader Service

WANG Ruicun

(Library, Tianjin College, University of Science and Technology Beijing, Tianjin 301830, China)

Abstract: Readers service is the main content of library work, in the current era background, how to deepen the service concept and service mode innovation, has become the library reader service continuously explore and pursue. The goal of this paper is to introduce the new mode of reader service from my experience since I'm engaged in reader service work.

Key words: Reader service; Bookcrossing; The library application practice; Mobile library

1 引言

21世纪，信息急剧膨胀，知识不断更新。在这样的时代背景下，社会对服务行业的服务水平、服务素质的总体要求越来越高。高校图书馆作为文化知识传承与信息传播的机构，是高校的文献信息源，教学和科研服务的学术机构，也是学生素质教育的重要场所。它担负着传播文化、为读者提供各种信息服务的重任[1]。作为大学校园服务的主体和窗口，高校图书馆如何深化服务理念，创新服务模式，有效提高图书馆的服务水平，已经成为高校图书馆不容忽视的问题。

读者服务已经成为图书馆工作的主要内容，作为读者服务部主任，笔者一直在思考如何最大程度满足读者的需求。本文以北京科技大学天津学院图书馆为例，介绍了读者服务创新的新模式。

2 借助世界读书日，设立图书漂流驿站

2014年，《政府工作报告》中提出了"全民阅读观"；2015年，《政府工作报告》再次强调"建设书香社会""希望全民阅读能够形成一种氛围，无处不在"；2016年，《政府工作报告》又一次提出"倡导全民阅读"；2017年，《政府工作报告》又一次提出"大力推动全民阅读，加强科学普及"。从十八大开始，在整个社会推进全民阅读的进程中，高校图书馆成了阅读的主导，图书漂流活动如雨后春笋般开展起来，为阅读推广工作带来了新的生机和活力，成为高校图书馆阅读推广工作的一个重要窗口。

图书漂流起源于20世纪六七十年代的欧洲，读者将自己阅读完的图书放在公共场所，以便其他读者随时取走阅读，读完后再放回公共场所，让下一位读者阅读，让图书不断漂流下去，让知识因不断传递而美丽[2]。

自2009年起，为了让读者手中闲置的图书流动起来，我馆开始收集读者手中闲置的图书。经过前期大量的准备工作，2013年，我馆以世界读书日为契机，号召读者读书的同时，积极动员读者将自己阅读过的书籍捐献给图书馆，在图书馆设立书架，作为漂流的图书使用，读者自由取阅、登记、归还。三年以来，共接收读者赠书20 000余册，漂流图书17 000余次，图书漂流活动受到读者热烈欢迎，为读者节省了购书经费的同时，充分发挥了每一本图书的价值。

3 由主动服务到上门服务，设立流动图书馆

服务是为集体或别人的利益或为某种事业而工作，是满足别人期望和需求的行动、过程及结果。图书馆的读者服务工作，以前是被动式的服务，读者有需求，需要我们帮助的时候，我们才提供服务。这就是诺贝尔经济学奖得主道格拉斯·诺斯提出的路径依赖理论[3]。他认为，路径依赖类似物理学中的惯性，一种事物一旦进入某一路径（无论是"好"还是"坏"），就可能对这种路径产生依赖，这一路径的既定方向会在以后发展中得到自我强化。因此，人们过去做出的选择决定了他们现在及未来可能的选择，好的路径会起到正能量的作用，通过惯性产生飞轮效应，从而使事物发展进入良性循环；不好的路径则会起到负能量的作用，就如恶性循环，使事物的发展被锁定在某种无效率的状态下。这些选择一旦进入锁定状态，要脱离就会变得十分困难。

我们不难看出，被动服务就是路径依赖中"坏"的路径，而主动服务就是"好"的路径。主动服务意识是自觉主动做好服务工作的一种观念和愿望。它是发自服务人员内心的，是服务人员的一种本能和习惯，是可以通过培养、教育训练形成的。随着读者群对服务质量要求越来越高，对读者服务工作也提出了更高的要求。为了更好地服务读者群，我馆从2012年开始，按期推出流动图书馆，每期选定一个或几个专题，筛选相关书籍，由读者服

务人员与学生社团,将其摆放到学生宿舍、教工公寓、教学楼门口和办公地点,以供读者借阅,并配有相关主题的海报宣传和读者服务人员的现场讲解。该服务受到读者大力支持,不仅节省了读者借书时间,而且培养了读者的阅读兴趣。

4 借鉴国外先进理念,推广图书馆应用实践课程

由于图书馆的特殊性,图书馆与读者之间往往隔着一层神秘的面纱。如何让更多读者了解图书馆,建立读者与图书馆之间的友谊,是我馆读者服务的任务之一。2011年,我馆在与美国伊利诺伊大学图书馆的学术交流过程中,吸取他们的管理理念,2012年开始,每学期开设图书馆应用实践选修课课程[4],这是图书馆应用实践课程的先河。

课程设置主要是让读者参与图书馆的各项业务流程,拉近读者与图书馆之间的距离,让读者走进图书馆,了解图书馆并更好地推广图书馆。通过该课程的学习,一位学生认为这是他在十几年的求学过程中学到的第一门真正的实践课,不仅提高了动手能力,也提高了与人交往、团队协作的能力。

5 倾听读者心声,按期开展读者座谈会

图书馆以人为本,必须以读者为本。读者是图书馆赖以生存的根本,是图书馆的主体。高校图书馆的主体是老师、学生,而不是书。老师、学生的需求是高校图书馆事业存在和发展的客观前提。没有老师、学生的需求,就没有高校图书馆的事业。因此,转变观念,以读者为本,是开展图书馆工作的出发点,也是评价图书馆工作质量和社会效益的尺度[5]。在观念上,我们要把读者放在第一位,一切为了读者,以读者为中心[6],要时刻了解读者需求,倾听读者的心声,想读者之所想、急读者之所急,才能够最大限度满足读者对图书馆的需求。

5.1 与学生代表召开读者座谈会

学生读者是图书馆读者群的主体,是图书馆软实力(图书馆的软实力是图书馆的整体精神风貌、价值理念和内在品质,是图书馆综合实力和核心竞争力的重要组成部分,其构成要素主要包括组织文化、制度文化、服务理念、人才资源、创新能力、社会责任等)建设的体验者。开展学生读者座谈会,征集学生读者的建议和意见,整体上能够促进图书馆的软实力建设,更好地贯彻以读者为本的服务理念。

为了践行"读者第一,服务至上"的理念,我馆每学期按时发放读者调查问卷,召开读者座谈会,对图书馆资源、环境等读者关心的问题进行调查,回收并统计调查结果,在读者座谈会上对具体问题给予回复,并征集读者的意见和建议,共同营造和谐温馨的图书馆。

5.2 与教师代表召开读者座谈会

高校图书馆作为学校的文献信息资源存储、管理、服务中心,是学校教育学生、培养人才的重要阵地,担负着为学校教学科研服务的重任。近年来,高等院校单科系学术研究正在稳步迈向纵深,同时跨领域、多科系横向联合的学术体系在逐步形成。作为学术研究的资源基地,高校图书馆应该为这种良好的发展势头提供强有力的文献保障,但毋庸置疑,传统的图书馆文献建设和资源管理方式严重制约着高校图书馆的发展,常常会出现部分文献资源重复建设、部分学科资源配置过度密集的问题,而某些处于学术前沿的稀缺学术文献资源又常

常未被采集的问题，造成配置空洞。由此我们可以看出，高校图书馆的文献资源建设问题日益突出，不容回避。如果解决不好，一定会影响高校的学术研究。

教师是高校教学和学术力量的主导者，掌握着高校的整体发展、教学改革和学术动态。图书馆开展教师读者座谈会，能够直接收集馆藏资源建设的合理化建议，优化设置图书馆资源。

深化资源建设主要体现在两个方面：教学和科研。只有搞好这两方面的建设，才能够完成图书馆两条腿均衡发展，突显重点和专业特色。

6 针对专业特色，设置专题书架

我馆读者服务的特点是深入系部，提供一对一服务。专题书架的设置也是基于此目的，在面向系部教师服务的过程中，掌握特色学科和专业的第一手资料，并根据教师的建议，列出对应课程和参考书目，在图书馆设置专题书架，供相关专业学生借阅。

近三年的专题书架图书借阅统计情况表明，对于专业图书，在开学初和学期末借阅量较高，中间较低；对于科普类图书，几乎呈平稳趋势，随时间的变化没有大幅变动；对于文学图书，新书在专题推出的很短时间内被借阅，出版时间较长的书几乎呈现平稳趋势；对于时事政治和社会热点，借阅率和专题书架随推出时间呈现递减趋势；英语四级和六级考试、考证类专题、公务员考试书籍，一般在一个考试周期内呈现稳步上升的趋势，等等。根据特定专题的变化情况，我馆制定相应对策，迎合读者需求，推出专题书架，不仅能提高服务质量和业务水准，而且能极大地方便读者查阅，可以让读者在短时间内浏览大量相关专题的资料[7]，使我馆借阅率得到明显提高。

7 图书馆馆员深入课堂，图书馆课程资源嵌入服务

信息技术的发展极大地促进了数字资源的生产与应用，与传统的纸质资源相比，数字资源因具有信息存储量大、检索使用方便、可依托互联网进行远程传递和信息共享等特点，在人们的学习、工作及生活中的应用日趋广泛，已经成为公共图书馆极其重要的馆藏形式。随着国家数字推广工程的逐步推进，覆盖全国的网络体系已初步连通，国家图书馆提供的海量数字资源通过虚拟网被传送至全国各地将成为现实[8]。目前，任何一所图书馆都拥有海量的文献资源，但这些资源如何有效服务于读者并被利用呢？由于图书馆对数字资源的宣传推广力度不够，读者培训不到位，读者信息素养参差不齐，致使大多数读者并不了解图书馆数字资源收录的内容和资源组成，也缺乏检索数字资源的技巧，不熟悉数字资源的使用方法，甚至没有使用数字资源的意识，造成数字资源的利用率不高。因此，如何有效开展公共图书馆数字资源的宣传推广活动，提高读者使用数字资源意识，解决读者使用过程中的困难，是公共图书馆迫切需要解决的问题[9]。

针对这一问题，从2010年开始，我馆馆员主动出击，与系部教师联系，在专业课教师的课堂中嵌入与该课程相关的图书馆资源，包括纸质资源的查找、电子资源的检索与利用、图书馆的服务内容等。嵌入式教学使读者真正了解图书馆、图书馆资源和检索技能，为后续课程的学习奠定良好的基础。

8 图书馆与社团合作，推广全民阅读活动

为了更好地建立图书馆与读者之间的桥梁，我院从建馆之初就成立了专门服务于图书馆的社团。目前已经有敷天图书协会、青年志愿者协会、学生会常代会和爱心协会，每年与各社团合作，专注图书馆资源的宣传和推广。这些社团成了我馆的"校内代言人"，为全民阅读活动的推广注入了动力和活力，使我馆活动能够顺利进行。

9 结语

读者服务是无止境的，图书馆既是服务于高校教学和科研的辅助部门，又是高校的资料情报中心。图书馆建设主要体现在两个方面，一是馆藏，二是服务。自身发展再完善，终究是要服务于读者。如果说馆藏是服务的基础，那么多元化的创新就是服务的模式[10]。只有有读者，图书馆才能够生存。

读者服务已经成为图书馆工作的主要内容，服务质量是评价图书馆工作的主要指标之一。图书馆要根据自己的特色，深化服务理念，创新服务模式，不断提供新的服务内容，才能使读者真正感受图书馆的价值。读者服务是一个永恒的话题，也是一个不断适应新环境和创新新模式的过程。

参考文献

[1] 杜永红.高校图书馆读者服务工作中如何做到以人为本[J].湖北广播电视大学学报，2014，36（6）：153-154.

[2] 温柔.高校图书漂流存在的问题与对策——以辽宁大学图书馆为例[J].图书馆学刊，2016（4）：1-3.

[3] 孙华.大学之范：理念与制度[J].现代大学教育，2015（2）：5-13.

[4] 唐燕.高校图书馆读者服务新探[J].教育教学论坛，2015（21）：16-17.

[5] 周烨，"读者为本"视角下的公共图书馆服务职能的拓展研究[D].华东理工大学.2011.

[6] 王金雨.提高图书馆主动服务意识与高等体育院校文化建设[J].人力资源管理，2011（7）：164.

[7] 苏磊.公共图书馆新书管理方法探析[J].科技情报开发与经济，2011，21（24）：103-105.

[8] "网络书香过大年"马年春节活动正式启动[EB/OL]（2014-02-04）.http：//www.ndlib.cn/tggcxwzt/201401/t20140124_81004.htm

[9] 杨敏文，应长兴.公共图书馆数字资源推广的模式、问题和对策[J].图书馆理论与实践，2014（10）：91-93.

[10] 刘淑娥，景娜，王瑞存.图书馆应用实践[M].北京：清华大学出版社，2015.

（作者简介：王瑞存，男，1982年6月出生，河北唐山人，图书馆副馆长、馆员，理学硕士研究生毕业，2009年9月至今在北京科技大学天津学院工作。）

浅议如何切实发挥"青马学员"在当代大学生中的模范带头作用

张汪结

(北京科技大学天津学院办公室,中国 天津 301830)

摘 要:"青马工程"是2007年团中央启动的青年马克思主义者培养工程,旨在通过教育培训和实践锻炼等行之有效的方式,不断提高大学生骨干、团干部、青年知识分子等青年群体的思想政治素质、政策理论水平、创新能力、实践能力和组织协调能力,使他们进一步坚定跟党走中国特色社会主义道路的信念,成长为中国特色社会主义事业的合格建设者和可靠接班人[1]。一个合格的"青马学员",不仅是当代大学生中的佼佼者,更是当代青年思想的先进者。所以,在任何情况下,"青马学员"都应该是普通大学生中的模范。只有切实发挥了"青马学员"的引领作用,才能真正地实现实施青年马克思主义者培养工程的意义。

关键词:"青马学员";大学生;模范带头

How to Give Full Play to the Leading Role of Young Marxist in Contemporary College Students

ZHANG Wangjie

(College Office, Tianjin College,
University of Science and Technology Beijing, Tianjin 301830, China)

Abstract: The "QINGMA project" is a Young Marxist project initiated by the Central Committee of the Communist Party of China in 2007, which aims at providing effective education, training and practical training. We will continue to improve the ideological and political quality, policy and theoretical level, innovative ability, practical ability and organizational and coordination ability of young people such as the backbone of college students, youth League cadres and young intellectuals, so that they follow the party's conviction to follow the path of socialism with Chinese characteristics, and grow into qualified builders and reliable successors of the cause of socialism with Chinese characteristics. As a qualified "Youth Marxist", he is not only the outstanding contemporary university students, but also the advanced contemporary youth ideas. Therefore, in any case, "Youth Marxist" should be ordinary college students in the model, only the actual play of the role of the "Youth Marxist" to lead, in order to really play a role in the implementation of the Young Marxist project.

Key words: Young Marxist; College students; Role model

近年来，随着团中央的"青马工程"的实施，各大高校的"青马学员"也在快速地增长。作为具备青年马克思主义者素质的"青马学员"，从总体上看，这些学生思想主流是积极向上的，他们热爱社会主义，拥护党的基本路线，思想上要求进步，具有正确的价值观、人生观、世界观，并且积极向党组织靠拢，其中不断有优秀分子经过考察发展到党的队伍中，增强了后辈青年马克思主义者力量[2]。面对这支日益壮大的青年马克思主义者的队伍，如何发挥他们在学生中的模范带头作用？如何平衡"青马学员"与普通同学之间的关系？又如何实现少数带动多数、先进带动群体呢？

1 行为先导，成为所有学生思想上的排头兵

每一位"青马学员"在学生中都是一面旗帜。对于大学生，成为"青马学员"有严格的要求，只有通过层层选拔才能进入"青马工程"，所以竞争"青马学员"是大家的目标，"青马学员"是学生羡慕的对象。因为"青马学员"人数少且要求高，所以已加入"青马学员"队伍的少数学生相应就在班级与学生中具有较高威信与说服力。以长春师范大学生命科学学院为例，在3个专业165名学生中，"青马学员"有18人，占所有学生总人数的10.9%，入党重点积极分子17人，预备党员5名，主要学生干部4名。

由此可见，这些人数较少的"青马学员"有较高的综合素质，在班级和学生群中也具有较强威信，如果能充分发挥他们的先进性，则必能对学生政治思想的普遍提高起到促进作用。这就要求"青马学员"不断提高自身综合素质，以高尚的道德要求自己，用严格的纪律约束自己。具体讲就是要求"青马学员"既要做到积极参加各项活动，又能时刻保持思想的先进性，同时要自觉处在普通同学的监督之下，时时刻刻铭记自己是一名"青马学员"，并且必须有远大的理想和强烈的社会责任感，懂得充电学习。

通过各方面的优秀表现，让普通学生从"青马学员"的实际行动中感受到"青马学员"思想的光荣性、先进性，将他们吸引到身边来，更好地切实影响并带领更多同学成为"青马学员"。

2 "青马学员"在学习方面要成为带动班级学习风气的领头羊

作为学生，学业是大学生日常生活的重点，"青马学员"的模范作用也必然表现在学习方面。作为被普通学生关注较高的群体，"青马学员"在学习上的表现无形会成为普通学生的"风向标"，会对班级的整体学风产生正面或负面的影响。因此，"青马学员"必须刻苦努力、积极进取，做学习上的标兵。

一方面，"青马学员"要树立牢固的专业思想，刻苦学习，努力实践，克服困难，尽最大努力取得优良成绩，圆满完成学业。申请入党的"青马学员"在学习成绩方面必须达到

班级中等水平以上，考试无不及格现象。这种做法更能激励想入党的"青马学员"在学习方面刻苦努力，使"青马学员"在学习目的、专业思想、学习态度、学习成绩等诸多方面真正起带头作用。另一方面，"青马学员"不能只顾自己学业的进步与发展，还必须关注身边同学的学习态度与进步。他们在学好自己专业知识、完成必要学习任务的同时，还必须尽最大努力关心学习上相对弱的同学，对某些同学不感兴趣的课程，要多谈谈自己的学习方法。班主任与辅导员可以动员班级中学习成绩优秀的"青马学员"主动把自己的学习经验通过讲座形式向全班与低年级学生推广交流，推动班级、年级学风的整体提高。因此，"青马学员"要发挥模范带头作用，在学习方面必须成为带动班级学习风气的领头羊。

3 "青马学员"在工作方面要做到以身作则、顾全大局，成为师生之间互动沟通的协调者

"青马学员"模范作用表现的另一个重点是工作方面。在班级中，班干部是学生中的优秀分子，各个方面都走在大多数学生的前面。而担任班级干部的"青马学员"承担着不同的班级工作，在这个工作中，"青马学员"的言行举止会深刻影响班级的学风、活力、团结性与凝聚力。因此，"青马学员"在进行班级工作时一定要注意自己的一言一行，坚持集体利益高于个人利益，热爱学校，关心集体，顾全大局，正确对待批评与荣誉，真心诚意地欢迎同学指出自己的缺点并勇于改正，带动同学共同建设好班级。

在工作上，"青马学员"必须积极主动，以全心全意为同学服务为宗旨，在组织各项活动的过程中积极主动地与同学交流思想，提出问题，虚心听取同学的建议，不断改善工作方法并提高工作能力。

此外，"青马学员"必须成为师生之间的桥梁与纽带，把学生之间出现的问题及时向老师反馈，做师生之间理解与沟通的桥梁。因此，"青马学员"要想发挥自己的带头作用，在工作方面就一定要做到以身作则，顾全大局，成为师生之间互动沟通的协调者。

4 "青马学员"在生活方面要关心集体、严谨自律，成为班级良好风气形成与保持的监督人

"青马学员"的模范带头作用也体现在生活方面。"青马学员"来自学生，与学生保持良好的关系可以有效发挥带头作用。在生活中，"青马学员"应注意观察，及时发现本班同学在生活中存在的问题，想办法帮助解决，通过平时生活的点点滴滴，融洽与同学之间的感情。其可以利用自己与同学关系熟、情感近的特点找同学接触、谈心，从关心同学的生活入手，协助辅导员与班主任解决同学生活上的问题。除了关心同学，"青马学员"在生活中还要带头树立良好的生活作风。这就要求他们必须从身边的小事做起，从个人生活作风做起，具体说就是要自觉遵守国家法律，遵守校纪校规，不能有任何违反纪律的行为。"青马学员"要及时向老师反映身边同学中出现的违纪事件或不良事态苗头，积极向老师提出工作建议和意见，加强个人自身修养，不做违反道德规范的事，带头遵守校园文明建设的各项规定[3]。

此外，在宿舍生活中，"青马学员"也要带头搞好寝室文明建设，保证寝室卫生检查达到文明宿舍标准，积极贯彻执行学校与学院的各种规定，保证寝室内无抽烟、打麻将等不良

行为，杜绝学生随意夜不归宿，督促宿舍成员做好寝室防火、防盗等各项安全工作。

总之，"青马学员"要想在生活方面起模范带头作用，就必须做到热爱集体、严谨自律，成为班级良好风气形成与保持的监督人。

"青马工程"对"青马学员"进行长期培养，在"青马学员"的政治、文化素质上也提出了较高要求。发挥"青马学员"的模范带头作用，既是"青马工程"对"青马学员"的基本要求，又是"青马学员"发挥积极性、带动周围学生共同进步义不容辞的义务。"青马学员"只有从政治、学习、工作、生活等各方面发挥好模范带头作用，才能在学生中树立起"青马学员"的良好形象，影响和团结广大学生共同进步，增强高校大学生的凝聚力与战斗力。

参考文献

[1] 庞玉清. 高校开展"青马工程"中存在的问题及解决对策 [J]. 长春师范大学学报，2014（6）：1-3.

[2] 周静. 如何发挥高校学生党员模范带头作用 [J]. 文教资料，2010（5）：214-215.

[3] 朱芳转. 高校如何保证和提高学生党员质量 [J]. 渭南师范学院学报，2003（6）：89-90.

（作者简介：张汪结，男，1993年8月出生，安徽安庆人，学院办公室信息文秘科副科长，助教，本科毕业，主要研究方向为生物转基因技术和思想政治教育，2017年10月至今在北京科技大学天津学院工作。）

新媒介文化环境下母语高等教育之转型思考

张颖[1] 梁素芹[2]

(1. 北京科技大学天津学院公共教学部,中国 天津 301830
2. 北京科技大学外国语学院,中国 北京 100083)

摘 要:本文探讨了全球新媒介文化的强劲发展对人们的语言、阅读方式以及教学方式的冲击,考察了剑桥大学与我国母语高等教育的现状,辨明了新媒介文化环境下母语高等教育当前面对的与即将面对的母语边缘化、母语危机等严重问题,并从母语高等教育的培养标准、新媒介能力的科学量度和教师素养三个方面进行了转型思考,希望能对新媒介文化下我国母语高等教育的健康开展、母语的传承贡献力量。

关键词:新媒介文化;母语高等教育;母语高等教育转型;大学语文

Reflections on the Transformation of the Native Language Higher Education in the New Media Culture Context

ZHANG Ying[1] LIANG Suqin[2]

(1. Public Education Department, Tianjin College,
University of Science and Technology Beijing, Tianjin 301830, China
2. School of Foreign Studies,
University of Science and Technology Beijing, Beijing 100083, China)

Abstract: This paper explores the impact of the powerful development of the global new media culture on people's language as well as ways of reading and teaching, examines the Native Language Higher Education (NLHE) courses offered in universities like University of Cambridge, and the current situation of China's NLHE in the new media culture context, identifies the critical challenges facing us like NLHE marginalization, NLHE crisis in the new media culture context, and reflects on NLHE transformation in terms of NLHE standards, students' new media capability level measurement and NLHE teachers' qualifications with a view to contributing to the healthy development of our NLHE and the inheritance of our native language.

Key words: New media culture; Native Language Higher Education; Native language higher educa-tion transformation; College Chinese

新媒介（新媒体）的浪潮势不可当，生活中、校园里无处不在的低头族，随处可见的Wi-Fi标志、二维码，网上层出不穷的各种应用程序，日益增多的取代各行各业现场模式的网络报名或预约平台等，一系列的数据以及周边方方面面的变化，无不彰显新媒介对人类的工作、学习、生活所带来的难以想象的巨大影响。尽管措手不及，但我们避无可避，只能以拥抱的态度去适应这些日新月异的改变。

1 新媒介的迅猛发展对文化生活与教育的影响

新媒介来势凶猛、如火如荼，已经迅速发展成一种文化。郑州大学讲师、日本桃山学院大学博士生侯巧红2014年将新媒介文化定义为"随着新媒介的出现，以新媒介为载体、以新媒介的表达方式为特征的当代社会特有的文化现象"[1]。

新媒介的出现改变了人们的阅读方式。2019年由中国新闻出版研究院组织实施的"第十六次全国国民阅读调查"发现，2018年中国成年国民数字化阅读方式（网络在线阅读、手机阅读、电子阅读器阅读、平板阅读等）接触率达到76.2%，已连续10年上升。其中，成年国民中69.3%进行过在线阅读，73.7%进行过手机阅读，在电子阅读器上阅读和使用平板阅读的国民各为20.8%。位列世界国家图书馆第三的中国国家图书馆于2001年11月立项，2008年9月建成了中国国家数字图书馆。其数字资源的建设重点——"基于新媒介服务的资源建设"中的"移动图书馆"，汇集了各级公共图书馆数字资源的建设成果，融合了图书、期刊、图片和音频资料，可通过手机App、手持阅读器进行阅读。

新媒介的出现也加快了流行语的传播速度，改变了人们的语言。根据教育部、国家语委发布的《中国语言生活状况报告（2016）》，各行各业的"热词榜"成为2015年中国互联网的一道特色风景。正式的排行榜达100余种，平均每3天发布一个；加上自媒体，排行榜则达400余种，平均每天1.3个。

学校的教学方式也随着新媒介的不断更新而变得更加丰富多样。2012年9月，南京的弘光中学在初一年级选择了一个班作为"数字化学习试点"，在数学、历史、地理课上实现了"iPad进课堂"；南京试点"电子书包"计划包括21所中小学[2]。《钱江晚报》2012年10月也报道了杭州卖鱼桥小学二年级3班34名小学生在9月9日用iPad代替课本上语文课的实况[3]。中国新闻网国际新闻曾于2013年8月转载《文汇报》文章《英国一小学强制用iPad上课》，英格兰东萨塞克斯郡的豪富小学（Hove Park School）要求学生配备iPad的目的如同其官网格言"拥抱挑战，在日益变化的世界中成为卓越"[4,5]。中国国际广播电台国际在线2015年1月刊载美国《纽约每日新闻》1月6日的报道称"纽约市出台新规定，110多万中小学生将被允许携带手机、iPad等移动电子设备进入课堂"[6]。继2006年8月谷歌首席执行官埃里克·施密特（Eric Schmidt）在搜索引擎大会首次提出"云计算"概念后，教育领域运用其技术开发出整合教学、管理、学习、娱乐、分享、互动功能，使教育部门、学校、教师、学生、家长及其他教育工作者按权限去完成不同工作的"云教育"平台。2016年4月《青年报》称"云教学"、iPad已频进中小学课堂；大学里也在开展"无U"教学，教师纷纷开始使用云盘。"互联网+"对传统课堂的颠覆作用在2016年4月召开的第13届上海教育博览会上无处不在。澳大利亚迪肯大学的金·沃蒂（Kim Watty）等2016年将教育技术软件梳理成八大类：学习管理系统软件（如Moodle-Modular Object-Oriented Dynamic Learning Environment）；社交媒体和合作技术软件（如 Blogs）；策展、证明和展示学习、专业能力的软件（如 LinkedIn）；交流软件——异步（如在线讨论板和 email）与同步（如 Blackboard Collaborate）；手机应用软件 iOS 和 Android（如 Doceri）；评价和评估软件（如在线的各种测试 quiz、test 和 exam）；展示和学习资源创建工具软件（如 Articulate Storyline）；学习对象/资源软件（如电子书）[7]。外语教学与研究出版社推出了"U 校园（Unipus 高校外语教学平台）"，包括 6U（Ucampus、UMOOCs、Utalk、Ucourse、Ucreate、Uchallenge）和 5i（iTEST、iWrite、iSpeak、iLearning、iResearch）。2019 年 11 月，教育部首批通过了 152 个教育 App 的审核，其中包括"新东方""有道翻译官""爱考试"等广大学生、家长和教师熟悉的软件。如此看来，想要做一名充分、有效地使用新媒介技术的"弄潮儿"，我们还需要学习更多更新的技术。

2 新媒介文化环境下母语高等教育的现状及问题

随着中国的日益昌盛强大，建设文化强国成为国家战略之一，即使是 2013 年提出的"一带一路"也涵盖"文化带"的建设。提升文化软实力，培养高度的文化自觉与文化自信，母语高等教育的地位和作用越来越受到国家和国民的重视。语文一直作为高考的三项统考科目之一，与数学和外语并列，每年高考作文题目都会掀起全社会的关注热潮。2019 年 1 月北京教育考试院发布了高考北京卷《考试说明》，旨在引导中学语文教学，从语文学科在学生终身发展中的意义和价值出发，立足工具性和人文性，继续重视语文基础知识和基本能力，进一步强调，要在语文综合运用中，整合知识技能、方法态度和价值观念，关注思维品质的提升，关注学科的育人功能。

2.1 母语高等教育的界定

在新媒介文化的大环境下，世界发展大有趋同之势，在影响我们接触知识方式的同时，极大地影响着我们所接触知识的内容。如何保持母语高等教育的有效开展，保持民族身份与特性是一项亟待解决的问题。何谓"母语高等教育"？1996 年国家教委高教司曾将"大学语文"课程定义为"普通高校面向文（汉语言文学专业除外）、理、工、农、医、财经、政法、外语、艺术、教育等各类专业学生开设的一门文化素质教育课程"，设课目的是"培养学生汉语语言文学方面的阅读、欣赏、理解和表达能力"，并认为这些能力是大学生文化素质中的一个重要方面[8]。南开大学李瑞山教授 2007 年将其界定为"特指高等学校中面对全体非中文专业学生的汉语文教育，亦即近 20 年来所习称的'大学语文'及其他相关课程为主的教育教学活动"[9]。"大学语文"核心课程的地位明确清晰，但"其他相关课程"究竟涵盖哪些课程呢？李教授和博士生迟宝东在"母语高等教育状况报告"（2007）中对"大学语文"课程的性质给出了清晰的表述"大学语文"课程根本上不同于外国语文、基础教育阶段语文和中文专业的语言学类别的课程，而是以经典或优秀的母语文本为材料、以阅读解析鉴赏为主要方式、注重学生素质提升的教育教学活动，是高校本科教育计划课程的一部分[10]。东南大学、清华大学的王步高教授（1947-2017）倾向于"大学语文"应该是国文教育。在 2016 年 10 月召开的"全国大学语文研究会第十六届学术年会"上，他为"国文教育"做的界定是"以语文为主干的系列课程"，既包含其在东南大学和清华大学开设的非中文专业的"大学语文""唐诗鉴赏""唐宋词鉴赏""诗词格律与写作"等系列课程，也包含给非中文学科本科生开设的其他汉文学语言类课程[11]。由此，笔者认为，母语高等教育应是以坚守语文本位的"大学语文"为核心并辅以提升学生母语水平与运用能力为目标而开展的一系列相关课程，重在提升学生汉语语言文学方面的阅读、欣赏、理解和表达能力。

2.2 国内外部分院校母语高等教育的开展情况

笔者调查发现，国外最著名的大专院校中，仅英国的剑桥大学在其网站上公布的母语高等教育的做法较为突出。剑桥大学开设了为期三年的英语必修课程体系，贯穿整个本科生学习阶段，每周至少8~9小时。前两年学习范围宽泛目的是扎实基础，"Shakespeare"（莎士比亚）和"English Literature and its Contexts 1300-1550"（英国文学及背景1300-1550）为必修课程，学生还要从学校提供的5门选修课中选修4门，选修课中的"Early Medieval Literature and its Contexts 1066-1350"（中世纪早期文学及背景1066-1350）不能被论文置换。第三年学习内容涉及深邃问题、新领域，必修课"Tragedy, which ranges from ancient Greek drama to contemporary writing"（悲剧，从古希腊戏剧到当代作品）与母语高等教育密切相关。剑桥大学英语课程系列旨在发展学生的批判性思维、仔细阅读和有效沟通的能力以及学术活力和良好的写作能力[12]。剑桥的设课保证了其高级母语水平的传承，保持了其民族特性与身份。

目前国内高校的"大学语文"课程，有的对全校学生开设，有的只对文科生开设，有的为必修，有的为选修，有的受通识教育的冲击将其纳入通识教育，有的受写作的冲击只开设"应用写作""现代汉语与写作"或"大学语文与应用文写作"。王步高教授、张申平老师和硕士生杨小晶对2004—2006年全国264所高校（约占全日制高校的15%）的"大学语文"开课情况进行了归纳总结。2004年8月高等学校中文学科教指委的111份有效问卷调查结果中，62.22%的高校将"大学语文"定位为公共基础必修课。2006年8月，第十一届全国大学语文研究会的145份有效问卷统计结果中，50.54%的高校将"大学语文"列为全校必修课。开课时间基本集中在大一，一般开设一学期，5%的学校课时数基本未变，增加学时的学校占37%，减少的占58%。2013年湖北省大学语文研究会公布的"大学语文"课程现状调查显示，在全国参与调查的91所高校中将"大学语文"列为必修课的仅34.8%，62.5%的学校这一课程的课时为32或更少[15]。

2.3 新媒介文化环境下母语高等教育面临的问题

面对新媒介浪潮的强劲冲击和全球化发展的大趋势，母语高等教育的问题日益凸显。首先，其界定不够明确。有的学校开成了"高四语文"，不受重视；有的学校则降级为通识教育或写作训练课，失去了高等教育的水准。"大学语文"课程的开设极少覆盖所有学科门类，相关选修课寥寥无几，基本上无以"大学语文"为核心的课程群。其次，教学理念和教学方法均滞后于新媒介文化的发展，难以激发学生的兴趣，严重困扰着母语高等教育的健康开展，导致其被边缘化，甚至出现日益萎缩的危机。最根本的问题是其对教学理念的认识不到位，这是影响母语高等教育健康发展的关键因素。目前每年的毕业生人数越来越多，2019年中国高校毕业生834万，6月智联招聘发布"2019应届毕业生就业力调研报告"显示，80.22%的应届毕业生选择毕业后直接就业，8.00%的应届毕业生选择慢就业，7.11%的应届毕业生选择国内继续学习，选择创业的大学生占比为2.40%，1.05%的应届毕业生选择出国继续学习。然而，需求侧渴求的高素质人才却供不应求。2010年9月美国《福布斯》杂志中国分社社长和亚洲新闻编辑德克斯特·罗伯茨（Dexter Roberts）评价中国过去30年的高等教育时认为：班级人数过多，填鸭式教学方法，使学生得不到跨学科的素质教育，难以适应全球商务环境所需要的灵活性思维[16]。教学中讨论的开展力度不够导致他们分析能力薄弱，不擅长批判性思考，不具备"健康向上的精神世界和高雅的文化品位，以及较强的人际交往能力"[8]。因此，应高度重视批判性思维，为毕业生的后期发展打下较好的基础。

母语高等教育在新媒介的利用上发展也不均衡。以Moodle为例，作为学习平台，其设计目的在于为教育者、管理者和学习者提供一个坚固耐用的、安全的综合系统，供其去创建个性化的学习环境。英国著名社会职场学习专家、因特网时代联盟咨询公司主席Jane Hart创建的学习与业绩技术中心（Centre for Learning & Performance Technologies）是全球访问量最大的学习网站之一，专门提供促进学习与提高业绩的新技术、新工具。2007年起她每年编纂世界100个顶尖学习工具排行榜。2015年C4LPT通过世界范围2 000多个教育专业人士（教育机构和企业）的投票结果显示Moodle位列第15名。2019年降为第50名[17]。2019年12月22日11：00已注册Moodle的国家有232个，107 526个活跃的网站。中国有428个注册网站（教育部2019年6月公布2019年全国高校共2 956所）。英国有3 590个（英国政府2019年公布的大学共170所）[18]。相比之下，国内高校对新媒介的利用还有待加强。

3 关于转型的思考

中国母语高等教育在培养标准、教学理念和方式上出现问题，产出的人才在适应国内外形势发展需要方面有待进步，这是否是受中学阶段教学的影响呢？经济合作与发展组织统筹的PISA（Program for International Student Assessment，国际学生评估项目）从2000年起每三年一次对65个国家和地区的接近完成基础教育的15岁学生进行评估，考查学生的知识面、综合分析能力、创新素养以及社会所需知识技能的掌握情况。参与国根据学生在PISA中的表现反思本国教育的不足，实施改革。2018年的测试结果如下：在全部79个参测国家（地区）对15岁学生的抽样测试中，我国四省市（北京、上海、江苏、浙江）作为一个整体取得全部3项科目（阅读、数学、科学）参测国家（地区）第一的好成绩[19]。也就是说，中国的中学语文教育基本上问题不大，我们应该是在母语的高等教育阶段没有衔接好而影响了进一步的提升，因此转型至关重要。

笔者主要从明确母语高等教育培养标准、量度学生的新媒介能力并加以系统培训、提升教师素养三个方面进行讨论。

3.1 明确母语高等教育合格人才的培养标准

母语高等教育培养出来的合格人才应符合哪些标准呢？浙江师范大学潘涌教授2016年对"国际学生评估项目"的标准进行解析后认为高阶层的语言能力不仅仅是对文本的认知、理解、记忆，也非机械层次的朗读或默写，而且是超越文本的批判性反思和建设性评论，不仅仅是"接受"文本中的观念、知识或价值判断，而且更重要的是通过批判性思考"重建"文本。唯此，最后才能培养考生创造性的语言能力[20]。如此说来，"大学语文"课程不一定涵盖历朝历代公认的经典作品，逐条分析排疑解难，更重要的是培养学生阅读高级文本的自觉和习惯，训练学生理解作品的内容，以审视的眼光批判性地进行思考，放开思维，提出自己的看法，带领学生向大学的、高级的学术方向迈进。这迫切需要相关部门通力合作出台母语高等教育指导文件，明确培养标准、课程设置及评价等，供教学实践中参照执行。2016年8月《国家语言文字事业"十三五"发展规划》中"主要任务"的"强化学校语言文字教育"部分提到"推动中等职业学校和高等学校科学设置语言文字相关课程，以提高语文鉴赏能力、口语和书面表达能力为重点，全面提高学生语文素养和语言文字应用能力"。华东师范大学徐中玉教授（1915—2019）2013年就坚持教学中要把握"大学语文"教学之"本"，正确处理"人本"与"文本"之间的关系，使学生在对"文本"反复的互动研讨中，提升到精神、灵魂、生命境界层面，最终得到感染，受到熏陶，让真、善、美成为学生自觉的向往与追求[8]。

3.2 科学量度学生的新媒介能力并加以培训

教育的对象是学生，若要有的放矢地进行转型，就必须清楚学生掌握新媒介的实际能力，因势利导，提供较为精准的服务与要求。因此这需要对学生掌握新媒介能力的实际情况进行科学的量度。以色列开放大学教育心理学系教授埃谢特（Yoram Eshet）对基本数字能力进行了界定，他认为基本数字能力是涉及技术、认知、运动、运动神经、社会学和情感的一个多维度的概念，涵盖六种能力：照片视觉技能（会识图与视觉信息）、再产出技能（创建有意义的媒体内容）、形成分支的技能（从复杂灵活的超媒体域中建构知识）、信息技能（判断媒体内容的准确性与质量）、社会—情感技能（在网络空间与人沟通合作）和实时技能（从事多项任务或处理多种多媒体刺激物）[21]。在埃谢特研究的基础上，土耳其苏莱曼·德米雷尔大学的马斯塔法·科克（Mustafa Koc）和阿纳多卢大学的艾丝拉·贝鲁特（Esra Barut）开发了具有实际操作意义的新媒介基本能力量表（New Media Literacy Scale）。他们调查了土耳其一所国立大学的1 226名学生，从功能性消费、批判性消费、功能性消产（functional prosumption，在消费过程中产出）和批判性消产四个维度，设计了35个问题，对总分及分项分进行统计后证明新媒介基本能力是可以量化的[22]。

既然量化研究成为可能，接下来我们就可以进一步对学生的新媒介掌握能力进行明确要求及系统培训。首先订立新媒介能力目标，不仅要会使用（功能性消费与批判性消费），还要会产出（功能性产消与批判性产消）、共享和评价数字信息。其次，正如埃谢特所提出的具备新媒介基本技能的人，除了技术方面，还应掌握其社会文化因素及情感因素，涵盖一个人在媒体化和社会化的生活与工作中的一系列重要技能。以此作为目标对学生进行更高层次的新媒介能力培养并予以量化考核。

3.3 教师主动适应新媒介文化，优化完善自身水平，调整教学手段

作为大学语文教师，课堂上应教给学生什么内容？将学生培养成何种人才，才能符合彰显民族特色、保持民族身份的要求？这些问题都应在授课前认真思考清楚。既然不同于基础教育阶段的语文教学，就应该跳出中学阶段的授课模式，而把课堂真正交给学生，让学生成为课堂的主导，教师只是引领者、辅助者、参与者。教师应为学生真正打开学习之门，使学生掌握正确的学习方法，理解学习的作用，提高学术研究的能力，引发学习的兴趣，享受学习的乐趣，在离开课堂、校园之后还能自觉主动地进行学习，这才是高等教育的目的，也是我们在新媒介文化下母语高等教育转型的目标，也是保持民族特性与身份的需求。

有了明确的标准,对学生新媒介能力进行了科学的量度之后,教师就应精心设计课程目标、授课方式以及评价方式,充分利用现有资源与学生水平,采取针对性较强的方法与策略,培养真正的高等教育人才。《国家语言文字事业"十三五"发展规划》在"主要任务"的"强化学校语言文字教育"中也提到"强调教师表率作用",在教育教学过程中要"努力提高传统文化素养和语言文字应用综合能力"。的确,"大学语文"课程的内容量大,除讲授教材的要点、难点,播放2~3个与教学相关的视频,进行3~4次学生小组课堂活动,基本上就到了下课时间。而且在200人左右的教室里,兼顾到每位学生确实困难很大。困难虽然很大很多,但新媒介在飞速发展,学生不喜欢教师上的课,就可能会在多种新媒介资源中选择其他的教师进行学习,如教育部、财政部"十二五"期间建设的高等教育课程资源共享平台——中国大学精品开放课程"爱课程","大学语文"就有华东师大的彭国忠教授、南开大学的陈洪教授等12位教师的视频公开课。教师不想被学生挑剔或淘汰就必须不断学习、不断进步。平时多观看优秀课程的视频、案例、学术专著,多关注本学科的发展,多向有经验的教师取经,多与学生沟通,多学习新媒介的知识和技能,多对教学进行总结和反思。打铁还需自身硬,教师对新媒介文化的认识及素养提高了,自然能吸引学生,达到满意的效果。在教学手段调整方面,除了更好地应用新媒介技术于课堂,课下教师也可以与有网络技术的教师和人员合作,有效利用网络媒体、手机媒体,如建立"大学语文"学习交流平台、"大学语文"微信公众号为学生答疑解惑、推荐优秀作品及视频、交流学习心得体会等,丰富学生的课外学习途径。

4 结语

顾名思义,母语高等教育绝不是高中语文类课程的延续,而应该具备高等教育应有的水平,培养应有的能力与素养,提升至保持民族特色与身份要求的高度。为实现这一目标,就应有明确的课程要求与科学的评价标准,同时对学生的多媒介能力与现有资源进行较精准定位,有针对性地设计一套操作性强、真正有效的行动方案,建立一支具有新媒介文化意识与素养的教师队伍,这样才能取得母语高等教育的成功。

当然,我们在承认新媒介有益于人类进步的同时,不可忽视新媒介的负效应。美国堪萨斯州立大学被称为"教育革命先知""技术幸福教授"的文化人类学副教授迈克尔·韦施(Michael Wesch)一直从文化人类学的角度审视新媒介。教学中他采用新媒介技术(Twitter、YouTube、Google Docs)使学生行动起来,收到了师生均满意的效果,证明传统的chalk-and-talk的讲课模式已经过时。但他也指出其负面影响及潜在风险:新媒介在课堂上会分散学生的注意力;我们有可能被监视、被操纵、被误导、被控制[23];我们使用机器的同时,机器也在使用我们,我们也变成了机器[24];在后人类数字主体性的环境中,人类会不再是人类[25]。身处新媒介文化大环境,我们应尽量不被媒体掌控。真正提高阅读水平,做到有效阅读,应更倾向于纸质图书。"第十六次全国国民阅读调查"数据显示,在传统纸质媒介中我国成年国民人均每天读书时间最长,为19.81分钟,12.3%的国民平均每天阅读1小时以上图书。此外,过多地在课堂内加入新媒介的形式与内容,可能导致教学效果打折。学生课外过度沉迷于新媒介,除了浪费时间和精力,还有可能干扰自身对事物的看法和判断,逐渐失去主见和独立思考的能力。但我们相信,只要方向正确、政策科学、策略得当、方法适宜,问题终会得到解决。

综上所述，母语高等教育的转型不可避免，也无从逃避。新媒介的冲击有利有弊，然而人的能力是无限的。抓住机会，掌握时机，尽可能早地有计划、有目的地合理高效利用新媒介技术，打造健康的新媒介生态，无论对教师的教还是学生的学，乃至能力、人格的塑造、母语高等教育水平的提升、民族特性的保持、民族身份的凸显都是非常有益的。

参考文献

［1］侯巧红．国外新媒体文化发展的现状及启示［J］．中州学刊，2014（6）：173-176．

［2］杨甜子．人手一部 iPad 南京中小学试开"苹果班"［N］．扬子晚报，2012-09-19（A8）．

［3］沈蒙和．用 iPad 上语文课，引来羡慕嫉妒恨［N］．钱江晚报，2012-10-10（C7）．

［4］英国一小学强制用 iPad 上课 家长抱怨囊中羞涩［N/OL］．中国新闻网．来源：文汇报，2013-08-13［2017-01-26］．http：//www.chinanews.com/gj/2013/08-13/5153890.shtml．

［5］Hove Park School. iPad zone：Transforming learning［DB/OL］．［2017-01-26］．http：//www.hovepark.brighton-hove.sch.uk/ipad．

［6］纽约中小学废除禁令 学生可带手机进课堂［N/OL］．国际在线．2015-01-17［2017-01-26］．http：//gb.cri.cn/42071/2015/01/07/7931s4832628.htm．

［7］Watty K., McKay J., Ngo L. Innovators or inhibitors? Accounting faculty resistance to new educational technologies in higher education［J］．Journal of accounting education，2016（36）：1-15．

［8］徐中玉，齐森华．大学语文（第十版）［M］．上海：华东师范大学出版社，2013．

［9］李瑞山．母语高等教育意义论要［J］．南开学报（哲学社会科学版），2007（1）：33-35．

［10］李瑞山，迟宝东．母语高等教育状况报告——《中国语言生活状况报告（2007）》之一节［R］．"中国语言生活状况报告"课题组．中国语言生活状况报告（2007）（上编）．北京：商务印书馆，2008．

［11］王步高．试论当代国文教育的历史责任——国文教育散论之一［DB/OL］．［2017-01-26］．http：//www.eyjx.com/view.asp? id=7683．

［12］University of Cambridge. Undergraduate study. English［DB/OL］．［2019-12-20］．http：//www.undergraduate.study.cam.ac.uk/courses/english．

［15］孔悦．边缘化使大学语文或面临"废立"选择［N］．新京报，2013-11-25（D06）．

［16］肖恩·瑞恩，冯国川译．《福布斯》：中国大学生高失业率令人吃惊［N/OL］．环球时报，2010-09-13［2017-01-26］．http：//finance.huanqiu.com/roll/2010-09/

1096357. html.

[17] Hart J. Top 200 tools for learning 2019：overview［DB/OL］.［2019-12-22］. https：//www. toptools4learning. com/.

[18] Registered Moodle sites［DB/OL］.［2019-12-22］. https：//stats. moodle. org/.

[19] 2018 PISA 测试结果：学生在阅读、数学和科学方面的表现概况.［DB/OL］.［2019-12-20］. http：//www. oecd. org/pisa/PISA-results_ CHINESE. png

[20] 潘涌. "引爆"最伟大的语言创造力——解析国际母语教育［N］. 中国教育报，2016-08-05（003）.

[21] Eshet Y. Thinking in the digital era：A revised model for digital literacy［J］. Issues in informing science and information technology，2012（9）：267-276.

[22] Koc M.，Barut E. Development and validation of New Media Literacy Scale（NMLS）for university students［J］. Computers in human behavior，2016（63）：834-843.

[23] Wesch M. From knowledgeable to knowledge-able［DB/OL］. TEDxKC. Oct 12，2010.［2017-01-26］. http：//www. tedxkc. org/.

[24] Wesch M. The machine is us/ing us［DB/OL］. Digital ethnography，2007-01-31.［2017-01-26］. http：//www. youtube. com/watch？v=6gmP4nk0EOE.

[25] Whitehead N.，Wesch M. Human no more：Digital subjectivities in a post-human anthropology［J］. Anthropology news（In focus），2009（12）：12.

（作者简介：张颖，女，1977 年 12 月出生，北京海淀人，公共教学部讲师，硕士研究生毕业，主要研究方向为大学语文教学理论与实践、对外汉语教学理论与实践、中国传统文化，2014 年 3 月至今在北京科技大学天津学院工作。梁素芹，女，1951 年 9 月出生，北京海淀人，北京科技大学外国语学院教授，硕士研究生毕业，主要研究方向为英语语言测试、英语国家文化、英语写作教学、新西兰研究，1976 年 9 月至 2012 年 2 月在北京科技大学外国语学院工作，2005 年 9 月至今在北京科技大学天津学院工作。）

附录1：北京科技大学天津学院科研成果简介

(北京科技大学天津学院　科研处提供)

2019年12月10日，天津市科学技术评价中心组织专家对北京科技大学天津学院自选完成的四个科研项目进行了成果鉴定。其中"阴极等离子电解沉积先进涂层制备技术研究"和"Ti（C，N）基金属陶瓷材料梯度热应力缓释层制备技术研究"两项成果达到国内领先的水平，"基于三维打印技术的真空热成型工艺技术的应用与研究"和"高校民用水输水方案优化研究"两项成果达到国内先进水平。

上述四个科研项目的天津市市级成果鉴定及天津市成果登记，在北京科技大学天津学院属首次，填补了北京科技大学天津学院自主完成和取得省部级科研成果的空白。

1　阴极等离子电解沉积先进涂层制备技术研究

本项目针对阴极等离子电解沉积涂层起弧放电电流密度过大，影响在阴极金属和陶瓷涂层大面积沉积厚度均匀性的问题，以及在阴极等离子电解气膜放电规律、调控因素和涂层沉积装置开发等关键技术问题方面开展了系列研究。主要创新点如下。

（1）开发了阴极等离子电解沉积涂层制备技术（cathode plasma electrolytic deposition，CPED）及装置，其可在金属材料表面制备金属和陶瓷涂层，实现了涂层与基体之间的冶金结合和大面积连续沉积。

（2）基于所开发的涂层制备技术，其在高温合金表面沉积制备了多种不同成分的新型陶瓷热障涂层。通过原位掺杂Pt的新型热障陶瓷涂层，在1 100℃循环氧化200 h后，单位面积氧化增重量和剥落量分别为$0.30\,mg/cm^2$和$0.13\,mg/cm^2$，涂层试样隔热温差ΔT可达到131℃，具有良好的抗高温氧化和隔热性能。

（3）采用阴极等离子电解沉积技术在镁合金表面成功制备了包括Al_2O_3和CeO_2等新型陶瓷防护涂层，在1 wt% NaCl溶液中浸泡96h后，涂层的阻抗值大于$1\,G\Omega\cdot cm^2$，耐盐雾超过168 h；涂层与基体的结合力良好；在铝合金表面可以直接制备纳米结构金属镍镀层，硬度高达705.6 HV，结合力可达160 N，解决了传统电镀技术在铝合金表面直接沉积金属镀层的问题。

本成果在装置研发和表面处理涂层技术推广应用方面已获得实质进展，已在北京赛亿科技有限公司、河北广锐德工程有限公司获得应用，并取得显著经济效益，成果总体技术达到国内领先水平。

2　Ti（C，N）基金属陶瓷材料梯度热应力缓释层制备技术研究

本项目针对改善金属基多相复合材料强韧特性、提高热疲劳能力等相关策略和技术开展

了系列研究，研发了高温高压物理条件与预置基体活化元素化学条件结合的协同增强复合材料强韧性和耐热疲劳能力的新技术，提出了以"预置气氛分解活化相+细化基体晶粒+气氛热等静压氮化处理"制备热应力缓释层的新方法，研制出具有热应力缓释性能的 Ti（C，N）基金属陶瓷材料。主要创新点如下：

（1）提出了通过"热应力缓释"来提高金属陶瓷抗热疲劳能力的新方法。在材料近表面一定区域消除相界面，避免形成应力集中，提高材料抗热疲劳能力。断裂韧性由公开报道的 $10\mathrm{MPa \cdot m^{1/2}}$，提高到 $12.3\mathrm{MPa \cdot m^{1/2}}$ 以上，提高了23%。

（2）形成了"预置气氛分解活化相+细化基体晶粒+气氛热等静压氮化处理"新工艺，在 Ti（C，N）基金属陶瓷材料表面制备了梯度 TiN 硬质薄膜，该薄膜厚度达 $6\mu m$ 以上，较其他文献值提高了近6倍。

（3）提出了硬质薄膜的形成机制。在氮气气氛热等静压条件下，对含 Mo 细晶 Ti（C，N）基金属陶瓷材料进行氮化处理，可在其表面制备出纯物相的 TiN 硬质薄膜，该硬质薄膜的形成存在"原位脱碳增氮"机制。本成果在中联精工（天津）有限公司、天津京龙机械有限公司等企业获得应用，已取得显著经济效益，成果总体技术达到国内领先水平。

3 基于三维打印技术的真空热成型工艺技术的应用与研究

针对市场特需的小型、个性化、高值化包装的特殊需求，以及多样性特征且难以大规模批量生产的问题，本项目运用三维打印技术原理，集成真空热成型工艺技术，针对高值化产品个性化包装技术需求开展了系列研究，自主设计研发了与三维打印技术匹配的加热抽真空成型的设备，形成了制模、加热、吸附、成型的制备高值产品个性化包装的技术和装置。主要创新点如下。

（1）自主研发了与三维打印技术匹配的加热抽真空成型技术与设备，形成了满足个性化包装特性需求的控制方法和加工工艺，制造出集制模、加热、吸附、成型的可制备高值产品个性化包装的装置，解决了个性化包装产品小批量生产或单个产品定制问题。

（2）系统研究了真空成型过程中涉及的材质热形变、热成型和真空成型速率等诸多影响因素和作用关系，形成了真空热成型工艺，结合三维打印技术制模，具有快速制模、加热、吸附、成型制备个性化包装的工艺特点。

（3）小型个性化真空热成型机利用优化三维软件设计模型，采用三维打印技术制作模具，可满足模具成型个性化结构需求和加工强度要求，较传统制模方式降低了成本和能耗、缩短了工期。本成果已获得一定的业界认可，在天兴青创智能科技有限责任公司得到推广，获得了一定的社会经济效益，研究成果达到国内先进水平。

4 高校民用水输水方案优化研究

针对高校及民用给水特征和合理保障配水需求，本研究综合考虑了输水管道水头损失的水力特征，输水过程中管道变径产生的水击行为和材质要求等影响因素，并开展了系列研究，建立了多因素特征数字模型，构建了安全节水的输水管网配置技术方案。主要创新点如下：

（1）建立了校园节水高效输水管网多因素特征数学模型，构建了安全节水的输水管网配置技术方案，减少了由于输水管道维护和改造造成的损失与浪费。

（2）研究了有压输水管路中水击特性规律，阐明了启闭阀门水力冲击与管网材质受力的作用关系，提出了管网供水运行中"渐进控制"的新方法，有效减小水击对于阀门的损伤，延长了管材使用寿命。

（3）运用输水管网多因素特征数学模型提出了输水管网变径调控水量技术方案，优化了与其适应的管网新材料，形成了管网节水新工艺。本成果已被成功应用于北京科技大学天津学院的输水管网建设，并为天津财经大学珠江学院等单位的输水管网建设提供了重要参考，具有潜在的社会经济效益和环境生态价值，成果总体技术达到国内先进水平。

附录2：北京科技大学天津学院教职工 2005—2019 年发表核心论文统计表

（北京科技大学天津学院　科研处　图书馆提供）

序号	姓名	作者单位	论文名称	发表刊物 ☆ 核心期刊　# CSSCI　※ SCI　† EI　‡ ISTP　◇ SCIE　* CPCI　¤ CA　& SA　@ JST		发表年份
1	朱梅婷	材料科学与工程系	单嘴精炼炉真空处理过程气泡行为及冶金效果研究	特殊钢☆		2010
2	朱梅婷	材料科学与工程系	单嘴精炼炉合金料加入方式及混匀特性水模型研究	特殊钢☆		2010
3	朱梅婷	材料科学与工程系	单嘴精炼炉真空处理过程钢液流动行为模拟研究	钢铁☆		2011
4	朱梅婷	材料科学与工程系	The Flow Behavior of Molten Steel in the Process of Vacuum Treatment With Single Snorkel Refining	钢铁研究学报英文版☆		2010
5	孙金娥	材料科学与工程系	In Vivo Comparative Property Study of the Bioactivity of Coated Mg-3Zn-0.8Zr Alloy	Materials Science and Engineering C☆※		2013
6	孙金娥	材料科学与工程系	The Effect of Nano-hydroxyapatite on the Microstructure and Properties of Mg-3Zn-0.5Zr Alloy	Journary of Composite Materials☆※		2013
7	刘文娟 王丽娜	材料科学与工程系	独立学院材料工程专业强化学生实践能力的培养措施	重庆大学学报☆		2009

续表

序号	姓名	作者单位	论文名称	发表刊物 ☆ 核心期刊　# CSSCI ※ SCI　† EI ‡ ISTP　◇ SCIE * CPCI　¤ CA & SA　@ JST	发表年份
8	王丽娜	材料科学与工程系	Orientation Factor Analysis of Deformation Mechanisms under Special Processing Techniques in AZ31magnesium Alloys	Acta Metallurgica Sinica (English Letters) ☆※†‡	2010
9	王丽娜	材料科学与工程系	The Influence of Deformation on the Precipitation in AZ80 Magnesium Alloy	International Journal of Minerals, Metallurgy and Materials ☆※†‡	2011
10	王洪涛	材料科学与工程系	细晶粒 Ti（C，N）基金属陶瓷制备技术与性能	硬质合金 ☆	2005
11	王洪涛	材料科学与工程系	Ti（C，N）基金属陶瓷合金成分与性能研究进展	粉末冶金工业 ☆	2006
12	王洪涛	材料科学与工程系	Mo 对 Ti（C，N）基金属陶瓷包覆相结构与性能的影响	硬质合金 ☆	2006
13	王丽娜	材料科学与工程系	高锰 TRIP 钢高速拉伸时的马氏体转变行为分析	金属学报 ☆※†	2016
14	王丽娜	材料科学与工程系	Different Mechanisms of ε-M and α´-M variant Selection and the Influencing Factors of ε-M Reversion during Dynamic Tension in TRIP Steel	Acta Metallurgica Sinica (English Letters) ※†	2018
15	王丽娜	材料科学与工程系	高锰 TRIP 钢冷轧以及 α´-M 逆转变过程的相变和织构	金属学报 ☆※†	2018
16	王洪涛	材料科学与工程系	细晶 Ti（C，N）金属陶瓷烧结技术与性能研究进展	粉末冶金工业 ☆	2015
17	王洪涛	材料科学与工程系	TiN 硬质薄膜制备技术的研究进展	粉末冶金工业 ☆	2016
18	石晓娟	城市建设学院	Numerical Prediction on Erosion Damage Caused by Wind-Blown Sand Movement	European Journal of Environmental and Civil Engineering ☆◇	2014

附录2：北京科技大学天津学院教职工2005—2019年发表核心论文统计表

续表

序号	姓名	作者单位	论文名称	发表刊物 ☆核心期刊 #CSSCI ※SCI †EI ‡ISTP ◇SCIE *CPCI ¤CA &SA @JST	发表年份
19	李 敏	城市建设学院	软土地基上道路桥梁不均匀沉降的施工技术改进	科技通报☆	2018
20	王邵臻	城市建设学院	The Experiment and Study of Concrete Inorganic Protective Preparation in Cold Regions	Advances in Energy, Environment and Materials Science ☆†	2015
21	王邵臻	城市建设学院	Experimental Study on Impermeability of Recycled Concrete	ICACHE 2017 ☆†	2017
22	李金云	城市建设学院	基于简易贯入滴液限黏土路基压实度确定方法	中南大学学报（自然科学版）☆†	2017
23	李金云	城市建设学院	强夯法处治湿陷性黄土路基的数值分析及应用	兰州理工大学学报☆	2017
24	宋 娜	城市建设学院	餐厨垃圾资源化利用研究	环境污染与防治☆	2019
25	孔继利	机械工程系	面向大规模定制的散热器产品集成平台优化设计系统	价值工程	2009
26	孔继利	机械工程系	ABC分析法在客户与产品管理中的应用研究	物流工程与管理	2009
27	孔继利	机械工程系	工业企业MRO物料集成采购服务商库存管理系统研究	物流工程与管理	2009
28	孔继利	机械工程系	实验教学型单设施重心法选址系统的设计与实现	物流工程与管理	2010
29	孔继利	机械工程系	系统聚类和重心法在多节点配送中心选址中的研究	物流技术☆	2010
30	孔继利	机械工程系	基于快乐教学的物流类专业课堂教学研究	物流工程与管理	2010
31	孔继利	机械工程系	EIQ分析法的实验教学模式研究	物流技术☆	2010
32	孔继利	机械工程系	自学型教学系统设计与实现	现代计算机	2010

续表

序号	姓名	作者单位	论文名称	发表刊物 ☆ 核心期刊　# CSSCI　※ SCI　† EI　‡ ISTP　◇ SCIE　＊ CPCI　¤ CA　& SA　@ JST	发表年份
33	孔继利	机械工程系	《管理信息系统》课程的教学方法研究	物流科技☆	2010
34	孔继利	机械工程系	考虑运输时间的生产过程时间组织问题研究	物流工程与管理	2010
35	孔继利	机械工程系	仓储系统设计的实验教学模式研究	物流技术☆	2011
36	孔继利	机械工程系	物流管理信息系统课程设计教学方法研究	物流技术☆	2010
37	孔继利	机械工程系	《企业物流管理》优秀课程建设现状与思考——以北京科技大学天津学院为例	物流技术☆	2011
38	孔继利	机械工程系	基于模糊聚类的最大树算法和重心法的区域航空中转站选址研究	物流技术☆	2011
39	孔继利	机械工程系	企业物流管理优秀课程的教学内容与方法研究	物流工程与管理	2011
40	孔继利	机械工程系	大型装备制造企业备品备件库存管理系统	物流技术☆	2011
41	孔继利	机械工程系	配送与配送中心课程建设研究	物流技术☆	2012
42	孔继利	机械工程系	企业物流管理优秀课程的实践教学研究	物流工程与管理	2012
43	孔继利	机械工程系	生产物流时间组织的教学模式研究	物流工程与管理	2013
44	马立坤	机械工程系	基于快乐教学的物流工程专业课程体系构建研究	物流技术☆	2012
45	马立坤	机械工程系	独立学院《基础工业工程》课程改革初探	物流技术☆	2010
46	马立坤	机械工程系	Flexsim在生产物流时间组织方式实验教学中的应用	物流工程与管理	2013
47	马立坤	机械工程系	基于快乐教学理念面向创新型应用人才培养的企业物流管理课程体系研究	物流工程与管理	2014
48	马立坤	机械工程系	企业物流管理优秀课程的教学内容与方法研究	物流工程与管理	2011
49	徐妍	机械工程系	独立学院《物流技术装备》课程教学改革初探	物流工程与管理	2009

附录2：北京科技大学天津学院教职工2005—2019年发表核心论文统计表

续表

序号	姓名	作者单位	论文名称	发表刊物 ☆ 核心期刊　# CSSCI　※ SCI　† EI　‡ ISTP　◇ SCIE　* CPCI　¤ CA　& SA　@ JST	发表年份
50	徐 妍	机械工程系	建立独立学院工程制图自学学习系统的构想	中国市场☆	2011
51	徐 妍	机械工程系	独立学院工科类本科毕业设计指导方法的探索与实践	物流工程与管理	2011
52	徐 妍	机械工程系	The Similar Conditions and Similar Criterions of Deep-Sea Mining Experimental System	Advanced Materials Research☆†	2015
53	冯海燕	机械工程系	独立学院辅导员对学风建设的若干思考	素质教育☆	2011
54	徐 妍	机械工程系	工科生与艺术生协同创新训练项目的教学实践与探索	山东社会科学☆	2015
55	徐 妍	机械工程系	The Similar Conditions and Similar Criterions of Deep-Sea Mining Experimental System	IEMDA2014&CCSA2014☆†*	2015
56	班 岚	机械工程系	Dirichlet过程混合模型在非线性过程监控中的应用	浙江大学学报：工学版☆†	2015
57	冯天树	信息工程系	一种检测傀儡进程的方法研究	信息网络安全☆	2011
58	冯天树	信息工程系	Windows木马的各种进程隐藏技术及应对策略	信息网络安全☆	2011
59	于 静	信息工程系	Study on Application of Component-Based Project Management System	2014控制机电与计算工程国际会议☆†	2014
60	顾玲芳	信息工程学院	Distributed Data Structure Formulation Algorithm Based on Multi-Agent Network	IEEE CPS☆†	2015
61	张 虹	信息工程系	数据库中工业产品资源信息准确定位仿真	计算机仿真☆	2017
62	杨 娜	信息工程系	基于遗传-超混沌的数字图像加密算法设计	液晶与显示☆	2017
63	冯天树	信息工程系	电学发展初期几个基本概念的起源探讨	大学物理☆	2018

续表

序号	姓名	作者单位	论文名称	发表刊物 ☆ 核心期刊　# CSSCI　※ SCI　† EI　‡ ISTP　◇ SCIE　* CPCI　¤ CA　& SA　@ JST	发表年份
64	米岩	经济学院	人民币升值对我国中小企业的不利影响及对策分析	时代经贸 ☆	2010
65	王晓欣	管理学院	协同发展视角下地区经济与商贸流通的共同发展战略	商业经济研究 ☆	2017
66	任洁	管理学院	The Construction of "Four Horizontal Lines and Four Vertical Lines" Curriculum Systems in College Accounting Major	ASSEHR *	2018
67	张媛	管理学院	Research on the Supervision System of Teaching Quality in Independent Colleges	ASSEHR *	2018
68	韩俊静	管理学院	Reflections on Improving Teaching of Accounting Practice Courses——Take Tianjin college, University of Science &Technology Beijing for Example	ASSEHR *	2018
69	王晓欣	管理学院	Exploration and Practice of "Industry-Education Integration, University-Enterprise Cooperation' Education Mechanism for Accounting Specialty	ASSEHR *	2018
70	王晓欣	管理学院	Research and Thinking of Accounting Teaching in Applied Undergraduate Course in the Era of "Cloud"	ICHESS2018 *	2018
71	周小靖	管理学院	Application of Block Chain Technology in Accounting	Lecture Notes in Economics, Management and Social Sciences *	2019
72	张绚	外国语学院	母语能力提升与英语翻译教学的有效契合	教育评论 ☆ #	2015
73	黄文婧	外国语学院	茶文化差异对英语课堂创新教学的影响分析	福建茶叶 ☆	2017
74	王哲	法律系	反就业歧视的立法思考	天津行政学院学报 ☆	2013

附录2：北京科技大学天津学院教职工2005—2019年发表核心论文统计表

续表

序号	姓名	作者单位	论文名称	发表刊物 ☆ 核心期刊　# CSSCI ※ SCI　† EI ‡ ISTP　◇ SCIE ∗ CPCI　¤ CA & SA　@ JST	发表年份
75	李文红	艺术学院	Application of Minorities' Artistic Elements in Graphic Design	MSETASSE 2015 ☆ #	2015
76	李文红	艺术学院	高校艺术设计教育多元化发展研究——评《艺术设计学》	高教探索 ☆	2016
77	李文红	艺术学院	新媒体舆情环境下组织形象传播的误区	出版广角 ☆	2017
78	刘传海	体育部	在校园开展健步走的影响因素和效果的实践研究——以北京大学为例	广州体育学院学报 ☆ @	2014
79	刘传海	体育部	国家治理视角下青少年体育俱乐部规范化的主体构建	沈阳体育学院学报 ☆ @ #	2014
80	刘传海	体育部	近代体育发轫于英国的文化学研究	北京体育大学学报 ☆ #	2014
81	刘传海	体育部	CBA男子篮球俱乐部职业化进程中的主要问题与发展对策	首都体育学院学报 ☆ @	2019
82	王清梅	体育部	中国职业篮球联赛外援流动特征及影响价值的实证研究	沈阳体育学院学报 ☆ @ #	2017
83	刘传海	体育部	我国"三大球"体制改革困境与抉择——利益冲突下的多方博弈	武汉体育学院学报 ☆ @ #	2016
84	刘传海	体育部	对高校青年体育教师教学基本功大赛的追踪分析	南京体育学院学报（社会科学版）☆ #	2015
85	刘传海	体育部	冰雪体育场馆设计理念思考	体育文化导刊 ☆ #	2015
86	刘传海	体育部	从构建二元体育文化体系探究体育工作中的实际问题	山东体育学院学报 ☆ @	2015
87	刘传海	体育部	运动类APP对体育锻炼行为促进和体育习惯养成的影响	南京体育学院学报（社会科学版）☆ #	2015
88	刘传海	体育部	《国家学生体质健康标准》数据档案管理探究	兰台世界 ☆	2015
89	毕会英	实验室管理中心	论群众路线的基础和实验依据	思想教育研究 ☆ #	2013

续表

序号	姓名	作者单位	论文名称	发表刊物 ☆ 核心期刊　# CSSCI　※ SCI　† EI　‡ ISTP　◇ SCIE　* CPCI　¤ CA　& SA　@ JST	发表年份
90	王 刚	基础部	Embedded-Atom potential for Ni-Al Alloy	IOP Conference Series: Materials Science and Engineering ☆†	2018
91	Dan Li	基础部	Equation Model of Immune Surveillance Against Cancer	Dyn. Conti. Discrete Impul. Sys. ☆※	2007
92	Dan Li	基础部	Asymptotic Properties of a HIV-1 Infection Model with Time Delay	J. Math. Anal. Appl. ☆※	2007
93	胡志兴	基础部	Analysis of an SIS Epidemic Model with Temporary Immunity and Nonlinear Incidence Rate	工程数学学报 ☆@	2009
94	Hong Zhang	基础部	Monofractality of the Time Series Generated by Dolden Section	Advanced Material Research ☆†	2012
95	Dan Li	基础部	An Epidemic Model for Tick-Borne Disease with Two Delays	Journal of Applied Mathematics ☆※	2013
96	Dan Li	基础部	Mathematical Modelling of Tumour-Induced Angiogenesis	Nonlinear ANALYSIS ☆※	2014
97	景 娜	图书馆	与其截流 不如疏导——论P2P技术的应用与图书馆信息资源共享	情报资料工作 ☆@ #	2009
98	马 静	图书馆	图书馆中文图书征订书目排行榜实证研究	图书馆建设 ☆@ #	2011
99	王妙丽	图书馆	中国大陆图书馆采访信息源调查报告	图书馆理论与实践 ☆@ #	2012
100	吴素舫	图书馆	LIB2.0环境下图书采访"彩云模式"之实现	出版发行研究 ☆ #	2015
101	王瑞存	图书馆	图书馆数字出版转型困境及前景展望	出版广角 ☆ #	2017
102	王瑞存 李 敏	图书馆	高校图书馆微信读书会的发展路径	山西档案 ☆	2017
103	吴素舫	图书馆	馆配商战略转型及发展策略研究	出版广角 ☆ #	2019

附录2：北京科技大学天津学院教职工2005—2019年发表核心论文统计表

续表

序号	姓名	作者单位	论文名称	发表刊物 ☆ 核心期刊　# CSSCI　※ SCI　† EI　‡ ISTP　◇ SCIE　* CPCI　¤ CA　& SA　@ JST		发表年份
104	卢秀玲	思政部	"四个全面"战略：党治国理政经验的继承与发展	人民论坛 ☆ #		2016
105	卢秀玲	思政部	国外毛泽东研究首次论战的回顾与思考	马克思主义研究 ☆ #		2018
106	张小云	管理学院	Analysis on the Operation of College Students' Catering Projects——Taking "Shell Mi Le Duo" as an Example	ASSEHR ☆ *		2019
107	周小靖	管理学院	Application of Block Chain Technology in Accounting	Advances in Educational Technology and Psychology ☆ *		2019
108	刘传海	体育部	CBA男子篮球俱乐部职业化进程中的主要问题与发展对策	首都体育学院学报 ☆ @ #		2019
109	石晓娟	城市建设学院	Construction of Innovation Training System of Civil Engineering Based on BIM	Journal of Physics ☆ †		2019
110	石晓娟	城市建设学院	Seismic Response of Heitiejiao Tailings Dam by the Finite Element Method	Earth and Environmental Science ☆ †		2019
111	王 刚	基础部	The Effects of Size and Shape on the Structural and Thermal Stability of Platinum Nanoparticles	Computational Materials Science ☆ ※		2019
112	孙金娥	材料科学与工程系	Ultrasonic Aqueous Synthesis of Corrosion Resistant Hydroxyapatite Coating on Magnesium Alloys for the Application of Long-Term Implant	Ultrasonics Sonochemistry ☆ ※		2019
113	王 刚	基础部	Vacancy Concentration of Films and Nanoparticles	Computational Materials Science ☆ ※		2019
114	孙金娥	材料科学与工程系	潮白河—京津新城段水系的水质研究	环境科学与管理 ☆ ¤ @		2019

续表

序号	姓名	作者单位	论文名称	发表刊物 ☆ 核心期刊　# CSSCI　※ SCI　† EI　‡ ISTP　◇ SCIE　* CPCI　¤ CA　& SA　@ JST	发表年份
115	罗富臣	科研处	传统文化与社会主义核心价值观契合的当代思考	中学政治教学参考☆	2019
116	吴素舫	图书馆	馆配商战略转型及发展策略研究	出版广角☆#	2019
117	顾鸿虹	信息工程学院	基于多核学习的多带抗噪声语音识别方法仿真	计算机仿真☆@	2019
118	张素杰	无人机系	基于数据挖掘三维数字图像模糊增强系统设计	现代电子技术☆	2019
119	王伟冬	实验室管理中心	考虑竞争和信息不对称的低碳供应链协调策略研究	工业工程与管理☆#&@	2019
120	刘传海	体育部	我国海洋体育旅游发展研究	体育文化导刊☆#	2019